老吕逻辑 15 年扛鼎之作　《老吕逻辑要点精编》**颠覆升级**

乐学喵 LEXUEMIAO.COM

MBA PA EM PAcc

管理类、经济类

联考逻辑
要点7讲

2025

主编 吕建刚

联考逻辑 要点7讲

7讲 "秒杀" 联考逻辑 带你实现 满 分进阶

33个大纲考点　**28**个母题模型　**8**类逻辑谬误　**23**个干扰项　**29**个口诀

副主编 ◎ 张杰 李大海

中国政法大学出版社

2023 · 北京

声　　明　　1. 版权所有，侵权必究。

　　　　　　2. 如有缺页、倒装问题，由出版社负责退换。

图书在版编目（ＣＩＰ）数据

管理类、经济类联考逻辑要点 7 讲/吕建刚主编. —北京：中国政法大学出版社，2023.10
ISBN 978-7-5764-1126-3

Ⅰ.①管… Ⅱ.①吕… Ⅲ.①逻辑－研究生－入学考试－自学参考资料 Ⅳ.①B81

中国国家版本馆 CIP 数据核字(2023)第 193925 号

出 版 者	中国政法大学出版社
地　　址	北京市海淀区西土城路 25 号
邮寄地址	北京 100088 信箱 8034 分箱　邮编 100088
网　　址	http://www.cuplpress.com (网络实名：中国政法大学出版社)
电　　话	010-58908285(总编室) 58908433 （编辑部） 58908334(邮购部)
承　　印	保定市中画美凯印刷有限公司
开　　本	787mm×1092mm　1/16
印　　张	51.25
字　　数	1202 千字
版　　次	2023 年 10 月第 1 版
印　　次	2023 年 10 月第 1 次印刷
定　　价	118.00 元 （全 7 册）

1.（2023 年管理类联考真题）某单位购买了《尚书》《周易》《诗经》《论语》《老子》《孟子》各 1 本，分发给甲、乙、丙、丁、戊 5 个部门，每个部门至少 1 本。已知：

（1）若《周易》《老子》《孟子》至少有 1 本分发给甲或乙部门，则《尚书》分发给丁部门且《论语》分发给戊部门。

（2）若《诗经》《论语》至少有 1 本分发给甲或乙部门，则《周易》分发给丙部门且《老子》分发给戊部门。

若《尚书》分发给丙部门，则可以得出以下哪项？

A.《诗经》分发给甲部门。   B.《论语》分发给乙部门。

C.《老子》分发给丙部门。   D.《孟子》分发给丁部门。

E.《周易》分发给戊部门。

2.（2023 年经济类联考真题）不喜欢故事的人都不爱读小说，凡喜欢吟咏的人爱读诗歌，不喜欢对白的人都不爱看戏剧，喜欢闲逸的人均爱看散文。小张酷爱文学，他爱读小说和诗歌，但不爱看戏剧。

根据以上陈述，可以得出以下哪项？

A. 小张喜欢故事。   B. 小张喜欢吟咏。   C. 小张不喜欢对白。

D. 小张喜欢闲逸。   E. 小张不喜欢闲逸。

3.（2015 年管理类联考真题）10 月 6 日晚上，张强要么去电影院看了电影，要么拜访他的朋友秦玲。如果那天晚上张强开车回家，他就没去电影院看电影。只有张强事先与秦玲约定，张强才能去拜访她。事实上，张强不可能事先与秦玲约定。

根据以上陈述，可以得出以下哪项？

A. 那天晚上张强与秦玲一起去电影院看电影。

B. 那天晚上张强拜访了他的朋友秦玲。

C. 那天晚上张强没有开车回家。

D. 那天晚上张强没有去电影院看电影。

E. 那天晚上张强开车去电影院看电影。

4.（2018 年管理类联考真题）某市已开通运营一、二、三、四号地铁线路，各条地铁线每一站运行加停靠所需时间均彼此相同。小张、小王、小李三人是同一单位的职工，单位附近有北口地铁站。某天早晨，三人同时都在常青站乘一号线上班，但三人关于乘车路线的想法不尽相同。已知：

（1）如果一号线拥挤，小张就坐 2 站后转三号线，再坐 3 站到北口站；如果一号线不拥挤，小张就坐 3 站后转二号线，再坐 4 站到北口站。

（2）只有一号线拥挤，小王才坐 2 站后转三号线，再坐 3 站到北口站。

（3）如果一号线不拥挤，小李就坐 4 站后转四号线，坐 3 站之后再转三号线，坐 1 站到达北口站。

（4）该天早晨地铁一号线不拥挤。

假定三人换乘及步行总时间相同，则以下哪项最可能与上述信息不一致？

A. 小王和小李同时到达单位。　B. 小张和小王同时到达单位。　C. 小王比小李先到达单位。

D. 小李比小张先到达单位。　　E. 小张比小王先到达单位。

5.（2019年管理类联考真题）李诗、王悦、杜舒、刘默是唐诗宋词的爱好者，在唐朝诗人李白、杜甫、王维、刘禹锡中4人各喜爱其中一位，且每人喜爱的唐诗作者不与自己同姓。关于他们4人，已知：

（1）如果爱好王维的诗，那么也爱好辛弃疾的词。

（2）如果爱好刘禹锡的诗，那么也爱好岳飞的词。

（3）如果爱好杜甫的诗，那么也爱好苏轼的词。

如果李诗不爱好苏轼和辛弃疾的词，则可以得出以下哪项？

A. 杜舒爱好辛弃疾的词。　　B. 王悦爱好苏轼的词。　　C. 刘默爱好苏轼的词。

D. 李诗爱好岳飞的词。　　　E. 杜舒爱好岳飞的词。

6～7题基于以下题干：

一江南园林拟建松、竹、梅、兰、菊5个园子。该园林拟设东、南、北3个门，分别位于其中的3个园子。这5个园子的布局满足如下条件：

（1）如果东门位于松园或菊园，那么南门不位于竹园。

（2）如果南门不位于竹园，那么北门不位于兰园。

（3）如果菊园在园林的中心，那么它与兰园不相邻。

（4）兰园与菊园相邻，中间连着一座美丽的廊桥。

6.（2018年管理类联考真题）根据以上信息，可以得出以下哪项？

A. 兰园不在园林的中心。　　B. 菊园不在园林的中心。　　C. 兰园在园林的中心。

D. 菊园在园林的中心。　　　E. 梅园不在园林的中心。

7.（2018年管理类联考真题）如果北门位于兰园，则可以得出以下哪项？

A. 南门位于菊园。　　　　　B. 东门位于竹园。　　　　　C. 东门位于梅园。

D. 东门位于松园。　　　　　E. 南门位于梅园。

8～9题基于以下题干：

"立春""春分""立夏""夏至""立秋""秋分""立冬""冬至"是我国二十四节气中的八个节气，"凉风""广莫风""明庶风""条风""清明风""景风""阊阖风""不周风"是八种节风。上述八个节气与八种节风之间一一对应。已知：

（1）"立秋"对应"凉风"。

（2）"冬至"对应"不周风""广莫风"之一。

（3）若"立夏"对应"清明风"，则"夏至"对应"条风"或者"立冬"对应"不周风"。

（4）若"立夏"不对应"清明风"或者"立春"不对应"条风"，则"冬至"对应"明庶风"。

8.（2020年管理类联考真题）根据上述信息，可以得出以下哪项？

A. "秋分"不对应"明庶风"。　B. "立冬"不对应"广莫风"。　C. "夏至"不对应"景风"。

D. "立夏"不对应"清明风"。　E. "春分"不对应"阊阖风"。

9.（2020年管理类联考真题）若"春分"和"秋分"两个节气对应的节风在"明庶风"和"阊阖风"之中，则可以得出以下哪项？

A. "春分"对应"阊阖风"。　　B. "秋分"对应"明庶风"。　　C. "立春"对应"清明风"。

D. "冬至"对应"不周风"。　　E. "夏至"对应"景风"。

10. （2022 年管理类联考真题）某研究团队研究了大约 4 万名中老年人的核磁共振成像数据、自我心理评估等资料，发现经常有孤独感的研究对象和没有孤独感的研究对象在大脑的默认网络区域存在显著差异。默认网络是一组参与内心思考的大脑区域，这些内心思考包括回忆旧事、规划未来、想象等。孤独者大脑的默认网络联结更为紧密，其灰质容积更大。研究人员由此认为，大脑默认网络的结构和功能与孤独感存在正相关。

以下哪项如果为真，最能支持上述研究人员的观点？

A. 人们在回忆过去、假设当下或预想未来时会使用默认网络。

B. 有孤独感的人更多地使用想象、回忆过去和憧憬未来以克服社交隔离。

C. 感觉孤独的老年人出现认知衰退和患上阿尔茨海默病的风险更高，进而导致部分大脑区域萎缩。

D. 了解孤独感对大脑的影响，拓展我们在这个领域的认知，有助于减少当今社会的孤独现象。

E. 穹隆是把信号从海马体输送到默认网络的神经纤维束，在研究对象的大脑中，这种纤维束得到较好的保护。

11. （2022 经济类联考真题）近年来，中国把知识产权保护工作摆在更加突出的位置，将知识产权置于战略高位，在各个经济领域都注重知识产权保护。2020 年，中国国家知识产权局受理的专利申请数量达到 150 万件，继续排名世界第一。这充分体现了中国对创新保护工作的高度重视。

以下哪项如果为真，最能支持以上论述？

A. 创新是引领发展的第一动力。

B. 保护知识产权就是保护创新。

C. 中国正在着力引导知识产权向提高质量转变。

D. 中国将进一步激发创新活力，加大鼓励专利申报力度。

E. 一个国家的专利申报数量越多，说明该国科技实力越强。

12. （2020 年管理类联考真题）尽管近年来我国引进不少人才，但真正顶尖的领军人才还是凤毛麟角。就全球而言，人才特别是高层次人才紧缺已呈常态化、长期化趋势。某专家由此认为，未来 10 年，美国、加拿大、德国等主要发达国家对高层次人才的争夺将进一步加剧，而发展中国家的高层次人才紧缺状况更甚于发达国家。因此，我国高层次人才引进工作急需进一步加强。

以下哪项如果为真，最能加强上述专家的论证？

A. 我国理工科高层次人才紧缺程度更甚于文科。

B. 发展中国家的一般性人才不比发达国家少。

C. 我国仍然是发展中国家。

D. 人才是衡量一个国家综合国力的重要指标。

E. 我国近年来引进的领军人才数量不及美国等发达国家。

13. （2019 年管理类联考真题）某研究机构以约 2 万名 65 岁以上的老人为对象，调查了笑的频率与健康状态的关系。结果显示，在不苟言笑的老人中，认为自身现在的健康状态"不怎么好"和"不好"的比例分别是几乎每天都笑的老人的 1.5 倍和 1.8 倍。爱笑的老人对自我健康状态的评价往往较高。他们由此认为，爱笑的老人更健康。

以下哪项如果为真，最能质疑上述调查者的观点？

A. 乐观的老人比悲观的老人更长寿。

B. 病痛的折磨使得部分老人对自我健康状态的评价不高。

C. 身体健康的老人中，女性爱笑的比例比男性高 10 个百分点。

D. 良好的家庭氛围使得老年人生活更乐观，身体更健康。

E. 老年人的自我健康评价往往和他们实际的健康状况之间存在一定的差距。

14. (2019 年管理类联考真题)研究人员使用脑电图技术研究了母亲给婴儿唱童谣时两人的大脑活动,发现当母亲与婴儿对视时,双方的脑电波趋于同步,此时婴儿也会发出更多的声音尝试与母亲沟通。 他们据此认为,母亲与婴儿对视有助于婴儿的学习与交流。

以下哪项如果为真,最能支持上述研究人员的观点?

A. 在两个成年人交流时,如果他们的脑电波同步,交流就会更顺畅。

B. 当父母与孩子互动时,双方的情绪与心率可能也会同步。

C. 当部分学生对某学科感兴趣时,他们的脑电波会渐趋同步,学习效果也随之提升。

D. 当母亲与婴儿对视时,他们都在发出信号,表明自己可以且愿意与对方交流。

E. 脑电波趋于同步可优化双方的对话状态,使交流更加默契,增进彼此了解。

15. （2022 管理类联考真题）在一项噪声污染与鱼类健康关系的实验中，研究人员将已感染寄生虫的孔雀鱼分成短期噪声组、长期噪声组和对照组。 短期噪声组在噪声环境中连续暴露 24 小时，长期噪声组在同样的噪声环境中暴露 7 天，对照组则被置于一个安静环境中。 在 17 天的监测期内，该研究人员发现，长期噪声组的鱼在第 12 天开始死亡，其他两组的鱼则在第 14 天开始死亡。

以下哪项如果为真，最能解释上述实验结果?

A. 噪声污染不仅危害鱼类，也危害两栖动物、鸟类和爬行动物等。

B. 长期噪声污染会加速寄生虫对宿主鱼类的侵害，导致鱼类过早死亡。

C. 相比于天然环境，在充斥各种噪声的养殖场中，鱼更容易感染寄生虫。

D. 噪声污染使鱼类既要应对寄生虫的感染又要排除噪声干扰，增加鱼类健康风险。

E. 短期噪声组所受的噪声可能引起了鱼类的紧张情绪，但不至于损害它们的免疫系统。

真题自测说明

1. 请对以下答案。

1. D	2. A	3. C	4. D	5. D
6. B	7. C	8. B	9. E	10. B
11. B	12. E	13. E	14. E	15. B

2. 如果你能在 10～15 分钟内完成(时间越短越好),且仅错 0～1 个,可以直接扫码听第 1 讲。

3. 如果你不能在 15 分钟之内完成,或者虽然能快速做完但是错 2 个以上,则扫码听《逻辑命题规律及秒杀思维养成》。听完这节课后,你不但可以在 10 分钟以内秒杀以上所有真题,还可以养成正确的秒杀思维。

大纲解读与本书内容说明

（含配套课程）

① 大纲原文

综合能力考试中的逻辑推理部分主要考查考生对各种信息的理解、分析和综合，以及相应的判断、推理、论证等逻辑思维能力，不考查逻辑学的专业知识。试题题材涉及自然、社会和人文等各个领域，但不考查相关领域的专业知识。

（一）概念

1. 概念的种类

2. 概念之间的关系

3. 定义

4. 划分

（二）判断

1. 判断的种类

2. 判断之间的关系

（三）推理

1. 演绎推理

2. 归纳推理

3. 类比推理

4. 综合推理

（四）论证

1. 论证方式分析

2. 论证评价

    (1)加强

    (2)削弱

    (3)解释

    (4)其他

3. 谬误识别

    (1)混淆概念

    (2)转移论题

（3）自相矛盾

（4）模棱两可

（5）不当类比

（6）以偏概全

（7）其他谬误

② 大纲解读

（1）考查考生对各种信息的理解、分析和综合

逻辑考试通过庞大的阅读量来实现以上考查目的。

以 2023 年真题为例：

2023 年管理类联考逻辑 30 道题，题干共 8425 字，平均每题 280.8 字；

2023 年经济类联考逻辑 20 道题，题干共 5058 字，平均每题 252.9 字。

因此，考生必须要学会两点：第一，迅速正确地读题；第二，迅速判断题目的命题模型，以便快速解题。这将是本书及本书配套课程"7 讲搞定联考逻辑"的重中之重。

（2）考查判断、推理、论证等逻辑思维能力

逻辑考试通过联考规定的考试内容来实现以上考查目的，即：概念、判断、推理、论证。

（3）不考查逻辑学的专业知识

既然不考查逻辑学的专业知识，那我们就没有必要学习太多逻辑学的专业知识和术语，例如："析取""强析取""蕴含""反蕴含""SAP""SEP""SIP""SOP""换位推理""换质推理""三段论的七个推理规则"，等等。这些知识易混淆又难以理解，没有必要掌握。

但这不代表我们不需要学习逻辑的原理，而是要用简洁、易懂的方式迅速学会逻辑原理。这就是为什么本书的配套课程敢叫"7 讲搞定联考逻辑"。7 讲的课听完以后，你可以学完逻辑考试要考的所有考点、所有题型、所有解题相关的技巧。一些逻辑思维能力强的考生经过 15 天左右的学习即可实现 90% 以上的正确率。再经过《老吕逻辑母题 800 练》《老吕管综真题超精解》等书的训练，逻辑拿到高分甚至满分并不难。

③ 本书对大纲规定内容的升级优化

本书内容严格按照考试大纲规定的内容编写。

但是，老吕依据中国现代逻辑学的奠基人金岳霖先生所著的《逻辑》和《形式逻辑》两书以及华东师范大学哲学系逻辑学教研室所编的《形式逻辑》一书，并参考美国学者欧文·M·柯匹和卡尔·科恩所著的《逻辑学导论》一书，结合自己十几年的教学经验，将大纲规定的内容和结构优化如下：

序号	名称	讲授内容	对应大纲中的内容
第1讲	推理基础	形式逻辑及综合推理的基础知识	（一）概念 （二）判断
第2讲	推理母题：5大条件类	形式逻辑及综合推理最重点的题型	（三）推理 1. 演绎推理 4. 综合推理
第3讲	推理母题：非5大条件类	形式逻辑及综合推理次重点的题型	
第4讲	论证母题：一致性类	论证逻辑最基础的解题技巧	（三）推理 1. 演绎推理 2. 归纳推理 3. 类比推理 （四）论证 1. 论证方式分析 2. 论证评价 其中，"归纳推理"和"类比推理"在大纲中虽然叫推理，但历年真题全部以论证方式出题，故本书将其归入论证。
第5讲	论证母题：非一致性类	论证逻辑的难点	
第6讲	逻辑谬误与论证逻辑干扰项	8类常见逻辑谬误 3类常见干扰项	（四）论证 3. 谬误识别
第7讲	论证逻辑必考专题突破	6大必考专题	涉及大纲的内容同第4～6讲，本讲是对第4～6讲的强化拔高。

历年真题命题规律分析

❶ 近5年199管理类联考逻辑真题的命题统计

年份	概念	判断	推理（含形式逻辑及综合推理）		论证
			5大条件	非5大条件	
2019年	0道	一般不单独命题	14道	4道	12道
2020年	1道		13道	5道	11道
2021年	0道		13道	5道	12道
2022年	0道		18道	1道	11道
2023年	0道		13道	4道	13道
合计	1道	0道	90道		59道
平均	0.2道	0道	18道		11.8道

说明：

①真题中很少单独考查概念和判断（即命题）的相关知识，但所有推理和论证均由概念和判断组成，换句话说，此部分知识是解所有题的基础，因而非常重要。我们会在本书第1讲对其进行讲解。

②概念在真题中主要考查概念的划分（均为数量计算），我们会在本书第3讲设置单独的命题模型对其进行讲解。

③2009—2023年所有管综、经综真题，根据题干中已知条件的类型，均可分为5大条件类和非5大条件类，具体我们会在本书第2讲和第3讲进行讲解。

❷ 近3年396经济类联考逻辑真题的命题统计

2020年9月，经济类联考公布了全新的考试大纲，并更换了命题人。从2021年真题开始，经济类综合能力考试科目改由教育部考试中心统一命题，因此，本部分我们只统计了2021年至今的真题。

年份	概念	判断	推理（含形式逻辑及综合推理）		论证
			5大条件	非5大条件	
2021年	2道	一般不单独命题	8道	3道	7道
2022年	0道		11道	2道	7道
2023年	1道		9道	3道	7道
合计	3道	0道	36道		21道
平均	1道	0道	12道		7道

说明：请参看上文管理类联考的统计表。

❸ 历年真题的命题趋势

（1）推理题的命题趋势

通过上表可以知道：

管理类联考逻辑共 30 道题，其中，推理题平均每年考 18 道，占比 60%；

经济类联考逻辑共 20 道题，其中，推理题平均每年考 12 道，占比 60%。

显而易见，推理题（含形式逻辑和综合推理）是整个联考中占比最高、分值最多的部分。其中，5 大条件类推理题占比超过 70%。本书第 1~3 讲会讲授这一部分内容。

（2）论证逻辑的命题趋势

管理类联考逻辑共 30 道题，其中，论证逻辑平均每年考 11.8 道，占比接近 40%。

经济类联考逻辑共 20 道题，其中，论证逻辑平均每年考 7 道，占比 35%。

论证逻辑的总题量不如推理题多，但是，由于论证逻辑的知识点较少，故本书讲的知识点几乎都会考到。另外，论证逻辑对逻辑思维能力的要求较高，我们不仅要掌握命题模型，更要去理解这些命题模型背后的原理。

综上所述，本书讲解的每个考点都重要、都要考，这有两个原因：

第一，逻辑的学科特点就是知识点较少，一套真题就能完成对多数知识点的覆盖。

第二，本书编写的原则是不讲废话，凡是大纲规定的考试内容全部讲到，凡是大纲规定之外的内容一律不讲。

也正因如此，本书配套课程的口号是"7 天搞定联考逻辑"。我会用大约 7 天的时间，给你讲完联考逻辑的所有考点、题型、技巧。相信我，无论是形式逻辑，还是综合推理、论证逻辑，你都将学到最好的解题技巧。你只需要拿出 7 天时间来听一下本书的配套课程，即可亲身验证是否属实。

相信你一定可以考上研究生，让我们一起加油吧！！

❹ 全年备考规划

管理类联考数学、逻辑、写作全年备考规划

阶段	备考用书	使用方法	阶段课程
基础阶段	《数学要点 7 讲》书课包 《逻辑要点 7 讲》书课包	①预习：用 7 讲教材提前预习每讲内容 ②听课：听 7 讲配套课程，数学、逻辑可边听课边用"随堂笔记"做好笔记，写作需自己记笔记 ③复习及总结：利用配套思维导图或自行总结所学内容	【要点 7 讲配套免费课程】 数学要点 7 讲逐题精讲 逻辑要点 7 讲逐题精讲 写作要点 7 讲重点精讲 【老吕 VIP 协议班/ SVIP 私人定制班】 【专属课程，另配内部讲义】 零基础轻松学数学 数学基础考点通关·直播

阶段	备考用书	使用方法	阶段课程
基础阶段	《写作要点7讲》书课包	④VIP及SVIP学员：听基础考点通关直播课，名师手把手带你梳理重要考点，帮助零基础考生快速提升；并配套阶段模考及真题带刷训练，及时查缺补漏，找准方向。	逻辑基础考点通关·直播 写作基础考点通关·直播 ＊基础阶段模考讲评·直播 ＊管综真题套卷带刷·直播
强化阶段	《数学母题800练》 《逻辑母题800练》	①先学"母题精讲"，学会识别母题模型、掌握每个模型的秒杀技巧 ②做专项训练，强化模型解题技巧，学会在套卷中判别命题模型，进行秒杀 ③总结错题，总结做题技巧 ④VIP及SVIP学员：听母题800练技巧精讲课程，教你快速识别母题模型，所有题型逐题秒杀，以及更多重难点题型拓展，强化做题速度；听母题800练习题训练课程，带你盘点易错点及重难点，提高正确率	【老吕VIP协议班/SVIP私人定制班】 【专属课程，购课赠送教材】 数学母题800练技巧精讲 数学母题800练习题训练 逻辑母题800练技巧精讲 逻辑母题800练习题训练 ＊强化阶段模考讲评·直播 ＊管综真题套卷带刷·直播
真题阶段	《综合真题超精解》(试卷版)	①限时模考，估算分数，分析错题，总结方法 ②回归《要点7讲》做基础夯实，回归《母题800练》做系统训练，突破薄弱题型，提高综合做题能力 ③VIP及SVIP学员：一刷真题套卷，限时模考锻炼做题手感，通过真题带刷扫清易错点及重难点；二刷真题分类，带你彻底搞透真题各题型命题思路，突破拔高；	【老吕SVIP私人定制班】 【专属课程，购课赠送教材】 综合真题超精解逐题精讲 【老吕VIP协议班/SVIP私人定制班】 【专属课程，另配内部讲义】 数学真题分类密训·直播 逻辑真题分类密训·直播 写作真题分类密训·直播 ＊估分全真模考讲评·直播 ＊择校指导课

阶段	备考用书	使用方法	阶段课程
冲刺阶段	《条件充分性判断高分冲刺400题》《综合推理高分冲刺400题》《论证逻辑高分冲刺400题》《写作考前必背33篇》《综合冲刺8套卷》	①数学/逻辑：利用《400题》进行重难点题型专项突破②写作：利用《写作33篇》掌握高频必考话题及必背素材范文③限时模考，估算分数，分析错题，总结方法，针对丢分、不会做的题目，回归《要点7讲》做基础夯实，回归《母题800练》做系统训练④VIP及SVIP学员：老吕＆罗瑞独家救命技巧大盘点，针对性解决做题速度慢、没思路、正确率低等难题，让你在考前短时间内极速提分。课程总结了数学逻辑考场必备秒杀技巧，解题又快又准；以及数逻命题陷阱及干扰项，最大化减少丢分；数学更有条充蒙猜大法，帮你搞定条充难题，会做的快速解，不会做的能蒙对。	【老吕SVIP私人定制班】【专属课程，购课赠送教材】条件充分性判断400题逐题讲解综合推理400题逐题讲解论证逻辑400题逐题讲解综合冲刺8套卷逐题讲解写作必背33篇带学写作带写批改营【老吕VIP协议班/SVIP私人定制班】【专属课程，另配内部讲义】数学救命技巧·直播逻辑救命技巧·直播＊写作审题立意点睛·直播＊冲刺阶段模考讲评·直播＊管综真题套卷带刷·直播
押题阶段	《综合考前6套卷》《写作9大篇内部押题资料》	①限时模考，估算分数，分析错题，总结方法②针对丢分、不会做的题目，回归《要点7讲》做基础夯实，回归《母题800练》做系统训练③VIP及SVIP学员：考前各科名师精准押题，配套内部绝密押题讲义，考前必学救命大招；再通过《考前6套卷》限时模考及听逐题讲解，保持做题手感，排除丢分点，胸有成竹上考场。	【老吕VIP协议班/SVIP私人定制班】【专属课程，赠送教材及另配内部讲义】数学救命密押200题·直播逻辑救命密押200题·直播写作救命密押9大篇·直播考前密押6套卷精讲

❺ 联系老吕

老吕已开通多种方式与各位同学互动．希望与老吕沟通的同学，可以选择以下联系方式：

微博：老吕考研吕建刚－MBAMPAcc

微信公众号：老吕考研（MBA、MAud、图书情报专用）

　　　　　　老吕教你考 MBA（MBA、MPA、MEM 专用）

微信：miao-lvlv1　miao-lvlv2

备考 QQ 群：895912947　885690331

B 站：老吕考研吕建刚

抖音：MBA/MPAcc-老吕

小红书：老吕吕建刚（答疑号）

图书问题
反馈及勘误

冰心先生有一首小诗《成功的花》，里面有一段话是这样写的："成功的花儿，人们只惊羡她现时的明艳！　然而当初她的芽儿，浸透了奋斗的泪泉，洒遍了牺牲的血雨。"现在，让我们开始努力，让我们一起努力，让我们一直努力！

祝你金榜题名！

吕建刚

目 录

● 第1讲 推理基础

（形式逻辑及综合推理基础）

第 4 讲　论证母题：一致性类

第 5 讲　论证母题：非一致性类

● 第 6 讲　逻辑谬误与论证逻辑干扰项

● 第 7 讲　论证逻辑必考专题突破

什么是母题？为什么学母题？怎么学母题？

❶ 什么是母题？

母题者，题妈妈也，一生二，二生四，以至无穷。

母题，就是同类题目之"源"。它衍生出了不同的变式，由变式可以衍生出不同的题目。

母题，既是"命题模型"，更是"常考必考点"。学会母题，你就掌握了考试背后的出题思路、高频命题点，能够建立同类题目的方法体系，无论题目怎么变化，都能快速实现"题型与方法"的配对，直接解题。

❷ 为什么学母题？

通过研究 20 余年的管理类联考真题，我们发现：数学有 92% 的题、逻辑 90% 的题、写作 85% 的题，直接来源于母题，剩余的题也都为母题的变式。

不论你是刚开始复习、基础不太好的考生，还是有一定基础、想进一步提高成绩的考生，学透一道母题，就可以掌握同类题型，从而达到"做一题、通一类、解百题"的效果，学习效率大大提高。

❸ 怎么学母题？

为了帮助同学们科学提分，我们立足考生基础，建立"5 层母题学习体系"，帮助考生打通知识应用层层关节。

建立每讲整体学习框架	在学习母题之前，同学们要先认真阅读每讲的"写在前面的话""本讲内容"，对学习内容有一个初步的了解，知道"本讲命题规律分析"、"有多少个大纲考点、母题模型、母题变式"，然后再进入具体的章节学习。
第 1 步 扎实掌握"大纲考点"	考点是基础，是做题的前提。只有扎实理解并牢记基本概念、符号、公式、口诀，才能套用到具体的题目中。对于里面的"例题、真题"，要自己动手先做，检测知识点的掌握程度。这部分建议同学们结合"配套课程"学习，做到深刻理解和掌握。
第 2 步 逐一学习"母题模型及变式"	①这部分要花大量的时间学习，如果学习有困难，要再次复习"大纲考点"，或者结合课程多次学习这类模型的特点和解题方法。

第2步	逐一学习"母题模型及变式"	②模型解法分步拆解。本部分的重点是"条件/论证识别与母题方法"。模型，是母题的总结。题干特征比较明显，对应的方法也比较明确。同学们要建立"题干—方法"的匹配对应，这是学习母题的最终目的！
第3步	系统训练"典型例题""真题秒杀"	①每部分配备对应的例题真题，在"典型例题"处及时练习所学的母题模型及对应方法，"真题秒杀"让大家体会老吕解析方法的实用性、应试性，检测所学内容的掌握程度。要注意"先做题，再看答案解析"。 ②同学们可以通过"纸质版解析""视频课程讲解"，查漏补缺，找到薄弱点及时巩固，从而掌握每节内容。 ③根据模型的重要程度，不同模型配备不同的题量，高频点多命题，低频点少命题，帮助考生聚焦、攻克核心重难点。 ④"贴心话"是老吕对你说的"体己话"，关于考试的唠叨、叮嘱、复习中出现的雷区或者坑，都给你讲得很清楚，良药苦口，句句掏心窝子，希望同学们认真体会。
第4步	识破"逻辑谬误及干扰项"，提高准确率	①针对论证题中易错、迷惑选项、影响做题关键点，总结了8类常见逻辑谬误、23个论证逻辑干扰项。 ②将考点、关键词以表格的形式呈现，快速排除干扰选项，提高做题准确率和做题速度。
第5步	二刷"随堂笔记"，公式技巧、思维导图做总结	①《随堂笔记》是7讲教材的最好搭档！必备知识、母题技巧，全部挖空让你填写，这些都是必须掌握的内容；每道例题、真题，也都留空，不是学过做过就能掌握全部题目，经典题目需要多次练习！ ②《公式技巧》《思维导图》是对7讲核心知识的最好总结！在整个考研全程，你都可以随时使用。每个阶段都有它的效果，记得随身携带、随时看，小产品也有大能量！

一起开始《逻辑7讲》的学习之旅吧！

第1讲

推理基础

（形式逻辑及综合推理基础）

23 个大纲考点　　8 个秒杀口诀

✏️ 写在前面的话

1. 推理的基础是什么?

如前文所述,在管理类联考中推理题平均每年考 18 道,在经济类联考中推理题平均每年考 12 道。这些推理题,又可以分为两大类,即形式逻辑和综合推理。但实际上,无论是形式逻辑还是综合推理,其基础知识都是形式逻辑的基本公式。想把这两部分题目做好,学好形式逻辑是基础。

2. 什么是形式逻辑?

形式逻辑的概念比较抽象。我们用以下例子来说明什么是形式逻辑。

例如:

如果下雨,那么地上湿。

如果我爱你,那么我嫁给你。

如果好好学习,就能考上研究生。

如果听了老吕的课,就能得高分。

在以上例子中,虽然四句话的内容不一样,但其形式是完全一样的。我们可以把上面的例子表示成"如果 A,那么 B"的形式。

可见,形式逻辑就是不考虑思维的内容,只研究思维形式的思维过程。

联考大纲中规定的概念、判断、推理,都属于形式逻辑。因此,严格意义上说,本书的第 1~3 讲均属于形式逻辑。

📘 本讲内容

23个大纲考点

第1章　复言命题

- 大纲考点1　充分条件（A→B）
- 大纲考点2　必要条件（¬A→¬B）
- 大纲考点3　充要条件（A↔B）
- 大纲考点4　"除非否则"的三种句式
- 大纲考点5　串联推理
- 大纲考点6　联言命题（A∧B）
- 大纲考点7　相容选言命题（A∨B）
- 大纲考点8　不相容选言命题（A∀B）
- 大纲考点9　箭头与或者的互换公式
- 大纲考点10　不相容选言命题与排除法的使用
- 大纲考点11　箭摩根公式
- 大纲考点12　多重假言命题

第2章　简单命题

- 大纲考点13　性质命题
- 大纲考点14　模态命题
- 大纲考点15　性质命题的负命题
- 大纲考点16　模态命题的负命题
- 大纲考点17　联言选言命题的负命题
- 大纲考点18　假言命题的负命题
- 大纲考点19　关系命题

第3章　概念

- 大纲考点20　概念与定义
- 大纲考点21　集合概念与类概念
- 大纲考点22　概念间的关系
- 大纲考点23　概念的划分

第 **1** 章　复言命题

复言命题，也称复言判断，为了表达方便，后文通称为复言命题。所谓复言命题，就是指有两个或两个以上断定的命题。

联考中涉及的复言命题有三种：假言命题、联言命题、选言命题。

01　第 1 节　假言命题

扫码免费听
本节讲解

假言命题，也称假言判断，为了表达方便，后文通称为假言命题。所谓假言命题，就是表示某一事件是另一事件的条件的命题。其中，"假"是指假设，"言"就是一句话，故假言命题是表示假设情况的一个断定。

假言命题有三种：充分条件、必要条件、充分必要条件（简称充要条件）。

【本节知识清单】

大纲考点
大纲考点 1　充分条件（A→B）　　大纲考点 4　"除非否则"的三种句式
大纲考点 2　必要条件（¬A→¬B）　大纲考点 5　串联推理
大纲考点 3　充要条件（A↔B）

大纲考点 **1**　充分条件（A→B）

1.1　什么是充分条件

充分条件： 当事件 A 发生时，事件 B 一定发生，则将 A 称为 B 的充分条件。

通俗理解： 有 A 这个条件就足够了，就足以推出 B（有它就行）。

符号化： A→B，读作"A 推出 B"。其中，"A"称为前件，"B"称为后件。

> ⏰ **口诀**　充分条件 A 推 B。

例如：

如果下雨，那么地湿。

含义：如果"下雨"这一事件发生，"地湿"这一事件必然发生。

符号化：下雨→地湿。

下列例句均表示充分条件。

例句	关联词	符号化
如果有钱，就任性	如果……就……	有钱→任性
只要不作死，就不会死	只要……就……	不作→不死， 即：┐作→┐死
一旦我爱你，我就嫁给你	一旦……就……	爱你→嫁你
水烧到了100℃，就会沸腾	……就……	水烧到100℃→沸腾
想要下雨，必须有云	……必须……	下雨→有云
欲速则不达	……则……	欲速→不达
听了老吕的课，一定能考上	……一定……	听了老吕的课→考上
你行你上	省略关联词	你行→你上

上表及后文中的"┐"读作"非"，即否定词。

1.2 逆否命题

已知"如果下雨，那么地湿"。易知：如果"地没湿"，则一定"没下雨"。

即：

$$①下雨→地湿$$
$$等价于：②┐下雨 ← ┐地湿$$

观察可知，上述两个假言命题的箭头方向是反着的(逆)，而"地湿"变成了"┐地湿"，"下雨"变成了"┐下雨"(否)，因此，我们把命题②称为命题①的逆否命题，并有口诀如下：

口诀 1 逆否命题

逆否命题等价于原命题。

公式：

$$逆否命题：A→B＝┐B→┐A。$$

1.3 箭头指向原则

"→"读作"推出"，没有箭头呢？当然就是推不出结论。

观察 A→B＝┐B→┐A，可得下表：

已知	结论	口诀
A	B	有"A"指向"B"的箭头。 故：有箭头指向则为真
┐B	┐A	有"┐B"指向"┐A"的箭头。 故：有箭头指向则为真

续表

已知	结论	口诀
B	"B"后面没有箭头，故推不出结论	没有箭头指向，则可真可假
¬A	"¬A"后面没有箭头，故推不出结论	没有箭头指向，则可真可假

可见：

> ⏰ **口诀 2** 箭头指向原则
>
> 有箭头指向则为真，没有箭头指向则可真可假。

✏️ **典型例题**

例 1.1 如果下雨，那么地就湿。

以下哪项符合以上断定？

Ⅰ. 如果地没湿，说明没有下雨。

Ⅱ. 如果地湿了，说明一定下雨了。

Ⅲ. 如果不下雨，地就不会湿。

A. 仅Ⅰ。　　B. 仅Ⅱ。　　C. 仅Ⅲ。　　D. 仅Ⅱ和Ⅲ。　　E. Ⅰ、Ⅱ和Ⅲ。

【详细解析】

第1步：画箭头。

"如果……那么……"为充分条件的关联词，根据口诀"充分条件A推B"，可得：①下雨→地湿。

第2步：逆否。

①逆否可得：②¬地湿→¬下雨。

第3步：找答案。

Ⅰ项，¬地湿→¬下雨，等价于②，故此项符合题干。

Ⅱ项，地湿→下雨，由①可知，"地湿"后面没有箭头，故此项不符合题干。

Ⅲ项，¬下雨→¬地湿，由②可知，"¬下雨"后面没有箭头，故此项不符合题干。

【答案】A

大纲考点 2 必要条件 (¬A→¬B)

2.1 什么是必要条件

必要条件：当事件A不发生时，事件B一定不会发生，则将A称为B的必要条件。

通俗理解：A这个条件是必须的，没有A这个条件就没有B(没它不行)。

符号化：¬A→¬B，读作"非A推出非B"。其中，"¬A"称为前件，"¬B"称为后件。

逆否可得：A←B，等价于B→A。此时将"B"称为前件，"A"称为后件。

⏰ **口诀** 必要条件 B 推 A。

例如：

只有考到 240 分，才能上北大。

含义：你必须得考到 240 分，才有上北大的可能。如果考不到 240 分，就上不了北大。

必要条件 B 推 A：考到 240 分←上北大。

等价于：ㄱ 考到 240 分→ㄱ 上北大。

下列例句均表示必要条件。

例句	关联词	符号化
只有你买房，我才嫁给你	只有……才……	买房←嫁 逆否可得：ㄱ 买房→ㄱ 嫁
除非你买房，我才嫁给你	除非……才……	买房←嫁 逆否可得：ㄱ 买房→ㄱ 嫁
好好学习是考上大学的前提	……是……的前提	好好学习←考上大学 逆否可得：ㄱ 好好学习→ㄱ 考上大学
爱情是婚姻的基础	……是……的基础	爱情←婚姻 逆否可得：ㄱ 爱情→ㄱ 婚姻
空气对于人类的生存是不可或缺的	……对于……不可或缺	空气←生存 逆否可得：ㄱ 空气→ㄱ 生存

2.2 箭头指向原则

观察公式"ㄱ A→ㄱ B＝B→A"，可得下表：

已知	结论	口诀
ㄱ A	ㄱ B	有"ㄱ A"指向"ㄱ B"的箭头。 故：有箭头指向则为真
B	A	有"B"指向"A"的箭头。 故：有箭头指向则为真
ㄱ B	"ㄱ B"后面没有箭头， 故推不出结论	没有箭头指向，则可真可假
A	"A"后面没有箭头， 故推不出结论	没有箭头指向，则可真可假

以上规律仍然符合"**箭头指向原则**"，即：**有箭头指向则为真，没有箭头指向则可真可假**。

🖊 **典型例题**

例 1.2 只有我爱你，我才嫁给你。

若以上信息为真，则以下哪项不确定真假？

Ⅰ. 如果不爱你，则我不会嫁给你。

Ⅱ. 如果我爱你，则我一定嫁给你。

Ⅲ. 如果我不嫁给你，则我不爱你。

A. 仅Ⅰ。　　　　　　　　B. 仅Ⅱ。　　　　　　　　C. 仅Ⅲ。

D. 仅Ⅱ和Ⅲ。　　　　　　E. Ⅰ、Ⅱ和Ⅲ。

【详细解析】

第 1 步：画箭头。

"只有……才……"为必要条件的关联词，根据口诀"必要条件 B 推 A"，可得：①嫁→爱。

第 2 步：逆否。

①逆否可得：②¬爱→¬嫁。

第 3 步：找答案。

Ⅰ项，¬爱→¬嫁，等价于②，故此项一定为真。

Ⅱ项，爱→嫁，由①可知，"爱"后面没有箭头，故此项可真可假。

Ⅲ项，¬嫁→¬爱，由②可知，"¬嫁"后面没有箭头，故此项可真可假。

【答案】D

例 1.3　只有较高艺术修养的学生，才能考上电影学院。

如果这个断定成立，则以下哪项一定为真？

A. 有较高艺术修养的学生，也可以考上其他大学。

B. 电影学院有时也招有较高艺术修养的成年人。

C. 王英没有较高的艺术修养，但她考上了电影学院。

D. 如果王英考上了电影学院，则她一定有较高的艺术修养。

E. 有较高艺术修养的学生，都能考上电影学院。

【详细解析】

第 1 步：画箭头。

根据口诀"必要条件 B 推 A"，可得：①艺术修养高←考上电影学院。

第 2 步：逆否。

①逆否可得：②¬艺术修养高→¬考上电影学院。

第 3 步：找答案。

A项，考上"其他大学"，题干没有提及，故此项可真可假。

B项，电影学院有时也招"成年人"，题干没有提及，故此项可真可假。

C项，题干的逆否命题为"艺术修养不高，不能考上电影学院"，此项为"艺术修养不高也考上了电影学院"，与题干矛盾，故此项为假。

D项，考上电影学院→艺术修养高，等价于①，故此项为真。

E项，艺术修养高→考上电影学院，由①可知，"艺术修养高"后面没有箭头，故此项可真可假。

【答案】D

例 1.4　甲、乙、丙三人讨论"不劳动者不得食"这一原则所包含的意义。

甲说："不劳动者不得食，意味着得食者可以不劳动。"

乙说："不劳动者不得食，意味着得食者必须是劳动者。"

丙说："不劳动者不得食，意味着劳动者一定得食。"

以下哪项结论是正确的？

A. 甲的意见正确，乙和丙的意见不正确。

B. 乙的意见正确，甲和丙的意见不正确。

C. 丙的意见正确，甲和乙的意见不正确。

D. 乙和丙的意见正确，甲的意见不正确。

E. 甲、乙、丙三人的意见都不正确。

【详细解析】

第 1 步：画箭头。

题干：①￢劳动→￢得食。

第 2 步：逆否。

①逆否可得：②得食→劳动。即：得食必须劳动。

第 3 步：找答案。

甲：得食者可以不劳动，与②矛盾，故甲的意见不正确。

乙：得食者必须是劳动者，等价于②，故乙的意见正确。

丙：劳动→得食，由②可知，"劳动"后面没有箭头，故劳动可能得食，也可能不得食，所以丙的意见不正确。

【答案】B

大纲考点 3　充要条件（A↔B）

充要条件：事件 A 对于事件 B 来说既是充分的又是必要的，则将 A 称为 B 的充分必要条件，简称充要条件。

通俗理解：A 发生则 B 发生，B 发生则 A 发生；A 不发生则 B 不发生，B 不发生则 A 不发生。（A 和 B 为等价关系，同生共死）。

符号化：A↔B，读作"A 等价于 B"（充分箭头向右划，必要箭头向左划，故充要箭头两头划）。

逆否可得：￢A↔￢B。

⏰ **口诀**　充要条件两头推。

例如：

当且仅当一个三角形是等边三角形时，它是等角三角形。

符号化：等边三角形↔等角三角形，等价于：￢等边三角形↔￢等角三角形。

它的意思是：

如果一个三角形是等边三角形，则这个三角形一定是等角三角形。

如果一个三角形是等角三角形，则这个三角形一定是等边三角形。

如果一个三角形不是等边三角形，则这个三角形一定不是等角三角形。

如果一个三角形不是等角三角形，则这个三角形一定不是等边三角形。

二者要么都是真的，要么都是假的，是"同生共死"的关系。

下列例句均表示充要条件。

例句	关联词	符号化
当且仅当你买房，我才跟你结婚	当且仅当	买房↔结婚
你心里只有我是我爱你的唯一条件	……是……的唯一条件	你心里只有我↔我爱你

综上，我们将假言命题的口诀总结如下：

> ⏰ **口诀 3 假言命题**
>
> **充分条件A推B。**
>
> **必要条件B推A。**
>
> **充要条件两头推。**

✏️ **典型例题**

例 **1.5** 当且仅当你的联考分数达到 180 分时，你能进武汉大学 MBA 复试。

如果以上断定为真，则以下哪项也必然为真？

Ⅰ. 如果你的联考分数达到 180 分，你就能进武汉大学 MBA 复试。

Ⅱ. 只有你的联考分数达到 180 分，你才能进武汉大学 MBA 复试。

Ⅲ. 如果你的联考分数没达到 180 分，你就不能进武汉大学 MBA 复试。

A. 仅Ⅰ。　　　　　　　B. 仅Ⅱ。　　　　　　　C. 仅Ⅲ。

D. 仅Ⅱ和Ⅲ。　　　　　E. Ⅰ、Ⅱ和Ⅲ。

【详细解析】

第 1 步：画箭头。

"当且仅当"为充要条件的关联词，根据口诀"充要条件两头推"，可得：①180 分↔进复试。

第 2 步：逆否。

①逆否可得：②¬180 分↔¬进复试。

第 3 步：找答案。

Ⅰ项，180 分→进复试，根据箭头指向原则，由①可知，此项为真。

Ⅱ项，进复试→180 分，根据箭头指向原则，由①可知，此项为真。

Ⅲ项，¬180 分→¬进复试，根据箭头指向原则，由②可知，此项为真。

【答案】 E

大纲考点 4　"除非否则"的三种句式

"¬A→B"，读作"非 A 推 B"，有三种表达方式：

句式 1：除非 A，否则 B。

例如：

除非你买房，否则我不嫁你。

这句话的意思是，买房是我嫁给你的必要条件，你必须得买房，如果你不买房，我就不嫁给你，即：┐买房→不嫁。

可见，此句式的画箭头方法为：去"除"去"否"，箭头右划。

故："除非 A，否则 B"＝"┐A→B"。

句式 2：A，否则 B。

例如：

你买房，否则我不嫁你。

这句话的意思与"除非你买房，否则我不嫁你"相同，还是在强调买房的必要性。你得买房，如果你不买房，我就不嫁给你，即：┐买房→不嫁。

可见，此句式的画箭头方法为：加"非"去"否"，箭头右划。

故："A，否则 B"＝"┐A→B"。

句式 3：B，除非 A。

例如：

我不嫁你，除非你买房。

这句话的意思与"除非你买房，否则我不嫁你"相同，即：┐买房→不嫁。

可见，此句式的画箭头方法为："除"字去掉，箭头反划。

故："B，除非 A"＝"┐A→B"。

我们将以上口诀总结如下：

⏰ 口诀 4 "除非否则"的三种句式

去"除"去"否"，箭头右划。

加"非"去"否"，箭头右划。

"除"字去掉，箭头反划。

【注意】

若想人不知，除非己莫为。

这句话的意思是：如果你不想让别人知道，那么你不要去做，即：不想让别人知道→不要做。因此，这句话的逻辑连词是"若……除非"，而不是"除非"，故不能用口诀"'除'字去掉，箭头反划"。

典型例题

例 1.6 只有认识错误,才能改正错误。

以下各项都准确地表达了上述断定的含义,除了:

A. 除非认识错误,否则不能改正错误。

B. 如果不认识错误,那么不能改正错误。

C. 如果改正错误,说明已经认识了错误。

D. 只要认识错误,就一定能改正错误。

E. 不能改正错误,除非认识错误。

【详细解析】

题干:根据口诀"必要条件B推A",可得:认识←改正=¬认识→¬改正。

A项,去"除"去"否",箭头右划,可得:¬认识→¬改正,与原命题等价。

B项,充分条件A推B,可得:¬认识→¬改正,与原命题等价。

C项,充分条件A推B,可得:改正→认识,与原命题等价。

D项,充分条件A推B,可得:认识→改正,根据"箭头指向原则"可知,与原命题不等价。

E项,"除"字去掉,箭头反划,可得:¬认识→¬改正,与原命题等价。

【答案】D

真题秒杀

例 1.7 (2012年管理类联考真题)经理说:"有了自信不一定赢。"董事长回应说:"但是没有自信一定会输。"

以下哪项与董事长的意思最为接近?

A. 不输即赢,不赢即输。

B. 如果自信,则一定会赢。

C. 只有自信,才可能不输。

D. 除非自信,否则不可能输。

E. 只有赢了,才可能更自信。

【详细解析】

董事长:¬自信→输=¬输→自信。

A项,¬输→赢,¬赢→输,与董事长的意思不同。

B项,充分条件A推B,可得:自信→赢,与董事长的意思不同。

C项,必要条件B推A,可得:自信←输,与董事长的意思相同。

D项,去"除"去"否",箭头右划,可得:"¬自信→¬输",与董事长的意思不同。

E项,必要条件B推A,可得:赢←自信,与董事长的意思不同。

【答案】C

例 1.8 (2020 年经济类联考真题)只要不下雨，典礼就按时开始。

以下哪项正确表述了上述断定？

Ⅰ. 如果典礼按时开始，则一定没有下雨。

Ⅱ. 如果典礼不按时开始，则一定下雨。

Ⅲ. 除非下雨，否则典礼就按时开始。

A. 只有Ⅰ。　　　　　　　B. 只有Ⅱ。　　　　　　　C. 只有Ⅲ。

D. 只有Ⅱ和Ⅲ。　　　　　E. Ⅰ、Ⅱ和Ⅲ。

【详细解析】

题干：¬下雨→按时开始，等价于：¬按时开始→下雨。

Ⅰ项，按时开始→¬下雨，不符合题干。

Ⅱ项，¬按时开始→下雨，与题干等价。

Ⅲ项，¬下雨→按时开始，与题干等价。

【答案】D

大纲考点 5 　串联推理

先看一个例子：

已知：①如果天下雨，地上就会湿。②如果地上湿，老吕就穿防滑鞋。

那么，由"天下雨"可以推出什么？

【分析】

由①可知，天下雨→地上湿。即由"天下雨"可以推出"地上湿"。

由②可知，地上湿→老吕穿防滑鞋。即由"地上湿"可以推出"老吕穿防滑鞋"。

因此，由"天下雨"可以推出"老吕穿防滑鞋"。

故：

已知 A→B，B→C。

可将已知条件串联得：A→B→C。

逆否可得：¬C→¬B→¬A。

此时，仍可满足箭头指向原则：

有箭头指向则为真，没有箭头指向则可真可假。

即：

(1)如果 A 发生，那么 B 发生；如果 B 发生，那么 C 发生。可见，A 发生可以推出 C 发生。

(2)如果 C 不发生，则 B 不发生；如果 B 不发生，则 A 不发生。可见，C 不发生可以推出 A 不发生。

综上，可得：

> ⏰ 口诀 5　推理基本法
>
> 肯前必肯后，否后必否前。

📝 **典型例题**

📖 例 1.9 如果你犯了法，你就会受到法律制裁；如果你受到法律制裁，别人就会看不起你；如果别人看不起你，你就无法受到尊重；而只有得到别人的尊重，你才能过得舒心。

从以上叙述中，可以推出下列哪一个结论？

A. 你不犯法，日子就会过得舒心。

B. 你犯了法，日子就不会过得舒心。

C. 你日子过得不舒心，证明你犯了法。

D. 你日子过得舒心，表明你看得起别人。

E. 如果别人看得起你，你日子就能过得舒心。

【详细解析】

第1步：画箭头。

题干有以下判断：

①犯法→法律制裁。

②法律制裁→别人看不起你。

③别人看不起你→ ¬ 得到尊重。

④舒心→得到尊重，等价于：¬ 得到尊重→ ¬ 舒心。

第2步：串联。

由①、②、③、④串联可得：⑤犯法→法律制裁→别人看不起你→ ¬ 得到尊重→ ¬ 舒心。

第3步：逆否。

⑤逆否可得：⑥舒心→得到尊重→别人看得起你→ ¬ 法律制裁→ ¬ 犯法。

第4步：找答案。

A项，¬ 犯法→舒心，由⑥可知，"¬ 犯法"后面没有箭头指向"舒心"，故此项可真可假。

B项，犯法→ ¬ 舒心，由⑤可知，此项为真。

C项，¬ 舒心→犯法，由⑤可知，"¬ 舒心"后面没有箭头指向"犯法"，故此项可真可假。

D项，舒心→看得起别人，题干中仅涉及"别人是否看得起你"，不涉及"你是否看得起别人"，因此，由题干无法判断此项的真假。

E项，别人看得起你→舒心，由⑥可知，"别人看得起你"后面没有箭头指向"舒心"，故此项可真可假。

【答案】B

📝 **真题秒杀**

📖 例 1.10 (2002年MBA联考真题)一本小说要畅销，必须有可读性；一本小说，只有深刻触及社会的敏感点，才能有可读性；而一个作者如果不深入生活，他的作品就不可能深刻触及社会的敏感点。

以下哪项结论可以从题干的断定中推出？

Ⅰ．一个畅销小说作者，不可能不深入生活。

Ⅱ．一本不触及社会敏感点的小说，不可能畅销。

Ⅲ．一本不具有可读性的小说的作者，一定没有深入生活。

A. 只有Ⅰ。   B. 只有Ⅱ。   C. 只有Ⅰ和Ⅱ。

D. 只有Ⅰ和Ⅲ。   E. Ⅰ、Ⅱ和Ⅲ。

【详细解析】

第1步：画箭头。

题干有以下判断：

①畅销→可读性。

②敏感点←可读性。

③┐深入生活→┐敏感点，等价于：敏感点→深入生活。

第2步：串联。

由①、②、③串联可得：④畅销→可读性→敏感点→深入生活。

第3步：逆否。

④逆否可得：⑤┐深入生活→┐敏感点→┐可读性→┐畅销。

第4步：找答案。

Ⅰ项，畅销→深入生活，由④可知，此项为真。

Ⅱ项，┐敏感点→┐畅销，由⑤可知，此项为真。

Ⅲ项，┐可读性→┐深入生活，由⑤可知，"┐可读性"后面没有箭头指向"┐深入生活"，故此项可真可假。

【答案】C

例 1.11 （2015年管理类联考真题）一个人如果没有崇高的信仰，就不可能守住道德的底线；而一个人只有不断地加强理论学习，才能始终保持崇高的信仰。

根据以上信息，可以得出以下哪项？

A. 一个人没能守住道德的底线，是因为他首先丧失了崇高的信仰。

B. 一个人只要有崇高的信仰，就能守住道德的底线。

C. 一个人只有不断加强理论学习，才能守住道德的底线。

D. 一个人如果不能守住道德的底线，就不可能保持崇高的信仰。

E. 一个人只要不断加强理论学习，就能守住道德的底线。

【详细解析】

第1步：画箭头。

题干有以下判断：

①┐信仰→┐道德底线，等价于：道德底线→信仰。

②信仰→理论学习。

第2步：串联。

由①、②串联可得：道德底线→信仰→理论学习。

故可知C项，道德底线→理论学习，正确。

注意：此时如果能迅速找到答案，可不必进行第3步"逆否"。

【答案】C

扫码免费听
本节讲解

02 第2节 联言选言命题

【本节知识清单】

大纲考点	
大纲考点6 联言命题（A∧B）	大纲考点9 箭头与或者的互换公式
大纲考点7 相容选言命题（A∨B）	大纲考点10 不相容选言命题与排除法的使用
大纲考点8 不相容选言命题（A∀B）	大纲考点11 箭摩根公式
	大纲考点12 多重假言命题

大纲考点 6 联言命题（A∧B）

6.1 什么是联言命题

联言命题：表达事件 A 和事件 B 都发生的命题。

符号化：A∧B，读作"A且B"。其中，A、B 称为肢命题，A∧B 称为干命题。

发生事件的个数：2 个。

例如：

酱心又甜美又可爱。

含义：酱心是甜美的，并且是可爱的。

符号化：甜美∧可爱。

以下例句均为联言命题。

例句	关联词	符号化
老罗既胖又可爱	既……又……	胖∧可爱
我想低调，但是实力不允许	……，但是……	想低调∧实力不允许
高端大气上档次	并列关系，省略了关联词	高端∧大气∧上档次
康哥很有才华，却没有头发	……，却……	有才华∧没有头发
酱心和酱油都考上了研究生	……和……	酱心考上∧酱油考上

🐱 **【注意】**

"却""但是"等转折词，在形式逻辑中的意思等于"且"；但在论证逻辑中，一般用于强调转折后的部分。

6.2 **联言命题的真假**

根据联言命题 $A \wedge B$ 的含义"A、B 都发生",易得"联言命题的真值表":

情况	A	B	$A \wedge B$
①	√	√	√
②	√	×	×
③	×	√	×
④	×	×	×

可见:全真且为真,有假且为假。

6.3 **联言命题的矛盾命题**

观察上表可知:

"$A \wedge B$"为真,只有一种可能,即情况①。

"$A \wedge B$"为假,有三种可能,即情况②、③、④。在这三种情况下,A 和 B 可能一真一假,也可能两个都为假。即,A 假和 B 假至少发生一个,我们将至少发生一个记为"∨",则有:

"$A \wedge B$"为假,等价于:A 假∨B 假。

故有:

德摩根公式(1):$\neg (A \wedge B)$,等价于:$\neg A \vee \neg B$。

可见:

"$A \wedge B$"与"$\neg A \vee \neg B$"矛盾。

"$\neg (A \wedge B)$"与"$\neg A \vee \neg B$"等价。

📝 **典型例题**

例 1.12 已知"树木既能绿化环境,又能制造出新鲜空气"为真。

根据以上信息无法确定以下哪项的真假?

A. 树木能绿化环境。　　　　　　　　　B. 树木不能绿化环境。

C. 树木能制造出新鲜空气。　　　　　　D. 树木不能制造出新鲜空气。

E. 小草也能制造出新鲜空气。

【详细解析】

由"$A \wedge B$"为真,可知 A 真,而且 B 真。

故由题干可知:"树木能绿化环境"为真,"树木能制造出新鲜空气"也为真。

故 A、C 项为真,B、D 项为假。

由于题干仅涉及"树木",不涉及"小草",故无法由题干判断 E 项的真假。

【答案】E

例 1.13 已知"树木既能绿化环境，又能制造出新鲜空气"为假。

根据以上信息可以断定以下哪项说法必然正确？

A. 树木不能制造出新鲜空气。

B. 树木能绿化环境，但不能制造出新鲜空气。

C. 树木不能绿化环境，但能制造出新鲜空气。

D. 树木既不能绿化环境，也不能制造出新鲜空气。

E. 树木不能绿化环境和树木不能制造出新鲜空气至少一个为真。

【详细解析】

由"A∧B"为假，可知"￢A"和"￢B"至少发生一个，有三种可能：A真B假、A假B真、A假B假。

因此，由"树木既能绿化环境，又能制造出新鲜空气"为假，可知"树木不能绿化环境"和"树木不能制造出新鲜空气"至少发生一个，故E项为真。

有以下三种可能：

可能①：树木能绿化环境，但不能制造出新鲜空气。

可能②：树木不能绿化环境，但能制造出新鲜空气。

可能③：树木既不能绿化环境，也不能制造出新鲜空气。

但是，并不确定具体发生了这三种可能中的哪一种可能，因此，A、B、C、D项均不能确定真假。

【答案】E

大纲考点 7　相容选言命题（A∨B）

7.1　什么是相容选言命题

相容选言命题："选"的意思就是选择，"相容"的意思是可以都选，因此，相容选言命题的意思就是你要选而且可以都选。即事件A和事件B至少发生一个，也可能都发生。

符号化：A∨B，读作"A或B"。其中，A、B称为肢命题，A∨B称为干命题。

发生事件的个数：≥1个。

例如：

张三的室友是李四，或者是王五。

符号化：李四∨王五。

相容选言命题的意思是至少选一个，也可能都选。故本例的意思是：张三的室友可能是李四，也可能是王五，也可能二者都是。

以下例句均为相容选言命题。

例句	关联词	符号化
或者张三作案，或者李四作案	或者……，或者……	张三作案∨李四作案
李四考不上清华，或者王五考上北大	……或者……	￢李四清华∨王五北大
张三和李四至少有一个人会考上	至少	张三考上∨李四考上
或者张三作案或者李四作案，二者至少其一	或者……，或者……，二者至少其一	张三作案∨李四作案

7.2 　相容选言命题的真假

根据 A∨B 的含义，即 A、B 至少发生一个，也可能都发生，易得"相容选言命题的真值表"：

情况	A	B	A∨B
①	√	√	√
②	√	×	√
③	×	√	√
④	×	×	×

可见：有真或为真，全假或为假。

7.3 　相容选言命题的矛盾命题

观察上表可知：

"A∨B"为真，有三种可能，即情况①、②、③。

"A∨B"为假，只有一种可能，即情况④。

则有：

"A∨B"为假，等价于：A 假∧B 假。

故有：

德摩根公式（2）：¬（A∨B），等价于：¬ A∧¬ B。

可见：

"A∨B"与"¬ A∧¬ B"矛盾。

"¬（A∨B）"与"¬ A∧¬ B"等价。

📝 典型例题

例 1.14 已知"小王考上了北大，或者小李没考上清华"为假，判断下列命题的真假。

(1)小王考上了北大。

(2)小王没考上北大。

(3)小李考上了清华。

(4)小李没考上清华。

(5)小李考上了清华，或者小王考上了北大。

【详细解析】

题干："小王北大∨小李没清华"为假，故"¬（小王北大∨小李没清华）"为真。

¬（小王北大∨小李没清华）=（¬ 小王北大∧¬ 小李没清华）=（¬ 小王北大∧小李清华）。

故有：小王没考上北大、小李考上了清华。所以(2)、(3)项为真，(1)、(4)项均为假。

(5)项，小李考上了清华∨小王考上了北大，已知"小李考上了清华"为真，故此命题为真。

【答案】(1)项为假；(2)项为真；(3)项为真；(4)项为假；(5)项为真

例 1.15　并非蔡经理负责研发或者负责销售工作。

如果以上陈述为真，则以下哪项最为准确地表达了以上断定？

A. 蔡经理既不负责研发也不负责销售。

B. 蔡经理负责销售但不负责研发。

C. 蔡经理负责研发但不负责销售。

D. 如果蔡经理不负责销售，那么他负责研发。

E. 如果蔡经理负责销售，那么他不负责研发。

【详细解析】

题干：¬（研发∨销售）＝¬研发∧¬销售。

因此，蔡经理既不负责研发也不负责销售，故 A 项与题干等价。

E 项，销售→¬研发，等价于：¬研发∨¬销售。根据上述分析可知：蔡经理既不负责研发也不负责销售，故可推出此项为真，但是，此项与题干并不等价，故排除（此项涉及后文中的相关知识，如不能理解此项的解释，可学完本节后再回来研究此项）。

【答案】A

大纲考点 8　不相容选言命题（A∀B）

8.1　什么是不相容选言命题

不相容选言命题："选"的意思就是选择，"不相容"的意思是不能都选，因此，不相容选言命题的意思就是只能从这两个中选一个。即事件 A 和事件 B 发生且仅发生一个。

符号化：A∀B，读作"A 要么 B"。其中，A、B 称为肢命题，A∀B 称为干命题。

发生事件的个数：1 个。

例如：

张珊的老公要么是老陈，要么是老罗。

符号化：老陈∀老罗。

不相容选言命题的意思就是这两个选择中选且仅选一个。故张珊的老公只有两种可能：老陈、老罗。

以下例句均表示不相容选言命题。

例句	关联词	符号化
要么是男人，要么是女人	要么……要么……	男人∀女人
他或者是唯心主义者，或者是唯物主义者，二者必居其一	或者……或者……，二者必居其一	唯心∀唯物

【易错点】

"或者……或者……，二者至少其一"是相容选言命题。

"或者……或者……，二者必居其一"是不相容选言命题。

8.2 不相容选言命题的真假

根据 A∀B 的含义，即事件 A 和事件 B 发生且仅发生一个，故有两种可能情况：A 发生 B 不发生，A 不发生 B 发生。

所以，当 A、B 一个发生，另外一个不发生时，A∀B 为真；当 A、B 同时发生，或者 A、B 均不发生时，A∀B 为假。

易得"不相容选言命题的真值表"：

情况	A	B	A∀B
①	√	√	×
②	√	×	√
③	×	√	√
④	×	×	×

可见：**一真一假要么为真，同真同假要么为假。**

> 综上所述，有以下口诀：
>
> ### ⏰ 口诀 6 联言选言命题
>
> **全真且为真，有假且为假。**
>
> **有真或为真，全假或为假。**
>
> **一真一假要么为真，同真同假要么为假。**

8.3 不相容选言命题的矛盾命题

观察上表可知：

"A∀B"为真，有两种可能，即情况②、③。

"A∀B"为假，也有两种可能，即情况①、④。

则有：

$$\text{"A∀B"为假，等价于：（A 真 B 真）或者（A 假 B 假）。}$$

故有：

德摩根公式（3）：¬（A∀B）=（A∧B）∨（¬A∧¬B）。

😎 **【注意】**

因为"A 真 B 真"和"A 假 B 假"不可能同时为真，故上述公式中的"或者"也可以写成"要么"。即：

$$¬（A∀B）=（A∧B）∀（¬A∧¬B）。$$

可见：

"A∀B"与"（A∧B）∨（¬A∧¬B）"矛盾。

"¬（A∀B）"与"（A∧B）∨（¬A∧¬B）"等价。

📝 **典型例题**

例 1.16 某个体户严重违反了经营条例，执法人员向他宣称："要么罚款，要么停业，二者必居其一。"他说："我不同意。"

如果该个体户坚持自己意见的话，以下哪项断定是他在逻辑上必须同意的？

A. 罚款但不停业。

B. 停业但不罚款。

C. 既不罚款又不停业。

D. 既罚款又停业。

E. 如果既不罚款又不停业办不到的话，就必须接受既罚款又停业。

【详细解析】

执法人员：罚款∀停业。

个体户：不同意（罚款∀停业），即¬（罚款∀停业）。

由公式"¬（A∀B）=（A∧B）∨（¬A∧¬B）"，可得：¬（罚款∀停业）=（罚款∧停业）∨（¬罚款∧¬停业）。

利用排除法，如果不能"¬罚款∧¬停业"，那么就要"罚款∧停业"。故 E 项正确。

【答案】E

大纲考点 9　箭头与或者的互换公式

9.1　或者变箭头（"∨"变"→"）

A∨B的意思是A、B至少发生一个。利用排除法，若A不发生，必有B发生；若B不发生，必有A发生。即：

$$（A∨B）=（¬A→B）=（¬B→A）$$

例如：

已知这起谋杀案的凶手是张三，或者是李四。如果凶手不是张三，可推知：凶手是李四。

符号化为：（张三∨李四）=（¬张三→李四）。

9.2　箭头变或者（"→"变"∨"）

若已知"¬A∨B"。利用排除法，若"¬A"不发生，即A发生，则B发生。故"¬A∨B"等价于"A→B"。

即：

$$（A→B）=（¬A∨B）$$

9.3 利用"永真式"证明"箭头变或者公式"

矛盾的命题必为一真一假，所以"A"和"┐A"必为一真一假。

因为无论"A"和"┐A"哪个为真都能推出"A∨┐A"为真，故"A∨┐A"必然为真，是永真式。

例如：

你考上了研究生∨你没考上研究生，必为真。

这是一条狗∨这不是一条狗，必为真。

今天下雨∨今天不下雨，必为真。

永真式是永远为真的，相当于是个默认条件。

例如：

已知：如果下雨，那么地湿。

又有默认条件：或者"不下雨"发生，或者"下雨"发生。而如果下雨，地上一定会湿。故或者不下雨，或者下雨从而有地湿。

可写成如下公式：

$$下雨→地湿＝┐下雨∨地湿。$$

同理，如果已知 A→B，又有默认条件┐A∨A。可知，或者┐A 发生，或者 A 发生从而有 B 发生。故有：┐A∨B。

即：

$$┐A∨A;$$
$$A→B;$$
$$\overline{\qquad\qquad\qquad}$$
$$所以，┐A∨B。$$

故有：$(A→B)＝(┐A∨B)$。

🖊 **典型例题**

例 1.17 并非雅典奥运会既成功又节俭。

如果上述命题为真，那么以下哪项也必为真？

A. 雅典奥运会成功但不节俭。

B. 雅典奥运会节俭但不成功。

C. 雅典奥运会既不节俭也不成功。

D. 如果雅典奥运会不节俭，那么一定成功了。

E. 如果雅典奥运会成功了，那么一定不节俭。

【详细解析】

题干：┐（成功∧节俭）＝（┐成功∨┐节俭）＝（成功→┐节俭）＝（节俭→┐成功）。

故 E 项，"如果成功，那么不节俭"为真。

【答案】E

例 1.18 鱼和熊掌不可兼得。

以下哪项断定符合题干的断定？

Ⅰ. 鱼和熊掌皆不可得。

Ⅱ. 鱼不可得或熊掌不可得。

Ⅲ. 如果鱼可得，则熊掌不可得。

A. 只有Ⅰ。　　B. 只有Ⅱ。　　C. 只有Ⅲ。　　D. 只有Ⅱ和Ⅲ。　　E. Ⅰ、Ⅱ和Ⅲ。

【详细解析】

"鱼和熊掌不可兼得"，即：不能(得鱼且得熊掌)。

由德摩根公式(1)可得：$\neg$(鱼$\wedge$熊掌)$=\neg$鱼$\vee\neg$熊掌，故Ⅱ项为真。

根据"或者变箭头公式"，可得：$\neg$鱼$\vee\neg$熊掌$=$鱼$\rightarrow\neg$熊掌，故Ⅲ项为真。

"$\neg$鱼$\vee\neg$熊掌"有三种可能：①$\neg$鱼$\wedge$熊掌；②鱼$\wedge\neg$熊掌；③$\neg$鱼$\wedge\neg$熊掌。Ⅰ项是可能③，有可能发生也有可能不发生。故Ⅰ项可真可假。

【答案】D

🖊 真题秒杀

例 1.19 (2005年MBA联考真题)总经理：根据本公司的实力，我主张环岛绿地和宏达小区这两个项目至少上马一个，但清河改造工程不能上马。

董事长：我不同意。

以下哪项最为准确地表达了董事长实际同意的意思？

A. 环岛绿地、宏达小区和清河改造这三个工程都上马。

B. 环岛绿地、宏达小区和清河改造这三个工程都不上马。

C. 环岛绿地、宏达小区这两个工程至多上马一个，但清河改造工程要上马。

D. 环岛绿地、宏达小区这两个工程至多上马一个，如果做不到这一点，那也要保证清河改造工程上马。

E. 环岛绿地、宏达小区这两个工程都不上马，如果做不到这一点，那也要保证清河改造工程上马。

【详细解析】

总经理：(绿地$\vee$宏达)$\wedge\neg$清河。

董事长：我不同意。

故，董事长的意思是：并非[(绿地$\vee$宏达)$\wedge\neg$清河]$=\neg$(绿地$\vee$宏达)$\vee$清河$=$($\neg$绿地$\wedge\neg$宏达)$\vee$清河$=\neg$($\neg$绿地$\wedge\neg$宏达)$\rightarrow$清河。

故有：如果不能做到环岛绿地和宏达小区这两个项目都不上马，那么清河改造工程要上马。

【答案】E

大纲考点 ❿ 不相容选言命题与排除法的使用

$A\veebar B$的含义是发生且仅发生一个。

故，若已知$A\veebar B$为真，根据排除法，则可推出：

如果 A，则 ¬ B。

如果 B，则 ¬ A。

如果 ¬ A，则 B。

如果 ¬ B，则 A。

🖊 **典型例题**

例 1.20 一桩投毒谋杀案，作案者要么是甲，要么是乙，二者必有其一；所用毒药或者是毒鼠强，或者是乐果，二者至少是其一。

如果上述断定为真，则以下哪项推断一定成立？

Ⅰ. 该投毒案不是甲投毒鼠强所为，因此一定是乙投乐果所为。

Ⅱ. 在该案侦破中发现甲投了毒鼠强，因此该案中的毒药不可能是乐果。

Ⅲ. 该投毒案的作案者不是甲，并且所投毒药中没有毒鼠强，因此一定是乙投乐果所为。

A. 仅Ⅰ。　　　　　　　　B. 仅Ⅱ。　　　　　　　　C. 仅Ⅲ。

D. 仅Ⅰ和Ⅲ。　　　　　　E. Ⅰ、Ⅱ和Ⅲ。

【详细解析】

题干有两个命题：

①甲∀乙，即甲和乙有一个人作案，另外一个人没作案。

②毒鼠强∨乐果，即两种毒药至少使用一种，也可能两种都使用。

Ⅰ项，¬（甲∧毒鼠强）＝¬ 甲∨¬ 毒鼠强＝乙∨乐果。故Ⅰ项"乙∧乐果"可真可假。

"并且"与"或者"的关系

①已知"A∧B"为真，可以推出"A真∧B真"，故"A∨B"必然为真。

②已知"A∨B"为真，有三种可能"A真∧B真""A真∧B假""A假∧B真"，当第一种可能发生时，"A∧B"为真；当后两种可能发生时，"A∧B"为假。故，若已知"A∨B"为真，则"A∧B"真假不定。

此项也可以用排列组合的思维来求解：人有 2 种可能（甲、乙），药物有 3 种可能（乐果、毒鼠强、都用），所以一共有 2×3＝6（种）可能性，肯定任何 1 种可能，则可以排除另外 5 种可能；但只有否定 5 种可能，才能肯定另外 1 种可能。

Ⅱ项，由命题②可知，该投毒案可能同时使用两种毒药，故Ⅱ项"不可能是乐果"为假。

Ⅲ项，

$$¬ 甲 → 乙；$$
$$¬ 毒鼠强 → 乐果；$$
$$¬ 甲 ∧ ¬ 毒鼠强；$$
$$\overline{}$$
$$所以，乙 ∧ 乐果。$$

故Ⅲ项为真。

【答案】C

🖊 **真题秒杀**

📖 例 1.21 (2010 年在职 MBA 联考真题)某山区发生了较大面积的森林病虫害。在讨论农药的使用时，老许提出："要么使用甲胺磷等化学农药，要么使用生物农药。前者过去曾用过，价钱便宜，杀虫效果好，但毒性大；后者未曾使用过，效果不确定，价格贵。"

从老许的提议中，不可能推出的结论是：

A. 如果使用化学农药，那么就不使用生物农药。

B. 或者使用化学农药，或者使用生物农药，两者必居其一。

C. 如果不使用化学农药，那么就使用生物农药。

D. 化学农药比生物农药好，应该优先考虑使用。

E. 化学农药和生物农药是两类不同的农药，两类农药不要同时使用。

【详细解析】

老许：化学农药 ∀ 生物农药，可知化学农药和生物农药使用且仅使用一种。

A 项，化学农药和生物农药使用且仅使用一种，故如果使用化学农药，就不使用生物农药，为真。

B 项，此项等价于：化学农药 ∀ 生物农药，为真。

C 项，化学农药和生物农药使用且仅使用一种，故如果不使用化学农药，则一定使用生物农药，为真。

D 项，老许对于两种农药，只是给了一个客观评价，并没有给出倾向使用哪一种，故 D 项不正确。

E 项，老许的观点是化学农药和生物农药使用且仅使用一种，故可推出"不能两种同时使用"，为真。

【答案】D

大纲考点 ⑪ 箭摩根公式

A→B∧C，等价于：¬(B∧C)→¬A，等价于：¬B∨¬C→¬A。

A→B∨C，等价于：¬(B∨C)→¬A，等价于：¬B∧¬C→¬A。

A∧B→C，等价于：¬C→¬(A∧B)，等价于：¬C→¬A∨¬B。

A∨B→C，等价于：¬C→¬(A∨B)，等价于：¬C→¬A∧¬B。

以上公式均由"箭头＋德摩根公式"组成，为了方便记忆，老吕将此公式称为"箭摩根公式"。

🖊 **典型例题**

📖 例 1.22 只要有足够的勇气和智慧，就没有办不成的事。

如果上述断定为真，则以下哪项一定为真？

A. 如果有事办不成，说明既缺乏足够的勇气，又缺乏足够的智慧。

B. 如果有事办不成，说明缺乏足够的勇气，或者缺乏足够的智慧。

C. 如果没有办不成的事，说明至少有足够的勇气。

D. 如果缺乏足够的勇气和智慧，那就办不成任何事。

E. 如果缺乏足够的勇气和智慧，就总有事办不成。

【详细解析】

题干：勇气∧智慧→没有办不成的事。

等价于：有办不成的事→﹁（勇气∧智慧），即：有办不成的事→﹁勇气∨﹁智慧。

所以，如果有事办不成，说明缺乏足够的勇气，或者缺乏足够的智慧，故B项正确。

根据"箭头指向原则"，可知其余各项均可真可假。

【答案】B

📌 例 1.23 一个产品要畅销，产品的质量和经销商的诚信缺一不可。

以下各项都符合题干的断定，除了：

A. 一个产品滞销，说明它或者质量不好，或者经销商缺乏诚信。

B. 一个产品，只有质量高并且诚信经销，才能畅销。

C. 一个产品畅销，说明它质量高并有诚信的经销商。

D. 一个产品，除非有高的质量和诚信的经销商，否则不能畅销。

E. 一个质量好并且由诚信者经销的产品不一定畅销。

【详细解析】

根据题干关键词"缺一不可"，可知"产品的质量和经销商的诚信"是"产品要畅销"的必要条件，故有：畅销→质量∧诚信。

等价于：﹁（质量∧诚信）→﹁畅销，即：﹁质量∨﹁诚信→﹁畅销。

A项，滞销，即不畅销，根据"箭头指向原则"，可知"不畅销"的后面没有箭头指向，故此项可真可假。

B项，质量∧诚信←畅销，为真。

C项，畅销→质量∧诚信，为真。

D项，去"除"去"否"，箭头右划，故有：﹁（质量∧诚信）→﹁畅销，为真。

E项，根据"箭头指向原则"，可知"质量∧诚信"的后面没有箭头指向，所以可能畅销也可能不畅销，此项说不一定畅销，故此项为真。

【答案】A

🖊 真题秒杀

📌 例 1.24 （2010年管理类联考真题）针对威胁人类健康的甲型H1N1流感，研究人员研制出了相应的疫苗。尽管这些疫苗是有效的，但某大学研究人员发现，阿司匹林、羟苯基乙酰胺等抑制某些酶的药物会影响疫苗的效果，这位研究人员指出："如果你使用了阿司匹林或者对乙酰氨基酚，那么你注射疫苗后就必然不会产生良好的抗体反应。"

如果小张注射疫苗后产生了良好的抗体反应，那么根据上述研究结果可以得出以下哪项结论？

A. 小张服用了阿司匹林，但没有服用对乙酰氨基酚。

B. 小张没有服用阿司匹林，但感染了H1N1流感病毒。

C. 小张服用了阿司匹林，但没有感染H1N1流感病毒。

D. 小张没有服用阿司匹林，也没有服用对乙酰氨基酚。

E. 小张服用了对乙酰氨基酚，但没有服用羟苯基乙酰胺。

【详细解析】

题干：阿司匹林 $\lor$ 对乙酰氨基酚 $\to$ 不会产生良好的抗体反应。

等价于：产生良好的抗体反应 $\to \neg$（阿司匹林 $\lor$ 对乙酰氨基酚）。

等价于：产生良好的抗体反应 $\to \neg$ 阿司匹林 $\land \neg$ 对乙酰氨基酚。

显然，小张产生了良好的抗体反应，则没有服用阿司匹林，也没有服用对乙酰氨基酚。

【答案】D

大纲考点 12 多重假言命题

（1）如果 A，那么 B，除非 C。

符号化为：$\neg C \to (A \to B)$。

等价于：$\neg C \to (\neg A \lor B)$。

等价于：$C \lor (\neg A \lor B)$。

等价于：$C \lor \neg A \lor B$。

等价于：$\neg (C \lor \neg A) \to B$。

等价于：$\neg C \land A \to B$。

（2）只有 A，才 B，否则 C。

符号化为：$\neg (B \to A) \to C$。

等价于：$\neg (\neg B \lor A) \to C$。

等价于：$B \land \neg A \to C$。

典型例题

例 1.25 如果飞行员严格遵守操作规程，并且飞机在起飞前经过严格的例行技术检验，那么，飞机就不会失事，除非出现例如劫机这样的特殊意外。这架波音 747 在金沙岛上空失事。

如果上述断定为真，则以下哪项也一定为真？

A. 如果失事时无特殊意外发生，则飞行员一定没有严格遵守操作规程，并且飞机在起飞前没有经过严格的例行技术检验。

B. 如果失事时有特殊意外发生，则飞行员一定严格遵守了操作规程，并且飞机在起飞前经过了严格的例行技术检验。

C. 如果飞行员没有严格遵守操作规程，并且飞机起飞前没有经过严格的例行技术检验，则失事时一定没有特殊意外发生。

D. 如果失事时没有特殊意外发生，则可得出结论：只要飞机失事的原因是飞行员没有严格遵守操作规程，那么飞机在起飞前一定经过了严格的例行技术检验。

E. 如果失事时没有特殊意外发生，则可得出结论：只要飞机失事的原因不是飞机在起飞前没有经过严格的例行技术检验，那么一定是飞行员没有严格遵守操作规程。

【详细解析】

题干的意思是：遵守操作规程 $\land$ 例行技术检验 $\land \neg$ 特殊意外 $\to \neg$ 失事。

推导过程如下：

¬ 特殊意外→(遵守操作规程∧例行技术检验→¬ 失事)。

等价于：¬ 特殊意外→(¬ 遵守操作规程∨¬ 例行技术检验∨¬ 失事)。——括号内箭头变或者

等价于：特殊意外∨¬ 遵守操作规程∨¬ 例行技术检验∨¬ 失事。——括号外箭头变或者

故，四种可能中排除三种，可推出另外一种可能。

即：遵守操作规程∧例行技术检验∧¬ 特殊意外→¬ 失事。——或者变箭头

第1讲

等价于：失事→¬ 遵守操作规程∨¬ 例行技术检验∨特殊意外。——逆否命题

已知这架波音747在金沙岛上空失事，故必有：¬ 遵守操作规程∨¬ 例行技术检验∨特殊意外。

等价于：¬ 特殊意外∧例行技术检验→¬ 遵守操作规程。——或者变箭头

【答案】E

真题秒杀

例 1.26 （2010年管理类联考真题）蟋蟀是一种非常有趣的小动物。宁静的夏夜，草丛中传来阵阵清脆悦耳的鸣叫声。那是蟋蟀在唱歌。蟋蟀优美动听的歌声并不是出自它的好嗓子，而是来自它的翅膀。左右两翅一张一合，相互摩擦，就可以发出悦耳的响声了。蟋蟀还是建筑专家，与它那柔软的挖掘工具相比，蟋蟀的住宅真可以算得上是伟大的工程了。在其住宅门口，有一个收拾得非常舒适的平台。夏夜，除非下雨或者刮风，否则蟋蟀肯定会在这个平台上唱歌。

根据以上陈述，以下哪项是蟋蟀在无雨的夏夜所做的？

A. 修建住宅。　　　　　　　　　　　B. 收拾平台。

C. 在平台上唱歌。　　　　　　　　　D. 如果没有刮风，它就在抢修工程。

E. 如果没有刮风，它就在平台上唱歌。

【详细解析】

题干：夏夜，除非下雨或者刮风，否则蟋蟀肯定会在这个平台上唱歌。

方法一：

符号化：夏夜→[¬（下雨∨刮风）→蟋蟀唱歌]。

等价于：夏夜→(下雨∨刮风∨蟋蟀唱歌)。

等价于：¬ 夏夜∨下雨∨刮风∨蟋蟀唱歌。

等价于：夏夜∧¬ 下雨∧¬ 刮风→蟋蟀唱歌。

方法二：

根据句意易知，题干有两个条件，即："夏夜"和"非（下雨或者刮风）"。

故有：夏夜∧¬（下雨∨刮风）→蟋蟀唱歌，即：夏夜∧¬ 下雨∧¬ 刮风→蟋蟀唱歌。

所以，无雨的夏夜，如果不刮风，则蟋蟀在平台上唱歌。

【答案】E

第 2 章　简单命题

简单命题，也称简单判断，为了表达方便，后文通称为简单命题。所谓简单命题，就是指只有一个断定的命题。

联考中涉及三种简单命题：性质命题、模态命题与关系命题。

01　第 1 节　性质命题与模态命题

扫码免费听
本节讲解

【本节知识清单】

大纲考点	
大纲考点13　性质命题	大纲考点14　模态命题

大纲考点 13　性质命题

13.1　什么是性质命题

性质命题是用来判断事物/对象具有或者不具有某种性质的命题。

例如：

酱宝(对象)是研究生(性质)。

康哥(对象)没头发(性质)。

所有老吕的学员(对象)都考上了研究生(性质)。

13.2　性质命题的类型

性质命题有以下 6 种类型：

序号	量词	主语	谓语	名称
（1）	所有的	小姐姐	萌萌的	全称肯定命题
（2）	所有的	小黑子	不会唱跳	全称否定命题

续表

序号	量词	主语	谓语	名称
（3）	有的	学霸	考了 280 分	特称肯定命题
（4）	有的	山顶	没有积雪	特称否定命题
（5）		酱宝	很漂亮	单称肯定命题
（6）		康哥	没头发	单称否定命题

观察上表可知，性质命题是由三部分组成的，分别是量词、主语、谓语。量词，即数量词，逻辑中常用"所有"和"有的"表示。主语，指性质命题的判断对象。谓语，指判断对象所具有或不具有的性质。

13.3　注意点

（1）"有的"含义

"有的"的意思并不是"部分"，它是一个存在量词，数量是从"1"到"所有"都有可能。

（2）量词的位置

"全称命题"的量词"所有"和"特称命题"的量词"有的"，应该修饰主语，而不是宾语。看下面的例子：

老吕欣赏所有努力学习的学生。

这是个单称命题，因为它的主语只有一个——"老吕"。

但如果我们把这个例子变成：所有努力学习的学生都被老吕欣赏。那么，这句话就成了全称命题，它的主语（判断对象）变成了"努力学习的学生"。

（3）"一个"是一个吗？

看下面两句话：

①一个男孩正在踢足球。

②一个男孩要经历很多事情，才能成长为男人。

第①句话中的"一个"的数量关系是"1"，但第②句话中的"一个"其实指的是"任何一个"，其数量关系相当于"所有"。

13.4　性质命题的对当关系

性质命题之间的关系可以分为四类：矛盾关系、反对关系、下反对关系、推理关系，如下图所示：

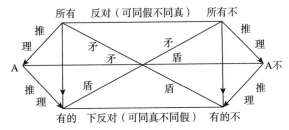

这个图我们称为性质命题的对当关系图。图中的"A"指的是一个具体的对象。

下面,我们用一个例子来说明上图。

假定我们班共有 10 人,对于我们班同学的考研情况,有以下 6 个命题,见下表:

编号	命题	简写	考上的同学的数量	名称
(1)	我们班所有人都考上了研究生。	所有	10	全称肯定命题
(2)	我们班所有人都没考上研究生。	所有不	0	全称否定命题
(3)	我们班有的人考上了研究生。	有的	(0,10] 大于 0,小于等于 10	特称肯定命题
(4)	我们班有的人没考上研究生。	有的不	[0,10) 大于等于 0,小于 10	特称否定命题
(5)	我们班的酱宝考上了研究生。	某个	至少有 1 人考上	单称肯定命题
(6)	我们班的酱宝没考上研究生。	某个不	至少有 1 人没考上	单称否定命题

我们把我们班考上研究生的同学的数量分为三类:全部都考上(10 人考上)、全部没考上(0 人考上)、一部分考上一部分没考上(1 到 9 人考上),可知这三类囊括了我们班同学考上研究生的所有可能情况。见下表:

情况	所有	所有不	有的	有的不
全部都考上(10 人)	真	假	真	假
全部没考上(0 人)	假	真	假	真
一部分考上一部分没考上 (1 到 9 人,即 [1,9])	假	假	真	真

观察上表,可得以下四种关系。

(1)矛盾关系

在上表中,"所有"和"有的不"这两列,永远为一真一假。"所有不"和"有的"这两列,永远为一真一假。

这种永远一真一假的关系,称为矛盾关系。故"所有"和"有的不"是矛盾关系;"有的"和"所有不"是矛盾关系。

当然,"酱宝考上了研究生"和"酱宝没考上研究生"显然是矛盾的。故"某个"和"某个不"是矛盾关系。

总之,位于性质命题对当关系图中对角线上的命题均为矛盾关系,二者必有一真一假,有如下三组:

"所有"与"有的不"。

"所有不"与"有的"。

"某个"与"某个不"。

可见：**矛盾关系，一真一假；一真另必假，一假另必真。**

（2）反对关系

观察上表中"所有"和"所有不"这两列。可知：

当"全部都考上（10 人）"时，"所有"为真、"所有不"为假。

当"全部没考上（0 人）"时，"所有"为假、"所有不"为真。

当"一部分考上一部分没考上（1 到 9 人）"时，"所有"和"所有不"均为假。

即，"所有"和"所有不"的真假情况可能是一真一假，也可能是两假，即二者至少一假。我们把这种关系称为反对关系。

总之，"所有"和"所有不"是反对关系，二者至少有一假。已知一个为真，另外一个必为假；已知一个为假，另外一个可能为真也可能为假。

可见：**反对关系，至少一假；一真另必假，一假另不定。**

（3）下反对关系

观察上表中"有的"和"有的不"这两列。可知：

当"全部都考上（10 人）"时，"有的"为真、"有的不"为假。

当"全部没考上（0 人）"时，"有的"为假、"有的不"为真。

当"一部分考上一部分没考上（1 到 9 人）"时，"有的"和"有的不"均为真。

即，"有的"和"有的不"的真假情况可能是一真一假，也可能是两真，即二者至少一真。我们把这种关系称为下反对关系。

总之，"有的"和"有的不"是下反对关系，二者至少有一真。已知一个为假，另外一个必为真；已知一个为真，另外一个可能为真也可能为假。

可见：**下反对关系，至少一真；一假另必真，一真另不定。**

（4）推理关系

所有→某个→有的

观察性质命题对当关系图的左侧，自上到下显然有如下推理关系（也叫从属关系），如下图所示：

①此处满足"箭头指向原则"，即：有箭头指向则为真，没有箭头指向则可真可假。

如：已知"有的人考上了研究生"为真，那么，这个考上研究生的人是酱宝吗？不知道。是所有人考上了研究生吗？也不知道。

②此处满足"逆否原则"，即**"有的"为假→"某个"为假→"所有"为假**，如下图所示：

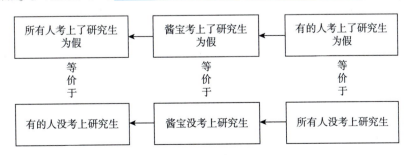

所有不→某个不→有的不

观察性质命题对当关系图的右侧，自上到下显然有如下推理关系，如下图所示：

①此处满足"箭头指向原则"，即：有箭头指向则为真，没有箭头指向则可真可假。

如：已知"有的人没考上研究生"为真，那么，这个没考上研究生的人是酱宝吗？不知道。是所有人都没考上研究生吗？也不知道。

②此处满足"逆否原则"，即 **"有的不"为假→"某个不"为假→"所有不"为假**，如下图所示：

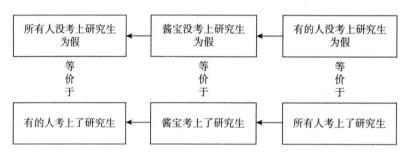

可见，在性质命题对当关系图中，无论是左侧还是右侧的推理关系都存在以下口诀：**推理关系，上真下必真，下假上必假；反之则不定。**

说明："反之则不定"的意思是"下真上不定，上假下不定"。

综上所述，有以下对当关系口诀：

⏰ 口诀7 对当关系

矛盾关系，一真一假；一真另必假，一假另必真。

反对关系，至少一假；一真另必假，一假另不定。

下反对关系，至少一真；一假另必真，一真另不定。

推理关系，上真下必真，下假上必假；反之则不定。

🔹 典型例题

例 2.1 已知"所有女明星颜值很高"为真，则以下命题哪些必然为真，哪些必然为假，哪些可真可假？

(1)有的女明星颜值不高。

(2)有的女明星颜值高。

(3)所有女明星颜值不高。

(4)女明星 baby 颜值不高。

(5)女明星酱宝颜值高。

【详细解析】

根据矛盾关系可知,"所有"与"有的不"矛盾,故(1)项必为假。

根据"所有→某个→有的"可知,(5)、(2)项必为真。

(3)项与题干为反对关系,根据反对关系口诀"反对关系,至少一假;一真另必假,一假另不定"可知,(3)项必为假。

根据矛盾关系可知,"某个"和"某个不"矛盾,又知(5)项为真,故(4)项必为假。

【答案】(1)项为假;(2)项为真;(3)项为假;(4)项为假;(5)项为真

例 2.2 已知"有些留学生来自韩国"为真,则以下哪个命题必然为假?

A. 有些留学生不是来自韩国。

B. 所有留学生来自韩国。

C. 所有留学生都不是来自韩国。

D. 酱心是留学生,来自韩国。

E. 酱油是留学生,但不是来自韩国。

【详细解析】

A项,根据下反对关系口诀"两个有的,至少一真;一假另必真,一真另不定",可知此项可真可假。

B项,根据"所有→某个→有的"和"箭头指向原则"可知,"有的"不能推"所有",故此项可真可假。

C项,根据"有的"和"所有不"是矛盾关系,二者必有一真一假,已知"有的"为真,故"所有不"为假,即此项必为假。

D项,根据"所有→某个→有的"和"箭头指向原则"可知,"有的"不能推"某个",故此项可真可假。

E项,根据矛盾关系并结合D项分析可知,"某个"和"某个不"矛盾,已知"某个"可真可假,故此项可真可假。

【答案】C

大纲考点 14 模态命题

14.1 什么是模态命题

模态命题是用来陈述事件发生的必然性和可能性的命题。

例如:

酱宝<u>必然</u>爱老吕。

杀手<u>必然不</u>会藏匿于此处。

嫌疑人<u>可能</u>具备作案动机。

你<u>可能不</u>是一个凡人。

14.2 模态命题的类型和数学意义

类型	事件 A 发生的概率 P
事件 A 必然发生	$P=1$
事件 A 必然不发生	$P=0$
事件 A 可能发生	$P\in(0,1]$
事件 A 可能不发生	$P\in[0,1)$

（1）"可能"和"可能不"含义不同。

一个事件必然发生（$P=1$），那么它"可能发生"是真的；一个事件必然不发生（$P=0$），那么它"可能发生"是假的，因此，可能事件的概率为 $P\in(0,1]$，为左开右闭区间。

一个事件必然发生（$P=1$），那么它"可能不发生"是假的；一个事件必然不发生（$P=0$），那么它"可能不发生"是真的，因此，可能不事件的概率为 $P\in[0,1)$，为左闭右开区间。

（2）"事件 A 必然发生"和"事件 A 事实发生"含义不同。

"事件 A 必然发生"的意思是事件 A 发生的概率为百分之百，但这并不代表事件 A 已经发生了，也有可能是这件事在未来一定会发生。比如，"张三必然会死"这句话为真，并不代表"张三事实上死了"。

那么，一件事发生了，这件事发生的概率是 1（必然）吗？也不对。因为"可能事件"也是有可能发生成为事实的。比如，我扔一枚硬币出现了正面，并不代表扔一枚硬币出现正面的概率是 1。

通过数学知识我们知道，"扔一枚硬币出现正面"是一个概率为 $\frac{1}{2}$ 的可能事件，只不过这一次刚好出现了正面而已。

14.3 模态命题的对当关系

与性质命题一样，模态命题之间的关系也可以分为四类：矛盾关系、反对关系、下反对关系、推理关系，如下图所示：

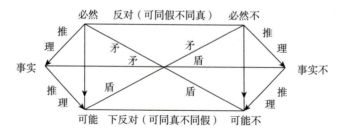

我们知道，一个事件发生的可能性只有三种：必然发生（即概率 $P=1$），必然不发生（即概率 $P=0$），可能发生也可能不发生［即概率 $P\in(0,1)$］。这样，可得下表：

情况	事件 A 必然发生 $P=1$	事件 A 必然不发生 $P=0$	事件 A 可能发生 $P\in(0,1]$	事件 A 可能不发生 $P\in[0,1)$
$P=0$	假	真	假	真
$P=1$	真	假	真	假
$P\in(0,1)$	假	假	真	真

观察上表，可得以下四种关系。

（1）矛盾关系

在上表中，"必然"和"可能不"这两列，永远为一真一假。"必然不"和"可能"这两列，永远为一真一假。

这种永远一真一假的关系，称为矛盾关系。故"必然"和"可能不"是矛盾关系；"必然不"和"可能"是矛盾关系。

> **集合视角看矛盾关系**
>
> 从集合的角度来看，矛盾的两个集合没有交集而且加起来是全集。
>
> "事件 A 必然发生 $P=1$"和"事件 A 可能不发生 $P\in[0,1)$"没有交集而且加起来是全集 $[0,1]$，故二者是矛盾关系。
>
> 同理，"事件 A 必然不发生 $P=0$"和"事件 A 可能发生 $P\in(0,1]$"没有交集而且加起来是全集 $[0,1]$，故二者也是矛盾关系。

当然，"事实上事件 A 发生"和"事实上事件 A 不发生"显然是矛盾的。故"事实"和"事实不"是矛盾关系。

总之，位于模态命题对当关系图中对角线上的命题是矛盾关系，二者必有一真一假，有如下三组：

"必然"与"可能不"。

"必然不"与"可能"。

"事实"与"事实不"。

可见，矛盾关系，一真一假；一真另必假，一假另必真。

（2）反对关系

观察上表中"必然"和"必然不"这两列。可知：

当"$P=0$"时，"必然"为假、"必然不"为真。

当"$P=1$"时，"必然"为真、"必然不"为假。

当"$P\in(0,1)$"时，"必然"和"必然不"均为假。

即，"必然"和"必然不"的真假情况可能是一真一假，也可能是两假，即二者至少一假。我们把这种关系称为反对关系。

总之，"必然"和"必然不"是反对关系，二者至少有一假。已知一个为真，另外一个必为假；已知一个为假，另外一个可能为真也可能为假。

可见，反对关系，至少一假；一真另必假，一假另不定。

（3）下反对关系

观察上表中"可能"和"可能不"这两列。可知：

当"$P=0$"时，"可能"为假、"可能不"为真。

当"$P=1$"时，"可能"为真、"可能不"为假。

当"$P\in(0，1)$"时，"可能"和"可能不"均为真。

即，"可能"和"可能不"的真假情况可能是一真一假，也可能是两真，即二者至少一真。我们把这种关系称为下反对关系。

总之，"可能"和"可能不"是下反对关系，二者至少有一真。已知一个为假，另外一个必为真；已知一个为真，另外一个可能为真也可能为假。

可见，下反对关系，至少一真；一假另必真，一真另不定。

（4）推理关系

必然→事实→可能

观察模态命题对当关系图的左侧，自上到下显然有如下推理关系（也叫从属关系），如下图所示：

①此处满足"箭头指向原则"，即：有箭头指向则为真，没有箭头指向则可真可假。

如：已知"事件 A 可能发生"为真，那么事件 A 发生了吗？不知道。事件 A 必然发生吗？也不知道。

②此处满足"逆否原则"，即"可能"为假→"事实"为假→"必然"为假，如下图所示：

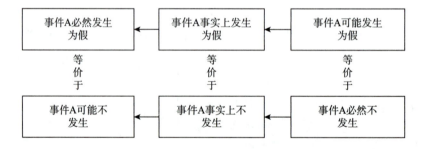

必然不→事实不→可能不

观察模态命题对当关系图的右侧，自上到下显然有如下推理关系，如下图所示：

①此处满足"箭头指向原则"，即：有箭头指向则为真，没有箭头指向则可真可假。

如：已知"事件 A 可能不发生"为真，那么事件 A 没发生吗？不知道。事件 A 必然不发生吗？也不知道。

②此处满足"逆否原则"，即"可能不"为假→"事实不"为假→"必然不"为假，如下图所示：

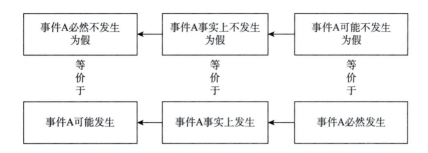

总之，在模态命题对当关系图中，无论是左侧还是右侧的推理关系都存在以下口诀：**推理关系，上真下必真，下假上必假；反之则不定。**

说明："反之则不定"的意思是"下真上不定，上假下不定"。

综上所述，模态命题和性质命题的对当关系原理完全相同，解题方法也完全相同，也符合以下口诀：

> ⏰ **口诀 7 对当关系**
>
> 矛盾关系，一真一假；一真另必假，一假另必真。
>
> 反对关系，至少一假；一真另必假，一假另不定。
>
> 下反对关系，至少一真；一假另必真，一真另不定。
>
> 推理关系，上真下必真，下假上必假；反之则不定。

✏️ **典型例题**

例 2.3 已知"他必然会拿冠军"为真，则以下命题哪些必然为真，哪些必然为假，哪些可真可假？

(1)他必然不会拿冠军。

(2)他可能会拿冠军。

(3)他可能不会拿冠军。

(4)事实上，他会拿冠军。

(5)事实上，他不会拿冠军。

【详细解析】

(1)项，根据口诀"两个必然，至少一假；一真另必假，一假另不定"，已知"他必然会拿冠军"为真，则"他必然不会拿冠军"为假。

(2)项，根据"必然→事实→可能"，可知"必然→可能"，故此项为真。

(3)项，"必然"与"可能不"矛盾，根据矛盾关系，二者必有一真一假，已知"他必然会拿冠军"为真，则"他可能不会拿冠军"为假。

(4)项，根据"必然→事实→可能"，可知"必然→事实"，故此项为真。

(5)项，"事实"与"事实不"矛盾，根据矛盾关系，二者必有一真一假，已知(4)项"事实上，他会拿冠军"为真，则"事实上，他不会拿冠军"为假。

【答案】(1)项为假；(2)项为真；(3)项为假；(4)项为真；(5)项为假

例 2.4 已知"豆豆可能是网红"为假，则以下命题哪些必然为真，哪些必然为假，哪些可真可假？

(1)豆豆必然是网红。

(2)豆豆必然不是网红。

(3)豆豆可能不是网红。

(4)豆豆是网红。

(5)豆豆不是网红。

【详细解析】

(1)项，根据"'可能'为假→'事实'为假→'必然'为假"，可知"可能"为假→"必然"为假，已知"豆豆可能是网红"为假，则"豆豆必然是网红"为假，即此项为假。同理可知，(4)项也为假。

(2)项，"可能"与"必然不"矛盾，根据矛盾关系，二者必有一真一假，已知"豆豆可能是网红"为假，则"豆豆必然不是网红"为真，即此项为真。

(3)项，根据"必然不→事实不→可能不"，结合"(2)项为真"，可知此项为真。

(5)项，根据"必然不→事实不→可能不"，结合"(2)项为真"，可知此项为真。

【答案】(1)项为假；(2)项为真；(3)项为真；(4)项为假；(5)项为真

例 2.5 已知"酱油可能考上研究生"为假，则以下哪项无法判断真假？

A. 酱油必然考上研究生。

B. 酱油必然考不上研究生。

C. 酱油可能考不上研究生。

D. 事实上，酱油考上研究生。

E. 酱心必然考上研究生。

【详细解析】

说明：经过前面例 2.1~例 2.4 的习题训练，相信你已经学会了用"对当关系口诀法"解对当关系题，所以，自本例题起，我们学习用"六边形法"快速解对当关系题。大家可以对比学习。

画一个六边形，代表模态命题对当关系图，已知"酱油可能考上研究生"为假，即左下角为假，画"×"(我们用黑色表示已知条件)，如下图所示：

根据口诀"下假上必假"，可知六边形的左侧均为假，画"×"；对角线为矛盾命题，故六边形的右侧均为真，画"√"(我们用蓝色表示推理出来的情况)，如下图所示：

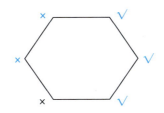

即可迅速判断 A 项为假，B 项为真，C 项为真，D 项为假。

由于已知条件的断定对象是"酱油"，不涉及"酱心"，故 E 项无法判断真假。

【答案】E

真题秒杀

例 2.6 （2016 年经济类联考真题）这个单位已发现有育龄职工违纪超生。

如果上述断定为真，则在下述三个断定中不能确定真假的是：

Ⅰ. 这个单位没有育龄职工不违纪超生。

Ⅱ. 这个单位有的育龄职工没违纪超生。

Ⅲ. 这个单位所有的育龄职工都没违纪超生。

A. 只有Ⅰ和Ⅱ。　　　　B. Ⅰ、Ⅱ和Ⅲ。　　　　C. 只有Ⅰ和Ⅲ。

D. 只有Ⅱ。　　　　　　E. 只有Ⅰ。

【详细解析】

画一个六边形，代表性质命题对当关系图，已知"有的育龄职工违纪超生"为真，即左下角为真，画"√"（我们用黑色表示已知条件），如下图所示：

对角线为矛盾命题，故六边形的右上角为假，画"×"（我们用蓝色表示推理出来的情况），如下图所示：

根据口诀"下真上不定"，可知六边形左上和左中均为可真可假，其对角线也为可真可假，画"?"（我们用蓝色表示推理出来的情况），如下图所示：

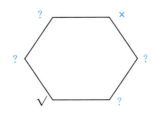

即可迅速判断：Ⅰ项，没有育龄职工不违纪超生，等价于：所有的育龄职工都违纪超生，故此项可真可假；Ⅱ项可真可假；Ⅲ项为假。

【答案】A

例 2.7 （2008年MBA联考真题)在中唐公司的中层干部中，王宜获得了由董事会颁发的特别奖。

如果上述断定为真，则以下哪项断定不能确定真假？

Ⅰ．中唐公司的中层干部都获得了特别奖。

Ⅱ．中唐公司的中层干部都没有获得特别奖。

Ⅲ．中唐公司的中层干部中，有人获得了特别奖。

Ⅳ．中唐公司的中层干部中，有人没获得特别奖。

A. 仅Ⅰ。　　　　　　B. 仅Ⅲ和Ⅳ。　　　　　　C. 仅Ⅱ和Ⅲ。

D. 仅Ⅰ和Ⅳ。　　　　E. Ⅰ、Ⅱ和Ⅲ。

【详细解析】

画一个六边形，代表性质命题对当关系图，已知"王宜获得了由董事会颁发的特别奖"为真，即左中为真，画"√"(我们用黑色表示已知条件)，如下图所示：

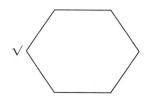

根据口诀"上真下必真"，可知六边形的左下角为真，画"√"；再根据口诀"下真上不定"，可知六边形的左上角真假不定，画"?"(我们用蓝色表示推理出来的情况)，如下图所示：

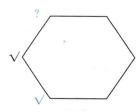

在六边形上画出其矛盾命题的情况，如下图所示：

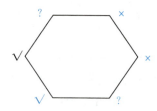

即可迅速判断Ⅰ项可真可假，Ⅱ项为假，Ⅲ项为真，Ⅳ项可真可假。

【答案】D

扫码免费听
本节讲解

第 2 节　负命题

02

【本节知识清单】

大纲考点	
大纲考点15　性质命题的负命题	大纲考点17　联言选言命题的负命题
大纲考点16　模态命题的负命题	大纲考点18　假言命题的负命题

负命题也称为负判断或矛盾命题。比如说，A 的矛盾命题是¬A，也可以说¬A 是 A 的负命题。

大纲考点 15　性质命题的负命题

15.1　性质命题的负命题

（1）"并非所有"等价于"有的不"

矛盾关系必为一真一假，因此，在性质命题对当关系图（六边形）中，我们否定了左上角的"所有"，相当于肯定了右下角的矛盾命题"有的不"，如下图所示：

例①：

并非　　所有人　　考上　　研究生。

等价于：　有的人　　没考上　　研究生。

【易错点】

"并非所有"等价于"有的不"，这是一种简略的写法，补充完整应该是"并非所有＋主语（即判断对象）＋肯定的谓语动词"＝"有的＋主语（即判断对象）＋否定的谓语动词"。下文同理。

（2）"并非所有不"等价于"有的"

矛盾关系必为一真一假，因此，在性质命题对当关系图（六边形）中，我们否定了右上角的"所有不"，相当于肯定了左下角的矛盾命题"有的"，如下图所示：

例②：

（3）"并非有的"等价于"所有不"

矛盾关系必为一真一假，因此，在性质命题对当关系图（六边形）中，我们否定了左下角的"有的"，相当于肯定了右上角的矛盾命题"所有不"，如下图所示：

例③：

（4）"并非有的不"等价于"所有"

矛盾关系必为一真一假，因此，在性质命题对当关系图（六边形）中，我们否定了右下角的"有的不"，相当于肯定了左上角的矛盾命题"所有"，如下图所示：

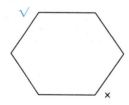

例④：

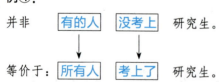

观察例①、例②、例③、例④可知，四个例子都有以下规律："并非"＋"性质命题"，等价于去掉前面的"并非"，再将原"性质命题"进行如下变化：

肯定变否定，否定变肯定；
所有变有的，有的变所有。

✏ 典型例题

例 2.8 写出下列命题的等价命题。

(1)并非所有地铁都在地下开。

(2)并非所有地铁都不在地下开。

(3)并非有的地铁在地下开。

(4)并非有的地铁不在地下开。

【详细解析】

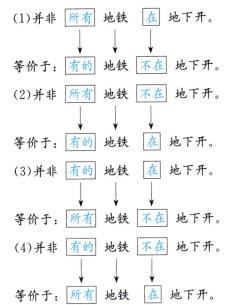

15.2 "都"的含义

①当"所有"和"都"连用时，"都"其实是个语气助词。

如：所有鸟都会飞。把这个"都"去掉以后，不影响原意。

②当"都"独立使用时，"都"等价于"所有"。

如："鸟都会飞"等价于"所有鸟会飞"。

✏ 典型例题

例 2.9 写出下列命题的等价命题。

(1)鸟不都会飞。

(2)并非鸟不都会飞。

(3)并非鸟都会飞。

(4)并非鸟都不会飞。

【详细解析】

(1)"都"="所有"，"不都"="不是所有"="有的不"。

故原命题等价于：不是所有鸟都会飞=有的鸟不会飞。

（2）"不都"＝"不是所有"，"并非不都"＝"并非不是所有"＝"所有"（双重否定表示肯定）。

故原命题等价于：所有鸟会飞。

（3）"都"＝"所有"，"并非都"＝"并非所有"＝"有的不"。

故原命题等价于：不是所有鸟都会飞＝有的鸟不会飞。

（4）"都"＝"所有"，"并非都不"＝"并非所有不"＝"有的"。

故原命题等价于：并非所有鸟不会飞＝有的鸟会飞。

大纲考点 16　模态命题的负命题

（1）"不必然"等价于"可能不"

矛盾关系必为一真一假，因此，在模态命题对当关系图（六边形）中，我们否定了左上角的"必然"，相当于肯定了右下角的矛盾命题"可能不"，如下图所示：

例①：

并非明天 必然 下雨 。

等价于：明天 可能 不下雨 。

（2）"不必然不"等价于"可能"

矛盾关系必为一真一假，因此，在模态命题对当关系图（六边形）中，我们否定了右上角的"必然不"，相当于肯定了左下角的矛盾命题"可能"，如下图所示：

例②：

并非明天 必然 不下雨 。

等价于：明天 可能 下雨 。

（3）"不可能"等价于"必然不"

矛盾关系必为一真一假，因此，在模态命题对当关系图（六边形）中，我们否定了左下角的"可能"，相当于肯定了右上角的矛盾命题"必然不"，如下图所示：

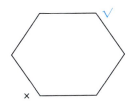

例③：

并非明天 可能 下雨。

等价于：明天 必然 不下雨。

（4）"不可能不"等价于"必然"

矛盾关系必为一真一假，因此，在模态命题对当关系图（六边形）中，我们否定了右下角的"可能不"，相当于肯定了左上角的矛盾命题"必然"，如下图所示：

例④：

并非明天 可能 不下雨。

等价于：明天 必然 下雨。

观察例①、例②、例③、例④可知，四个例子都有以下规律："不"＋"模态命题"，等价于去掉前面的"不"，再将原"模态命题"进行如下变化：

肯定变否定，否定变肯定；

必然变可能，可能变必然。

🖋 **典型例题**

例 2.10　小仙女："从现在开始，你只许疼我一个人，要宠我，不能骗我，答应我的每一件事都要做到，对我讲的每一句话都要真心，不许欺负我、骂我，要相信我，别人欺负我，你要在第一时间出来帮我，我开心了，你就要陪着我开心，我不开心了，你就要哄我开心，永远都要觉得我是最漂亮的，梦里也要见到我，在你的心里面只有我，就是这样了。你能做到吗？"

大猪蹄子："我不一定能做到。"

请问，大猪蹄子的意思是什么？

A. 他可能能做到，也可能做不到。

B. 他可能能做到。

C. 他可能做不到。

D. 他做不到的可能性比做到的可能性大。

E. 他想分手。

【详细解析】

题干：不 一定 做到 。

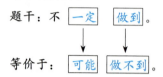

等价于： 可能 做不到 。

故大猪蹄子的意思是：他可能做不到。因此，C项正确。

【答案】C

例 2.11 最近一段时期，有关要发生地震的传言很多。一天傍晚，小明问在院子里乘凉的爷爷："爷爷，他们都说明天要地震了。"爷爷说："根据我的观察，明天不必然不地震。"小明说："那您的意思是明天不会地震了？"爷爷说："不对。"小明陷入了迷惑。

以下哪句话与爷爷的第一个回答意思最为接近？

A. 明天必然不地震。　　　　B. 明天可能地震。　　　　C. 明天可能不地震。

D. 明天不可能地震。　　　　E. 明天不可能不地震。

【详细解析】

题干：不 必然 不地震 。

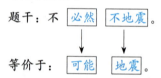

等价于： 可能 地震 。

故爷爷的第一个回答意思是：明天可能地震。因此，B项正确。

【答案】B

例 2.12 写出下列命题的等价命题。

(1)不可能所有运动员有洪荒之力。

(2)运动员不可能都有洪荒之力。

(3)运动员可能不都有洪荒之力。

(4)运动员都不可能有洪荒之力。

(5)没有洪荒之力的运动员不可能夺金牌。

(6)不可能所有没有洪荒之力的运动员夺金牌。

【详细解析】

(1)不 可能 所有 运动员 有 洪荒之力。

= 必然 有的 运动员 没有 洪荒之力。

(2)运动员不可能都有洪荒之力。

=不 可能 所有 运动员 有 洪荒之力（"都"等于"所有"）。

= 必然 有的 运动员 没有 洪荒之力。

(3)运动员可能不都有洪荒之力。

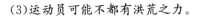

＝可能不是 所有 运动员 有 洪荒之力。

＝可能 有的 运动员 没有 洪荒之力。

注意："可能"前面没有否定词，不用变。

(4)运动员都不可能有洪荒之力。

＝所有运动员不 可能 有 洪荒之力（"都"等于"所有"）。

＝所有运动员 必然 没有 洪荒之力。

注意："所有"前面没有否定词，不用变。

(5)没有洪荒之力的运动员不 可能 夺 金牌。

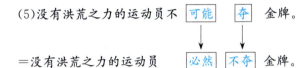

＝没有洪荒之力的运动员 必然 不夺 金牌。

注意：此题中"没有洪荒之力的"作为形容词修饰"运动员"，即"没有洪荒之力的运动员"是这句话的主语，也就是我们的判断对象（主项），所以，它作为一个整体来出现，相当于"A 是 B"中的"A"，不用考虑它的变化和否定问题。

(6)不 可能 所有 没有洪荒之力的运动员 夺 金牌。

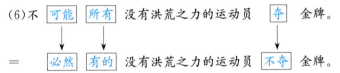

＝ 必然 有的 没有洪荒之力的运动员 不夺 金牌。

例 2.13 人都不可能不犯错误，不一定所有人都会犯严重错误。

以下哪项断定最符合题干的意思？

A. 人都可能犯错误，但有的人可能不犯严重错误。

B. 人都可能犯错误，但所有的人都可能不犯严重错误。

C. 人都一定会犯错误，但有的人可能不犯严重错误。

D. 人都一定会犯错误，但所有的人都可能不犯严重错误。

E. 人都可能会犯错误，但有的人一定不犯严重错误。

【详细解析】

题干：人都不 可能 不犯 错误，不 一定 所有人 都 会 犯严重错误。

等价于：人都 必然 犯 错误， 可能 有的人 不会 犯严重错误。

故，人都一定会犯错误，可能有的人不犯严重错误，即 C 项正确。

注意：最前面的"都"由于前面没有否定词，故不变为"有的"。

【答案】C

例 2.14 没有一个人尊重不自重的人。

以下哪项符合上述题干的断定？

Ⅰ. 所有人不尊重自重的人。

Ⅱ. 所有人不尊重不自重的人。

Ⅲ. 不自重的人不被所有人尊重。

A. 仅Ⅰ。   B. 仅Ⅱ。   C. 仅Ⅲ。

D. 仅Ⅰ和Ⅱ。   E. 仅Ⅱ和Ⅲ。

【详细解析】

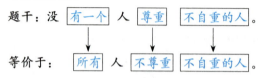

等价于：不自重的人不被所有人尊重。

【答案】E

易错点：负命题中宾语的量词

替换法口诀针对的是特称命题和全称命题，根据特称命题和全称命题的定义，量词"所有"和"有的"应该修饰主语，当量词修饰的是宾语时，量词仅作宾语的形容词，不属于句子的主干，这个时候，替换法口诀不见得适用。

此时，可以将此句子（或分句）变成被动句，这时宾语将变成主语，再使用替换法口诀。

📝 **典型例题**

例 2.15   世界上最勤奋的人也不可能读完天下所有的书。

以下哪项准确地表达了题干的断定？

Ⅰ. 世界上最勤奋的人必然读不完天下所有的书。

Ⅱ. 世界上最勤奋的人也必然有的书读不完。

Ⅲ. 世界上最勤奋的人可能读不完天下所有的书。

A. 仅Ⅰ。   B. 仅Ⅱ。   C. 仅Ⅲ。

D. 仅Ⅰ和Ⅱ。   E. 仅Ⅱ和Ⅲ。

【详细解析】

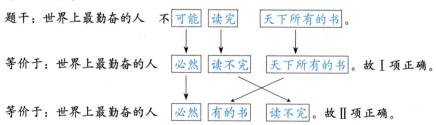

注意："有的书读不完"的意思是"有的书不能被读完"，在这个分句中，我们把"书"提到了"读"前面做了主语。

【答案】D

例 2.16　不必然酱心会受到所有人的喜欢。

以下哪项准确地表达了题干的断定？

Ⅰ. 可能酱心会受到有些人的喜欢。

Ⅱ. 可能酱心不会受到有些人的喜欢。

Ⅲ. 可能有的人不喜欢酱心。

A. 仅Ⅰ。　　　　　　　　　　　　　　B. 仅Ⅱ。

C. 仅Ⅲ。　　　　　　　　　　　　　　D. 仅Ⅰ和Ⅱ。

E. 仅Ⅱ和Ⅲ。

【详细解析】

题干：不 **必然** 酱心 **受到** **所有人** 的喜欢。

等价于： **可能** 酱心 **不受** **有的人** 的喜欢。故Ⅱ项正确。

说明：此题不需要做交叉互换，因为"受到"就是"被"的意思，故此题是个被动句。被动句宾语上的量词可以直接进行变换，因为被动句的宾语就相当于主动句的主语。

题干可变换为主动句，如下：

不 **必然** **所有人** **喜欢** 酱心。

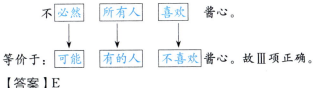

等价于： **可能** **有的人** **不喜欢** 酱心。故Ⅲ项正确。

【答案】E

真题秒杀

例 2.17　(2013 年管理类联考真题)某公司人力资源管理部人士指出：由于本公司招聘职位有限，本招聘考试中不可能所有的应聘者都被录用。

基于以下哪项可以得出该人士的上述结论？

A. 在本次招考中必然有应聘者被录用。　　B. 招聘考试中可能有应聘者被录用。

C. 招聘考试中可能有应聘者不被录用。　　D. 招聘考试中必然有应聘者不被录用。

E. 招聘考试中可能有应聘者被录用，也可能有应聘者不被录用。

【详细解析】

题干：不 **可能** **所有的** 应聘者都 **被录用**。

等价于： **必然** **有的** 应聘者 **不被录用**。

故 D 项为真。

【答案】D

例 2.18　(2012 年经济类联考真题)并非所有出于良好愿望的行为必然会导致良好的结果。

如果上述断定为真，则以下哪项断定必为真？

A. 所有出于良好愿望的行为必然不会导致良好的结果。

B. 所有出于良好愿望的行为可能不会导致良好的结果。

C. 有的出于良好愿望的行为不会导致良好的结果。

D. 有的出于良好愿望的行为可能不会导致良好的结果。

E. 有的出于良好愿望的行为一定不会导致良好的结果。

【详细解析】

故 D 项为真。

【答案】D

例 2.19 （2006 年 MBA 联考真题）一把钥匙能打开天下所有的锁。这样的万能钥匙是不可能存在的。

以下哪项最符合题干的断定？

A. 任何钥匙都必然有它打不开的锁。

B. 至少有一把钥匙必然打不开天下所有的锁。

C. 至少有一把锁天下所有的钥匙都必然打不开。

D. 任何钥匙都可能有它打不开的锁。

E. 至少有一把钥匙可能打不开天下所有的锁。

【详细解析】

等价于：任何钥匙必然 有 锁 打不开。

即：任何钥匙都必然有它打不开的锁。

【答案】A

大纲考点 17 联言选言命题的负命题

前文中我们已经学过联言命题、相容选言命题和不相容选言命题的矛盾命题，它其实就是联言命题、相容选言命题和不相容选言命题的负命题。我们所学的德摩根公式，其实就是对负命题的运算。让我们一起回顾一下。

$$¬（A∧B），等价于：¬A∨¬B。$$

$$¬（A∨B），等价于：¬A∧¬B。$$

$$¬（A⊻B），等价于：（A∧B）∨（¬A∧¬B），又等价于：A↔B。$$

观察上面三个公式，可以发现有以下规律："并非"＋"联言选言命题"，等价于去掉前面的"并非"，再将"原命题"进行如下变化：

肯定变否定，否定变肯定；

并且变或者，或者变并且；

要么变当且仅当，当且仅当变要么。

综上，可知负命题的解题规律为：

否定词（"并非""不"等）＋命题 A，等价于去掉前面的否定词，再将命题 A 进行如下变化：

⏰ 口诀 8 负命题

肯定变否定，否定变肯定。

所有变有的，有的变所有。

必然变可能，可能变必然。

并且变或者，或者变并且。

要么变当且仅当，当且仅当变要么。

🐱【易错点】

上述口诀中的肯定和否定，指的是对谓语动词的肯定和否定。

✏️ 典型例题

例 2.20　并非小王考上了研究生或者小李没考上研究生。

以下哪项最为准确地表达了上述断定的意思？

A. 小王考上了研究生。

B. 小李没考上研究生。

C. 小王和小李都考上了研究生。

D. 小王和小李都没考上研究生。

E. 小王没考上研究生，但是小李考上了研究生。

【详细解析】

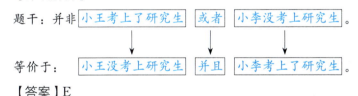

题干：并非 小王考上了研究生 或者 小李没考上研究生。

等价于： 小王没考上研究生 并且 小李考上了研究生。

【答案】E

✏️ 真题秒杀

例 2.21　（2005 年 MBA 联考真题）一方面确定法律面前人人平等，同时又允许有人触犯法律而不受制裁，这是不可能的。

以下哪项最符合题干的断定？

A. 或者允许有人凌驾于法律之上，或者任何人触犯法律都要受到制裁，这是必然的。

B. 任何人触犯法律都要受到制裁，这是必然的。

C. 有人凌驾于法律之上，触犯法律而不受制裁，这是可能的。

D. 如果不允许有人触犯法律而可以不受制裁，那么法律面前人人平等是可能的。

E. 一方面允许有人凌驾于法律之上，同时又声称任何人触犯法律都要受到制裁，这是可能的。

【详细解析】

题干：不可能(法律面前人人平等∧有人触犯法律而不受制裁)。

等价于：必然(┐法律面前人人平等∨┐有人触犯法律而不受制裁)。

等价于：必然(有人凌驾于法律之上∨所有人触犯法律都要受制裁)。

【答案】A

大纲考点18 假言命题的负命题

分类	含义	矛盾命题（负命题）	等价转换公式
充分条件 A→B	有它就行	有它，但是也不行 A∧┐B	┐（A→B）=A∧┐B
必要条件┐A→┐B	没它不行	没它，但是也行 ┐A∧B	┐（┐A→┐B）=┐A∧B
充要条件 A↔B	同生共死， 即 A、B 发生 2 件或 0 件	一生一死， 即 A、B 只能发生 1 件 A∀B	┐（A↔B）=A∀B =（A∧┐B）∀（┐A∧B） =（A∧┐B）∨（┐A∧B）

典型例题

例 2.22 酱心对酱油承诺：如果我爱你，我一定会嫁给你。

以下哪项如果为真，说明酱心没有兑现承诺？

Ⅰ. 酱心爱酱油，而且酱心嫁给了酱油。

Ⅱ. 酱心爱酱油，但是酱心没嫁给酱油。

Ⅲ. 酱心不爱酱油，但是酱心嫁给了酱油。

Ⅳ. 酱心不爱酱油，而且酱心也没嫁给酱油。

A. 仅Ⅰ。　　　　　　　B. 仅Ⅱ。　　　　　　　C. 仅Ⅲ。

D. 仅Ⅱ和Ⅲ。　　　　　E. 仅Ⅱ、Ⅲ和Ⅳ。

【详细解析】

酱心的承诺是：如果酱心爱酱油，一定会嫁给酱油。

Ⅰ项，说明酱心兑现了承诺。

Ⅱ项，酱心爱酱油，但是酱心没嫁给酱油，说明酱心没兑现承诺。

Ⅲ、Ⅳ项，酱心没有对"不爱酱油"时的情况做出承诺，故此时无论她是否嫁给酱油，均不违背承诺。

证明过程如下：

酱心承诺：爱→嫁。

违背承诺，即：￢（爱→嫁）＝￢（￢ 爱∨嫁）＝爱∧￢ 嫁。

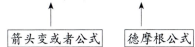

可见：

$$￢（A→B）＝￢（￢ A∨B）＝A∧￢ B。$$

【答案】B

例 2.23 在近 20 年世界杯上，凡是淘汰阿根廷队的球队，都会在下一轮比赛中输掉，这被称为"阿根廷魔咒"。1994 年，罗马尼亚在 1/8 决赛中干掉了失去老马的阿根廷，紧接着就被瑞典挡在 4 强之外；1998 年，荷兰靠博格坎普灵光一现淘汰阿根廷，下一轮他们就点球负于巴西；2002 年，瑞典在小组赛末轮淘汰阿根廷，一出线就被塞内加尔打败；2006 年和 2010 年，德国两次淘汰阿根廷，但都在随后的决赛或半决赛中输掉了。

下面各项都没有反驳或削弱"阿根廷魔咒"，除了：

A. 在 2002 年世界杯上，阿根廷队在小组赛中没有出线。

B. 在 2018 年世界杯上，法国队在 1/8 决赛中淘汰阿根廷队，最终赢得冠军。

C. 1990 年，阿根廷队在首战输给喀麦隆队之后，最后获得亚军。

D. 2006 年，意大利队获得冠军，但比赛过程中未遭遇阿根廷队。

E. 2002 年，中国队进入日韩世界杯决赛圈，小组赛即被淘汰。

【详细解析】

"阿根廷魔咒"：淘汰阿根廷队的球队→在下一轮比赛中输掉。

其矛盾命题为：淘汰阿根廷队的球队∧￢ 在下一轮比赛中输掉。

B 项，法国队淘汰阿根廷队∧最终赢得冠军（没有在下一轮比赛中输掉），反驳了"阿根廷魔咒"。

其余各项均不能反驳"阿根廷魔咒"。

【答案】B

例 2.24 张珊："不经过研究生入学考试，就不能读研究生。"

以下哪项能说明张珊的话为假？

A. 不经过研究生入学考试，但能读研究生。

B. 不经过研究生入学考试，不能读研究生。

C. 经过研究生入学考试，不能读研究生。

D. 经过研究生入学考试，能读研究生。

E. 李思不想考研究生。

【详细解析】

张珊：不经过研究生入学考试，就不能读研究生（没它不行）。

故"不经过研究生入学考试，但是能读研究生（没它也行）"即说明张珊的话为假。

第 1 讲

证明过程如下：

张珊：不考试→不能读研。

张珊的话为假，即：

$$\neg（不考试→不能读研）=\neg（\neg 不考试\lor 不能读研）=不考试\land 能读研。$$

| 箭头变或者公式 | 德摩根公式 |

可见：

$$\neg（\neg A→\neg B）=\neg（A\lor \neg B）=\neg A\land B。$$

| 箭头变或者公式 | 德摩根公式 |

【答案】A

例 2.25 张珊说："当且仅当天下雨，地上才会湿。"

以下哪项如果为真，说明张珊的话为假？

Ⅰ．天下雨了，地上湿了。

Ⅱ．天下雨了，地上没湿。

Ⅲ．天没下雨，地上湿了。

A. 仅Ⅰ。　　　　　　B. 仅Ⅱ。　　　　　　C. 仅Ⅲ。

D. 仅Ⅱ和Ⅲ。　　　　E. Ⅰ、Ⅱ和Ⅲ。

【详细解析】

张珊的意思是：天下雨和地上湿是同生共死关系，要发生都发生(发生2件)，要不发生都不发生(发生0件)。

故，若两件事只发生一件，则说明张珊的话为假。故Ⅱ项和Ⅲ项均说明张珊的话为假。

证明过程如下：

张珊：天下雨↔地上湿。

张珊的话为假，即：$\neg$（天下雨↔地上湿）=天下雨$\veebar$地上湿。

等价于：（天下雨$\land \neg$ 地上湿）$\lor$（$\neg$ 天下雨$\land$地上湿）。

【答案】D

🖊 真题秒杀

例 2.26 （2012年管理类联考真题)在家电产品"三下乡"活动中，某销售公司的产品受到了农村居民的广泛欢迎。该公司总经理在介绍经验时表示：只有用最流行畅销的明星产品面对农村居民，才能获得他们的青睐。

以下哪项如果为真，最能质疑总经理的论述？

A. 某品牌电视由于其较强的防潮能力，尽管不是明星产品，但仍然获得了农村居民的青睐。

B. 流行畅销的明星产品由于价格偏高，故没有赢得农村居民的青睐。

C. 流行畅销的明星产品只有质量过硬，才能获得农村居民的青睐。

D. 有少数娱乐明星为某些流行畅销的产品做虚假广告。

E. 流行畅销的明星产品最适合城市中的白领使用。

【详细解析】

总经理：明星产品←获得青睐。

其矛盾命题为：获得青睐∧￢明星产品。

A 项，￢明星产品∧获得青睐，与总经理的论断相互矛盾，故此项能质疑总经理的论述。

B 项，明星产品∧￢获得青睐，不能质疑总经理的论述。

C 项，无关选项，题干不涉及"产品质量"与"获得青睐"之间的关系。

D、E 项，显然均为无关选项。

【答案】A

例 2.27 （2019 年经济类联考真题）校务委员会决定，除非是少数民族贫困生，否则不能获得特别奖学金。

以下哪项如果为真，说明校务委员会的上述决定没有得到贯彻？

Ⅰ. 赵明是少数民族贫困生，没有获得特别奖学金。

Ⅱ. 刘斌是汉族贫困生，获得了特别奖学金。

Ⅲ. 熊强不是贫困生，获得了特别奖学金。

A. 只有Ⅰ。　　　　　　B. 只有Ⅰ和Ⅱ。　　　　　　C. 只有Ⅱ和Ⅲ。

D. 只有Ⅰ和Ⅲ。　　　　E. Ⅰ、Ⅱ和Ⅲ。

【详细解析】

校务委员会：￢（少数民族∧贫困生）→￢获得奖学金。

其矛盾命题为：￢（少数民族∧贫困生）∧获得奖学金。

矛盾命题等价于：（￢少数民族∨￢贫困生）∧获得奖学金。

因此，校务委员会的决定没有得到贯彻的情况有如下三种：

①￢少数民族∧获得奖学金。

②￢贫困生∧获得奖学金。

③￢少数民族∧￢贫困生∧获得奖学金。

Ⅰ项，（少数民族∧贫困生）∧￢获得奖学金，不能说明校务委员会的上述决定没有得到贯彻。

Ⅱ项，汉族（即：￢少数民族）∧贫困生∧获得奖学金，等价于情况①，能说明校务委员会的上述决定没有得到贯彻。

Ⅲ项，￢贫困生∧获得奖学金，等价于情况②，能说明校务委员会的上述决定没有得到贯彻。

综上，C 项正确。

【答案】C

扫码免费听
本节讲解

03 ━━━ **第3节** 关系命题

【本节知识清单】

> **大纲考点**
>
> 大纲考点19 关系命题

大纲考点 19 关系命题

关系命题，也叫关系判断，用来断定事物与事物之间的关系。

例如：

(1)中国人口数量比美国人口数量多。

(2)老罗的脸比老吕的脸大。

上述两个例子都是关系命题。第一个断定了"中国人口数量"和"美国人口数量"之间有"多少"的关系；第二个断定了"老罗的脸"和"老吕的脸"之间有"大小"的关系。

19.1 关系的对称性

分类	含义	例句
对称关系	如果 A 与 B 有着某种关系，那么 B 与 A 也<u>一定有</u>着同样的关系。	（1）老吕和康哥一起吃饭，则康哥和老吕也一起吃饭。 （2）老吕和康哥是同事，则康哥和老吕也是同事。
非对称关系	如果 A 与 B 有着某种关系，那么 B 与 A <u>可能有</u>这种关系，也<u>可能没有</u>这种关系。	（1）酱油喜欢酱心，则酱心有可能喜欢酱油也可能不喜欢酱油。 （2）我认识酱心，则酱心可能认识我，也可能不认识我。
反对称关系	如果 A 与 B 存在着某种关系，那么 B 与 A <u>肯定没有</u>这种关系。	（1）老吕的头发比康哥的多，则康哥的头发不可能比老吕的多。 （2）老郭是小郭的爸爸，则小郭不可能是老郭的爸爸。

✏️ **典型例题**

例 2.28　老吕喜欢酱心；酱心喜欢每一个喜欢老吕的人。

如果上述判断为真，则以下哪一项可能为真？

Ⅰ. 酱心喜欢老吕。

Ⅱ. 酱心不喜欢老吕。

Ⅲ. 每一个喜欢老吕的人都喜欢酱心。

A. 仅Ⅰ。   B. 仅Ⅱ。   C. 仅Ⅲ。

D. 仅Ⅰ和Ⅱ。   E. Ⅰ、Ⅱ和Ⅲ。

【详细解析】

"老吕喜欢酱心"中的"喜欢"这种关系是一种非对称关系，因此，酱心可能喜欢老吕，也可能不喜欢老吕。

"酱心喜欢每一个喜欢老吕的人"中的"喜欢"这种关系也是一种非对称关系，因此，每一个喜欢老吕的人可能喜欢酱心，也可能不喜欢酱心。

综上，Ⅰ、Ⅱ、Ⅲ项都是可能为真的。

【答案】E

19.2　关系的传递性

分类	含义	例句
传递关系	如果 A 对 B 有某种关系，B 对 C 也有某种关系，那么 A 对 C <u>也有</u>这种关系。	张三比李四年纪大，李四比王五年纪大，因此，张三比王五年纪大。
非传递关系	如果 A 对 B 有某种关系，B 对 C 也有某种关系，那么 A 对 C <u>可能有</u>这种关系，也<u>可能没有</u>这种关系。	康哥认识老吕，老吕认识酱心，则康哥可能认识酱心，但也可能不认识酱心。
反传递关系	如果 A 对 B 有某种关系，B 对 C 也有某种关系，那么 A 对 C <u>一定没有</u>这种关系。	老郭是谦哥的爸爸，谦哥是大林的爸爸，那老郭一定不是大林的爸爸。

🖊 **典型例题**

例 2.29　居委会举行社区居民代表会议，会议结束后，与会人员坐在一起闲聊。根据闲聊的内容，居委会主任得知：小王和小张是邻居，小张和小李是邻居；小赵和小李是好友，小李和小钱是好友。

若以上居委会主任得知的内容都是真实的，则以下哪项一定为真？

Ⅰ. 小张和小王是邻居。

Ⅱ. 小王和小李是邻居。

Ⅲ. 小赵和小钱是好友。

A. 只有Ⅰ。   B. 只有Ⅱ。   C. 只有Ⅲ。

D. 只有Ⅰ和Ⅱ。   E. Ⅰ、Ⅱ和Ⅲ。

【详细解析】

"小王和小张是邻居"中的"邻居"是对称关系，由对称关系的性质可知，小张和小王也是邻居。故Ⅰ项一定为真。

在"小王和小张是邻居，小张和小李是邻居"这两句话中，如果单看某一句中的"邻居"是对称关系；但如果把这两句话当作一个整体来看的话，"邻居"则是非传递关系，根据非传递关系的含义，可知，小王和小李可能是邻居，也可能不是邻居。故Ⅱ项可能为真，即不是一定为真。

同理，"好友"是一种对称关系，但也是一种非传递关系，因此，Ⅲ项可能为真，即不是一定为真。

【答案】A

例 2.30 甘蓝比菠菜更有营养。但是，因为绿芥蓝比莴苣更有营养，所以甘蓝比莴苣更有营养。

以下各项作为新的前提分别加入题干的前提中，都能使题干的推理成立，除了：

A. 甘蓝与绿芥蓝同样有营养。
B. 菠菜比莴苣更有营养。
C. 菠菜比绿芥蓝更有营养。
D. 菠菜与绿芥蓝同样有营养。
E. 绿芥蓝比甘蓝更有营养。

【详细解析】

题干中的关系是一种传递关系，可以认为是排序题，用不等式求解即可。

将题干信息符号化：甘蓝＞菠菜，绿芥蓝＞莴苣，所以，甘蓝＞莴苣。

A项，甘蓝＝绿芥蓝，又因为绿芥蓝＞莴苣，所以可以得到甘蓝＞莴苣，故此项能使题干的推理成立。

B项，菠菜＞莴苣，又因为甘蓝＞菠菜，所以可以得到甘蓝＞莴苣，故此项能使题干的推理成立。

C项，菠菜＞绿芥蓝，与题干信息串联可得：甘蓝＞菠菜＞绿芥蓝＞莴苣，所以可以得到甘蓝＞莴苣，故此项能使题干的推理成立。

D项，菠菜＝绿芥蓝，与题干信息串联可得：甘蓝＞菠菜＝绿芥蓝＞莴苣，所以可以得到甘蓝＞莴苣，故此项能使题干的推理成立。

E项，绿芥蓝＞甘蓝，又由题干可知，绿芥蓝＞莴苣，此时无法判断甘蓝与莴苣的关系。

【答案】E

扫码免费听
本节讲解

01　第 1 节　概念与定义

【本节知识清单】

大纲考点
大纲考点20　概念与定义　　　　大纲考点21　集合概念与类概念

大纲考点 20　概念与定义

20.1　概念

概念是反映对象本质属性的思维形式。

概念有两层含义：内涵和外延。内涵是指概念所反映的事物的本质属性。外延是指具有概念的内涵所具有的那些属性的事物的范围。

例如：

概念	内涵	外延
硕士	硕士是一个介于学士及博士之间的研究生学位，拥有硕士学位者通常象征具有对其专注、所研究领域的基础的独立的思考能力。	学术型硕士、专业型硕士
恋爱	恋爱是两个人互相爱慕、被对方吸引、渴望与对方相伴的行为表现。	同性恋、异性恋
小于 10 的正整数	$\{x\,|\,1\leqslant x\leqslant 9,\ 且\ x\in 整数\}$	$\{1,\ 2,\ 3,\ 4,\ 5,\ 6,\ 7,\ 8,\ 9\}$

典型例题

例 3.1　如今，人们经常讨论下岗职工的问题，但也常常弄不清下岗职工的准确定义。国家统计局(1997)261 号统计报表的填表说明中对下岗职工的说明是：下岗职工是指由于企业的生产和经营状况等原因，已经离开本人的生产和工作岗位，并已不在本单位从事其他工作，但仍与用人单位保留劳动关系的人员。

按照以上划分标准，以下哪项所述的人员可以称为下岗职工？

A. 赵大大原来在汽车制造厂工作，半年前辞去工作，开了一个汽车修理铺。

B. 钱二萍原来是某咨询公司的办公室秘书。最近，公司以经营困难为由，解除了她的工作合同，她只能在家做家务。

C. 张三枫原来在手表厂工作，因长期疾病不能工作，经批准提前办理了退休手续。

D. 李四喜原来在某服装厂工作，长期请病假。其实他的身体并无不适，目前在家里开了个缝纫部。

E. 王五伯原来在电视机厂工作，今年53岁。去年工厂因产品积压，人员富余，让50岁以上的人回家休息，等55岁时再办理正式退休手续。

【详细解析】

"下岗职工"的定义包括：

①由于企业的生产和经营状况等原因，即不是个人原因。

②已经离开本人的生产和工作岗位，并已不在本单位从事其他工作。

③仍与用人单位保留劳动关系。

A项，个人原因，不符合①。

B项，没有与用人单位保留劳动关系，不符合③。

C项，个人原因，不符合①。

D项，个人原因，不符合①。

E项，符合下岗职工的定义。

【答案】E

🖊 真题秒杀

例 3.2 （2013年管理类联考真题）根据学习在动机形成和发展中所起的作用，人的动机可分为原始动机和习得动机两种。原始动机是与生俱来的动机，它是以人的本能需要为基础的；习得动机是指后天获得的各种动机，即经过学习产生和发展起来的各种动机。

根据以上陈述，以下哪项最可能属于原始动机？

A. 尊敬老人，孝顺父母。

B. 尊师重教，崇文尚武。

C. 不入虎穴，焉得虎子？

D. 窈窕淑女，君子好逑。

E. 宁可食无肉，不可居无竹。

【详细解析】

原始动机：是与生俱来的动机，是以人的本能需要为基础的。

A项，"尊敬老人，孝顺父母"是经过后天学习和发展形成的，属于习得动机。

B项，"尊师重教，崇文尚武"是经过后天学习和发展形成的，属于习得动机。

C项，"不入虎穴，焉得虎子"比喻不亲临险境就不可能取得成功，是在后天实践过程中所汲取的经验，属于习得动机。

D项，"窈窕淑女，君子好逑"的意思是：美丽贤淑的女子，是君子的好配偶。即每一个"君子"都希望找到一个"窈窕淑女"般的配偶，这是人类与生俱来的本能，属于原始动机。

E项，"宁可食无肉，不可居无竹"，即宁可没有肉吃，也不能让住处没有竹子。而"竹子"在古代象征人的气节，表明诗人的风雅高洁，属于后天培养的一种情操，这是经过后天学习和发展形成的，属于习得动机。

【答案】D

20.2 定义

定义是对概念的描述。它包含被定义项、联项和定义项。

例如：

网络用语"土豪"(被定义项)是(联项)有钱并在网络上以此炫耀的人(定义项)。

为了使定义下得正确，必须遵守以下规则，见下表：

编号	规则	违反规则的逻辑谬误	例句
①	定义项不得直接包含被定义项	同语反复	聪明人就是脑子很聪明的人
②	定义项不得间接包含被定义项	循环定义	奇数就是偶数加1；而偶数就是奇数减1
③	定义项的外延和被定义项的外延必须完全相等	定义项>被定义项：定义过宽	人类是指用肺呼吸的哺乳动物
		定义项<被定义项：定义过窄	人类是指女人
④	定义不应包括含混的概念，不能用比喻句	定义含混	儿童就是指祖国的花朵
⑤	定义不应当是否定的	用否定句下定义	男人就是不是女人的人

🖊 **典型例题**

例 3.3 平反是对处理错误的案件进行纠止。

依据以下哪项能最为确切地说明上述定义的不严格？

A. 对案件是否处理错误，应该有明确的标准，否则不能说明什么是平反。

B. 应该说明平反的操作程序。

C. 对平反的客体应该具体分析，平反了，不等于没错误。

D. 处理错误的案件包括三种：重罪轻判、轻罪重判和无罪而判。

E. 应该说明平反的主体及其权威性。

【详细解析】

平反的案件包括轻罪重判和无罪而判，处理错误的案件包括重罪轻判、轻罪重判和无罪而判。被定义项和定义项的外延不一致，<u>定义过宽</u>。

【答案】D

大纲考点21 集合概念与类概念

21.1 集合概念

集合体是指一定数量的个体所组成的全体。**反映集合体的整体性质的概念，就是集合概念。**

例如：

①我们班是个优秀的班集体。

这个例子描述的是我们班级这个集体的整体性质，而不是我们班每个人所具有的性质，因此，"我们班"是个集合概念。注意，优秀的班集体中，也可能会有不优秀的个人。也就是说，集体具有的性质，组成集体的个体未必具有。

21.2 类概念

类概念，又称非集合概念，它表达的是这个概念中每个个体共同具有的性质。

例如：

②鸟是卵生的。

"卵生"是每一只鸟都具有的共同性质，因此，此例中的"鸟"是一个类概念(非集合概念)。

21.3 集合概念与类概念的区分方法

集合概念具有的性质，组成集合的个体未必具有；类概念(非集合概念)具有的性质，这个类中的每个个体一定具有。因此，如果在集合概念前加"每个"，一般会改变句子的原意；在类概念前加"每个"，一般不会改变句子的原意。

我们不妨在上面的例①和例②前加"每个""每只"，如：

①"每个"我们班是个优秀的班集体。改变了句子的原意，因此，"我们班"是集合概念。

②"每只"鸟都是卵生的。没改变句子的原意，因此，"鸟"是类概念。

另外，如果集合概念、类概念作句子的宾语，在类概念后面可以加"之一"而不会改变句子的原意。

例如：

我是中国人。

我是中国人之一。

以上两个句子的含义是一样的，可见"中国人"在此例中为类概念。若把"中国人"理解成集合概念，就成了"我"是"中国人"这个集体，这显然不符合逻辑。

✎ 典型例题

例 3.4 克鲁特是德国家喻户晓的"明星"北极熊，北极熊是北极名副其实的霸主。因此，克鲁特是名副其实的北极霸主。

以下除哪项外，均与上述论证中出现的谬误相似？

A. 这是一支战无不胜的军队，小李是这支军队的成员。因此，小李是战无不胜的。

B. 鲁迅的作品不是一天能读完的，《祝福》是鲁迅的作品。因此，《祝福》不是一天能读完的。

C. 中国人是不怕困难的，我是中国人。因此，我是不怕困难的。

D. 怡东大厦坐落在清水街，清水街的建筑属于违章建筑。因此，怡东大厦的建筑属于违章建筑。

E. 西班牙语是外语，外语是普通高等学校招生的必考科目。因此，西班牙语是普通高等学校招生的必考科目。

【详细解析】

题干：克鲁特是德国家喻户晓的"明星"北极熊（类概念），北极熊（集合概念）是北极名副其实的霸主，故，题干混用了类概念和集合概念。

A项，这是一支战无不胜的军队（集合概念），小李是这支军队的成员（类概念），混用了类概念和集合概念，与题干相同。

B项，鲁迅的作品（集合概念）不是一天能读完的，《祝福》是鲁迅的作品（类概念），混用了类概念和集合概念，与题干相同。

C项，中国人（集合概念）是不怕困难的，我是中国人（类概念），混用了类概念和集合概念，与题干相同。

D项，怡东大厦坐落在清水街，即怡东大厦是清水街的建筑（类概念）之一，清水街的建筑（类概念）属于违章建筑，所以此项的推理是正确的，与题干不同。

E项，西班牙语是外语（类概念），外语（集合概念）是普通高等学校招生的必考科目，混用了类概念和集合概念，与题干相同。

【答案】 D

02 第2节 概念间的关系

扫码免费听
本节讲解

【本节知识清单】

大纲考点

大纲考点22 概念间的关系

大纲考点22 概念间的关系

22.1 全同关系

两个概念的外延完全相同，称为全同关系。如下图所示：

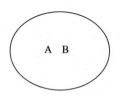

例如:

等边三角形   所有角均为60°的三角形

22.2 种属关系

一个概念 A(种)的外延包含于另外一个概念 B(属)的外延,称为种属关系,也称为从属关系或者"真包含于"关系。如下图所示:

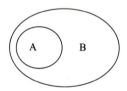

例如:

兔子是动物的一种。

22.3 交叉关系

两个概念在外延上有并且只有一部分是重合的,称为交叉关系。如下图所示:

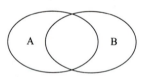

例如:

男人   教授   重合部分:男教授

22.4 全异关系

全异关系是指两个概念的外延没有重合。它包括两种:矛盾关系和反对关系。

(1) 矛盾关系

矛盾关系是指两个概念的外延没有重合,并且两个概念的外延相加是全集。矛盾双方必为一真一假。如下图所示:

例如:

若规定"人"为全体,则"男人"和"女人"没有重合部分,相加又是全体,所以"男人"和"女人"是矛盾关系。一个人,要么是男人,要么是女人,必有一真一假。

（2）反对关系

反对关系是指两个概念的外延没有重合，并且两个概念的外延相加不是全集，至少还有一个事物不属于这两个概念。反对关系可以同假，不能同真。如下图所示：

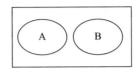

例如：

假设人按年龄阶段可以分为儿童、青年、中年、老年。儿童和中年是反对关系，他们没有公共部分，相加也不是全部人。可以有一个人，既不是儿童，也不是中年(可同假)，但不可能有一个人，既是儿童，又是中年(不可同真)。

📝 典型例题

例 3.5　某大学一寝室中住着若干个学生。其中，一个是哈尔滨人，两个是北方人，一个是广东人，两个在法律系，三个是进修生。该寝室中恰好住了 8 个人。

如果题干中关于身份的介绍涉及寝室中所有的人，则以下各项关于该寝室的断定都不与题干矛盾，除了：

A. 该校法律系每年都招收进修生。

B. 该校法律系从未招收过进修生。

C. 来自广东的室友在法律系就读。

D. 来自哈尔滨的室友在财政金融系就读。

E. 该寝室的三个进修生都是南方人。

【详细解析】

根据题干可知，"哈尔滨人"和"北方人"为种属关系，即"哈尔滨人"包含于"北方人"。又知该寝室恰好住了 8 个人，而 2 个北方人＋1 个广东人＋2 个法律系学生＋3 个进修生＝8 个人，所以题干中的各个概念间为全异关系，不能交叉。

A、B 项，该校法律系是否"招收"进修生，与该寝室中 3 个进修生是否在法律系没有必然的联系，故 A、B 项与题干不矛盾。

C 项，说明"广东人"与"法律系学生"为交叉关系，则该寝室中不可能有 8 个人，故与题干矛盾。

D 项，题干并未涉及"财政金融系"的情况，故此项与题干不矛盾。

E 项，指出三个进修生都是"南方人"，但他们未必是"广东人"，故此项与题干不矛盾。

【答案】C

📝 真题秒杀

例 3.6　(2012 年管理类联考真题)概念 A 和概念 B 之间有交叉关系，当且仅当：(1)存在对象 x，x 既属于 A 又属于 B；(2)存在对象 y，y 属于 A 但是不属于 B；(3)存在对象 z，z 属于 B 但是不属于 A。

根据上述定义，以下哪项中画线的两个概念之间有交叉关系？

A. 国画按题材分主要有<u>人物画</u>、花鸟画、山水画等，按技法分主要有<u>工笔画</u>和写意画等。

B. 《<u>盗梦空间</u>》除了是<u>最佳影片</u>的有力争夺者外，它在技术类奖项的争夺中也将有所斩获。

C. 洛邑小学 30 岁的<u>食堂总经理</u>为了改善伙食，在食堂放了几个意见本，征求<u>学生们</u>的意见。

D. 在<u>微波炉清洁剂</u>中加入漂白剂，就会释放出<u>氯气</u>。

E. <u>高校教师</u>包括<u>教授</u>、副教授、讲师和助教等。

【详细解析】

A 项中的两个概念的外延有重合，是交叉关系。

B 项，《盗梦空间》和最佳影片的关系不定：如果《盗梦空间》最终是唯一的最佳影片，二者就是全同关系；如果是最佳影片之一，则为种属关系；如果不是最佳影片，就是全异关系。无论是哪一种，都不是交叉关系。

C、D 项，两个概念是全异关系。

E 项，两个概念是种属关系，教授包含于高校教师。

【答案】A

---

03 第 3 节 概念的划分

扫码免费听
本节讲解

【本节知识清单】

大纲考点

大纲考点23 概念的划分

大纲考点23 概念的划分

按照一个标准对概念进行细分，就是对概念的划分。

例如：

以性别为标准，可以把"人"这个概念划分为"男人"和"女人"。

概念的划分要满足以下规则，见下表：

编号	规则	违反规则的逻辑谬误	例句
①	标准要统一	划分标准不一致	杂志分为季刊、月刊、外文刊物。 分析：季刊、月刊是按出版时间划分，外文刊物是按语言划分。

续表

编号	规则	违反规则的逻辑谬误	例句
②	层级要一致	不当并列	学生可以分为大学生、中学生和一年级学生。 分析：大学生、中学生应该与小学生并列，不能与一年级学生并列。
③	不重 各部分不能有交集	子项相容	人类可以分为男人、女人和孩子。 分析：男人与孩子、女人与孩子都有交集。
④	不漏 各部分相加要等于原概念，不能比原概念外延小	划分不全	人类可以分为老年人、中年人和幼儿。 分析：老年人＋中年人＋幼儿＜人类。
⑤	不多 各部分相加要等于原概念，不能比原概念外延大	多出子项	孩子可分为婴儿、幼儿、少年和中年人。 分析：中年人不属于孩子。

第 1 讲

✏ 典型例题

例 3.7　我最爱阅读外国文学作品，英国的、法国的、古典的，我都爱读。

以上陈述在逻辑上犯了哪项错误？

A. 划分外国文学作品的标准混乱，前者是按国别的，后者是按时代的。

B. 外国文学作品，没有分是诗歌、小说还是戏剧。

C. 没有说最喜好什么。

D. 没有说是外文原版还是翻译本。

E. 在"古典的"后面，没有紧接着指出"现代的"。

【详细解析】

题干中"英国、法国"是按照国别划分的，而"古典"则是按照时代划分的。

故题干违反了划分的规则：每次划分只能根据一个标准，划分出来的各部分不能有交集。

【答案】A

💡 老吕贴心话

老吕贴心话 ① 形式逻辑的公式要记住吗？

是的，每个公式都要记住，而且还要理解，还要会证明。

逻辑的基础知识特别少，全加起来也不过三四十个。而且，逻辑题对公式的考查都是综合性的，因此，每一个形式逻辑的基本公式，在真题中都是必考的。每年至少有 10 道题会涉及充分、必要条件的知识。

所以，第 1 讲推理基础中的配套课程，建议听 2～3 遍，直到烂熟为止。

老吕贴心话 ② 形式逻辑考的多还是少？

如果有人告诉你，形式逻辑现在考的很少，那么这个人不是蠢就是坏。

形式逻辑不是考的少了，与 5 年前相比，它考的更多了，而且更复杂了。看下面这两道真题。表面上看，这两道题都是涉及匹配关系的综合推理题，但实际上，这两道题的解题步骤用的都是形式逻辑的核心技巧：串联推理、矛盾关系。而且，只要你形式逻辑的知识学得够扎实，对命题人的命题套路了解得够透彻，这两道题 10 秒钟就可以看出答案来。但这两道题我暂时不讲，我会在第 2 讲中给大家系统地讲这一类题如何求解，感兴趣的同学可以自己先做一下这两道题。

例 1 (2020 年管理类联考真题)因业务需要，某公司欲将甲、乙、丙、丁、戊、己、庚 7 个部门合并到丑、寅、卯 3 个子公司。已知：

(1)一个部门只能合并到一个子公司。

(2)若丁和丙中至少有一个未合并到丑公司，则戊和甲均合并到丑公司。

(3)若甲、己、庚中至少有一个未合并到卯公司，则戊合并到寅公司且丙合并到卯公司。

根据上述信息，可以得出以下哪项？

A. 甲、丁均合并到丑公司。

B. 乙、戊均合并到寅公司。

C. 乙、丙均合并到寅公司。

D. 丁、丙均合并到丑公司。

E. 庚、戊均合并到卯公司。

例 2 (2022 年经济类联考真题)近年来，流失海外百余年的圆明园 7 尊兽首铜像鼠首、牛首、虎首、兔首、马首、猴首和猪首通过"华商捐赠""国企竞拍""外国友人返还"这 3 种方式陆续回归中国。每种方式均获得 2～3 尊兽首铜像，且每种方式获得的兽首铜像各不相同。已知：

(1)如果牛首、虎首和猴首中至少有一尊是通过"华商捐赠"或者"外国友人返还"回归的，则通过"国企竞拍"获得的是鼠首和马首。

(2)如果马首、猪首中至少有一尊是通过"国企竞拍"或者"外国友人返还"回归的，则通过"华商捐赠"获得的是鼠首和虎首。

根据上述信息，以下哪项是通过"外国友人返还"获得的兽首铜像？

A. 鼠首、兔首。　　　　B. 马首、猴首。　　　　C. 兔首、猪首。

D. 鼠首、马首。　　　　E. 马首、兔首。

老吕贴心话 ③ 第 2、3 讲是形式逻辑还是综合推理？

既有形式逻辑又有综合推理。因为 90% 的综合推理题都是形式逻辑题。你学完第 2 讲中的"5 大条件"后就可以理解这一点了。

每年真题中，管理类联考平均有 18 道左右、经济类联考平均有 12 道左右是第 2、3 讲里的题型，所以你一定要努力掌握。加油吧！相信你可以掌握。

联考逻辑
要点7讲

第2讲

推理母题

5大条件类

（含形式逻辑及综合推理）

9 个母题模型　　**9** 个秒杀口诀

✏️ 写在前面的话

1. 什么是综合推理?

题干中出现多种不同类型的已知条件的推理题,如题干中同时出现假言命题、数量关系、匹配关系、方位关系等。

例如:

(2021年管理类联考真题)某高铁线路设有"东沟""西山""南镇""北阳""中丘"5座高铁站。该线路现有甲、乙、丙、丁、戊5趟车运行。这5座高铁站中,每站均恰好有3趟车停靠,且甲车和乙车停靠的站均不相同。已知:

(1)若乙车或丙车至少有一车在"北阳"停靠,则它们均在"东沟"停靠。

(2)若丁车在"北阳"停靠,则丙、丁和戊车均在"中丘"停靠。

(3)若甲、乙和丙车中至少有2趟车在"东沟"停靠,则这3趟车均在"西山"停靠。

根据上述信息,可以得出以下哪项?

A. 甲车不在"中丘"停靠。   B. 乙车不在"西山"停靠。

C. 丙车不在"东沟"停靠。   D. 丁车不在"北阳"停靠。

E. 戊车不在"南镇"停靠。

🐼【分析】

此题中,条件(1)、(2)、(3)均为假言命题,"甲车和乙车停靠的站均不相同"是一个事实条件,"5座高铁站中,每站均恰好有3趟车停靠"是数量关系+匹配关系型条件,可见,此题的条件类型比较复杂,故此题可称为综合推理题。

此题的解析见母题模型9,例4.56。

2. 形式逻辑与综合推理的关系是什么?

近年来,有很多同学认为形式逻辑在真题中不怎么考了,这种观点是非常错误的。实际上,近5年真题中与形式逻辑有关的题目的总题量远远大于5年前的真题。根据近5年的真题统计,可知以下数据:

管理类联考平均每年考18道左右推理题,其中涉及形式逻辑知识的有15道以上,不涉及串联推理的综合推理题不到3道。

经济类联考平均每年考12道左右的推理题,其中涉及形式逻辑知识的有10道以上,不涉及串联推理的综合推理题不到2道。

3. 推理题如何得高分？

第1步：分析条件类型

推理题已知条件的类型十分固定，通过分析已知条件的类型，就可以了解命题人的命题模型（即母题）是什么。

第2步：掌握母题方法

命题模型（即母题）与秒杀方法之间存在相对确定的对应关系。一道题的命题模型确定了，这道题的解法就确定了。因此，我们要通过本章的学习，记熟、练会命题模型与秒杀方法的对应关系，最好能将其变成一种本能的条件反射。

第3步：训练做题速度

学完本章后，可以通过《逻辑母题800练》一书进行刷题练习。切记，联考对考试时间的要求非常高，因此，在练习时一定要限制做题时间，以求提高解题速度。

另外，很多推理题的难度很大，学习过程中如果遇到不会做的题也不要心慌，牢记并练熟老吕讲的方法，推理题是可以拿到满分的。

📘 本讲内容

9个母题模型 —— 第4章 推理母题：5大条件类

- 母题模型1 事实假言模型
- 母题模型2 半事实假言模型
- 母题模型3 假言推假言模型
- 母题模型4 假言推事实模型
- 母题模型5 数量假言模型
- 母题模型6 假言命题的矛盾命题模型
- 母题模型7 匹配模型
- 母题模型8 数量关系模型
- 母题模型9 5大条件综合应用模型

第 ④ 章　　推理母题：5大条件类

【本章知识清单】

基础知识	母题模型
1. 5大条件的识别 2. 二难推理	母题模型1　事实假言模型 母题模型2　半事实假言模型 母题模型3　假言推假言模型 母题模型4　假言推事实模型 母题模型5　数量假言模型 母题模型6　假言命题的矛盾命题模型 母题模型7　匹配模型 母题模型8　数量关系模型 母题模型9　5大条件综合应用模型

01　第 1 节　推理题的命题规律与 5 大条件的识别

扫码免费听
本节讲解

1. 推理题的命题规律

先看 2 道真题：

真题 1　（2021年管理类联考真题）冬奥组委会官网开通全球招募系统，正式招募冬奥会志愿者。张明、刘伟、庄敏、孙兰、李梅 5 人在一起讨论报名事宜。他们商量的结果如下：

(1)如果张明报名，则刘伟也报名。

(2)如果庄敏报名，则孙兰也报名。

(3)只要刘伟和孙兰两人中至少有 1 人报名，则李梅也报名。

后来得知，他们 5 人中恰有 3 人报名了。

根据以上信息，可以得出以下哪项？

A. 张明报名了。　　　　　　B. 刘伟报名了。　　　　　　C. 庄敏报名了。

D. 孙兰报名了。　　　　　　E. 李梅报名了。

真题 2 （2022年经济类联考真题)老李在兰花、罗汉松、金桔、牡丹、茶花这5个盆栽中选购了3个放在家中观赏。老李对选购的盆栽有如下要求：

(1)如果选购兰花，就选购罗汉松。

(2)如果选购牡丹，就选购罗汉松和茶花。

根据上述信息，老李一定选购了如下哪个盆栽？

A. 兰花。　　　　　　　B. 罗汉松。　　　　　　　C. 金桔。

D. 牡丹。　　　　　　　E. 茶花。

【题干分析】

观察以上2道真题的题干条件：

真题1的已知条件由三个假言命题和一个数量关系(5选3)组成。

真题2的已知条件由两个假言命题和一个数量关系(5选3)组成。

易知，这2道真题的已知条件具备极强的类似性，即都是由假言命题和数量关系组成的，因此，它们是同一个命题模型的变形，我们将这个命题模型命名为"数量假言模型"。老吕将这样的命题模型称为"母题模型"。母题者，题妈妈也，一生二，二生四，以至无穷。母题，是万题之源；掌握了母题，就搞定了所有题。

2. 推理题的解题思路

既然以上2道真题的已知条件构成是一样的，那么，它们的解题思路也应该是一样的。我们将这2道真题解析如下：

【真题1解析】

题干有以下信息：

①张明→刘伟。

②庄敏→孙兰。

③刘伟∨孙兰→李梅。

由①、③串联可得：张明→刘伟→李梅，逆否可得：┐李梅→┐刘伟→┐张明。

可见，若李梅不报名，则刘伟和张明也不报名，此时最多有2人报名，与"5人中恰有3人报名"矛盾，即：由"┐李梅"出发推出了矛盾，故"┐李梅"为假，即"李梅"为真。

因此，E项正确。

【真题2解析】

题干有以下信息：

①兰花→罗汉松。

②牡丹→罗汉松∧茶花。

"罗汉松"出现多次，故优先考虑。

由①可知，┐罗汉松→┐兰花。

由②可知，┐罗汉松→┐牡丹。

可见，如果不选购罗汉松，那么也不选购兰花和牡丹，此时最多选购 2 个盆栽，与"在 5 个盆栽中选购了 3 个"矛盾。故"不选购罗汉松"为假，即：选购罗汉松。

因此，B 项正确。

观察以上 2 道真题的解析，可以发现：对推理题来说，只要已知条件的构成是相同的，那么解题思路就是相同的。因此，我们解所有推理题，都采用两步解题法：第 1 步，通过已知条件的类型，识别出母题模型；第 2 步，套用此母题的秒杀方法。这就是我常说的"逻辑母题，两步解题"的意思。

3. 推理题已知条件的构成

推理题的命题形式十分多样，但 90％的推理题的已知条件由以下 5 大类型组成：

第 1 类：事实

即题干中给出的确定信息。如：北门种桃树；张三没有考上研究生；李四与王五相邻等。

第 2 类：半事实

即题干中给出的情况较少的信息。如：张三∨李四；王五要么报考清华大学，要么报考北京大学等。

第 3 类：假言（→）

即题干中给出的假言命题。从近 5 年的逻辑真题命题来看，多数综合推理题中都会出现假言命题。当然，如果题干中出现"所有 A 都是 B"等能画成箭头的其他条件，也可以近似地认为是假言条件。

第 4 类：匹配

即题干中给出的对应关系。如：4 个人分别报考 4 所大学中的一所；5 种不同的树分别种在 5 个不同的园区等。

在匹配题中还常出现"互斥条件"，即题干中给出互相排斥的信息。如：已知数学老师只有一位，而张珊与数学老师一起吃过饭，则张珊不是数学老师。即"张珊"与"数学老师"存在互斥关系。

第 5 类：数量

即题干中给出的数量关系。如：7 个人中有 5 人入选等。

4. 母题模型的识别

如果题干由"事实＋假言"两类已知条件构成，则可命名为"事实假言模型"。

如果题干由"数量＋假言"两类已知条件构成，则可命名为"数量假言模型"。

如果题干由"数量＋假言＋匹配"三类已知条件构成，则可命名为"数量假言匹配模型"。

以此类推。

确定了母题模型后，我们就可以直接套用该模型的秒杀方法解题。下一节，将为大家讲解 5 大条件类母题模型的秒杀方法。

5. 近3年联考逻辑真题命题统计：5大条件类

5.1 管理类联考逻辑真题命题统计

（1）2021年推理题命题统计（标蓝色部分为5大条件类：共13道）

26	27	28	29	30	31	32	33	34	35
支持	选项事实假言	支持	一人多判断	解释	匹配	削弱	串联矛盾	事实假言	一人多判断

36	37	38	39	40	41	42	43	44	45
半事实假言匹配	数量假言匹配	隐含三段论	支持	数量假言	数量假言	支持	数量假言	支持	数独

46	47	48	49	50	51	52	53	54	55
支持	假言匹配	事实假言匹配	削弱	支持	假言推假言	推理	支持	事实数量假言匹配	事实数量假言匹配

（2）2022年推理题命题统计（标蓝色部分为5大条件类：共18道）

26	27	28	29	30	31	32	33	34	35
假言推假言	支持	数量假言	支持	选项事实假言	支持	假言推事实	支持	削弱	假言匹配

36	37	38	39	40	41	42	43	44	45
假言推假言	事实假言匹配	解释	数量假言	有的串联	事实数量假言匹配	事实数量假言匹配	假言推假言	削弱	事实假言匹配

46	47	48	49	50	51	52	53	54	55
事实假言匹配	削弱	评论逻辑漏洞	假言匹配	事实假言匹配	解释	假言推事实	支持	数量假言匹配	事实数量假言匹配

（3）2023年推理题命题统计（标蓝色部分为5大条件类：共13道）

26	27	28	29	30	31	32	33	34	35
性质串联	削弱	假设	数量关系	推理相似	数量假言匹配	事实数量假言匹配	削弱	性质串联	削弱

36	37	38	39	40	41	42	43	44	45
争论焦点	数量假言匹配	事实数量假言匹配	支持	数量假言	假言推事实	一人多判断	支持	支持	统计论证

46	47	48	49	50	51	52	53	54	55
事实数量假言匹配	事实数量假言匹配	削弱	削弱	削弱	事实假言	事实假言	反驳相似	数量假言匹配	事实数量假言匹配

5.2　经济类联考逻辑真题命题统计

（1）2021 年推理题命题统计（标蓝色部分为 5 大条件类：共 8 道）

36	37	38	39	40	41	42	43	44	45
假言推假言	数量假言	定义	真假话	支持	概念间的关系	事实假言	解释	推理相似	支持

46	47	48	49	50	51	52	53	54	55
方位匹配	方位匹配	削弱	削弱	真假话	支持	事实数量假言	假设	数量假言匹配	事实数量假言匹配

（2）2022 年推理题命题统计（标蓝色部分为 5 大条件类：共 11 道）

36	37	38	39	40	41	42	43	44	45
支持	推理	匹配	匹配	假言推假言	支持	数量假言	事实假言	匹配	争论焦点

46	47	48	49	50	51	52	53	54	55
性质串联	判断论证结构	事实假言	削弱	匹配	支持	数量假言匹配	支持	数量假言	数量假言

（3）2023 年推理题命题统计（标蓝色部分为 5 大条件类：共 9 道）

36	37	38	39	40	41	42	43	44	45
削弱	推理相似	事实假言	推理	数量假言匹配	事实数量假言匹配	支持	支持	支持	数量假言

46	47	48	49	50	51	52	53	54	55
数独	匹配	判断论证结构	概念间的关系	事实假言匹配	事实假言匹配	假设	削弱	事实数量假言匹配	事实数量假言匹配

根据以上统计可知，5 大条件类综合推理题占逻辑真题总题量的比例约为 50%。

第 2 讲

02 第2节 5大条件类母题模型

扫码免费听
本节讲解
（共4个视频）

母题模型1 事实假言模型

⚡ 母题技巧

第1步 识别条件类型	（1）**题干特点**：题干中的已知条件主要由5大条件中的"事实"和"假言命题"组成。 注意："事实"可能出现在已知条件中，也可能补充在提问中。若事实补充在提问中，则优先从提问中的事实出发来解题。 （2）**选项特点**：题干中的选项均为事实或多为事实。
第2步 套用母题方法	**方法一**：串联法（可在基础阶段使用，用于训练基础知识）。 步骤1：画箭头，如有需要，可写出其逆否命题。 步骤2：串联。 步骤3：找答案。 **方法二**：事实出发法（推荐解法）。 从事实出发，根据口诀"肯前必肯后，否后必否前"可以直接推出答案。（此种方法写在书上会感觉啰唆，但实际解题时可快速秒杀题目。建议听配套课程的讲解，你会立即体会到此方法的优势。） 此方法的原理为： 已知：A→B→C。 若已知A为真（肯前），则必能推出C为真（肯后）。 逆否可知，上述条件等价于：﹁C→﹁B→﹁A。 故，若已知C为假（否后），则必能推出A为假（否前）。 ⏰ **口诀9** 事实假言模型 题干事实加假言，事实出发做串联。 肯前必肯后，否后必否前。

✏ 典型例题

例 4.1 已知如下信息：

①如果锡剧团今晚来村里演出，则全村的人不会外出。

②只有村主任今晚去县里，才能拿到化肥供应计划。

③只有拿到化肥供应计划，村里庄稼的夏收才有保证。

如果事实上，锡剧团今晚来村里演出了，则根据上述信息可以推出以下各项，除了：

A. 村主任没有拿到化肥供应计划。

B. 村主任今晚去了县里。

C. 村里庄稼的夏收没有保证。

D. 全村人都没有外出。

E. 村主任今晚没去县里。

【第1步 识别条件类型】

5大条件	本题对应条件
事实	锡剧团今晚来村里演出了
假言	条件①、②、③
半事实、数量、匹配	无
确定母题模型：题干由事实和假言命题组成，故此题为**事实假言模型**，可用"串联法"或"事实出发法"来解题。	

【第2步 套用母题方法】

方法一：串联法。

步骤1：画箭头。

题干有以下信息：

①演出→全村不外出。如果全村不外出，当然村主任不可能去县里。故有：演出→全村不外出→￢村主任去县里。

②村主任去县里←拿到计划，等价于：￢村主任去县里→￢拿到计划。

③拿到计划←夏收有保证，等价于：￢拿到计划→￢夏收有保证。

④事实上，演出了。

步骤2：串联。

由④、①、②、③串联可得：演出→全村不外出→￢村主任去县里→￢拿到计划→￢夏收有保证。

步骤3：找答案。

故 A、C、D、E 项均为真，B 项为假。

方法二：事实出发法。

从事实出发，"锡剧团今晚来村里演出了"。

找重复信息"演出"，可知①的前件为真，根据口诀"肯前必肯后"，可得：全村的人不会外出，故村主任不会去县里。（故 B 项不能被推出，为正确选项）

②是必要条件，含义是"没它不行"，故可得：村主任不去县里，拿不到化肥供应计划。

③也是必要条件，含义是"没它不行"，故可得：拿不到化肥供应计划，夏收没有保证。

故 A、C、D、E 项均为真，B 项为假。

【答案】B

真题秒杀

例 4.2 (2018年管理类联考真题)某市已开通运营一、二、三、四号地铁线路,各条地铁线每一站运行加停靠所需时间均彼此相同。小张、小王、小李三人是同一单位的职工,单位附近有北口地铁站。某天早晨,三人同时都在常青站乘一号线上班,但三人关于乘车路线的想法不尽相同。已知:

(1)如果一号线拥挤,小张就坐2站后转三号线,再坐3站到北口站;如果一号线不拥挤,小张就坐3站后转二号线,再坐4站到北口站。

(2)只有一号线拥挤,小王才坐2站后转三号线,再坐3站到北口站。

(3)如果一号线不拥挤,小李就坐4站后转四号线,坐3站之后再转三号线,坐1站到达北口站。

(4)该天早晨地铁一号线不拥挤。

假定三人换乘及步行总时间相同,则以下哪项最可能与上述信息不一致?

A. 小王和小李同时到达单位。　　　　B. 小张和小王同时到达单位。

C. 小王比小李先到达单位。　　　　　D. 小李比小张先到达单位。

E. 小张比小王先到达单位。

【第1步　识别条件类型】

5大条件	本题对应条件
事实	条件(4)
数量	站数的计算
假言	条件(1)、(2)、(3)
半事实、匹配	无
确定母题模型:题干由事实、数量和假言命题组成,故此题为事实数量假言模型,可用"串联法"或"事实出发法"来解题。	

【第2步　套用母题方法】

从事实出发,由条件(4)可知,该天早晨地铁一号线不拥挤。故:

条件(1)的前件为真,故可知:小张需要坐7站,换乘一次。

条件(3)的前件为真,故可知:小李需要坐8站,换乘两次。

再根据题干信息"各条地铁线每一站运行加停靠所需时间均彼此相同"可知,小张花费的时间比小李少。由于两人同时出发,故小张应该比小李先到达单位。所以D项与题干信息不一致。

由题干无法推出小王的乘车路线情况,故A、B、C、E项均有可能为真。

【答案】D

例 4.3 (2020年管理类联考真题)某单位拟在椿树、枣树、楝树、雪松、银杏、桃树中选择4种栽种在庭院中。已知:

(1)椿树、枣树至少种植一种。

(2)如果种植椿树,则种植楝树但不种植雪松。

(3)如果种植枣树,则种植雪松但不种植银杏。

如果庭院中种植银杏，则以下哪项是不可能的？

A. 种植椿树。   B. 种植楝树。   C. 不种植枣树。

D. 不种植雪松。   E. 不种植桃树。

【第1步 识别条件类型】

5大条件	本题对应条件
事实	种植银杏
数量	在椿树、枣树、楝树、雪松、银杏、桃树中选择4种（即：6选4）
假言	条件(1)、(2)、(3)[选言可转化为假言]
半事实、匹配	无
确定母题模型：题干由事实、数量关系和假言命题组成，故此题为**事实数量假言模型**，可用"串联法"或"事实出发法"来解题。	

【第2步 套用母题方法】

从事实出发， 由"种植银杏"可知，条件(3)的后件为假，根据口诀"否后必否前"，可得：不种植枣树。

再结合条件(1)"椿树、枣树至少种植一种"可得：种植椿树。

故可知条件(2)的前件为真，根据口诀"肯前必肯后"，可得：种植楝树但不种植雪松。

此时可知，已经种植了3种树，而题干要求种植4种树，故余下的桃树必须种植。

综上，E项不可能为真。

【答案】E

例 4.4 （2015年经济类联考真题改编）大嘴鲈鱼只在有鲦鱼或者长有浮藻的水域里生活。漠亚河中有大嘴鲈鱼。

从上述断定能得出以下哪项结论？

A. 漠亚河中有浮藻。

B. 漠亚河中有鲦鱼。

C. 漠亚河中有浮藻，也有鲦鱼。

D. 如果在漠亚河中有鲦鱼，则其中肯定不会有浮藻。

E. 如果在漠亚河中没有鲦鱼，则其中肯定有浮藻。

【第1步 识别条件类型】

5大条件	本题对应条件
事实	漠亚河中有大嘴鲈鱼
假言	大嘴鲈鱼只在有鲦鱼或者长有浮藻的水域里生活
半事实、数量、匹配	无
确定母题模型：题干由事实和假言命题组成，故此题为**事实假言模型**，可用"串联法"或"事实出发法"来解题。	

【第 2 步　套用母题方法】

题干有以下断定：

①"大嘴鲈鱼只在有鲦鱼或者长有浮藻的水域里生活"等价于"只在有鲦鱼或者长有浮藻的水域里才有大嘴鲈鱼生活"，即：大嘴鲈鱼→鲦鱼∨浮藻。

②漠亚河中有大嘴鲈鱼。可写成：漠亚河→大嘴鲈鱼。

由②、①串联可得：漠亚河→大嘴鲈鱼→鲦鱼∨浮藻。

故可得结论：漠亚河中鲦鱼或者浮藻至少有一种，也可能两者都有。但是否有鲦鱼不确定，是否有浮藻也不确定。

故 A、B、C 项均可真可假。

D 项，鲦鱼→￢浮藻，等价于：￢鲦鱼∨￢浮藻。由以上分析结论可知，鲦鱼和浮藻可能都有，故此项可真可假。

E 项，由"鲦鱼∨浮藻＝￢鲦鱼→浮藻"，可知此项为真。

【答案】E

例 4.5　(2015 年经济类联考真题)大嘴鲈鱼只在有鲦鱼出现的河中且长有浮藻的水域里生活。漠亚河中没有大嘴鲈鱼。

从上述断定能得出以下哪项结论？

Ⅰ.鲦鱼只在长有浮藻的河中才能被发现。

Ⅱ.漠亚河中既没有浮藻，又发现不了鲦鱼。

Ⅲ.如果在漠亚河中发现了鲦鱼，则其中肯定不会有浮藻。

A. 仅Ⅰ。　　　　　　　B. 仅Ⅱ。　　　　　　　C. 仅Ⅲ。

D. 仅Ⅰ和Ⅱ。　　　　　E. Ⅰ、Ⅱ和Ⅲ都不能从题干推出。

【第 1 步　识别条件类型】

5 大条件	本题对应条件
事实	漠亚河中没有大嘴鲈鱼
假言	大嘴鲈鱼只在有鲦鱼出现的河中且长有浮藻的水域里生活
半事实、数量、匹配	无

确定母题模型：题干由事实和假言命题组成，故此题为事实假言模型，可用"串联法"或"事实出发法"来解题。

【第 2 步　套用母题方法】

题干有以下断定：

①大嘴鲈鱼→鲦鱼∧浮藻，等价于：②￢鲦鱼∨￢浮藻→￢大嘴鲈鱼。

③漠亚河中没有大嘴鲈鱼。

根据箭头指向原则：有箭头指向则为真，没有箭头指向则可真可假。

Ⅰ项，由①可知，"鲦鱼"后面没有箭头，故Ⅰ项可真可假。

Ⅱ项，由③、②可知，"￢大嘴鲈鱼"后面没有箭头，故Ⅱ项可真可假。

Ⅲ项，由③可知，漠亚河中没有大嘴鲈鱼，再由②可知，"┐大嘴鲈鱼"后面没有箭头，推不出任何结论，故Ⅲ项可真可假。

【答案】E

例 4.6 （2009 年管理类联考真题）除非年龄在 50 岁以下，并且能持续游泳 3 000 米以上，否则不能参加下个月举行的花样横渡长江活动。同时，高血压和心脏病患者不能参加。老黄能持续游泳 3 000 米以上，但没被批准参加这项活动。

以上断定能推出以下哪项结论？

Ⅰ. 老黄的年龄至少 50 岁。

Ⅱ. 老黄患有高血压。

Ⅲ. 老黄患有心脏病。

A. 仅Ⅰ。   B. 仅Ⅱ。   C. 仅Ⅲ。

D. Ⅰ、Ⅱ和Ⅲ至少有一项。   E. Ⅰ、Ⅱ和Ⅲ都不能从题干推出。

【第 1 步 识别条件类型】

5 大条件	本题对应条件
事实	能持续游泳 3 000 米以上，但没被批准参加这项活动
假言	"除非年龄在 50 岁以下，并且能持续游泳 3 000 米以上，否则不能参加下个月举行的花样横渡长江活动"和 "高血压和心脏病患者不能参加"
半事实、数量、匹配	无

确定母题模型：题干由事实和假言命题组成，故此题为事实假言模型，可用"串联法"或"事实出发法"来解题。

【第 2 步 套用母题方法】

题干中有两个涉及假言命题的断定：

①┐（50 岁以下∧游 3 000 米以上）→不能参加。

等价于：┐50 岁以下∨┐游 3 000 米以上→不能参加。

②高血压不能参加∧心脏病不能参加。

其中，断定②的意思是：得了高血压的人是不能参加的，得了心脏病的人也不能参加；也就是说，这两种病你得了其中任何一种都不能参加，当然两种病都得了也是不能参加的。故断定②也可以写成：高血压∨心脏病→不能参加。

综上，断定①、②可合并成：┐50 岁以下∨┐游 3 000 米以上∨高血压∨心脏病→不能参加。

根据箭头指向原则，"不能参加"后面没有任何箭头指向，所以，由"不能参加"推不出任何结论。故 E 项正确。

【答案】E

母题模型 2　半事实假言模型

⚡ 母题技巧

第 1 步　识别条件类型	（1）题干特点：题干中的已知条件主要由 5 大条件中的"半事实"和"假言命题"组成。 （2）选项特点：题干中的选项均为事实或多为事实。
第 2 步　套用母题方法	方法一：分类讨论法。 分类讨论常见以下结果： ①若情况 1 不成立，情况 2 成立，则情况 2 推出的结论是答案；若情况 2 不成立，情况 1 成立，则情况 1 推出的结论是答案。 ②情况 1 和情况 2 推出了相同的结论，则这一相同的结论是答案。 ③情况 1 推出结论 A，情况 2 推出结论 B，则答案为 A∨B。 方法二：转化为假言。 若已知条件为"A∨B"，则可以进行分类讨论，也可以转化为"￢A→B"。

✐ 典型例题

例 4.7　在一种插花艺术中，对色彩有如下要求：

(1)或者使用橙黄，或者使用墨绿。

(2)如果使用橙黄，则不能使用天蓝。

(3)只有使用天蓝，才能使用铁青。

(4)墨绿和铁青只使用一种。

由此可见，在这种插花艺术中色彩的使用应满足：

A. 不使用橙黄，使用铁青。　　　　B. 不使用墨绿，使用天蓝。

C. 不使用墨绿，使用铁青。　　　　D. 不使用天蓝，使用橙黄。

E. 不使用铁青，使用墨绿。

【第 1 步　识别条件类型】

5 大条件	本题对应条件
半事实	条件(4)
假言	条件(1)、(2)、(3)[选言可转化为假言]
事实、数量、匹配	无
确定母题模型：题干由半事实和假言命题组成，故此题为<u>半事实假言模型</u>。	

【第 2 步　套用母题方法】

从"半事实"出发，分两种情况讨论：

情况 1：用铁青不用墨绿。

此时，根据条件(3)"用铁青→用天蓝"可知，使用天蓝。

故条件(2)的后件为假，根据口诀"否后必否前"可知，其前件也为假，即：不使用橙黄。

再由条件(1)可知，不使用橙黄→用墨绿。此时，与"不用墨绿"矛盾，故此种情况不成立。

故只能是情况 2：使用墨绿，不使用铁青。

【答案】E

🖊 **真题秒杀**

例 4.8 (2021年管理类联考真题)"冈萨雷斯""埃尔南德斯""施米特""墨菲"这 4 个姓氏是且仅是卢森堡、阿根廷、墨西哥、爱尔兰四国中其中一国常见的姓氏。已知：

(1)"施米特"是阿根廷或卢森堡常见姓氏。

(2)若"施米特"是阿根廷常见姓氏，则"冈萨雷斯"是爱尔兰常见姓氏。

(3)若"埃尔南德斯"或"墨菲"是卢森堡常见姓氏，则"冈萨雷斯"是墨西哥常见姓氏。

根据以上信息，可以得出以下哪项？

A. "施米特"是卢森堡常见姓氏。

B. "埃尔南德斯"是卢森堡常见姓氏。

C. "冈萨雷斯"是爱尔兰常见姓氏。

D. "墨菲"是卢森堡常见姓氏。

E. "墨菲"是阿根廷常见姓氏。

【第1步　识别条件类型】

5 大条件	本题对应条件
半事实	条件(1)
假言	条件(2)、(3)
匹配	4 个姓氏与 4 个国家之间的一一匹配
事实、数量	无
确定母题模型：题干由半事实、假言命题和匹配关系组成，故此题为**半事实假言匹配模型**。另外，由于此题条件(1)可转化为假言命题，故此题也可视为**假言匹配模型**，具体讲解详见母题模型 4。	

【第2步　套用母题方法】

由于每个姓氏只能与一个国家匹配，故由条件(1)可知，有如下两种情况：①施阿∧¬施卢；②¬施阿∧施卢。

若情况①为真，即"施阿"为真，故条件(2)的前件为真，则其后件也为真，可得：冈爱。

由"冈爱"并结合"姓氏与国籍一一匹配"可知，条件(3)的后件为假，则其前件也为假，可得：¬埃卢∧¬墨卢。

此时，没有姓氏与卢森堡匹配，与题干矛盾，故情况①为假，则情况②为真。

因此，施米特是卢森堡常见姓氏，即 A 项正确。

【答案】A

例 4.9 （2013年经济类联考真题)如果李凯拿到钥匙，他就会把门打开并且保留钥匙。如果杨林拿到钥匙，他会把钥匙交到失物招领处。要么李凯拿到钥匙，要么杨林拿到钥匙。

如果上述信息正确，那么下列哪项一定正确？

A. 失物招领处没有钥匙。

B. 失物招领处有钥匙。

C. 门打开了。

D. 李凯拿到了钥匙。

E. 如果李凯没有拿到钥匙，那么钥匙会在失物招领处。

【第1步 识别条件类型】

5大条件	本题对应条件
半事实	要么李凯拿到钥匙，要么杨林拿到钥匙
假言	"如果李凯拿到钥匙，他就会把门打开并且保留钥匙"和"如果杨林拿到钥匙，他会把钥匙交到失物招领处"
事实、数量、匹配	无
确定母题模型：题干由半事实和假言命题组成，故此题为<u>半事实假言模型</u>。	

但要注意：观察选项发现，A、B、C、D项均为事实，E项为假言命题，故此题也可视为<u>选项事实假言模型</u>。此时，带假言选项的前件相当于给出了新的已知条件，用于推出其后件。相当于，这些选项比别的选项多一个条件，故更有可能是答案。

当然，"更有可能是答案"不代表"绝对是答案"。因此，我们可以直接把假言选项的前件当作已知条件，代入题干，若能推出其后件，就是正确选项；若不能推出其后件，则继续分析其他选项。

> ⏰ **口诀 10 选项事实假言模型**
>
> 选项事实和假言，假言选项优先选；
>
> 选项前件当已知，判断后件的真假。

【第2步 套用母题方法】

假设E项的前件"李凯没有拿到钥匙"为真。

结合题干"要么李凯拿到钥匙，要么杨林拿到钥匙"可知，杨林拿到钥匙。

再由"如果杨林拿到钥匙，他会把钥匙交到失物招领处"可知，钥匙在失物招领处。

可见，由E项的前件可以推出其后件，故E项正确。

【答案】E

母题模型 3   假言推假言模型

⏰ 母题技巧

第 1 步 识别条件类型	（1）题干特点：题干中的已知条件主要由 5 大条件中的"假言命题"组成。 （2）选项特点：题干中的选项均为假言命题或多为假言命题。
第 2 步 套用母题方法	情况 1：题干中有重复元素。 若题干中的多个假言命题中有重复元素，则可使用四步解题法或重复元素串联法。 方法一：四步解题法（基础阶段练基本功用） 步骤 1：画箭头。 用箭头表达题干中的每个判断。 步骤 2：串联。 将箭头统一成右箭头"→"并串联成"A→B→C→D"的形式（注意：不能串联的箭头就不需要串联）。 串联完后可直接看选项，如果已经可以找到正确选项，则不必进行下面的步骤。 步骤 3：逆否。 如有必要，写出其逆否命题：¬D→¬C→¬B→¬A。 步骤 4：找答案。 根据箭头指向原则（有箭头指向则为真，没有箭头指向则可真可假），判断选项的真假。 方法二：重复元素分析法（推荐方法） 此类题可通过重复元素瞬间完成串联秒杀，建议听配套课程学习该方法。 情况 2：题干中没有重复元素。 若题干中的多个假言命题中没有重复元素，则可使用三步解题法或选项排除法。 方法一：三步解题法（基础阶段练基本功用） 步骤 1：画箭头。 用箭头表达题干中的每个判断。 步骤 2：逆否。 如有必要，写出其逆否命题。 步骤 3：找答案。 根据箭头指向原则（有箭头指向则为真；没有箭头指向则可真可假），判断选项的真假。 方法二：选项排除法（推荐方法） 此类题可直接看选项，通过选项中的关键词，找到题干中对应的假言命题，根据箭头指向原则进行选项排除。

> ⏰ 口诀 11 假言推假言模型
>
> 题干假言推假言，重复元素做串联；
> 若是假言无重复，选项代入做排除。

🖊 **典型例题**

📝 **例** 4.10 本科生要拥有一流的科研实力，就要有厚实的理论基础。只有拥有一流的科研实力，本科生才能发表学术文章。要想获得推免资格，必须发表学术文章。

以下各项都符合题干的意思，除了：

A. 本科生不能发表学术文章，除非有厚实的理论基础。

B. 只要本科生有厚实的理论基础，就能发表学术文章。

C. 如果本科生有一流的科研实力，就不会没有厚实的理论基础。

D. 不能设想本科生有一流的科研实力，但缺乏厚实的理论基础。

E. 本科生或者没有一流的科研实力，或者有厚实的理论基础。

【第1步　识别条件类型】

5大条件	本题对应条件
假言	有
事实、半事实、数量、匹配	无
此题的选项均为假言	

确定母题模型：题干由多个假言命题组成，选项均为假言命题，故此题为假言推假言模型。由于这些假言命题中有重复元素，故可用"四步解题法"或"重复元素串联法"来解题。

【第2步　套用母题方法】

方法一：四步解题法。

步骤1：画箭头。

题干：

①科研实力→理论基础。

②学术文章→科研实力。

③推免资格→学术文章。

步骤2：串联。

由③、②和①串联可得：④推免资格→学术文章→科研实力→理论基础。

步骤3：逆否。

④逆否可得：⑤¬理论基础→¬科研实力→¬学术文章→¬推免资格。

步骤4：找答案。

A项，¬理论基础→¬学术文章，由⑤可知，符合题干。

B项，理论基础→学术文章，根据箭头指向原则，由④可知，"理论基础"后无箭头指向，故此项不符合题干。

C项，科研实力→理论基础，等价于①，符合题干。

D项，¬(科研实力∧¬理论基础)=¬科研实力∨理论基础=科研实力→理论基础，等价于①，符合题干。

E项，¬科研实力∨理论基础=科研实力→理论基础，等价于①，符合题干。

方法二：重复元素串联法。

直接找题干中三个假言命题的重复元素，把重复元素串联可以直接得到：推免资格→学术文章→科研实力→理论基础。后续步骤与方法一相同。

【答案】B

例 4.11 文化体现在一个人如何对待自己、对待他人、对待自己所处的自然环境。在一个文化环境厚实的社会里，人懂得尊重自己——他不苟且，不苟且才有品位；人懂得尊重别人——他不霸道，不霸道才有道德；人懂得尊重自然——他不掠夺，不掠夺才有永续的生命。

下面哪一项不能从上面这段话中推出？

A. 如果一个人苟且，则他无品位。

B. 如果一个人霸道，则他无道德。

C. 如果人类掠夺自然，则不会有永续的生命。

D. 除非一个人无道德，否则他不霸道。

E. 如果一个人无道德，则他霸道并且苟且。

【第 1 步 识别条件类型】

5 大条件	本题对应条件
假言	有
事实、半事实、数量、匹配	无
此题的选项均为假言	

确定母题模型：题干由多个假言命题组成，选项均为假言命题，故此题为假言推假言模型。由于这些假言命题中无重复元素，故可用"三步解题法"或"选项排除法"来解题。

【第 2 步 套用母题方法】

方法一：三步解题法。

步骤 1：画箭头。

题干：

①不苟且←有品位。

②不霸道←有道德。

③不掠夺←有永续的生命。

步骤 2：逆否。

题干的逆否命题为：

④苟且→无品位。

⑤霸道→无道德。

⑥掠夺→不会有永续的生命。

步骤 3：找答案。

A 项，苟且→无品位，等于④，符合题干。

B 项，霸道→无道德，等于⑤，符合题干。

C 项，掠夺→不会有永续的生命，等于⑥，符合题干。

D 项，有道德→不霸道，等价于②，符合题干。

E 项，无道德→霸道∧苟且，根据箭头指向原则，由⑤可知，"无道德"后无箭头指向，故此项不符合题干。

方法二：选项排除法。

题干中的假言命题中没有重复元素，故无法进行串联，可使用选项排除法。即，省略方法一中的"步骤1：画箭头"和"步骤2：逆否"，根据口诀"肯前必肯后"和"否后必否前"，直接看选项分析即可，具体步骤同方法一的"步骤3：找答案"。

【答案】E

真题秒杀

例 4.12 （2001 年 MBA 联考真题）一个心理健康的人，必须保持自尊；一个人只有受到自己所尊敬的人的尊敬才能保持自尊；而一个用"追星"的方式来表达自己尊敬情感的人，不可能受到自己所尊敬的人的尊敬。

以下哪项结论可以从题干的断定中推出？

A. 一个心理健康的人，不可能用"追星"的方式来表达自己的尊敬情感。

B. 一个心理健康的人，不可能接受用"追星"的方式所表达的尊敬。

C. 一个人如果受到了自己所尊敬的人的尊敬，他（她）一定是个心理健康的人。

D. 没有一个保持自尊的人，会尊敬一个用"追星"的方式来表达尊敬情感的人。

E. 一个用"追星"的方式来表达自己尊敬情感的人，完全可以同时保持自尊。

【第 1 步　识别条件类型】

5 大条件	本题对应条件
假言	有
事实、半事实、数量、匹配	无
此题的选项均为假言	

确定母题模型：题干由多个假言命题组成，选项均为假言命题，故此题为假言推假言模型。由于这些假言命题中有重复元素，故可用"四步解题法"或"重复元素串联法"来解题。

【第 2 步　套用母题方法】

步骤 1：画箭头。

题干：

①心理健康→自尊。

②受尊敬←自尊。

③追星→￢受尊敬，等价于：受尊敬→￢追星。

步骤 2：串联。

由①、②、③串联可得：④心理健康→自尊→受尊敬→￢追星。

步骤 3：逆否。

由④逆否可得：⑤追星→￢受尊敬→￢自尊→￢心理健康。

步骤4：找答案。

A项，心理健康→┐追星，由④可知，此项为真。

B项，题干中的概念是"用'追星'的方式来表达自己的尊敬情感"，此项偷换成了"接受用'追星'的方式所表达的尊敬"，偷换概念，故排除。

C项，受尊敬→心理健康，由④可知，"受尊敬"后面没有箭头指向"心理健康"，故此项可真可假。

D项，此项等价于：所有保持自尊的人都不会尊敬用"追星"的方式来表达尊敬情感的人。由④可知，"自尊"后面没有这样的箭头，故此项可真可假。

E项，由⑤可知，"追星"的人不可能保持自尊，故此项为假。

【答案】A

例 4.13 （2021年经济类联考真题）"理念是实践的先导"，理念科学，发展才能蹄疾步稳；"思想是行动的指南"，思想破冰，行动才能突破重围；"战略是发展的规划"，战略得当，未来才能行稳致远。执政环境不会一成不变，治国理政需要与时俱进。

根据以上陈述，可以得出以下哪项？

A. 若战略不得当，未来就不能行稳致远。

B. 只要思想破冰，行动就可以突破重围。

C. 治国理政只有与时俱进，才能不断改善执政环境。

D. 只有以正确思想为指导，才能进行科学的战略规划。

E. 要正确处理好理念、思想、战略和发展的辩证关系。

【第1步 识别条件类型】

5大条件	本题对应条件
假言	有
事实、半事实、数量、匹配	无
此题的选项多为假言	
确定母题模型：题干由多个假言命题组成，选项多为假言命题，故此题为假言推假言模型。由于这些假言命题中无重复元素，故可用"三步解题法"或"选项排除法"来解题。	

【第2步 套用母题方法】

方法一：三步解题法。

步骤1：画箭头。

题干：

①发展蹄疾步稳→理念科学。

②行动突破重围→思想破冰。

③未来行稳致远→战略得当。

步骤2：逆否。

题干的逆否命题为：

④┐理念科学→┐发展蹄疾步稳。

第2讲

⑤￢思想破冰→￢行动突破重围。

⑥￢战略得当→￢未来行稳致远。

步骤3：找答案。

A项，战略不得当→未来不能行稳致远，等价于⑥，故此项必然为真。

B项，思想破冰→行动突破重围，根据箭头指向原则，由②可知，"思想破冰"后无箭头指向，故此项可真可假。

C、D、E项均为题干未涉及的推理关系或内容，故均为可真可假。

方法二：选项排除法。

A项，找关键词"战略不得当"，锁定"战略得当，未来才能行稳致远"，根据"必要条件，没它不行"可知，"战略不得当→未来不能行稳致远"为真。故A项正确。

此时，此题已选出正确答案，故无须再分析其他选项。

【答案】A

母题模型4   假言推事实模型

📝 必备基础知识：二难推理

二难推理就是指一项决策进入了两难的处境，常见有以下几种类型。

1. 进退两难与左右为难

（1）进退两难

有一件事，我干也难（进也难），不干也难（退也难）。

例如：

考研吧，挺难的，学习挺痛苦；不考研吧，也挺难的，就业上很痛苦，难以找到好工作。可见，对于考研这件事，我进退两难。

我们将这个例子符号化：

$$考研 \lor 不考研$$

$$\downarrow \qquad \downarrow$$

$$学习痛苦 \quad 就业痛苦$$

故：学习痛苦 $\lor$ 就业痛苦。

公式（1）：

$$A \lor \neg A;$$

$$A \rightarrow B;$$

$$\underline{\neg A \rightarrow C;}$$

$$所以，B \lor C.$$

（2）左右为难

对某件事，你现在面临两种选择，但这两种选择都有难处，左右为难。

例如：

你找男朋友有两个选择，或者找小宋，或者找晓明。如果选小宋，太黑；如果选晓明，太矮，所以你面临二难选择：或者找个黑男友，或者找个矮男友。

我们将这个例子符号化：

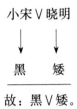

故：黑∨矮。

公式（2）：

$$A \lor B;$$
$$A \to C;$$
$$B \to D;$$
$$\overline{\qquad\qquad}$$
$$所以，C \lor D。$$

"进退两难"和"左右为难"的公式在本质上是一样的，都是面临两种选择（进退、左右），且两种选择都会带来难题。

2. 迎难而上与难以发生

（1）迎难而上

有一件很难的事，你退也得做，进也得做，那么迎难而上吧。

例如：

你爸对你说：如果你想考研，你得考研；如果你不想考研，你也得考研。那么，你爸的意思是：你必须要考研！迎难而上吧。

我们将这个例子符号化：

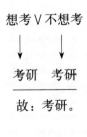

故：考研。

公式（3）：

$$A \lor \neg A;$$
$$A \to B;$$
$$\neg A \to B;$$
$$\overline{\qquad\qquad}$$
$$所以，B。$$

（2）难以发生

如果一个事件 A 的发生会推出矛盾，说明这个事件 A 不可能发生(难以发生)。

公式（4）：

$$A \to B;$$
$$A \to \neg B;$$
$$\overline{\qquad\qquad}$$
$$所以，\neg A。$$

"难以发生"这一公式可以用"迎难而上"的公式去理解，它们在本质上是相同的。
因为：

$$A \to B，等价于：\neg B \to \neg A;$$
$$A \to \neg B，等价于：B \to \neg A;$$
$$\overline{\qquad\qquad}$$
$$所以，\neg A。$$

3. 难上加难

对某件事，你现在面临两种选择，但这两种选择都有难处且需要同时选择，难上
加难。

例如：

学数学让你脑子累，写作文让你手酸。结果呢，你今天既学了数学，又写了作文，
说明什么？你今天脑子也累，手也酸。

我们将这个例子符号化：

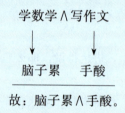

$$故：脑子累 \wedge 手酸。$$

公式（5）：

$$A \wedge B;$$
$$A \to C;$$
$$B \to D;$$
$$\overline{\qquad\qquad}$$
$$所以，C \wedge D。$$

📝 典型例题

例 4.14　威尼斯面临的问题具有典型意义。一方面，为了解决市民的就业，增加城市的经
济实力，必须保留和发展它的传统工业，这是旅游业所不能替代的经济发展的基础；另一方面，
为了保护其独特的生态环境，必须杜绝工业污染，但是，发展工业将不可避免地导致工业污染。

以下哪项能作为结论从上述断定中推出？

A. 威尼斯将不可避免地面临经济发展的停滞或生态环境的破坏。

B. 威尼斯市政府的正确决策应是停止发展工业以保护生态环境。

C. 威尼斯市民的生活质量只依赖于经济和生态环境。

D. 旅游业是威尼斯经济收入的主要来源。

E. 如果有一天威尼斯的生态环境受到了破坏，这一定是它为发展经济所付出的代价。

【详细解析】

题干有两个论断：

一方面：发展经济→发展工业，等价于：①¬发展工业→¬发展经济。

另一方面：保护环境→¬工业污染，发展工业→工业污染。串联可得：②发展工业→工业污染→¬保护环境。

根据二难推理的公式(1)，由①、②可得：¬发展经济∨¬保护环境。

故有：威尼斯将不可避免地面临经济发展的停滞或生态环境的破坏。

【答案】A

例 4.15　关于财务混乱的错误谣言损害了一家银行的声誉。如果管理人员不试图反驳这些谣言，它们就会传播开来并最终摧毁顾客的信心。但如果管理人员努力驳斥这种谣言，这种驳斥使谣言增加的程度比使它减少的程度更大。

如果以上的陈述都为真，则根据这些陈述，下列哪项也一定为真？

A. 银行的声誉不会受到猛烈的广告宣传活动的影响。

B. 管理人员无法阻止已经出现的威胁银行声誉的谣言。

C. 面对错误的谣言，银行经理的最佳对策是直接说出财务的真实情况。

D. 关于财务混乱的正确的传言，对银行储户对该银行的信心的影响没有错误的流言大。

E. 管理人员可以有效遏制谣言，以维护银行的声誉。

【详细解析】

题干存在以下断定：

①不反驳谣言→谣言就会传播开来并摧毁顾客的信心。

②反驳谣言→谣言增加的程度比减少的程度大。

根据二难推理：　　　　反驳谣言　　∨　　不反驳谣言

谣言增加的程度比减少的程度大 ∨ 谣言就会传播开来并摧毁顾客的信心

所以，无论管理人员是否反驳谣言，银行的声誉都会受到谣言的威胁，即B项正确。

【答案】B

例 4.16　如果李生喜欢表演，则他报考戏剧学院。如果他不喜欢表演，则他可以成为戏剧理论家。如果他不报考戏剧学院，则他不能成为戏剧理论家。

由此可推出李生将：

A. 不喜欢表演。　　　　　　　B. 成为戏剧理论家。　　　　　　C. 不报考戏剧学院。

D. 报考戏剧学院。　　　　　　E. 不能成为戏剧理论家。

【详细解析】

题干存在以下断定：

①喜欢表演→报考戏剧学院。

②¬喜欢表演→成为戏剧理论家。

③￢报考戏剧学院→￢成为戏剧理论家，等价于：成为戏剧理论家→报考戏剧学院。

由②、③串联可得：④喜欢表演→成为戏剧理论家→报考戏剧学院。

根据二难推理的公式(3)，由①、④可得：报考戏剧学院。

故 D 项正确。

【答案】D

例 4.17　如果他勇于承担责任，那么他就一定会直面媒体，而不是选择逃避；如果他没有责任，那么他就一定会聘请律师，捍卫自己的尊严。可是事实上，他不仅没有聘请律师，现在逃得连人影都不见了。

根据以上陈述，可以得出以下哪项结论？

A. 即使他没有责任，也不应该选择逃避。

B. 虽然选择了逃避，但是他可能没有责任。

C. 如果他有责任，那么他应该勇于承担责任。

D. 如果他不敢承担责任，那么说明他责任很大。

E. 他有责任，但没有勇气承担责任。

【详细解析】

题干有以下论断：

①勇于承担责任→￢逃避，等价于：逃避→￢勇于承担责任。

②￢责任→聘请律师，等价于：￢聘请律师→责任。

③￢聘请律师∧逃避。

根据二难推理的公式(5)，由③、②、①可得：责任∧￢勇于承担责任，即：他有责任，但没有勇气承担责任。故 E 项正确。

【答案】E

⚡ 母题技巧

第1步　识别条件类型	（1）题干特点：题干中的已知条件主要由 5 大条件中的"假言命题"和"选言命题（可转化为假言）"组成。 （2）选项特点：选项均为事实或多为事实。
第2步　套用母题方法	方法一：串联找矛盾法。 步骤1：画箭头。 步骤2：串联找矛盾。 串联后一般可以推出矛盾，例如： ①若从"A"出发推出与已知条件矛盾，则"A"为假。 ②若从"A"出发推出了"￢A"，即从"A"出发推出了矛盾，故"A"为假。 ③若从"￢A"出发推出与已知条件矛盾，则"￢A"为假，即"A"为真。 ④若从"￢A"出发推出了"A"，即从"￢A"出发推出了矛盾，故"￢A"为假，即"A"为真。

续表

第 2 步　套用母题方法	步骤 3：推出答案。 **方法二：二难推理法。** 步骤 1：找重复元素。 步骤 2：找二难推理。 步骤 3：推出答案。 ⏰ **口诀 12　假言推事实模型** 假言推事实，办法有两种； 要么找矛盾，要么找二难。 **二难推理的常见情况：** **情况 1：一肯一否式。** 如果已知条件中两个假言命题的前件分别为 "A" 和 "￢ A"，考虑使用二难推理公式。 例如：A→B→C，￢ A→C。根据二难推理的公式（3）可得：C 为真。 **情况 2：前后相同式。** 如果已知条件中出现两个假言命题，其中一个假言命题的前件为 "A"，另外一个假言命题的后件也为 "A"，此时，可将后件为 "A" 的假言命题逆否，就可能构建二难推理。 同理，如果已知条件中出现两个假言命题，其中一个假言命题的前件为 "￢ A"，另外一个假言命题的后件也为 "￢ A"，此时，可将后件为 "￢ A" 的假言命题逆否，就可能构建二难推理。 例如：①A→B→C。②C→￢ A。此时将①逆否可得：③￢ C→￢ B→￢ A。再根据二难推理的公式（4），由②、③可得：￢ A。 ⏰ **口诀 13　如何找二难推理** 前件一肯一否，容易出现二难。 前件后件一个样，后件逆否出二难。

✎ **典型例题**

例 4.18　下面是甲、乙、丙、丁四位专家关于选调生的录取意见：

甲：如果不录取李正，那么不录取王兴。

乙：如果不录取王兴，那么录取李正。

丙：如果录取李正，那么录取周成。

丁：周成或者赵立至少有一个不被录取。

如果上述要求均被满足，则以下哪项一定为真？

A. 录取王兴。　　　　　　　B. 不录取李正。　　　　　　C. 不录取周成。

D. 不录取赵立。　　　　　　E. 不录取王兴。

【第1步　识别条件类型】

5大条件	本题对应条件
假言	甲、乙、丙、丁的录取意见 （选言命题可转化为假言命题）
事实、半事实、数量、匹配	无
此题的选项均为事实	

确定母题模型：题干由多个假言命题组成，选项均为事实，故此题为**假言推事实模型**，可用"串联找矛盾法"或"二难推理法"来解题。

【第2步　套用母题方法】

方法一：串联找矛盾法。

步骤1：画箭头。

①ㄱ李正→ㄱ王兴。

②ㄱ王兴→李正。

③李正→周成。

④ㄱ周成∨ㄱ赵立，等价于：周成→ㄱ赵立。

步骤2：串联找矛盾。

由①、②串联可得：ㄱ李正→ㄱ王兴→李正。

可见，由"ㄱ李正"出发推出了矛盾，故"ㄱ李正"为假，即"李正"为真。

步骤3：推出答案。

由③、④串联可得：李正→周成→ㄱ赵立。

故不录取赵立。

方法二：二难推理法。

步骤1：找重复元素。

观察题干，发现甲的后件"不录取王兴"和乙的前件"不录取王兴"完全相同。

步骤2：找二难推理。

此时，递否甲的话易出二难推理（口诀：前件后件一个样，后件逆否出二难）。

递否甲的话可得：王兴→李正。

结合乙的话：ㄱ王兴→李正。

根据二难推理公式，可得：录取李正。

步骤3：推出答案。

找"录取李正"，可知丙的前件为真，根据口诀"肯前必肯后"，可得：录取周成。

找"录取周成"，由丁的话可知，不录取赵立。

【答案】D

✏️ **真题秒杀**

例 4.19 （2022 年管理类联考真题）李佳、贾元、夏辛、丁东、吴悠 5 位大学生暑期结伴去皖南旅游。对于 5 人将要游览的地点，他们却有不同的想法。

李佳：若去龙川，则也去呈坎。

贾元：龙川和徽州古城两个地方至少去一个。

夏辛：若去呈坎，则也去新安江山水画廊。

丁东：若去徽州古城，则也去新安江山水画廊。

吴悠：若去新安江山水画廊，则也去江村。

事后得知，5 人的想法都得到了实现。

根据以上信息，上述 5 人选择游览的地点，肯定有：

A. 龙川和呈坎。　　　　　　　　　　B. 江村和新安江山水画廊。

C. 龙川和徽州古城。　　　　　　　　D. 呈坎和新安江山水画廊。

E. 呈坎和徽州古城。

【第 1 步　识别条件类型】

5 大条件	本题对应条件
假言	李佳、贾元、夏辛、丁东、吴悠 5 人的想法 （贾元的话为选言命题，可转化为假言命题）
事实、半事实、数量、匹配	无
此题的选项均为事实	

确定母题模型：题干由多个假言命题组成，选项均为事实，故此题为假言推事实模型，可用"串联找矛盾法"或"二难推理法"来解题。另外，选言命题可看作半事实条件，故此题也可以视为半事实假言模型，常用分类讨论法。

【第 2 步　套用母题方法】

思路一：假言推事实模型（串联找矛盾法）。

步骤 1：画箭头。

①龙川→呈坎。

②龙川∨徽州古城＝¬龙川→徽州古城＝¬徽州古城→龙川。

③呈坎→新安江山水画廊。

④徽州古城→新安江山水画廊，等价于：¬新安江山水画廊→¬徽州古城。

⑤新安江山水画廊→江村。

步骤 2：串联找矛盾。

由④、②、①、③串联可得：¬新安江山水画廊→¬徽州古城→龙川→呈坎→新安江山水画廊。

可见，由"¬新安江山水画廊"出发推出了矛盾，故"¬新安江山水画廊"为假，即"新安江山水画廊"为真。

步骤3：推出答案。

由"新安江山水画廊"为真，可知⑤的前件为真，根据口诀"肯前必肯后"，可得：去江村。

故5人选择游览的地点肯定有江村和新安江山水画廊，即B项正确。

思路二：半事实假言模型（分类讨论法）。

"龙川∨徽州古城"可看作半事实，故可分类讨论：

情况1：若"龙川"为真。

由①、③、⑤串联可得：龙川→呈坎→新安江山水画廊→江村。

情况2：若"徽州古城"为真。

由④、⑤串联可得：徽州古城→新安江山水画廊→江村。

故无论哪种情况，都会去新安江山水画廊和江村，故必游览这两个地方，即B项正确。

【答案】B

例 4.20 （2020年管理类联考真题）因业务需要，某公司欲将甲、乙、丙、丁、戊、己、庚7个部门合并到丑、寅、卯3个子公司。已知：

(1)一个部门只能合并到一个子公司。

(2)若丁和丙中至少有一个未合并到丑公司，则戊和甲均合并到丑公司。

(3)若甲、己、庚中至少有一个未合并到卯公司，则戊合并到寅公司且丙合并到卯公司。

根据上述信息，可以得出以下哪项？

A. 甲、丁均合并到丑公司。　　　　B. 乙、戊均合并到寅公司。

C. 乙、丙均合并到寅公司。　　　　D. 丁、丙均合并到丑公司。

E. 庚、戊均合并到卯公司。

【第1步　识别条件类型】

5大条件	本题对应条件
假言	条件(2)、(3)
匹配	7个部门与3个子公司的匹配
事实、半事实、数量	无

确定母题模型：题干由假言命题和匹配关系组成，选项均为事实，故此题为**假言推事实＋匹配模型**，可用"串联找矛盾法"或"二难推理法"来解题。

【第2步　套用母题方法】

步骤1：画箭头。

①¬丁丑∨¬丙丑→戊丑∧甲丑。

②¬甲卯∨¬己卯∨¬庚卯→戊寅∧丙卯。

步骤2：串联找矛盾。

由②可得：③¬甲卯→戊寅∧丙卯。

故由①、③串联可得：¬丁丑∨¬丙丑→戊丑∧甲丑→¬甲卯→戊寅∧丙卯。

可见，若"¬丁丑∨¬丙丑"为真，可推出"戊丑"且"戊寅"，与条件(1)"一个部门只能合并到一个子公司"矛盾。故"¬丁丑∨¬丙丑"为假，即"丁丑∧丙丑"为真。

【答案】D

例 4.21 （2022年管理类联考真题）某单位有甲、乙、丙、丁、戊、己、庚、辛、壬、癸 10 名新进员工，他们所学专业是哲学、数学、化学、金融、会计 5 个专业之一，每人只学其中一个专业。已知：

(1)若甲、丙、壬、癸中至多有 3 人是数学专业，则丁、庚、辛 3 人都是化学专业。

(2)若乙、戊、己中至多有 2 人是哲学专业，则甲、丙、庚、辛 4 人专业各不相同。

根据上述信息，所学专业相同的新员工是：

A. 乙、戊、己。　　　　　　B. 甲、壬、癸。　　　　　　C. 丙、丁、癸。

D. 丙、戊、己。　　　　　　E. 丁、庚、辛。

【第1步　识别条件类型】

5大条件	本题对应条件
假言	条件(1)、(2)
匹配	10 名员工与 5 个专业的匹配
事实、半事实、数量	无
确定母题模型：题干由假言命题和匹配关系组成，故此题为假言匹配模型，可用"串联找矛盾法"或"二难推理法"来解题。	

【第2步　套用母题方法】

观察已知条件，发现条件(1)和条件(2)的后件均有"庚""辛"，故考虑通过这二者实现串联。

串联条件(2)和条件(1)可得：乙、戊、己中至多有 2 人是哲学专业→甲、丙、庚、辛 4 人专业各不相同→¬（丁、庚、辛 3 人都是化学专业）→¬（甲、丙、壬、癸中至多有 3 人是数学专业），等价于：乙、戊、己中至多有 2 人是哲学专业→甲、丙、庚、辛 4 人专业各不相同→丁、庚、辛 3 人不都是化学专业→甲、丙、壬、癸都是数学专业。

> 甲、丙、壬、癸中至多有 3 人是数学专业，此处取非可利用数学知识进行理解：
>
> 把"甲、丙、壬、癸"4 人看成一个集合，在这个集合中：数学专业的人≤3，因此，¬（甲、丙、壬、癸中至多有 3 人是数学专业），即可转化为：¬（该集合中数学专业的人≤3），故可得：该集合中数学专业的人＞3。由于只有 4 人，因此，甲、丙、壬、癸都是数学专业。

此时，"甲、丙专业不相同"和"甲、丙都是数学专业"出现了矛盾。

故"乙、戊、己中至多有 2 人是哲学专业"为假，进而可得：乙、戊、己 3 人均是哲学专业。

故 A 项正确。

【答案】A

例 4.22 （2022年管理类联考真题）某校文学社王、李、周、丁 4 人每人只爱好诗歌、戏剧、散文、小说 4 种文学形式中的一种，且各不相同。他们每人只创作了上述 4 种形式中的一种作品，且形式各不相同。他们创作的作品形式与各自的文学爱好均不相同。已知：

(1)若王没有创作诗歌，则李爱好小说。

(2)若王没有创作诗歌，则李创作小说。

(3)若王创作诗歌，则李爱好小说且周爱好散文。

根据上述信息，可以得出以下哪项？

A. 王爱好散文。　　　　　　B. 李爱好戏剧。　　　　　　C. 周爱好小说。

D. 丁爱好诗歌。　　　　　　E. 周爱好戏剧。

【第1步　识别条件类型】

5大条件	本题对应条件
假言	条件(1)、(2)、(3)
匹配	人、创作作品形式、文学爱好之间的一一匹配
事实、半事实、数量	无
确定母题模型：题干由假言命题和匹配关系组成，故此题为假言匹配模型，可用"串联找矛盾法"或"二难推理法"来解题。	

【第2步　套用母题方法】

条件(1)和条件(2)中，重复出现"王没有创作诗歌"，若其为真，则根据口诀"肯前必肯后"，可知条件(1)和条件(2)的后件均为真，即：李爱好小说∧李创作小说，与"每人创作的作品形式与各自的文学爱好均不相同"矛盾。故"王没有创作诗歌"为假，即：(4)王创作诗歌。

由"王创作诗歌"可知，条件(3)的前件为真，根据口诀"肯前必肯后"，可得：(5)李爱好小说且周爱好散文。

根据"每人创作的作品形式与各自的文学爱好均不相同"并结合条件(4)"王创作诗歌"可知，王不爱好诗歌。

再由"每人只爱好诗歌、戏剧、散文、小说4种文学形式中的一种，且各不相同"可知，王爱好戏剧且丁爱好诗歌。故D项正确。

【答案】D

母题模型5　数量假言模型

⏰ 母题技巧

第1步　识别条件类型	(1)题干特点：题干中的已知条件主要由5大条件中的"数量关系（如：5个运动员中选3个入选奥运会）"和"假言命题"组成。 (2)选项特点：选项均为事实或多为事实。
第2步　套用母题方法	此模型一般采用以下解题步骤： 步骤1：数量关系优先算。 当题干中出现数量关系时，一般需要先简单计算题干中的数量关系。 例如：7位候选人入选4人，则说明淘汰3人。 再如：4位老师带6个学生，每位老师至少带1个学生，则6个学生的分组情况可能是6＝3＋1＋1＋1，也可能是6＝2＋2＋1＋1。

续表

第 2 步 套用母题方法	步骤 2：假言命题做串联。 通过重复元素，将题干中的假言命题进行串联推理，一般会出现两种可能： ①在数量关系处出现矛盾。 例如：题干是每人去两个景点，串联题干已知条件之后得到：甲去 A 景点→甲去 B 景点∧甲去 C 景点。 分析：若甲去 A 景点，则 A、B、C 三个景点甲都去，与题干"每人去两个景点"矛盾，故甲不去 A 景点。 ②出现二难推理。 步骤 3：根据矛盾或者二难推理得出事实。 ⏰ 口诀 14 数量假言模型 题干数量加假言，数量关系优先算； 假言命题做串联，要找矛盾和二难。

第 2 讲

📝 典型例题

例 4.23 在《不青春但有你》的比赛中，共有甲、乙、丙、丁、戊、己、庚 7 位选手参加比赛，选出 4 位进入决赛。已知，比赛结果如下：

(1)如果丁进入决赛，则己也进入决赛。

(2)只要丙、庚中至少有 1 人进入决赛，则己也进入决赛。

根据以上信息，可以得出以下哪项？

A. 甲进入决赛了。　　　　　　B. 丙进入决赛了。　　　　　　C. 庚进入决赛了。

D. 己进入决赛了。　　　　　　E. 丁进入决赛了。

【第 1 步 识别条件类型】

5 大条件	本题对应条件
数量	7 选 4
假言	条件(1)、(2)
事实、半事实、匹配	无
确定母题模型：题干由数量关系和假言命题组成，故此题为**数量假言模型**。	

【第 2 步 套用母题方法】

方法一：串联找矛盾法。

步骤 1：数量关系优先算。

本题的数量关系为 7 进 4，即淘汰 3 人。

步骤 2：假言命题做串联。

由条件(1)可得：丁→己。

由条件(2)可得：丙∨庚→己。

"己"均在后件，故无法通过"己"实现串联。此时，也看不出矛盾。若无矛盾，逆否验证。

步骤 3：逆否找矛盾或二难。

条件(1)逆否可得：￢己→￢丁。

条件(2)逆否可得：￢己→￢丙∧￢庚。

若己未进入决赛，则己、丁、丙、庚均未进入决赛，此时最多只有 3 人进入决赛，与"7 进 4"矛盾。

故"己未进入决赛"为假，因此，己进入决赛。

方法二：二难推理法。

由条件(1)和(2)可得：丁∨丙∨庚→己。

也就是说，丁、丙、庚中只要有人进入决赛，则己进入决赛。

若丁、丙、庚三人均未进入决赛，由数量关系"7 进 4"可知，余下的 4 人都进入决赛，则己进入决赛。

故根据二难推理的公式可知，己必进入决赛。

【答案】D

例 4.24 老罗为美化《数学要点 7 讲》周测随堂笔记的形式，计划从红色、黄色、橙色、青色、蓝色、紫色和绿色这 7 种颜色中选出 4 种给文档内的文字上色。已知：

(1)若不选择黄色，则不选择青色也不选择紫色。

(2)如果选择绿色或者蓝色，那么也会选择紫色。

根据上述信息，以下哪项一定为真？

A. 老罗选择了绿色。　　　　　　　　B. 老罗选择了黄色。

C. 老罗选择了青色。　　　　　　　　D. 老罗选择了橙色。

E. 老罗选择了红色。

【第 1 步　识别条件类型】

5 大条件	本题对应条件
数量	7 选 4
假言	条件(1)、(2)
事实、半事实、匹配	无
确定母题模型：题干由数量关系和假言命题组成，故此题为<u>数量假言模型</u>。	

【第 2 步　套用母题方法】

题干中的假言命题可表示如下：

①￢黄色→￢青色∧￢紫色。

②绿色∨蓝色→紫色。

由②和①串联可得：绿色∨蓝色→紫色→黄色。此时看不出矛盾，故逆否找矛盾。

逆否可得：￢黄色→￢紫色→￢绿色∧￢蓝色。

(此题也可以①和②串联，会直接出现矛盾。)

若"┐黄色"为真，则黄色、紫色、绿色、蓝色 4 种颜色均不被选择，此时最多选择 3 种颜色，与"7 选 4"矛盾。因此，"┐黄色"为假，即"黄色"为真。故 B 项正确。

【答案】B

🖊️ **真题秒杀**

例 4.25 （2021 年管理类联考真题)甲、乙、丙、丁、戊 5 人是某校美学专业 2019 级研究生，第一学期结束后，他们在张、陆、陈 3 位教授中选择导师，每人只能选择 1 人作为导师，每位导师都有 1 至 2 人选择，并且得知：

(1)选择陆老师的研究生比选择张老师的多。

(2)若丙、丁中至少有 1 人选择张老师，则乙选择陈老师。

(3)若甲、丙、丁中至少有 1 人选择陆老师，则只有戊选择陈老师。

根据以上信息，可以得出以下哪项？

A. 甲选择陆老师。   B. 乙选择张老师。

C. 丁、戊选择陆老师。   D. 乙、丙选择陈老师。

E. 丙、丁选择陈老师。

【第 1 步 识别条件类型】

5 大条件	本题对应条件
数量	条件(1)和"每人只能选择 1 人作为导师，每位导师都有 1 至 2 人选择"
假言	条件(2)、(3)
匹配	5 位研究生与 3 位导师的匹配
事实、半事实	无
确定母题模型：题干由数量关系、假言命题和匹配关系组成，故此题为数量假言匹配模型。	

【第 2 步 套用母题方法】

步骤 1：数量关系优先算。

由"5 位研究生在 3 位教授中选择导师，每人只能选择 1 人作为导师，每位导师都有 1 至 2 人选择"可知，5＝2+2+1，即：5 位研究生的分组情况为 2、2、1。

再由条件(1)"选择陆老师的研究生比选择张老师的多"可知，选择陆老师的研究生人数为 2 位，选择张老师的研究生人数为 1 位，故选择陈老师的研究生人数为 2 位。

步骤 2：假言命题做串联。

由于选择陈老师的研究生人数为 2 位，故"只有戊选择陈老师"为假。

即条件(3)的后件为假，根据口诀"否后必否前"，可得："甲、丙、丁中至少有 1 人选择陆老师"为假，即甲、丙、丁三人都不选择陆老师，故乙、戊选择陆老师。所以，"乙选择陈老师"为假。

即条件(2)的后件为假，根据口诀"否后必否前"，可得："丙、丁中至少有 1 人选择张老师"为假，即丙、丁两人都不选择张老师。

综上，甲选择张老师，丙、丁选择陈老师。

【答案】E

母题模型6　假言命题的矛盾命题模型

⏰ 母题技巧

第1步　识别条件类型	（1）题干特点：题干中出现一个或多个假言命题。 （2）提问方式： "以下哪项最能削弱/反驳题干？" "以下哪项最能说明题干不成立？" "若题干为真，则以下哪项必然为假？" "以下哪项最不符合题干？"
第2步　套用母题方法	步骤1：画箭头。 步骤2：如能串联，则进行串联。 将题干串联成：A→B→C→D。 步骤3：找矛盾。 如：A∧￢D、B∧￢D、A∧￢C等，均与题干矛盾。 ⏰ **口诀15** 串联矛盾模型 题干假言有重复，哪项削弱不可能。 先把题干做串联，肯前否后找矛盾。

✏️ 典型例题

例 4.26　正是因为有了充足的奶制品作为食物来源，生活在呼伦贝尔大草原的牧民才能摄入足够的钙质。很明显，这种足够的钙质，对于呼伦贝尔大草原的牧民拥有健壮的体魄是必不可少的。

以下哪种情况如果存在，最能削弱以上的断定？

A. 有的呼伦贝尔大草原的牧民从食物中能摄入足够的钙质，且有健壮的体魄。

B. 有的呼伦贝尔大草原的牧民不具有健壮的体魄，但从食物中摄入的钙质并不缺少。

C. 有的呼伦贝尔大草原的牧民不具有健壮的体魄，他们从食物中不能摄入足够的钙质。

D. 有的呼伦贝尔大草原的牧民有健壮的体魄，但没有充足的奶制品作为食物来源。

E. 有的呼伦贝尔大草原的牧民没有健壮的体魄，但有充足的奶制品作为食物来源。

【第1步　识别条件类型】

5大条件	本题对应条件
假言	有
事实、半事实、数量、匹配	无
此题的提问方式为"以下哪种情况如果存在，最能削弱以上的断定？"	
确定母题模型：题干由多个假言命题组成，结合提问方式可知此题为假言命题的矛盾命题模型。	

【第 2 步 套用母题方法】

步骤 1：画箭头。

题干中的两句话均为必要条件，故有：

①足够的钙质→充足的奶制品。

②健壮的体魄→足够的钙质。

步骤 2：做串联。

由②、①串联可得：健壮的体魄→足够的钙质→充足的奶制品。

步骤 3：找矛盾。

D 项，健壮的体魄∧¬充足的奶制品，与题干矛盾，故 D 项最能削弱题干。

【答案】D

真题秒杀

例 4.27 （2005 年 MBA 联考真题）一个花匠正在配制插花。可供配制的花共有苍兰、玫瑰、百合、牡丹、海棠和秋菊 6 个品种，一件合格的插花必须至少由两种花组成，并同时满足以下条件：如果有苍兰或海棠，则不能有秋菊；如果有牡丹，则必须有秋菊；如果有玫瑰，则必须有海棠。

以下各项所列的两种花都可以单独或与其他花搭配，组成一件合格的插花，除了：

A. 苍兰和玫瑰。   B. 苍兰和海棠。   C. 玫瑰和百合。

D. 玫瑰和牡丹。   E. 百合和秋菊。

【第 1 步 识别条件类型】

5 大条件	本题对应条件
假言	有
事实、半事实、数量、匹配	无
此题的提问方式为"除了"哪项，即不符合题干搭配要求的项	
确定母题模型：题干由多个假言命题组成，结合提问方式可知此题为假言命题的矛盾命题模型。	

【第 2 步 套用母题方法】

步骤 1：画箭头。

题干有以下论断：

①苍兰∨海棠→¬秋菊。

②牡丹→秋菊，等价于：¬秋菊→¬牡丹。

③玫瑰→海棠。

步骤 2：做串联。

由③、①、②串联可得：玫瑰→海棠→¬秋菊→¬牡丹。

步骤 3：找矛盾。

故：玫瑰和牡丹不能共同使用（"玫瑰∧牡丹"与"玫瑰→¬牡丹"矛盾），即 D 项正确。

【答案】D

第 2 讲

例 4.28 （2011年管理类联考真题）在恐龙灭绝6500万年后的今天，地球正面临着又一次物种大规模灭绝的危机。截至20世纪末，全球大约有20％的物种灭绝。现在，大熊猫、西伯利亚虎、北美玳瑁、巴西红木等许多珍稀物种面临着灭绝的危险。有三位学者对此作了预测：

学者一：如果大熊猫灭绝，则西伯利亚虎也将灭绝。

学者二：如果北美玳瑁灭绝，则巴西红木不会灭绝。

学者三：或者北美玳瑁灭绝，或者西伯利亚虎不会灭绝。

如果三位学者的预测都为真，则以下哪项一定为假？

A. 大熊猫和北美玳瑁都将灭绝。

B. 巴西红木将灭绝，西伯利亚虎不会灭绝。

C. 大熊猫和巴西红木都将灭绝。

D. 大熊猫将灭绝，巴西红木不会灭绝。

E. 巴西红木将灭绝，大熊猫不会灭绝。

【第1步　识别条件类型】

5大条件	本题对应条件
假言	有（选言命题可转化为假言命题）
事实、半事实、数量、匹配	无
此题的提问方式为"以下哪项一定为假"	

确定母题模型：题干由多个假言命题组成，结合提问方式可知此题为假言命题的矛盾命题模型。

【第2步　套用母题方法】

步骤1：画箭头。

题干有以下论断：

①大熊猫灭绝→西伯利亚虎灭绝。

②北美玳瑁灭绝→¬巴西红木灭绝。

③北美玳瑁灭绝∨¬西伯利亚虎灭绝，等价于：西伯利亚虎灭绝→北美玳瑁灭绝。

步骤2：做串联。

由①、③和②串联可得：大熊猫灭绝→西伯利亚虎灭绝→北美玳瑁灭绝→¬巴西红木灭绝。

步骤3：找矛盾。

C项中，"大熊猫灭绝∧巴西红木灭绝"与"大熊猫灭绝→¬巴西红木灭绝"矛盾，故此项一定为假。

【答案】C

母题模型 7　匹配模型

⚡ 母题技巧

第 1 步　识别条件类型	**题干特点**：题干中的已知条件主要由 5 大条件中的"匹配关系"组成。 **例如**：6 个人分别来自 4 个不同的国家、4 个男人和 4 个女人分别组成 4 对夫妻等。
第 2 步　套用母题方法	**1. 秒杀方法：选项排除法** **情况 1**：当题干中出现以下提问方式时，常用选项排除法。 "以下哪项<u>可能</u>为真？" "以下哪项<u>可能</u>符合题干？" "以下哪项<u>可以</u>符合题干？" "以下哪项<u>不符合</u>题干？" **情况 2**：当题干的选项看起来像排列组合时，常用选项排除法。 **情况 3**：当题干的提问针对某一具体对象时，常用选项排除法。 选项排除法的使用方式： 方式①：依次看每个条件，用条件去排除选项。 方式②：依次看每个选项，看选项是否符合条件。 **2. 常规方法：排除法与表格法** **情况 1：简单匹配。** 两组元素的一一匹配也可以称为简单匹配，一般使用<u>排除法</u>可迅速求解。 例如： 3 个人与 3 个地区一一对应。 4 个人与 4 个职业和 4 种籍贯一一对应。 **情况 2：复杂匹配。** 题干中的对应关系比较复杂，一般可以使用<u>表格法</u>求解。 例如 7 个人去 4 个城市。 **情况 3：多组元素的匹配。** 三组以上元素的一一匹配问题可使用连线法或填空法。 填空法更好用，但是这种方法比较适合上课板书，不太适合写在书上。 所以建议大家听配套课程。 **⏰ 口诀 16　匹配模型** 简单匹配做排除，复杂匹配画表格，三组匹配可连线。

✏️ 典型例题

例 4.29　(2010 年管理类联考真题)李赫、张岚、林宏、何柏、邱辉 5 位同事近日各自买了一台不同品牌的小轿车，分别为雪铁龙、奥迪、宝马、奔驰、桑塔纳。这 5 辆车的颜色分别与 5

人名字最后一个字谐音的颜色不同。已知，李赫买的是蓝色的雪铁龙。

以下哪项排列可能依次对应张岚、林宏、何柏、邱辉所买的车？

A. 灰色奥迪、白色宝马、灰色奔驰、红色桑塔纳。

B. 黑色奥迪、红色宝马、灰色奔驰、白色桑塔纳。

C. 红色奥迪、灰色宝马、白色奔驰、黑色桑塔纳。

D. 白色奥迪、黑色宝马、红色奔驰、灰色桑塔纳。

E. 黑色奥迪、灰色宝马、白色奔驰、红色桑塔纳。

【第1步　识别条件类型】

题干中出现"人""车""车的颜色"的一一匹配关系，故此题为多组元素的匹配模型。本题中，题干的提问方式为"以下哪项排列可能依次对应张岚、林宏、何柏、邱辉所买的车？"，故可使用选项排除法。

【第2步　套用母题方法】

A 项，可能为真。

B 项，不可能为真，因为林宏不买红色的车。

C 项，不可能为真，因为何柏不买白色的车。

D 项，不可能为真，因为邱辉不买灰色的车。

E 项，不可能为真，因为何柏不买白色的车。

【答案】A

例 4.30　在同一侧的房号为 1、2、3、4 的四间房子里，分别住着来自韩国、法国、英国和德国的四位专家。有一位记者前来采访他们。

韩国人说："我的房号大于德国人，且我不会说外语，也无法和邻居交流。"

法国人说："我会说德语，但我却无法和我的邻居交流。"

英国人说："我会说韩语，但我只可以和一个邻居交流。"

德国人说："我会说我们这四个国家的语言。"

那么，按照房号从小到大的顺序排，房间里住的人的国籍依次是：

A. 英国、德国、韩国、法国。　　　　B. 法国、英国、德国、韩国。

C. 德国、英国、法国、韩国。　　　　D. 德国、英国、韩国、法国。

E. 法国、德国、英国、韩国。

【第1步　识别条件类型】

题干中出现"人"与"房间"的匹配关系，故此题为简单匹配模型。且本题的选项看起来像排列组合，故可以考虑选项排除法。

【第2步　套用母题方法】

方法一：选项排除法（用条件去判断选项）。

根据韩国人和英国人的说法，可得：韩国人和英国人不是邻居，故排除 D、E 项。

根据韩国人和德国人的说法，可得：韩国人和德国人不是邻居，故排除 A、B 项。

因此，C 项正确。

方法二：直接推理法。

由韩国人的话可知，韩国人无法与邻居交流。

而由英国人和德国人的话可知，英国人会说韩语；德国人会说这四个国家的语言，即德国人也会说韩语。说明这两人与韩国人均不相邻。故韩国人只能与法国人相邻。因此，韩国人在 1 号或 4 号房间。

又因为：韩国人的房号大于德国人，故韩国人只能在 4 号房间；他与法国人相邻，故法国人在 3 号房间。

找"法国人"，由法国人的话可知，他会德语但无法与邻居交流，故他与德国人不相邻。

故德国人在 1 号房间，英国人在 2 号房间。

综上，按照房号从小到大，四个人的国籍依次是：德国、英国、法国、韩国。

【答案】C

例 4.31 在美发沙龙内有一排座位，座位的编号从左到右依次为 1 号、2 号、3 号、4 号。4 位女士 H、N、J、K 坐在上面，她们现在的头发颜色为棕色、金黄色、灰色、红色，想染的颜色为赤褐色、黑色、白色、红色。

已知以下条件：

(1)J 左边的女士的头发是棕色的。

(2)一位女士想把头发染成白色，另一位女士现在的头发是金黄色，N 坐在她们两人之间。

(3)坐在 1 号位置上的女士的头发是红色的。

(4)K 坐在想把头发染成黑色的女士旁边，而 H 坐在偶数位置上。

(5)灰色头发的女士想把她的头发染成赤褐色，她不在 3 号位置上。

根据以上信息，可知 1 号位置上的女士是谁？

A. H。   B. N。   C. J。

D. K。   E. 无法判断。

【第 1 步 识别条件类型】

题干出现"人""座位""头发颜色""染发颜色"四组元素的匹配关系，故此题为多组元素的匹配模型。本题的已知条件相当复杂，而题干的问题中出现"1 号位置上的女士"，可从"1 号位置"这一特殊信息出发解题。

【第 2 步 套用母题方法】

步骤 1：事实/问题优先看。

找题干中的特殊信息"1 号位置"，由条件(3)可知，1 号位置——红色头发。

步骤 2：重复/互斥是关键。

找"红色头发"，发现没有与"红色头发"直接相关的条件。

故找与"位置"有关的信息：

由条件(1)可知，J 左边有人，故 J 不在 1 号位置。

由条件(2)可知，N 在两人之间，故 N 不在 1 号位置。

由条件(4)可知，H 坐在偶数位置上，故 H 不在 1 号位置。

综上，1 号位置上的女士是 K，即 D 项正确。

【答案】D

例 4.32 大学新生张强、史宏和黎明同住一个宿舍，他们分别来自东北三省（辽宁、黑龙江和吉林）中的某一省份。其中，张强不比来自黑龙江的同学个子矮，史宏比来自辽宁的同学个子高，黎明的个子和来自辽宁的同学一样高。

如果上述断定为真，则以下哪项也为真？

A. 张强来自辽宁，史宏来自黑龙江，黎明来自吉林。

B. 张强来自辽宁，史宏来自吉林，黎明来自黑龙江。

C. 张强来自黑龙江，史宏来自辽宁，黎明来自吉林。

D. 张强来自吉林，史宏来自黑龙江，黎明来自辽宁。

E. 张强来自黑龙江，史宏来自吉林，黎明来自辽宁。

【第1步　识别条件类型】

题干中出现"3位大学生"与"东北三省"的一一匹配关系，故此题为简单匹配模型。

【第2步　套用母题方法】

将题干信息整理如下：

①张强≥黑龙江。

②史宏＞辽宁。

③黎明＝辽宁。

方法一：重复元素分析法。

步骤1：事实/问题优先看。

题干中无确定事实。

步骤2：重复/互斥是关键。

观察已知条件，发现②和③中均涉及"辽宁"（重复元素），故分析②和③。

由②可知，史宏不是来自辽宁；由③可知，黎明不是来自辽宁。所以张强来自辽宁。

故由①、②，可得：史宏＞辽宁（张强）≥黑龙江。

故：史宏不是来自黑龙江，因此，史宏来自吉林，黎明来自黑龙江。

综上，张强来自辽宁，史宏来自吉林，黎明来自黑龙江。

方法二：表格法。

两组元素的匹配问题，可以使用表格法，将两组元素分别列在表格的横列和纵列。

由①可知，张强不是来自黑龙江。

由②可知，史宏不是来自辽宁。

由③可知，黎明不是来自辽宁。

故有下表：

	辽宁	吉林	黑龙江
张强			×
史宏	×		
黎明	×		

观察上表易知，张强来自辽宁。故有下表：

	辽宁	吉林	黑龙江
张强	√	×	×
史宏	×		
黎明	×		

故由①、②可得：史宏＞辽宁（张强）≥黑龙江。故：史宏不是来自黑龙江。则有下表：

	辽宁	吉林	黑龙江
张强	√	×	×
史宏	×		×
黎明	×		

观察上表易知，史宏来自吉林，黎明来自黑龙江。将上表补充完整，可得：

	辽宁	吉林	黑龙江
张强	√	×	×
史宏	×	√	×
黎明	×	×	√

综上，张强来自辽宁，史宏来自吉林，黎明来自黑龙江。故 B 项正确。

【答案】B

例 4.33 老吕、毋亮和陈正康三位教师共教六门课：逻辑、数学、写作、英语、会计和审计，每人教两门课。已知：

(1)写作老师和数学老师是邻居。

(2)毋亮最年轻。

(3)老吕经常对英语老师和数学老师谈自己的看法。

(4)英语老师比逻辑老师年龄大。

(5)毋亮、会计老师和逻辑老师经常一起游泳。

根据以上条件，请判断以下哪项是正确的？

A. 老吕教逻辑和会计。　　　　　　B. 毋亮教写作和英语。

C. 陈正康教审计和写作。　　　　　D. 毋亮教数学和审计。

E. 老吕教写作和会计。

【第1步 识别条件类型】

题干中出现"三位老师"与"六门课"的一对二匹配关系，故此题为复杂匹配模型。

【第2步 套用母题方法】

步骤1：事实/问题优先看。

观察已知条件，发现条件(2)"毋亮最年轻"是事实。

步骤2：重复/互斥是关键。

找"毋亮"以及"年龄"，故由条件(5)可知，毋亮不教会计和逻辑，且会计老师和逻辑老师不是同一位老师。

由条件(4)可知，毋亮不教英语，且英语老师和逻辑老师不是同一位老师。

步骤3：两组匹配可表格。

根据以上信息，可得下表：

	逻辑	数学	写作	英语	会计	审计
老吕						
毋亮	×			×	×	
陈正康						

分析余下的条件，发现条件(3)涉及"老吕"这个具体对象，其他条件均不涉及具体对象，故分析条件(3)，可得：老吕不教英语和数学，且英语老师和数学老师不是同一位老师。

可得下表：

	逻辑	数学	写作	英语	会计	审计
老吕		×		×		
毋亮	×			×	×	
陈正康						

观察上表，易得出事实：陈正康教英语。

找重复信息"英语"，由以上分析"英语老师和逻辑老师不是同一位老师""英语老师和数学老师不是同一位老师"，可知：陈正康不教逻辑和数学。可得下表：

	逻辑	数学	写作	英语	会计	审计
老吕		×		×		
毋亮	×			×	×	
陈正康	×	×		√		

观察上表，易得出事实：老吕教逻辑、毋亮教数学。

分析"逻辑"，由以上分析"会计老师和逻辑老师不是同一位老师"，可知：老吕不教会计。

分析"数学"，由条件(1)可得：写作老师和数学老师不是同一位老师。故毋亮不教写作。

可得下表：

	逻辑	数学	写作	英语	会计	审计
老吕	√	×		×	×	
毋亮	×	√	×	×	×	
陈正康	×	×		√		

观察上表，易得出事实：毋亮教审计、陈正康教会计(此时已经可以选 D 项)。继续分析，可得下表：

	逻辑	数学	写作	英语	会计	审计
老吕	√	×		×	×	×
毋亮	×	√	×	×	×	√
陈正康	×	×		√	√	×

将表格补充完整，可得：

	逻辑	数学	写作	英语	会计	审计
老吕	√	×	√	×	×	×
毋亮	×	√	×	×	×	√
陈正康	×	×	×	√	√	×

【答案】D

例 4.34 下面三题基于以下题干：

F、G、H、J、K 和 L 6 位运动员参加 4 支球队：足球队、排球队、篮球队和乒乓球队。已知：

①每人恰加入一个队，每个队至少有一人加入。

②H 和 F 加入同一个队。

③恰有一个人和 L 加入同一个队。

④G 加入的是足球队。

⑤J 加入的是足球队或乒乓球队。

⑥H 没加入乒乓球队。

(1)以下哪项一定为假？

A. K 加入的是足球队。　　　　B. L 加入的是足球队。　　　　C. L 加入的是排球队。

D. K 加入的是篮球队。　　　　E. J 加入的是乒乓球队。

(2)如果 L 加入的是篮球队，则以下哪项一定为真？

A. H 加入的是排球队。　　　　B. G 加入的是篮球队。　　　　C. K 加入的是足球队。

D. K 加入的是排球队。　　　　E. K 加入的是乒乓球队。

(3)如果 K 没加入篮球队，则以下哪项一定为真？

A. L 加入的是足球队。　　　　B. L 加入的是排球队。　　　　C. L 加入的是篮球队。

D. F 和 H 加入的是排球队。　　　E. F 和 H 加入的是篮球队。

【第1步　识别条件类型】

题干中存在匹配关系(6 个人进 4 支队伍)，故此题为<u>复杂匹配模型</u>。由于此题需要进行数量关系的计算，故也可认为是<u>数量匹配模型</u>。

【第2步 套用母题方法】

步骤1：数量关系优先算。

先计算题干中的数量关系。6个人进4支队伍，每个队至少有1人，故6个人的分组情况为：2、2、1、1或3、1、1、1。

由"②H和F加入同一个队"和"③恰有一个人和L加入同一个队"可得：6个人的分组情况只能是2、2、1、1。

步骤2：事实/重复/互斥是关键。

④是确定事实，可知G加入的是足球队。可得下表：

	足球队	排球队	篮球队	乒乓球队
F和H				
G	✓	×	×	×
J				
K				
L				

注意：H和F加入同一个队，可将"H"和"F"这两个元素称为"双胞胎"，捆绑起来，在使用表格法时，列入同一单元格。

由于G占了足球队的名额，故分析足球队。

F和H不能加入足球队，否则足球队有3人，与"2、2、1、1"的分组矛盾（口诀：数量可能有矛盾）。

J不能加入足球队，否则，J和G在足球队，F和H在同一个队，那么K和L只能分开，与③"恰有一个人和L加入同一个队"矛盾。同理，K也不能加入足球队。

可得下表：

	足球队	排球队	篮球队	乒乓球队
F和H	×			
G	✓	×	×	×
J	×			
K	×			
L				

分析其他条件：

⑤不是事实，但从反面考虑，可得：J没有加入排球队和篮球队。

由⑥可知，H没有加入乒乓球队。

可得下表：

	足球队	排球队	篮球队	乒乓球队
F 和 H	×			×
G	√	×	×	×
J	×	×	×	
K	×			
L				

观察上表易知：J加入乒乓球队。

此时分析乒乓球队，可知K不能加入乒乓球队，否则，K和J都在乒乓球队，F和H在同一球队，那么余下的L只能和G一起加入足球队，此时6人的分组情况为"2、2、2、0"，与"2、2、1、1"的分组矛盾(口诀：数量可能有矛盾)。

可得下表：

	足球队	排球队	篮球队	乒乓球队
F 和 H	×			×
G	√	×	×	×
J	×	×	×	√
K	×			×
L				

第(1)题

由上述分析可知，"K加入足球队"为假。故A项正确。

第(2)题

本题题干的问题中给出了新事实："L加入的是篮球队"，在表格中填入相应信息。需要注意的是，考试时，总题干中已知的确定事实建议用中性笔填写，每个小题中新给出的事实建议用铅笔填写，这样在做第(3)题时，可擦去铅笔部分。

可得下表：

	足球队	排球队	篮球队	乒乓球队
F 和 H	×			×
G	√	×	×	×
J	×	×	×	√
K	×			×
L	×(铅笔)	×(铅笔)	√(铅笔)	×(铅笔)

观察上表可知，F和H不能加入篮球队，否则会出现3人同在篮球队，与上述分析矛盾。可得下表：

	足球队	排球队	篮球队	乒乓球队
F 和 H	×		×（铅笔）	×
G	√	×	×	×
J	×	×	×	√
K	×			×
L	×（铅笔）	×（铅笔）	√（铅笔）	×（铅笔）

故 F 和 H 只能加入排球队。所以 A 项正确。

第(3)题

首先，擦去上题中铅笔填写的部分。

本题题干的问题中给出了新事实："K 没加入篮球队"，故 K 只能加入排球队。可得下表：

	足球队	排球队	篮球队	乒乓球队
F 和 H	×			×
G	√	×	×	×
J	×	×	×	√
K	×	√（铅笔）	×（铅笔）	×
L				

此时，F 和 H 不能加入排球队，否则会出现 3 人同在排球队，与上述分析矛盾。故 F 和 H 只能加入篮球队。所以 E 项正确。

【答案】(1)A；(2)A；(3)E

例 4.35 三位美丽的姑娘王铁锤、小卷毛和赵大宝到帝都旅游，她们每人为自己选购了一件心爱的礼物。她们分别到大悦城、王府井和国贸购买了香水、戒指和项链。已知：

(1)王铁锤没到国贸去购买项链。

(2)小卷毛没有购买大悦城的任何商品。

(3)购买香水的那个姑娘没有到王府井去。

(4)购买项链的并非小卷毛。

(5)只有国贸卖项链。

根据以上已知条件，可以推断以下哪项为真？

A. 小卷毛在大悦城买的东西。　　　　B. 小卷毛买的是项链。

C. 赵大宝在王府井买的东西。　　　　D. 王铁锤买的是香水。

E. 王铁锤在王府井买的东西。

【第 1 步　识别条件类型】

题干中出现"人""商场""礼物"三组元素的一一匹配关系，故此题为多组元素的匹配模型。

【第 2 步 套用母题方法】

步骤 1：事实/问题优先看。

观察已知条件，发现条件(5)是确定事实，故优先分析条件(5)。

步骤 2：重复/互斥是关键。

条件(5)"只有国贸卖项链"中涉及两个元素"国贸"和"项链"，观察已知条件，发现条件(1)也涉及"国贸"和"项链"，故分析条件(1)和条件(5)，可得：王铁锤没买项链。

条件(4)中涉及"项链"(重复元素)，由条件(4)可知，小卷毛没买项链，故赵大宝去国贸买项链。

步骤 3：两组匹配可表格，三组匹配可连线。

画连线图(实线表示确定有对应关系)，如下图所示：

条件(2)中涉及"小卷毛"(重复元素)，由条件(2)可知，小卷毛没去大悦城，故小卷毛去王府井。

条件(3)涉及"王府井"(重复元素)，故由条件(3)可知，王府井没有卖香水。画连线图(实线表示确定有对应关系，虚线表示确定无对应关系)，如下图所示：

可见，小卷毛去王府井买戒指，故王铁锤去大悦城买香水。画连线图(实线表示确定有对应关系，虚线表示确定无对应关系)，如下图所示：

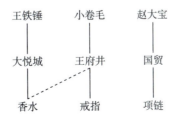

【答案】D

例 4.36　杰克夫妇、迈克夫妇和詹姆斯夫妇参加了复活节的舞会，已知如下信息：

(1)舞会上没有一个男人同自己的妻子跳舞。

(2)杰克在和琳达跳舞。

(3)迈克的舞伴是詹姆斯的妻子。

(4)露丝的丈夫正和爱丽思跳舞。

那么杰克夫妇、迈克夫妇和詹姆斯夫妇分别为：

A. 杰克——爱丽思、迈克——露丝、詹姆斯——琳达。

B. 杰克——爱丽思、迈克——琳达、詹姆斯——露丝。

C. 杰克——露丝、迈克——琳达、詹姆斯——爱丽思。

D. 杰克——琳达、迈克——爱丽思、詹姆斯——露丝。

E. 杰克——琳达、迈克——露丝、詹姆斯——爱丽思。

【第 1 步　识别条件类型】

本题虽然只要求确定夫妻关系，但实际上涉及夫、妻、舞伴三者的匹配，故此题为多组元素的匹配模型。

【第 2 步　套用母题方法】

由条件(2)"杰克在和琳达跳舞"，结合条件(1)可知，杰克不是琳达的丈夫。

同时可知，杰克没和爱丽思跳舞。

由条件(4)可知，露丝的丈夫正和爱丽思跳舞，故杰克不是露丝的丈夫。

故杰克是爱丽思的丈夫，他正在和琳达跳舞。

由条件(3)可知，迈克的舞伴是詹姆斯的妻子，故迈克的舞伴不是爱丽思，也不是琳达。

故迈克的舞伴是露丝，即：露丝是詹姆斯的妻子。

余下的两个人是迈克和琳达，他们是夫妇。

综上，夫妇关系为：杰克——爱丽思、迈克——琳达、詹姆斯——露丝，即 B 项正确。

【答案】B

🖊 **真题秒杀**

例 4.37　(2014 年管理类联考真题)某小区业主委员会的 4 名成员晨桦、建国、向明和嘉媛围坐在一张方桌前(每边各坐一人)讨论小区大门旁的绿化方案。4 人的职业各不相同，每个人的职业是高校教师、软件工程师、园艺师或邮递员之中的一种。已知：晨桦是软件工程师，他坐在建国的左手边；向明坐在高校教师的右手边；坐在建国对面的嘉媛不是邮递员。

根据以上信息，可以得出以下哪项？

A. 嘉媛是高校教师，向明是园艺师。　　B. 向明是邮递员，嘉媛是园艺师。

C. 建国是邮递员，嘉媛是园艺师。　　　D. 建国是高校教师，向明是园艺师。

E. 嘉媛是园艺师，向明是高校教师。

【第 1 步　识别条件类型】

题干中出现"人""职业""位置"的一一匹配关系，故为多组元素的匹配模型。

【第 2 步　套用母题方法】

根据题干，4 人座位的方位可如下图所示：

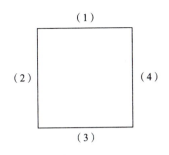

"晨桦是软件工程师"为事实，可优先分析。

由题干"晨桦坐在建国的左手边"(面朝圆桌的中心来区分左右)，假设晨桦坐在(1)处，则建国坐在(2)处。

找重复信息"建国"，由"坐在建国对面的嘉媛不是邮递员"，可知嘉媛坐在(4)处，故向明只能坐在(3)处，如下图所示：

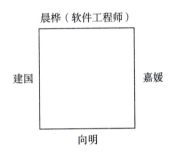

根据"4 人的职业各不相同"，由"向明坐在高校教师的右手边"可知，建国是高校教师；又知嘉媛不是邮递员，故向明是邮递员、嘉媛是园艺师。

【答案】B

例 4.38 下面两题基于以下题干：

某校四位女生施琳、张芳、王玉、杨虹与四位男生范勇、吕伟、赵虎、李龙进行中国象棋比赛。他们被安排在四张桌上，每桌一男一女对弈，四张桌从左到右分别记为 1、2、3、4 号，每对选手需要进行四局比赛。比赛规定：选手每胜一局得 2 分，和一局得 1 分，负一局得 0 分。前三局结束时，按分差大小排列，四对选手的总积分分别是 6∶0、5∶1、4∶2、3∶3。已知：

①张芳跟吕伟对弈，杨虹在 4 号桌比赛，王玉的比赛桌在李龙比赛桌的右边。

②1 号桌的比赛全少有一局是和局，4 号桌双方的总积分不是 4∶2。

③赵虎前三局总积分并不领先他的对手，他们也没有下成过和局。

④李龙已连输三局，范勇在前三局总积分上领先他的对手。

(1)(2018 年管理类联考真题)根据上述信息，前三局比赛结束时谁的总积分最高？

A. 杨虹。 　　　　　　　　 B. 施琳。 　　　　　　　　 C. 范勇。

D. 王玉。 　　　　　　　　 E. 张芳。

(2)(2018 年管理类联考真题)如果下列有位选手前三局均与对手下成和局，那么他(她)是谁？

A. 施琳。 　　　　　　　　 B. 杨虹。 　　　　　　　　 C. 张芳。

D. 范勇。 　　　　　　　　 E. 王玉。

【第1步 识别条件类型】

题干中存在"男生""女生""比分""桌子"的一一匹配关系，故此题为多组元素的匹配模型。另外，本题的已知条件相当复杂，而两道题的提问方式中均出现了特殊信息"总积分最高""前三局均与对手下成和局"，故可从这些特殊信息出发解题。

【第2步 套用母题方法】

第(1)题

步骤1：事实/问题优先看。

找题干中的特殊信息"总积分最高"，可知此人与其对手的比分为6∶0，即此人三胜，其对手三负。

由条件④可知，李龙连输三局，故女生中有一人连胜三局，此人即为本题答案。

步骤2：重复/互斥是关键。

由于李龙的对手是女生，因此，要找"李龙"和"女选手"，故锁定条件①。

分析条件①：由"王玉的比赛桌在李龙比赛桌的右边"可知，王玉不是李龙的对手，且李龙不在4号桌；又知"杨虹在4号桌比赛"，故杨虹也不是李龙的对手；由"张芳跟吕伟对弈"可知，张芳也不是李龙的对手。

因此，施琳是李龙的对手，施琳与李龙的比分为6∶0。

故施琳的总积分最高。因此，B项正确。

第(2)题

步骤1：事实/问题优先看。

题干的问题中提供了一个关键信息：有位选手前三局均与对手下成和局。

可知，此选手与其对手前三局的比分为3∶3。

步骤2：重复/互斥是关键。

找"和局"或者利用"不是和局"进行排除。

由条件③可知，此人不是赵虎；又由条件④可知，此人不是李龙和范勇，故此人只能是吕伟。但选项中无吕伟，继续推理，由条件①"张芳跟吕伟对弈"可知，此人是张芳。

【答案】(1)B；(2)C

例 4.39 (2012年在职MBA联考真题)张明、李英、王佳和陈蕊四人在一个班组工作，他们来自江苏、安徽、福建和山东四个省，每个人只会说原籍的一种方言。现已知：

①福建人会说闽南方言。

②山东人学历最高且会说中原官话。

③王佳比福建人的学历低。

④李英会说徽州话并且和来自江苏的同事是同学。

⑤陈蕊不懂闽南方言。

根据以上陈述，可以得出以下哪项结论？

A. 陈蕊不会说中原官话。　　　B. 张明会说闽南方言。　　　C. 李英是山东人。

D. 王佳会说徽州话。　　　E. 陈蕊是安徽人。

【第1步 识别条件类型】

题干中出现"四人"与"四个省"及"方言"的一一匹配关系，故此题为多组元素的匹配模型。

【第2步 套用母题方法】

方法一：重复元素分析法。

步骤1：事实/问题优先看。

观察已知条件，发现①、②、④中均有确定事实。

由①可知：福建人——闽南方言。

由②可知：山东人——中原官话。

由④可知：李英——徽州话，由于李英和来自江苏的同事是同学，可见，徽州话不是江苏人说的，故徽州话是安徽人说的。

故有：李英——安徽人——徽州话。

步骤2：重复/互斥是关键。

"福建人""闽南方言"出现的次数最多，分析这两个元素。

由③"王佳比福建人的学历低"可知，王佳不是福建人。

由⑤"陈蕊不懂闽南方言"可知，陈蕊不是福建人。

又知李英是安徽人，即李英也不是福建人。

故王佳、李英、陈蕊均不是福建人，所以，张明是福建人，会说闽南方言。

方法二：表格法(三组元素中如果有两组元素可以迅速确定对应关系，则推荐此方法，否则不推荐此方法)。

题干中虽然有三组元素，但语言和地域的对应关系可以迅速确定，故可以简化为两组元素的匹配问题。

由"李英会说徽州话并且和来自江苏的同事是同学"可知，说徽州话的不是江苏人。

又知，福建人会说闽南方言，山东人会说中原官话，故安徽人会说徽州话。

再将题干信息列入表格，得下表：

地方及方言	张明	李英	王佳	陈蕊
江苏		✕		
安徽(徽州话)	✕	✓	✕	✕
福建(闽南方言)		✕	✕	✕
山东(中原官话)		✕		

故有：⑥福建人只能是张明，即张明——福建人——闽南方言。因此B项正确。

继续推理，由②、③可知：⑦王佳不是山东人。可得下表：

地方及方言	张明	李英	王佳	陈蕊
江苏	✕	✕		
安徽(徽州话)	✕	✓	✕	✕
福建(闽南方言)	✓	✕	✕	✕
山东(中原官话)	✕	✕	✕	

故有：⑧王佳是江苏人，进而可得：⑨陈蕊是山东人。可得下表：

地方及方言	张明	李英	王佳	陈蕊
江苏	×	×	√	×
安徽（徽州话）	×	√	×	×
福建（闽南方言）	√	×	×	×
山东（中原官话）	×	×	×	√

【答案】B

母题模型 8　数量关系模型

⚡ 母题技巧

第 1 步　识别条件类型	**题干特点**：题干中的已知条件主要由 5 大条件中的"数量关系"组成。 **选项特点**：选项均为事实或多为事实。
第 2 步　套用母题方法	数量关系问题有两个考点：（1）数量关系的计算；（2）在数量关系处找矛盾法。其中，找矛盾法常用以下两个思路： 例 1. 已知：如果张三入选，那么王五入选。 又已知：只有 1 人入选。 故：如果张三入选会推出 2 人入选，与"只有 1 人入选"矛盾，故张三不能入选。 例 2. 已知：如果李四不入选，则赵六和孙七均不入选。 又已知：共 5 人，其中有 3 人入选。 故：如果李四不入选，则有 3 人不入选，与"5 人中有 3 人入选"矛盾，故李四必须入选。 🕐 **口诀 17　数量关系模型** 数量关系优先算，数量矛盾出答案。 张三来了人太多，李四不来人不够。

📝 典型例题

例 4.40　酱心作为女性嘉宾参加了某电视台举办的相亲节目，她择偶的条件是：高个子、相貌英俊、博士。在老周、老吴、老李、老张 4 位男性嘉宾中，只有 1 位符合她所要求的全部条件。已知：

(1) 4 位男性嘉宾中，有 3 位高个子，2 位博士，1 位长相英俊。

(2) 老周和老吴都是博士。

(3) 老张和老李身高相同。

(4) 老李和老周并非都是高个子。

谁符合酱心所要求的全部条件？

A. 老周。　　　　　　　B. 老吴。　　　　　　　C. 老李。

D. 老张。　　　　　　　E. 无法确定。

【第 1 步　识别条件类型】

此题已知从 4 个人中选择 1 个，故此题为<u>数量关系之选人模型</u>。

【第 2 步　套用母题方法】

由条件(1)可知，4 位男性嘉宾中，只有 2 位博士，又由条件(2)"老周和老吴都是博士"可知，老李和老张不是博士，故排除老李和老张。

由条件(1)可知，4 位男性嘉宾中，有 3 位高个子，故只有一位矮个子，又由条件(3)"老张和老李身高相同"可知，老张和老李都是高个子。

再由条件(4)可知，老周不是高个子，故排除老周。

此时已排除了 3 个人，故只剩下老吴符合酱心的全部择偶条件。

【答案】B

例 4.41　N 中学在进行高考免试学生的推荐时，共有甲、乙、丙、丁、戊、己、庚 7 位同学入围。已知：

(1)在 7 人中，有 3 位同学是女生，4 位同学是男生。

(2)有 4 位同学的年龄为 18 岁，而另外 3 位同学的年龄则为 17 岁。

(3)甲、丙和戊的年龄相同，而乙和庚的年龄不相同。

(4)乙、丁和己的性别相同，而甲和庚的性别不相同。

(5)只有一位 17 岁的女生得到推荐资格。

据此，可以推出获得推荐资格的是：

A. 甲。　　　　　　　B. 乙。　　　　　　　C. 丙。

D. 戊。　　　　　　　E. 庚。

【第 1 步　识别条件类型】

此题已知 7 位入围同学中只有一位得到推荐资格，故此题为<u>数量关系之选人模型</u>。

【第 2 步　套用母题方法】

由条件(3)可知，乙和庚的年龄不相同；再结合条件(2)可知，这两人一个 17 岁，一个 18 岁。

根据条件(3)"甲、丙和戊的年龄相同"，若他们是 17 岁，则有 4 人是 17 岁，与条件(2)矛盾。故甲、丙、戊三人只能是 18 岁。

由条件(4)可知，甲和庚的性别不相同；再结合条件(1)可知，这两人一个是男生，一个是女生。

根据条件(4)"乙、丁和己的性别相同"，若他们是女生，则有 4 人是女生，与条件(1)矛盾。

故乙、丁、己三人是男生。

由条件(5)可知，只有一位17岁的女生得到推荐资格，故甲、丙、戊、乙、丁、己6人均排除，因此获得推荐资格的是庚，即E项正确。

【答案】E

例 4.42　S市教育局为提高农村中学教育质量，准备从市教学能手中选出多名骨干教师前往农村中学对农村中学教师进行系统培训。根据工作要求，教育局局长提出了以下要求：

(1)甲和乙两人中至少要选一人。

(2)乙和丙两人中至多能选一人。

(3)如果选择丁，则丙和戊两人都要选择。

(4)在甲、乙、丙、丁和戊5人中应选3人。

如果上述断定都是真的，则以下哪项也必然是真的？

A. 选择甲和丙。　　　　　　B. 选择乙和戊。　　　　　　C. 选择丙和戊。

D. 选择乙和丁。　　　　　　E. 选择甲和戊。

【第1步　识别条件类型】

此题已知5人中选3人，故此题为数量关系之选人模型。

【第2步　套用母题方法】

题干信息中，条件(1)和(2)都只涉及了两个人，而条件(3)涉及了三个人。

故从条件(3)出发，若丁入选，则丙、戊都入选；再由条件(1)可知，甲、乙两人中至少有一人入选。此时，至少有4人入选，与条件(4)"5人中有3人入选"矛盾，故丁不入选。

此时，余下的甲、乙、丙、戊中只有一人不入选。

由条件(2)可知，乙和丙两人中至多能选择一人，即这两人中有人不入选。

故甲和戊一定入选。

【答案】E

例 4.43　甲、乙、丙、丁4个人玩游戏，在每张纸上写出1～9中的一个数字，然后叠起来，每人从中抽取2张，然后报出两数的关系，由此猜出剩下没有人拿的那个数字是多少。已知：

①甲说他手里的两数相加为10。

②乙说他手里的两数相减为1。

③丙说他手里的两数之积为24。

④丁说他手里的两数之商为3。

由此他们4个人都猜出了剩下没有人拿的那个数字，这个数字是：

A. 5。　　　　　　　　　　B. 6。　　　　　　　　　　C. 7。

D. 8。　　　　　　　　　　E. 9。

【第1步　识别条件类型】

题干中出现非选人问题的数量关系，故此题为其他数量关系模型。

【第2步　套用母题方法】

由①可得：甲拿的可能是1和9、2和8、3和7、4和6。

由③可得：丙拿的可能是 3 和 8、4 和 6。

由④可得：丁拿的可能是 1 和 3、2 和 6、3 和 9。

根据上述信息可知，满足丙要求的组合数最少，故可以此为突破口，进行分类讨论。

若丙拿的是 3 和 8，那么丁拿的是 2 和 6，因此，甲拿的是 1 和 9，此时剩余的数字为 4、5、7，再结合②可知，乙拿的是 4 和 5，故剩下没有人拿的数字为 7。

若丙拿的是 4 和 6，那么分为两种情况：①若丁拿的是 1 和 3，则甲拿的是 2 和 8，此时剩余的数字为 5、7、9，则乙拿的数字不满足题干要求，故排除。②若丁拿的是 3 和 9，则甲拿的是 2 和 8，此时剩余的数字为 1、5、7，则乙拿的数字也不满足题干要求，故排除。

故 C 项正确。

【答案】C

真题秒杀

例 4.44 下面四题基于以下题干：

某班打算从方如芬、郭嫣然、何之莲三名女生中选拔两人，从彭友文、裘志节、任向阳、宋文凯、唐晓华五名男生中选拔三人，组成大学生五人支教小组到山区义务支教。要求：

①郭嫣然和唐晓华不同时入选。

②彭友文和宋文凯不同时入选。

③裘志节和唐晓华不同时入选。

(1)(2013 年在职 MBA 联考真题)下列哪位一定入选？

A. 方如芬。　　　　　　　B. 郭嫣然。　　　　　　　C. 宋文凯。

D. 何之莲。　　　　　　　E. 任向阳。

(2)(2013 年在职 MBA 联考真题)如果郭嫣然入选，则下列哪位也一定入选？

A. 方如芬。　　　　　　　B. 何之莲。　　　　　　　C. 彭友文。

D. 裘志节。　　　　　　　E. 宋文凯。

(3)(2013 年在职 MBA 联考真题)若何之莲未入选，则下列哪一位也未入选？

A. 唐晓华。　　　　　　　B. 彭友文。　　　　　　　C. 裘志节。

D. 宋文凯。　　　　　　　E. 方如芬。

(4)(2013 年在职 MBA 联考真题)若唐晓华入选，则下列哪两位一定入选？

A. 方如芬和郭嫣然。　　　B. 郭嫣然和何之莲。　　　C. 彭友文和何之莲。

D. 任向阳和宋文凯。　　　E. 方如芬和何之莲。

【第1步　识别条件类型】

此题已知"从 3 女 5 男中选出 2 女 3 男"，故此题为数量关系之选人模型。

【第2步　套用母题方法】

题干有以下判断：

①¬（郭∧唐）=¬郭∨¬唐。

②¬（彭∧宋）=¬彭∨¬宋。

③¬（裘∧唐）=¬裘∨¬唐。

第(1)题

由②、③可知，彭友文和宋文凯至少有一人没入选，裴志节和唐晓华至少有一人没入选，所以这4个人里面至少有2个人没入选，又因为5名男生中只有2人没有入选，所以任向阳必然入选。

第(2)题

引用上题推理结果：任向阳必然入选。

已知郭嫣然入选，由①可知：¬（郭∧唐）＝¬郭∨¬唐＝郭→¬唐，所以唐晓华必然不能入选。

又由②可知，彭友文和宋文凯至少有一人没入选，又因为5名男生中只有2人没有入选，故裴志节必然入选。

第(3)题

由题意可知，3名女生中有2人入选，已知何之莲未入选，则方如芬和郭嫣然必然入选。

由①可知，¬（郭∧唐）＝¬郭∨¬唐＝郭→¬唐，所以唐晓华未入选。

第(4)题

已知唐晓华入选，由①可知，¬（郭∧唐）＝¬郭∨¬唐＝唐→¬郭。

又因为3名女生中有2人入选，所以，方如芬和何之莲必然入选。

【答案】(1)E；(2)D；(3)A；(4)E

例 4.45 （2016年管理类联考真题）古人以干支纪年。甲乙丙丁戊己庚辛壬癸为十干，也称天干。子丑寅卯辰巳午未申酉戌亥为十二支，也称地支。顺次以天干配地支，如甲子、乙丑、丙寅、……、癸酉、甲戌、乙亥、丙子等，六十年重复一次，俗称六十花甲子。根据干支纪年，公元2014年为甲午年，公元2015年为乙未年。

根据以上陈述，可以得出以下哪项？

A. 现代人已不用干支纪年。

B. 21世纪会有甲丑年。

C. 干支纪年有利于农事。

D. 根据干支纪年，公元2024年为甲寅年。

E. 根据干支纪年，公元2087年为丁未年。

【第1步 识别条件类型】

5大条件	本题对应条件
事实	公元2014年为甲午年，公元2015年为乙未年
半事实	无
数量	天干10年一循环；地支12年一循环；天干配地支，60年重复一次
假言	无
匹配	无
确定母题模型：题干由事实和数量关系组成，故此题为<u>数量关系模型</u>。	

【第 2 步　套用母题方法】

由"2014 年为甲午年"并结合"天干 10 年一循环、地支 12 年一循环"可知，2024 年的天干为"甲"、地支为"辰"，即：2024 年为甲辰年。

由"2015 年为乙未年"并结合"天干配地支，60 年重复一次"可知，2075 年也为乙未年。

再结合"天干 10 年一循环、地支 12 年一循环"可知，2087 年的天干为"丁"、地支为"未"，即：2087 年为丁未年。故 E 项正确。

【答案】E

03 第 3 节　5 大条件综合推理

扫码免费听
本节讲解

学了以上模型后，如果你能记住每个模型的解法最好，但是，有些同学记不住这么多模型，还有一些同学记住了但是解题速度还是不够快。如果你也这样的话，不用焦虑，因为只要你记住接下来的内容，即 5 大条件类模型的解题原理与模型的命题原理，前面的所有模型你都不用记。

母题模型 9　5 大条件综合应用模型

⏱ 母题技巧

第 1 步：条件类型的识别及命题模型的命名规则。

(1)识别已知条件的类型。

分析已知条件，确定已知条件中包含的 5 大条件类型。

(2)根据已知条件的类型对命题模型进行命名。

在命名模型时，5 大条件表述的先后顺序遵循以下原则：事实＞半事实＞数量＞假言＞匹配(优先级越高，命名时，该条件名称越靠前)。

例如：题干由"事实＋假言"两类已知条件构成，则可命名为"事实假言模型"。

再如：题干由"数量＋假言"两类已知条件构成，则可命名为"数量假言模型"。

又如：题干由"数量＋假言＋匹配关系"三类已知条件构成，则可命名为"数量假言匹配模型"。

第 2 步：套用母题方法。

1. 事实条件破解：从事实出发

(1)当题干中出现事实条件时，一般都可以将事实条件作为解题的起点。(注意：问题中的事实条件优先考虑。)

(2)对多数推理题而言，事实条件会与假言命题进行组合命题。此时，采用"从事实出发"的策略，通过分析重复元素，结合假言命题"肯前必肯后，否后必否前"的性质，得到新的事实。

2. 假言条件破解：串联和二难

当题干中的已知条件多为假言命题或者均为假言命题时，由题干的假言命题去得出正确选项，常有以下两个破解思路。

破解思路1：串联。

(1)重复元素型串联。

观察题干的假言命题中是否存在重复元素，如果有重复元素，则进行串联推理；如果没有重复元素，则可使用选项排除法(此种情况下，选项也一般为假言命题)。

(2)"是B不C式"型串联。

推理题中，常有这样的条件：A是B，从而得到A不是C，老吕称之为"是B不C式"。

例如：

条件①：如果瑞瑞是安徽人，则酱缸哥哥是济南人。

条件②：如果酱缸哥哥不是北京人，则康哥是哈尔滨人。

【分析】

若酱缸哥哥是济南人，可知，酱缸哥哥不是北京人。

因此，①和②可进行搭桥串联，可得：瑞瑞是安徽人→酱缸哥哥是济南人→酱缸哥哥不是北京人→康哥是哈尔滨人。

破解思路2：二难推理。

(1)一真一假式。

如果已知条件中两个假言命题的前件分别为"A"和"¬A"，考虑使用二难推理公式。

例如：

已知：①若甲入选，则乙入选。②若甲不入选，则乙入选。

【分析】

甲→乙，¬甲→乙。由二难推理公式可知，"乙"为真，即：乙入选。

(2)前后相同式。

如果已知条件中出现两个假言命题，其中一个假言命题的前件为"A"，另外一个假言命题的后件也为"A"，此时，可将后件为"A"的假言命题逆否，就可能构建二难推理。

同理，如果已知条件中出现两个假言命题，其中一个假言命题的前件为"¬A"，另外一个假言命题的后件也为"¬A"，此时，可将后件为"¬A"的假言命题逆否，就可能构建二难推理。

例如：

已知：①¬A→B。②B→C。③C→A。

【分析】

观察条件②、③，发现条件②的后件为"C"，条件③的前件也为"C"。将后件为"C"的条件②逆否可得：¬C→¬B，再由条件①逆否可得：¬B→A。

故有：¬C→¬B→A，结合条件③"C→A"，由二难推理公式可得：A必然为真。

3. 半事实条件破解：讨论与转化

(1)半事实条件可以采用分类讨论法。

例如：

已知：凶手要么是张三，要么是李四。

我们可以做如下假设：

情况①：凶手是张三。若此情况推出与已知条件矛盾，则说明凶手不是张三；若推不出矛盾，则说明凶手可能是张三。

情况②：凶手是李四。若此情况推出与已知条件矛盾，则说明凶手不是李四；若推不出矛盾，则说明凶手可能是李四。

情况③：在上述两种情况之下，都能推出"王五不是凶手"，则可根据得出的这个事实，联合其他已知条件进行下一步推理。

(2)选言命题既可以当作半事实进行分类讨论，也可以转化为假言命题进行串联推理。

4. 数量条件破解：计算与矛盾

(1)优先看题干中的数量关系是否需要计算。

例如：

5 个人分配到 4 个学校，每个学校至少 1 人。则需要计算人数的分配关系，故 4 个学校分配的人数分别为 2 人、1 人、1 人、1 人。

(2)多数题目中出现数量关系，都是为了通过数量关系寻找矛盾或推出事实。

数量关系最常见两种矛盾：

张三来了人太多，说明张三不能来；

李四不来人不够，说明李四必须来。

5. 匹配条件破解：排除与表格

(1)排除法 1：余下的元素往往是答案。

当题干中出现简单匹配(尤其是一对一匹配)时，一般可使用排除法。排除完不符合题干的元素后，余下的元素就是答案。

(2)排除法 2：互斥。

情况 1：两个条件之间形成互斥。

例如：

条件①：张珊学历最高。

条件②：山东人的学历比河南人低。

可得：张珊不是山东人。

情况 2：同一个条件内部两两互斥。

例如：

张珊和南京人一起吃过饭。【说明：张珊不是南京人。】

张珊、南京人、作家一起吃过饭。【说明：张珊、南京人、作家两两互斥，可推出三个事实：张珊不是南京人、张珊不是作家、南京人不是作家。】

(3)表格法。

当题干中出现复杂匹配(尤其是匹配的数量不确定)时，一般可使用表格法，从而让推理过程直观化，以方便解题。

📝 典型例题

例 4.46 老张、老工、老李、老赵四人的职业分别是司机、教授、医生、工人。已知：

(1)老张比教授个子高。

(2)老李比老王个子矮。

(3)工人比司机个子高。

(4)医生比教授个子矮。

(5)工人不是老赵就是老李。

根据以上信息，以下哪项一定为真？

A. 四个人的职业都可以确定。　　　　B. 四个人的职业只能确定三个。

C. 四个人的职业只能确定两个。　　　D. 四个人的职业只能确定一个。

E. 老李是教授。

【第1步　识别条件类型】

此题中出现"人"与"职业"的一一匹配关系，故此题为简单匹配模型。

【第2步　套用母题方法】

步骤1：事实/问题优先看。

题干中无确定事实，故进入下一步。

步骤2：重复/互斥是关键。

找重复元素，发现条件(1)、(4)中均有"教授"，故分析这两个条件。

由条件(1)、(4)可知：老张＞教授＞医生(即这三个元素之间存在互斥关系)。

故老张不是教授也不是医生，只余下司机和工人两种可能。

分析"司机"和"工人"，由条件(5)可知，老张不是工人。

故老张是司机。可得：老张(司机)＞教授＞医生。

此时确定了"司机"，故可分析"司机"这一信息，由条件(3)可知，工人＞司机。

故可得：工人＞老张(司机)＞教授＞医生。

可见，工人的个子最高。再由条件(2)可知，老李比老王个子矮，故老李不是工人。

再由条件(5)可知，老赵是工人。

故可得：老赵(工人)＞老张(司机)＞教授＞医生。

又由条件(2)可知，老王＞老李，故老王是教授，老李是医生。

【答案】A

例 4.47 去年，S市举办了第三十一届世博会。其中有八个区：服装区、智能装备区、多功能医疗区、汽车区、食品区、高端装备区、日用品区、家居区平均分布于"指南针"展馆的东、南、西、北四个方位，已知：

(1)家居区不和日用品区在一个方位，就和食品区在一个方位。

(2)如果智能装备区位于东部或者南部，那么北部不能设置汽车区也不能设置日用品区。

(3)智能装备区或多功能医疗区要设置在北部或者东部。

(4)服装区和汽车区设置于北部。

(5)食品区与多功能医疗区在一个方位，或者与高端装备区在一个方位。

根据上述已知条件，以下哪项一定为真？

A. 日用品区不设置在南部。　　　　　B. 日用品区和智能装备区在一个方位。

C. 食品区和高端装备区设置在东部。　D. 多功能医疗区设置在东部。

E. 家居区设置在西部。

【第1步　识别条件类型】

题干由事实、数量关系、假言命题和匹配关系组成，故此题为<u>事实数量假言匹配模型</u>。

【第2步　套用母题方法】

步骤1：数量/事实优先看。

八个区平均分布于四个方位，即每个方位有两个区。

条件(4)是确定事实：服装区和汽车区设置在北部（北部2个位置已满），故由这个条件出发进行分析。

步骤2：重复/互斥是关键。

找重复元素"汽车区"，由"汽车区设置在北部"可知，条件(2)的后件为假，根据口诀"否后必否前"，可得：智能装备区不在东部∧智能装备区不在南部。

又由于北部2个位置已满，故智能装备区只能在西部。

找重复元素"智能装备区"，故分析条件(3)。可知，多功能医疗区在北部或东部，又由于北部2个位置已满，故多功能医疗区只能在东部。

找重复元素"多功能医疗区"，由条件(5)可知，食品区与家居区不在同一个方位；再由条件(1)可知，家居区和日用品区在一个方位。

由于西部、北部、东部都已有安排，故家居区和日用品区只能在南部。

此时，已知的区方位分布情况如下图所示：

可见，食品区、高端装备区还未确定方位。

依据上述已知的区方位分布情况，可知食品区和高端装备区不在同一个方位；再结合条件(5)可知，食品区和多功能医疗区在一个方位。因此，高端装备区和智能装备区在一个方位。

综上，各方位的区设置如下图所示：

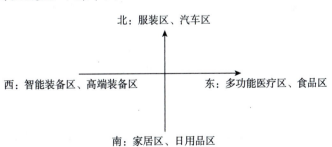

【答案】D

例 4.48 下面三题基于以下题干：

张、李、王和刘四位教授要担任 E、F、G、H、I、J、K 这七位研究生的导师。每位研究生都跟随一位导师；每位教授最多带两位研究生。研究生中，J 和 K 是硕士生，其余是博士生；E、F 和 J 是男生，其余是女生。同时，以下条件必须满足：

①张教授只带男研究生。

②李教授只带一名研究生。

③如果某位教授带一名硕士生，则必须带与这位硕士生性别相同的博士生。

(1)根据上面的条件，可以推断以下哪项肯定为真？

A. 李教授担任 F 的导师。　　　　B. 刘教授担任 G 的导师。

C. 张教授担任 J 的导师。　　　　D. 张教授担任 E 的导师。

E. 王教授担任 H 的导师。

(2)以下研究生都可以由李教授带，除了哪一位？

A. E。　　　　　　　　B. G。　　　　　　　　　　　　C. I。

D. K。　　　　　　　　E. F。

(3)根据题干，可以推断以下哪项肯定为真？

A. 王教授至少担任一名女研究生的导师。

B. 王教授至少担任一名硕士研究生的导师。

C. 刘教授至少担任一名男研究生的导师。

D. 李教授至少担任一名硕士研究生的导师。

E. 王教授至少担任一名男研究生的导师。

【第1步　识别条件类型】

题干的已知条件由事实、数量关系、假言命题和匹配关系组成，故此题为事实数量假言匹配模型。另外，老吕之所以补充这道题，是因为这道题中还有分类条件（男女、硕博）。

【第2步　套用母题方法】

第(1)题

数量/事实优先看。

题干已知共有 4 位教授、7 位研究生，每位研究生都跟随一位导师，每位教授最多带 2 位研究生。故这 7 位研究生的分组情况应该为 2、2、2、1。

再由条件②可知，李教授带 1 位研究生，张教授、王教授、刘教授各带 2 位研究生。

两次分类九宫格。

分析题干，可知题干将研究生按照"学历"和"性别"两个标准进行了两次分类，故可将研究生信息整理，见下表：

	硕士生	博士生
男生	J	E、F
女生	K	G、H、I

由条件①可知，张教授只带男研究生；由以上分析可知，张教授带 2 位研究生。再结合条件

③可知，他一定带 J，且带 E 和 F 中的一位。故 C 项正确。

第(2)题

本题的提问方式为"以下研究生都可以由李教授带，除了哪一位？"，这种题常有两种解法：第一种解法，选项排除法；第二种解法，找题干已知条件的矛盾之处。当题干中有多个假言命题时，常常使用串联法解题；当题干中只有一个假言命题时，这个假言命题往往会出现矛盾关系。

故分析条件③：假设李教授带了硕士生，根据条件③可知，他还需要带一位同性别的博士生，与条件②"李教授只带一位研究生"矛盾，因此，李教授不可能带硕士生。

再结合上题的推理结果"张教授担任 J 的导师"可知，李教授一定不带 K。故 D 项正确。

第(3)题

由上题分析可得，李教授带的是博士生，有以下两种情况：

第一种：李教授带男博士生。

第二种：李教授带女博士生。

当李教授带男博士生时：

张教授带两位男生，李教授带一位男生，因此，王教授和刘教授各带两位女生，且一定都带了女博士生。

当李教授带女博士生时：

张教授带两位男生，此时剩下的是三女一男被分成以下两组，即：

第一组：女博士生和女硕士生。

第二组：男博士生和女博士生。

上述两组人员将分别由王教授和刘教授带。

综合上述两种情况，王教授必然都至少会带一名女性研究生。故 A 项正确。

【答案】(1)C；(2)D；(3)A

例 4.49 下面五题基于以下题干：

一家食品店从星期一到星期日，每天都有 3 种商品特价销售。可供特价销售的商品包括 3 种蔬菜：G、H 和 J；3 种水果：K、L 和 O；3 种饮料：X、Y 和 Z。必须根据以下条件安排特价商品：

①每天至少有一种蔬菜特价销售，每天至少有一种水果特价销售。

②无论在哪天，如果 J 是特价销售的商品，则 L 不能特价销售。

③无论在哪天，如果 K 是特价销售的商品，则 Y 也必须特价销售。

④每一种商品在一周内特价销售的次数不能超过 3 天。

(1)以下哪项列出的是可以一起特价销售的商品？

A. G、J、Z。　　　　　　　B. H、K、X。　　　　　　　C. J、L、Y。

D. H、K、L。　　　　　　　E. G、K、Y。

(2)如果 J 在星期五、星期六、星期日特价销售，K 在星期一、星期二、星期三特价销售，而 G 只在星期四特价销售，则 L 可以在哪几天特价销售？

A. 仅在星期二。

B. 仅在星期四。

C. 仅在星期一、星期二和星期三。

D. 在这一周前 4 天中的任何两天。

E. 在这一周后 3 天中的任何两天。

(3)如果每一种水果在一周中特价销售3天，则饮料总共在这一周内可以特价销售的天数最多为：

A. 3天。　　　　　　　B. 4天。　　　　　　　C. 5天。

D. 6天。　　　　　　　E. 2天。

(4)如果H和Y同时在星期一、星期二、星期三特价销售，G和X同时在星期四、星期五、星期六特价销售，则星期日特价销售的商品一定包括：

A. J和O。　　　　　　B. J和K。　　　　　　C. J和L。

D. K和Z。　　　　　　E. K和L。

(5)如果在某一周中恰好有7种商品特价销售，则以下哪项关于这一周的陈述一定为真？

A. X是本周唯一特价销售的饮料。

B. Y是本周唯一特价销售的饮料。

C. Z是本周唯一特价销售的饮料。

D. 至少有一天，G和Z同时特价销售。

E. 本周特价销售的饮料为Y和Z。

【第1步　识别条件类型】

题干的已知条件由事实、数量关系、假言命题和匹配关系组成，故此题为事实数量假言匹配模型。另外，老吕之所以补充这道题，是因为这道题中还有分类条件（蔬菜、水果、饮料）。

【第2步　套用母题方法】

第(1)题

本题的提问方式为"以下哪项列出的是可以一起特价销售的商品？"，故使用选项排除法。

根据条件①，可排除A项。

根据条件②，可排除C项。

根据条件③，可排除B、D项。

故E项正确。

第(2)题

根据题干信息可得下表：

	星期一	星期二	星期三	星期四	星期五	星期六	星期日
蔬菜				G	J	J	J
水果	K	K	K				
饮料							

因为J在星期五、星期六、星期日三天特价销售，且G仅在星期四特价销售，再结合条件①、④可知，H必然在星期一、星期二、星期三特价销售。又因为K在星期一、星期二、星期三特价销售，根据条件③可知，Y也在星期一、星期二、星期三特价销售。因此星期一、星期二、星期三均特价销售H、K、Y。又由条件②可知，L不能在星期五、星期六、星期日特价销售，因此L只能在星期四特价销售，O在星期五、星期六、星期日特价销售。

综上，可得下表：

	星期一	星期二	星期三	星期四	星期五	星期六	星期日
蔬菜	H	H	H	G	J	J	J
水果	K	K	K	L	O	O	O
饮料	Y	Y	Y				

故 B 项正确。

第(3)题

每种水果均特价销售3天，因此，至少有2天特价销售两种水果。由条件①可知，每天至少特价销售一种蔬菜，又由每天仅3种商品特价销售，故至少有2天不能特价销售饮料，故至多有5天可以特价销售饮料。因此，C项正确。

第(4)题

根据题干信息可得下表：

	星期一	星期二	星期三	星期四	星期五	星期六	星期日
蔬菜	H	H	H	G	G	G	
水果							
饮料	Y	Y	Y	X	X	X	

由条件①可知，每天至少特价销售一种蔬菜，再由条件④可知，星期日必然特价销售蔬菜J。又由条件①可知，星期日至少特价销售一种水果。

由条件②可知，J→ ￢ L，故星期日不能特价销售水果L。

由于Y已经安排在星期一、星期二、星期三特价销售，由条件④可知，星期日不会有Y特价销售；由条件③可知，K→Y，等价于：￢ Y→￢ K，故星期日不能特价销售水果K，所以星期日只能特价销售水果O。

故 A 项正确。

第(5)题

由条件①可知，每天至少有一种蔬菜和一种水果特价销售；又由条件④可知，每种商品至多特价销售3天，因此，3种水果和蔬菜必然均特价销售，可知 K 一定特价销售。又由条件③可知，K→Y，故Y必然特价销售。又由一共只有7种商品特价销售，故，特价销售的饮料只能有 Y。

因此，B 项正确。

【答案】(1)E；(2)B；(3)C；(4)A；(5)B

📝 **真题秒杀**

例 4.50 下面两题基于以下题干：

某剧团拟将历史故事"鸿门宴"搬上舞台。该剧有项王、沛公、项伯、张良、项庄、樊哙、范增7个主要角色，甲、乙、丙、丁、戊、己、庚7名演员每人只能扮演其中一个，且每个角色只能由其中一人扮演。根据各演员的特点，角色安排如下：

①如果甲不扮演沛公，则乙扮演项王。

②如果丙或己扮演张良，则丁扮演范增。

③如果乙不扮演项王，则丙扮演张良。

④如果丁不扮演樊哙，则庚或戊扮演沛公。

(1)(2021年管理类联考真题)根据上述信息，可以得出以下哪项？

A. 甲扮演沛公。　　　　　B. 乙扮演项王。　　　　　C. 丙扮演张良。

D. 丁扮演范增。　　　　　E. 戊扮演樊哙。

(2)(2021年管理类联考真题)若甲扮演沛公而庚扮演项庄，则可以得出以下哪项？

A. 丙扮演项伯。　　　　　B. 丙扮演范增。　　　　　C. 丁扮演项伯。

D. 戊扮演张良。　　　　　E. 戊扮演樊哙。

【第1步　识别条件类型】

第(1)题：题干中出现演员与角色的一一匹配，条件①～④为假言命题，故此题为假言匹配模型。遇到这样的题目，匹配关系要最后处理。优先考虑假言推事实模型的解题方法。

第(2)题：补充了两个新的事实条件，故此题为事实假言匹配模型。从事实出发，再使用口诀"简单匹配做排除"即可解题。

【第2步　套用母题方法】

第(1)题

方法一：串联找矛盾法。

条件①和③中均出现乙和项王的关系，为重复信息，故优先分析这两个条件：

由条件①逆否可得：¬乙项王→甲沛公。

由条件③、②、④串联可得：¬乙项王→丙张良→丁范增→¬丁樊哙→庚沛公∨戊沛公。

故若乙不扮演项王，会出现多人扮演沛公，与"每个角色只能由其中一人扮演"矛盾，故乙扮演项王。

方法二：二难推理法。

观察题干，发现条件②的前件有"丙扮演张良"，条件③的后件也有"丙扮演张良"，故由条件③逆否即可出现"丙不扮演张良"，进而形成"丙扮演张良∨丙不扮演张良"的永真式，从而可以使用二难推理法解题(口诀：前件后件一个样，后件逆否出二难)。

由条件②、④、①串联可得：丙张良→丁范增→¬丁樊哙→庚沛公∨戊沛公→¬甲沛公→乙项王。

由条件③逆否可得：¬丙张良→乙项王。

故根据二难推理公式可得："乙项王"为真，即乙扮演项王。

综上，B项正确。

第(2)题

引用上题推理结果：乙项王。

本题题干给出了新的确定事实，即"甲扮演沛公"和"庚扮演项庄"。

由"甲扮演沛公"并结合条件④、②可得：甲沛公→¬庚沛公∧¬戊沛公→丁樊哙→¬丁范增→¬丙张良∧¬己张良。

综上，已确定的信息为：乙扮演项王、庚扮演项庄、甲扮演沛公、丁扮演樊哙。

又由"￢丙张良∧￢己张良"可知，戊扮演张良。

故 D 项正确。

【答案】(1)B；(2)D

例 4.51 下面两题基于以下题干：

某海军部队有甲、乙、丙、丁、戊、己、庚 7 艘舰艇，拟组成两个编队出航，第一编队编列 3 艘舰艇，第二编队编列 4 艘舰艇。编列需满足以下条件：

①航母己必须编列在第二编队。

②戊和丙至多有一艘编列在第一编队。

③甲和丙不在同一编队。

④如果乙编列在第一编队，则丁也必须编列在第一编队。

(1)(2018 年管理类联考真题)如果甲在第二编队，则下列哪项中的舰艇一定也在第二编队？

A. 乙。 　　　　　　　　 B. 丙。 　　　　　　　　 C. 丁。

D. 戊。 　　　　　　　　 E. 庚。

(2)(2018 年管理类联考真题)如果丁和庚在同一编队，则可以得出以下哪项？

A. 甲在第一编队。 　　　 B. 乙在第一编队。 　　　 C. 丙在第一编队。

D. 戊在第二编队。 　　　 E. 庚在第二编队。

【第 1 步 识别条件类型】

第(1)题：题干的问题中给出了新的事实："甲在第二编队"，题干中还涉及数量关系、假言命题和匹配关系，故此题为事实数量假言匹配模型。此问提供了新的事实，优先从这一事实开始进行推理。

第(2)题：题干给出"丁和庚在同一编队"，可能同在第一编队，也可能同在第二编队，因此这是个半事实条件，故此题为半事实数量假言匹配模型，可以进行分类讨论。

【第 2 步 套用母题方法】

第(1)题

已知"甲在第二编队"，故从这一事实出发。

找"甲"，由条件③可得：丙不在第二编队，又因为只有第一和第二两个编队，故丙在第一编队。

找"丙"，由条件②可得：戊不在第一编队，故戊在第二编队，故 D 项正确。

第(2)题

情况 1：假设丁和庚在第一编队。

由条件③可知，甲和丙不在同一编队，又知"第一编队编列 3 艘舰艇"，所以第一编队的最后一个位置给甲或丙，则乙、戊、己都在第二编队。

情况 2：假设丁和庚在第二编队。

由条件①可知，己也在第二编队，又由条件③可知，甲和丙不在同一编队，又由于"第二编队编列 4 艘舰艇"，所以，第二编队的最后一个位置给甲或丙，则乙、戊均在第一编队。再由条件④可知，丁也必须编列在第一编队，与假设矛盾，故丁和庚不可能在第二编队。

因此，情况 1 成立，故 D 项正确。

【答案】(1)D；(2)D

例 4.52 (2022年管理类联考真题)宋、李、王、吴4人均订阅了《人民日报》《光明日报》《参考消息》《文汇报》中的两种报纸，每种报纸均有两人订阅，且各人订阅的均不完全相同。另外，还知道：

(1)如果吴至少订阅了《光明日报》《参考消息》中的一种，则李订阅了《人民日报》而王未订阅《光明日报》。

(2)如果李、王两人中至多有一人订阅了《文汇报》，则宋、吴均订阅了《人民日报》。

如果李订阅了《人民日报》，则可以得出以下哪项？

A. 宋订阅了《文汇报》。　　　　　　B. 宋订阅了《人民日报》。

C. 王订阅了《参考消息》。　　　　　D. 吴订阅了《参考消息》。

E. 吴订阅了《人民日报》。

【第1步 识别条件类型】

题干由事实、假言命题和匹配关系组成，故此题为事实假言匹配模型。

【第2步 套用母题方法】

从事实出发，由"李订阅了《人民日报》"并结合"每种报纸均有两人订阅"可知，宋、王、吴3人中只有一人订阅《人民日报》。故宋、吴不可能均订阅《人民日报》，即：条件(2)的后件为假，根据口诀"否后必否前"，可知其前件也为假，可得：李、王均订阅《文汇报》。可得下表：

人 ＼ 报纸	《人民日报》	《文汇报》	《光明日报》	《参考消息》
宋				
李	√	√		
王		√		
吴				

由"李、王均订阅《文汇报》"并结合"每种报纸均有两人订阅"可知，宋、吴均未订阅《文汇报》。可得下表：

人 ＼ 报纸	《人民日报》	《文汇报》	《光明日报》	《参考消息》
宋		×		
李	√	√		
王		√		
吴		×		

由于吴未订阅《文汇报》，若《光明日报》《参考消息》吴均不订阅，则无法满足"每人订阅两种报纸"，所以，吴至少订阅《光明日报》《参考消息》中的一种。

由"吴至少订阅《光明日报》《参考消息》中的一种"可知，条件(1)的前件为真，根据口诀"肯前必肯后"，可知其后件也为真，可得：李订阅《人民日报》而王未订阅《光明日报》。可得下表：

人＼报纸	《人民日报》	《文汇报》	《光明日报》	《参考消息》
宋		×		
李	√	√		
王		√	×	
吴		×		

由上表可知，若王订阅《人民日报》，则李、王两人订阅的报纸完全相同，与"各人订阅的均不完全相同"矛盾，因此，王未订阅《人民日报》。

再结合"每人订阅两种报纸"可得：王订阅《参考消息》。

【答案】C

例 4.53 （2022年经济类联考真题）近年来，流失海外百余年的圆明园 7 尊兽首铜像鼠首、牛首、虎首、兔首、马首、猴首和猪首通过"华商捐赠""国企竞拍""外国友人返还"这 3 种方式陆续回归中国。每种方式均获得 2～3 尊兽首铜像，且每种方式获得的兽首铜像各不相同。已知：

（1）如果牛首、虎首和猴首中至少有一尊是通过"华商捐赠"或者"外国友人返还"回归的，则通过"国企竞拍"获得的是鼠首和马首。

（2）如果马首、猪首中至少有一尊是通过"国企竞拍"或者"外国友人返还"回归的，则通过"华商捐赠"获得的是鼠首和虎首。

根据上述信息，以下哪项是通过"外国友人返还"获得的兽首铜像？

A. 鼠首、兔首。　　　　　B. 马首、猴首。　　　　　C. 兔首、猪首。

D. 鼠首、马首。　　　　　E. 马首、兔首。

【第1步　识别条件类型】

题干中的已知条件(1)、(2)均为假言命题，"每种方式均获得 2 到 3 尊兽首铜像"为数量关系和匹配关系，故此题为数量假言匹配模型。

另外，已知条件(1)、(2)均为假言命题，选项均为事实，可参考假言推事实模型的解题方法。

【第2步　套用母题方法】

题干中条件复杂，找重复元素，发现条件(1)的后件和条件(2)的前件均出现"国企竞拍马首"，故可实现串联。

故由条件(1)、(2)串联可得：(3)牛首、虎首、猴首中至少有一尊华商捐赠或外国友人返还→国企竞拍马首∧国企竞拍鼠首→华商捐赠鼠首和虎首。

可知，若(3)的前件为真，则推出了"国企竞拍鼠首"且"华商捐赠鼠首"，与"每种方式获得的兽首铜像各不相同"矛盾。故(3)的前件为假，可得：牛首、虎首、猴首均不是通过华商捐赠或外国友人返还回归中国，故牛首、虎首、猴首是通过国企竞拍回归中国。

由"国企竞拍虎首"可知，条件(2)的后件为假，根据口诀"否后必否前"，可知其后件也为假，可得：马首、猪首均不是通过国企竞拍或外国友人返还回归中国，故马首、猪首均为华商捐赠。

再结合"每种方式均获得 2 到 3 尊兽首铜像"可知，鼠首、兔首均为外国友人返还。

【答案】A

例 4.54 下面两题基于以下题干：

江海大学的校园美食节开幕了，某女生宿舍有 5 人积极报名参加此次活动，她们的姓名分别为金粲、木心、水仙、火珊、土润。举办方要求，每位报名者只做一道菜品参加评比，但需自备食材。限于条件，该宿舍所备食材仅有 5 种：金针菇、木耳、水蜜桃、火腿和土豆，要求每种食材只能有 2 人选用，每人又只能选用 2 种食材，并且每人所选食材名称的第一个字与自己的姓氏均不相同。已知：

①如果金粲选水蜜桃，则水仙不选金针菇。

②如果木心选金针菇或土豆，则她也须选木耳。

③如果火珊选水蜜桃，则她也须选木耳和土豆。

④如果木心选火腿，则火珊不选金针菇。

(1)(2016 年管理类联考真题)根据上述信息，可以得出以下哪项？

A. 木心选用水蜜桃、土豆。

B. 水仙选用金针菇、火腿。

C. 土润选用金针菇、水蜜桃。

D. 火珊选用木耳、水蜜桃。

E. 金粲选用木耳、土豆。

(2)(2016 年管理类联考真题)如果水仙选用土豆，则可以得出以下哪项？

A. 木心选用金针菇、水蜜桃。

B. 金粲选用木耳、火腿。

C. 火珊选用金针菇、土豆。

D. 水仙选用木耳、土豆。

E. 土润选用水蜜桃、火腿。

【第 1 步　识别条件类型】

本题组的已知条件均由事实、假言命题和匹配关系组成，故此题组均为事实假言匹配模型。

【第 2 步　套用母题方法】

第(1)题

从事实出发，由"每人所选食材名称的第一个字与自己的姓氏均不相同"可知，金粲不选金针菇、木心不选木耳、水仙不选水蜜桃、火珊不选火腿、土润不选土豆。

由"木心不选木耳"可知，条件②的后件为假，根据口诀"否后必否前"，可得：木心不选金针菇也不选土豆；再由"每人又只能选用 2 种食材"可知，木心选水蜜桃和火腿。

由"木心选水蜜桃和火腿"可知，条件④的前件为真，根据口诀"肯前必肯后"，可得：火珊不选金针菇。

若条件③的前件为真，则其后件也为真，此时，火珊选水蜜桃、木耳和土豆 3 种食材，与"每人又只能选用 2 种食材"矛盾，因此，条件③的前件为假，即：火珊不选水蜜桃。

因此，火珊选木耳和土豆。

由上述信息可得下表：

报名者 食材	金粲	木心	水仙	火珊	土润
金针菇	×	×		×	
木耳		×		√	
水蜜桃		√	×	×	
火腿		√		×	
土豆		×		√	×

根据上表，由"每种食材只能有2人选用"可知，水仙、土润均选金针菇。

由"水仙选金针菇"可知，条件①的后件为假，根据口诀"否后必否前"，可得：金粲不选水蜜桃。再结合"每种食材只能有2人选用"可知，土润选择水蜜桃。

可将上表补充如下：

报名者 食材	金粲	木心	水仙	火珊	土润
金针菇	×	×	√	×	√
木耳		×		√	
水蜜桃	×	√	×	×	√
火腿		√		×	
土豆		×		√	×

故：土润选用金针菇和水蜜桃，即C项正确。

第(2)题

本题补充新事实：水仙选用土豆。

结合上题推理结果及"水仙选用土豆"，可将表格补充如下：

报名者 食材	金粲	木心	水仙	火珊	土润
金针菇	×	×	√	×	√
木耳		×	×	√	×
水蜜桃	×	√	×	×	√
火腿		√	×	×	
土豆	×	×	√	√	×

由上表及"每人又只能选用2种食材"可知，金粲选用木耳和火腿。故B项正确。

【答案】(1)C；(2)B

例 4.55 （2015年管理类联考真题)甲、乙、丙、丁、戊和己6人围坐在一张正六边形的小桌前，每边各坐1人。已知：

(1)甲与乙正面相对。

(2)丙与丁不相邻，也不正面相对。

如果己与乙不相邻，则以下哪项一定为真?

A. 如果甲与戊相邻，则丁与己正面相对。

B. 甲与丁相邻。

C. 戊与己相邻。

D. 如果丙与戊不相邻，则丙与己相邻。

E. 己与乙正面相对。

【第1步 识别条件类型】

此题出现6个人围坐在正六边形小桌前，这种题实际上考的是人与位置的匹配关系，故为方位匹配模型。同时，观察选项，发现选项A、D是假言命题，其余各项均为事实，故此题可视为选项事实假言模型，优先代入含假言的选项A、D进行验证。

【第2步 套用母题方法】

条件(1)"甲与乙正面相对"是相对确定的事实，可得下图：

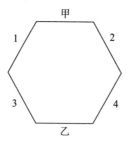

本题给出新信息："己与乙不相邻"，故己在1号或2号位置。

结合条件(2)可知，丙和丁的座次只可能是：3号和4号、4号和3号。如下面两图所示：

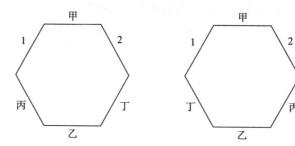

由以上分析可排除B、C、E三项。

此时，将A、D两项的前件作为已知条件进行分析：

A项，若甲与戊相邻，则丁与己可能正面相对，也可能不正面相对，故排除此项。

D项，若丙与戊不相邻，则戊只能在丙的对面，故丙与己相邻，因此此项正确。

【答案】D

例 4.56 以下两题基于以下题干：

某高铁线路设有"东沟""西山""南镇""北阳""中丘"5座高铁站。该线路现有甲、乙、丙、丁、戊 5 趟车运行。这 5 座高铁站中，每站均恰好有 3 趟车停靠，且甲车和乙车停靠的站均不相同。已知：

①若乙车或丙车至少有一车在"北阳"停靠，则它们均在"东沟"停靠。

②若丁车在"北阳"停靠，则丙、丁和戊车均在"中丘"停靠。

③若甲、乙和丙车中至少有 2 趟车在"东沟"停靠，则这 3 趟车均在"西山"停靠。

(1)(2021年管理类联考真题)根据上述信息，可以得出以下哪项？

A. 甲车不在"中丘"停靠。

B. 乙车不在"西山"停靠。

C. 丙车不在"东沟"停靠。

D. 丁车不在"北阳"停靠。

E. 戊车不在"南镇"停靠。

(2)(2021年管理类联考真题)若没有车在每站都停靠，则可以得出以下哪项？

A. 甲车在"南镇"停靠。

B. 乙车在"东沟"停靠。

C. 丙车在"西山"停靠。

D. 丁车在"南镇"停靠。

E. 戊车在"西山"停靠。

【第1步 识别条件模型】

题干由事实、数量关系、假言命题和匹配关系组成，故此题为<u>事实数量假言匹配模型</u>。

【第2步 套用母题方法】

第(1)题

<u>从事实出发</u>，由"甲车和乙车停靠的站均不相同"可知，条件③的后件为假，根据口诀"否后必否前"，可得：甲、乙和丙车中最多有 1 趟车在东沟停靠（"至少有 2 趟"的意思是"大于等于 2"，其反面是"小于 2"，即最多有 1 趟）。

再结合"每站恰好有 3 趟车停靠"可知，丁、戊均在东沟停靠。

由"甲、乙和丙车中最多有 1 趟车在东沟停靠"可知，乙和丙不可能均在东沟停靠，故条件①的后件为假，根据口诀"否后必否前"，可得：乙不停靠北阳∧丙不停靠北阳；再结合"每站恰好有 3 趟车停靠"可知，甲、丁、戊均在北阳停靠。

由"丁在北阳停靠"可知，条件②的前件为真，根据口诀"肯前必肯后"，可得：丙、丁、戊均在中丘停靠。

再由"每站恰好有 3 趟车停靠"可知，甲不在中丘停靠。故 A 项正确。

第(2)题

本题补充新的数量关系：④没有车在每站都停靠。

根据上题分析可得下表：

高铁站 运行车	东沟	西山	南镇	北阳	中丘
甲				✓	✗
乙				✗	✗
丙				✗	✓
丁	✓			✓	✓
戊	✓			✓	✓

从补充的新数量关系出发，由"没有车在每站都停靠"可知，丁在西山和南镇这两个车站至多停靠 1 趟次、戊在西山和南镇这两个车站也至多停靠 1 趟次。即：丁、戊在西山和南镇这两个车站至多停靠 2 个趟次。

再从题干事实"甲车和乙车停靠的站均不相同"出发可知，甲、乙在西山和南镇这两个车站至多停靠 2 个趟次。

再由"5 座高铁站中，每站恰好有 3 趟车停靠"可知，西山和南镇这两个车站共有 6 趟次车。

而甲、乙、丁、戊四车在西山和南镇这两个车站至多停靠 4 个趟次。

因此，丙在西山和南镇均停靠。故 C 项正确。

【答案】(1)A；(2)C

💡 老吕贴心话

老吕贴心话 ④ 逻辑需要刷题吗？

如果方法正确，刷题会让你对得越来越快；

如果方法错误，刷题会让你错得越来越熟练。有很多同学二战还是分数不高，为什么？因为他错得很熟练。

所以，我们需要刷题，但请你一定不要把刷题本身当成了目的，盲目地刷题等于浪费时间。

正确的刷题步骤如下：

第 1 步：掌握正确的做题方法。

本书给你讲的方法，是老吕 15 年职业生涯所总结出来的方法。无论是形式逻辑、综合推理，还是论证逻辑，老吕自认为这些方法最好、解题最快。你需要信任这些方法。

第 2 步：用正确的方法刷题。

一定要用老师讲的方法做题，而不要跟随自己的"感觉"。尤其是论证逻辑，你的"感觉"越多，错得越离谱。

第 3 步：限时做题或限时模考。

通过限时刷题或限时模考，来检验哪些题是你不会做的或者做得慢的。

第 4 步：总结复盘。

对于不会做的题或做得慢的题，不要看看答案就认为自己会了。而是要分析这个题考的是哪个知识点、用的是哪个母题模型，并把同类型的题放在一起再做一遍。比较、分析、总结。

刷题可以刷我的《逻辑母题 800 练》《综合推理 400 题》《论证逻辑 400 题》。但是要记住：刷题只是手段，不要把刷题本身当成了目的。总结模型、解决问题才是目的。

老吕贴心话 ⑤ 综合推理做得慢如何解决？

综合推理本身就比较复杂，慢是正常的。但如果你太慢，就有问题，就需要解决。综合推理做得慢，有以下几种可能的原因：

原因 1：形式逻辑公式不熟练。

多数综合推理题是以形式逻辑为基础的，如果你形式逻辑的公式没理解或者不熟练，综合推理不可能学好。看下面的例题：

例 1

已知：(1)¬A∨¬B→C∧D。(2)D∨E∨F→¬C∧G∧H。可以推出什么？

【分析】

分析条件(1)：¬A∨¬B→C∧$\underline{D}$；条件(2)：$\underline{D}$∨E∨F→$\underline{¬C}$∧G∧H。

我们把画线的部分串联起来，即：¬A∨¬B→D→$\underline{¬C}$。

又由条件(1)可得：¬A∨¬B→C。可以发现蓝色的部分矛盾。

可见，由"¬A∨¬B"出发推出了矛盾，故"¬A∨¬B"不成立，故有：A∧B。

例 2 (2020 年管理类联考真题)因业务需要，某公司欲将甲、乙、丙、丁、戊、己、庚 7 个部门合并到丑、寅、卯 3 个子公司。已知：

(1)一个部门只能合并到一个子公司。

(2)若丁和丙中至少有一个未合并到丑公司，则戊和甲均合并到丑公司。

(3)若甲、己、庚中至少有一个未合并到卯公司，则戊合并到寅公司且丙合并到卯公司。

根据上述信息，可以得出以下哪项？

A. 甲、丁均合并到丑公司。　　　　　B. 乙、戊均合并到寅公司。

C. 乙、丙均合并到寅公司。　　　　　D. 丁、丙均合并到丑公司。

E. 庚、戊均合并到卯公司。

【分析】

这道题看起来是一道较为复杂的综合推理题，但实际上此题就是把例 1 进行了场景化。

条件(2)：¬丁丑∨¬丙丑→戊丑∧甲丑。

条件(3)：¬甲卯∨¬己卯∨¬庚卯→戊寅∧丙卯。

我们把画线的部分串联起来，即：¬丁丑∨¬丙丑→甲丑→¬甲卯→戊寅。

由条件(2)可得：¬丁丑∨¬丙丑→戊丑。

由于"一个部门只能合并到一个子公司"，故"戊寅"和"戊丑"矛盾。

可见，由"￢丁丑∨￢丙丑"推出了矛盾，则"￢丁丑∨￢丙丑"不成立，故有：丁丑∧丙丑。

故"丁、丙均合并到丑公司"为真，即 D 项正确。

通过以上例题，可以发现：

（1）多数综合推理题的本质，还是形式逻辑。总有一些同学误以为现在形式逻辑考的很少，这种观点大错特错，现在纯形式逻辑的考试的题量确实要少一些，但以形式逻辑为基础的综合推理题题量特别大，形式逻辑的难度和综合性也非常强。

所以，如果你还没有把我的成名课程"1 天学会形式逻辑"——也就是《逻辑要点 7 讲》中的第 1 讲——听 3 遍以上，请你一定要回去听 3 遍，并把里面的知识掌握透彻。

（2）真题的命题相当有规律，我们要注重对真题命题规律的总结。

原因 2：命题模型不熟练。

这体现在两个方面：一是不能迅速识别模型，二是不能迅速找到对应解题方法。

你要改变拿到一道题直接动手做的习惯，学会先判断模型，再套用方法。记住，无论难度多大、综合性多强的题，都是由基础模型组合而成的。因此，本书所有综合推理的母题模型，以及后文中要讲的论证逻辑的母题模型一定要特别熟练。

综合推理的学习规划：

《7 讲》的推理部分——《800 练》推理部分——《综合推理 400 题》——真题。

第3讲

联考逻辑
要点7讲

推理母题

非5大条件类

(含形式逻辑及综合推理)

7 个母题模型　　**4** 个秒杀口诀

✏️ 写在前面的话

1. "非 5 大条件类"题型与"5 大条件类"题型的关系是什么？

二者是互补关系。在联考逻辑真题的推理题中，"5 大条件类"题型占 80％左右，"非 5 大条件类"题型占 20％左右。

2. "非 5 大条件类"题型考的是什么知识？

"非 5 大条件类"题型一般考的是形式逻辑的基础知识。其中，"性质串联模型""隐含三段论模型"均与"串联推理"的解题原理是一样的；"真假话问题"本质上考的是对当关系；两次与三次分类模型，本质上考的是概念的划分。

但是，近几年的联考逻辑真题中也出现了一些特殊题型，如"数独模型"，不过考的并不多，命题概率为 30％。

3. "非 5 大条件类"题型难吗？

"非 5 大条件类"题型的整体难度中等，但也可以出比较难的题。从考点来说，本部分题目主要考的是基础知识，例如 2023 年管综真题的第 1 道逻辑题，考的就是"双 A 串联公式"。但这一基础知识相对复杂，所以，基础知识扎实的同学会感觉比较简单，但基础掌握不牢固的同学会觉得很难。

4. "非 5 大条件类"题型怎么学？

"非 5 大条件类"题型与"5 大条件类"题型的学习方法相同，即：第 1 步识别条件类型，第 2 步套用母题方法。不再赘述。

📘 本讲内容

```
                          母题模型10  性质串联模型

                          母题模型11  隐含三段论模型

                          母题模型12  推理结构相似模型

                                              母题变式13.1  经典假话问题
              第5章  推理母题：
  7个              非5大条件类     母题模型13  真假话问题   母题变式13.2  一人多判断型的真假话问题
母题模型
                                              母题变式13.3  真城假城型的真假话问题

                          母题模型14  数独模型

                                              母题变式15.1  两次分类模型
                          母题模型15  两次与三次分类模型
                                              母题变式15.2  三次分类模型

                          母题模型16  其他母题模型
```

第
3
讲

第 5 章　推理母题：非5大条件类

【本章知识清单】

基础知识	母题模型
1.“有的A是B”的含义 2.“有的”开头原则 3.“有的”互换原则 4. 双A串联公式	母题模型10　性质串联模型 母题模型11　隐含三段论模型 母题模型12　推理结构相似模型 母题模型13　真假话问题 母题模型14　数独模型 母题模型15　两次与三次分类模型 母题模型16　其他母题模型

01　第 1 节　性质命题串联的基础知识

扫码免费听
本节讲解

1. 全称命题的串联推理

为了方便做题，我们可以将全称命题和单称命题画成箭头。见下表：

编号	句式	例句	符号化
句式①	A 是 B	酱心是女神	酱心→女神
句式②	所有的 A 是 B	所有的明星都是女神	明星→女神

例如：

已知：①所有老吕的学员都考上了研究生。②酱心是老吕的学员。

由以上已知条件可以推出什么？

【分析】

由以上已知条件显然可以推出：酱心考上了研究生。

推理过程如下：

老吕的学员→考上了研究生。

酱心→老吕的学员。

故有：酱心→老吕的学员→考上了研究生。

从而有：酱心考上了研究生。

📝 **典型例题**

例 5.1 所有爱斯基摩土著人都是穿黑衣服的。所有北婆罗洲土著人都是穿白衣服的。没有既穿白衣服又穿黑衣服的人。H是穿白衣服的。

基于以上事实，下列哪个判断必为真？

A. H是北婆罗洲土著人。　　　　　　　　B. H不是爱斯基摩土著人。

C. H不是北婆罗洲土著人。　　　　　　　D. H是爱斯基摩土著人。

E. H既不是爱斯基摩土著人，也不是北婆罗洲土著人。

【详细解析】

步骤1：画箭头。

题干中有以下判断：

①爱斯基摩→黑衣服＝﹁黑衣服→﹁爱斯基摩。

②北婆罗洲→白衣服。

③﹁（白衣服∧黑衣服）＝﹁白衣服∨﹁黑衣服＝白衣服→﹁黑衣服。

④H穿白衣服。

步骤2：串联。

从事实出发：④是确定事实，直接从④开始串，故由④、③、①串联可得：H→白衣服→﹁黑衣服→﹁爱斯基摩，因此H不是爱斯基摩土著人，即B项正确。

【答案】B

2. 特称命题的串联推理

2.1 "有的 A 是 B" 的含义

"有的"是一个存在量词，它等于"有"，等于"存在"，等于"至少一个"。因此，"有的 A 是 B"的含义是"存在 A 是 B 这种情况"，具体有以下四种情况：

情况	关系	图示
①	A、B为交叉关系，即 A 与 B 有交集，且 A 中有不属于 B 的部分，B 中有不属于 A 的部分。	
②	A 是 B 的真子集。	

续表

情况	关系	图示
③	B 是 A 的真子集。	A B（B 是 A 内部的小圆）
④	A 与 B 相等。	A B（同一圆内）

2.2 "有的"互换原则

观察上表，易知"有的 A 是 B"的四种情况，恰好也是"有的 B 是 A"的四种情况。也就是说，只要存在 A 是 B，也就存在 B 是 A。因此，"有的 A 是 B"等价于"有的 B 是 A"，看起来 A 和 B 互换了位置，故老吕称之为"'有的'互换原则"。

"有的 A 是 B"＝"有的 B 是 A"

可见，为了方便做题，我们可以将特称命题画成箭头。见下表：

编号	句式	例句	符号化
句式③	有的 A 是 B	有的明星是女神	有的明星→女神

故有：

"有的 A→B"＝"有的 B→A"

2.3 互换与逆否的辨别

(1)"有的 A 是 B"无法逆否推出"¬ B→¬ A"。因为，当出现上表中的情况①和情况③时，"¬ B→¬ A"为假；当出现上表中的情况②和情况④时，"¬ B→¬ A"为真。

故："有的 A 是 B"不是假言命题，不能逆否，即此种命题中带"有的"的项不逆否。

(2)假言命题只能用逆否原则，不能因为假言命题中出现了"有的"的字样就认为是"有的"互换。

例如：

如果有的人考上了研究生，那么我就涂上口红讲课。

这是一个假言命题，可以符号化为：

有的人考上研究生→我涂上口红讲课。

可逆否为：

¬ 我涂上口红讲课→¬ 有的人考上研究生。

又等价于：

我没有涂上口红讲课→所有人没考上研究生。

⏰ 口诀18 "有的"互换原则

有的互换不逆否，假言逆否不互换。

💡 典型例题

例 5.2 有些具有良好效果的护肤化妆品是诺亚公司生产的。所有诺亚公司生产的护肤化妆品都价格昂贵，而价格昂贵的护肤化妆品无一例外得到女士们的青睐。

以下各项都能从题干的断定中推出，除了：

A. 有些效果良好的护肤化妆品得到女士们的青睐。

B. 得到女士们青睐的护肤化妆品中，有些实际效果并不好。

C. 所有诺亚公司生产的护肤化妆品都得到女士们的青睐。

D. 有些价格昂贵的护肤化妆品是效果良好的。

E. 所有不被女士们青睐的护肤化妆品都便宜。

【详细解析】

步骤1：画箭头。

题干有以下断定：

①有的效果良好→诺亚。

②诺亚→昂贵。

③昂贵→青睐。

步骤2：串联。

由①、②、③串联可得：④有的效果良好→诺亚→昂贵→青睐。

步骤3：逆否，注意带"有的"的项不逆否。

④逆否可得：⑤ ¬青睐→ ¬昂贵→ ¬诺亚。

步骤4：找答案。

A项，有些效果良好→青睐，由④可知，此项可以被推出。

B项，此项等价于：有些受青睐的效果不好，由①可知，有些效果良好的受青睐，等价于：⑥有的受青睐的效果良好，与此项为下反对关系，一真另不定，故此项不能被推出。

C项，诺亚→青睐，由④可知，此项可以被推出。

D项，有的昂贵→效果良好，等价于：有的效果良好→昂贵，由④可知，此项可以被推出。

E项，¬青睐→便宜（即：¬昂贵），由⑤可知，此项可以被推出。

【答案】B

3. 双A串联公式

3.1 "所有"推"有的"公式

所有 A 是 B，可推出：有的 A 是 B。从而得到：有的 B 是 A。

> ⏰ **口诀 19 "所有"推"有的"**
>
> 所有A是B，互换变有的。

3.2 双单称的串联

已知：①酱宝是老吕的学生。②酱宝考上了研究生。

①可推出：有的老吕的学生是酱宝，与②串联可得：有的老吕的学生→酱宝→考上了研究生。

②可推出：有的考上了研究生的人是酱宝，与①串联可得：有的考上了研究生的人→酱宝→老吕的学生。

3.3 双"所有"的串联

已知：①所有山东人都是中国人。②所有山东人都是黄种人。

①可推出：有的山东人是中国人，互换可得：有的中国人是山东人，与②串联可得：有的中国人→山东人→黄种人。

②可推出：有的山东人是黄种人，互换可得：有的黄种人是山东人，与①串联可得：有的黄种人→山东人→中国人。

3.4 双A串联公式

通过以上两个例子可以发现，对于两个判断对象相同的单称命题或者两个判断对象相同的全称命题，符合以下"双A串联公式"：

已知：①A 是 B（A→B）。②A 是 C（A→C）。

①可推出：有的 A 是 B，互换可得：有的 B 是 A，与②串联可得：有的 B→A→C。

②可推出：有的 A 是 C，互换可得：有的 C 是 A，与①串联可得：有的 C→A→B。

以上证明过程也可以用下图表示：

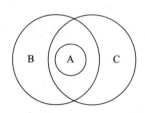

📝 典型例题

例 5.3 所有的山东人都是黄种人。所有的山东人都喜欢吃煎饼卷大葱。有些黄种人喜欢吃北京烤鸭。

如果以上断定为真，则以下哪项也一定为真？

Ⅰ．有些黄种人不是山东人。

Ⅱ．有些黄种人不喜欢吃北京烤鸭。

Ⅲ．有些黄种人喜欢吃煎饼卷大葱。

A. 仅Ⅰ。　　　　　　　　B. 仅Ⅱ。　　　　　　　　C. 仅Ⅲ。

D. 仅Ⅰ和Ⅲ。　　　　　　E. Ⅰ、Ⅱ和Ⅲ。

【详细解析】

方法一：串联法。

题干有以下信息：

①所有的山东人都是黄种人，即：山东人→黄种人。

②所有的山东人都喜欢吃煎饼卷大葱，即：山东人→喜欢吃煎饼卷大葱。

③有些黄种人喜欢吃北京烤鸭，即：有的黄种人→喜欢吃北京烤鸭。

观察条件①和②，符合<u>双 A 串联公式</u>，即：

由①可得：有的黄种人→山东人，从而与②串联可得：④有的黄种人→山东人→喜欢吃煎饼卷大葱。

由②可得：有的喜欢吃煎饼卷大葱→山东人，从而与①串联可得：⑤有的喜欢吃煎饼卷大葱→山东人→黄种人。

Ⅰ项，由④可知，有的黄种人是山东人，与此项"有些黄种人不是山东人"是下反对关系，一真另不定，故此项可真可假。

Ⅱ项，由③可知，有些黄种人喜欢吃北京烤鸭，与此项"有些黄种人不喜欢吃北京烤鸭"是下反对关系，一真另不定，故此项可真可假。

Ⅲ项，由④可知，有的黄种人→喜欢吃煎饼卷大葱，故此项为真。

方法二：欧拉图法。

"所有 A 是 B"，如下图所示：

但要注意，"所有 A 是 B"，可能 A 与 B 完全等价，如下图所示：

"有的 A 是 B"只能确定 A、B 有重合部分（四种可能：交叉、包含、包含于、全同），但并不确定 A 和 B 的具体关系，故可将其中一个用虚线表示，如下图所示：

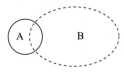

第 3 讲

故题干信息可表示为下图：

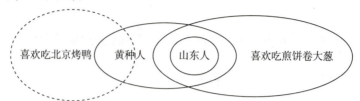

Ⅰ项，由上图可知，"有的黄种人不是山东人"为真，但要注意，存在"黄种人"与"山东人"完全等价的可能，此时，"有的黄种人不是山东人"为假。故此项可真可假。

Ⅱ项，由上图可知，"喜欢吃北京烤鸭"是虚线，与"黄种人"的位置关系不定，故"有些黄种人不喜欢吃北京烤鸭"可真可假。

Ⅲ项，由上图可知，"黄种人"与"喜欢吃煎饼卷大葱"有交集，故"有些黄种人喜欢吃煎饼卷大葱"必为真。

说明：欧拉图法在解一些题时比较直观，但是由于有时候圈与圈的位置是不确定的，所以容易出错。

【答案】C

02 第2节　与性质命题相关的母题模型

扫码免费听
本节讲解
（共3个视频）

母题模型10　性质串联模型

⚡ 母题技巧

第1步　识别条件类型	题干特点：题干由性质命题组成，并且这些性质命题中存在重复元素，可以作为桥梁实现串联。 选项特点：选项均为性质命题。
第2步　套用母题方法	情况1：题干的已知条件均为全称命题。 通过重复元素直接串联即可解题。 情况2：题干的已知条件中有特称命题（即含有"有的"）。 在性质命题的串联推理中，"有的"只能串在最开头，不可能出现在中间位置。 例如： 条件①：老吕是山东人。将其符号化为：老吕→山东人。 条件②：有的山东人酒量很大。将其符号化为：有的山东人→酒量很大。 由于"山东人"和"有的山东人"概念不同，无法作为桥梁串联条件①、②，因此无法得出"老吕酒量很大"的结论。可见，带"有的"的项不能在中间作为桥梁。 比如，在下图的情况下，就无法得出"老吕酒量很大"的结论。

续表

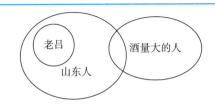

第 2 步　套用母题方法	综上，此方法可以总结为以下解题步骤： 步骤 1：画箭头。 步骤 2：从"有的"开始做串联。 串联完成后可直接看选项，如果可以找到正确答案，则不必进行下面的步骤。 如有必要，写出其逆否命题。 步骤 3：逆否，注意带"有的"的项不逆否。 步骤 4：根据"箭头指向原则"和"'有的'互换原则"找答案。 当我们对四步解题法掌握得足够熟练后，可以直接找到题干中带"有的"的条件，从"有的"开始串联即可。 **情况 3：题干的已知条件符合双 A 串联公式。** 当题干中出现以下两类条件时，可以使用双 A 串联公式。 类型（1）：A 是 B，A 是 C。 类型（2）：A 是 B 且 C。

⏰ **口诀 20　性质串联模型**

题干有的加所有，有的一定串开头；

重复元素直接串，有的互换找答案。

🖊️ 典型例题

例 5.4　所有教授都是博学多才的学者，所有博学多才的学者都读了很多书，有一些教授是南方人。

以下哪项不能从上述断定中得出？

A. 有些南方人读了很多书。

B. 有些读了很多书的人是南方人。

C. 读了很多书的人都当了教授。

D. 没读很多书的人不是教授。

E. 有些博学多才的学者是南方人。

【第 1 步　识别条件类型】

题干中出现三个性质命题，且这三个性质命题中存在重复元素可以实现串联，故此题为性质串联模型。

【第2步　套用母题方法】

步骤1：画箭头。

题干有以下论断：

①教授→博学多才的学者。

②博学多才的学者→读了很多书。

③有的教授→南方人，等价于：有的南方人→教授。

步骤2：从"有的"开始做串联。

由③、①、②串联可得：④有的南方人→教授→博学多才的学者→读了很多书。

步骤3：逆否，注意带"有的"的项不逆否。

④逆否可得：⑤﹁读很多书→﹁博学多才的学者→﹁教授。

步骤4：根据"箭头指向原则"和"'有的'互换原则"找答案。

A项，有的南方人→读了很多书，由④可知，此项为真。

B项，有的读了很多书→南方人，根据"'有的'互换原则"可知，此项等价于：有的南方人→读了很多书，由④可知，此项为真。

C项，读了很多书→教授，根据箭头指向原则，由④可知，"读了很多书"后无箭头指向，故此项可真可假。

D项，﹁读很多书→﹁教授，由⑤可知，此项为真。

E项，有的博学多才的学者→南方人，根据"'有的'互换原则"可知，此项等价于：有的南方人→博学多才的学者，由④可知，此项为真。

【答案】C

例5.5　本问题发生在一所学校内。学校的教授中有一些是足球迷。学校预算委员会的成员们一致要求把学校的足球场改建为一个科贸写字楼，以改善学校的收入状况。所有的足球迷都反对将学校的足球场改建为科贸写字楼。

如果以上各句陈述均为真，则下列哪项也必为真？

A. 学校所有的教授都是学校预算委员会的成员。

B. 学校有的教授不是学校预算委员会的成员。

C. 学校预算委员会中有的成员是足球迷。

D. 并不是所有的学校预算委员会的成员都是学校的教授。

E. 有的足球迷是学校预算委员会的成员。

【第1步　识别条件类型】

题干中出现三个性质命题，且这三个性质命题中存在重复元素可以实现串联，故此题为性质串联模型。

【第2步　套用母题方法】

方法一：四步解题法。

步骤1：画箭头。

题干有以下论断：

①有的教授→足球迷。

②委员→改建，等价于：﹁改建→﹁委员。

③足球迷→┐改建。

步骤 2：从"有的"开始做串联。

由①、③、②串联可得：④有的教授→足球迷→┐改建→┐委员。

步骤 3：逆否，注意带"有的"的项不逆否。

④逆否可得：委员→改建→┐足球迷。

注意：如果串联之后可以直接得出答案的话，可以省略逆否这一步。

步骤 4：根据"箭头指向原则"和"'有的'互换原则"找答案。

根据箭头指向原则，由④可知：B 项，有的教授→┐委员，为真。

方法二："有的"开头法。

题干中只有一个断定带"有的"，故从"有的"出发直接串联，即：有的教授→足球迷。

找重复元素"足球迷"，故由"所有的足球迷都反对改建"，可直接得：有的教授→足球迷→┐改建。

找重复元素"改建"，故由"委员会的成员们一致要求改建"，根据口诀"否后必否前"，可得：有的教授→足球迷→┐改建→┐委员。

故有：有的教授不是委员，即 B 项正确。

【答案】B

例 5.6 青海湖的湟鱼是味道鲜美的鱼，近年来由于自然环境的恶化和人类的过度捕捞，数量大为减少，成了珍稀动物。凡是珍稀动物都是需要保护的动物。

如果以上陈述为真，则以下陈述都必然为真，除了：

A. 有些珍稀动物是味道鲜美的鱼。

B. 有些需要保护的动物不是青海湖的湟鱼。

C. 有些味道鲜美的鱼是需要保护的动物。

D. 所有不需要保护的动物都不是青海湖的湟鱼。

E. 有的需要保护的动物是味道鲜美的鱼。

【第 1 步　识别条件类型】

题干中出现多个性质命题，且这些性质命题中存在重复元素可以实现串联，故此题为性质串联模型。

【第 2 步　套用母题方法】

题干有以下信息：

①湟鱼→味道鲜美的鱼。

②湟鱼→珍稀动物。

③珍稀动物→需要保护。

①、②满足双 A 串联公式，故有：有的味道鲜美的鱼→湟鱼→珍稀动物。

> 推理过程：
> 由①可得：有的味道鲜美的鱼→湟鱼，再与②串联可得：有的味道鲜美的鱼→湟鱼→珍稀动物。

再与③串联可得：有的味道鲜美的鱼→湟鱼→珍稀动物→需要保护。

逆否可得：￢需要保护→￢珍稀动物→￢湟鱼。

A 项，有的珍稀动物→味道鲜美的鱼，等价于：有的味道鲜美的鱼→珍稀动物，为真。

B 项，由题干可得"湟鱼→需要保护"，可得"有的需要保护→湟鱼"，与此项中"有些需要保护的动物不是湟鱼"是下反对关系，一真另不定，故此项可真可假。

C 项，有的味道鲜美的鱼→需要保护，为真。

D 项，￢需要保护→￢湟鱼，为真。

E 项，有的需要保护→味道鲜美的鱼，等价于：有的味道鲜美的鱼→需要保护，为真。

【答案】B

真题秒杀

例 5.7　（2011 年经济类联考真题改编）一些投机者是热心乘船游玩的人。所有的商人都支持沿海工业的发展。所有热心乘船游玩的人都反对沿海工业的发展。

据此可知以下哪项一定成立？

A. 有一些投机者是商人。

B. 一些商人热心乘船游玩。

C. 一些投机者支持沿海工业的发展。

D. 一些投机者不支持沿海工业的发展。

E. 有的热心乘船游玩的人是商人。

【第 1 步　识别条件类型】

题干中出现三个性质命题，且这三个性质命题中存在重复元素可以实现串联，故此题为性质串联模型。

【第 2 步　套用母题方法】

题干中只有一个断定带"有的"，故从"有的"出发直接串联，即：有的投机者→乘船。

找重复元素"乘船"，故由"所有热心乘船旅游的人都反对沿海工业的发展"，可直接得：有的投机者→乘船→反对沿海工业。

找重复元素"沿海工业"，故由"所有的商人都支持沿海工业的发展"，根据口诀"否后必否前"，可得：反对沿海工业→￢商人。

故有：①有的投机者→乘船→反对沿海工业→￢商人。

①逆否可得：②商人→￢反对沿海工业→￢乘船（注意：带"有的"的项不逆否）。

A 项，由①可知，有的投机者不是商人，与此项为下反对关系，一真另不定，故此项可真可假。

B 项，由②可知，商人都不热心乘船游玩，与此项矛盾，故此项为假。

C 项，由①可知，有的投机者反对沿海工业，与此项为下反对关系，一真另不定，故此项可真可假。

D项，由①可知，有的投机者反对(不支持)沿海工业，故此项为真。

E项，由①可知，热心乘船游玩的人都不是商人，与此项矛盾，故此项为假。

【答案】D

易错点：有的 A 不是 B

1. "有的 A 不是 B"如何画箭头

例如：

有的中国人不是山东人。

等价于：有的中国人是"非山东人"。

可符号化为：有的中国人→¬山东人。

可互换为：有的非山东人→中国人。

即：有些不是山东人的人是中国人。

故：

有的 A 不是 B，等价于：有的 A 是非 B，可互换为：有的非 B 是 A。

符号化为：有的 A→¬B；可互换为：有的¬B→A。

2. "有的 A 是 B"不能推出"有的 A 不是 B"

根据前文所学内容，"有的"与"有的不"是下反对关系，一真另不定。现在，我们用欧拉图来进行证明：

"有的 A 是 B"共有四种情况。当出现以下两种情况时，"有的 A 不是 B"成立。

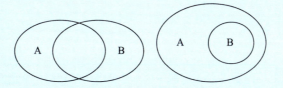

当出现以下两种情况时，"有的 A 不是 B"不成立。

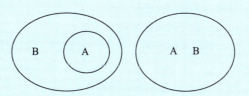

因此，"有的 A 是 B"无法推出"有的 A 不是 B"。

同理，"有的 A 不是 B"也无法推出"有的 A 是 B"。

第3讲

母题模型 11　隐含三段论模型

📖 必备知识

1. 什么是三段论?

一个标准的三段论,由两个性质命题构成前提,由一个性质命题构成结论。

例如:

小前提:酱心是老吕的学生。

大前提:老吕的学生都考上了研究生。

结论:酱心考上了研究生。

2. 什么是隐含三段论?

若在一个三段论的推理中,明确给出了一个前提,但是省略了另外一个前提,由此直接得出结论。那么,这个三段论就称为隐含三段论。

例如:

酱心是老吕的学生。因此,酱心考上了研究生。

显然,要想使以上论证成立,需要补充其隐含的另外一个前提:老吕的学生都考上了研究生。

公式化如下:

已知 A→B,因此,A→C。需要补充条件 B→C,这样才能使结论成立。

⏰ 母题技巧

第 1 步　识别条件类型	(1)题干特点:题干由一个或多个前提和一个结论组成,前提和结论一般为性质命题,个别题目为假言命题。 (2)提问方式: "补充以下哪项能使题干成立?" "以下哪项是题干推理的假设?" "以下哪项最能说明上述结论<u>不成立</u>?"(此时需要反驳题干中的三段论)
第 2 步　套用母题方法	通用方法:串联法。 步骤 1:将题干中的前提符号化。 例如:A→B,B→C。 步骤 2:如果有多个前提,将前提串联。 例如:串联成 A→B→C。 步骤 3:将题干中的结论符号化。 例如:A→D。 步骤 4:补充从前提到结论的箭头,从而得到结论。 例如:补充 C→D。 可得:A→B→C→D。

续表

	秒杀方法："开心消消乐"法。
第 2 步 套用母题方法	已知：有的 A→B，B→C。可以推出：有的 A→C。 观察以上例子，可以发现"A""B""C"均出现两次；"有的"也出现两次，且一次在前提中、一次在结论中。 也就是说，隐含三段论问题符合"词项成对出现"原则。因此，多数隐含三段论问题可以把成对的项直接消掉，余下的项用箭头串联一般就是答案。

🖊 **典型例题**

例 5.8 某些理发师留胡子，因此，某些留胡子的人穿白衣服。

下述哪项如果为真，足以佐证上述论断的正确性？

A. 某些理发师不喜欢穿白衣服。

B. 某些穿白衣服的理发师不留胡子。

C. 所有理发师都穿白衣服。

D. 某些理发师不喜欢留胡子。

E. 所有穿白衣服的人都是理发师。

【第 1 步 识别条件类型】

题干由一个性质命题构成的前提和一个性质命题构成的结论组成，提问方式为"下述哪项如果为真，足以佐证上述论断的正确性？"，故此题为隐含三段论模型。

【第 2 步 套用母题方法】

方法一：串联法。

步骤 1：将题干中的前提符号化。

前提①：有的理发师→留胡子，等价于：有的留胡子→理发师。

步骤 2：将题干中的结论符号化。

结论：有的留胡子→穿白衣服。

步骤 3：补充从前提到结论的箭头，从而得到结论。

易知，只需要补充一个条件：理发师→穿白衣服，即可串联得：有的留胡子→理发师→穿白衣服，从而得到题干中的结论。故 C 项正确。

方法二："开心消消乐"法。

题干中两个"有的"消掉，两个"留胡子"消掉，余下的"理发师""穿白衣服"做串联即可得到答案。当然，为了防止在"理发师→穿白衣服"和"穿白衣服→理发师"这个选项中出错，可以代入题干验证。

【答案】C

例 5.9 所有的小说家是想象力丰富的；所有想象力丰富的人都博览群书；如果一个人博览群书，那么他一定通晓古今。所以，小说家都是勤奋好学的。

以下哪项如果为真，最能保证上述论证的成立？

A. 通晓古今的人一定是勤奋好学的。

B. 有的小说家并不勤奋好学。

C. 所有小说家都不通晓古今。

D. 有的小说家是通晓古今的。

E. 通晓古今的人不一定是勤奋好学的。

【第 1 步 识别条件类型】

题干由两个性质命题和一个假言命题构成的前提与一个性质命题构成的结论组成，要求"最能保证上述论证的成立"，故此题为隐含三段论模型。

【第 2 步 套用母题方法】

步骤 1：将题干中的前提符号化。

前提①：所有的小说家是想象力丰富的，即：小说家→想象力丰富。

前提②：所有想象力丰富的人都博览群书，即：想象力丰富→博览群书。

前提③：博览群书→通晓古今。

步骤 2：如果有多个前提，将前提串联。

由①、②和③串联可得：小说家→想象力丰富→博览群书→通晓古今。

步骤 3：将题干中的结论符号化。

结论：小说家都是勤奋好学的，即：小说家→勤奋好学。

步骤 4：补充从前提到结论的箭头，从而得到结论。

易知，补充前提④：通晓古今→勤奋好学。

即可串联得：小说家→通晓古今→勤奋好学。

从而可得：小说家→勤奋好学，即题干的结论。

补充的前提④等价于：通晓古今的人一定是勤奋好学的。故 A 项正确。

【答案】A

🖊 **真题秒杀**

例 5.10 （2007 年 MBA 联考真题）张华是甲班学生，对围棋感兴趣。该班学生或者对国际象棋感兴趣，或者对军棋感兴趣；如果对围棋感兴趣，则对军棋不感兴趣。因此，张华对中国象棋感兴趣。

以下哪项最可能是上述推理的假设？

A. 如果对国际象棋感兴趣，则对中国象棋感兴趣。

B. 甲班对国际象棋感兴趣的学生都对中国象棋感兴趣。

C. 围棋和中国象棋比军棋更具挑战性。

D. 甲班学生感兴趣的棋类只限于围棋、国际象棋、军棋和中国象棋。

E. 甲班所有学生都对中国象棋感兴趣。

【第 1 步 识别条件类型】

题干由多个性质或假言命题构成的前提和一个性质命题构成的结论组成，提问方式为"以下哪项最可能是上述推理的假设？"，"假设"即为题干暗含的前提，故此题为隐含三段论模型。

【第2步 套用母题方法】

方法一：串联法。

步骤1：将题干中的前提符号化。

前提①：张华→对围棋感兴趣。

前提②：对国际象棋感兴趣∨对军棋感兴趣，等价于：对军棋不感兴趣→对国际象棋感兴趣。

前提③：对围棋感兴趣→对军棋不感兴趣。

步骤2：如果有多个前提，将前提串联。

由①、③、②串联可得：张华→对围棋感兴趣→对军棋不感兴趣→对国际象棋感兴趣。

步骤3：将题干中的结论符号化。

结论：张华→对中国象棋感兴趣。

步骤4：补充从前提到结论的箭头，从而得到结论。

易知，补充前提④：对国际象棋感兴趣→对中国象棋感兴趣。

即可与题干串联得：张华→对围棋感兴趣→对军棋不感兴趣→对国际象棋感兴趣→对中国象棋感兴趣，从而得到题干中的结论。

故补充的前提④即为答案。

A项和B项都有：对国际象棋感兴趣→对中国象棋感兴趣。

但是，"假设"的意思是必要前提，就是必须得有这个选项作为前提，否则题干不能成立。由于题干讨论的对象是"甲班的学生"，而A项没有限制对象的范围，即A项的对象是"所有人"。故，我们不必假设所有人满足前提④，只需要甲班的同学满足前提④即可推出结论，故此题选择B项，不能选择A项。

E项，能使题干的结论成立，但与题干的推理过程无关，因此不是题干中推理的隐含假设。

方法二："开心消消乐"法。

题干中两个"张华"消掉，两个"围棋"消掉，两个"军棋"消掉，余下的只有"国际象棋"和"中国象棋"，二者做串联即可得到答案。故迅速锁定A项和B项，再通过论证对象"甲班的学生"，即可知此题选择B项。

【答案】B

例 5.11 （2012年管理类联考真题)有些通信网络的维护涉及个人信息安全，因而，不是所有通信网络的维护都可以外包。

以下哪项可以使上述论证成立？

A. 所有涉及个人信息安全的都不可以外包。

B. 有些涉及个人信息安全的不可以外包。

C. 有些涉及个人信息安全的可以外包。

D. 所有涉及国家信息安全的都不可以外包。

E. 有些通信网络的维护涉及国家信息安全。

【第1步 识别条件类型】

题干由一个性质命题构成的前提和一个性质命题构成的结论组成，提问方式为"以下哪项可以使上述论证成立？"，故此题为隐含三段论模型。

【第 2 步　套用母题方法】

步骤 1：将题干中的前提符号化。

前提①：有的网络维护→涉及个人信息安全。

步骤 2：将题干中的结论符号化。

结论："不是所有通信网络的维护都可以外包"等价于"有的通信网络的维护不可以外包"，即：有的网络维护→不可以外包。

步骤 3：补充从前提到结论的箭头，从而得到结论。

易知，补充前提②：涉及个人信息安全→不可以外包。

即可与前提①串联得：有的网络维护→涉及个人信息安全→不可以外包，从而得到题干的结论。

故答案为前提②：所有涉及个人信息安全的都不可以外包，即 A 项正确。

【答案】A

例 5.12 （2015 年管理类联考真题）有些阔叶树是常绿植物，因此，所有阔叶树都不生长在寒带地区。

以下哪项如果为真，最能反驳上述结论？

A. 常绿植物不都是阔叶树。　　　　　　B. 寒带的某些地区不生长阔叶树。

C. 有些阔叶树不生长在寒带地区。　　　D. 常绿植物都不生长在寒带地区。

E. 常绿植物都生长在寒带地区。

【第 1 步　识别条件类型】

题干由一个性质命题构成的前提和一个性质命题构成的结论组成，提问方式为"以下哪项如果为真，最能反驳上述结论？"，故此题为对隐含三段论模型的反驳。

【第 2 步　套用母题方法】

题干中的结论：所有阔叶树都不生长在寒带地区。

只需要证明结论的矛盾命题"有的阔叶树生长在寒带地区"为真，即可反驳题干的结论。

步骤 1：将题干中的前提符号化。

前提①：有的阔叶树→常绿植物。

步骤 2：将题干中结论的矛盾命题符号化。

结论的矛盾命题：有的阔叶树→寒带地区。

步骤 3：补充从前提到结论的矛盾命题的箭头，从而得到结论的矛盾命题。

易知，补充前提②：常绿植物→寒带地区。

即可与前提①串联得：有的阔叶树→常绿植物→寒带地区，从而得到结论的矛盾命题。

故答案为前提②：常绿植物都生长在寒带地区。

【答案】E

例 5.13 （2003 年 MBA 联考真题）大山中学所有骑自行车上学的学生都回家吃午饭，因此，有些家在郊区的大山中学的学生不骑自行车上学。

为使上述论证成立，以下哪项关于大山中学的断定是必须假设的？

A. 骑自行车上学的学生家都不在郊区。

B. 回家吃午饭的学生都骑自行车上学。

C. 家在郊区的学生都不回家吃午饭。

D. 有些家在郊区的学生不回家吃午饭。

E. 有些不回家吃午饭的学生家不在郊区。

【第1步　识别条件类型】

题干由一个性质命题构成的前提和一个性质命题构成的结论组成，提问方式为"以下哪项是必须假设的"，故此题为隐含三段论模型。

【第2步　套用母题方法】

步骤1：将题干中的前提符号化。

前提①：骑车上学→回家吃午饭，等价于：① ﹁ 回家吃午饭→﹁ 骑车上学。

步骤2：将题干中的结论符号化。

结论：有的郊区→﹁ 骑车上学。

步骤3：补充从前提到结论的箭头，从而得到结论。

易知，补充前提②：有的郊区→﹁ 回家吃午饭。

即可与前提①串联得：有的郊区→﹁ 回家吃午饭→﹁ 骑车上学，从而得到题干的结论。

故补充的前提②即为答案：有些家在郊区的学生不回家吃午饭。

【答案】D

母题模型 12　推理结构相似模型

⏱ 母题技巧

第1步　识别条件类型	（1）题干特点：题干中出现简单命题、假言命题等。
	（2）提问方式：
	"以下哪项与题干的推理最为类似？"
	"以下哪项与题干所犯的逻辑错误最为相似？"
第2步　套用母题方法	解题步骤：
	步骤1：将题干的推理结构形式化。
	步骤2：将选项的推理结构形式化，找和题干最为类似的。
	【注意】
	1. 相似＋归谬
	在此结构相似题中，若提问方式为：
	"以下哪项推理明显说明上述论证不成立？"
	"以下哪项推理作类比能说明上述推理不成立？"
	则，我们不仅要找到与题干推理结构相似的选项，而且这一选项的结论还必须是不成立的或者荒谬的，这样才能说明题干的推理不成立。
	2. 论证结构相似题
	结构相似题既有可能考形式逻辑的知识，也有可能考论证逻辑的知识。如果题干中出现了"如果……那么……""只有……才……""除非……否则……""所有、有的、必然"等典型的形式逻辑关联词时，这道题就是推理结构相似题。若没有出现这些词，则一般是论证结构相似题。

🖋 **典型例题**

💡 **例 5.14** 所有的聪明人都是近视眼，我近视得很厉害，所以我很聪明。

以下哪项与上述推理的逻辑结构一致？

A. 我是个笨人，因为所有的聪明人都是近视眼，而我的视力那么好。

B. 所有的猪都有四条腿，但这种动物有八条腿，所以它不是猪。

C. 小陈十分高兴，所以小陈一定长得很胖，因为高兴的人都能长胖。

D. 所有的天才都高度近视，我一定是高度近视，因为我是天才。

E. 所有的鸡都是尖嘴，这种总在树上待着的鸟是尖嘴，因此它是鸡。

【第 1 步　识别条件类型】

题干中出现性质命题构成的推理，问题中出现"与上述推理的逻辑结构<u>一致</u>"，故此题为推理结构相似模型。

【第 2 步　套用母题方法】

题干：所有的聪明人（A）都是近视眼（B），我近视得很厉害（B），所以我很聪明（A）。

形式化为：所有的 A 都是 B，B，所以 A。

A 项，此项等价于：所有的聪明人（A）都是近视眼（B），而我的视力那么好（¬B），所以我是个笨人（¬A）。故与题干不同。

B 项，所有的猪（A）都有四条腿（B），但这种动物有八条腿（¬B），所以它不是猪（¬A）。故与题干不同。

C 项，此项等价于：高兴的人（A）都能长胖（B），小陈十分高兴（A），所以小陈一定长得很胖（B）。故与题干不同。

D 项，此项等价于：所有的天才（A）都高度近视（B），我是天才（A），所以我一定是高度近视（B）。故与题干不同。

E 项，所有的鸡（A）都是尖嘴（B），这种总在树上待着的鸟是尖嘴（B），因此它是鸡（A）。与题干相同。

【答案】E

💡 **例 5.15** 有些自然物品具有审美价值，所有的艺术品都有审美价值，因此，有些自然物品也是艺术品。

以下哪个推理具有和上述推理最为类似的结构？

A. 有些有神论者是佛教徒，所有的基督教徒都不是佛教徒，因此，有些有神论者不是基督教徒。

B. 某些律师喜欢钻牛角尖，李小鹏是律师，因此，李小鹏喜欢钻牛角尖。

C. 有些南方人爱吃辣椒，所有的南方人都习惯吃大米，因此，有些习惯吃大米的人爱吃辣椒。

D. 有些进口货是假货，所有国内组装的 APR 空调机的半成品都是进口货，因此，有些 APR 空调机的半成品是假货。

E. 有些小保姆接受过专业培训，所有的保安人员都接受过专业培训，因此，有些小保姆兼当保安。

【第 1 步　识别条件类型】

题干中出现性质命题构成的推理，问题中出现"最为类似"，故此题为推理结构相似模型。

【第 2 步　套用母题方法】

题干：有些自然物品→审美，所有的艺术品→审美，因此，有些自然物品→艺术品。

形式化为：有的 A 是 B，所有 C 是 B，因此，有的 A 是 C。这是一个错误的推理。

A 项，有的 A 是 B，所有 C 不是 B，因此，有的 A 不是 C。故与题干不同。

B 项，有的 A 是 B，C 是 A，因此，C 是 B。故与题干不同。

C 项，有的 A 是 B，所有 A 是 C，因此，有的 C 是 B。故与题干不同。

D 项，有的 A 是 B，所有 C 是 A，因此，有的 C 是 B。故与题干不同。

E 项，有的 A 是 B，所有 C 是 B，因此，有的 A 是 C。故与题干相同。

【答案】E

例 **5.16**　马三立是相声演员，马三立是曲艺演员。所以，相声演员都是曲艺演员。

以下哪项推理作类比明显说明上述论证不成立？

A. 人都有思想，狗不是人。所以，狗没有思想。

B. 商品都有价值，商品都是劳动产品。所以，劳动产品都有价值。

C. 所有技术骨干都刻苦学习，小张不是技术骨干。所以，小张不是刻苦学习的人。

D. 犯罪行为都是违法行为，犯罪行为都应受到社会的谴责。所以，违法行为都应受到社会的谴责。

E. 黄金是金属，黄金是货币。所以，金属都是货币。

【第 1 步　识别条件类型】

题干中出现性质命题构成的推理，提问方式为"以下哪项推理作类比明显说明上述论证不成立？"，故此题为推理结构相似模型（相似归谬型）。

【第 2 步　套用母题方法】

题干：马三立→相声演员，马三立→曲艺演员。所以，相声演员→曲艺演员。

形式化为：A→B，A→C。所以，B→C。这是错误的推理。

D、E 项均与题干的论证具有相同的推理结构。但是，D 项的结论是合理的，E 项的结论是荒谬的，所以，E 项最能说明题干的论证不成立。

【答案】E

🖊 **真题秒杀**

例 **5.17**　（2012 年管理类联考真题）经过反复核查，质检员小李向厂长汇报说："726 车间生产的产品都是合格的，所以不合格的产品都不是 726 车间生产的。"

以下哪项和小李的推理结构最为相似？

A. 所有入场的考生都经过了体温测试，所以没能入场的考生都没有经过体温测试。

B. 所有出厂设备都是合格的，所以检测合格的设备都已出厂。

C. 所有已发表的文章都是认真校对过的，所以认真校对过的文章都已发表。

D. 所有真理都是不怕批评的，所以怕批评的都不是真理。

E. 所有不及格的学生都没有好好复习，所以没好好复习的学生都不及格。

【第 1 步　识别条件类型】

题干中出现性质命题构成的推理，问题中出现"最为相似"，故此题为推理结构相似模型。

【第 2 步　套用母题方法】

题干：726 车间生产的产品（A）→合格（B），所以，不合格的产品（¬B）→不是 726 车间生产的（¬A）。

形式化为：A→B，所以，¬B→¬A。

A 项，入场的考生（A）→经过了体温测试（B），所以，没入场的考生（¬A）→没经过体温测试（¬B），与题干不同。

B 项，出厂设备（A）→合格（B），所以，合格（B）→出厂设备（A），与题干不同。

C 项，已发表（A）→校对过（B），所以，校对过（B）→已发表（A），与题干不同。

D 项，真理（A）→不怕批评（B），所以，怕批评（¬B）→不是真理（¬A），与题干相同。

E 项，不及格的学生（A）→没好好复习（B），所以，没好好复习（B）→不及格的学生（A），与题干不同。

【答案】D

例 5.18　(2008 年 MBA 联考真题)有些好货不便宜，因此，便宜货不都是好货。

以下哪项推理作类比能说明上述推理不成立？

A. 湖南人不都爱吃辣椒，因此，有些爱吃辣椒的不是湖南人。

B. 有些人不自私，因此，人并不自私。

C. 好的动机不一定有好的效果，因此，好的效果不一定都产生于好的动机。

D. 金属都导电，因此，导电的都是金属。

E. 有些南方人不是广东人，因此，广东人不都是南方人。

【第 1 步　识别条件类型】

题干中出现性质命题构成的推理，提问方式为"以下哪项推理作类比能说明上述推理不成立？"，故此题为推理结构相似模型（相似归谬型）。

【第 2 步　套用母题方法】

题干：有的好货→不便宜，因此，便宜货不都是好货。

形式化为：有的 A 不是 B，因此，B 不都是 A(等价于：有的 B 不是 A)。

A 项，A 不都是 B(等价于：有的 A 不是 B)，因此，有的 B 不是 A。推理结构与题干相同，但是此项的结论"有些爱吃辣椒的不是湖南人"并不荒谬，因此不能作为类比来说明题干的推理不成立。

B 项，有的 A 不是 B，因此，A 不是 B。故与题干不同。

C 项，A 不一定有 B，因此，B 不一定产生于 A。故与题干不同。

D 项，A 都是 B，因此，B 都是 A。故与题干不同。

E 项，有的 A 不是 B，因此，B 不都是 A。故与题干相同，而且，此项的结论"广东人不都是南方人"是荒谬的，因此，能作为类比来说明题干的推理不成立。

【答案】E

母题模型 13　真假话问题

母题变式 13.1　经典真假话问题

母题技巧

第 1 步　识别条件类型	题干特点：题干中出现几个断定，已知这些断定"N 假 1 真""N 真 1 假""N 真 2 假"等。
第 2 步　套用母题方法	情况 1：有矛盾。 题干的已知条件中能找到矛盾关系，则采用以下解题步骤： 步骤 1：找矛盾。 矛盾关系的特点：判断对象一致。 步骤 2：推真假。 矛盾关系必为"一真一假"，故： 若题干为"N 假 1 真"，则其他已知条件均为假。 若题干为"N 真 1 假"，则其他已知条件均为真。 步骤 3：推出结论。 常用的矛盾关系：

简单命题中的矛盾关系	① "A" 与 "￢A" ② "所有" 与 "有的不" ③ "所有不" 与 "有的" ④ "必然" 与 "可能不" ⑤ "必然不" 与 "可能"
复言命题中的矛盾关系	① "A→B" 与 "A∧￢B" ② "A∧B" 与 "￢A∨￢B" ③ "A∨B" 与 "￢A∧￢B" ④ "A∀B" 与 "A↔B"

情况 2：一假无矛盾。

题干的已知条件中<u>没有矛盾关系</u>，并且已知<u>"只有一假"</u>，则要找题干中的"反对关系"。

因为反对关系的两个判断至少一假，又因为题干已知"只有一假"，故可知题干中的其他判断均为真。

常用的反对关系：

简单命题中的反对关系	① "所有 A 是 B" 与 "所有 A 不是 B" ② "A 必然是 B" 与 "A 必然不是 B"
复言命题中的反对关系	① "A" 与 "￢A∧B" ② "A∧B" 与 "￢A∧B"

情况 3：一真无矛盾。

题干的已知条件中<u>没有矛盾关系</u>，并且已知<u>"只有一真"</u>，则可以用两种方法：

续表

	方法1：找下反对关系。
	若题干中有下反对关系：因为下反对关系的两个判断至少一真，又因为题干已知"只有一真"，故可知题干中的其他判断均为假。
	常用的下反对关系：

简单命题中的下反对关系	① "有的 A 是 B" 与 "有的 A 不是 B" ② "A 可能是 B" 与 "A 可能不是 B"
复言命题中的下反对关系	① "A" 与 "¬A∨B" ② "A∨B" 与 "¬A∨B"

方法2： 找推理关系。

若题干中有推理关系①→②： 假设①为真， 则②也为真， 与题干中的已知条件"只有一真"矛盾， 因此，"①真"不成立， 故①为假。

常用的推理关系：

第2步　套用母题方法

简单命题中的推理关系	① "所有→某个→有的" ② "所有不→某个不→有的不" ③ "必然→事实→可能" ④ "必然不→事实不→可能不" ⑤ "女教师" 与 "教师" ⑥ "$x>7$" 与 "$x>5$"
复言命题中的推理关系	① "A" 与 "A∨B" ② "A∧B" 与 "A" ③ "A∀B" 与 "A∨B" ④ "A∧B" 与 "A∨B"

典型例题

例 5.19 以下是关于某中学甲班同学参加夏令营的三个断定：

(1)甲班有学生参加了夏令营。

(2)甲班所有学生都没有参加夏令营。

(3)甲班的蔡明没有参加夏令营。

如果这三个断定中只有一个为真，则以下哪项一定为真？

A. 甲班同学并非都参加了夏令营。

B. 甲班同学并非都没有参加夏令营。

C. 甲班参加夏令营的学生超过半数。

D. 甲班仅蔡明没有参加夏令营。

E. 甲班仅蔡明参加了夏令营。

【第1步　识别条件类型】

题干已知"三个断定中只有一个为真"，故此题为真假话问题，优先找矛盾关系。

【第 2 步 套用母题方法】

观察题干中的已知条件，发现题干中断定(1)和断定(2)为矛盾关系，必有一真一假。

由题干"三个断定中只有一个为真"可知，断定(3)必为假，故可得：甲班的蔡明参加了夏令营。

因此，断定(1)为真，甲班有学生参加了夏令营。

B 项，甲班同学并非都没有参加夏令营，等价于：甲班有学生参加了夏令营，故此项为真。

【答案】B

例 5.20 以下关于某案件的四个断定中只有一个为真。

Ⅰ. 如果甲作案，则乙是同案犯。

Ⅱ. 作案者是丙。

Ⅲ. 作案者是甲，但乙没作案。

Ⅳ. 作案者是甲或丁。

则这一真的断定是：

A. Ⅰ。　　　　　　　　B. Ⅱ。　　　　　　　　C. Ⅲ。

D. Ⅳ。　　　　　　　　E. 无法确定。

【第 1 步 识别条件类型】

题干已知"四个断定中只有一个为真"，故此题为真假话问题，优先找矛盾关系。

【第 2 步 套用母题方法】

步骤 1：找矛盾。

断定Ⅰ和断定Ⅲ的判断对象一样，故分析这两个断定是否矛盾。

断定Ⅰ：甲→乙。断定Ⅲ：甲∧﹁乙。

由于"A→B"与"A∧﹁B 为"矛盾关系，故这两个断定矛盾，必为一真一假。

步骤 2：推真假。

根据题干"四个断定中只有一个为真"可知，断定Ⅱ和断定Ⅳ均为假。

步骤 3：推出结论。

由断定Ⅱ为假可知，作案者不是丙。

由断定Ⅳ为假可知，作案者不是甲，也不是丁。

由于断定Ⅰ：甲→乙，等价于：﹁甲∨乙。

故由"不是甲"可知，断定Ⅰ为真。

【答案】A

例 5.21 以下是某次考试的三个断定：

(1)甲班所有学生都及格了。

(2)甲班所有学生都没有及格。

(3)甲班的张珊没有及格。

如果这三个断定中只有一个为假，则以下哪项一定为真？

A. 甲班有同学及格了。　　　　　　　　B. 张珊及格了。

C. 甲班有同学没有及格。　　　　　　　D. 甲班所有同学及格了。

E. 甲班有同学及格、也有同学没有及格。

第 3 讲

【第1步 识别条件类型】

题干已知"三个断定中只有一假",故此题为真假话问题,优先找矛盾关系;若没有矛盾关系,则找反对关系。

【第2步 套用母题方法】

步骤1:分析题干中是否有矛盾。

题干中的三个断定之间没有矛盾关系。

步骤2:"一假无矛盾",找反对关系。

(1)和(2)为反对关系,至少一假。

步骤3:判断其他已知条件的真假。

由于"三个断定中只有一个为假",故(3)为真。

步骤4:推出结论。

由(3)为真可知,张珊没有及格。故(1)为假。

又由于"三个断定中只有一个为假",故(2)为真。

故:甲班所有学生都没有及格。由对当关系可知,甲班有同学没有及格。

【答案】C

例 5.22 某公司共有包括总经理在内的20名员工。有关这20名员工,以下三个断定中只有一个是真的。

Ⅰ. 有人在该公司入股。

Ⅱ. 有人没在该公司入股。

Ⅲ. 总经理没在该公司入股。

根据以上信息,以下哪项是真的?

A. 20名员工都入了股。　　B. 20名员工都没入股。　　C. 只有一人入了股。

D. 只有一人没入股。　　E. 无法确定入股员工的人数。

【第1步 识别条件类型】

题干已知"三个断定中只有一真",故此题为真假话问题,优先找矛盾关系;若没有矛盾关系,则找下反对关系或推理关系。

【第2步 套用母题方法】

步骤1:分析题干中是否有矛盾。

题干中的三个断定之间没有矛盾关系。

步骤2:"一真无矛盾",找下反对关系或推理关系。

方法一:找下反对关系。

Ⅰ和Ⅱ为下反对关系,至少一真。由于"三个断定中只有一个为真",故Ⅲ为假。

方法二:找推理关系(假设法)。

Ⅲ和Ⅱ为推理关系。假设Ⅲ为真,则Ⅱ也为真,与"三个断定中只有一个为真"矛盾,故Ⅲ为假。

步骤3:推出结论。

由Ⅲ为假,可知:总经理在该公司入股。

由"某个→有的"可知,Ⅰ为真,故Ⅱ为假。

由 Ⅱ 为假可知，本公司所有人都入了股，即20名员工都入了股。

【答案】 A

例 5.23　有五位同学张珊、李思、王伍、赵陆、孙七参加了北京大学哲学系的博士招生，最终只录取了一人。对于录取结果，有以下四条议论：

(1)被录取者是赵陆。

(2)被录取者不是张珊。

(3)被录取者不是张珊，就是李思。

(4)被录取者既不是王伍，也不是赵陆。

结果显示，只有一条议论是假的。那么被录取的人是：

A. 张珊。　　　　　　　B. 赵陆。　　　　　　　C. 王伍。

D. 李思。　　　　　　　E. 孙七。

【第1步　识别条件类型】

题干已知"只有一假"，故此题为真假话问题，优先找矛盾关系；若没有矛盾关系，则找反对关系。

【第2步　套用母题方法】

步骤1：分析题干中是否有矛盾。

矛盾关系的判断对象一定是完全一致的，而题干四条议论中的判断对象均不是完全一致，故可迅速判断题干中无矛盾。

步骤2："一假无矛盾"，找反对关系。

反对关系找并且，故分析(4)：￢王伍∧￢赵陆。

(1)与(4)有重复信息：赵陆。分析这两个条件：

若"赵陆"为真，则(4)为假；若"赵陆"为假，则(1)为假。可见，(1)和(4)至少一假。

步骤3：判断其他已知条件的真假。

由于"只有一条议论是假的"，故(2)和(3)均为真。

步骤4：推出结论。

由(2)为真可知，￢张珊。

又由(3)为真可知，李思。故李思是被录取者。

【答案】 D

技巧：复杂对当关系的快速锁定

复言命题的反对、下反对、推理关系，比较难找，但可使用以下口诀快速锁定。

⏰ 口诀 21　复杂对当关系的锁定

反对关系找并且。

下反对关系找或者。

推理关系干肢干。

1. 反对关系找并且

"A∧B"与"￢A∧B"为反对关系。

证明方法一：真值表法。

情况	A	B	A∧B	￢A∧B
①	√	√	√	×
②	√	×	×	×
③	×	√	×	√
④	×	×	×	×

通过上表可知，当发生情况①、③时，"A∧B"与"￢A∧B"为一真一假；当发生情况②、④时，"A∧B"与"￢A∧B"均为假。

综上所述，"A∧B"与"￢A∧B"至少一假，为反对关系。

证明方法二：二难推理法。

若"￢A"为真，则"A∧B"为假。

若"A"为真，则"￢A∧B"为假。

由二难推理公式可知："A∧B"为假∨"￢A∧B"为假；观察易知，当出现"￢B"时，这两个命题同时为假。

综上，"A∧B"与"￢A∧B"至少有一假，为反对关系。

同理可证：

"A"与"￢A∧B"为反对关系。

2. 下反对关系找或者

"A∨B"与"￢A∨B"为下反对关系。

证明方法一：真值表法。

情况	A	B	A∨B	￢A∨B
①	√	√	√	√
②	√	×	√	×
③	×	√	√	√
④	×	×	×	√

通过上表可知，发生情况①、③时，"A∨B"与"￢A∨B"都为真；发生情况②、④时，"A∨B"与"￢A∨B"一真一假。

综上所述，"A∨B"与"￢A∨B"至少一真，为下反对关系。

证明方法二：二难推理法。

若"A"为真，则"A∨B"为真。

若"￢A"为真，则"￢A∨B"为真。

由二难推理公式可知："A∨B"为真∨"￢A∨B"为真；观察易知，当出现"B"时，这两个命题同时为真。

综上，"A∨B"与"￢A∨B"至少有一真，为下反对关系。

同理可证：

"A" 与 "￢A∨B" 为下反对关系。

3. 推理关系干肢干

(1) 并且推或者

已知"A∧B"为真，则"A"为真，"B"为真，故"A∨B"为真。

(2) 要么推或者

已知"A∀B"为真，则有两种情况：A真B假，A假B真，皆可推出"A∨B"为真。

(3) 并且真则要么假

已知"A∧B"为真，则"A"为真，"B"为真，故"A∀B"为假。

📝 **典型例题**

例 5.24　有五个国家的足球队参加了中国杯足球赛，对于比赛结果，观众有如下议论：

(1) 冠军队不是韩国队，就是日本队。

(2) 冠军队既不是中国队，也不是伊朗队。

(3) 冠军队只能是伊朗队。

(4) 冠军队不是韩国队。

比赛结果显示，只有一条议论是正确的。那么获得冠军的队伍是：

A. 韩国队。　　B. 伊朗队。　　C. 中国队。　　D. 日本队。　　E. 巴西队。

【第1步　识别条件类型】

题干已知"只有一真"，故此题为真假话问题，优先找矛盾关系；若没有矛盾关系，则找下反对关系或推理关系。

【第2步　套用母题方法】

方法一：对当关系法。

将题干信息符号化：

(1) ￢韩国→日本，等价于：韩国∨日本。

(2)┐中国∧┐伊朗。

(3)伊朗。

(4)┐韩国。

步骤1：分析题干中是否有矛盾。

矛盾关系的判断对象是完全一致的，而题干四条议论中的判断对象并不完全一致，故题干中没有矛盾关系。

步骤2："一真无矛盾"，找下反对关系或推理关系。

下反对关系找或者，故分析(1)。(1)和(4)有重复信息"韩国"，分析(1)和(4)：若"韩国队是冠军"，则(1)为真；若"韩国队不是冠军"，则(4)为真。可见，(1)和(4)至少一真。

由于"只有一条议论为真"，故(2)和(3)均为假。

由(2)为假可知，中国∨伊朗，等价于：┐伊朗→中国。

由(3)为假可知，┐伊朗。

故中国队是冠军队。

方法二：选项排除法。

假设韩国队是冠军，则(1)和(2)均为真，与题干中"只有一条议论是正确的"矛盾，故排除A项。

假设伊朗队是冠军，则(3)和(4)均为真，与题干中"只有一条议论是正确的"矛盾，故排除B项。

假设中国队是冠军，则(4)为真，其余条件均为假，与已知条件不矛盾。

假设日本队是冠军，则(1)、(2)、(4)均为真，与题干中"只有一条议论是正确的"矛盾，故排除D项。

假设巴西队是冠军，则(2)和(4)均为真，与题干中"只有一条议论是正确的"矛盾，故排除E项。

综上，C项正确，中国队是冠军队。

【答案】C

✏️ **真题秒杀**

📖 例 5.25 （2016年管理类联考真题）郝大爷过马路时不幸摔倒昏迷，所幸有小伙子及时将他送往医院救治。郝大爷病情稳定后，有4位陌生的小伙子陈安、李康、张幸、汪福来医院看望他。郝大爷问他们究竟是谁送他来医院的，他们的回答如下：

陈安：我们4人都没有送您来医院。

李康：我们4人中有人送您来医院。

张幸：李康和汪福至少有一人没有送您来医院。

汪福：送您来医院的人不是我。

后来证实上述4人中有两人说真话，有两人说假话。

根据上述信息，可以得出以下哪项？

A. 说真话的是李康和张幸。　　B. 说真话的是陈安和张幸。　　C. 说真话的是李康和汪福。

D. 说真话的是张幸和汪福。　　E. 说真话的是陈安和汪福。

【第 1 步 识别条件类型】

题干已知 4 个判断"2 真 2 假"，故此题为**真假话问题**。优先找矛盾关系；如果题干中没有矛盾关系，则找其他对当关系。

【第 2 步 套用母题方法】

将题干信息符号化：

陈安：4 人都没有送您来医院。

李康：4 人中有人送您来医院。

张幸：┐ 李康 ∨ ┐ 汪福。

汪福：┐ 汪福。

步骤 1：找矛盾。

陈安和李康的话互为矛盾关系，必有一真一假。

步骤 2：推真假。

根据 4 个判断"2 真 2 假"可知，汪福和张幸两人的话一真一假。

若汪福的话为真，则张幸的话也为真，这与"汪福和张幸两人的话一真一假"矛盾，因此，汪福的话为假，即：汪福送郝大爷去医院。

步骤 3：推出结论。

由"汪福送郝大爷去医院"可知，有人送郝大爷去医院，故李康的话为真、陈安的话为假。

综上，说真话的是李康和张幸。

【答案】 A

例 **5.26** （2013 年管理类联考真题）某金库发生了失窃案。公安机关侦查确定，这是一起典型的内盗案，可以断定金库管理员甲、乙、丙、丁中至少有一人是作案者。办案人员对四人进行了询问，四人的回答如下：

甲："如果乙不是窃贼，我也不是窃贼。"

乙："我不是窃贼，丙是窃贼。"

丙："甲或者乙是窃贼。"

丁："乙或者丙是窃贼。"

后来事实表明，他们四人中只有一人说了真话。

根据以上陈述，以下哪项一定为假？

A. 丙说的是假话。　　　　　B. 丙不是窃贼。　　　　　C. 乙不是窃贼。

D. 丁说的是真话。　　　　　E. 甲说的是真话。

【第 1 步 识别条件类型】

题干已知"只有一真"，故此题为**真假话问题**。优先找矛盾关系；若没有矛盾关系，则找下反对关系或推理关系。

【第 2 步 套用母题方法】

题干全是复言命题，整理一下有利于解题：

①┐ 乙 → ┐ 甲 ＝ 乙 ∨ ┐ 甲。

②┐ 乙 ∧ 丙。

③甲 ∨ 乙。

④乙 ∨ 丙。

步骤1：找矛盾。

矛盾关系的判断对象是完全一致的。①和③的判断对象是一致的，但二者不矛盾；②和④的判断对象也是一致的，但二者也不矛盾。故题干中没有矛盾关系。

步骤2："一真无矛盾"，找下反对关系或推理关系。

下反对关系找或者，①和③的判断对象一致且均为"或者"，故分析①和③：若"甲"为真，则③为真；若"┐甲"为真，则①为真。可见，①和③至少一真。

又由"四人中只有一人说了真话"可知，②和④均为假、①和③一真一假。

步骤3：推出结论。

由②为假可得：乙∨丙。

由④为假可得：丁说的是假话，且乙和丙都不是窃贼。

因此，D项必然为假。

【答案】D

母题变式 13.2　一人多判断型的真假话问题

母题技巧

第1步　识别条件类型	题干特点： （1）题干中有多个人，每个人都做了两个或两个以上的判断。 （2）已知每个人的判断有几真几假。
第2步　套用母题方法	方法一：假设法。 优先选择假设法，即直接假设某一人的某个判断为真，看是否与已知条件矛盾。 注意：此方法适用于每人的断定相对较少（2~3个）且每人的真假数量确定时。 方法二：选项排除法。 方法三：找对当关系法。 注意：若每人断定的数量不小于4时，优先考虑此方法。

典型例题

例5.27　赵明、钱红、孙杰三人被北京大学、清华大学和北京师范大学录取。关于他们分别是被哪个学校录取的，同学们作了如下的猜测：

同学甲：赵明被清华大学录取，孙杰被北京师范大学录取。

同学乙：赵明被北京师范大学录取，钱红被清华大学录取。

同学丙：赵明被北京大学录取，孙杰被清华大学录取。

结果，同学们的猜测各对了一半。

那么，他们的录取情况是：

A. 赵明、钱红、孙杰分别被北京大学、清华大学和北京师范大学录取。

B. 赵明、钱红、孙杰分别被清华大学、北京师范大学和北京大学录取。

C. 赵明、钱红、孙杰分别被北京师范大学、清华大学和北京大学录取。

D. 赵明、钱红、孙杰分别被北京大学、北京师范大学和清华大学录取。

E. 赵明、钱红、孙杰分别被清华大学、北京大学和北京师范大学录取。

【第1步　识别条件类型】

题干中甲、乙、丙每个人都做了两个判断，且这些判断有真有假，故此题为**一人多判断模型**。

【第2步　套用母题方法】

方法一：假设法。

假设甲的前半句话"赵明被清华大学录取"为真，则乙和丙的前半句话均为假。

由乙的前半句话为假，可知他的后半句话"钱红被清华大学录取"为真。

由丙的前半句话为假，可知他的后半句话"孙杰被清华大学录取"为真。

此时，三人都被清华大学录取，与已知条件矛盾，故以上假设不成立。

所以，甲的后半句话"孙杰被北京师范大学录取"为真。

故乙的前半句话"赵明被北京师范大学录取"为假，他的后半句话"钱红被清华大学录取"为真。

故丙的后半句话"孙杰被清华大学录取"为假，他的前半句话"赵明被北京大学录取"为真。

综上：赵明、钱红、孙杰分别被北京大学、清华大学和北京师范大学录取。

方法二：选项排除法。

若A项为真，则满足题干。

若B项为真，则乙、丙的两句话均为假，故排除。

若C项为真，则甲、丙的两句话均为假，乙的两句话均为真，故排除。

若D项为真，则甲、乙的两句话均为假，丙的两句话均为真，故排除。

若E项为真，则乙、丙的两句话均为假，甲的两句话均为真，故排除。

方法三：找对当关系法。

由于每个学校只录取一人，故乙的后半句话"钱红被清华大学录取"与丙的后半句话"孙杰被清华大学录取"至少一假。由于每个人都猜对了一半，故这两个人的前半句话至少一真，即："赵明被北京师范大学录取"与"赵明被北京大学录取"至少一真，因此甲的前半句话"赵明被清华大学录取"必为假。故甲的后半句话"孙杰被北京师范大学录取"为真。

此后的推理与方法一相同。

【答案】A

例 5.28　赛马场上，三匹马的夺冠呼声最高，它们分别是赤兔、的卢和乌骓。

观众甲说："我认为冠军不会是赤兔，也不会是的卢。"

观众乙说："我觉得冠军不会是赤兔，而乌骓一定是冠军。"

观众丙说："可我认为冠军不会是乌骓，而是赤兔。"

比赛结果很快出来了，他们中有一个人的两个判断都对；另一个人的两个判断都错了；还有一个人的判断是一对一错。

则以下说法正确的是哪一项？

A. 冠军是赤兔。   B. 冠军是的卢。   C. 冠军是乌骓。

D. 甲的话均为假。   E. 丙的话均为假。

【第1步　识别条件类型】

题干中甲、乙、丙每个人都做了两个判断，且这些判断有真有假，故此题为一人多判断模型。

【第2步　套用母题方法】

假设冠军是的卢，则甲一对一错；乙一对一错；丙一对一错。不符合题意。

假设冠军是乌骓，则甲两个都对；乙两个都对；丙两个都错。不符合题意。

假设冠军是赤兔，则甲一对一错；乙两个都错；丙两个都对。符合题意。

故冠军是赤兔，即A项正确。

【答案】A

真题秒杀

例 5.29 （2020年管理类联考真题)某项测试共有4道题，每道题给出 A、B、C、D 四个选项，其中只有一项是正确答案。现有张、王、赵、李 4 人参加了测试，他们的答题情况和测试结果见下表：

答题者	第一题	第二题	第三题	第四题	测试结果
张	A	B	A	B	均不正确
王	B	D	B	C	只答对1题
赵	D	A	A	B	均不正确
李	C	C	B	D	只答对1题

根据以上信息，可以得出以下哪项？

A. 第二题的正确答案是 C。   B. 第二题的正确答案是 D。

C. 第三题的正确答案是 D。   D. 第四题的正确答案是 A。

E. 第四题的正确答案是 D。

【第1步　识别条件类型】

题干中 4 人均给出了 4 道题的答案(即每人做了 4 个判断)，并且已知每人的正确个数，故此题为一人多判断模型。

【第2步　套用母题方法】

由于第一题和第二题中 4 个人分别选了 A、B、C、D，故一定有人答对。

因为总共只答对 2 题，故第三题和第四题 4 个人均答错。

由"第四题 4 个人均答错"可知，第四题的正确答案是 A。

【答案】D

母题变式 13.3　真城假城型的真假话问题

⏱ 母题技巧

第 1 步　识别条件类型	**题干特点**：题干的已知条件中有两座城，分别是真城和假城，真城的人只说真话，假城的人只说假话。
第 2 步　套用母题方法	一般使用假设法，假设某人来自真城或假城。

✎ 典型例题

例 5.30　某地住着甲、乙两个部落，甲部落总是讲真话，乙部落总是讲假话。一天，一个旅行者来到这里，碰到一个土著人 A。旅行者就问他："你是哪一个部落的人？"A 回答说："我是甲部落的人。"这时，又过来一个土著人 B，旅行者就请 A 去问 B 属于哪一个部落。A 问过 B 后，回来对旅行者说："他说他是甲部落的人。"

根据这种情况，对 A、B 所属的部落，旅行者所做出的正确判断应是下列哪一项？

A. A 是甲部落，B 是乙部落。

B. A 是乙部落，B 是甲部落。

C. A 是甲部落，B 所属部落不明。

D. A 所属部落不明，B 是乙部落。

E. A、B 所属部落均不明。

【第 1 步　识别条件类型】

题干中出现说真话的部落和说假话的部落，显然是真城假城模型。一般使用假设法。

【第 2 步　套用母题方法】

假设 B 是甲部落的人，则他会说真话，因此他会说"我是甲部落的人"；假设 B 是乙部落的人，则他会说假话，因此他也会说"我是甲部落的人"，故 B 的回答一定是"我是甲部落的人"。

故 A 说的"B 说他是甲部落的人"为真话，故 A 是甲部落的人。而无论 B 是哪一个部落的人，他都可以说"我是甲部落的人"，所以，B 所属部落不明。

【答案】C

✎ 真题秒杀

例 5.31　下面两题基于以下题干：

某公司年度审计期间，审计人员发现一张发票，上面有赵义、钱仁礼、孙智、李信 4 个签名，签名者的身份各不相同，是经办人、复核、出纳或审批领导之中的一个，且每个签名都是本人所签。询问 4 位相关人员，得到以下答案：

赵义："审批领导的签名不是钱仁礼。"

钱仁礼："复核的签名不是李信。"

孙智："出纳的签名不是赵义。"

李信："复核的签名不是钱仁礼。"

已知上述每个回答中，如果提到的人是经办人，则该回答为假；如果提到的人不是经办人，则为真。

(1)(2014年管理类联考真题)根据以上信息，可以得出经办人是：

A. 赵义。   B. 钱仁礼。   C. 孙智。

D. 李信。   E. 无法确定。

(2)(2014年管理类联考真题)根据以上信息，该公司的复核与出纳分别是：

A. 李信、赵义。   B. 孙智、赵义。   C. 钱仁礼、李信。

D. 赵义、钱仁礼。   E. 孙智、李信。

【第1步 识别条件类型】

题干中提及"如果提到的人是经办人，则该回答为假(相当于假城的人说假话)；如果提到的人不是经办人，则为真(相当于真城的人说真话)"，故此题为真城假城模型。但谁是经办人呢？并不能直接得知，因此可使用假设法。

【第2步 套用母题方法】

第(1)题

假设经办人是赵义，则孙智"出纳的签名不是赵义"为真，与题干"如果提到的人是经办人，则该回答为假"矛盾，故经办人不是赵义。

假设经办人是钱仁礼，则赵义"审批领导的签名不是钱仁礼"与李信"复核的签名不是钱仁礼"均为真，与题干"如果提到的人是经办人，则该回答为假"矛盾，故经办人不是钱仁礼。

假设经办人是李信，则钱仁礼"复核的签名不是李信"为真，与题干"如果提到的人是经办人，则该回答为假"矛盾，故经办人不是李信。

所以，经办人必为孙智。

第(2)题

由上题分析可知，经办人是孙智，四人的回答中都没有提到孙智，根据题干"如果提到的人不是经办人，则为真"可知，四人的回答均为真。

所以，钱仁礼不是审批领导、不是复核、不是经办人，则钱仁礼必为出纳。

复核不是李信、不是钱仁礼、不是孙智，则复核必为赵义。

【答案】(1)C；(2)D

03   第3节   其他综合推理题

扫码免费听
本节讲解
(共2个视频)

母题模型14   数独模型

⚡ 母题技巧

第1步 识别条件类型	**题干特点：**题目中会出现一个由小方格组成的 N×N 的矩阵，要求在矩阵的小方格里填入一些元素，并且要求行、列或某些特殊区域中不能有重复元素。

第 2 步 套用母题方法	**方法一：行列交点法。** 观察行与列的交点，交点处所对应的行与列中的已知信息越多，越容易是解题的突破口。 **方法二：次数最多法。** 观察表格中的所有元素，出现次数最多的元素有可能是解题的突破口。 **方法三：选项排除法。** 一些数独题的选项中会完整列出行、列信息，此类题可使用选项排除法。 **方法四：等价位置法。** 适合表格中有特殊区域的题。 此方法难以用语言描述，请听本节的配套课程。

🖊 **典型例题**

例 5.32 下面有一个 4×4 的方阵，它所含的每个小方格中可填入一个汉字(已有部分汉字填入)。现要求该方阵的每行、每列及 4 个由粗线条围成的小区域内均含有"围""魏""救""赵"4 个汉字，不能重复也不能遗漏。

	①		赵
	魏	救	
②			
围			

根据上述要求，方阵中①和②处应填入的汉字分别是：

A. 围、魏。　　　　　　B. 魏、魏。　　　　　　C. 救、赵。

D. 赵、魏。　　　　　　E. 赵、围。

【第 1 步 识别条件类型】

此题要求在方格中填入相应的汉字，易知此题为<u>数独模型</u>。

【第 2 步 套用母题方法】

已知每行、每列及 4 个由粗线条围成的小区域内均含有"围""魏""救""赵"这 4 个汉字，不能重复也不能遗漏。将空白小方格用序号标出，如下图所示：

③	①	⑤	赵
④	魏	救	⑥
②	⑦	⑧	⑨
围	⑩	⑪	⑫

④号位所在的行与列共有 3 个不同的已知元素，故④为解题的突破口（行列交点法）。

易知，④不能是"围""魏""救"，因此，④是"赵"。

此时，观察③号位所在的行与列，易知③不能是"围""赵""魏"，因此，③是"救"。

观察左上角的方框中，④是"赵"、③是"救"，且已知"魏"，因此，①是"围"。

易得，②是"魏"。

【答案】A

例 5.33　下面有一个 5×5 的方阵，它所含的每个小方格中可填入一个汉字（已有部分汉字填入）。现要求该方阵中的每行、每列均含有"金""木""水""火""土"5 个汉字，不能重复也不能遗漏。

		木		①
土				
		水	②	金
火				
			土	

根据上述要求，方阵中①和②处应填入的汉字分别是：

A. 金、火。　　　　　B. 火、木。　　　　　C. 水、木。

D. 土、火。　　　　　E. 水、火。

【第 1 步　识别条件类型】

此题要求在方格中填入相应的汉字，易知此题为数独模型。

【第 2 步　套用母题方法】

观察方阵发现，第三行与第一列（从左至右）的交点处所对应的行与列中的已知信息最多，故先填写此交点处（行列交点法）。

根据"每行、每列均不重复"可知，第三行第一列不能是"金""水""土""火"，因此可以确定是"木"。第三行只剩下"火"和"土"。由于每列不能重复，因此，②一定是"火"。

故第三行从左往右依次填入的是：木、土、水、火、金。代入题干可得下图：

		木		①
土				
木	土	水	火（②）	金
火				
			土	

此时，观察上图可知，"土"出现的次数最多，可以作为突破口（次数最多法）。根据"每行、每列均不重复"可知，第一行的第一列、第二列、第四列均不能是"土"，且第一行第三列已被

"木"占据，也不能"土"，因此，第一行的第五列一定是"土"。

综上，①填入的是"土"，②填入的是"火"。故 D 项正确。

【答案】D

真题秒杀

例 5.34 （2021 年管理类联考真题)下面有一个 5×5 的方阵，它所含的每个小方格中可填入一个词(已有部分词填入)。现要求该方阵中的每行、每列及每个粗线条围住的五个小方格组成的区域中均含有"道路""制度""理论""文化""自信"5 个词，不能重复也不能遗漏。

①	②	③	④	
	自信	道路		制度
理论				道路
制度		自信		
				文化

根据上述要求，以下哪项是方阵顶行①、②、③、④空格中从左至右依次应填入的词？

A. 道路、理论、制度、文化。

B. 道路、文化、制度、理论。

C. 文化、理论、制度、自信。

D. 理论、自信、文化、道路。

E. 制度、理论、道路、文化。

【第 1 步 识别条件类型】

此题要求在方格中填入相应的词，易知此题为数独模型。

【第 2 步 套用母题方法】

观察方阵发现，第二行与第一列(从左至右)的已知信息最多，故先填这个第二行与第一列的交点(行列交点法)。

根据"每行、每列均不重复"可知，易知，第二行与第一列的交点处填"文化"，故第二行第四列为"理论"。

根据"每行、每列及每个粗线条围住的五个小方格组成的区域中的 5 个词均不重复"可知，①不是"文化""理论""制度""自信"，因此，①填入的是"道路"，可排除 C、D、E 项(选项排除法)。

由于粗线框内也需满足不重复原则，故②、③均不能是"文化"，可排除 B 项(选项排除法)。因此，A 项正确。

另外，此题也可以使用等价位置法直接推出答案，由于此方法在书上不易表达，建议听本书的配套课程。

【答案】A

母题模型 15　两次与三次分类模型

母题变式 15.1　两次分类模型

母题技巧

第1步　识别条件类型	题干将一个概念按照两个标准进行了两次分类。 例如： 某高校的大四学生中，男生多于女生，南方人多于北方人。 【分析】 题干所涉及的概念：某高校的大四学生。 分类标准1：性别（男、女）； 分类标准2：区域（南方、北方）。
第2步　套用母题方法	方法一：九宫格法。　详见例5.35。 方法二：大交大＞小交小。　详见例5.35。

典型例题

例 5.35　中华女子学院的前身是 1949 年创建的新中国妇女职业学校，1995 年更名为中华女子学院，2002 年正式转制为普通高等学校。该校女生比男生多，在 2019 年下学期的高等数学期末考试中，该学校优秀的学生超过了一半。

如果上述断定都是真的，则以下哪项也必然是真的？

A. 女生优秀的比男生优秀的多。

B. 女生优秀的比男生不优秀的多。

C. 女生不优秀的比男生优秀的多。

D. 女生不优秀的比男生不优秀的多。

E. 女生不优秀的和男生优秀的一样多。

【第1步　识别条件类型】

题干将"学生"按照"性别""是否优秀"两个标准进行了两次分类，故此题为两次分类模型。

【第2步　套用母题方法】

方法一：大交大＞小交小。

题干有以下信息：

①该校女生比男生多，即：女生＞男生。

②优秀的学生超过了一半，即：优秀生＞非优秀生。

故：优秀女生（大与大的交集）＞不优秀男生（小与小的交集）。证明方法见方法二。

方法二：九宫格法。

设该校优秀女生为 a，不优秀女生为 b，优秀男生为 c，不优秀男生为 d。根据题意，可得下表：

	优秀	不优秀
女生	a	b
男生	c	d

由题干信息①可知，$a+b>c+d$。

由题干信息②可知，$a+c>b+d$。

两式相加，可得：$2a+b+c>2d+b+c$，化简可得：$a>d$。

即：优秀女生＞不优秀男生。

【答案】B

真题秒杀

例 5.36 (2011年在职MBA联考真题)某市优化投资环境，2010年累计招商引资10亿元。其中外资5.7亿元，投资第三产业4.6亿元，投资非第三产业5.4亿元。

根据以上陈述，可以得出以下哪项结论?

A. 投资第三产业的外资大于投资非第三产业的内资。

B. 投资第三产业的外资小于投资非第三产业的内资。

C. 投资第三产业的外资等于投资非第三产业的内资。

D. 投资第三产业的外资和投资非第三产业的内资无法比较大小。

E. 投资第三产业的外资为4.3亿元。

【第1步 识别条件类型】

题干将"10亿元"按照"是内资还是外资""是投资第三产业还是非第三产业"两个标准进行了两次分类，故此题为两次分类模型。

【第2步 套用母题方法】

设投资非第三产业的外资为 a 亿元，投资非第三产业的内资为 b 亿元，投资第三产业的外资为 c 亿元，投资第三产业的内资为 d 亿元。根据题干信息，可得下表：

总投资10亿元	外资5.7亿元	内资4.3亿元
非第三产业5.4亿元	a	b
第三产业4.6亿元	c	d

故有：$\begin{cases} a+c=5.7 \\ a+b=5.4 \end{cases}$，两式相减可得：$c-b=0.3$。

即：第三产业外资－非第三产业内资＝0.3亿元，可知：第三产业的外资大于非第三产业的内资，故 A 项正确。

【答案】A

母题变式 15.2　三次分类模型

⚡ 母题技巧

第1步　识别条件类型	题干将一个概念按照三个标准进行了三次分类。 例如： 某高校的大四学生中，男生多于女生，南方人多于北方人，文科生多于理科生。 【分析】 题干所涉及的概念：某高校的大四学生。 分类标准1：性别（男、女）； 分类标准2：区域（南方、北方）； 分类标准3：学科（文科、理科）。
第2步　套用母题方法	此类题的方法特别多，其中，双九宫格法是万能方法，可以解一切题目，请重点掌握。其他方法不好理解，可听配套课程，但对于特定的题目来说解题速度较快。

✏ 典型例题

例 5.37　据统计，老吕逻辑要点 7 讲班的 1 000 名考生中，应届考生 600 人，非应届女生 180 人，南方非应届生 150 人，南方男生 350 人，南方非应届女生有 100 人，由此可见，去年在该班参加高考的考生中：

A. 应届南方男生有 300 人。

B. 应届北方男生有 300 人。

C. 非应届南方女生多于 100 人。

D. 非应届南方女生少于 70 人。

E. 应届北方女生有 250 人。

【第1步　识别条件类型】

题干将"1 000 名考生"按照"是否应届""性别""南北方"三个标准进行了三次分类，故此题为<u>三次分类模型</u>，使用双九宫格法。

【第2步　套用母题方法】

已知考生共 1 000 人，应届考生 600 人，则非应届考生＝1 000－600＝400（人），故根据题干已知信息可得以下两表：

应届（600人）	男生	女生
南方	a	b
北方	c	d

非应届(400 人)	男生	女生(180 人)
南方(150 人)	x	$y=100$
北方	z	w

易知，北方非应届生＝400－150＝250(人)；非应届男生＝400－180＝220(人)。可得下表：

非应届(400 人)	男生(220 人)	女生(180 人)
南方(150 人)	x	$y=100$
北方(250 人)	z	w

已知南方非应届生共有 150 人，即：$x+y=150$，可得 $x=150-y=50$。

已知南方男生 350 人，即：$a+x=350$，得 $a=350-x=300$。

即，应届南方男生有 300 人。

【答案】A

🔖 真题秒杀

例 5.38 （2013 年管理类联考真题）据统计，去年在某校参加高考的 385 名文、理科考生中，女生 189 人，文科男生 41 人，非应届男生 28 人，应届理科考生 256 人。

由此可见，去年在该校参加高考的考生中：

A. 非应届文科男生多于 20 人。　　　　B. 应届理科女生少于 130 人。

C. 非应届文科男生少于 20 人。　　　　D. 应届理科女生多于 130 人。

E. 应届理科男生多于 129 人。

【第 1 步　识别条件类型】

题干将"385 名考生"按照"性别""文理科""是否应届"三个标准进行了三次分类，故此题为三次分类模型，可使用双九宫格法和剩余法解题。

【第 2 步　套用母题方法】

方法一：双九宫格法。

已知考生共 385 人，女生有 189 人，故男生有 385－189＝196(人)。

根据题干已知信息，可得以下两表：

女生(189 人)	文科	理科
应届	a	b
非应届	c	d

男生(196 人)	文科(41 人)	理科
应届	x	y
非应届(28 人)	z	w

195

故有：

应届男生：196－28＝168(人)。

理科男生：196－41＝155(人)。

补充上表，可得下表：

男生(196人)	文科(41人)	理科(155人)
应届(168人)	x	y
非应届(28人)	z	w

已知应届理科考生256人，即：$b+y=256$，则$b=256-y$。

由于$y+w=155$，则$y=155-w$。

故w的最大值为28，则y的最小值为155－28＝127，此时b取到最大值，为256－127＝129。

即：应届理科女生至多129人，故B项正确。

方法二：剩余法。

根据题干已知信息，可得下表：

	应届文科	应届理科	非应届文科	非应届理科
女生	a	b	c	d
男生	x	y	z	w

由题干数据"共有385人，其中女生189人，文科男生41人，非应届男生28人，应届理科考生256人"，可得：

式①：女生＋文科男生＋非应届男生＋应届理科考生＝$(a+b+c+d)+(x+z)+(w+z)+(b+y)=189+41+28+256=514$。

式②：总人数＝$a+b+c+d+x+y+z+w=385$。

由①－②可得：$b+z=129$。故b的最大值是129，一定小于130，即B项正确。

方法三：集合法。

根据集合的容斥原理，如下图所示：

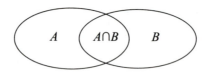

可知：$A\cup B=A+B-A\cap B$，可得：$A\cap B=(A+B)-A\cup B$。

由题干可知：A女生189人，B文科男生41人，C非应届男生28人，D应届理科考生256人。

故：

$$A\cap D=(A+D)-A\cup D$$
$$B\cap C=(B+C)-B\cup C$$

两式相加可得：$A\cap D+B\cap C=(A+B+C+D)-A\cup B\cup C\cup D$。

即：应届理科女生＋非应届文科男生＝A＋B＋C＋D－总人数。

应届理科女生＋非应届文科男生＝189＋41＋28＋256－385＝129。

故应届理科女生的最大值为129，故B项正确。

【答案】B

母题模型 16　其他母题模型

真题中，推理题以母题模型1～15为主，其他题目考得较少，统一归入其他母题模型。

📝 典型例题

例 5.39　下面两题基于以下题干：

某国东部沿海有5个火山岛：E、F、G、H、I，它们由北至南排列成一条直线，同时发现：

①F 与 H 相邻并且在 H 的北边。

②I 与 E 相邻。

③G 在 F 的北边某个位置。

(1)假如 G 与 I 相邻并且在 I 的北边，则下面哪一项陈述一定为真？

A. H 在岛屿的最南边。　　　　　　　　B. F 在岛屿的最北边。

C. E 在岛屿的最南边。　　　　　　　　D. I 在岛屿的最北边。

E. G 在岛屿的最南边。

(2)假如 G 是最北边的岛屿，则该组岛屿有多少种可能的排列顺序？

A. 2。　　　　　　　　B. 3。　　　　　　　　C. 4。

D. 5。　　　　　　　　E. 6。

【第1步　识别条件类型】

题干中出现相邻或不相邻问题，可以使用以下思路：

(1)圆捆绑与方捆绑解相邻问题

如果甲与乙相邻，且两个人的位置可以互换，我们称为圆捆绑，用符号 甲乙 表示。甲乙外面的边框是圆的，说明可以滚来滚去，即二人的位置可以互换。

如果甲与乙相邻，且两个人的位置固定，我们称为方捆绑，用符号 甲乙 表示。甲乙外面的边框是方的，说明不能滚来滚去，即二人的位置不能互换。

(2)做差法解不相邻问题

遇到不相邻问题时，这两个对象之间的差值十分重要。通过这个差值就可以进行分类讨论。例如，六个人坐编号为1～6的六把椅子，其中甲与乙中间有三个人，则甲与乙所坐椅子的编号的可能性为1和5、2和6。

【第2步　套用母题方法】

题干中有以下信息：

①F 与 H 相邻并且在 H 的北边，将FH方捆绑，即： FH 。

②I 与 E 相邻，但二者的位置并不固定，将 IE 圆捆绑，即： IE 。

③G 在 F 的北边某个位置。

第(1)题

由此题的问题可知，G 与 I 相邻并且在 I 的北边，将 GI 方捆绑，即 GI。

再结合条件②可得：自北至南为 G、I、E，且这三个岛相邻。

再根据条件③和①可知，F 和 H 位于 E 的南边，且 5 个岛由北至南的顺序依次为：G、I、E、F、H。

故 A 项正确。

第(2)题

方法一：穷举法。

由此题的问题可知，G 在最北边。再根据题干已知条件，由北至南可能的情况有：

①G、F、H、I、E。

②G、F、H、E、I。

③G、I、E、F、H。

④G、E、I、F、H。

方法二：排列组合法。

此题也可以使用排列组合的方法：

G 在最北边，位置固定，不用考虑。将 FH 和 IE 进行排列 A_2^2，再将 IE 进行内部排列 A_2^2，故共有 $A_2^2 A_2^2 = 4$(种)可能的排列顺序，即 C 项正确。

【答案】(1)A；(2)C

例 5.40　药监局对五种消炎药进行药效比较，结果如下：甲与乙药效相同；丙比甲有效；丁副作用最大；戊药效最差。

如果以上陈述为真，则以下哪项必然为真？

A. 丙最有效。　　　　　B. 丁比戊药效好。　　　　　C. 甲比戊副作用大。

D. 甲和乙副作用相同。　E. 乙比丙有效。

【第 1 步　识别条件类型】

题干中出现药效的高低关系，故此题为排序模型。一般使用不等式法。（步骤 1：将题干信息转化为不等式。步骤 2：将能串联的不等式串联，不能串联的放一边。步骤 3：判断选项的正确性。）

【第 2 步　套用母题方法】

题干有以下信息：

①甲药效＝乙药效。

②丙药效＞甲药效。

③丁副作用最大。

④戊药效最差。

由④"戊药效最差"可知，其他药的药效都好于戊，故 B 项必然为真。可迅速秒杀此题。

若继续分析，则：

由①、②、④可得：⑤丙药效＞甲药效＝乙药效＞戊药效。

A 项，由⑤可知，丙的药效比甲、乙、戊好，但由题干无法得知丙与丁的药效比较，故此项可真可假。

C 项，题干未提及甲与戊副作用的比较，故此项可真可假。

D 项，题干未提及甲与乙副作用的比较，故此项可真可假。

E 项，由⑤可知，丙药效＞乙药效，故此项必为假。

【答案】B

真题秒杀

例 5.41 （2013 年经济类联考真题）和政治学导论、世界史导论相比，杨林更喜欢物理学和数学。和政治学导论相比，杨林更不喜欢体育。

除了下列哪项，其余各项都能从上述论述中推出？

A. 和体育相比，杨林更喜欢政治学导论。

B. 和体育相比，杨林更喜欢数学。

C. 和世界史导论相比，杨林更不喜欢体育。

D. 和体育相比，杨林更喜欢物理学。

E. 和数学相比，杨林更不喜欢世界史导论。

【第 1 步　识别条件类型】

题干中出现对学科喜欢程度的大小，故此题为排序模型。一般使用不等式法。

【第 2 步　套用母题方法】

按照杨林的喜欢程度，可知：

①物理学和数学＞政治学导论和世界史导论。

②政治学导论＞体育。

以"政治学导论"为桥梁，串联①、②，可得：③物理学和数学＞政治学导论＞体育。

A 项，政治学导论＞体育，由②可知，可以推出。

B 项，数学＞体育，由③可知，可以推出。

C 项，世界史导论＞体育，由题干无法确定此项的真假。

D 项，物理学＞体育，由③可知，可以推出。

E 项，数学＞世界史导论，由①可知，可以推出。

【答案】C

💡 老吕贴心话

老吕贴心话 6　逻辑需要学不同的体系吗？

专业的逻辑学术语比较难以理解。比如说"A→B"，我们读作"A 推出 B"，但在逻辑学术语中读作"A 蕴含 B"；"A←B"，我们读作"B 推出 A"，但在逻辑学术语中读作"A 反蕴含 B"。为了减少逻辑学术语的理解，老吕在管理类联考行业中率先把这些术语进行了通俗化。当然，发展到现在，几乎所有老师都按自己的理解把逻辑术语进行了通俗化，但这样的结果是不同的老师有不同的话语体系。这让很多学生学起来很困扰：作为学生，我需要了解各种不同的体系吗？老吕认为不需要，理由如下：

第一，不同人的话语体系，解题思路均有较大的差别。在备考时间有限的情况下，适应这些不同的体系很有可能会给你带来较大的困扰。从而降低你的备考效率。

第二，了解多个体系，不如搞透一个体系。管综数学逻辑写作共 200 分，去年我学生最高的考了 189 分；经综数学逻辑写作共 150 分，每年我的学生中都有大量的人考到 135 分以上。我相信其他老师的学生也同样会有这样的高分。因此，不要感觉对面山坡上的草更青，如果真的费尽力气爬上去，可能是"草色遥看近却无"。

第三，论证逻辑想得高分最重要的是要相信老师讲解的方法，而不是相信自己的感觉。一定要用方法做题，而不是凭感觉做题。论证逻辑需要透彻地理解，但千万不要凭"感觉"做题，因为，任何学科的考试都是规律，即使是心理学，也是研究人类心理上的普遍规律，而不是凭"感觉"来认知人的心理。逻辑当然也不例外，任何一道题都是在考逻辑规律，也就是说，命题人命这个题时都有考点，因此，我们要认识规律，破解考点。但由于论证逻辑题看起来像阅读理解（其实并不是），所以，很多人会凭"感觉"做题，这时，你需要让老师用正确的方法来对抗你错误的"感觉"。如果你不相信老师，就无法完成这种对抗，论证逻辑的分一定会很低。所以，如果你选择了老吕，就相信老吕，你选择了其他老师，就相信其他老师，这样分数才能提高起来。

第四，老吕相信自己的方法是最好的，你如果已经听了我的课，相信你也会有同样的感觉，也请相信你自己的判断。其实，无论是推理题还是论证逻辑题，无论是数学还是写作，老吕都有绝对的自信，就是方法好！简单易学、解题还快。我是山东人，中考全市第 3，高考全市第 14。你要相信一个山东学霸对考试的理解。

老吕贴心话 7 "一听就会，一做就错"怎么办？

看懂一道题的答案不叫"会"。真正的"会"，是理解这个题的命题逻辑和解题原理。如果出现"一听就会，一做就错"的问题，不要焦虑，分析一下自己是基础知识没记牢，还是解题原理没理解，然后去针对性地解决问题就行了。

不要和结果要结果，要和过程要结果。

不要和分数要分数，要和基础要分数，要和方法要分数！

加油，你可以的！！

老吕贴心话 8 "题不够做"怎么办？

有很多同学会得一种"不做题会难受病"，总是希望通过做题来增加安全感，给自己一种"我在努力学习"的感觉。

那么我们以管综为例，来给你算一下我的书中有多少道题。经综的题目数量与管综差不多。

1. 数学

《数学要点 7 讲》中有约 900 道题；《数学母题 800 练》中有 1 000 余道题；《条件充分性判断高分冲刺 400 题》中有近 500 道题；《综合冲刺 8 套卷》中有 200 道数学题；《综合考前 6 套卷》中有 150 道数学题；近 15 年真题中有 375 道数学题。以上书中合计有 3 200 多道题。

2. 逻辑

《逻辑要点7讲》中有400多道题；《逻辑母题800练》中有约800道题；《综合推理高分冲刺400题》中有约450道题；《论证逻辑高分冲刺400题》中有约450道题；《综合冲刺8套卷》中有240道逻辑题；《综合考前6套卷》中有180道逻辑题；近15年真题中有450道逻辑题(1997年至今真题考了1 500多道，但早年真题的题型分布和命题套路与现在都不一样了，没必要做)。以上书中合计有3 000多道题。

这么多题，居然还会有同学认为题量不够(老吕大大的问号脸)。很多同学会产生"题量焦虑"，害怕做的题不够，害怕别的同学做了什么自己没做过的题、学了自己没学过的方法。老吕搞了十五年教学，老罗搞了十三年教学，真有这样的题、这样的方法我们怎么可能不知道呢？这些同学产生焦虑的原因，一般是因为看了太多的经验贴，会觉得看的书越多越好，题越多越好，题越难越好，其实大可不必！你把我们的书做完，题量和难度已经严重溢出了。如果你真的要刷题，建议按以下顺序刷：

7讲——800练——400题——真题——8套卷——6套卷。

做了以上每科3 000多道题以后。你居然还发现有新题、有更难的，只有一种可能：这样的题超出了考试大纲的要求！其实，3 000道题对于在校生来说已经是一个极其庞大的量了；而对于考MBA等专业的在职学员来说，每科能做一两千道题就很厉害了。当你做完一定量的题以后，复盘总结要比做新题更重要、更有效。

第4讲

联考逻辑
要点7讲

论证母题
一致性类

5 个大纲考点　**4** 个母题模型

4 个秒杀口诀

✎ 写在前面的话

1. 论证

所谓论证，就是用一些已知为真的事实或其他证据，来证明一个观点的过程。其中，前者被称为"论据"，后者被称为"论点"。

即：

$$论据 \xrightarrow[证明]{} 论点。$$

例如：

①康哥的头发很少而且脸盘儿很大(论据)，因此，康哥长得丑(论点)。

②酱宝基础不错、也很努力、学习方法又得当(论据)，我认为，她能考上研究生(论点)。

论证逻辑研究什么是论证、如何进行论证、如何支持或反驳一个论证、如何识别论证中出现的谬误等内容。

2. 论证逻辑的命题量

管理类联考逻辑共 30 道题，其中，论证逻辑平均每年考 12 道左右，占比 40%；

经济类联考逻辑共 20 道题，其中，论证逻辑平均每年考 8 道左右，占比 40%。

论证逻辑题中，从题干来看，一致性类占比约为 40%～50%；从解题方法来看，能用一致性解题的占比约为 70%。

3. 论证逻辑的学习要点

（1）相信老吕的方法，不要凭感觉做题。

（2）坚持找题干的论证结构和考点，不要凭感觉做题。

（3）理解正确选项的类型，理解干扰项的类型，不要凭感觉做题。

📘 本讲内容

5个大纲考点

第6章　拆桥搭桥与类比、归纳、演绎

大纲考点24　论证与论证结构

大纲考点25　论证基本法（论证三性）

大纲考点26　类比论证

大纲考点27　归纳论证

大纲考点28　演绎论证

4个母题模型

第6章　拆桥搭桥与类比、归纳、演绎

母题模型17　拆桥搭桥模型

母题模型18　类比论证模型

母题模型19　归纳论证模型

母题模型20　演绎论证模型

母题变式20.1　演绎论证模型：假言论证与三段论论证

母题变式20.2　演绎论证模型：选言论证

第4讲

第 6 章　拆桥搭桥与类比、归纳、演绎

【本章知识清单】

大纲考点	母题模型
大纲考点24 论证与论证结构	母题模型17 拆桥搭桥模型
大纲考点25 论证基本法（论证三性）	母题模型18 类比论证模型
大纲考点26 类比论证	母题模型19 归纳论证模型
大纲考点27 归纳论证	母题模型20 演绎论证模型
大纲考点28 演绎论证	

01　第 1 节　论证基础

扫码免费听
本节讲解

大纲考点 24　论证与论证结构

24.1　论证的构成

如前文所述，论证就是用一些已知为真的事实或其他证据，来证明一个观点的过程。

其结构为：

$$论据 \xrightarrow{证明} 论点。$$

在逻辑真题中，一个论证逻辑题往往包括以下部分：

构成部分	具体内容	内容特点
背景介绍	背景介绍是一段描述，比如描述论证的社会背景、经济背景、事件背景等。背景介绍并不是论证本身，既不是论据也不是论点，它只是相关论证的一个引子。一般情况下，我们默认背景介绍为真。	①事实描述。 ②与观点不直接相关。 ③一般默认为真。
论据	论据是用来证明论点的理由和证据。它一般包括两大类：一是事实论据，二是理论论据。	逻辑真题中，几乎不会出现理论论据。故论据一般为：

续表

构成部分	具体内容	内容特点
论据	事实论据是对客观事物的真实的描述和概括，包括具体事例、概括事实、统计数字、亲身经历，等等。 理论论据是指那些来源于实践，并且已被长期实践证明和检验过，断定为正确的观点。比如原理、定律、公式等。	①事实描述。 ②用于证明观点。 ③论据不一定为真。因为有人会虚构论据来证明自己的观点。
论点	论点是论证者所要证明的观点，代表了论证者对某一问题的看法、见解、主张、态度。	有所断定。
隐含假设	隐含假设就是虽未言明，但是论证要想成立所必须具有的一个前提。隐含假设实际上是论点的隐含论据。	不在题干中直接出现，是题干论证的隐含前提。

24.2　论证的分类

论证可以分为以下几个类型：

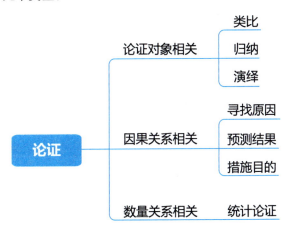

以上论证类型会在第 4 讲和第 5 讲中进行讲解。

24.3　论证结构标志词

论点标志词	论据标志词
因此……，所以……，可见……，这表明……，实验表明……，据此推断……，由此认为……，我认为……，这样说来……，简而言之……，显然……，等等。	（1）标志词后接论据：例如……，因为……，由于……，依据……，据统计……，等等。 （2）标志词前接论据：……据此推断，……研究人员据此认为，……因此，……专家由此认为，等等。

例①：

近年来，我国海外代购业务量快速增长（事实描述：不是得出观点的理由，故为背景介绍）。代购者们通常从海外购买产品，通过各种渠道避开关税，再卖给内地顾客从中牟利，却让政府损失了税收收入（事实描述：是得出观点的理由，故为论据）。某专家由此指出（标志词），政府应该严厉打击海外代购行为（有所断定：论点）。

例②：

据碳-14检测，卡皮瓦拉山岩画的创作时间最早可追溯到3万年前。在文字尚未出现的时代，岩画是人类沟通交流、传递信息、记录日常生活的主要方式。于是今天的我们可以在这些岩画中看到：一位母亲将孩子举起嬉戏，一家人在仰望并试图碰触头上的星空……动物是岩画的另一个主角，比如巨型犰狳、马鹿、螃蟹等（事实描述：不是得出观点的理由，故为背景介绍）。在许多画面中，人们手持长矛，追逐着前方的猎物（事实描述：是得出观点的理由，故为论据）。由此可以推断（标志词），此时的人类已经居于食物链的顶端（有所断定：论点）。

例③：

曹操文治武功卓越（论据），因此（标志词），他是一代明君（论点）。

【分析】

在例③中，"曹操是明君"的前提是"曹操是君主"。如果这个前提不成立，那么"曹操是明君"这一观点就不可能成立。因此，"曹操是君主"是本论证的隐含假设。

真题秒杀

例6.1 （2019年管理类联考真题）有一论证（相关语句用序号表示）如下：

①今天，我们仍然要提倡勤俭节约。

②节约可以增加社会保障资源。

③我国尚有不少地区的人民生活贫困，亟需更多社会保障资源，但也有一些人浪费严重。

④节约可以减少资源消耗。

⑤因为被浪费的任何粮食或者物品都是消耗一定的资源得来的。

如果用"甲→乙"表示甲支持（或证明）乙，则以下哪项对上述论证基本结构的表示最为准确？

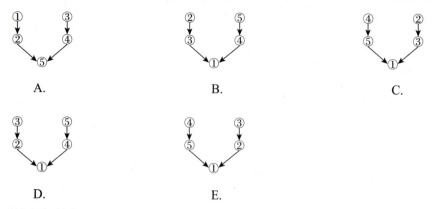

【详细解析】

论点一定要"有所断定"，易知①为论点，即"今天，我们仍然要提倡勤俭节约"。

②、④具体指出了勤俭节约的好处，故②、④是①的论据。

找重复信息，发现③和"社会保障资源"有关，故③支持②。

找重复信息，发现⑤和"资源消耗"有关，故⑤支持④。

综上可知，D项正确。

【答案】D

24.4 论证的评论与论证逻辑的题型

大纲原文中，对论证的评价包括：(1)加强；(2)削弱；(3)解释；(4)其他。这些知识通过以下题型进行考查：

题型	提问方式
削弱题	"以下哪项如果为真，最能（或不能）削弱上述结论？" "以下哪项如果为真，最能（或不能）对上述结论提出质疑？" "以下哪项如果为真，最能反驳上述结论？" "以下哪项如果为真，最能说明上述结论不成立？" "以下各项都是对上述论点的质疑，除了哪项？"
支持题	"以下哪项如果为真，最能支持上述结论？" "以下哪项如果为真，最能加强上述结论？" "以下哪项如果为真，最不能支持上述结论？"
假设题	"上述结论如果要成立，必须基于以下哪项假设？" "上述论证假设了以下哪项？" "以下哪项最可能是上述论证所作的假设？"
解释题	"以下哪项如果为真，最有助于解释上述现象？" "以下哪项如果为真，最能解释上述差异？" "以下哪项如果为真，最有助于解释上述矛盾？"
推论题	"以下哪项最为恰当地概括了上述断定所要表达的结论？" "如果上述断定为真，则以下哪项断定必然为真？" "如果上述断定为真，最能推出以下哪项结论？"
评论题	"以下哪项最为恰当地指出了上述论证中存在的漏洞？" "上述论证采用了以下哪种论证方法？" "以下哪项对上述论证基本结构的表示最为准确？" "回答以下哪个问题对评价以上陈述最有帮助？" "以下哪项最为恰当地概括了上述争论的问题？"

典型例题

例 6.2 据报道，某国科学家在一块 60 万年前来到地球的火星陨石上发现了有机生物的痕迹，因为该陨石由二氧化碳化合物构成，该化合物产生于甲烷，而甲烷可以是微生物受到高压和高温作用时产生的。由此可以推断火星上曾经有过生物，甚至可能有过像人一样的高级生物。

以下条件除了哪项外，都能对上文的结论提出质疑？

A. 火星陨石在地球上的 60 万年间可能产生了很多的化学变化，要界定其中哪些物质仍完全保留着在火星上的性质不是那么容易的。

B. 60 万年的时间与宇宙的年龄相比是微不足道的，但在这一期间的生物进化历史可以是丰富多彩的。

C. 微生物受到高压和高温作用时可以产生甲烷，但甲烷是否可以由其他方法产生是有待探讨的一个问题。

D. 由微生物进化到人类需要足够的时间和合适的条件，其复杂性及其中的一些偶然性可能是现在的人们难以想象的。

E. 所说的二氧化碳化合物可以从甲烷产生，但也不能绝对排除从其他物质产生的可能性。

【详细解析】

步骤 1：读问题，确定题干的题型。

"以下条件除了哪项外，都能对上文的结论提出质疑？"，确定本题为削弱题。

步骤 2：分析题干的论证结构。

据报道，①某国科学家在一块 60 万年前来到地球的火星陨石上发现了有机生物的痕迹，因为（论据标志词）②该陨石由二氧化碳化合物构成，③该化合物产生于甲烷，④而甲烷可以是微生物受到高压和高温作用时产生的。由此可以推断（论点标志词）⑤火星上曾经有过生物，⑥甚至可能有过像人一样的高级生物。

"因为"是论据标志词，可知②、③、④是本段的论据。那么，"因为"用来解释说明哪句话呢？当然是断定①。

"由此可以推断"是论点标志词，而且从句子上分析⑤、⑥"有所断定"，可知⑤、⑥是论点。但问题在于"由此可以推断"的"此"指代的是什么呢？很多同学误认为是②、③、④，但通过上文的分析，我们知道②、③、④的目的是得出断定①，从而再由断定①推论出断定⑤、⑥，所以"由此可以推断"的"此"指的是断定①。

故本段的论证结构为：

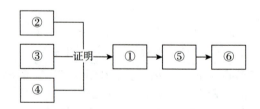

步骤 3：分析思路。

论据②、③、④成立吗？如果论据②、③、④成立的话，能推断出①吗？①能推断出⑤吗？⑤能推断出⑥吗？此题涉及多个命题模型，你可以在学完本书所有命题模型后，再回来分析这道题涉及的模型。此处我们先分析选项。

步骤 4：分析选项。

A 项，质疑①→⑤，此项说明即使在"火星陨石"上发现有机生物，也无法推断"火星"上曾经有过生物。

B 项，支持⑤→⑥，此项说明 60 万年期间生物进化历史可以是丰富多彩的，那就说明如果火星上有过"生物"，就存在进化成为"高级生物"的可能。当然，这仅是一种可能性，故这一选项的支持力度很弱。

C 项，质疑④→①，此项说明即使发现了"甲烷"，也无法推断出火星陨石上存在"有机生物"。

D 项，质疑⑤→⑥，此项说明即使火星上有过"生物"，也无法推断出火星上有过像人一样的"高级生物"。

E 项，质疑论据③，此项说明该二氧化碳化合物未必是从甲烷产生的。

【答案】B

02 第 2 节 一致性类论证母题的破解

扫码免费听
本节讲解
（共2个视频）

大纲考点 25 论证基本法（论证三性）

25.1 一致性

一致性体现在以下三个方面：

第一，论证对象要一致。即在同一个论证中，论证对象应该保持前后一致。否则，就犯了"偷换论证对象"的逻辑谬误。

第二，论题要一致。即在同一个论证中，论证的核心问题应该保持前后一致。否则，就犯了"转移论题"的逻辑谬误。

第三，概念的使用要一致。即在同一个论证中，不能混用不同的概念，否则，就犯了"偷换概念"的逻辑谬误。

例如：

老吕："我比你帅。"

康哥："你再帅能有吴彦祖帅？"

康哥犯了"转移论题"的逻辑谬误，因为老吕说的是"老吕比康哥帅"，康哥说的是"老吕不如吴彦祖帅"，不是同一个话题。

25.2 相关性

论据作为证明论点的依据，要与论点具备必然的相关性。

例如：

老吕的颜值高低，与老吕的逻辑课程好坏没有必然关系。

康哥的头发多少，与康哥的英语课程好坏也没有必然关系。

然而，我们却经常把一些在情感上、历史上、人格上等其他方面相关，但在逻辑上并不相关的内容作为论据使用。如果这样，就会犯"诉诸情感""诉诸历史""诉诸人身"等逻辑谬误（详细可见本书第6讲的相关内容）。

第 4 讲

25.3　真实性

论据既然是作为证据来证明一个论点的，它就必须是已知真实的。如果论据本身就是有问题的，甚至是虚假的或捏造的，它又如何证明论点成立呢？法庭上的"伪证"其实就是这种情况。在此情况下，论证者犯了"虚假论据"的逻辑谬误。

例如：

吕建刚老师是个特别漂亮的女孩子，因此，我认为吕老师肯定收过很多情书。

【分析】

在上述论证中，论据是"吕建刚老师是个特别漂亮的女孩子"，如果这一论据本身是假的，当然就无法证明观点的成立性。

母题模型 17　拆桥搭桥模型

母题技巧

第 1 步　识别论证类型	**题干特点**：题干中出现以下三种不一致，则为拆桥搭桥模型。 （1）论证对象不一致。 （2）核心概念不一致。 （3）话题不一致。
第 2 步　套用母题方法	（1）支持题、假设题：搭桥法，即指出论据与论点中的对象、概念、话题具备一致性。 （2）削弱题：拆桥法，即指出论据与论点中的对象、概念、话题有差异。 **口诀 22　拆桥搭桥模型** 对象概念有变化，此题就考拆和搭。 支持假设就搭桥，削弱就要找差异。

典型例题

例 6.3　（2017 年经济类联考真题改编）实验发现，口服少量某种类型的安定药物，可使人们在测谎器的测验中撒谎而不被发现。测谎器对人们所产生的心理压力能够被这类安定药物有效地抑制，同时没有显著的副作用。因此，这类药物同样可有效地减少日常生活中的心理压力而无显著的副作用。

以下哪项最能削弱题干中的论证？

A. 任何类型的安定药物都有抑制心理压力的效果。

B. 如果禁止测试者服用任何药物，测谎器就有完全准确的测试结果。

C. 测谎器对人们所产生的心理压力与日常生活中人们面临的心理压力有比较大的差异。

D. 大多数药物都有副作用。

E. 越来越多的人在日常生活中面临日益加重的心理压力。

【第1步　识别论证类型】

锁定关键词"因此"，可知此前是论据，此后是论点。

题干：测谎器对人们所产生的心理压力能够被这类安定药物有效地抑制，同时没有显著的副作用，因此，这类药物同样可有效地减少日常生活中的心理压力而无显著的副作用。

论据与论点中的对象不一致，故此题为拆桥搭桥模型。

【第2步　套用母题方法】

拆桥搭桥模型的题目，优先指出题干中的不一致之处，C项指出这两种压力有差异，可迅速秒杀。

干扰项分析：

A项，支持题干，如果"任何类型的安定药物"都可以抑制心理压力，那么题干中的"这种类型的安定药物"也可以起到有效抑制心理压力的作用。

B项，无关选项，题干的论证不涉及测谎器测试结果的准确性。（无关选项的意思是，本项的话题与题干的论题不一致或者不相关）

D项，不能削弱题干，"大多数药物"有副作用，与题干中的药物是否有副作用无关。

E项，无关选项，有多少人在日常生活中存在心理压力，与题干中的药物的作用无关。

【答案】C

例 6.4　格陵兰岛是地球上最大的岛屿，形成于38亿年前，大部分地区被冰雪覆盖。有大量远古的岩石化石埋藏在格陵兰岛地下，它们的排列就像是一个整齐的堤坝，也被称为蛇纹石。通过这些蛇纹石，人们可以断定格陵兰岛在远古时期可能是一块海底大陆。

补充以下哪项作为前提可以得出上述结论？

A. 格陵兰岛是一个由高耸的山脉、庞大的蓝绿色冰山、壮丽的峡湾和贫瘠裸露的岩石组成的地区。

B. 这些蛇纹石化石的年代和特征与伊苏亚地区发现的一致，而后者曾是一片海底大陆。

C. 蛇纹石中碳的形状呈现出生物组织特有的管状和洋葱型结构，类似于早期的海洋微生物。

D. 由于大陆板块的运动才创造出了许多新的大陆，在板块运动发生之前，地球上绝大部分地区是一片汪洋大海。

E. 蛇纹石是两个大陆板块在运动中相互碰撞时挤压海底大陆而形成的一种岩石。

【第1步　识别论证类型】

锁定关键词"人们可以断定"，可知此前是论据，此后是论点。

题干：格陵兰岛有大量的蛇纹石，因此，格陵兰岛在远古时期可能是一块海底大陆。

论据中的"蛇纹石"和论点中的"海底大陆"明显不一致，故此题为拆桥搭桥模型。

【第2步　套用母题方法】

观察选项，发现只有B项和E项涉及"蛇纹石"与"海底大陆"的关系，故重点分析这两项。

B项，将这些蛇纹石与伊苏亚地区发现的蛇纹石进行类比，试图说明既然伊苏亚地区曾是一片海底大陆，那么格陵兰岛也应该曾是一片海底大陆。但类比论证是或然性的，其结论未必成立，故支持力度较小。（"类比论证"的相关知识详见本节大纲考点26）

E项，直接说明蛇纹石是板块运动碰撞时挤压海底大陆而形成的，即搭桥法，建立了"蛇纹石"与"海底大陆"之间的联系，由此可证明结论。

干扰项分析：

A 项，无关选项，题干讨论的是格陵兰岛的形成，而此项讨论的是格陵兰岛目前的状况。

C 项，说明了蛇纹石中"碳的形状"类似于"早期的海洋微生物"，这可能仅仅是一种形状上的相似，而不代表蛇纹石存在于海底。

D 项，地球上绝大部分地区是海洋，不代表格陵兰岛原先是海洋，且此项与"蛇纹石"无关。

【答案】E

例 6.5　大城市相对于中小城市，尤其是小城镇来讲，其生活成本是比较高的。这必然限制农村人口的进入，因此，仅靠发展大城市实际上无法实现城市化。

以下哪项是上述论证所假设的？

A. 城市化是我国发展的必由之路。

B. 单纯发展大城市不利于城市化的推进。

C. 要实现城市化，就必须让城市充分吸纳农村人口。

D. 大城市对外地农村人口的吸引力明显低于中小城市。

E. 城市化不能单纯发展大城市，也要充分重视发展其他类型的城市。

【第 1 步　识别论证类型】

锁定关键词"因此"，可知此前是论据，此后是论点。

题干：大城市生活成本较高，必然限制农村人口进入，因此，仅靠发展大城市无法实现城市化。

论据与论点中出现话题的不一致，故此题为拆桥搭桥模型。

【第 2 步　套用母题方法】

观察选项，发现只有 C 项涉及"农村人口"与"城市化"的关系，故可迅速选择 C 项。即：限制农村人口进入大城市→无法实现城市化，等价于：要实现城市化，就不能限制农村人口进入大城市，即必须让城市充分吸纳农村人口。

其余各项均不涉及"农村人口"与"城市化"的关系，均为无关选项。

【答案】C

真题秒杀

例 6.6　(2019 年管理类联考真题)某研究机构以约 2 万名 65 岁以上的老人为对象，调查了笑的频率与健康状态的关系。结果显示，在不苟言笑的老人中，认为自身现在的健康状态"不怎么好"和"不好"的比例分别是几乎每天都笑的老人的 1.5 倍和 1.8 倍。爱笑的老人对自我健康状态的评价往往较高。他们由此认为，爱笑的老人更健康。

以下哪项如果为真，最能质疑上述调查者的观点？

A. 乐观的老人比悲观的老人更长寿。

B. 病痛的折磨使得部分老人对自我健康状态的评价不高。

C. 身体健康的老人中，女性爱笑的比例比男性高 10 个百分点。

D. 良好的家庭氛围使得老年人生活更乐观、身体更健康。

E. 老年人的自我健康评价往往和他们实际的健康状况之间存在一定的差距。

【第 1 步 识别论证类型】

锁定关键词"由此认为",可知此前是论据,此后是论点。

调查者:爱笑的老人对自我健康状态的评价往往较高,因此,爱笑的老人更健康。

论据与论点中出现核心概念的不一致,故此题为拆桥搭桥模型。

【第 2 步 套用母题方法】

观察选项,发现只有 E 项涉及"健康评价"与"健康"的关系,分析 E 项:拆桥法,指出"自我健康评价"与"实际的健康状况"有差距,即自我健康评价较高不一定就更健康,可以削弱题干。

干扰项分析:

A 项,无关选项,题干不涉及"乐观的老人"和"悲观的老人"哪个更长寿的比较。

B 项,无关选项,此项指出了部分老人"对自我健康状态的评价不高"的原因,但题干不涉及对原因的分析。

C 项,无关选项,题干不涉及"男性"和"女性"的比较。

D 项,无关选项,此项指出了老年人生活更乐观、身体更健康的原因,但题干不涉及对原因的分析。

【答案】E

例 6.7 (2020 年管理类联考真题)披毛犀化石多分布在欧亚大陆北部,我国东北平原、华北平原、西藏等地也偶有发现。披毛犀有一种独特的构造——鼻中隔,简单地说就是鼻子中间的骨头。研究发现,西藏披毛犀化石的鼻中隔只是一块不完全的硬骨,早先在亚洲北部、西伯利亚等地发现的披毛犀化石的鼻中隔要比西藏披毛犀的"完全",这说明西藏披毛犀具有更原始的形态。

以下哪项如果为真,最能支持以上论述?

A. 一个物种不可能有两个起源地。

B. 西藏披毛犀化石是目前已知最早的披毛犀化石。

C. 为了在冰雪环境中生存,披毛犀的鼻中隔经历了由软到硬的进化过程,并最终形成一块完整的骨头。

D. 冬季的青藏高原犹如冰期动物的"训练基地",披毛犀在这里受到耐寒训练。

E. 随着冰期的到来,有了适应寒冷能力的西藏披毛犀走出西藏,往北迁徙。

【第 1 步 识别论证类型】

锁定关键词"这说明",可知此前是论据,此后是论点。

题干:西藏披毛犀化石的鼻中隔只是一块不完全的硬骨,早先在亚洲北部、西伯利亚等地发现的披毛犀化石的鼻中隔要比西藏披毛犀的更"完全",因此,西藏披毛犀具有更原始的形态。

即:西藏披毛犀化石的鼻中隔更加不完全,因此,西藏披毛犀更原始。

论据中的核心概念是"鼻中隔的完全程度",论点中的核心概念是"原始(进化程度)",二者不一致,故此题为拆桥搭桥模型。

【第 2 步 套用母题方法】

五个选项中只有 C 项涉及"鼻中隔"与"进化"的关系,分析 C 项:说明披毛犀鼻中隔的形成是从不完全到完全的过程,那么鼻中隔形成越不完全,则披毛犀的形态越原始。故此项是搭桥法,建立了"鼻中隔的完全程度"与"原始程度"的关系,支持题干。

第 4 讲

干扰项分析：

A项，无关选项，题干的论证并未涉及物种的"起源地"。

B项，无关选项，题干讨论的是"披毛犀化石的鼻中隔"与"披毛犀的原始形态"的关系，而此项仅涉及披毛犀化石的"早晚"。

D项，无关选项，题干的论证不涉及披毛犀接受耐寒训练的"地点"。

E项，无关选项，此项不涉及"鼻中隔"，与题干的论证无关。

【答案】C

例 6.8　(2011年在职MBA联考真题)英国纽克大学和曼彻斯特大学考古人员在北约克郡的斯塔卡发现一处有一万多年历史的人类房屋遗迹。测年结果显示，它为一个高约3.5米的木质圆形小屋，存在于公元前8500年，比之前发现的英国最古老房屋至少早500年。考古人员还在附近发现一个木头平台和一个保存完好的大树树干。此外他们还发现了经过加工的鹿角饰品，这说明当时的人已经有了一些仪式性的活动。

以下哪项如果为真，最能支持上述观点？

A. 木头平台是人类建造小木屋的工作场所。

B. 当时的英国人已经有了相对稳定的住址，而不是之前认为的居无定所的游猎者。

C. 人类是群居动物，附近还有更多的木屋等待发掘。

D. 人类在一万多年前就已经在北约克郡附近进行农耕活动。

E. 只有举行仪式性的活动，才会出现经过加工的鹿角饰品。

【第1步　识别论证类型】

锁定关键词"这说明"，可知此前是论据，此后为论点。

题干：考古人员发现了经过加工的鹿角饰品，这说明，当时的人已经有了一些仪式性的活动。

论据与论点中出现核心概念的不一致，故此题为拆桥搭桥模型。

【第2步　套用母题方法】

观察选项，发现只有E项涉及"经过加工的鹿角饰品"与"仪式性活动"之间的关系，故可迅速选择E项。

其余四个选项均不涉及"鹿角饰品"以及"仪式性活动"，均与考古人员的观点不相关。

【答案】E

大纲考点 26　类比论证

26.1　什么是类比论证

类比是根据两个或两类相关对象具有某些相似或相同的属性，从而推测他们在另外的属性上也相同或者相似。

例如：

酱心听了老吕的课，考上了研究生。

酱油听了老吕的课。

因此，酱油也考上了研究生。

可见，类比论证的典型结构为：

对象 1：有性质 A，有性质 B；

对象 2：也有性质 A；

_____

所以，对象 2 也有性质 B。

26.2 类比的有效性

类比的有效性取决于两点：一是两个类比对象是否相似，二是前提属性与结论属性是否本质上相关。真题主要考查第一点。

我们可以这样削弱或支持上述例子：

削弱：酱心学习很努力，酱油学习不努力（类比对象有差异）。

支持：酱油和酱心的基础、智商、努力程度都差不多（类比对象相似）。

但要注意，类比对象不可能完全一样，因此，我们用指出类比对象的差异来削弱一个类比论证时，这种差异必须是本质性的、影响类比成立性的差异。

例如，"酱心的头发长，酱油的头发短"，这种差异与能否考上研究生无关，因此，不能削弱上述例子。

母题模型 18 类比论证模型

⚡ **母题技巧**

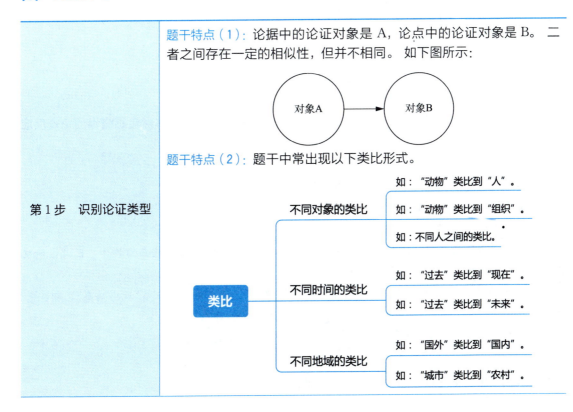

续表

类比论证模型的削弱	类比论证模型的支持/假设
类比对象有差异，这种差异影响了类比的成立性（可认为是拆桥法）。	类比对象本质上相似或一致（可认为是搭桥法）。

第2步 套用母题方法

⏰ **口诀 23** 类比论证模型

论据A，论点B，此题考点是类比。
支持假设就搭桥，质疑削弱找差异。

类比与普通搭桥的联系与区别：

（1）类比是拆桥搭桥模型的一种。

（2）类比的对象一般具备一定的相似性（如不同的人之间，动物与人之间），而普通搭桥可能是将看起来无关的内容进行搭桥（如例6.8中的"鹿角饰品"与"仪式性活动"）。

✏️ **典型例题**

例 6.9 流行性感冒病毒，是正粘病毒科的代表种，简称流感病毒，包括人流感病毒和动物流感病毒，人流感病毒分为甲（A）、乙（B）、丙（C）三型，是流行性感冒（流感）的病原体。研究人员发现，注射灭活疫苗可使人体产生对伤寒、霍乱、流行性脑膜炎等病毒的抗体。有科学家据此认为，研发灭活疫苗将是人类对抗流感病毒的有效途径。

以下哪项最可能是科学家的论证所假设的？

A. 任何类型的疫苗都有对抗流感病毒的效果。

B. 注射一次灭活疫苗将使人产生对流感病毒的完全的免疫效果。

C. 人类对伤寒、霍乱、流行性脑膜炎等病毒的免疫反应原理与人体对流感病毒的免疫反应原理相同。

D. 灭活疫苗没有副作用。

E. 如果没有灭活疫苗，人类无法对抗流感病毒。

【**第1步 识别论证类型**】

锁定关键词"据此认为"，可知此前是论据，此后是论点。

题干：注射灭活疫苗可使人体产生对<u>伤寒、霍乱、流行性脑膜炎等病毒</u>的抗体，因此，研发灭活疫苗将是人类对抗<u>流感病毒</u>的有效途径。

论据中的对象是"伤寒、霍乱、流行性脑膜炎等病毒"，论点中的对象是"流感病毒"，即：

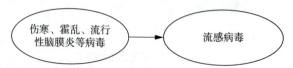

故此题为<u>类比论证模型（也可认为是拆桥搭桥模型）</u>。

【第 2 步　套用母题方法】

观察选项，发现只有 C 项涉及这两类不同病毒的联系，分析 C 项：指出两个对象具备类似性（搭桥法），故选 C 项。

干扰项分析：

A 项，假设过度，题干只需假设"灭活疫苗"有效果即可，无需假设"任何类型的疫苗"。

B 项，假设过度，不必要求注射"一次"灭活疫苗将使人产生对流感病毒"完全的"免疫效果，实际上，通过"多次"注射灭活疫苗使人产生"相对有效的"免疫效果，也可以说明灭活疫苗是有效的。

D 项，不必假设，对于疫苗来说，只要副作用不是非常严重即可。

E 项，不必假设，即使没有灭活疫苗，也可能有其他的手段帮助人类对抗流感病毒。

【答案】C

例 6.10　近日，研究人员在对实验鼠的神经回路进行分析中，发现导致特发性震颤的致病基因。研究人员分析了行走时下半身出现强烈震颤的实验鼠的基因及其中枢神经系统，发现实验鼠的"Teneurin-4"基因出现变异，导致神经细胞的轴突外没有形成髓鞘。神经类似电线，轴突相当于电线中的导线，而髓鞘如同覆盖在导线外的绝缘层。研究人员认为，实验鼠是由于髓鞘没有正常形成，导致神经回路"短路"，才出现震颤症状。研究人员据此得出结论，人类发生这种震颤的原因也是相同的。

以下哪项如果为真，最能削弱研究人员的论证？

A. 研究发现，"Teneurin-4"基因功能受到抑制的转基因实验鼠也存在髓鞘发育不全的状况。

B. 导致人类发生特发性震颤的致病基因与实验鼠的基因具备类似性。

C. 特发性震颤一直被认为是由基因导致的，但与此相关的具体基因及其引发症状的详细机制此前一直不明。

D. 患有特发性震颤疾症的人类与实验鼠发病时的症状并不完全相同。

E. 人类体内不具备"Teneurin-4"这种基因。

【第 1 步　识别论证类型】

锁定关键词"据此得出结论"，可知此前是论据，此后是论点。

研究人员：实验鼠的"Teneurin-4"基因出现变异，导致髓鞘没有正常形成，导致神经回路"短路"，才出现震颤症状，因此，人类发生这种震颤的原因也是相同的。

论据中的论证对象是"实验鼠"，论点中的论证对象是"人类"，即：

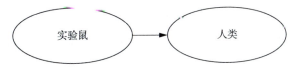

故此题为类比论证模型（也可认为是拆桥搭桥模型）。

【第 2 步　套用母题方法】

没有选项直接说明"人类"与"实验鼠"的区别，故逐个分析选项。

A 项，说明"Teneurin-4 基因功能受到抑制也会导致髓鞘没有正常形成，支持实验鼠震颤的出现与"Teneurin-4"基因有关，但此项没有涉及"人类"的情况，故排除。

B 项，说明人类与实验鼠类似（可理解为搭桥），支持由实验鼠的情况来推断人类的情况。

C项，无关选项，"此前一直不明"与现在的实验是否能明确震颤的原因无关。

D项，无关选项，题干讨论的是震颤的"原因"，而此项讨论的是震颤的"症状"。

E项，此项指出人类体内不具备"Teneurin-4"这种基因，而题干中实验鼠则具备这种"Teneurin-4"基因，说明人类与实验鼠存在差异，题干的类比不成立，削弱题干。

【答案】E

真题秒杀

例6.11 （2022年管理类联考真题）有些科学家认为，基因调整技术能大幅延长人类寿命。他们在实验室中调整了一种小型土壤线虫的两组基因序列，成功将这种生物的寿命延长了5倍。他们据此声称，如果将延长线虫寿命的科学方法应用于人类，人活到500岁就会成为可能。

以下哪项如果为真，最能质疑上述科学家的观点？

A. 基因调整技术可能会导致下一代中一定比例的个体失去繁殖能力。

B. 即使将基因调整技术成功应用于人类，也只会有极少的人活到500岁。

C. 将延长线虫寿命的科学方法应用于人类，还需要经历较长一段时间。

D. 人类的生活方式复杂而多样，不良的生活习惯和心理压力会影响身心健康。

E. 人类寿命的提高幅度不会像线虫那样简单倍增，200岁以后寿命再延长基本不可能。

【第1步 识别论证类型】

题干：科学家在实验室中调整了一种小型土壤线虫的两组基因序列，成功将这种生物的寿命延长了5倍 ——证明——> 如果将延长线虫寿命的科学方法应用于人类，人活到500岁就会成为可能。

题干中论据的论证对象是"小型土壤线虫"，论点的论证对象是"人"，对象不一致，故此题为类比论证模型（拆桥搭桥模型）。

【第2步 套用母题方法】

A项，无关选项，题干讨论的是基因调整技术对"寿命延长"的作用，并未涉及个体的"繁殖能力"是否会缺失。

B项，此项看似想要削弱科学家的观点，实则指出了有的人可以通过基因调整技术活到500岁，明否暗肯，支持题干。

C项，此项指出基因调整技术要在人类身上使用还需要经历较长一段时间，但并未说明这项技术对人类寿命的延长是否有作用，故无法质疑题干。

D项，无关选项，题干的论证并未涉及影响人类身心健康的因素。

E项，此项指出人和线虫本质上有区别，活到500岁是不可能实现的，拆桥法，质疑力度最大。

【答案】E

大纲考点27 归纳论证

27.1 完全归纳与不完全归纳

归纳就是通过个别性、特殊性认识概括出一般性认识的过程。归纳可分为两种：一种叫完全归纳，另一种叫不完全归纳。

（1）完全归纳

完全归纳法是根据某类对象中每一个对象的性质，推出该类对象全部具有此性质。

例①：

水星绕着太阳转；金星绕着太阳转；地球绕着太阳转；火星绕着太阳转；木星绕着太阳转；土星绕着太阳转；天王星绕着太阳转；海王星绕着太阳转。太阳系一共只有这八大行星，因此，太阳系内的所有大行星都绕着太阳转。

（2）不完全归纳

不完全归纳法是根据一部分对象(样本)的性质，推出该类对象全部具有此性质。

例②：

酱心、酱油、酱包、酱肉是老吕的学生，他们考上了研究生，因此，所有老吕的学生都考上了研究生。

以上两种归纳法中，完全归纳法是严谨的，但是在现实生活中，完全归纳法往往很难实现。比如我们要评估中国大学生的月均消费水平，如果用完全归纳法来调查每一位大学生的消费情况，成本太高、不太现实。因此，我们经常用问卷调查、数据统计，甚至是典型事例等方式来推测一般性结论，即不完全归纳法。

逻辑考试中很少考到完全归纳。本书后文中所讲的"归纳"，如无特殊说明，均指不完全归纳。

27.2 样本的代表性

不完全归纳法(以下简称"归纳")是通过样本的情况来概括整体的情况，因此，样本必须要有代表性，主要体现在以下三个方面：

（1）样本的数量

样本的数量越多，就越有代表性；反之，若样本数量太少，则没有代表性。

例②中，仅凭"酱心、酱油、酱包、酱肉"四位学生考上了研究生，就认为老吕的所有学生都考上了研究生，显然样本数量太少了。

（2）样本的广度

样本的覆盖范围越大，即广度越大，就越有代表性；反之，样本的广度越小，就越没有代表性。

例③：

通过对北京、上海、广州、深圳的 10 万名大学生的调查发现，这些大学生月均消费额约 2 000 元，因此，中国大学生的月均消费额约 2 000 元。

在本例中，"10 万名大学生"作为样本，数量足够多了。但这些样本都集中在一线城市，难以代表二、三、四线城市大学生的情况，因此，样本的广度不够，没有代表性。

（3）样本的随机性

随机抽样的意思就是调查对象总体中每个部分都有同等被抽中的可能，是一种完全依照机会均等的原则进行的抽样调查。如果一个样本不是随机选取的，那么这个调查就可能存在系统性、人为性的偏差。

总之，一组有代表性的样本，至少要符合三个特点：第一，样本的数量要足够多；第二，样本的广度要足够宽；第三，样本是随机选取的。否则，这个样本就不具有足够的代表性，此论证就犯了<u>不当归纳（以偏概全）</u>的逻辑谬误。

27.3　中立性

一项调查，无论是调查者还是被调查者，都应该保持中立性。如果一个论据的来源并不中立，那么这个论据的真实性就会受到质疑。

例④：

一项由吕建刚老师资助的调查发现，中国最好的逻辑老师是吕建刚老师。

本例中的调查是由吕建刚老师资助的，因此，就存在偏袒吕建刚老师的可能，因而这项调查没有说服力。

母题模型 19　归纳论证模型

⚡ 母题技巧

第1步　命题模型识别	题干特点（1）：论据中的论证对象（a）是论点中的论证对象（A）的子集。也就是说，论据的对象（小集合）与论点的对象（大集合）存在不一致。如下图所示：  题干特点（2）：论据中常出现问卷调查或者是某个人的见闻。	
第2步　套用母题方法	**归纳论证模型的削弱**	**归纳论证模型的支持/假设**
	样本没有代表性（数量太少、广度不够、样本不是随机选取），即以偏概全。	样本有代表性（数量多、广度大、样本随机选取）。
	调查机构不中立。	调查机构中立（力度小，调查机构中立并不能保证一个调查的准确性）。

> ⏰ **口诀 24　归纳论证模型**
>
> 论据小，论点大，此题考点是归纳。
>
> 数量广度随机性，调查机构中立吗？

✏ 典型例题

例 6.12 《花与美》杂志受 A 市花鸟协会委托，就 A 市评选市花一事对杂志读者群进行了民意调查，结果 60％以上的读者将荷花选为市花，于是编辑部宣布，A 市大部分市民赞成将荷花定为市花。

以下哪项如果属实，最能削弱该编辑部的结论？

A. 有些《花与美》的读者并不喜欢荷花。

B.《花与美》杂志的读者主要来自 A 市一部分收入较高的女性市民。

C.《花与美》杂志的有些读者并未在调查中发表意见。

D. 市花评选的最后决定权是 A 市政府而非花鸟协会。

E.《花与美》杂志的调查问卷将荷花放在十种候选花的首位。

【第 1 步　识别论证类型】

此题问的是哪项"最能削弱该编辑部的结论"，故锁定编辑部的结论。

编辑部：《花与美》杂志 60％以上的读者将荷花选为市花，因此，大部分市民赞成将荷花定为市花。

论据中的对象是 60％以上的"读者"，论点中的对象是大部分"市民"，前者是后者的子集，即：

故此题为归纳论证模型。

【第 2 步　套用母题方法】

A 项，不能削弱，个别人的情况不能削弱大部分人的情况。

B 项，削弱题干，此项指出调查对象的广度不够，样本没有代表性。

C 项，不能削弱，对于一个调查来说，只需要样本有代表性即可，没必要调查所有对象。

D 项，题干调查的是市民的意见，而不是市政府的意见，故此项与题干不相关。

E 项，此项如果要削弱题干，必须有一个假设，即大部分读者会选放在首位的候选花，但这一假设未必成立，故此项不能削弱题干。

【答案】B

例 6.13 目前的大学生普遍缺乏中国传统文化的学习和积累。国家教委有关部门及部分高等院校最近做的一次调查表明，大学生中喜欢和比较喜欢京剧艺术的只占到被调查人数的 14％。

下列陈述中的哪一项最能削弱上述观点？

A. 大学生缺乏对京剧艺术欣赏方面的指导，不懂得怎样去欣赏。

B. 喜欢京剧艺术与学习中国传统文化不是一回事，不要以偏概全。

C. 14％的比例正说明培养大学生对传统文化的学习大有潜力可挖。

D. 有一些大学生既喜欢京剧，又对中国传统文化的其他方面有兴趣。

E. 调查的比例太小，恐怕不能反映当代大学生的真实情况。

【第1步 识别论证类型】

此题第一句话是一个断定，即论点；第二句话是一项调查，即论据。

故此题的论证结构为：调查表明，大学生中喜欢和比较喜欢<u>京剧艺术</u>的只占到被调查人数的14％，因此，目前的大学生普遍缺乏<u>中国传统文化</u>的学习和积累。

论据中大学生喜欢的对象是"京剧艺术"，论点中却说大学生缺乏"中国传统文化"的学习和积累，前者是后者的子集，即：

故此题为归纳论证模型。

【第2步 套用母题方法】

A项，无关选项，此项说明大学生不喜欢京剧艺术的原因，但题干不涉及对原因的分析。

B项，题干中的调查只针对"京剧艺术"，得到的结论却是"中国传统文化"，犯了以偏概全的逻辑谬误，此项指出了这一点，故为正确选项。

C项，无关选项，培养大学生对传统文化的学习是否有"潜力可挖"与现在是否"缺乏中国传统文化的学习和积累"无关。

D项，"有一些"大学生的情况仅仅是个别情况，不能反驳一项调查的结果。

E项，"恐怕"是弱化词，表达猜测性语气，故削弱力度小。

【答案】B

例6.14 在一项调查中，对"如果被查出患有癌症，你是否希望被告知真相"这一问题，80％的被调查者作了肯定回答。因此，当人们被查出患有癌症时，大多数都希望被告知真相。

以下各项如果为真，都能削弱上述论证，除了：

A. 上述调查的策划者不具有医学背景。

B. 上述问题的完整表述是：作为一个意志坚强和负责任的人，如果被查出患有癌症，你是否希望被告知真相？

C. 在另一项相同内容的调查中，大多数被调查者对这一问题作了否定回答。

D. 上述调查是在一次心理学课堂上实施的，调查对象受过心理素质的训练。

E. 在被调查时，人们通常都不讲真话。

【第1步 识别论证类型】

锁定关键词"因此"，可知此前是论据，此后是论点。

题干：80％的被调查者作了肯定回答（即希望被告知真相），因此，当<u>人们</u>被查出患有癌症时，大多数都希望被告知真相。

论据中的对象是"被调查者"，论点中的对象是"人们"，前者是后者的子集，即：

故此题为归纳论证模型。

【第2步 套用母题方法】

A项，此项试图质疑调查的策划者，但是，此项调查并不涉及医学知识，无须医学背景。而且此项也不能说明调查的策划者不中立，因此不能削弱题干。

B项，此项说明问卷设计不中立，带有暗示性语言，影响调查结论，可以削弱题干。

C项，由相同的调查得出了不一样的结论，说明此调查结论未必准确，可以削弱题干。

D项，此项指出调查对象受过心理素质训练，因此不能代表普通的癌症患者，即样本不具有代表性，可以削弱题干。

E项，直接说明调查数据不真实，可以削弱题干。

【答案】 A

例 6.15 交管局要求司机在通过某特定路段时，在白天也要像晚上一样使用大灯，结果发现这条路上的年事故发生率比从前降低了15%。他们得出结论说，在全市范围内都推行该项规定会同样地降低事故发生率。

以下哪项如果为真，最能支持上述论断?

A. 该测试路段在选取时包括了在该市驾车时可能遇见的多种路况。

B. 由于可以选择其他路线，因此所测试路段的交通量在测试期间减少了。

C. 在某些条件下，包括有雾和暴雨的条件下，大多数司机已经在白天使用了大灯。

D. 司机们对在该测试路段使用大灯的要求的了解来自在每个行驶方向上的三个显著的标牌。

E. 该特定路段由于附近山群遮挡，导致白天能见度非常低。

【第1步 识别论证类型】

锁定关键词"他们得出结论说"，可知此前是论据，此后是论点。

题干：在某特定路段规定白天使用大灯，年事故率降低15%，因此，在全市范围内推行该项规定同样会降低事故发生率。

论据中的对象是"某特定路段"，论点中的对象是"全市范围内的路"，前者是后者的子集，即：

故此题为归纳论证模型。

【第2步 套用母题方法】

A项，此项说明该测试路段能够代表全市其他路段，样本具有代表性，支持题干。

B项，此项指出测试期间，该测试路段的交通量减少了，从而减少了事故，说明题干中的数据不准确，削弱题干。

C 项，此项说明现在的司机已经在白天有需要的时候使用了大灯，那么，题干的措施就有可能无效，削弱题干。

D 项，无关选项，司机用什么方式了解使用大灯的要求，与使用大灯是否降低事故发生率无关。

E 项，此项指出该路段有其特殊性，不能代表全市的其他路段，样本没有代表性，削弱题干。

【答案】A

真题秒杀

例 6.16 （2007 年 MBA 联考真题）莫大伟到吉安公司上班的第一天，就被公司职工自由散漫的表现所震惊。莫大伟由此得出结论：吉安公司是一个管理失效的公司，吉安公司的员工都缺乏工作积极性和责任心。

以下哪项如果为真，最能削弱上述论证？

A. 当领导不在时，公司的员工会表现出自由散漫。

B. 吉安公司的员工超过 2 万人，遍布该省的十多个城市。

C. 莫大伟大学刚毕业就到吉安公司，对校门外的生活不适应。

D. 吉安公司的员工和领导的表现完全不一样。

E. 莫大伟上班的这一天刚好是节假日后的第一个工作日。

【第 1 步 识别论证类型】

锁定关键词"由此得出结论"，可知此前是论据，此后是论点。

题干：莫大伟到吉安公司上班的第一天看到公司的职工自由散漫，因此，他认为吉安公司是一个管理失效的公司，吉安公司的员工都（即所有员工）缺乏工作积极性和责任心。

此题由个人的所见所闻概括出一般性结论，论据中的对象是"莫大伟上班的第一天看到的公司职工"，论点中的对象是"公司的所有员工"，前者是后者的子集，即：

故此题为归纳论证模型。

【第 2 步 套用母题方法】

A 项，支持题干，提出了新论据：员工在领导不在时"自由散漫"，说明管理失效。

B 项，削弱题干，指出莫大伟所见的样本数量远小于公司的人数，其所见所闻没有代表性。

C 项，无关选项，莫大伟自身的情况，与他所见到的情况无关。

D 项，此项指出员工与领导的表现完全不一样，但由此无法确定员工的表现是好还是不好，故此项不能削弱题干。

E 项，此项说明莫大伟看到的这一天可能是特殊情况，不必然推出"该公司的员工'都'缺乏工作积极性和责任心"，故此项削弱力度小。

【答案】B

例 6.17 （2020 年经济类联考真题）免疫研究室的钟教授说："生命科学院从前的研究生那种勤奋精神越来越不多见了，因为我发现目前在我的研究生中，起早摸黑做实验的人越来越少了。"

以下哪项最为恰当地指出了钟教授推理中的漏洞？

A. 不当地假设：除了生命科学院以外，其他学院的研究生普遍都不够用功。

B. 没有考虑到研究生的不勤奋有各自不同的原因。

C. 只是提出了问题，但没有提出解决问题的办法。

D. 不当地假设：他的学生状况就是生命科学院所有研究生的一般状况。

E. 没有设身处地考虑他的研究生毕业后工作的难处。

【第 1 步 识别论证类型】

锁定关键词"因为"，可知此后是论据，此前是论点。

题干：钟教授的研究生中，起早摸黑做实验的人越来越少了，因此，生命科学院从前的研究生那种勤奋精神越来越不多见了。

论据中的对象是"钟教授的研究生"，论点中的对象是"生命科学院的研究生"，前者是后者的子集，即：

论据中"起早摸黑做实验"是论点中"勤奋"的具体行为，前者是后者的子集，即

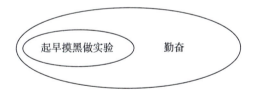

故此题为归纳论证模型。

【第 2 步 套用母题方法】

显然，钟教授的论证中：①自己研究生的情况，代表了生命科学院的研究生的情况；②"起早摸黑做实验"代表了"勤奋"。故 D 项正确（以偏概全）。

其余各项均为无关选项。

【答案】D

大纲考点28 演绎论证

28.1 什么是演绎论证

演绎是由一般到个别的论证方法，它由一般原理出发，推导出关于个别情况的结论。演绎是必然性的论证，即：如果前提为真，则其结论一定为真。

例①：

如果我爱你，那么我会嫁给你。我爱你，因此，我会嫁给你。

例②：

如果努力学习，那么一定能考上研究生。现在你学习很努力，因此，你能考上研究生。

28.2　推理与论证的区别

演绎既是推理的方法，又是论证的方法。那么推理与论证的区别是什么呢？

推理我们只考虑过程的正确性，而论证则既要求过程的正确性，也要求内容的正确性。来看以下两个题干的区别：

例③：

已知两个断定：如果努力学习，那么一定能考上研究生。酱心学习很努力。

如果以上断定为真，最能推出以下哪项？

例④：

如果努力学习，那么一定能考上研究生。酱心学习很努力，因此，酱心能考上研究生。

以下哪项，最能质疑以上论证？

例③是道推理题，它假定了前提的正确性，我们只需要经过正确的推理过程就可以推出答案。

例④是道论证题，我们既要看这一论证过程是否有效，也要考虑其前提（论据）是否有效。比如我们可以做这样的质疑：努力学习真的能保证考上研究生吗？酱心真的努力学习了吗？

28.3　常见的演绎论证

（1）假言论证

以一个假言命题作为主要论据，从而得出论点的过程。

其公式是：

$$A \rightarrow B，A，因此 B。$$

$$\neg A \rightarrow \neg B，\neg A，因此 \neg B。$$

例⑤：

如果下暴雨的话，我们小区的地下车库就会进水。今天下暴雨了，我推断我们小区的地下车库进水了。

（2）三段论论证

以一个三段论或隐含三段论作为主要论据，从而得出论点的过程。

其公式是：

$$所有 A 都有性质 C，B 是 A，所以 B 有性质 C。$$

（3）选言论证

以一个选言命题作为主要论据，从而得出论点的过程。选言论证可看作排除法。

其公式是：

$$A \vee B，\neg A，所以 B。$$

例⑥：

你男朋友或者是小宋，或者是小岳岳。经调查发现，小宋长得挺黑而你不喜欢黑的，排除小宋是你男朋友，因此，你男朋友是小岳岳。

（4）反证法与归谬法

①反证法

反证法是通过论证与论点矛盾的观点不成立（矛盾命题不成立），来论证论点的真实性。

反证法的一般步骤是：

原命题为 A，先假设其不正确（即¬A），发现推出了矛盾，所以¬A 不成立，故 A 成立。

即：

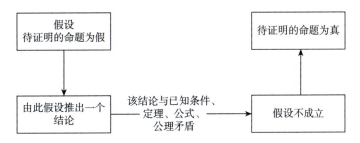

例⑦：

证明：老吕的课讲得很好。

证明过程：假设老吕的课讲得不好，就不应该有这么多他的学生考上研究生，而事实上，他有很多学生考上研究生，因此，老吕的课讲得很好。

②归谬法

归谬法是一种反驳方法，它的一般步骤是：先假设对方论点为真，从而推出荒谬的结论，以此证明对方论点虚假。

即：

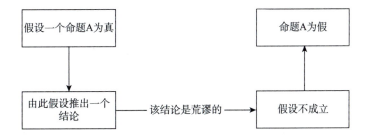

例⑧：

据冯梦龙《古今笑史·塞语部》记载：东汉南昌人徐孺子十一岁的时候，有一次同太原人郭林宗出游，游毕同到郭家时，因郭宅庭中有一树，郭欲将树伐去。郭伐树的理由是："为宅之法，正如方口，口中有木，困字不详。"徐孺子对此进行了反驳，他说："为宅之法，正如方口，口中有人，囚字何殊？"意思是：如果因"困"字不祥要砍树，岂不是要因为"囚"字不祥而把家中人杀掉吗？

【分析】

徐孺子从郭林宗的逻辑出发，推出了荒谬的结论，从而说服郭林宗不要砍树。徐孺子使用的是归谬法。

③反证法与归谬法的区别

反证法与归谬法的原理具有类似性，都是先进行一个假设，继而推出矛盾，从而说明假设不成立。但二者又有以下两个区别：

目的不同：反证法的目的是为了证明一个观点，而归谬法的目的是为了反驳一个观点。

过程不同：反证法是"证真设假"，即为了证明一个命题为真，先假设这个命题为假。归谬法是"证假设真"，即为了证明一个命题为假，先假设这个命题为真。

📝 **典型例题**

例 6.18　你要努力学习，因为如果你不努力学习，就难以考上研究生。

下面哪项论证在方式上与上述论证最类似？

A. 人在自己的生活中不能不尊重规律，如果违背规律，就会受到规律的无情惩罚。

B. 加强税法宣传十分重要，这样做可以普及税法知识，增强人们的纳税意识，增加国家的财政收入。

C. 有些近体诗是要求对仗的，因为有些近体诗是律诗，而所有律诗都要求对仗。

D. 风水先生惯说空，指南指北指西东，倘若真有龙虎地，何不当年葬乃翁。

E. 金属都具有导电的性质，因为，我们研究了金、银、铜、铁、铅这些金属，发现它们都能导电。

【详细解析】

题干使用了反证法：为了证明论点"你要努力学习"为真，假设"你不努力学习"为真，从而推出了"难以考上研究生"这样的恶果，进而反推出论点为真。

A 项，"不能不"尊重规律，即要尊重规律。此项为了证明论点"要尊重规律"为真，假设"违背规律"为真，从而推出了"受到规律的无情惩罚"这样的恶果，进而反推出论点为真。故此项也使用了反证法，与题干的论证方式最为类似。

B 项，直接用论据证明论点，与题干不同。

C 项，三段论论证，与题干不同。

D 项，风水先生不是总说有风水宝地吗？如果有的话，当年你为什么不把你家老人葬在这里？用归谬法反驳风水先生，与题干不同。

E 项，不完全归纳法，与题干不同。

【答案】A

母题模型 20　演绎论证模型

母题变式 20.1　演绎论证模型：假言论证与三段论论证

⚡ **母题技巧**

第 1 步　识别论证类型	题干特点：论据是一般性的（常见关联词：如果……那么……；只有……才……；所有……），即论证对象是某类对象的全体 A；论点是个别性的，即论证对象是此类对象中的个体 a；后者是前者的子集。如下图所示： 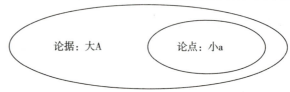 论据：大A　　论点：小a

第2步 套用母题方法	无论是削弱题、支持题，还是假设题，用箭头表示出题干的信息，一般可以直接看出答案。 ⏱ **口诀 25** 演绎论证模型 论据大，论点小，此题考点是演绎； 这种题目很简单，画画箭头出答案。

💊 **典型例题**

例 6.19 一项新的医疗技术，只有当它的疗效和安全性都确实可靠之后才能临床使用。1998年 A 国科学家成功地使人类胚胎干细胞在体外生长和增殖，这种干细胞技术如果与克隆技术相结合，将可以由患者的体细胞培养出所需的组织细胞，取代患者的坏损细胞，以治疗各种疑难疾病，这就是所谓的"治疗性克隆"。但现在"治疗性克隆"离临床使用还有相当长的距离。

以下哪项如果为真，将给上述结论以最强的支持？

A. 由于"治疗性克隆"涉及破坏人类早期胚胎的问题，因而引起罗马教会以及美、法、德等国政府的强烈反对。

B. 到目前为止，人类胚胎干细胞的获得是相当困难的。

C. 韩国学者黄禹锡承诺为一名因车祸瘫痪的儿童进行干细胞修复，但他有关干细胞的研究成果全部属于造假。

D. 目前科学家还远未弄清人类胚胎干细胞定向分化为各种细胞的机制以及如何防止它转化为癌细胞的问题。

E. 目前只有极少数科学家能够熟练进行人类胚胎干细胞技术与克隆技术的结合。

【第1步 识别论证类型】

题干：一项新的医疗技术，只有当它的疗效和安全性都确实可靠之后才能临床使用，因此，"治疗性克隆"离临床使用还有相当长的距离。

论据中的"一项新的医疗技术"，其实是"任何一项新的医疗技术"的意思。而论点中的"治疗性克隆"属于"新的医疗技术"，是前者的子集。即：

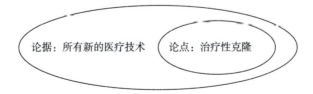

故此题为<u>演绎论证模型</u>，通过画箭头寻找答案。

【第2步 套用母题方法】

用箭头表示题干信息：临床使用→有疗效 ∧ 安全，等价于：无疗效 ∨ 不安全→不能临床使用。

通过题干的描述可知，"治疗性克隆"可以由患者的体细胞培养出所需的组织细胞，取代患者

第4讲

的坏损细胞，即有疗效。因此，我们只需要说明该技术"不安全"，即可说明"不能临床使用"。

A项，指出"治疗性克隆"存在破坏人类早期胚胎的问题，这是一种伦理问题，并不涉及这一医疗技术对患者本身的"安全性"，无关选项。

B项，指出"人类胚胎干细胞的获得是相当困难的"，但不涉及"安全性"，无关选项。

C项，指出有人学术造假，但不涉及"安全性"，无关选项。

D项，提出新论据，说明"治疗性克隆"的安全性不是确实可靠的（有可能转化为癌细胞），支持题干。

E项，指出只有极少数科学家能够熟练掌握克隆技术，但不涉及"安全性"，无关选项。

【答案】D

例 6.20 江东市政府有关负责人表示，誓将今年的拆违拆临工作进行到底，凡是违法建筑均应拆除，绝不姑息。因此，狮子桥下的这片建筑均应拆除。

以下哪项如果为真，最能削弱上述论证？

A. 狮子桥下的这片建筑已经得到相关部门的默许。

B. 狮子桥下的这片建筑都是违法建筑。

C. 狮子桥下的这片建筑均有经营许可证。

D. 狮子桥下的这片建筑有些没有得到相关部门的批准。

E. 狮子桥下的这片建筑有些不是违法建筑。

【第 1 步 识别论证类型】

题干：凡是违法建筑均应拆除，因此，狮子桥下的这片建筑均应拆除。

论据中的对象是"凡是（所有）违法建筑"（一般对象），论点中的对象是"狮子桥下的这片建筑"（个别对象），故此题为演绎论证模型。

【第 2 步 套用母题方法】

根据隐含三段论的知识，易知题干的论证要想成立，必须有前提："狮子桥下的这片建筑是违法建筑"。

补充这一前提后，会有下图：

A项，无关选项，相关部门是否默许与这片建筑是否违法不相关。

B项，支持题干，此项就是题干的隐含前提。

C项，无关选项，这片建筑是否拥有"经营许可证"与其是否违法不相关。

D项，有些建筑没有得到"相关部门的批准"，并不能断定这些建筑的违法情况，因此此项不能削弱题干。

E项，"狮子桥下的这片建筑有些不是违法建筑"与题干中的前提矛盾，故最能反驳题干。

【答案】E

真题秒杀

例 6.21 （2013 年管理类联考真题）足球是一项集体运动，若想不断取得胜利，每个强队都必须有一位核心队员，他总能在关键场次带领全队赢得比赛。友南是某国甲级联赛强队西海队队员。据某记者统计，在上赛季参加的所有比赛中，有友南参赛的场次，西海队胜率高达 75.5%，另有 16.3% 的平局，8.2% 的场次输球；而在友南缺阵的情况下，西海队的胜率只有 58.9%，输球的比率高达 23.5%。该记者由此得出结论：友南是上赛季西海队的核心队员。

以下哪项如果为真，最能质疑该记者的结论？

A. 西海队教练表示："球队是一个整体，不存在有友南的西海队和没有友南的西海队。"

B. 上赛季友南缺席且西海队输球的比赛，都是小组赛中西海队已经确定出线后的比赛。

C. 西海队队长表示："没有友南我们将失去很多东西，但我们会找到解决办法。"

D. 上赛季友南上场且西海队输球的比赛，都是西海队与传统强队对阵的关键场次。

E. 本赛季开始以来，在友南上阵的情况下，西海队胜率暴跌 20%。

【第 1 步　识别论证类型】

题干：①每个强队都必须有一位核心队员，他总能在关键场次带领全队赢得比赛。②在上赛季参加的所有比赛中，有友南参赛的场次，西海队胜率高达 75.5%，另有 16.3% 的平局，8.2% 的场次输球；而在友南缺阵的情况下，西海队的胜率只有 58.9%，输球的比率高达 23.5%。因此，友南是上赛季西海队的核心队员。

记者的论据①是"每个强队的关键队员"的情况（一般性前提），记者的结论仅针对"西海队的友南"（个别性结论），即：

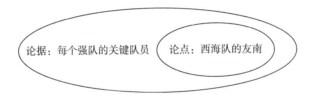

故此题为<u>演绎论证模型</u>。

【第 2 步　套用母题方法】

论据：关键场次→赢得比赛。

故只要有"关键场次∧没有赢得比赛"，即可反驳记者的观点。故此题可迅速选择 D 项。

A、C 项，这两项均是强调某个人的观点，个人观点是一种主观判断，未必是事实，故不能削弱记者的结论。

B 项，核心队员的重点在于"关键场次"，而此项强调的是"小组赛中已经确定出线后的比赛"，即不是关键场次，故不能削弱题干结论。

E 项，无关选项，题干讨论的是"上赛季"的情况，而此项讨论的是"本赛季"的情况。

【答案】D

例 6.22 （2007 年 MBA 联考真题）以一般读者为对象的评介建筑作品的著作，应当包括对建筑作品两方面的评介，一是实用价值，二是审美价值，否则就是有缺陷的。摩顿评介意大利巴洛克宫殿的专著，详细地分析评介了这些宫殿的实用功能，但是没能指出，这些宫殿，特别是它们的极具特色的拱顶，是西方艺术的杰作。

假设以下哪项，能从上述断定得出结论：摩顿的上述专著是有缺陷的？

A. 摩顿对巴洛克宫殿实用功能的评介比较客观。

B. 除了实用价值和审美价值以外，摩顿的上述专著没有从其他方面对巴洛克宫殿作出评介。

C. 摩顿的上述专著以一般读者为对象。

D. 摩顿的上述专著是他的主要代表作。

E. 有些读者只关心建筑作品的审美价值，不关心其实用价值。

【第 1 步 识别论证类型】

题干中的论据：

①以一般读者为对象的评介建筑作品的著作，应当包括对建筑作品两方面的评介，一是实用价值，二是审美价值，否则就是有缺陷的。

②摩顿的专著评介了这些宫殿的实用功能，但没能指出这些宫殿是西方艺术的杰作（即没有指出审美价值）。

要求我们得出的结论：摩顿的上述专著是有缺陷的。

论据中的对象是所有"以一般读者为对象的评介建筑作品的著作"（一般对象），论点中的对象是"摩顿的专著"（个别对象），故此题为演绎论证模型。

【第 2 步 套用母题方法】

论据①：

以一般读者为对象的著作：￢ 实用价值 ∨ ￢ 审美价值 → 有缺陷。

论据②：

摩顿的专著 → ￢ 审美价值。

故需要补充前提：摩顿的专著是以一般读者为对象的著作，即可推出"有缺陷"，故此题选择 C 项。

补充这一前提后，会有下图：

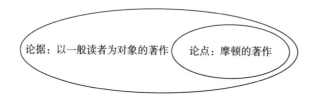

其余各项均与上述论证无关。

【答案】C

母题变式 20.2 **演绎论证模型：选言论证**

⏱ **母题技巧**

第 1 步 识别论证类型	题干特点：论据中出现选言命题。
第 2 步 套用母题方法	利用公式"A∨B=￢ A→B"解题，也可以理解为排除法。

典型例题

例 6.23 由于人口老龄化，德国政府面临困境：如果不改革养老体系，将出现养老金不可持续的现象。解决这一难题的政策包括提高养老金缴费比例、降低养老金支付水平、提高退休年龄。其中提高退休年龄所受阻力最大，实行这一政策的政府可能会在下次选举时丢失大量选票。但德国政府于 2007 年完成法定程序，将退休年龄从 65 岁提高到 67 岁。

以下哪一项陈述如果为真，最能支持德国政府采取的政策？

A. 延迟退休一年，所削减的养老金可达 GDP 的 1%。

B. 德国政府规定从 2012 年起用 20 年的过渡期来实现退休年龄从 65 岁提高到 67 岁。

C. 2001 年，德国以法律形式确定了养老金缴费上限，2004 年确定了养老金支付下限，两项政策已经用到了极致。

D. 现在德国人的平均寿命大大提高，退休者领取养老金的年限越来越长。

E. 欧盟已经有多个国家在 2007 年以前提高了退休年龄。

【第 1 步 识别论证类型】

题干：解决人口老龄化难题的政策有三种：①提高养老金缴费比例；②降低养老金支付水平；③提高退休年龄。尽管提高退休年龄可能丢失选票，但德国政府仍于 2007 年将退休年龄从 65 岁提高到 67 岁（即采用了③）。

题干中有三种选择：①∨②∨③，最终德国政府采取了③，可知此题是一个选言论证模型。

根据选言公式，可知：①∨②∨③＝￢①∧￢②→③，即排除方法①和②，即可支持方法③。

【第 2 步 套用母题方法】

A 项，说明延迟退休有好处，支持德国政府的政策，但无法说明在有其他方法的情况下，为何要承受阻力来采取延迟退休的政策。

B 项，只描述了德国政府的具体做法，但不涉及他们为什么采取这一做法，无关选项。

C 项，说明方法①和②已经用到了极致，即这两种方法不能再用，故可支持题干中的做法。

D 项，说明了延迟退休的必要性，但无法说明在有其他方法的情况下，为何要承受阻力来采取延迟退休的政策。

E 项，无关选项，题干讨论的是"德国"的情况，而此项讨论的是"欧盟"的情况。

【答案】 C

真题秒杀

例 6.24 （2004 年 MBA 联考真题）张勇认为他父亲生于 1934 年，而张勇的妹妹则认为父亲生于 1935 年。张勇的父亲出生的医院没有 1934 年的产科记录，但有 1935 年的记录。据记载，该医院没有张勇父亲的出生记录。因此，可以得出结论：张勇的父亲出生于 1934 年。

为使上述论证成立，以下哪项是必须假设的？

Ⅰ. 上述医院 1935 年的产科记录是完整的。

Ⅱ. 张勇和他妹妹关于父亲的出生年份的断定，至少有一个是真实的。

Ⅲ. 张勇的父亲已经过世。

A. 仅Ⅰ。

B. 仅Ⅱ。

C. 仅Ⅲ。

D. 仅Ⅰ和Ⅱ。

E. Ⅰ、Ⅱ和Ⅲ。

【第 1 步　识别论证类型】

对于张勇父亲年龄有两种猜测：①张勇认为他父亲生于 1934 年；②张勇的妹妹则认为父亲生于 1935 年。

针对这两种猜测给予了两个回应：该医院没有 1934 年的产科记录；该医院有 1935 年的产科记录，但该年度没有张勇父亲的出生记录。

题干结论：张勇的父亲出生于 1934 年（即猜测①正确）。

题干中有两种猜测：①∨②，最终结论采用的是猜测①，可知此题为选言论证模型。

根据选言公式，可知：①∨②，¬②，因此①。

此论证要想成立，需要保证"①∨②"为真，"¬②"为真。

【第 2 步　套用母题方法】

Ⅰ项，必须假设，此项说明上述医院 1935 年的产科记录是完整的，以此证明猜测②足以被排除，即"¬②"为真。

Ⅱ项，必须假设，此项说明兄妹二人的猜测至少有一个是真实的，即"①∨②"为真。

Ⅲ项，无关选项，张勇的父亲是否过世不影响对其出生日期的猜测。

故 D 项正确。

【答案】D

例 6.25　（2009 年在职 MBA 联考真题）松鼠在树干中打洞吮食树木的浆液。因为树木的浆液成分主要是水加上一些糖分，所以松鼠的目标是水或糖分。又因为树木周边并不缺少水源，松鼠不必费那么大劲打洞取水。因此，松鼠打洞的目的是摄取糖分。

以下哪项最为恰当地概括了上述的论证方法？

A. 通过否定两种可能性中的一种，来肯定另一种。

B. 通过某种特例，来概括一般性的结论。

C. 在已知现象与未知现象之间进行类比。

D. 通过反例否定一般性的结论。

E. 通过否定某种现象存在的必要条件，来断定此种现象不存在。

【第 1 步　识别论证类型】

题干：松鼠的目标是水或糖分，松鼠不必费那么大劲打洞取水。因此，松鼠打洞的目的是摄取糖分。

题干中有两种猜测：水∨糖分，通过排除水，肯定了糖分，故此题为选言论证模型，秒选A项。

【第 2 步　套用母题方法】

A项，通过否定两种可能性中的一种，来肯定另一种，恰当地概括了题干的论证方法。

B项，由特例到一般性结论的推理过程属于归纳法，不恰当。

C 项，两种对象之间进行类比，即类比论证，不恰当。

D 项，反例否定一般性的结论的方法称为反例削弱，不恰当。

E 项，通过指出缺少一个事件发生的必要条件，来证明这个事件不发生，不恰当。

【答案】A

☀ 老吕贴心话

老吕贴心话 ⑨ 论证逻辑的难点在哪里？

有的同学觉得论证逻辑特别简单，1 分钟左右就可以秒一道题，而且正确率极高；但还有一些同学会觉得论证逻辑特别难，甚至二战的同学学了两年之后还会错很多。为什么会出现这种情况呢？因为：

第一，论证逻辑受到阅读能力及思辨能力的影响。论证逻辑考的是理性思维，从小就喜欢读大量思辨类书籍的同学，往往论证逻辑不太需要学习就能做对题；但如果从小就喜欢言情小说，就容易受到自己感性思维的影响，从而做不好论证逻辑题。

第二，尽管论证逻辑受到阅读能力的影响，但是一定要记住一点：命题人考你的是逻辑关系，千万不要把它当成阅读理解。当成阅读理解做会越做越迷糊。

第三，推理题的答案对就是对，错就是错；但是，论证逻辑是或然的，我们选的是<u>五个选项中相对更好的项</u>，而<u>不是完美的项</u>。换句话说，一个本身存在问题的选项，如果有其他更好的项，就不能选，但如果没有其他更好的项了，也可以选为答案。所以，论证逻辑可能出现一种情况：同样的选项在一个题中是正确选项，换了一道题就是错误选项。所以请大家一定要听课，而不是靠自己的感觉去理解，要不然会让你很迷惑。

第四，同一句话可以有不同的命题角度；同一道题也可以有不同的解析角度，这些角度可能都对。

例如：

如果你努力学习，那么未来一定可以考上研究生。

角度 1："如果……那么……"表示充分条件，故可以从充分条件的角度命题和解析。

角度 2："未来一定可以考上研究生"是一种对未来结果的预测，故可以从<u>预测结果模型</u>的角度命题和解析。

角度 3："努力学习"可以看作措施，"考上研究生"可以看作目的，故可以从<u>措施目的模型</u>的角度命题和解析。

老吕贴心话 ⑩ 论证逻辑如何得高分？

第一，学会识别考点。 很多初学者会认为，有些论证逻辑题我不识别考点，也能做出来，为什么还要多此一举呢？的确，每个人都是有一定的逻辑思维能力的，即使不识别考点，我们也能做出一些题来，但是，这样的话错误率会很高，而且会让你养成错误的做题习惯，导致后期无法提高。命题人在命任何一道题时都是有考点的，所以，你学会识别考点，才能精准地知道命题人想考你什么，才能迅速找到答案。

第二，用方法，而不是凭感觉。 每个考点都有对应的解题方法，用老吕讲的方法做题，正确答案闪闪发光。强烈建议听课，让老师用正确的思维纠正你的"感觉"，凭感觉可能越学越迷糊。

第三，分析题干比分析选项重要。 不要过度地纠结选项，很多时候，选项让你纠结不是因为你选项分析得不好，而是因为你没理解题干的逻辑关系是什么。

第四，不要去碰一些不好的论证逻辑题和不好的解析，这反而会影响你的逻辑思维。

第五，纯粹的刷题不能提高论证逻辑题的正确率。 如果你的思维是错的，刷题会强化你的错误思维，会让你越做越错得稳定。多听课，多总结。

第六，搞透"为什么"，而不是追求"答案是什么"。 正确的选项，一定符合考点；错误的选项，一定会符合干扰项的设计规律。你要非常清晰地用一句话说明正确选项为什么对，错误选项为什么错。这样，你的论证逻辑水平会快速提高。

论证逻辑的学习规划：

《7讲》论证部分——《800练》论证部分——《论证逻辑400题》——真题。

第5讲

论证母题
非一致性类

5 个大纲考点　　**8** 个母题模型

4 个秒杀口诀

✏️ 写在前面的话

1. 本讲的主要内容及其重要性

本讲主要包括因果关系、措施目的、统计论证及其他论证模型。其中，因果关系与措施目的每年必考多道题；统计论证考得很少，大约三四年才会考 1 道题；其他论证模型大约每年考 1 道题。

2. 本讲的难度

与第 4 讲相比，本讲的知识点更多、难度更大，多数同学的错误率都会有所提高。如果你的错误率也有所提高，说明你是正常人，不必焦虑。

建议本讲内容至少学 2 遍。

📘 本讲内容

5个大纲考点 —— 第7章　因果关系与措施目的
- 大纲考点29　因果关系
- 大纲考点30　分析原因（溯因论证）
- 大纲考点31　求因果五法
- 大纲考点32　预测结果
- 大纲考点33　措施目的

8个母题模型

第7章　因果关系与措施目的
- 母题模型21　现象原因模型
  - 母题变式21.1　现象原因模型：基本模型
  - 母题变式21.2　现象原因模型：求异法型
  - 母题变式21.3　现象原因模型：百分比对比型
  - 母题变式21.4　现象原因模型：共变法型
  - 母题变式21.5　现象原因模型：剩余法型
- 母题模型22　预测结果模型
- 母题模型23　措施目的模型

第8章　其他论证模型
- 母题模型24　统计论证模型
  - 母题变式24.1　统计论证模型：收入利润型
  - 母题变式24.2　统计论证模型：数量比率型
  - 母题变式24.3　统计论证模型：其他数量型
- 母题模型25　人丑模型
- 母题模型26　双断定模型
- 母题模型27　绝对化结论模型
- 母题模型28　争论焦点模型

第5讲

241

第 **7** 章　因果关系与措施目的

【本章知识清单】

大纲考点	母题模型
大纲考点29　因果关系	母题模型21　现象原因模型
大纲考点30　分析原因（溯因论证）	母题模型22　预测结果模型
大纲考点31　求因果五法	母题模型23　措施目的模型
大纲考点32　预测结果	
大纲考点33　措施目的	

01　第 1 节　因果关系基础

扫码免费听
本节讲解
（共 2 个视频）

大纲考点 29　因果关系

29.1　什么是因果关系

如果一种（或一些）现象的发生，导致了另外一种（或一些）现象的发生，那么这两种（或两类）现象之间就存在因果关系，并将前面的现象称为因，后面的现象称为果。

例如：

张三打了李四一拳，导致李四受伤了。

显然，"张三打了李四一拳"这个事件的发生，导致了"李四受伤了"这个事件的发生，我们将前者称为因，后者称为果，二者之间的联系称为因果关系。

因果关系可以用符号"——导致——▶"来表示。所以上面的例子，我们可以表示为：

张三打了李四一拳——导致——▶李四受伤了。

作为因和果的两个事件，必须要有强关联性，确实存在一个事件的发生引发另外一个事件的发生这种关系。如果仅仅是因为现象上有所联系，就把没有因果关系的两个事件误认为有因果关系，就犯了"强拉因果"的逻辑错误。

29.2 前因后果

因果关系的两个现象，一定是原因先发生，结果后发生，即前因后果。

在上例中，"张三打了李四一拳"这个事件一定要出现在"李四受伤了"这个事件之前，否则，如果"张三打了李四一拳"这个事件发生在"李四受伤了"这个事件之后，那这一拳就不是李四受伤的原因。

虽然因果关系一定是前因后果，但这并不意味着有先后关系的事件之间一定有因果关系。

例如：

酱心感冒了几天，坚持了一周没吃药。到了第八天，她喝了一天热水，感冒就好了。于是酱心认为喝热水能够治好感冒。

【分析】

在这个例子中，"喝热水"确实发生在"感冒好转"之前，但"喝热水"真的是治好感冒的原因吗？未必如此。其实，感冒属于一种"自限性疾病"，所谓自限性疾病，就是一种自己就能好的疾病，它的好转主要靠人体自身的免疫力，因此，无论你吃药还是不吃药，感冒一般都可以在 7 天左右痊愈。多数感冒药的主要作用是缓解症状，而不是"治好"感冒。

仅仅依据两种现象在时间上的相继连续，就确定它们之间存在因果关系的逻辑错误，叫以先后为因果。以先后为因果也是强拉因果的一种。

29.3 复杂因果

因果关系未必是一对一的，有一些事件的发生，可能是多个原因共同作用的结果。

例如：

行人张三过马路时闯了红灯，而驾驶员李四经过这个路口时刚好在打电话，他没看到张三，刹车不及撞伤了张三。

【分析】

在这个例子中，张三受伤这个结果，既有他自身的原因——闯红灯，也有李四的原因——边开车边打电话。可见，这是一个多因一果的例子。至于哪个原因是主要原因，哪个原因是次要原因，我国《道路交通安全法》是有相关界定依据的，当然，这并不在本书讨论的范围。

如果一个结果是由多种原因造成的，但论证者误认为只有一种原因，就犯了"单因谬误"的逻辑错误。简单来说，单因谬误就是忽略他因。

29.4 "因为"的含义

日常生活中我们常说的"因为"二字，并不能准确表达因果关系。

例如：

句①：因为今天早上地上是湿的，所以，昨晚下雨了。

句②：因为昨晚下雨了，所以今天早上地上是湿的。

我们知道，不可能是地湿引起了下雨，只可能是下雨引起了地湿。故，在以上两个句子中，"下雨"都是原因，"地湿"都是结果。

可见，句①中"因为"后面跟的是结果，而不是原因。因此，我们不能通过"因为"二字来断定原因，要通过"前因后果"来判断原因，即原因发生的时间在前，结果发生的时间在后，且二者存在引发关系。

大纲考点 30 分析原因（溯因论证）

以现象（果）作为研究对象，寻找导致其产生的原因的过程，称为"溯因论证"或"执果索因"，简单地说，就是分析原因。

例如：

长江下游发现一具女尸，警方会来调查她的死因是什么：是死于溺水，还是先被杀后又被抛尸？

当然，我们在找原因时并不能保证总是正确，有时候也会把原因找错，这就犯了归因不当的逻辑谬误。

典型例题

例7.1 经过对最近十年的统计资料分析，大连市因癌症死亡的人数比例比全国城市的平均值要高两倍。而在历史上大连市一直是癌症特别是肺癌的低发病地区。看来，大连市最近这十年对癌症的防治出现了失误。

以下哪项如果为真，最能削弱上述论断？

A. 十年来大连市的人口增长和其他城市比起来并不算快。

B. 大连市的气候和环境适合疗养，很多癌症病人在此地走过了最后一段人生之路。

C. 大连市最近几年医疗保健的投入连年上升，医疗设施有了极大的改善。

D. 大连市医学院在以中医理论探讨癌症机理方面取得了突破性的进展。

E. 尽管肺癌的死亡率上升，但大连市的肺结核死亡率几乎降到了零。

【详细解析】

题干先描述了一个现象，然后找到这个现象的原因是：大连市对癌症的防治出现了失误。

故题干中的因果关系可以写为：大连市对癌症的防治出现了失误 $\xrightarrow{\text{导致}}$ 大连市因癌症死亡的人数比例比全国城市的平均值要高两倍。

A项，题干说的是因癌症死亡的"比例"高，而不是"人数"多，根据"死亡率 $=\dfrac{\text{死亡人数}}{\text{总人数}}\times100\%$"可知，在不知道"死亡人数"的情况下，仅了解总人数并不能确定死亡率，故此项不能削弱题干。

B项，此项指出是因为其他原因（气候和环境适合疗养）导致题干中的结果，而不是题干中的原因，另有他因，削弱题干。

C项，削弱力度小，医疗保健的投入范围很广，不确定是否用于防治癌症。

D项，削弱力度小，依据题干不知道这样的进展是否已经用于防治癌症。

E项，无关选项，题干的论证只涉及"肺癌"，与"肺结核"无关。

【答案】B

大纲考点 31 求因果五法

1843 年，约翰·斯图亚特·穆勒在其著作《逻辑体系》中提出了著名的"归纳五法"，对探求现象产生原因的方法进行了系统概括，即现在被普遍使用的"求因果五法"，也叫"穆勒五法"。

31.1 求同法

（1）什么是求同法

如果在某个现象出现的两个或两个以上的场合中，仅有一个因素是共同出现的，则这个共同因素可能与该现象存在因果关系。

例如：

酱心瘦瘦的很好看，找到了男朋友。

酱肚胖胖的很好看，找到了男朋友。

酱肘高高的很好看，找到了男朋友。

酱肉矮矮的很好看，找到了男朋友。

根据求同法，观察本例中的 4 种情况都有一个共同因素"好看"，那么"好看"可能是"找到男朋友"的原因。

求同法的基本结构是：

第一组对象：有 A，有 B；

第二组对象：有 A，有 B；

故：A 可能是 B 的原因。

（2）求同法的有效性

求同法得到的是或然性的结论，结论不一定是正确的。

比如上例中，我们只能断定"好看"有可能是"找到男朋友"的原因，但也存在"好看"与"找到男朋友"无关的可能。

另外，使用求同法，必须注意这些场合中只能有一个共同因素。如果这些场合中还有其他共同因素未被发觉，结论就很可能出现误差。

例如：

某人第一天看了 2 小时的书，喝了咖啡，失眠了；第二天他又看了 2 小时的书，喝了浓茶，又失眠了。根据求同法，他认为是看了 2 小时的书导致其失眠。实际上，浓茶和咖啡都具有兴奋神经的作用，这可能才是导致他失眠的真正原因。

31.2 求异法

（1）什么是求异法

如果在某个现象出现和不出现的两个场合中，只有一个因素不同，那么，这个不同的因素可能是此现象出现和不出现的原因。求异法的使用相当广泛，医学中普遍采用的对比实验用的就是求异法的原理。

求异法一般可分为两种情况：

①两组对象作横向对比。

例如：

将两个闹钟分别置于两个密闭的罩子中。

第一个罩子，保留里面的空气，传出了闹钟的响声。

第二个罩子，抽成真空，没有传出闹钟的响声。

因此，声音是通过空气传播出来的，证明空气是声音传播的介质。

其基本结构是：

第一组对象：有 A，有 B；

第二组对象：无 A，无 B；

故：A 可能是 B 的原因。

②同一对象在某因素出现前和出现后的情况进行纵向对比。

例如：

老李以前是个胖子，跳了两年广场舞，变成了瘦子。因此，跳广场舞可能是他减肥成功的原因。

其基本结构是：

同一对象有因素 A 前：没有 B；

同一对象有因素 A 后：有 B；

故：A 可能是 B 的原因。

（2）求异法的有效性

求异法得到的是或然性的结论，结论不一定是正确的。

使用求异法，必须注意只能有一个差异因素影响实验结果。如果相比较的两个场合中还有其他差异因素，实验结果就很可能出现误差。

例如：

张三试图证明空气是声音传播的介质，于是他将两个闹钟分别置于两个密闭的罩子中。

第一个罩子，保留里面的空气，传出了闹钟的响声。

第二个罩子，抽成真空，没有传出闹钟的响声。

试验完成后，张三发现第二个罩子里的闹钟是坏的。

【分析】

在这个实验中出现了两个差异因素：闹钟的好坏和有无空气。那么，到底是闹钟坏了影响了实验结果？还是空气影响了实验结果？

（3）双盲实验

我们知道，医学中的对比试验用的是求异法的原理，而双盲实验则是对对比试验的优化。

什么是"双盲"呢？就是指在试验过程中，测验者与被测验者都不知道被测验者所属的组别（实验组或对照组），分析者在分析资料时，通常也不知道正在分析的资料属于哪一组。双盲实验经常用于防止研究结果被安慰剂效应（Placebo Effect，指病人虽然获得无效的治疗，但却"预料"或"相信"治疗有效，而让病患症状得到舒缓的现象）或者观察者偏见（Observer Bias，是由于观察者个人的动机和预期导致的错误）影响，也就是说，它旨在消除可能出现在实验者和参与者意识当中的主观偏差和个人偏好。

31.3 求同求异共用法

如果某现象出现的各个场合（正面场合）中只有一个共同的因素，而这个现象不出现的各个场合（反面场合）中都没有这个共同的因素，那么，这个共同的因素可能就是此现象发生的原因。

例如：

中午老吕请大家吃饭，吃完饭后有一些人拉肚子。

经过调查发现，三位拉肚子的同学吃了如下食物：

张泻泻：煎饼、大葱、酸菜。

李拉拉：馒头、大蒜、酸菜。

常未延：米饭、生姜、酸菜。

经过调查发现，四位没有拉肚子的同学吃了如下食物：

刘好好：煎饼、大葱。

王梅似：馒头、大蒜。

赵六六：米饭、生姜。

孙康康：面条、辣条。

分析可见，所有拉肚子的同学都吃了酸菜（组内求同）；所有没拉肚子的同学都没吃酸菜（组内求同）；两组对比可知（两组对比，即求异），可能是吃了酸菜导致三位同学拉肚子。

【分析】

在本例中，先使用了两次求同法，后使用了一次求异法，是求同法和求异法的结合，所以此例中的方法被称作求同求异共用法。

31.4　共变法

（1）什么是共变法

在其他条件不变的情况下，如果一个现象发生变化，另一个现象就随之发生变化，那么，这两个现象之间可能存在因果关系。

例如：

老吕班上有三个学习小组，他们的学习情况与考研分数统计如下：

第一组：平均每天学习 3 个小时，考研的平均成绩为 210 分。

第二组：平均每天学习 5 个小时，考研的平均成绩为 230 分。

第三组：平均每天学习 7 个小时，考研的平均成绩为 250 分。

可见，每天学习时间越长（原因），越有利于考研成绩的提高（结果）。

（2）共变法的有效性

共变法的结论是或然性的，即共变法得到的结论未必准确。

使用共变法时，常出现以下两个问题：

①因果倒置。

既然两个现象 A 和 B 之间存在共变关系，那么到底是 A 是 B 的原因呢，还是 B 是 A 的原因呢？此处容易犯因果倒置的错误。

例如：

盲人的听力一般比正常人好，所以听力好的人容易失明。

【分析】

本例很可能犯了因果倒置的逻辑错误。盲人因为失明，导致只能用耳朵来接收外在信息，从而使得他们的听力比正常人显得要好。而不是像上述论证中那样因为听力好导致失明。

②另有共因。

存在共变的两个现象之间可能没有因果关系，而是另有一个共同原因，导致了这两个现象同时出现。

例如：

闪电与雷鸣两种现象经常伴随出现。因此，闪电是雷鸣的原因。

【分析】

本例的因果关系分析不当，闪电与雷鸣之间并没有因果关系，二者的出现都是由云层间的放电所致（共因）。

31.5 剩余法

如果某一复合现象已确定是由某种复合原因引起的，把其中已确认有因果关系的部分减去，那么，剩余部分也可能有因果关系。用通俗的话说，剩余法就是排除法。

例如：

1885年，德国夫顿堡矿业学院的矿物学教授威斯巴克发现了一种新矿石。他首先请当时著名的化学家李希特对矿石作定性分析，发现其中含有银、硫和微量的汞等。后来，他又请文克勒作一次精确的定量分析，一方面证明李希特对矿物成分的分析是正确的，但另一方面又发现，把各种化验出来的已知成分按百分比加起来，始终只得到93%，还有7%的含量找不到下落。文克勒认为，既然已知成分之和只得93%，那么剩余的7%必定是由矿物中含有的某种未知元素所构成。于是，他对矿石进行分离和提纯，终于得到了新元素。

真题秒杀

例 7.2 （2010年管理类联考真题）化学课上，张老师演示了两个同时进行的教学实验：一个实验是 $KClO_3$，加热后有 O_2 缓慢产生；另一个实验是 $KClO_3$，加热后迅速撒入少量 MnO_2，这时立即有大量的 O_2 产生。张老师由此指出：MnO_2 是 O_2 快速产生的原因。

以下哪项与张老师得出结论的方法类似？

A. 同一个品牌的化妆品，价格越高，卖得就越火。由此可见，消费者喜欢价格高的化妆品。

B. 居里夫人在沥青矿物中提取放射性元素时发现，从一定量的沥青矿物中提取的全部纯铀的放射性强度比同等数量的沥青矿物的放射性强度低数倍。她据此推断，沥青矿物中还存在其他放射性更强的元素。

C. 统计分析发现，在30岁至60岁之间，年纪越大，胆子越小。因此，有理由相信：岁月是勇敢的腐蚀剂。

D. 将闹钟放在玻璃罩里，使它打铃，可以听到铃声；然后把玻璃罩里的空气抽空，再使闹钟打铃，就听不到铃声了。由此可见，空气是声音传播的介质。

E. 人们通过对绿藻、蓝藻、红藻的大量观察，发现结构简单、无根叶是藻类植物的主要特征。

【详细解析】

题干使用求异法：

没有 MnO_2 时：有 O_2 缓慢产生；

加入少量 MnO_2 时：立即有大量的 O_2 产生；

所以，MnO_2 是 O_2 快速产生的原因。

A 项，价格越高，卖得就越火，说明价格和销量之间存在共变关系，故此项使用了共变法，与题干不同。

B 项，居里夫人排除了已知放射性元素"铀"，推断还有其他未知元素，故此项使用了排除法（剩余法），与题干不同。

C 项，年纪越大，胆子越小，说明年纪和胆子之间存在共变关系，故此项使用了共变法，与题干不同。

D 项，有空气时有铃声，没有空气时没有铃声，两组对比使用了求异法，与题干相同。

E 项，结构简单、无根叶是绿藻、蓝藻、红藻等藻类的共同特征，故此项使用了求同法，与题干不同。

【答案】D

大纲考点 32　预测结果

依据当前情况，对未来可能发生的情况进行预测，可以简称为预测结果。

例如：

酱心学习很努力，我预测她会考上研究生。

赵六得了癌症，医生预测他命不久矣。

其基本结构如下：

$$当前情况（原因）\xrightarrow[预测]{}结果。$$

02　第2节　因果关系类母题模型

扫码免费听
本节讲解
（共4个视频）

第
5
讲

母题模型 21　现象原因模型

母题变式 21.1　现象原因模型：基本模型

母题技巧：　现象原因模型的削弱

第1步　识别论证类型	题干特点：多数题目中，题干中的现象已经发生了（过去时）。 题干结构： （1）摆现象、析原因。 题干先摆出一个现象，然后分析这一现象的原因。此时题干中的论点标志词（如"因此""所以""这说明"）可替换成"这是因为"或"其原因是"。 （2）前因后果。 题干直接出现某原因"导致了""引发了""引起了""造成了"某结果。

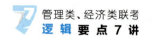

续表

	假设题干结构为：原因 A 导致了结果 B；或者，现象 B 的出现是因为原因 A。 则常见的削弱方式有：		

削弱方式	内容说明	力度大小
因果拆桥	也叫因果无关，即直接指出题干中的原因 A 和结果 B 无关。	力度大。
因果倒置	指出不是 A 导致 B，而是 B 导致 A。	力度大。
否因削弱	直接否定题干中的原因 A。	力度大。
另有他因	是其他原因 C 导致了题干中的结果 B。	力度取决于选项中的原因与题干中的原因的排他性。
有因无果	在某些场合中，出现了原因 A，但没有出现结果 B。	力度取决于选项中的对象与题干中的对象的相似性。
无因有果	在某些场合中，没有出现原因 A，但出现了结果 B。	力度取决于选项中的对象与题干中的对象的相似性。

说明：因果关系的削弱方法及削弱力度解释起来比较复杂，建议直接听配套课程。

口诀 26 现象原因模型

摆现象、析原因，

拆桥倒置和否因。

另有他因看排斥，

有无因果看相似。

第 2 步　套用母题方法

典型例题

例 7.3　为什么人类在长距离奔跑方面要比跑得更快的四足动物更有耐力？也许这是因为早期人类是炎热的非洲热带草原上的猎人。人类逐渐发展出了通过出汗散热的能力，而大多数哺乳动物只能靠喘气，这一功能在跑的时候很难调节。而且，四足动物必须采取一种速度能让它们在一步中间呼吸一次，否则，它们前足落地的撞击力将会阻碍深呼吸。人类则可以改变跑步中呼吸的次数，确定一种其猎物无法适应的速度，最终使之力竭。

以下哪项如果为真，以上对人类为何会发展为更好的长跑者的解释将受到最严重的削弱？

A. 早期人类一般捕猎那些没有人类擅长长跑的动物。

B. 早期人类只是在非洲热带草原上进行狩猎的物种之一。

C. 早期人类狩猎主要是通过偷偷靠近并围成圈来捕捉猎物。

D. 狩猎对于后来处在较寒冷气候中的人类与对早期非洲热带草原上的人类一样重要。

E. 今天的人类保持了长跑的能力，但不再通过追赶猎物来狩猎了。

【第1步　识别论证类型】

题干：人类在长距离奔跑方面要比跑得更快的四足动物更有耐力(现象)，这是因为，早期人类是炎热的非洲热带草原上的猎人，即需要奔跑来追赶猎物(原因)。

锁定关键词"为什么""这是因为"等，可知此题为现象原因模型。

【第2步　套用母题方法】

A项，此项有助于说明早期人类确实通过长跑进行狩猎，明否暗肯，支持题干。

B项，此项有助于说明早期人类确实是非洲热带草原上的猎人，明否暗肯，支持题干。

C项，削弱题干，直接说明早期人类不是靠追赶猎物狩猎而是围猎猎物，否因削弱。

D项，此项说明了狩猎的重要性，但与"长跑"无关。

E项，无关选项，题干涉及的是"早期人类"为什么能形成长跑能力，而此项涉及的是"今天的人类"。

【答案】C

例 7.4　因偷盗、抢劫或寻衅滋事罪入狱的刑满释放人员的重新犯罪率，要远远高于因索贿、受贿等职务犯罪入狱的刑满释放人员。这说明，在狱中对上述前一类罪犯教育改造的效果，远不如对后一类罪犯。

以下哪项如果为真，则最能削弱上述论证？

A. 与其他类型的罪犯相比，职务犯罪者往往有较高的文化水平。

B. 对贪污、受贿的刑事打击，并没能有效地遏制腐败，有些地方的腐败反而愈演愈烈。

C. 刑满释放人员很难再得到官职。

D. 职务犯罪的罪犯在整个服刑犯中只占很小的比例。

E. 统计显示，职务犯罪者很少有前科。

【第1步　识别论证类型】

题干：因偷盗、抢劫或寻衅滋事罪入狱的刑满释放人员的重新犯罪率，要远远高于因索贿、受贿等职务犯罪入狱的刑满释放人员(现象)，这说明(其原因是)，在狱中对上述前一类罪犯教育改造的效果，远不如对后一类罪犯(原因)。

题干的论据是一种现象，论点是对该现象原因的分析，故此题为现象原因模型。

【第2步　套用母题方法】

A项，由题干无法确定文化水平是否影响重新犯罪率，二者没有必然的相关性，故此项不能削弱题干。

B项，无关选项，题干讨论的是职务犯罪的"重新犯罪率"，而此项讨论的是"刑事打击对腐败的影响"。

C项，索贿、受贿等职务犯罪必须以有一定的职位为前提，但是刑满释放人员很难再得到官职，因此职务犯罪的刑满释放人员不再具备重新犯罪的条件，另有他因，削弱题干。

第5讲

251

D项，无关选项，职务犯罪的重新犯罪率$=\dfrac{\text{职务犯罪的重新犯罪人数}}{\text{职务犯罪的总人数}}\times 100\%$。可见，职务犯罪的"重新犯罪率"与"职务犯罪的罪犯在整个服刑犯中的比例"无关。

E项，此项是一个统计结果，不是对题干现象原因的分析，故不能削弱题干。

【答案】C

例 7.5 地壳中的沉积岩随着层状物质的聚集以及上层物质的压力使下层的物质变为岩石而硬化。某一特定沉积岩层中含有异常数量的铱元素被认为是6 000万年前一陨石撞击地球的理论的有力证据。与地壳相比，陨石中富含铱元素。地质学家创立的理论认为，当陨石与地球相撞时，会升起巨大的富铱灰尘云。他们认为那些灰尘将最终落到地球上，并与其他的物质相混，当新层在上面沉积时，就形成了富含铱的岩石层。

以下哪项如果为真，能反对短文中所声称的富含铱的岩石层是陨石撞击地球的证据？

A. 短文中所描述的巨大的灰尘云将会阻碍太阳光的传播，从而使地球的温度降低。

B. 一层沉积岩的硬化要花上几千万年的时间。

C. 不管沉积岩层中是否含有铱元素，它们都被用来确定史前时代事件发生的日期。

D. 6 000万年前，地球上发生了非常剧烈的火山爆发，这些火山喷发物形成了巨大的铱灰尘云。

E. 大约在铱沉积的同时，许多种类的动物灭绝了。所以一些科学家提出了庞大恐龙的灭绝起因于陨石与地球相撞的理论。

【第1步 识别论证类型】

题干：地质学家创立的理论认为，当陨石与地球相撞时，会升起巨大的富铱灰尘云，灰尘将最终落到地球上，并与其他的物质相混（原因），当新层在上面沉积时，就形成了富含铱的岩石层（结果），因此，富含铱的岩石层是陨石撞击地球的证据。

锁定关键词"形成了"，可知前面的"陨石与地球相撞"是原因，后面的"形成了富含铱的岩石层"是结果（现象），故此题为现象原因模型。

【第2步 套用母题方法】

A项，无关选项，题干不涉及"太阳光的传播""地球的温度降低"等问题。

B项，无关选项，题干仅涉及富含铱的岩石层的形成原因，不涉及岩石硬化需要的时间。

C项，无关选项，题干仅涉及富含铱的岩石层的形成原因，不涉及这些岩石能否确定史前时代事件发生的日期。

D项，此项说明火山爆发的喷发物形成了巨大的铱灰尘云，从而形成了富含铱的岩石层，不是题干中的原因"陨石与地球相撞"，另有他因，削弱题干。

E项，无关选项，题干讨论的是富含铱的岩石层的形成原因，而此项讨论的是恐龙灭绝的原因。

【答案】D

例 7.6 最近举行的一项调查表明，师大附中的学生对滚轴溜冰的着迷程度远远超过其他任何游戏，同时调查发现，经常玩滚轴溜冰的学生的平均学习成绩相对其他学生更好一些。看来，玩滚轴溜冰可以提高学生的学习成绩。

以下哪项如果为真，最能削弱上面的推论？

A. 师大附中与学生家长签订了协议，如果孩子的学习成绩的名次没有排在前二十名，双方共同禁止学生玩滚轴溜冰。

B. 玩滚轴溜冰能够锻炼身体，保证学习效率的提高。

C. 玩滚轴溜冰的同学受到了学校的有效指导，其中一部分同学才不至于因此荒废学业。

D. 玩滚轴溜冰有助于智力开发，从而提高学习成绩。

E. 玩滚轴溜冰很难，能够锻炼学生克服困难做好一件事情的毅力，这对学习是有帮助的。

【第1步　识别论证类型】

题干：经常玩滚轴溜冰的学生的平均学习成绩相对其他学生更好一些（现象），看来（其原因是），玩滚轴溜冰可以提高学生的学习成绩（原因）。

题干先描述了一种现象，然后对该现象的原因进行了分析，故此题为现象原因模型。

【第2步　套用母题方法】

A项，削弱题干，此项指出学生的学习成绩好，才能玩滚轴溜冰，即说明题干因果倒置。（因果倒置的削弱力度是非常大的，因为因果关系的发生总是先因后果，这种先后关系倒置之后成立的话，题干中的先后顺序就无法成立。）

B项，支持题干，说明玩滚轴溜冰确实可以提高学习成绩，因果相关。

C项，此项的意思是多亏了学校的有效指导，一些玩滚轴溜冰的同学才不至于荒废学业，说明玩滚轴溜冰本身会使一些同学荒废学业，但由此无法说明玩滚轴溜冰必然荒废学业，故此项削弱力度小。

D项，补充论据，说明玩滚轴溜冰有助于学习，支持题干。

E项，补充论据，说明玩滚轴溜冰有助于学习，支持题干。

【答案】A

🖊 真题秒杀

例 7.7　（2014年管理类联考真题）不仅人上了年纪会难以集中注意力，就连蜘蛛也有类似的情况。年轻蜘蛛结的网整齐均匀，角度完美；年老蜘蛛结的网可能出现缺口，形状怪异。蜘蛛越老，结的网就越没有章法。科学家由此认为，随着时间的流逝，这种动物的大脑也会像人脑一样退化。

以下哪项如果为真，最能质疑科学家的上述论证？

A. 优美的蛛网更容易受到异性蜘蛛的青睐。

B. 年老蜘蛛的大脑较之年轻蜘蛛，其脑容量明显偏小。

C. 运动器官的老化会导致年老蜘蛛结网能力下降。

D. 蜘蛛结网只是一种本能的行为，并不受人脑控制。

E. 形状怪异的蛛网较之整齐均匀的蛛网，其功能没有大的差别。

【第1步　识别论证类型】

题干：年轻蜘蛛结的网整齐均匀，角度完美；年老蜘蛛结的网可能出现缺口，形状怪异。蜘蛛越老，结的网就越没有章法（现象）。科学家由此认为（其原因是），随着时间的流逝，这种动物的大脑也会像人脑一样退化（原因）。

【第2步　套用母题方法】

A项，无关选项，题干分析的是结网好坏的原因，而此项分析的是优美的蜘蛛网的作用。

B项，此项指出年老的蜘蛛比年轻的蜘蛛脑容量明显偏小，说明大脑存在退化，支持题干。

C项，此项指出"运动器官的老化"导致"年老蜘蛛结网能力下降"，从而使得老年蜘蛛结网无章法，但是"运动器官的老化"和"大脑退化"这两种原因有共存的可能(即：原因之间无排他性)，故此项的削弱力度小(口诀：另有他因看排斥)。

D项，此项说明"结网"与"大脑"不相关，即因果无关，直接割裂题干的因果关系，削弱力度大。

E项，无关选项，题干的论证不涉及蜘蛛网的"功能"。

【答案】D

例 7.8 (2012年经济类联考真题)有一种生产毒素的微生物会使海水变成红色，这种现象被称为赤潮。当海獭的主要食物来源蛤蜊被赤潮毒素污染时，海獭就不会在那些区域觅食了。对于海獭的这种行为，一种解释认为，海獭在某个地方正式觅食之前会先尝几个蛤蜊，并且能够察觉出其中的任何毒素。

以下哪项如果为真，将最有力地表明上述解释是不正确的？

A. 在赤潮出现的某些海域，既没有蛤蜊也没有海獭。

B. 少量的赤潮毒素不会产生什么危害，但是大量的这种毒素会使海獭死亡。

C. 当没有受到赤潮影响的一片海水被人为地染成棕红色时，海獭也不吃那些地方的蛤蜊。

D. 海獭在某个海域出现是一种显著的标志，表明那里可以找到其他海洋生物。

E. 海獭的味觉系统具有比其视觉系统高得多的辨别能力。

【第 1 步　识别论证类型】

题干：当海獭的主要食物来源蛤蜊被赤潮毒素污染时，海獭就不会在那些区域觅食了(现象)。一种解释认为(其原因是)，海獭在某个地方正式觅食之前会先尝几个蛤蜊，并且能够察觉出其中的毒素(原因)。

【第 2 步　套用母题方法】

A项，无关选项，题干讨论的是海獭不在被赤潮毒素污染的区域觅食的原因，而此项讨论的是赤潮出现的某些海域有没有海獭和蛤蜊。

B项，无关选项，题干仅涉及海獭不在被赤潮毒素污染的区域觅食的原因，不涉及赤潮毒素量的多少对海獭的危害。

C项，此项通过求同法说明海獭不在被赤潮毒素污染的区域觅食的原因是海水变成红色，而不是海獭能够察觉出其中的毒素，另有他因，说明上述解释是不正确的。

D项，无关选项，题干不涉及"其他海洋生物"。

E项，无关选项，题干不涉及海獭味觉系统和视觉系统辨别能力的比较。

【答案】C

例 7.9 (2007年MBA联考真题)在我国北方严寒冬季的夜晚，车辆前挡风玻璃会因低温而结冰霜。第二天对车辆发动预热后，玻璃上的冰霜会很快融化。何宁对此不解，李军解释道：因为车辆仅有的除霜孔位于前挡风玻璃，而车辆预热后除霜孔完全开启，因此，是开启除霜孔使车辆玻璃上的冰霜融化。

以下哪项如果为真，最能质疑李军对车辆玻璃冰霜迅速融化的解释？

A. 车辆一侧玻璃窗没有出现冰霜现象。

B. 尽管车尾玻璃窗没有除霜孔，其玻璃上的冰霜融化速度与前挡风玻璃没有差别。

C. 当吹在车辆玻璃上的空气气温增加，其冰霜的融化速度也会增加。

D. 车辆前挡风玻璃除霜孔的暖气流排出后可能很快冷却。

E. 即使启用车内空调暖风功能，除霜孔的功用也不能被取代。

【第1步　识别论证类型】

题干：车辆前挡风玻璃会因低温而结冰霜，第二天对车辆发动预热后，玻璃上的冰霜会很快融化(现象)。李军解释道(其原因是)：因为车辆仅有的除霜孔位于前挡风玻璃，而车辆预热后除霜孔完全开启，因此，是开启除霜孔使车辆玻璃上的冰霜融化(原因)。

【第2步　套用母题方法】

A项，无关选项，题干讨论的是冰霜融化的原因，与"没有冰霜"的位置无关。

B项，无因有果，尽管车尾玻璃窗没有除霜孔(无因)，其玻璃上的冰霜融化速度与前挡风玻璃没有差别(有果)，说明没有"开启除霜孔"这个原因，也可以起到同样的效果，故该原因未必是造成冰霜融化的原因，削弱李军的解释。

C项，此项说明通过开启除霜孔，吹出热的空气，从而加速冰霜的融化，支持题干。

D项，此项中的"可能"是弱化词，而且，也不确定"除霜孔的暖气流排出后很快冷却"这种情况是否影响冰霜融化，故此项不能削弱李军的解释。

E项，此项说明除霜孔不可替代，支持题干。

【答案】B

例7.10　(2013年管理类联考真题)某公司自去年初开始实施一项"办公用品节俭计划"，每位员工每月只能免费领用限量的纸笔等各类办公用品。年末统计时发现，公司用于各类办公用品的支出较上年度下降了30%。在未实施该计划的过去5年间，公司年均消耗办公用品10万元。公司总经理由此得出：该计划去年已经为公司节约了不少经费。

以下哪项如果为真，最能构成对总经理推论的质疑？

A. 另一家与该公司规模及其他基本情况均类似的公司，未实施类似的节俭计划，在过去的5年间办公用品消耗额年均也为10万元。

B. 在过去的5年间，该公司大力推广无纸化办公，并且取得很大成效。

C. "办公用品节俭计划"是控制支出的重要手段，但说该计划为公司"一年内节约不少经费"，没有严谨的数据分析。

D. 另一家与该公司规模及其他基本情况均类似的公司，未实施类似的节俭计划，但在过去的5年间办公用品人均消耗额越来越低。

E. 去年，该公司在员工困难补助、交通津贴等方面的开支增加了3万元。

【第1步　识别论证类型】

总经理的结论是"节约了经费"，因此，题干中与经费下降有关的内容才是他的论据，"年均消耗"情况并不是他的论据。

总经理：年末统计时发现，公司用于各类办公用品的支出较上年度下降了30%(现象)，因此，该计划去年已经为公司节约了不少经费(原因分析)。

【第2步　套用母题方法】

A项和D项看起来都像"无因有果"，优先分析。

A项，另一家与该公司规模及其他基本情况均类似的公司，未实施类似的节俭计划(无因)，在过去的5年间办公用品消耗额年均也为10万元(不是"有果"，因为"有果"的"果"必须是题干中的结果。题干中的结果是"经费下降"，但此项的结果是"消耗额年均为10万元"，这是一个平均值，而不是"下降")。

D 项，另一家与该公司规模及其他基本情况均类似的公司，未实施类似的节俭计划（无因），在过去的 5 年间办公用品人均消耗额越来越低（有果），无因有果，削弱题干。（注意：此项首先建立了另一家公司与题干公司的相似性，故排除了此项类比不当的嫌疑。）

B 项，此项指出"无纸化办公"取得了"很大成效"，但"很大成效"并不意味着一定"节约了经费"，故削弱力度小。

C 项，"年末统计时发现，公司用于各类办公用品的支出较上年度下降了 30％"是题干中的现象，一般来说，"摆现象、析原因"的题目，"现象"是已经发生的，是默认为真的。此项说明"没有严谨的数据分析"，试图质疑题干中的现象，故削弱力度弱。

E 项，无关选项，题干仅涉及"节约办公经费"，与其他方面的开支无关。

【答案】D

母题技巧：现象原因模型的支持

第 1 步　识别论证类型	题干结构：与现象原因模型的削弱相同。即： （1）摆现象、析原因。 （2）前因后果。		
第 2 步　套用母题方法	假设题干结构为：原因 A 导致了结果 B；或者，现象 B 的出现是因为原因 A。 则常见的支持方式有：		
	支持方式	**内容说明**	**力度大小**
	因果搭桥（因果相关）	直接说明题干中的因果关系成立。	力度大。
	排除他因	排除是其他原因导致结果 B 的可能。	力度大小取决于是否将所有其他可能的原因全部排除。 例如：若只有 2 种可能的原因，我们排除了 1 种，就能确定另外 1 种；若有 10 种可能的原因，我们排除其中 1 种，对题干中的原因的支持作用并不大，但如果我们排除了 9 种，那支持力度就相当大了。
	排除因果倒置	排除 B 是 A 的原因这种可能。	力度其实不大，因为根据 B 不是 A 的原因并不能确定 A 是 B 的原因。但是，从历年真题来看，出现这个选项的一般都是支持题的正确选项。
	无因无果（即求异法中的对照组）	在某些场合中，没有出现原因 A，也没出现结果 B。	力度取决于选项中的对象与题干中的对象的相似性。

🖊 **典型例题**

例 7.11 一份对北方山区先天性精神分裂症患者的调查统计表明，大部分患者都出生在冬季。专家们指出，其原因很可能是那些临产的孕妇营养不良，因为在这一年最寒冷的季节中，人们很难买到新鲜食品。

以下哪项如果为真，能支持题干中专家的结论？

A. 在精神分裂症患者中，先天性患者只占很小的比例。

B. 调查中相当比例的患者有家族史。

C. 与引起精神分裂症有关的大脑区域的发育，大部分发生在产前一个月。

D. 新鲜食品与腌制食品中的营养成分对大脑发育的影响相同。

E. 虽然生活在北方山区，但被调查对象的家庭大都经济条件良好。

【第1步　识别论证类型】

题干：一份对北方山区的调查统计表明，大部分先天性精神分裂症患者都出生在冬季(现象)。专家们指出，其原因很可能是那些临产的孕妇营养不良，因为在这一年最寒冷的季节中，人们很难买到新鲜食品(原因)。

【第2步　套用母题方法】

A 项，无关选项，题干仅分析大部分先天性精神分裂症患者都出生在冬季的原因，与这些患者在精神分裂症患者中的比例没有关系。

B 项，另有他因，说明"相当比例的患者"可能是因为遗传原因患病，削弱题干。

C 项，此项说明产前一个月的营养状况影响大脑发育，因此临产孕妇缺少营养确实会引发先天性精神分裂症，指出题干因果相关，支持题干。

D 项，此项指出新鲜食品和腌制食品营养一样，即买不到新鲜食品也没关系，食用腌制食品一样可以促进大脑发育，削弱题干。

E 项，无关选项，题干中很难买到新鲜食品是因为冬天这一季节问题，而不是因为经济问题，此项只谈经济因素，无法削弱题干的论证。

【答案】C

例 7.12 对常兴市 23 家老人院的一项评估显示，爱慈老人院在疾病治疗水平方面得到的评价相当低，而在其他不少方面评价不错。虽然各老人院的规模大致相当，但爱慈老人院医生与住院老人的比率在常兴市的老人院中几乎是最小的。因此，医生数量不足是造成爱慈老人院在疾病治疗水平方面评价偏低的原因。

以下哪项如果为真，最能加强上述论证？

A. 和祥老人院也在常兴市，对其疾病治疗水平的评价比爱慈老人院还要低。

B. 爱慈老人院的医务护理人员比常兴市其他老人院都要多。

C. 爱慈老人院的医生发表的相关学术文章很少。

D. 爱慈老人院位于常兴市的市郊。

E. 爱慈老人院某些医生的医术一般。

【第1步　识别论证类型】

题干：对常兴市 23 家老人院的一项评估显示，爱慈老人院在疾病治疗水平方面得到的评价

第5讲

相当低(现象)。虽然各老人院的规模大致相当,但爱慈老人院医生与住院老人的比率在常兴市的老人院中几乎是最小的(论据)。因此,医生数量不足是造成爱慈老人院在疾病治疗水平方面评价偏低的原因(原因分析)。

【第2步　套用母题方法】

A项,无关选项,题干讨论的是"爱慈老人院",而此项讨论的是"和祥老人院",论证对象不一致。

B项,排除他因,指出爱慈老人院的医务护理人员比别的老人院都多,但是爱慈老人院的疾病治疗水平方面的评价还是相当低,说明其原因不是"护理人员数量过少",而是其他原因,其中可能是因为医生数量不足。故此项通过排除其他可能的因素,肯定了题干中的因素,有支持作用。

C、D项,无关选项,题干中要解释的是爱慈老人院在"疾病治疗水平"方面得到的评价相当低的原因,而这两项中的"学术文章""老人院的地理位置"与"疾病治疗水平"并不直接相关。

E项,此项指出某些医生的医术一般,即爱慈老人院在疾病治疗水平方面的评价偏低的原因可能是医生的医术不好而不是医生的数量太少,另有他因,削弱题干。

【答案】B

✏️ **真题秒杀**

例7.13　(2016年经济类联考真题)近年来,全球的青蛙数量有所下降,而同时地球接受的紫外线辐射有所增加。因为青蛙的遗传物质在受到紫外线辐射时会受到影响,且青蛙的卵通常为凝胶状而没有外壳或皮毛的保护。所以可以认为,青蛙数量的下降至少部分是由于紫外线辐射的上升导致的。

下列哪一项如果为真,最能支持以上论述?

A. 即使在紫外线没有显著上升的地方,青蛙的产卵数量仍然显著下降。

B. 在青蛙数量下降最少的地方,作为青蛙猎物的昆虫的数量显著下降。

C. 数量显著下降的青蛙种群中杀虫剂的浓度要高于数量没有下降的青蛙种群。

D. 在很多地方,海龟会和青蛙共享栖息地,虽然海龟的卵有外壳保护,海龟的数量仍然有所下降。

E. 有些青蛙种群会选择将它们的卵藏在石头或沙子下,而这些种群的数量下降要明显少于不这样做的青蛙种群。

【第1步　识别论证类型】

题干:全球的青蛙数量有所下降,而同时地球接受的紫外线辐射有所增加(现象)。所以可以认为(其原因是),青蛙数量的下降至少部分是由于紫外线辐射的上升导致的(原因)。

【第2步　套用母题方法】

A项,无因有果,即使在紫外线没有显著上升的地方(无因),青蛙的产卵数量仍然显著下降(有果),说明没有"紫外线"这个原因,也产生了同样的结果,故该原因未必是造成青蛙数量下降的原因,削弱题干。

B项,无关选项,此项说的是青蛙数量对昆虫数量的影响,题干不涉及这一点。

C项,说明青蛙数量的下降是高浓度的杀虫剂导致的,而不是紫外线辐射增加导致的,另有他因,削弱题干。

D项，海龟的卵有外壳保护（即不受紫外线辐射：无因），但海龟的数量仍然有所下降（有果），说明没有"紫外线"这个原因，也有同样的结果，故削弱题干。但是，这一削弱力度极小，因为海龟和青蛙不是相同的论证对象。

E项，指出将卵藏在石头或沙子下（即不受紫外线辐射：无因）的青蛙种群的数量下降得少（无果），无因无果，支持题干。

【答案】E

例 7.14 （2010年管理类联考真题）一种常见的现象是，从国外引进的一些畅销科普读物在国内并不畅销。有人对此解释说，这与我们多年来沿袭的文理分科有关。文理分科人为地造成了自然科学与人文社会科学的割裂，导致科普类图书的读者市场还没有真正形成。

以下哪项如果为真，最能加强上述观点？

A. 有些自然科学工作者对科普读物也不感兴趣。

B. 科普读物不是没有需求，而是有效供给不足。

C. 由于缺乏理科背景，非自然科学工作者对科学敬而远之。

D. 许多科普电视节目都拥有固定的收视群，相应的科普读物也大受欢迎。

E. 国内大部分科普读物只是介绍科学常识，很少真正关注科学精神的传播。

【第1步 识别论证类型】

题干：从国外引进的一些畅销科普读物在国内并不畅销（现象）。有人对此解释说（其原因是）：这与我们多年来沿袭的文理分科有关。文理分科人为地造成了自然科学与人文社会科学的割裂，导致科普类图书的读者市场还没有真正形成（原因）。

即：文理分科，导致自然科学与人文社会科学的割裂，从而导致科普类图书的读者市场还没有真正形成，进而导致国外畅销科普读物在国内并不畅销。

【第2步 套用母题方法】

A项，难以支持或削弱题干，因为"有些"自然科学工作者不能代表整体情况。

B项，说明一些国外畅销科普读物在国内并不畅销的原因不是因为文理分科，而是有效供给不足，另有他因，削弱题干。

C项，缺乏理科背景的人，对科学敬而远之，从而导致他们不喜欢阅读科普类图书，说明题干中的现象的原因确实是"文理分科"，因果相关，加强题干。

D项，无关选项，题干讨论的是"科普类图书"，而此项讨论的是"科普电视节目"，论证对象不一致。

E项，无关选项，题干的论证不涉及科学精神的传播。

【答案】C

母题技巧：现象原因模型的假设

第1步 识别论证类型	题干结构：与现象原因模型的削弱相同。 即： （1）摆现象、析原因。 （2）前因后果。

续表

假设题干结构为：原因 A 导致了结果 B；或者，现象 B 的出现是因为原因 A。则常见的假设方式有：

假设方式	内容说明	其他说明
因果相关	直接说明题干中的因果关系成立。	相当于搭桥法，搭建题干中因与果的桥梁。
排除他因	排除是其他原因导致结果 B 的可能。	如果是别的原因导致题干中的结果，就影响了题干中因果关系的成立性，因此必须假设没有他因。
排除因果倒置	排除 B 是 A 的原因这种可能。	如果 B 是 A 的原因，那么 A 就不可能是 B 的原因。因此必须排除 B 是 A 的原因，题干中的因果关系才能成立。
无因无果	没有出现原因 A，就没有结果 B。	①如果题干认为"原因 A 导致了结果 B"，不必假设无因无果。例如：张三被车撞死了，即，车祸导致了张三的死亡。此时，我们并不假设"没有车祸张三不会死（无因无果）"，因为，没有车祸，可能会有其他原因（如癌症、跳楼、凶杀等）导致张三死亡。②如果题干认为"事件 B 的发生一定是因为原因 A"，那么，有 B 一定有 A，逆否可得：没有 A 就没有 B（无因无果）。此时，无因无果需要假设。此处真正的考点是"A 是 B 的必要条件"。

第 2 步　套用母题方法

📝 典型例题

📖 **例 7.15**　最近五年来，共有五架 W-160 客机失事。面对 W-160 设计有误的指控，W-160 的生产厂商明确加以否定，其理由是，每次 W-160 空难的调查都表明，失事的原因是飞行员的操作失误。

为使厂商的上述反驳成立，以下哪项是必须假设的？

Ⅰ. 如果飞行员不操作失误，W-160 就不会失事。

Ⅱ. 飞行员的操作失误和 W-160 任一部分的设计都没有关系。

Ⅲ. 每次对 W-160 空难的调查结论都可信。

A. 仅Ⅰ。　　　　　　　　B. 仅Ⅱ。　　　　　　　　C. 仅Ⅲ。

D. 仅Ⅱ和Ⅲ。　　　　　　E. Ⅰ、Ⅱ和Ⅲ。

【第 1 步　识别论证类型】

生产厂商：每次 W-160 空难的调查都表明，失事的原因是飞行员的操作失误，因此，原因不是 W-160 设计有误。

【第2步 套用母题方法】

Ⅰ项，无因无果，不必假设。因为，如果飞行员不操作失误，可能有其他原因(如雷电暴击)导致 W-160 失事。

Ⅱ项，必须假设。生产厂商的否认指控用的手法是"另有他因"，但如果两个原因之间有共存的可能性的话，通过"另有他因"就不能说明原来的原因不成立。

Ⅲ项，必须假设。生产厂商否定的依据是"空难的调查结论"，这就必须要求调查结果可信。

【答案】D

真题秒杀

例 7.16 (2002 年 MBA 联考真题)在西西里的一处墓穴里，发现了一只陶瓷花瓶。考古学家证实这只花瓶原产自希腊。墓穴主人生活在 2 700 年前，是当时的一个统治者。因此，这说明在 2 700 年前，西西里和希腊之间已有贸易往来。

以下哪项是上述论证必须假设的？

A. 西西里陶瓷匠人的水平不及希腊陶瓷匠人。

B. 在当时用来制造陶瓷的黏土，西西里产的和希腊产的很不一样。

C. 墓穴主人活着的时候，已经有大批船队能够往来于西西里和希腊。

D. 在西西里墓穴里发现的这只花瓶不是墓穴主人的后裔在后来放进去的。

E. 墓穴主人不是西西里皇族的成员。

【第1步 识别论证类型】

题干：在 2 700 年前的西西里墓穴里，发现原产自希腊的花瓶(现象)，因此(其原因是)，2 700 年前，西西里和希腊之间已有贸易往来(原因)。

【第2步 套用母题方法】

A项，无关选项，题干不涉及西西里与希腊陶瓷匠人水平的比较。

B项，无关选项，题干只涉及陶瓷花瓶与贸易往来之间的关系，不涉及制作陶瓷花瓶的材质。

C项，支持题干，但不是必要的假设。因为题干的论证想要成立，只要"有"船队或者其他商队即可，不必假设有"大批船队"。

D项，排除他因，必须假设。可用取非法验证：假设花瓶是墓穴主人的后裔在后来放进去的，那就不可能是 2 700 年前的花瓶，那么，就否定了"2 700 年前，西西里和希腊之间已有贸易往来"这一结论。

E项，无关选项，题干的论证不涉及墓穴主人的身份。

【答案】D

例 7.17 (2010 年在职 MBA 联考真题)1979 年，在非洲摩西地区发现有一只大象在觅食时进入赖登山的一个山洞。不久，其他的大象也开始进入洞穴，以后几年进入山洞集聚成为整个大象群的常规活动。1979 年之前，摩西地区没有发现大象进入山洞，山洞内没有大象的踪迹。到 2006 年，整个大象群在洞穴内或附近度过其大部分的冬季。由此可见，大象能够接受和传授新的行为，而这并不是由遗传基因所决定的。

以下哪项是上述论述的假设？

A. 大象的基因突变可以发生在相对短的时间跨度，如数十年。

B. 大象群在数十年前出现的新的行为不是由遗传基因预先决定的。

C. 大象新的行为模式易于成为固定的方式，一般都会延续几代。

D. 大象的群体行为不受遗传影响，而是大象群内个体间互相模仿的结果。

E. 某一新的行为模式只有在一定数量的动物群内成为固定的模式，才可以推断出发生了基因突变。

【第 1 步　识别论证类型】

题干：自 1979 年第一只大象发现该山洞后，直至 2006 年，整个大象群在洞穴内或附近度过其大部分的冬季（现象），由此可见（其原因是），大象能够接受和传授新的行为（原因），而这并不是由遗传基因所决定的。

【第 2 步　套用母题方法】

A 项，此项指出大象的基因突变可以发生在相对短的时间跨度，说明大象群体的这种行为可能是由于基因突变导致的，而不是大象能够接受和传授新的行为，另有他因，削弱题干。

B 项，排除他因，说明大象群体的这种行为确实不是由于遗传基因导致的，必须假设。

C 项，无关选项，题干讨论的是由一只大象的行为到整个大象群体的行为的原因，并不涉及一种行为延续给后代的问题。

D 项，偷换概念，题干说的是"新的群体行为"，而此项说的是"群体行为"，论证对象不一致。

E 项，无关选项，题干讨论的是大象群去山洞中过冬的原因，而此项讨论的是如何推断基因突变。

【答案】B

母题变式 21.2　现象原因模型：求异法型

母题技巧

第 1 步　识别论证类型	题干特点：题干通过两组对比、前后对比，继而得出一个因果关系。			
第 2 步　套用母题方法	在求异法模型中，常见以下分析角度。			
	角度	说明	削弱	支持/假设
	论证对象	题干常用动物代替人类来做实验，此时，要先看这二者之间的相似性。	拆桥法：论证对象有差异。	搭桥法：论证对象具备相似性。
	样本	对比实验是用样本的情况，来分析一般性结论，故需要考虑样本有代表性吗？	样本没有代表性。	样本有代表性。
	中立性	对比实验的主持者是否中立？是否存在安慰剂效应？	不中立。	中立。
	差异因素	看题干中的对比实验设计是否严谨，是否存在其他差异因素影响实验结果（简称差因）。	另有差因。	排除他因。
	因果关系	求异法是求因果五法之一，目的是找原因，因此从大方向上来说，它是现象原因模型。故现象原因模型中的削弱、支持、假设方法在此处都适用。	同现象原因模型。	同现象原因模型。

续表

| 第 2 步 套用母题方法 | ⏰ 口诀 27 求异法模型

两组比、前后比，
此题考点是求异。
先看对象和样本，
再看差异和因果。 |

🖊 **典型例题**

例 7.18 将患癌症的实验鼠按居住环境分为两组。一组是普通环境：每个标准容器中生活的实验鼠不多于 5 只，没有娱乐设施；另一组是复杂环境：每 20 只实验鼠共同居住在一个宽敞的、配有玩具、转轮等设施的容器中。几周后，与普通环境的实验鼠相比，复杂环境中实验鼠的肿瘤明显缩小了。因此，复杂环境与动物之间的互动可以抑制肿瘤生长。

以下哪项陈述如果为真，能给上面的结论以最有力的支持？

A. 在复杂环境中生活的实验鼠面临更多的纷争和挑战。

B. 两组中都有自身患癌症和因注射癌细胞而患癌症的实验鼠，且两组均有充足的食物和水。

C. 与普通环境实验鼠相比，复杂环境实验鼠体内一种名为"瘦素"的激素的水平明显偏低。

D. 与普通环境实验鼠相比，复杂环境实验鼠体内的肾上腺素水平有所提高。

E. 与复杂环境实验鼠相比，普通环境实验鼠的体质更差。

【第 1 步 识别论证类型】

题干使用对比实验，故为现象原因模型（求异法型）：

普通环境：实验鼠的肿瘤没有明显缩小；

复杂环境：实验鼠的肿瘤明显缩小；

——————————————————

故：复杂环境与动物之间的互动可以抑制肿瘤生长。

【第 2 步 套用母题方法】

A 项，无关选项，"纷争和挑战"与"肿瘤生长"的关系不确定。

B 项，排除其他差异因素：两组实验鼠患癌情况和饮食方面的因素相同，支持题干。

C 项，另有其他差异因素："瘦素"，削弱题干，但要注意由此项并不确定"瘦素"是否直接影响肿瘤生长，故削弱力度小。

D 项，另有其他差异因素：肾上腺素水平，削弱题干，但要注意由此项并不确定"肾上腺素水平"是否直接影响肿瘤生长，故削弱力度小。

E 项，另有其他差异因素：普通环境实验鼠的体质更差，削弱题干。

【答案】B

第 5 讲

例 7.19 （2000年MBA联考真题）孩子出生后的第一年在托儿所度过，会引发孩子的紧张不安。在我们的研究中，有464名12~13岁的儿童接受了特异情景测试法的测验，该项测验意在测试儿童1岁时的状况与对母亲的依附心理之间的关系。其结果是：有41.5%曾在托儿所看护的儿童和25.7%曾在家看护的儿童被认为紧张不安，过于依附母亲。

以下哪项如果为真，最没有可能对上述研究的推断提出质疑？

A. 研究中所测验的孩子并不是从托儿所看护和在家看护两种情况下随机选取的，因此，这两组样本儿童的家庭很可能有系统性的差异存在。

B. 这项研究的主持者被证实曾经在自己的幼儿时期受到过长时间来自托儿所阿姨的冷落。

C. 针对孩子的母亲另一部分研究发现：由于孩子在家里表现出过度的依附心理，父母因此希望将其送入托儿所予以矫正。

D. 因为风俗的关系，在464名被测试者中，在托儿所看护的大多数为女童，而在家看护的多数为男童。一般地说，女童比男童更易表现出紧张不安和依附母亲。

E. 出生后第一年在家看护的孩子多数是由祖父母或外祖父母看护的，并形成浓厚的亲情。

【第1步 识别论证类型】

题干：有41.5%曾在托儿所看护的儿童和25.7%曾在家看护的儿童被认为紧张不安（两组对象），因此，孩子出生后的第一年在托儿所度过，会引发孩子的紧张不安（因果关系）。

题干通过两组对比实验，得出一个因果关系，故此题为现象原因模型（求异法型）。

【第2步 套用母题方法】

A项，指出样本选取不是随机的，说明样本没有代表性，可以削弱。

B项，研究的主持者可能受儿时情况的影响，说明调查者不中立，可以削弱。

C项，不是在托儿所引发孩子的过度依附心理，而是孩子表现出过度的依附心理后被送往托儿所，指出题干因果倒置，可以削弱。

D项，指出题干的样本之间存在其他差异因素：性别差异。是性别原因导致了题干中的结果，另有差因（即另有其他差异因素，是另有他因的一种），可以削弱。

E项，无关选项，题干涉及的是孩子对"母亲"的依附，而此项是"祖父母或外祖父母"。

【答案】E

例 7.20 （2006年MBA联考真题）食用某些食物可降低体内自由基，达到排毒、清洁血液的作用。研究者将大鼠设定为实验动物，分为两组，A组每天喂养含菌类、海带、韭菜和绿豆的混合食物，B组喂养一般饲料。研究观察到，A组大鼠的体内自由基比B组显著降低。科学家由此得出结论：人类食入菌类、海带、韭菜和绿豆等食物同样可以降低体内自由基。

以下哪项如果为真，最能支持以上论证？

A. 一般人都愿意食入菌类、海带、韭菜和绿豆等食物。

B. 不含菌类、海带、韭菜和绿豆的食物将增加体内自由基。

C. 没有其他的途径降低体内自由基。

D. 体内自由基的降低有助于人体的健康。

E. 人对菌类、海带、韭菜和绿豆等食物的吸收和大鼠相比没有实质性的区别。

【第1步 识别论证类型】

本题中有两个命题模型。

模型(1)：类比论证模型。

本题论据中的对象是"大鼠"，论点中的对象是"人类"，故此题为类比论证模型，即：

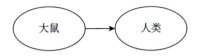

模型(2)：现象原因模型(求异法型)。

A组：每天喂养含菌类、海带、韭菜和绿豆的混合食物。

B组：喂养一般饲料。

实验结果：A组大鼠的体内自由基比B组显著降低。

【第2步 套用母题方法】

A项，无关选项，人们是否"愿意"食入菌类、海带、韭菜和绿豆等食物，与这些食物的"作用"无关。

B项，不含菌类、海带、韭菜和绿豆的食物(无因)将增加体内自由基(无果)，无因无果，有一定的支持作用，但由此项无法确定"人类"的情况，故支持力度小。

C项，无关选项，有没有其他的途径降低体内自由基，与题干中的方法是否有效无关。

D项，无关选项，题干仅涉及"体内自由基能否降低"，不涉及"体内自由基降低是否有助于人体的健康"。

E项，指出人类与大鼠相似，题干中的类比论证成立，支持题干。

【答案】E

例7.21 (2000年MBA联考真题)光线的照射有助于缓解冬季抑郁症。研究人员曾对9名患者进行研究，他们均因冬季白天变短而患上了冬季抑郁症。研究人员让患者在清早和傍晚各接受3小时伴有花香的强光照射。一周之内，7名患者完全摆脱了抑郁，另外2人也表现出了显著的好转。由于光照会诱使身体误以为夏季已经来临，这样便治好了冬季抑郁症。

以下哪项如果为真，最能削弱上述论证的结论？

A. 研究人员在强光照射时有意使用花香伴随，对于改善患上冬季抑郁症的患者的适应性有不小的作用。

B. 9名患者中最先痊愈的3位均为女性，而对男性患者治疗的效果较为迟缓。

C. 该实验均在北半球的温带气候中，无法区分南北半球的实验差异，但也无法预先排除。

D. 强光照射对于皮肤的损害已经得到专门研究的证实，其中夏季比冬季的危害性更大。

E. 每天6小时的非工作状态，改变了患者原来的生活环境，改善了他们的心态，这是对抑郁症患者的一种主要影响。

【第1步 识别论证类型】

题干：研究人员让患者在清早和傍晚各接受3小时伴有花香的强光照射。一周之内，7名患者完全摆脱了抑郁，另外2人也表现出了显著的好转(前后对比)，因此，光线的照射有助于缓解冬季抑郁症(因果关系)。

本题通过前后对比的实验，得出一个因果关系，故此题为现象原因模型(求异法型)。

第5讲

【第2步　套用母题方法】

A项，说明题干的实验存在两个影响因素：强光照射、花香伴随。故实验设计有不严谨之处，可以削弱题干。

B项，无关选项，题干不涉及男女之间的比较。

C项，诉诸无知，即把没有理由的猜测当作质疑的依据，故排除此项。

D项，无关选项，强光照射对皮肤有损害与其是否可以治疗冬季抑郁症无关。

E项，指出是每天的非工作状态使病情好转，另有他因，可以削弱题干。

比较A项和E项的力度，发现A项中的程度词是"不小的作用"，而E项中的程度词是"主要影响"，显然"主要"比"不小"力度大。

【答案】E

例7.22　(2005年MBA联考真题)一项研究将一组有严重失眠的人与另一组未曾失眠的人进行比较，结果发现，有严重失眠的人出现了感觉障碍和肌肉痉挛，例如，皮肤过敏或不停地"跳眼"症状。研究人员的这一结果有力地支持了这样一个假设：失眠会导致周围神经系统功能障碍。

以下哪项如果为真，最能质疑上述假设？

A. 感觉障碍或肌肉痉挛是一般人常有的周围神经系统功能障碍。

B. 常人偶尔也会严重失眠。

C. 该项研究并非由权威人士组织实施。

D. 周围神经系统功能障碍的人常患有严重的失眠。

E. 参与研究的两组人员的性别与年龄构成并不完全相同。

【第1步　识别论证类型】

本题中有两个命题模型。

模型(1)：拆桥搭桥模型。

论据：失眠者出现感觉障碍和肌肉痉挛。

论点：失眠导致周围神经系统功能障碍。

论据与论点的宾语出现了核心概念的不一致，故此题为拆桥搭桥模型。

模型(2)：现象原因模型(求异法型)。

本题通过两组对比的实验，得出一个因果关系：失眠会导致周围神经系统功能障碍，故此题为现象原因模型(求异法型)。

【第2步　套用母题方法】

A项，感觉障碍或肌肉痉挛是一般人常有的周围神经系统功能障碍，搭建了论据与论点的桥梁，支持题干。

B项，无关选项，"常人偶尔严重失眠"与失眠会不会造成周围神经系统功能障碍无关。

C项，题目要求"质疑上述假设"，而此项试图质疑做出这个假设的人，因此不能削弱题干。

D项，因果倒置，不是失眠会导致周围神经系统功能障碍，而是周围神经系统功能障碍会导致失眠，削弱题干。

E项，此项指出比较对象不完全相同，但实际上，对比实验不可能做到比较对象完全相同。而且，我们也不能确定此项中的比较对象之间的差异是否会对实验结果造成影响，故此项不能削弱题干。

【答案】D

例 7.23 （2005年MBA联考真题）马医生发现，在进行手术前喝高浓度加蜂蜜的热参茶可以使他手术时主刀更稳，用时更短，效果更好。因此，他认为，要么是参，要么是蜂蜜，其含有的某些化学成分能帮助他更快更好地进行手术。

以下哪项如果为真，能削弱马医生的上述结论？

Ⅰ. 马医生在喝含高浓度加蜂蜜的热柠檬茶后的手术效果同喝高浓度加蜂蜜的热参茶一样好。

Ⅱ. 马医生在喝白开水之后的手术效果与喝高浓度加蜂蜜的热参茶一样好。

Ⅲ. 洪医生主刀的手术效果比马医生好，而前者没有术前喝高浓度的蜂蜜热参茶的习惯。

A. 仅Ⅰ。　　　　　　B. 仅Ⅱ。　　　　　　C. 仅Ⅲ。

D. 仅Ⅰ和Ⅱ。　　　　E. Ⅰ、Ⅱ和Ⅲ。

【第1步　识别论证类型】

题干：在进行手术前喝高浓度加蜂蜜的热参茶可以使马医生手术时主刀更稳，用时更短，效果更好（"更稳""更短""更好"暗含比较）。因此，要么是参，要么是蜂蜜，其含有的某些化学成分能帮助他更快更好地进行手术（因果关系）。

题干通过比较，得出一个因果关系，故此题为<u>现象原因模型（求异法型）</u>。

【第2步　套用母题方法】

Ⅰ项，"加蜂蜜的热柠檬茶"和"加蜂蜜的热参茶"中都有同一个因素：蜂蜜。根据求同法可知，可能是蜂蜜的原因使手术效果更好，支持马医生的论述。

Ⅱ项，马医生在喝白开水（无因）之后的手术效果与喝高浓度加蜂蜜的热参茶一样好（有果），无因有果，削弱马医生的论述。

Ⅲ项，题干的结论是"帮助他"更快更好地手术，论证对象是"马医生"，而此项的论证对象是"洪医生"，论证对象不同，无关选项。

【答案】B

技巧：无因无果与设计对比实验

1. 无因无果/无因有果的本质

当题干中出现某个原因A导致结果B时，选项中常出现无因无果/无因有果，此时，选项与题干构成对比实验。

例如：

题干：抽烟的人（因）很容易得肺癌（果）。

选项①：不抽烟的人（无因）不容易得肺癌（无果）。

选项②：不抽烟的人（无因）也很容易得肺癌（有果）。

通过求异法的知识，易知选项①支持题干；选项②削弱题干。

2. 设计对比实验

题干中给出一组因果关系，要求我们去支持或评价这组因果关系的成立性时，选项中常出现完整的对比实验。

这类题考查的是我们设计对比实验的能力。其关键在于，保证题干中的差异因素是对比实验中的唯一变量。

🖊 典型例题

例 7.24 动物种群的跨物种研究表明，出生一个月就与母亲隔离的幼仔常常表现出很强的侵略性。例如，在觅食时好斗且拼命争食，别的幼仔都退让了它还在争抢。解释这一现象的假说是，形成侵略性强的毛病是由于幼仔在初始阶段缺乏由父母引导的社会化训练。

以下哪项陈述如果为真，能够最有力地加强上述论证？

A. 早期与母亲隔离的羚羊在冲突中表现出极大的侵略性以确立其在种群中的优势地位。

B. 在父母的社会化训练环境中长大的黑猩猩在交配冲突中的侵略性，比没有在这一环境中长大的黑猩猩弱得多。

C. 出生头三个月被人领养的婴儿在童年时期常常表现得富有侵略性。

D. 许多北极熊在争食冲突中的侵略性比交配冲突中的侵略性强。

E. 动物幼仔争食好斗是动物的本能。

【第1步　识别论证类型】

题干：动物种群的跨物种研究表明，出生一个月就与母亲隔离的幼仔常常表现出很强的侵略性（现象）。解释这一现象的假说是（其原因是），形成侵略性强的毛病是由于幼仔在初始阶段缺乏由父母引导的社会化训练（原因）。

【第2步　套用母题方法】

A项，此项说明"早期与母亲隔离的羚羊表现出极大的侵略性"，支持题干，但由于此项缺少"没有与母亲隔离的羚羊"这一对照组，故支持力度小。

B项，建立对比实验：通过比较有无父母引导的黑猩猩在面对冲突时的侵略性大小，得出"在缺乏父母的社会化训练环境中长大的黑猩猩的侵略性更强"的结论，故支持题干。

C项，不能支持题干，第一，此项也缺少对照组，第二，被人领养的婴儿不代表缺少父母引导，因为养父母也可以对其做社会化训练。

D项，无关选项，题干不涉及"争食冲突"与"交配冲突"之间侵略性的比较。

E项，此项说明题干中的冲突是由于动物的本能，而不是因为缺少社会化训练，另有他因，削弱题干。

【答案】B

例 7.25 爱尔兰有大片泥煤蕴藏量丰富的湿地。环境保护主义者一直反对在湿地区域采煤。他们的理由是开采泥煤会破坏爱尔兰湿地的生态平衡，其直接严重后果是会污染水源。然而，这一担心是站不住脚的。据近50年的相关统计，从未发现过因采煤而污染水源的报告。

以下哪项如果为真，最能加强题干的论证？

A. 在爱尔兰的湿地采煤已有200年的历史，其间从未因此造成水源污染。

B. 在爱尔兰，采煤湿地的生态环境和未采煤湿地没有实质性的不同。

C. 在爱尔兰，采煤湿地的生态环境和未开采前没有实质性的不同。

D. 爱尔兰具备足够的科技水平和财政支持来治理污染，保护生态。

E. 爱尔兰是世界上生态环境最佳的国家之一。

【第1步　识别论证类型】

题干：环境保护主义者一直反对在湿地区域采煤。他们的理由是开采泥煤会破坏爱尔兰湿地的生态平衡，其直接严重后果是会污染水源（他人的观点）。然而，这一担心是站不住脚的（否定他人的观点）。据近50年的相关统计，从未发现过因采煤而污染水源的报告（否定他人观点的理由）。

即：据近50年的相关统计，从未发现过因采煤而污染水源的报告，因此，开采泥煤不会破坏爱尔兰湿地的生态平衡，也不会污染水源。

【第2步　套用母题方法】

A项，可以支持题干，但是因为环保主义者不仅担心水源污染问题，还担心其他生态平衡问题，而此项只表示没有造成水源污染，不明确是否有其他影响生态的问题，因此支持力度小。

B项，提供对照组，根据求异法的知识可知，此项支持题干。

C项，进行前后对比，根据求异法的知识可知，此项支持题干。

B项和C项均可支持题干，但C项力度更大，这是因为C项是自身对比，采煤前后湿地的生态环境没有变化，说明采煤确实没有坏的影响。但B项是两组不同的湿地对比，那就有可能存在差异因素。比如，本来采煤湿地在采煤前环境特别好，而未采煤湿地环境不好，经过采煤之后前者变得和后者一样不好了，那说明采煤还是影响环境的。

D项，无关选项，题干讨论的是采煤是否引起污染，而此项讨论的是污染的治理。

E项，显然是无关选项。

【答案】C

> 🖊 真题秒杀

例 7.26　（2015年管理类联考真题）自闭症会影响社会交往、语言交流和兴趣爱好等方面的行为。研究人员发现，实验鼠体内神经连接蛋白的蛋白质如果合成过多，就会导致自闭症。由此他们认为，自闭症与神经连接蛋白的蛋白质合成量具有重要关联。

以下哪项如果为真，最能支持上述观点？

A. 生活在群体之中的实验鼠较之独处的实验鼠患自闭症的比例要小。

B. 雄性实验鼠患自闭症的比例是雌性实验鼠的5倍。

C. 抑制神经连接蛋白的蛋白质合成可缓解实验鼠的自闭症状。

D. 如果将实验鼠控制蛋白合成的关键基因去除，其体内的神经连接蛋白就会增加。

E. 神经连接蛋白正常的老年实验鼠患自闭症的比例很低。

【第1步　识别论证类型】

本题中有两个命题模型。

模型（1）：类比论证模型。即：研究人员的研究对象是"实验鼠"，但"自闭症会影响社会交往、语言交流和兴趣爱好等"内容的对象是"人"。

模型（2）：现象原因模型。即：实验鼠体内神经连接蛋白的蛋白质如果合成过多，就会导致自闭症（现象）。由此他们认为，自闭症与神经连接蛋白的蛋白质合成量具有重要关联（原因）。

【第2步　套用母题方法】

A项，指出"生活方式"会影响实验鼠患自闭症的比例，即另有他因影响实验鼠患自闭症的比例，削弱题干。

B项，指出"性别"会影响实验鼠患自闭症的比例，即另有他因影响实验鼠患自闭症的比例，削弱题干。

C项，抑制神经连接蛋白的蛋白质合成（无因）可缓解实验鼠的自闭症状（无果）。

此项与题干构成对照组：

神经连接蛋白过多：导致自闭症；

抑制神经连接蛋白（即不多）：自闭症状缓解；

根据求异法的原理，可知：自闭症与神经连接蛋白的蛋白质合成量有关系。

故此项支持题干。

D项，无关选项，此项讨论的是"基因与神经连接蛋白"的关系，而题干讨论的是"神经连接蛋白与自闭症"的关系。

E项，此项中出现"神经连接蛋白"和"老年"两个影响因素，无法确定哪个因素在起作用，因此无法支持题干。

【答案】C

例7.27 （2001年MBA联考真题）许多孕妇都出现了维生素缺乏的症状，但这通常不是由于孕妇的饮食中缺乏维生素，而是由于腹内婴儿的生长使她们比其他人对维生素有更高的需求。

为了评价上述结论的确切程度，以下哪项操作最为重要？

A. 对某个缺乏维生素的孕妇的日常饮食进行检测，确定其中维生素的含量。

B. 对某个不缺乏维生素的孕妇的日常饮食进行检测，确定其中维生素的含量。

C. 对孕妇的科学食谱进行研究，以确定有利于孕妇摄入足量维生素的最佳食谱。

D. 对日常饮食中维生素足量的一个孕妇和一个非孕妇进行检测，并分别确定她们是否缺乏维生素。

E. 对日常饮食中维生素不足量的一个孕妇和另一个非孕妇进行检测，并分别确定她们是否缺乏维生素。

【第1步　识别论证类型】

题干：许多孕妇都出现了维生素缺乏的症状（现象），但这通常不是由于孕妇的饮食中缺乏维生素（否定一个原因），而是由于腹内婴儿的生长使她们比其他人对维生素有更高的需求（肯定另外一个原因）。

【第2步　套用母题方法】

A、B、C项中缺乏对照组，因此难以确定题干现象的影响因素。

D项，构造了一个对比实验，通过对比"孕妇"和"非孕妇"的情况，以此来确定题干中的现象是否是受胎儿的影响，故此项正确。

E项，也构造了一个对比实验，但此对比实验中除了"是否怀孕"外，还有另外一个影响因素"日常饮食中维生素不足量"，因此，难以确定是哪个因素在影响实验结果。故此项排除。

【答案】D

母题变式 21.3 **现象原因模型：百分比对比型**

⏱ 母题技巧

第 1 步 识别论证类型	论据特点：论据中有百分比。 论点特点：论点中直接给出明确的因果关系或者分析原因。 选项特点：选项中也有百分比。
第 2 步 套用母题方法	说明：此类题比较难理解，请认真听配套课程，可以多听 2 遍。 这类题目的本质是求异法，我们可通过以下表格中的例子总结出秒杀方法。

第 2 步 套用母题方法

题干：吸烟者中有 25% 会得肺癌，因此，吸烟容易引发肺癌。			
选项	选项内容	分析	结论
情况①	不吸烟者中有 3% 会得肺癌。	结合题干可知，吸烟就更容易得肺癌，不吸烟就不容易得肺癌，故支持吸烟者易得肺癌。	支持题干
情况②	所有人的平均肺癌发病率为 3%。	结合题干可知，吸烟者的肺癌发病率远高于普通人群，故支持吸烟者易得肺癌。	支持题干
情况③	不吸烟者中有 24.8% 会得肺癌。	结合题干可知，无论是否吸烟，肺癌的发病率都是差不多的，故削弱吸烟者易得肺癌。	削弱题干
情况④	所有人的平均肺癌发病率为 24.8%。	结合题干可知，吸烟者的发病率并没有高于普通人群，故削弱吸烟者易得肺癌。	削弱题干
情况⑤	不吸烟者中有 68% 会得肺癌。	结合题干可知，吸烟者的发病率远远低于不吸烟者，说明吸烟非但没有引发肺癌，还预防了肺癌。	削弱题干
情况⑥	所有人的平均肺癌发病率为 68%。	结合题干可知，吸烟者的发病率远远低于普通人群，说明吸烟非但没有引发肺癌，还预防了肺癌。	削弱题干

总结以上情况①和②，可知，将选项作为对照组和题干组进行比较时，若百分比有差距，则支持题干（差比支持）。

总结以上情况③和④，可知，将选项作为对照组和题干组进行比较时，若百分比差不多，则削弱题干（同比削弱）。

总结以上情况⑤和⑥，可知，将选项作为对照组和题干组进行比较时，发现题干组反过来与对照组有差距，也削弱题干（反向差比也削弱，但考的相对较少）。

第 5 讲

续表

第2步　套用母题方法	⏰ **口诀28 百分比对比模型** 百分比，来对比， 本质就是考求异。 支持一般找差比， 削弱同比反差比。

💊 **真题秒杀**

例 7.28　（2010年管理类联考真题）对某高校本科生的某项调查统计发现：在因成绩优异被推荐免试攻读硕士研究生的文科专业学生中，女生占有70%。由此可见，该校本科生文科专业的女生比男生优秀。

以下哪项如果为真，能最有力地削弱上述结论？

A. 在该校本科生文科专业学生中，女生占30%以上。

B. 在该校本科生文科专业学生中，女生占30%以下。

C. 在该校本科生文科专业学生中，男生占30%以下。

D. 在该校本科生文科专业学生中，女生占70%以下。

E. 在该校本科生文科专业学生中，男生占70%以上。

【第1步　识别论证类型】

题干：在因成绩优异被推荐免试攻读硕士研究生的文科专业学生中，女生占有70%（含有百分比的现象），由此可见（其原因是），该校本科生文科专业的女生比男生优秀（原因分析）。

题干的论据含有百分比，题干的论点是原因分析，题干的选项也含有百分比，故此题为<u>现象原因模型（百分比对比型）</u>。

【第2步　套用母题方法】

C项，在该校本科生文科专业学生中，男生占30%以下，即女生占70%以上，同比削弱，故此项可以削弱。

使用赋值法证明：假设该校共有1 000人，其中200人被推荐免试读研，被推免读研者中70%为女生，则被推免读研的女生共有140人。由C项可知该校共有700余名女生（可设刚好为700人），则有下表：

学生1 000人	推免读研200人	未推免读研800人
女生700人	140人	560人
男生300人	60人	240人

故女生的推免率为 $\frac{140}{700}=20\%$，男生的推免率为 $\frac{60}{300}=20\%$，可见男生和女生的推免率是相等的，女生并不比男生优秀。

【答案】C

例 7.29 下面两题基于以下题干：

某校的一项抽样调查显示：该校经常泡网吧的学生中，家庭经济条件优越的占80%，学习成绩下降的也占80%，因此，家庭条件优越是学生泡网吧的重要原因，泡网吧是学习成绩下降的重要原因。

(1)(2005年MBA联考真题)以下哪项如果为真，最能削弱上述论证？

A. 该校位于高档住宅区，学生九成以上家庭条件优越。

B. 经过清理整顿，该校周围网吧符合规范。

C. 有的家庭条件优越的学生并不泡网吧。

D. 家庭条件优越的家长并不赞成学生泡网吧。

E. 被抽样调查的学生占全校学生的30%。

(2)(2005年MBA联考真题)以下哪项如果为真，最能加强上述论证？

A. 该校是市重点学校，学生的成绩高于普通学校。

B. 该校狠抓教学质量，上学期半数以上学生的成绩都有明显提高。

C. 被抽样调查的学生多数能如实填写问卷。

D. 该校经常做这种形式的问卷调查。

E. 该项调查的结果已上报，受到了教育局的重视。

【第1步 识别论证类型】

题干：该校经常泡网吧的学生中，家庭经济条件优越的占80%，学习成绩下降的也占80%（含有百分比的现象），因此，家庭条件优越是学生泡网吧的重要原因，泡网吧是学习成绩下降的重要原因（原因分析）。

题干的论据含有百分比，题干的论点是原因分析，题干的选项也含有百分比，故此题为现象原因模型（百分比对比型）。

【第2步 套用母题方法】

第(1)题

题干：泡网吧的学生，家庭经济条件优越的占80%；

A项：所有学生，90%以上家庭条件优越；

说明泡网吧的学生的家庭条件与普通学生比没有差异，故削弱家庭条件优越是学生泡网吧的原因（同比削弱）。

B项，无关选项，网吧是否符合规范，与网吧是否影响成绩无关。

C项，根据对当关系图可知，有的家庭条件优越的学生并不泡网吧，只能反驳"所有家庭条件优越的学生都泡网吧"，但题干的结果并不是针对所有人的，故此项无法削弱题干。

D项，家长是否"赞成"泡网吧，不影响调查的成立性。

E项，30%的抽样率在抽样调查里面已经算较高的抽样率了，不能说明样本没有代表性，故此项不能削弱题干。

第(2)题

> 题干：泡网吧的学生，学习成绩下降的占 80％；
>
> B 项：所有学生，半数以上成绩提高(学习成绩下降的低于 50％)；

说明泡网吧的学生跟普通学生比，更容易成绩下降，从而支持泡网吧是学习成绩下降的

原因(差比加强)。

A 项，无关选项，题干不涉及此学校与普通学校的比较。

B 项，如上述分析，支持题干。

C 项，此项说明调查的真实性可信。但是，如果调查数据不真实，可以很好地削弱题干；如果调查数据真实，并不能说明题干的结论成立，故此项的支持力度很小。

D、E 项，显然是无关选项。

【答案】(1)A；(2)B

例 7.30 (2009 年在职 MBA 联考真题)据某国卫生部门统计，2004 年全国糖尿病患者中，年轻人不到 10％，70％为肥胖者。这说明，肥胖将极大地增加患糖尿病的危险。

以下哪项如果为真，将严重削弱上述结论?

A. 医学已经证明，肥胖是心血管病的重要诱因。

B. 2004 年，该国肥胖者的人数比 1994 年增加了 70％。

C. 2004 年，肥胖者在该国中老年人中所占的比例超过 60％。

D. 2004 年，该国年轻人中的肥胖者所占的比例，比 1994 年提高了 30％。

E. 2004 年，该国糖尿病的发病率比 1994 年降低了 20％。

【第 1 步　识别论证类型】

题干：2004 年全国糖尿病患者中，年轻人不到 10％，70％为肥胖者(含有百分比的现象)。这说明，肥胖将极大地增加患糖尿病的危险(原因分析)。

题干的论据含有百分比，题干的论点是原因分析，题干的选项也含有百分比，故此题为**现象原因模型(百分比对比型)**。

【第 2 步　套用母题方法】

题干：糖尿病患者中，年轻人不到 10％(即中老年人为 90％)，70％为肥胖者。说明，糖尿病患者中，约 63％为中老年肥胖者。

此时有：

> 题干：糖尿病患者中，约 63％为中老年肥胖者；
>
> C 项：所有中老年人中，肥胖者超过 60％；

说明糖尿病患者的肥胖率与普通人差不多，从而削弱糖尿病与肥胖的关系(同比削弱)。

A 项，无关选项，题干讨论的是"糖尿病"，而此项讨论的是"心血管病"。

B 项，无关选项，题干不涉及 2004 年和 1994 年的比较。而且，由此项只知道 2004 年的肥胖人数＝1994 年的肥胖人数×170％。但是，由于不了解 1994 年的基础数据，因此，也无法确定 2004 年的情况。

D、E 项均为无关选项，理由同 B 项。

【答案】C

母题变式 21.4 现象原因模型：共变法型

⏱ 母题技巧

第 1 步　识别论证类型	题干结构（1）：共生现象找因果。 题干指出两个现象同时发生，就说明这两个现象之间有因果关系。 题干结构（2）：共变现象找因果。 题干指出两个现象之间存在共变（常用关联词：越……越……），就说明这两个现象之间有因果关系。 题干结构（3）：三组现象找因果。 题干中存在三组对象的对比实验，观察这三组对象中是否存在共变因素，从而确定因果关系。
第 2 步　套用母题方法	在共变法模型中，常见以下分析角度。 表格见下

在共变法模型中，常见以下分析角度。

角度	说明	削弱	支持/假设
因果倒置	共变法中，两种现象 A 和 B 存在共生或者共变关系，那么到底 A 是 B 的原因，还是 B 是 A 的原因？	因果倒置。	排除因果倒置的可能。
存在共因	存在共变的两个现象之间可能没有因果关系，而是另有一个共同原因，导致了两个现象同时出现。	存在共因。	一般不从这个角度命题。
另有他因	看题干中的实验设计是否严谨，是否存在其他因素影响实验结果。	另有他因。	排除他因。
因果关系	共变法是求因果五法之一，目的是找原因，因此从大方向上来说，它是现象原因模型。故现象原因模型中的削弱、支持、假设方法在此处都适用。	同现象原因模型。	同现象原因模型。

> **⏰ 口诀 29　共变法模型**
>
> 三组对比越来越，此题考点是共变。
>
> 先看倒置和共因，再看他因和因果。

第
5
讲

✎ 典型例题

例 7.31　大约在 12 000 年前，当气候变暖时，人类开始陆续来到北美洲各地。在同一时期，大型哺乳动物，如乳齿象、猛犸和剑齿虎等，却从它们曾经广泛分布的北美洲土地上灭绝了。所以，和人类曾经与自然界其他生物和平相处的神话相反，早在 12 000 年前，人类的活动便导致了这些动物的灭绝。

以上论证最容易受到以下哪项陈述的质疑？

A. 该论证未经反思地把人类排除在自然界之外。

B. 人类来到北美洲可能还会导致乳齿象、猛犸和剑齿虎之外的其他动物灭绝。

C. 乳齿象、猛犸和剑齿虎等大型哺乳动物的灭绝，对于早期北美洲的原始人类来说，具有非同寻常的意义。

D. 所提出的证词同样适用于两种可选择的假说：气候的变化导致大型哺乳动物灭绝，但同样的原因使得人类来到北美洲各地。

E. 12 000 年前，很多小型哺乳动物遭到了灭绝。

【第 1 步 识别论证类型】

题干：大约在 12 000 年前，当气候变暖时，人类开始陆续来到北美洲各地。在同一时期，大型哺乳动物却从北美洲土地上灭绝了（两个现象同时出现）。所以，人类的活动便导致了这些动物的灭绝（因果关系）。

题干通过两个现象同时出现，从而说明这两个现象之间的因果关系，故此题为现象原因模型（共变法型）。

【第 2 步 套用母题方法】

A 项，不能削弱题干，因为题干讨论的是人类活动对自然界"其他生物"的影响，而不是把人类排除在自然界之外。

B 项，无关选项，题干的论证不涉及"其他动物"的灭绝，此项偷换了题干的论证对象。

C 项，无关选项，题干的论证不涉及这些动物的灭绝对人类的意义。

D 项，共因削弱，指出人类的活动和大型哺乳动物的灭绝都是由气候的变化导致的。

E 项，无关选项，题干的论证不涉及"小型哺乳动物"的灭绝，此项偷换了题干的论证对象。

【答案】D

✒ 真题秒杀

例 7.32 （2000 年 MBA 联考真题）世界卫生组织在全球范围内进行了一项有关献血对健康影响的跟踪调查。调查对象分为三组：第一组中的对象均有两次以上的献血记录，其中最多的达数十次；第二组中的对象均仅有一次献血记录；第三组中的对象均从未献过血。调查结果显示，被调查对象中癌症和心脏病的发病率，第一组分别为 0.3％和 0.5％，第二组分别为 0.7％和 0.9％，第三组分别为 1.2％和 2.7％。一些专家依此得出结论：献血有利于减少患癌症和心脏病的风险。这两种病已经不仅在发达国家而且也在发展中国家成为威胁中老年人生命的主要杀手。因此，献血利己利人，一举两得。

以下哪项如果为真，将削弱以上结论？

Ⅰ. 60 岁以上的调查对象，在第一组中占 60％，在第二组中占 70％，在第三组中占 80％。

Ⅱ. 献血者在献血前要经过严格的体检，一般具有较好的体质。

Ⅲ. 调查对象的人数，第一组为 1 700 人，第二组为 3 000 人，第三组为 7 000 人。

A. 仅Ⅰ。　　　　　　B. 仅Ⅱ。　　　　　　C. 仅Ⅲ。

D. 仅Ⅰ和Ⅱ。　　　　E. Ⅰ、Ⅱ和Ⅲ。

【第1步 识别论证类型】

题干：三组调查对象中，献血记录越多，癌症和心脏病的发病率越小（两个现象共变），因此，献血有利于减少患癌症和心脏病的风险（因果关系）。

题干通过两个现象共同变化，从而说明这两个现象之间有因果关系，故此题为现象原因模型（共变法型）。

【第2步 套用母题方法】

Ⅰ项，有其他共变因素：年龄。那么可能是年龄影响了癌症和心脏病的发病率，另有他因，削弱题干。

Ⅱ项，体质好才有资格献血，而不是献血导致身体变好，指出题干因果倒置，削弱题干。

Ⅲ项，无关选项，三组调查对象的人数不影响癌症和心脏病的发病率。

易错点：统计上相关而因果上不相关

先看一个公式：

$$A 市居民的肺癌发病率 = \frac{该市肺癌发病人数}{该市居民总数} \times 100\%。$$

从上述公式来看，A市居民肺癌发病率好像和该市的居民总数相关，但这种相关仅仅是一种统计上的相关，它反映了该市居民的肺癌情况，是对发病这种"结果"的统计，而不是对肺癌发病"原因"的分析。一个城市的人数多少本身并不影响该市市民是否会得肺癌，二者在因果上并不相关。

那么，是什么原因影响了肺癌发病率呢？吸烟、空气质量可能都是原因，它们和肺癌发病之间存在因果关系。

【答案】D

例 7.33（2010年管理类联考真题）一般认为，出生地间隔较远的夫妻所生子女的智商较高。有资料显示，夫妻均是本地人，其所生子女的平均智商为102.45；夫妻是省内异地的，其所生子女的平均智商为106.17；而隔省婚配的，其所生子女的智商则高达109.35。因此，异地通婚可提高下一代的智商水平。

以下哪项如果为真，最能削弱上述结论？

A. 统计孩子平均智商的样本数量不够多。

B. 不难发现，一些天才儿童的父母均是本地人。

C. 不难发现，一些低智商儿童的父母的出生地间隔较远。

D. 能够异地通婚者是智商比较高的，他们自身的高智商促成了异地通婚。

E. 一些情况下，夫妻双方出生地间隔很远，但他们的基因可能接近。

【第1步 识别论证类型】

题干：三组调查对象中，夫妻的出生地间隔越远，其所生子女的平均智商越高（两个现象共变），因此，异地通婚可提高下一代的智商水平（因果关系）。

题干通过两个现象共同变化，从而说明这两个现象之间有因果关系，故此题为现象原因模型（共变法型）。

【第 2 步 套用母题方法】

A 项，质疑样本的数量，可以削弱。

B 项和 C 项的错误相同，个体数据不能削弱全体的平均数。

D 项，夫妻的高智商促成了他们异地通婚，又生下了智商较高的孩子。可见，夫妻的高智商是题干中两种现象的共同因素（共因削弱），可以削弱题干。因为此项直接反驳了题干中的因果关系，故力度更大。注意此项不是因果倒置，因为，因果倒置在削弱题中的定义是题干中的原因和结果搞反了；此题题干中说的是"下一代的智商高"，而此项中说的是"夫妻的智商高"，选项与题干不同。

E 项，无关选项，题干的论证不涉及基因的相近与否。

【答案】D

母题变式 21.5　现象原因模型：剩余法型

⚡ 母题技巧

第 1 步　识别论证类型	题干结构（1）：某现象有两个可能的原因，排除了原因 A，证明是原因 B。 题干结构（2）：排除了某现象的已知原因，说明还存在其他原因。
第 2 步　套用母题方法	剩余法其实就是排除法在因果关系中的应用，利用排除法的原理秒杀即可。

✐ 典型例题

例 7.34　小儿神经性皮炎一直被认为是由母乳过敏引起的。但是，如果我们让患儿停止进食母乳而改用牛乳，他们的神经性皮炎并不能因此而消失。因此，显然存在别的某种原因引起小儿神经性皮炎。

下列哪项如果为真，最能支持题干的结论？

A. 医学已经证明，母乳是婴儿最理想的食料。

B. 医学尚不能揭示母乳过敏诱发小儿神经性皮炎的病理机制。

C. 已发现有小儿神经性皮炎的患儿从未进食过母乳。

D. 已发现有母乳过敏导致婴儿突发性窒息的病例。

E. 小儿神经性皮炎的患儿并没有表现出对母乳的拒斥。

【第 1 步　识别论证类型】

题干：如果我们让患儿停止进食母乳而改用牛乳，他们的神经性皮炎并不能因此而消失。因此，显然存在别的某种原因（而不是母乳过敏）引起小儿神经性皮炎。

题干试图通过排除"母乳过敏"这一原因，从而说明存在其他原因，故此题为现象原因模型（剩余法型）。

【第 2 步　套用母题方法】

A 项，无关选项，母乳是婴儿最理想的食料，与它会不会引起小儿神经性皮炎无关。

B 项，说明母乳过敏会诱发小儿神经性皮炎，只是其病理机制并不明确。但由于此项肯定了母乳过敏会诱发小儿神经性皮炎，故削弱题干中"不是由于母乳过敏"这一观点。

C 项，有小儿神经性皮炎的患儿(有果)从未进食过母乳(无因)，说明确实不是母乳引起小儿神经性皮炎，支持题干。

D 项，无关选项，题干不涉及"婴儿突发性窒息"。

E 项，无关选项，婴儿吃母乳是一种本能，婴儿是否拒斥母乳与母乳是否会引起皮炎无关。

【答案】C

例 7.35 某地区国道红川口曾经是交通事故的频发路段，自从 8 年前对此路段限速每小时 60 千米后，发生在此路段的交通伤亡人数大幅下降。然而，近年来此路段超速车辆增多，但发生在此路段的交通伤亡人数仍然下降。

上述断定最能支持以下哪项结论？

A. 车辆限速与此路段 8 年来交通伤亡人数大幅下降没有关系。

B. 8 年来在此路段行驶的车辆并未显著减少。

C. 8 年来对本地区进行广泛的交通安全教育十分有效。

D. 近年来汽油费用的上升限制了本地区许多家庭购买新车。

E. 此路段 8 年来交通伤亡人数下降不仅是车辆限速的结果。

【第 1 步 识别论证类型】

题干：自从 8 年前对国道红川口限速后(原因)，发生在此路段的交通伤亡人数大幅下降(结果)。然而，近年来此路段超速车辆增多(排除了以上原因)，但发生在此路段的交通伤亡人数仍然下降(结果仍然存在)。

注意，此题的问题是"上述断定最能支持以下哪项结论？"，用题干来支持选项的题目，我们称为推论题，而支持题是用选项来支持题干。

【第 2 步 套用母题方法】

题干：

限速前：交通事故频发；

限速后：交通伤亡人数大幅下降；

根据求异法：限速导致交通伤亡人数下降。

但是，近年来此路段超速车辆增多(即"限速"这一因素已经失效)，发生在此路段的交通伤亡人数仍然下降，说明还有其他原因导致交通伤亡人数下降。故此题选择 E 项。

此处使用了剩余法的原理，即当我们排除了已知因素时，说明还有未知因素影响了此事件的发生。

A 项，推理过度，由题干仅能推出交通伤亡人数大幅下降不仅仅是限速的原因，而不能否定限速的作用。而且，根据题干"自从 8 年前对国道红川口限速后，发生在此路段的交通伤亡人数大幅下降"，由共变法的知识可知，限速和交通伤亡人数大幅下降之间可能存在因果关系。

B 项，不能推出。因为题干仅涉及"超速车辆"的多少，故由题干无法推出该路段总的车辆的情况。

C 项，推理过度，由题干仅能推出交通伤亡人数大幅下降不仅仅是限速的原因，但并不确定

具体是什么原因。

D项，无关选项，题干不涉及油价问题。

【答案】E

母题模型 22　预测结果模型

⚡ 母题技巧

第1步　识别论证类型	题干特点：题干中出现"将会""会""未来会""会导致""一定能""要"等表示对未来结果断定的词汇。
第2步　套用母题方法	削弱：给出理由，说明结果预测错误。 支持：给出理由，说明结果预测正确。

✒ 典型例题

例 7.36　随着生物技术公司的出现，这些公司对他们的专职研究人员和学术顾问的专利化成果不再予以公开。这种抑制将会减缓生物科学和工程的发展速度。

以下哪一项如果正确，将最能严重地削弱以上描述的关于科学保密的预测？

A. 由实业界资助的生物技术研究已经取得了一些具有重大科学意义的结果。

B. 当科学研究的结果作为秘密被保存起来时，独立的研究人员无法利用这些结果做进一步发展。

C. 由于生物技术公司研究的优先次序与学术机构的不同，对这些公司的研究工作提供经济资助扭曲了研究的正常次序。

D. 为提高公司在科学界的地位，生物技术公司鼓励员工将他们的成果，特别是重要的成果公开发表。

E. 生物技术公司将一部分研究资源投入到具有基础性科学意义和并不能期望立即产生实际应用的问题研究上。

【第1步　识别论证类型】

题干：生物技术公司对他们的专职研究人员和学术顾问的专利化成果不予公开。这种抑制将会减缓生物科学和工程的发展速度。

锁定关键词"将会"，可知此题为预测结果模型。

【第2步　套用母题方法】

A项，无关选项，题干仅涉及"生物技术公司"带来的影响，与"由实业界资助的生物技术研究"无关。

B项，支持题干，说明研究成果不予公开，确实会影响研究进展。

C项，无关选项，题干讨论的是"研究成果保密"的影响，而此项讨论的是"经济资助"的影响。

D项，说明生物技术公司不会对其研究人员的科学成果进行保密，削弱题干。

E项，无关选项，题干不涉及生物技术公司的研究方向。

【答案】D

例 7.37 去年，和羊毛的批发价不同，棉花的批发价大幅度地下跌。因此，虽然目前商店中棉织品的零售价还没有下跌，但它肯定会下跌。

以下哪项如果为真，最能削弱上述论证？

A. 去年由于引进新的工艺，棉织品的生产加工成本普遍上升。

B. 去年，羊毛批发价的上涨幅度小于棉花批发价的下跌幅度。

C. 棉织品比羊毛制品更受消费者的欢迎。

D. 零售价的变动一般都滞后于批发价的变动。

E. 目前商店中羊毛制品的零售价没有大的变动。

【第 1 步　识别论证类型】

题干：棉花的批发价大幅度地下跌。因此，棉织品的零售价虽还未下跌，但它肯定会下跌。

锁定关键词"肯定会"，可知此题为预测结果模型。

【第 2 步　套用母题方法】

A 项，提出反面论据，通过指出棉织品的其他成本上升，说明棉织品的价格不会下跌，削弱题干。

B 项，无关选项，题干不涉及"羊毛批发价"和"棉花批发价"之间的比较。

C 项，无关选项，题干不涉及棉织品和羊毛制品受欢迎程度的比较。

D 项，支持题干，零售价的变动一般都滞后于批发价的变动，恰好可以说明题干中棉织品的零售价现在没下跌但未来会下跌的判断。

E 项，无关选项，题干讨论的是未来棉织品的零售价是否会下跌，不涉及"羊毛制品的零售价"。

【答案】A

✎ 真题秒杀

例 7.38 （2012 年在职 MBA 联考真题）电影的年票房收入将开始下降。去年售出的电影票中有一半以上是给了占人口总数 27％的 25 岁以下的年龄组，然而，在今后 10 年中，25 岁以下的人口数量将持续下降。

下面哪项如果正确，将对上述关于将来的电影票房收入的预测提出最大的质疑？

A. 医学进步降低了 40 岁到 60 岁的人的死亡率。

B. 很多人在 25 岁以后逐渐失去了去电影院看电影的兴趣。

C. 电影院的数目正在增多，预计这一趋势在将来的 10 年里会继续。

D. 电影票房趋向于随着劳动力的增加而增加，而在今后的 10 年里劳动力人数将逐年增加。

E. 专家认为在今后 10 年的每一年中卖出的电影票总数中有一多半是给 25 岁以下的人。

【第 1 步　识别论证类型】

题干中第一句话"有所断定"，是论点；后面的话为"事实描述"，是论据。

题干：去年售出的电影票中，有一半以上是给了占人口总数 27％的 25 岁以下的年龄组，然而，在今后 10 年中，25 岁以下的人口数量将持续下降。因此，电影的年票房收入将开始下降。

锁定关键词"将"，可知此题为预测结果模型。

【第 2 步　套用母题方法】

A 项，无关选项，10 年后，这批"25 岁"的人变为"35 岁"，不涉及此项的"40 岁到 60 岁"的人。

B项，此项指出 25 岁以后的人会失去看电影的兴趣，那么，就有助于说明"25 岁以下的人口数量下降"会引起电影票房收入的下降，支持题干。

C项，题干讨论的是需求端的情况，而此项涉及的是供给端的情况。此项如果要削弱题干，必须假定随着电影院数量增加，人们也会更多地看电影，但这一假定未必成立。故此项不能很好地削弱题干。

D项，提出反面论据，说明电影票房实际是与劳动力成正相关的关系，而在今后的 10 年里，劳动力人数将逐年上升，因此将增加电影的票房收入，削弱题干。

E项，此项说明看电影的人主要是 25 岁以下的人，那么就有助于说明"25 岁以下的人口数量下降"会引起电影票房收入的下降，支持题干。不过此项仅仅是专家的意见，未必是事实，支持力度不大。

【答案】D

例 7.39 （2017 年管理类联考真题）进入冬季以来，内含大量有毒颗粒物的雾霾频繁袭击我国部分地区。有关调查显示，持续接触高浓度污染物会直接导致 10% 至 15% 的人患有眼睛慢性炎症或干眼症。有专家由此认为，如果不采取紧急措施改善空气质量，这些疾病的发病率和相关的并发症将会增加。

以下哪项如果为真，最能支持上述专家的观点？

A. 有毒颗粒物会刺激并损害人的眼睛，长期接触会影响泪腺细胞。

B. 空气质量的改善不是短期内能够做到的，许多人不得不在污染环境中工作。

C. 眼睛慢性炎症或干眼症等病例通常集中出现于花粉季。

D. 上述被调查的眼疾患者中有 65% 是年龄在 20～40 岁之间的男性。

E. 在重污染环境中采取戴护目镜、定期洗眼等措施有助于预防干眼症等眼疾。

【第 1 步　识别论证类型】

专家：持续接触高浓度污染物会直接导致 10% 至 15% 的人患有眼睛慢性炎症或干眼症。因此，如果不采取紧急措施改善空气质量，这些疾病的发病率和相关的并发症将会增加。

锁定关键词"将会"，可知此题为预测结果模型。

【第 2 步　套用母题方法】

A项，支持题干，说明有毒颗粒物确实对人的眼睛有负面的影响。

B项，此项说明确实有人在污染环境中工作，但并不能说明这样的污染环境会造成眼部疾病，故无法有力地支持题干。

C项，无关选项，题干讨论的是"进入冬季"以来的情况，而此项讨论的是"花粉季"的情况。

D项，无关选项，题干讨论的是"有毒颗粒物对人的眼睛的影响"，不涉及性别和年龄问题。

E项，削弱题干，说明不采取紧急措施改善空气质量，用其他方式也可以预防眼疾问题（此项用的是"绝对化结论模型"的原理，即题干结论"不这样不行"，此项说明"不这样也可以"，相关内容详见本书第 8 章）。

【答案】A

扫码免费听
本节讲解

03 ### 第3节 措施目的

大纲考点 33 措施目的

33.1 什么是措施目的

目的，即我们想要的结果，是我们对未来的预期。因此，"目的"其实也是对未来结果的预测，而且这个结果是我们想要的。

措施目的模型题目的题干结构一般为：由于某个原因，因此计划采取某个措施（方法、建议），以达到某种目的（解决某个问题），即：

$$原因 \xrightarrow{导致} 措施 \xrightarrow{以求} 目的。$$

例如：

为了考上研究生（目的），酱心买了老吕的书（措施）。

由于下雪导致路面湿滑（原因），相关部门计划立即开展积雪清扫工作（措施），以防交通事故的发生（目的）。

33.2 措施目的与预测结果的联系与区别

（1）联系

"目的"是结果预测的一种。因此，"措施目的模型"可以看作是"预测结果模型"的一个类别。

（2）区别

①"目的"是我们想要的结果，故一般是好的结果；但"结果"则有可能是好的也有可能是坏的。

②"目的"的发生需要我们采取措施或付出努力，但"结果"的发生可能无需我们做任何事情。

例如：

天阴了，我预测今晚会下雨（我们没采取任何措施，仅仅对结果做了预测）。

天阴了，气象部门往天空打了几枚增雨弹（采取了措施），以求今晚能增加降雨（目的）。

母题模型 23 措施目的模型

母题技巧：措施目的模型的削弱

第1步 识别论证类型	题干特点（1）：题干中出现"为了""能""可以""以求"等表示目的的词汇。
	题干特点（2）：题干中出现"计划""建议""方法"等表达措施的内容。

第
5
讲

右上角：续表

假设题干结构为：计划采取措施 A，以求达到目的 B。则常见的削弱方式有：

削弱方式	内容说明	力度大小
措施达不到目的（措施目的拆桥）	指出由于某个原因，即使采取了措施 A，也无法达到想要的目的 B。	力度大。
措施不可行	指出由于某个原因导致措施 A 无法实施。	力度大。
措施弊大于利	指出措施 A 弊端太大，采取措施 A 得不偿失。	力度大。
措施有副作用	指出措施 A 会产生一定的副作用。	力度小，因为再好的措施也是有一定的代价的。
削弱因果	有些措施目的的题目中暗含因果关系，可以削弱这个因果关系。	参考现象原因模型的削弱。

左侧：第 2 步　套用母题方法

真题秒杀

例 7.40　(2010 年在职 MBA 联考真题)某乡间公路附近经常有鸡群聚集。这些鸡群对这条公路上高速行驶的汽车的安全造成了威胁。为了解决这个问题，当地交通部门计划购入一群猎狗来驱赶鸡群。

以下哪项如果为真，最能对上述计划构成质疑？

A. 出没于公路边的成群猎狗会对交通安全构成威胁。

B. 猎狗在驱赶鸡群时可能伤害鸡群。

C. 猎狗需要经过特殊训练才能驱赶鸡群。

D. 猎狗可能会有疫病，有必要进行定期检疫。

E. 猎狗的使用会增加交通管理的成本。

【第 1 步　识别论证类型】

题干：为了解决鸡群带来的汽车安全威胁问题(目的)，当地交通部门计划购入一群猎狗来驱赶鸡群(措施)。

锁定关键词"为了""计划"，可知此题为措施目的模型。

【第 2 步　套用母题方法】

A 项，成群猎狗会对交通安全构成威胁，并不能解决汽车的安全威胁问题，措施达不到目的，削弱题干。

B 项，猎狗可能会伤害鸡群，这是题干措施的副作用，但伤害鸡群和带来的安全隐患相比，显然是次要因素。

C、D、E 项，都是指出题干中的措施有一些难度或成本，但任何措施都会有一些难度或成本，这无法说明题干中的措施无效。

【答案】A

例 7.41 （2018 年经济类联考真题)某些种类的海豚利用回声定位来发现猎物：它们发射出滴答的声音，然后接收水域中远处物体反射的回音。海洋生物学家推测这些滴答声可能有另一个作用：海豚用异常高频的滴答声使猎物的感官超负荷，从而击晕近距离的猎物。

以下哪项如果为真，最能对上述推测构成质疑？

A. 海豚用回声定位不仅能发现远距离的猎物，而且能发现中距离的猎物。

B. 作为一种发现猎物的讯号，海豚发出的滴答声，是它的猎物的感官不能感知的，只有海豚能够感知从而定位。

C. 海豚发出的高频讯号即使能击晕它们的猎物，这种效果也是很短暂的。

D. 蝙蝠发出的声波不仅能使它发现猎物，而且这种声波能对猎物形成特殊刺激，从而有助于蝙蝠捕获它的猎物。

E. 海豚想捕获的猎物离自己越远，它发出的滴答声就越高。

【第 1 步 识别论证类型】

海洋生物学家推测：海豚用异常高频的滴答声使猎物的感官超负荷(措施)，从而击晕近距离的猎物(目的)。

锁定关键词"用""使""从而"，可知此题为措施目的模型。

【第 2 步 套用母题方法】

A 项，无关选项，题干的推测是海豚是否可以利用回声"击晕"近距离的猎物，而利用回声"发现"猎物是题干的背景信息，而非海洋生物学家的推测。

B 项，削弱题干，海豚发出的滴答声，是它的猎物的感官不能感知的，所以海豚发出的回声无法击晕它的猎物，措施达不到目的。

C 项，支持题干，说明海豚发出的高频讯号确实能击晕它们的猎物(虽然时间短暂)。

D 项，无关选项，题干讨论的是海豚，而此项讨论的是蝙蝠，论证对象不一致。

E 项，无关选项，题干不涉及海豚与猎物间距离的远近和海豚发出滴答声的高低的关系。

【答案】B

例 7.42 （2019 年经济类联考真题)这里有一个控制农业杂草的新办法，它不是试图合成那种能杀死特殊野草而对谷物无害的除草剂，而是使用对所有植物都有效的除草剂，同时运用特别的基因工程来使谷物对除草剂具有免疫力。

以下哪项如果正确，将是上述提出的新办法实施的最严重障碍？

A. 对某些特定种类杂草有效的除草剂，施用后两年内会阻碍某些作物的生长。

B. 最新研究表明，进行基因重组并非想象的那样可以使农作物中的营养成分有所提高。

C. 大部分的只能除掉少数特定杂草的除草剂含有的有效成分对家禽、家畜及野生动物有害。

D. 这种万能除草剂已经上市，但它的万能作用使得人们认为它不适合作为农业控制杂草的方法。

E. 虽然基因重组已使单个的谷物植株免受万能除草剂的影响，但这些作物产出的种子却由于万能除草剂的影响而不发芽。

【第 1 步 识别论证类型】

题干：有一个控制农业杂草(目的)的新办法，使用对所有植物都有效的除草剂，同时运用特别的基因工程来使谷物对除草剂具有免疫力(措施)。

锁定关键词"办法""使用""运用"，可知此题为措施目的模型。

【第2步　套用母题方法】

A项与C项均为无关选项，题干讨论的是对"所有植物"都有效的除草剂，而这两项讨论的是对"某些特定种类杂草"有效的除草剂。

B项，无关选项，题干讨论的是控制农业杂草，不涉及提高营养成分。

D项，人们如何"认为"与该除草剂是否有效无关，此项诉诸主观。

E项，此项说明题干中的除草剂会使谷物的种子不发芽，副作用太大甚至弊大于利，故可以削弱题干的措施。

【答案】E

母题技巧：措施目的模型的支持

第1步　识别论证类型	题干特点（1）：题干中出现"为了""能""可以""以求"等表示目的的词汇。
	题干特点（2）：题干中出现"计划""建议""方法"等表达措施的内容。

第2步　套用母题方法

假设题干结构为：计划采取措施 A，以求达到目的 B。则常见的支持方式有：

支持方式	内容说明	力度大小
措施可以达到目的（措施目的搭桥）	指出采取题干中的措施，可以达到题干中的目的。	力度大。
措施可行	指出措施具备实施的可行性。	力度较小，因为措施可行不能证明措施的有效性。例如："喝热水"这一措施具备可行性，但用这一措施来治疗感冒未必有效。
措施利大于弊	指出采取题干中的措施是利大于弊的。	力度大。
措施没有副作用	指出措施不会产生副作用。	力度非常小，因为即使措施没有副作用，也无法说明措施可以达到想要的目的。例如："喝热水"这一措施没有什么副作用，但无法说明它能治疗感冒。
措施有必要	指出采取这一措施的必要性或原因。	力度大，因为措施有必要相当于具体说明了采取这一措施的原因。

💡 典型例题

例 7.43　目前食品包装袋上没有把纤维素的含量和其他营养成分一起列出。因此，作为保护民众健康的一项措施，国家应该规定在食品包装袋上要明确列出纤维素的含量。

以下哪项如果为真，则能作为论据支持上述论证？

Ⅰ. 大多数消费者购买食品时能注意包装袋上关于营养成分的说明。

Ⅱ. 高纤维食品对于预防心脏病、直肠癌和糖尿病有重要作用。

Ⅲ. 很多消费者都具有高纤维食品营养价值的常识。

A. 仅Ⅰ。   B. 仅Ⅱ。   C. 仅Ⅲ。

D. 仅Ⅰ和Ⅲ。   E. Ⅰ、Ⅱ和Ⅲ。

【第1步 识别论证类型】

题干：目前食品包装袋上没有把纤维素的含量和其他营养成分一起列出。因此，作为保护民众健康(目的)的一项措施，国家应该规定在食品包装袋上要明确列出纤维素的含量(措施)。

锁定关键词"措施"，可知此题为措施目的模型。

【第2步 套用母题方法】

Ⅰ项，支持题干，否则，若大多数消费者不能注意包装袋上关于营养成分的说明，这个措施就是无效的。

Ⅱ项，支持题干，说明高纤维食品确实对保护民众健康有作用。

Ⅲ项，支持题干，否则，若大多数消费者不具备高纤维食品营养价值的常识，那么即使采取题干中的措施，也会因为消费者不具备这方面的常识而被消费者忽略，措施就无效了。

【答案】E

🖌 真题秒杀

例 7.44 (2010年在职MBA联考真题)过去，人们很少在电脑上收到垃圾邮件。现在，只要拥有自己的电子邮件地址，人们一打开电脑，每天可以收到几件甚至数十件包括各种广告和无聊内容的垃圾邮件。因此，应该制定限制各种垃圾邮件的规则并研究反垃圾邮件的有效方法。

以下哪项如果为真，最能支持上述论证？

A. 目前的广告无孔不入，已经渗透到每个人的日常生活领域。

B. 目前，电子邮箱地址探测软件神通广大，而防范的软件和措施却软弱无力。

C. 现在的电脑性能与过去的电脑相比，功能十分强大。

D. 对于经常使用计算机的现代人来说，垃圾邮件是他们的最主要烦恼之一。

E. 广告公司通过电子邮件发出的广告，被认真看过的不足千分之一。

【第1步 识别论证类型】

题干：只要拥有自己的电子邮件地址，人们一打开电脑，每天可以收到几件甚至数十件包括各种广告和无聊内容的垃圾邮件(原因)。因此，应该制定限制各种垃圾邮件的规则并研究反垃圾邮件的有效方法(措施)。

锁定关键词"制定规则""有效方法"，可知此题为措施目的模型。

【第2步 套用母题方法】

A项，无关选项，题干说的是"垃圾邮件"，而此项说的是"广告"渗透到"日常生活领域"，论证对象不同。

B项，措施有必要，现在的防范软件和措施是软弱无力的，所以需要研究反垃圾邮件的有效方法，支持题干。

C项，无关选项，电脑性能如何与垃圾邮件无关。

D项，支持题干，此项说明确实存在垃圾邮件的困扰，但如果现有的防范软件和措施有效的话，就不用研究新方法了，因此支持力度不如B项。

E项，无关选项，此项讨论的是电子邮件广告的效果，与题干是不同的话题。

【答案】B

例 7.45 （2016年管理类联考真题）有专家指出，我国城市规划缺少必要的气象论证，城市的高楼建得高耸而密集，阻碍了城市的通风循环。有关资料显示，近几年国内许多城市的平均风速已下降10%。风速下降，意味着大气扩散能力减弱，导致大气污染物滞留时间延长，易形成雾霾天气和热岛效应。为此，有专家提出建立"城市风道"的设想，即在城市里制造几条畅通的通风走廊，让风在城市中更加自由地进出，促进城市空气的更新循环。

以下哪项如果为真，最能支持上述建立"城市风道"的设想？

A. 城市风道形成的"穿街风"，对建筑物的安全影响不大。

B. 风从八方来，"城市风道"的设想过于主观和随意。

C. 有风道但没有风，就会让城市风道成为无用的摆设。

D. 有些城市已拥有建立"城市风道"的天然基础。

E. 城市风道不仅有利于"驱霾"，还有利于散热。

【第1步　识别论证类型】

题干：风速下降，意味着大气扩散能力减弱，导致大气污染物滞留时间延长，易形成雾霾天气和热岛效应（问题）。为此，有专家提出建立"城市风道"的设想（措施），即在城市里制造几条畅通的通风走廊，让风在城市中更加自由地进出，促进城市空气的更新循环（目的）。

锁定关键词"建立""让""促进"，可知此题为措施目的模型。

【第2步　套用母题方法】

A项，指出"城市风道"对建筑物的安全没有副作用，但这并不能说明这一措施可以达到专家设想的目的，故支持力度非常小。

B、C项，说明"城市风道"达不到目的，削弱题干。

D项，说明"城市风道"具备可行性，但具备可行性不代表它有效，故支持力度小。

E项，说明"城市风道"可以解决题干中的问题，从而达到目的，即措施可以达到目的，支持力度最大。

【答案】E

母题技巧：措施目的模型的假设

第1步　识别论证类型	题干特点（1）：题干中出现"为了""能""可以""以求"等表示目的的词汇。
	题干特点（2）：题干中出现"计划""建议""方法"等表达措施的内容。

续表

	假设题干结构为：计划采取措施 A，以求达到目的 B。 则常见的假设方式有：

假设方式	是否假设	说明
措施可以达到目的（措施目的搭桥）	必须假设	采用取非法，若措施达不到目的，就没必要采取此措施。
措施可行	必须假设	采用取非法，若措施不可行，就无法采取此措施。
措施利大于弊	必须假设	采用取非法，若措施不是利大于弊的，采取此措施就得不偿失。
措施没有副作用	不必假设	措施的有效性与措施有无副作用并不直接相关。
措施有必要	必须假设	既然是措施"有必要"，当然必须假设。

第2步　套用母题方法

典型例题

例 7.46　在近代科技发展中，技术革新从发明、应用到推广的循环过程不断加快。世界经济的繁荣是建立在导致新产业诞生的连续不断的技术革新上的。因此，产业界需要增加科研投入以促进经济进一步持续发展。

上述论证基于以下哪项假设？

Ⅰ. 科研成果能够产生一系列新技术、新发明。

Ⅱ. 电讯、生物制药、环保是目前技术革新循环最快的产业，将会在未来几年中产生大量的新技术、新发明。

Ⅲ. 目前产业界投入科研的资金量还不足以确保一系列新技术、新发明的产生。

A. 仅Ⅰ。　　　　　　　B. 仅Ⅲ。　　　　　　　C. 仅Ⅰ和Ⅱ。

D. 仅Ⅰ和Ⅲ。　　　　　E. Ⅰ、Ⅱ和Ⅲ。

【第1步　识别论证类型】

题干：世界经济的繁荣是建立在导致新产业诞生的连续不断的技术革新上的(原因)。因此，产业界需要增加科研投入(措施)以促进经济进一步持续发展(目的)。

锁定关键词"增加投入""以促进"，可知此题为措施目的模型。锁定"原因"，可知此题中还有现象原因模型。

【第2步　套用母题方法】

Ⅰ项，必须假设，由题干论据可知，经济的基础是"技术革新"。此项说明增加科研投入确实会产生技术革新(搭桥法)，促进经济。

Ⅱ项，不必假设，由题干可知，经济的基础是"技术革新"，但题干并未涉及"技术革新"发生在哪些产业。

第5讲

Ⅲ项，必须假设，此项指出目前产业界投入科研的资金量还不足以确保一系列新技术、新发明的产生，故必须"增加科研投入"，说明措施有必要。

【答案】D

真题秒杀

例7.47 （2010年在职MBA联考真题）赵家村的农田比马家村少得多，但赵家村的单位生产成本近年来明显比马家村低。马家村的人通过调查发现：赵家村停止使用昂贵的化肥，转而采用轮作和每年两次施用粪肥的方法。不久，马家村也采用了同样的措施，很快，马家村获得了很好的效果。

以下哪项最可能是上文所作的假设？

A. 马家村有足够的粪肥来源可以用于农田施用。

B. 马家村比赵家村更善于促进农作物生长的田间管理。

C. 马家村经常调查赵家村的农业生产情况，学习降低生产成本的经验。

D. 马家村用处理过的污水软泥代替化肥，但对生产成本的影响不大。

E. 赵家村和马家村都减少使用昂贵的农药，降低了生产成本。

【第1步　识别论证类型】

题干：马家村也采用了同样的措施（采用轮作和每年两次施用粪肥的方法），很快，马家村获得了很好的效果（像赵家村一样降低生产成本）。

锁定关键词"措施""效果"，可知此题为措施目的模型。

【第2步　套用母题方法】

A项，必须假设，否则，如果马家村没有足够的粪肥来源，上述措施就无法得到实施，就推翻了题干中的结论。

B、C、D项，无关选项，与题干中"轮作和每年两次施用粪肥"的措施无关。

E项，说明生产成本的降低是由于减少使用昂贵的农药，另有他因，削弱题干。

【答案】A

例7.48 （2015年管理类联考真题）张教授指出，生物燃料是指利用生物资源生产的燃料乙醇或生物柴油，它们可以替代由石油制取的汽油和柴油，是可再生能源开发利用的重要方向。受世界石油资源短缺、环保和全球气候变化的影响，20世纪70年代以来，许多国家日益重视生物燃料的发展，并取得显著成效。所以，应该大力开发和利用生物燃料。

以下哪项最可能是张教授论证的预设？

A. 发展生物燃料可有效降低人类对石油等化石燃料的消耗。

B. 发展生物燃料会减少粮食供应，而当今世界有数以百万计的人食不果腹。

C. 生物柴油和燃料乙醇是现代社会能源供给体系的适当补充。

D. 生物燃料在生产与运输的过程中需要消耗大量的水、电和石油等。

E. 目前我国生物燃料的开发和利用已经取得很大的成绩。

【第1步 识别论证类型】

张教授：应该大力开发和利用生物燃料（措施），以求替代由石油制取的汽油和柴油（目的）。

锁定关键词"应该大力开发""可以"，可知此题为<u>措施目的模型</u>。

【第2步 套用母题方法】

A项，措施可达目的，必须假设。

B项，指出开发和利用生物燃料有较为严重的副作用，削弱题干。

C项，与张教授的观点不符，因为张教授认为，生物柴油和燃料乙醇等生物燃料可以"替代"由石油制取的汽油和柴油，而不是此项中的"适当补充"。

D项，此项说明开发生物燃料仍然需要消耗"石油"，那就说明这一措施无法取代石油的作用，措施达不到目的，削弱题干。

E项，无关选项，此项说明我国生物燃料的开发和利用已经取得很大的成绩，但是否需要继续大力发展，是否能达到"替代由石油制取的汽油和柴油"的目的，并不确定。

【答案】A

第 **8** 章　其他论证模型

【本章知识清单】

母题模型
母题模型24　统计论证模型　　母题模型27　绝对化结论模型
母题模型25　人丑模型　　　　母题模型28　争论焦点模型
母题模型26　双断定模型

01　第 **1** 节　统计论证

扫码免费听
本节讲解

所谓统计论证，就是依据对数据的搜集、整理、分析，得出论点的过程。

真题中可能涉及的统计数据主要包括：平均值、方差、增长率、占有率（占比）、利润率等。

母题模型 **24**　统计论证模型

母题变式 24.1　统计论证模型：收入利润型

⚡ 母题技巧

第1步　识别论证类型	**题干特点：** 题干中出现收入、利润、成本等字样。
第2步　套用母题方法	使用以下公式解题： $$总收入＝单位收入×总数量。$$ $$利润＝收入－成本。$$ $$利润率＝\frac{利润}{成本}×100\%＝\frac{收入－成本}{成本}×100\%。$$

✏ 典型例题

例 8.1　2012 年入夏以来，美国遭遇了 50 多年来最严重的干旱天气，本土 48 个州有三分之二的区域遭受中度以上旱灾，预计玉米和大豆将大幅度减产。然而，美国农业部 8 月 28 日发布的报告预测，2012 年美国农业净收入有望达到创纪录的 1 222 亿美元，比去年增加 3.7%。

如果以下陈述为真，则哪一项最好地解释了上述看似矛盾的两个预测？

A. 2012 年，全球许多地方遭遇干旱、高温、暴雨、台风等自然灾害。

B. 目前玉米和大豆的国际价格和美国国内价格均出现暴涨。

C. 美国农场主可以获得农业保险的赔款，抵消一部分减产的影响。

D. 为应对干旱，美国政府对农场主采取了诸如紧急降低农业贷款利率等一系列救助措施。

E. 美国农业基础较好，在全球有广泛的影响力。

【第 1 步　识别论证类型】

此题是道解释题，即要求我们分析题干中净收入增加的原因。

待解释的现象：美国遭遇了 50 多年来最严重的干旱天气，预计玉米和大豆将大幅度减产，但是美国农业部预测，2012 年美国农业净收入有望达到创纪录的 1 222 亿美元，比去年增加 3.7%。

锁定题干中的关键词"净收入"，可知此题为**统计论证模型**（收入利润型）。

【第 2 步　套用母题方法】

根据公式：

$$净收入＝总收入－成本。$$

$$总收入＝单价×数量。$$

A 项，此项不涉及收入和成本问题，故不能解释题干。

B 项，根据"总收入＝单价×数量"，虽然玉米和大豆将大幅度减产，但是由于价格的暴涨，收入是可能增加的，可以解释题干。

C、D 两项中的措施可以减少农场主的部分损失，但无法解释收入增加，甚至"创纪录"。

E 项，此项不涉及收入和成本问题，故不能解释题干。

【答案】B

例 8.2　大投资的所谓巨片的票房收入，一般是影片制作与商业宣传总成本的 2 至 3 倍。但是电影产业的年收入大部分来自中小投资的影片。

以下哪项如果为真，最能解释题干中的现象？

A. 大投资的巨片中确实不乏精品。

B. 大投资巨片的票价明显高于中小投资的影片。

C. 对观众的调查显示，大投资巨片的平均受欢迎程度并不高于中小投资影片。

D. 票房收入不是评价影片质量的主要标准。

E. 投入市场的影片中，大部分是中小投资的影片。

【第 1 步　识别论证类型】

待解释的现象：巨片的票房收入一般是总成本的 2 至 3 倍，但是电影产业的年收入大部分来自中小投资的影片。

题干说的是票房收入问题，故此题为**统计论证模型**（收入利润型）。

【第 2 步　套用母题方法】

根据公式：

$$票房收入＝平均每部电影票房收入×电影数量。$$

A 项，无关选项，题干仅讨论"收入"问题，不涉及是否为"精品"。

B 项，只知道票价，不知道销量，无法计算票房收入，故此项不能解释题干。

第 5 讲

C项，无关选项，题干不涉及大投资巨片和中小投资影片"平均受欢迎程度"的比较。

D项，无关选项，题干不涉及"影片质量"。

E项，此项说明中小投资影片的数量多，因此中小投资影片的票房总收入高，可以解释题干。

【答案】E

真题秒杀

例8.3 （2005年MBA联考真题)以优惠价出售日常家用小商品的零售商通常有上千雇员，其中大多数只能领取最低工资。随着国家法定的最低工资额的提高，零售商的人力成本也随之大幅度提高。但是，零售商的利润非但没有降低，反而提高了。

以下哪项如果为真，最有助于解释上述看起来矛盾的现象？

A. 上述零售商的基本顾客，是领取最低工资的人。

B. 人力成本只占零售商经营成本的一半。

C. 在国家提高最低工资额的法令实施后，除了人力成本以外，零售商的其他经营成本也有所提高。

D. 零售商的雇员有一部分来自农村，他们都拿最低工资。

E. 在国家提高最低工资额的法令实施后，零售商降低了某些高薪雇员的工资。

【第1步　识别论证类型】

此题是道解释题，即要求我们分析题干利润增加的原因。锁定题干中的关键词"利润"，可知此题为统计论证模型(收入利润型)。

待解释的现象：随着国家法定的最低工资额的提高，零售商的人力成本也随之大幅度提高。但是，零售商的利润非但没有降低，反而提高了。

【第2步　套用母题方法】

根据公式"利润＝收入－成本"可知，只需要说明收入提高即可解释题干。

A项，指出上述零售商的基本顾客是领取最低工资的人，则随着最低工资额的提高，增强了零售商基本顾客的购买力，从而提高零售商的收入，可以解释。

B项，指出人力成本占据了零售商经营成本的一半，当人力成本上升时，意味着有一半的成本上升。但是，我们并不知道其他成本如何变化，故此项不能解释题干。

C项，指出零售商的其他经营成本也有所提高，意味着零售商的所有成本都增加了，加剧了题干的矛盾。

D项，指出零售商的雇员有一部分来自农村，他们都拿最低工资，因此随着国家法定的最低工资额的提高，零售商需要额外拿出一部分钱给这些雇员，意味着零售商的成本有所增加，加剧了题干的矛盾。

E项，题干已经明确"零售商的人力成本也随之大幅度提高"，故即使此项表示"降低了某些高薪雇员的工资"，也无法质疑人力成本的上升，起不到解释作用。

【答案】A

例8.4 （2010年管理类联考真题)成品油生产商的利润很大程度上受国际市场原油价格的影响，因为大部分原油是按国际市场价购进的。今年来，国际原油市场价格的不断提高，增加了A

国成品油生产商的运营成本。这说明，这些成品油生产商的利润将会大幅减少。

以下哪项如果为真，最能削弱以上结论？

A. 原油成本只占成品油生产商运营成本的一半。

B. 随着国际原油市场价格的上涨，该国政府将为成品油生产商提供较多的补助。

C. 在国际原油市场价格不断上涨期间，该国成品油生产商降低了个别高薪雇员的工资。

D. 在国际原油市场价格上涨之后，除进口成本增加外，成品油生产的其他成本也有所提高。

E. 该国成品油生产商的原油有一部分来自国内，这部分受国际市场价格波动影响较小。

【第1步 识别论证类型】

题干：国际原油市场价格的不断提高，增加了 A 国成品油生产商的运营成本。这说明，这些成品油生产商的利润将会大幅减少。

锁定关键词"利润"，可知此题为统计论证模型（收入利润型）。

【第2步 套用母题方法】

根据公式"利润＝收入－成本"可知，只要说明收入增加，即可削弱题干的结论。

A 项，指出原油成本占成品油生产商运营成本的一半，当国际原油市场价格不断提高时，至少有一半的生产商运营成本会增加，但是，我们并不知道其他成本如何变化，故此项不能削弱题干。

B 项，指出该国政府将为成品油生产商提供较多的补助，有助于说明成品油生产商的非营业收入增加，故可以削弱题干。

C 项，要注意，"增加了 A 国成品油生产商的运营成本"是一个事实描述，个别高薪员工的降薪，无法削弱运营成本"增加了"这一事实。

D 项，此项说明其他成本也有所提高，成本增加，利润减少，支持题干。

E 项，指出来源于国内的原油受国际市场价格波动影响"较小"，说明还是受到了影响，不能削弱题干。

【答案】B

母题变式 24.2 统计论证模型：数量比率型

⏱ 母题技巧

第1步 识别论证类型	命题情况（1）：题干论据中出现数量，论点中直接做出断定。 命题情况（2）：题干论据中出现比率，论点中直接做出断定。 命题情况（3）：用数量推断比率。
第2步 套用母题方法	此类题常见以下问题： （1）本来应该用比率做出断定，但题干误用数量做出了断定。 （2）本来应该用数量，但题干误用了比率。 （3）误用比率，即应该用比率 A 时，用了比率 B。 此类题的解题方法：列出比率的公式，看分子和分母分别是什么，根据公式解题。

第5讲

🖊 典型例题

例 8.5 春江市师范大学的同学们普遍抱怨各个食堂的伙食太差。然而唯独一年前反映最差的风味食堂，这一次抱怨的同学人数比较少。学校后勤部门号召其他各个食堂向风味食堂学习，共同改善学校学生关心的伙食问题。

下列哪项如果为真，则表明学校后勤部门的这个决定是错误的？

A. 各个食堂的问题不同，不能一刀切，要因地制宜，采取不同的措施。

B. 风味食堂的进步也是与其他各个食堂的支持分不开的。

C. 粮食价格一天天上涨，蔬菜供应也很难保质保量，食堂再努力，也是"难为无米之炊"。

D. 因为伙食差，来风味食堂就餐的人数比其他食堂要少得多。

E. 风味食堂的花样多，但是价格高，困难同学可吃不起。

【第1步 识别论证类型】

题干：一年前反映最差的风味食堂，这一次抱怨的同学人数比较少，因此，学校后勤部门号召其他各个食堂向风味食堂学习（即后勤部门认为该食堂服务质量好）。

题干用抱怨的同学人数比较少（数量）来判断食堂的服务质量（断定），故此题为统计论证模型（数量比率型）。

【第2步 套用母题方法】

判断食堂的服务质量不应该用投诉数量，而应该用投诉率。

根据公式：

$$食堂的投诉率 = \frac{投诉数量}{来食堂消费的学生的总数} \times 100\%。$$

故，若来风味食堂就餐的人数特别少，那么即使其投诉数量少，它的投诉率也可能是很高的，从而削弱题干。故 D 项正确。

A 项，"各个食堂情况不一样"只能削弱"各个食堂情况一样"，故此项不能削弱题干。

B 项，肯定了风味食堂有进步，支持题干。

C 项，无关选项，此项试图解释食堂伙食差的原因，但题干不涉及对原因的分析。

E 项，困难同学只是一部分人，这些人的情况不能反驳风味食堂的整体评价。

【答案】D

例 8.6 广告：世界上最好的咖啡豆产自哥伦比亚。在咖啡的配方中，哥伦比亚咖啡豆的含量越高，则配制的咖啡越好。克力莫公司购买的哥伦比亚咖啡豆最多，因此，有理由相信，如果你购买了一罐克力莫公司的咖啡，那么，你就买了世界上配制最好的咖啡。

以下哪项如果为真，最能削弱上述广告中的论证？

A. 克力莫公司配制及包装咖啡所使用的设备和其他咖啡制造商的不一样。

B. 不是所有克力莫公司的竞争者在他们销售的咖啡中，都使用哥伦比亚咖啡豆。

C. 克力莫公司销售的咖啡比任何别的公司销售的咖啡多得多。

D. 克力莫公司咖啡的价格是现在配制的咖啡中最高的。

E. 大部分没有配制过的咖啡比配制最好的咖啡好。

【第1步　识别论证类型】

题干：①在咖啡的配方中，哥伦比亚咖啡豆的含量越高，则配制的咖啡越好；②克力莫公司购买的哥伦比亚咖啡豆最多。因此，克力莫公司的咖啡是世界上配制最好的咖啡。

题干用克力莫公司购买的哥伦比亚咖啡豆最多（数量）来判断其咖啡的质量（断定），故此题为统计论证模型（数量比率型）。

【第2步　套用母题方法】

根据公式：

$$哥伦比亚咖啡豆的含量 = \frac{哥伦比亚咖啡豆的使用量}{生产的咖啡总量}。$$

可知，只要指出克力莫公司生产的咖啡总量多，即可说明其咖啡中哥伦比亚咖啡豆的含量低，故此题可秒选C项。

A项，无关选项，题干不涉及"设备"问题。

B项，无关选项，题干讨论的是克力莫公司的情况，而此项讨论的是克力莫公司的竞争者的情况。

D项，无关选项，题干不涉及"价格"问题。

E项，无关选项，题干不涉及"没有配制过的咖啡"与"配制最好的咖啡"的比较。

【答案】C

例 8.7　自从《行政诉讼法》颁布以来，"民告官"的案件成为社会关注的热点。人们普遍担心的是，"官官相护"会成为公正审理此类案件的障碍。但据H省本年度的调查显示，凡正式立案审理的"民告官"案件，65％都是以原告胜诉结案。这说明，H省的法院在审理"民告官"的案件中，并没有出现社会舆论所担心的"官官相护"。

以下哪项如果为真，最能削弱上述论证？

A. 在"民告官"案件中，原告如果不掌握能胜诉的确凿证据，一般不会起诉。

B. 有关部门收到的关于司法审理有失公正的投诉，H省要多于周边省份。

C. 所谓"民告官"的案件，在法院受理的案件中只占很小的比例。

D. 在"民告官"的案件审理中，司法公正不能简单地理解为原告胜诉。

E. 由于新闻媒介的特殊关注，"民告官"案件审理的透明度要大大高于其他的案件。

【第1步　识别论证类型】

题干：凡正式立案审理的"民告官"案件，65％都是以原告胜诉结案，因此，H省的法院在审理"民告官"的案件中，并没有出现社会舆论所担心的"官官相护"（即题干认为H省的法院司法公正）。

题干用"民告官"案件中原告胜诉的比率为65％（比率）来判断H省的法院司法公正情况（断定），故此题为统计论证模型（数量比率型）。

【第2步　套用母题方法】

要说明法院的司法公正情况，需要判断实际与理论上的差距，即不应该只看实际胜诉率，还要看理论（应当）胜诉率。

根据公式：

$$原告理论胜诉率 = \frac{理论上原告应当胜诉的案件数量}{"民告官"案件的总数量} \times 100\%。$$

$$原告实际胜诉率=\frac{实际上原告胜诉的案件数量}{"民告官"案件的总数量}\times100\%。$$

A项，指出在"民告官"案件中，原告证据确凿，说明理论上大都应该是原告胜诉，即原告理论胜诉率接近100%，而原告的实际胜诉率仅为65%，说明法官可能存在"官官相护"，故削弱题干。

B项，无关选项，题干不涉及H省与周边省份"有失公正投诉"的比较。

C项，无关选项，题干不涉及法院受理的"民告官"案件在总案件中的比例。

D项，此项指出"司法公正不能简单地理解为原告胜诉"，那到底应该如何理解，此项并未做出说明，故不能削弱题干。

E项，无关选项，题干不涉及"民告官"案件与其他案件关于审理透明度的比较。

【答案】A

例8.8　科学家再次发现在美洲大陆曾经广泛种植的一种粮食作物，它每磅的蛋白质含量高于现在如小麦、水稻等主食作物。科学家声称，种植这种谷物对人口稠密、人均卡路里摄入量低和蛋白质来源不足的国家大为有利。

以下哪项如果是真的，最能对上述科学家的声称构成质疑？

A. 全球的粮食供给只来自于20种粮食作物。

B. 许多重要的粮食作物如马铃薯最初都产自新大陆。

C. 很多人都认为这种谷物让他们感觉营养物质丰富。

D. 重新发现的农作物每磅产生的卡路里比目前的粮食作物都要高。

E. 重新发现的农作物平均亩产量远比现在的主食作物低得多。

【第1步　识别论证类型】

题干：科学家再次发现的一种粮食作物每磅的蛋白质含量高于现在的主食作物，因此，种植这种谷物对人口稠密、人均卡路里摄入量低和蛋白质来源不足的国家大为有利。

题干论据中的"含量"是比率，论点中的"卡路里摄入量低和蛋白质来源不足"是数量，可知此题是用比率推数量，是统计论证模型（数量比率型）。

【第2步　套用母题方法】

根据公式：

$$这种谷物的总蛋白量=每磅的蛋白质含量\times这种谷物的产量。$$

所以，只要说明这样谷物的产量低即可削弱题干，故E项正确。

A、B项，无关选项，题干的论证只涉及"这种谷物"，不涉及其他粮食作物。

C项，不能削弱，用"众人"的观点来证明这种谷物的营养物质丰富没有说服力，诉诸众人。

D项，说明重新发现的农作物每磅产生的"卡路里"比目前的粮食作物都要高，从而对"人均卡路里摄入量低"的国家有利，支持题干。

【答案】E

🖊️ **真题秒杀**

例8.9　（2005年MBA联考真题）新华大学在北戴河设有疗养院，每年夏季接待该校的教职工。去年夏季该疗养院的入住率，即全部床位的使用率为87%，来此疗养的教职工占全校教职工的比例为10%。今年夏季来此疗养的教职工占全校教职工的比例下降至8%，但入住率却上升至92%。

以下各项如果为真，都有助于解释上述看起来矛盾的数据，除了：

A. 今年该校新成立了理学院，教职工总数比去年有较大增长。

B. 今年该疗养院打破了历年的惯例，第一次有限制地对外开放。

C. 今年该疗养院的客房总数不变，但单人间的比例由原来的5%提高至10%，双人间由原来的40%提高到60%。

D. 该疗养院去年大部分客房今年改为足疗保健室或棋牌娱乐室。

E. 经过去年冬季的改建，该疗养院的各项设施的质量明显提高，大大增加了对疗养者的吸引力。

【第1步　识别论证类型】

待解释的现象：今年夏季来此疗养院的教职工占全校教职工的比例较往年由10%下降至8%，但是该疗养院的入住率由87%上升至92%。

题干中出现占全校教职工的"比例"以及"入住率"，可知此题为统计论证模型（数量比率型）。

【第2步　套用母题方法】

根据公式：

来此疗养的教职工总数＝该校教职工总数×来此疗养院的教职工占全校教职工的比例。

$$入住率 = \frac{入住人数}{床位数} \times 100\%。$$

可见，只要说明入住人数上升或者床位数下降，即可解释题干。

A项，虽然来此疗养的教职工比例有所下降，但教职工总数比去年有较大增长，从而有可能增加了入住人数，可以解释。

B项，此项指出疗养院开始"有限制地对外开放"，说明除教职工外，还有其他类型的人员入住，有助于说明入住人数上升了，可以解释。

C项，假设共有100个房间，结合此项可知，单人间由5间变为10间，双人间由40间变为60间，此时多人间由55间变为30间。总床位数＝单人间的床位数＋双人间的床位数＋多人间的床位数。故总床位数减少，即分母变小，可以解释。

D项，说明床位数减少了，即分母变小，可以解释。

E项，此项与分子和分母的数量不直接相关，故不能解释。

【答案】E

例8.10　（2016年经济类联考真题）第一个事实：电视广告的效果越来越差。一项跟踪调查显示，在电视广告所推出的各种商品中，观众能够记住其品牌名称的商品的百分比逐年降低。

第二个事实：在一段连续插播的电视广告中，观众印象较深的是第一个和最后一个，而中间播出的广告留给观众的印象，一般来说要浅得多。

以下哪项如果为真，最能使得第二个事实成为对第一个事实的一个合理解释？

A. 在从电视广告里见过的商品中，一般电视观众能记住其品牌名称的大约还不到一半。

B. 近年来，被允许在电视节目中连续插播广告的平均时间逐渐缩短。

C. 近年来，人们花在看电视上的平均时间逐渐缩短。

D. 近年来，一段连续播出的电视广告所占用的平均时间逐渐增加。

E. 近年来，一段连续播出的电视广告中所出现的广告的平均数量逐渐增加。

【第1步 识别论证类型】

第一个事实：观众能够记住其品牌名称的商品的百分比逐年降低，即记忆率降低。

第二个事实：观众印象较深的是第一个和最后一个，即记住的广告数为2。

第一个事实中的"记忆率"是比率，第二个事实中的"广告数"是数量，可知此题为统计论证模型（数量比率型）。

【第2步 套用母题方法】

根据公式：

$$记忆率 = \frac{记住的广告数}{总广告数} \times 100\%。$$

由第二个事实可知，记住的广告数等于2，即分子不变；故要想解释记忆率在降低，只要说明广告总数在增加即可（分母变大）。故E项可以解释。

A项，"观众能记住其品牌名称的大约还不到一半"相当于一个定量，无法解释题干变量。

B项，"连续插播广告的平均时间逐渐缩短"说明可以插播广告的数量减少，根据公式可知，广告总数减少，反而会增加观众的广告记忆率，故此项无法解释第一个事实。

C项，题干不涉及人们花在看电视上的平均时间的长短，故此项无法解释第一个事实。

D项，题干不涉及电视广告所占用的平均时间的长短，故此项无法解释第一个事实。

【答案】E

例 8.11 （2007年MBA联考真题）在"非典"期间，某地区共有7名参与治疗"非典"的医务人员死亡，同时也有10名未参与"非典"治疗工作的医务人员死亡。这说明参与"非典"治疗并不比日常医务工作危险。

以下哪项相关断定如果为真，最能削弱上述结论？

A. 参与"非典"治疗死亡的医务人员的平均年龄，略低于未参与"非典"治疗而死亡的医务人员。

B. 参与"非典"治疗的医务人员的体质，一般高于其他医务人员。

C. 个别参与治疗"非典"死亡的医务人员的死因，并非是感染"非典"病毒。

D. 医务人员中只有一小部分参与了"非典"治疗工作。

E. 经过治疗的"非典"患者死亡人数，远低于未经治疗的"非典"患者死亡人数。

【第1步 识别论证类型】

题干：参与治疗"非典"的医务人员有7人死亡，未参与"非典"治疗工作的医务人员有10人死亡，因此，参与"非典"治疗并不比日常医务工作危险。

论据中的"7人死亡""10人死亡"为数量，论点中"参与'非典'治疗并不比日常医务工作危险"为评价，故此题为统计论证模型（数量比率型）。

【第2步 套用母题方法】

判断参与"非典"治疗的危险程度不应该用死亡人数，而应该用死亡率。

根据公式：

$$参与"非典"治疗的死亡率 = \frac{参与"非典"治疗的医务人员的死亡人数}{参与"非典"治疗的医务人员的总人数} \times 100\%。$$

可知，要确定死亡率，需要知道参与"非典"治疗的医务人员的总人数。

A项，无关选项，参与"非典"治疗死亡的医务人员的平均年龄并不能直接影响死亡率。

B项，无关选项，"医务人员的体质"可能会影响健康，但无法确定其是否会直接影响死亡率。

C项，此项说明参与"非典"治疗的医务人员死亡人数只有7人，其中还有死因不是"非典"的，这就更加说明因"非典"而死亡的医务人员数量较少，支持题干。

D项，只有一小部分医务人员参与"非典"治疗工作，所以即使死亡人数少，也可能死亡率很高，这就削弱了题干中的结论。

E项，无关选项，题干讨论的是"医务人员"的情况，而此项讨论的是"患者"的情况。

【答案】D

母题变式 24.3　统计论证模型：其他数量型

母题技巧

第1步 识别论证类型	（1）平均值型：题干中出现平均值。 （2）增长率型：题干中出现增长率。 （3）其他数量关系型：题干中出现其他数量关系。
第2步 套用母题方法	（1）平均值型 ①平均值不能代表每个个体的值。 例如：美国人均收入高，并不能说明每个美国人收入高，由于贫富差距的存在，可能使得美国人也有很多穷人。 ②个体值无法说明平均值。 例如：老吕的学员中，每年都有一些同学考到270分左右，但无法说明老吕学员的平均分能达到270分左右。 （2）增长率型 根据公式：现值＝原值×（1＋增长率）^{n}。 可知：只根据原来的值或只根据增长率，无法确定现在的值。 （3）其他数量关系型 无论题干中出现什么数量关系，都要优先列出数量关系，再进行解题。

典型例题

例 8.12　东升商城公关部职工的平均工资是营业部职工的2倍，因此，公关部职工比营业部职工普遍有较高的收入。

以下哪项如果是真的，将最能削弱上述论证？

A. 公关部职工的人均周实际工作时数要超过营业部职工的50％。

B. 按可比因素计算，公关部职工为商城创造的人均价值是营业部职工的近10倍。

C. 公关部职工中最高工资与最低工资间的差别要远大于营业部职工。

D. 公关部职工的人数只是营业部职工的10％。

E. 公关部职工中有20％享受商城的特殊津贴，营业部职工中则有25％享受此种津贴。

【第1步 识别论证类型】

题干：公关部职工的平均工资是营业部职工的2倍，因此，公关部职工比营业部职工普遍有较高的收入。

题干中出现平均值，并利用平均值衡量每个员工的工资，故此题为统计论证模型（平均值型）。

【第2步 套用母题方法】

平均值不能代表每个个体的值。东升商城公关部职工的平均工资高，可能是由于少数人的工资特别高从而拉高了所有人的平均值，并不能说明他们的职工"普遍有较高的收入"，因此C项能很好地削弱题干。

A项，无关选项，题干不涉及人均周"实际工作时数"。

B项，无关选项，题干不涉及职工创造的"人均价值"。

D项，无关选项，总人数的多少不影响平均工资的高低。

E项，只知道享受特殊津贴的比例，不知道特殊津贴的数额，无法衡量收入的高低，故此项不能削弱题干。

【答案】C

例 8.13 在过去的10年中，由美国半导体工业生产的半导体增加了200%，但日本半导体工业生产的半导体增加了500%，因此，日本现在比美国制造的半导体多。

以下哪项如果为真，最能削弱上述论证？

A. 在过去的5年中，由美国半导体工业生产的半导体仅增长100%。

B. 在过去的10年中，美国生产的半导体的美元价值比日本生产的高。

C. 今天美国半导体出口在整个出口产品中所占的比例比10年前高。

D. 10年前，美国生产的半导体占世界半导体的90%，而日本仅占2%。

E. 10年前，日本生产半导体是世界第4位，而美国列第1位。

【第1步 识别论证类型】

题干：美国的半导体增加了200%，日本的半导体增加了500%，因此，日本现在比美国制造的半导体多。

题干中出现增长率，并利用增长率衡量各个国家半导体的数量，故此题为统计论证模型（增长率型）。

【第2步 套用母题方法】

根据公式：

$$现值 = 原值 \times (1 + 增长率)^n.$$

可知，只要说明日本半导体的原值远低于美国，就可以削弱题干。故D项正确。

A项，无关选项，题干讨论的是"过去10年"的情况，而此项讨论的是"过去5年"的情况。

B项，无关选项，题干仅涉及半导体的"产量"，不涉及半导体的"美元价值"。

C项，无关选项，题干仅涉及半导体的情况，不涉及半导体在整个出口产品中的比例。

E项，无关选项，仅由两国半导体产量的名次，无法确定其具体产量。

【答案】D

02 第 2 节 其他论证模型

母题模型 25 人丑模型

⚡ 母题技巧

第 1 步 识别论证类型	题干结构（1）：背景介绍＋但是＋论据论点。 例如： 你人很好（背景介绍，无用信息），但是，我不能做你女朋友（论点），因为你太丑了（论据）。 题干结构（2）：他人的观点＋对这一观点的否定＋否定理由。 例如： 有人认为老吕很帅（他人观点），这一观点是荒谬的（对这一观点的否定，即老吕不帅），因为老吕鼻孔太大（否定理由，即论据）。
第 2 步 套用母题方法	题干结构（1）：直接锁定"但是"后面的部分。 题干结构（2）：重点是对他人观点的否定。

✎ 真题秒杀

例 8.14 （2008 年 MBA 联考真题）有人提出通过开采月球上的氦-3 来解决地球上的能源危机，在熔合反应堆中氦-3 可以用作燃料。这一提议是荒谬的，即使人类能够在月球上开采出氦-3，要建造上述熔合反应堆在技术上至少也是 50 年以后的事。地球今天面临的能源危机到那个时候再着手解决就太晚了。

以下哪项最为恰当地概括了题干所要表达的意思？

A. 如果地球今天面临的能源危机不能在 50 年内得到解决，那就太晚了。

B. 开采月球上的氦-3 不可能解决地球上近期的能源危机。

C. 开采和利用月球上的氦-3 只是一种理论假设，实际上做不到。

D. 人类解决能源危机的技术突破至少需要 50 年。

E. 人类的太空搜索近年内不可能有效解决地球面临的问题。

【第 1 步 识别论证类型】

题干：有人提出通过开采月球上的氦-3 来解决地球上的能源危机，在熔合反应堆中氦-3 可以用作燃料(他人的观点)。这一提议是荒谬的(否定他人的观点)，即使人类能够在月球上开采出氦-3，要建造上述熔合反应堆在技术上至少也是 50 年以后的事。地球今天面临的能源危机到那个时候再着手解决就太晚了(否定他人观点的理由)。

题干结构为：某人认为 A，但这一提议是荒谬的，因为 B。故此题为<u>人丑模型</u>。

【第2步　套用母题方法】

题干的问题是"以下哪项最为恰当地概括了题干所要表达的意思?",即找论点,题干的论点为"这一提议是荒谬的",即"通过开采月球上的氦-3来解决地球上的能源危机"是荒谬的,故此题可秒选B项。

A、D项,此题要求概括结论,而"50年"是论据中出现的概念,不是结论,直接排除。

C项,"开采"和"利用"月球上的氦-3,实际上做不到。此项扩大了题干的论证范围,因为题干认为开采月球上的氦-3解决不了地球上的能源危机,但并没有说月球上的氦-3无法被利用。

E项,题干说的是"开采月球上的氦-3不能解决地球上的能源危机",而此项说的是"人类的太空搜索不能解决地球面临的问题",此项扩大了题干的论证范围。

【答案】B

例 8.15　(2008年MBA联考真题)纯种赛马是昂贵的商品。一种由遗传缺陷引起的疾病威胁着纯种赛马,使它们轻则丧失赛跑能力,重则瘫痪甚至死亡。因此,赛马饲养者认为,一旦发现有此种缺陷的赛马应停止饲养。这种看法是片面的。因为一般地说,此种疾病可以通过伙食和医疗加以控制。另外,有此种遗传缺陷的赛马往往特别美,这正是马术表演特别看重的。

以下哪项最为准确地概括了题干所要论证的结论?

A. 美观的外表对于赛马来说特别重要。

B. 有遗传缺陷的赛马不一定丧失比赛能力。

C. 不应当绝对禁止饲养有遗传缺陷的赛马。

D. 一些有遗传缺陷的赛马的疾病未得到控制,是由于缺乏合理的伙食或必要的医疗。

E. 遗传疾病虽然是先天的,但其病变可以通过后天的人为措施加以控制。

【第1步　识别论证类型】

题干:赛马饲养者认为,一旦发现有此种缺陷的赛马应停止饲养(他人的观点)。这种看法是片面的(否定他人的观点),因为此种疾病可以通过伙食和医疗加以控制。另外,有此种遗传缺陷的赛马往往特别美,这正是马术表演特别看重的(否定他人观点的理由)。

题干结构为:某人认为A,但是这种看法是片面的,因为B。故此题为人丑模型。

【第2步　套用母题方法】

题干的问题是"以下哪项最为准确地概括了题干所要论证的结论?",即找论点,题干的论点为"这种看法是片面的",即"一旦发现有此种缺陷的赛马应停止饲养"是片面的,故此题可秒选C项。

A项,此题要求概括结论,而"美观的外表"出现在题干的论据部分,直接排除。

B项,此题要求概括结论,而"比赛能力"出现在题干的论据部分,直接排除。

D项,此题要求概括结论,而"伙食和医疗"出现在题干的论据部分,直接排除。

E项,此题要求概括结论,而此项是支撑结论的论据,直接排除。另外,题干中说的是"一种由遗传缺陷引起的疾病",此项说的是"遗传疾病",扩大了题干的论证范围。

【答案】C

例 8.16　(2010年在职MBA联考真题)某社会学家认为:每个企业都力图降低生产成本,以便增加企业的利润。但不是所有降低生产成本的努力都对企业有利,如有的企业减少对职工社会保险的购买，暂时可以降低生产成本，但从长远看是得不偿失，这会对职工的利益造成损害，减少职工的归属感，影响企业的生产效率。

以下哪项最能准确表示上述社会学家陈述的结论？

A. 如果一项措施能够提高企业的利润，但不能提高职工的福利，此项措施是不值得提倡的。

B. 企业采取降低成本的某些措施对企业的发展不一定总是有益的。

C. 只有当企业职工和企业家的利益一致时，企业采取的措施才是对企业发展有益的。

D. 企业降低生产成本的努力需要从企业整体利益的角度进行综合考虑。

E. 减少对职工社保的购买会损害职工的切身利益，对企业也没有好处。

【第 1 步 识别论证类型】

题干：某社会学家认为：每个企业都力图降低生产成本，以便增加企业的利润（他人观点：A）。但不是所有降低生产成本的努力都对企业有利（题干的观点：B），如有的企业减少对职工社会保险的购买，暂时可以降低生产成本，但从长远看是得不偿失，这会对职工的利益造成损害，减少职工的归属感，影响企业的生产效率（例证：C）。

题干结构为：某人认为 A，但是 B，因为 C。故此题为人丑模型。

【第 2 步 套用母题方法】

题干的问题是"以下哪项最能准确表示上述社会学家陈述的结论？"，即找论点，直接锁定"不是所有降低生产成本的努力都对企业有利"，故 B 项正确。

A 项，此项概括了题干的例证，但不是题干的结论，故排除。

C 项，无关选项，题干不涉及"企业职工和企业家的利益一致"时的情况。

D 项，无关选项，题干不涉及"企业整体利益"。

E 项，此项重复了题干的例证，但不是题干的结论，故排除。

【答案】B

母题模型 26 双断定模型

母题技巧

第 1 步 识别论证类型	题干特点：论点中出现两个断定，有些题甚至会出现多个断定。
第 2 步 套用母题方法	此模型主要在支持题中考查，秒杀方法有两种： 秒杀方法（1）：对题干的断定进行全面支持，即同时支持题干中的两种断定。 秒杀方法（2）：分析题干中的论据在支持哪个断定，用正确的选项来支持题干中缺少论据的断定。

典型例题

例 8.17 在塞普西路斯的一个古城蒙科云，发掘出了城市的残骸，这一残骸呈现出被地震损坏的典型特征。考古学家猜想，该城的破坏是这个地区公元 365 年的一次地震所致。

以下哪项如果为真，最有力地支持了考古学家的猜想？

A. 经常在公元365年前后的墓穴里发现的青铜制纪念花瓶，在蒙科云城里也发现了。

B. 在蒙科云城废墟里没有发现在公元365年以后铸的硬币，但是却有365年前的铸币。

C. 多数现代塞普西路斯历史学家曾经提及，在公元365年前后附近发生过地震。

D. 在蒙科云城废墟中发现了公元300年至400年风格的雕塑。

E. 在蒙科云发现了塞普西路斯365年以后才使用的希腊字母的石刻。

【第1步　识别论证类型】

考古学家：在蒙科云发掘出了城市残骸，这一残骸呈现出被地震损坏的典型特征，因此，该城的破坏是这个地区公元365年的一次地震所致。

题干的论点中存在两个断定：①公元365年；②地震。故此题为双断定模型。

题干中的论据"城市残骸呈现出被地震损坏的典型特征"，这足以说明断定②，但题干对于断定①则缺少支持。故我们要找到支持断定①的选项，即帮考古学家判断地震发生的时间。

【第2步　套用母题方法】

A项，因为青铜制纪念花瓶是在公元365年"前后"被发现的，无法确定是在"前"还是在"后"，如果是公元365年后的青铜制纪念花瓶，那么就说明该城市没有在公元365年被破坏，此时削弱考古学家的断定①。

B项，由于在蒙科云城废墟里没有发现在公元365年以后铸的硬币，但是却有365年前的铸币，那么很有可能在公元365年该城市被破坏，因此，此项提出新论据来支持题干的论证。

C项，此项说明公元365年"前后"附近发生过地震，无法确定是在"前"还是在"后"，如果是在365年后发生地震，那么就说明该城市没有在公元365年被破坏，此时削弱考古学家的断定①。

D项，由"公元300年至公元400年"无法确定是公元365年之前还是公元365年之后，故不能帮助考古学家判断时间。

E项，发现了公元365年以后的石刻，说明该城市在公元365年尚未被破坏，削弱考古学家的断定①。

【答案】B

真题秒杀

例8.18　（2013年在职MBA联考真题）某国研究人员报告说，他们在某地区的地层里发现了约2亿年前的陨石成分，而它们很可能是当时一颗巨大陨石撞击现在的加拿大魁北克省时的飞散物痕迹。在该岩石厚约5厘米的黏土层中还含有高浓度的铱和铂等元素，浓度是通常地表中浓度的50至2000倍。另外，这处岩石中还含有白垩纪末期地层中的特殊矿物。由于地层上下还含有海洋浮游生物化石，所以可以确定撞击时期是在约2.15亿年前。

以下哪项如果为真，最能支持上述研究发现？

A. 该处岩石是远古时代深海海底的堆积层露出地面后形成的。

B. 在古生代三叠纪后期（约2亿年至2.37亿年前）菊石等物种大规模灭绝。

C. 铱和铂等元素是陨石特有的，在地表中通常只微量存在。

D. 在远古时代曾经发生多起陨石撞击地球的事件。

E. 白垩纪末期，地球上曾经发生过生物大灭绝事件。

【第 1 步　识别论证类型】

锁定"研究人员报告说",可知这是研究人员的断定:他们在某地区的地层里发现了约 2 亿年前(断定①)的陨石成分(断定②),而它们很可能是当时一颗巨大陨石撞击现在的加拿大魁北克省时的飞散物痕迹。

研究人员的论据:

论据①:在该岩石厚约 5 厘米的黏土层中还含有高浓度的铱和铂等元素,浓度是通常地表中浓度的 50 至 2 000 倍。

论据②:这处岩石中还含有白垩纪末期地层中的特殊矿物。

论据③:由于地层上下还含有海洋浮游生物化石,所以可以确定撞击时期是在约 2.15 亿年前。

题干中有两个断定:2 亿年前(断定①);陨石成分(断定②)。故此题为双断定模型。

题干中的论据②和论据③都是关于时间的断定,且论据说"可以确定"撞击时期,故断定①的论据较为充分。因此,论据①应该是用来支持断定②。

故有:在该岩石厚约 5 厘米的黏土层中还含有高浓度的铱和铂等元素,浓度是通常地表中浓度的 50 至 2 000 倍,因此,他们发现了陨石成分。

通过搭桥法,建立"高浓度的铱和铂"与"陨石"之间的桥梁,易知此题选择 C 项。

【第 2 步　套用母题方法】

A 项,此项指出该处岩石是远古时代深海海底的堆积层露出地面后形成的,那就说明岩石的时代与海底堆积层的时代不同,因此,无法由海洋浮游生物化石来推断撞击发生的年代,削弱论据②。

B 项,无关选项,由题干不能确定菊石等物种的大规模灭绝是否与陨石撞击地球有关。

D 项,无关选项,在远古时代曾经发生多起陨石撞击地球的事件,不代表题干中这块岩石是陨石,也不能说明撞击发生的时间。

E 项,无关选项,由题干不能确定生物大灭绝是否与陨石撞击地球有关。

【答案】C

例 8.19　(2020 年管理类联考真题)王研究员:吃早餐对身体有害,因为吃早餐会导致皮质醇峰值更高,进而导致体内胰岛素异常,这可能引发Ⅱ型糖尿病。

李教授:事实并非如此,因为上午皮质醇水平高只是人体生理节律的表现,而不吃早餐不仅会增加患Ⅱ型糖尿病的风险,还会增加患其他疾病的风险。

以下哪项如果为真,最能支持李教授的观点?

A. 一日之计在于晨,吃早餐可以补充人体消耗,同时为一天的工作准备能量。

B. 糖尿病患者若在 9 点至 15 点之间摄入一天所需的卡路里,血糖水平就能保持基本稳定。

C. 经常不吃早餐,上午工作处于饥饿状态,不利于血糖调节,容易患上胃溃疡、胆结石等疾病。

D. 如今,人们工作繁忙,晚睡晚起现象非常普遍,很难按时吃早餐,身体常常处于亚健康状态。

E. 不吃早餐的人通常缺乏营养和健康方面的知识,容易形成不良生活习惯。

第 5 讲

【第1步　识别论证类型】

题目要求我们支持"李教授"的观点，故直接锁定"李教授"。

李教授的观点中有转折词"而"，重点看"而"后面的部分："不吃早餐"不仅会增加患Ⅱ型糖尿病的风险（断定①），还会增加患其他疾病的风险（断定②）。

李教授的观点中有两个断定，故此题为双断定模型。

【第2步　套用母题方法】

A项，无关选项，此项说的是"吃早餐"的好处，不涉及李教授说的"不吃早餐"的两种风险。

B项，无关选项，此项不涉及"不吃早餐"的影响。

C项，说明经常不吃早餐不利于血糖调节（支持断定①），且容易患上胃溃疡、胆结石等疾病（支持断定②），故此项直接支持李教授的观点，力度最大。

D项，无关选项，李教授说的是"不吃早餐"的影响，而此项说的是"很难按时吃早餐"的影响。

E项，无关选项，此项说明不吃早餐的人容易形成"不良生活习惯"，但不涉及李教授说的两种风险。

【答案】C

母题模型 27　绝对化结论模型

⏱ 母题技巧

第1步　识别论证类型	题干特点：题干论点中出现绝对化的断定。例如："必须""只有……才……""如果……那么……"等。
第2步　套用母题方法	此模型主要在削弱题中考查。这类模型本质上考查的是形式逻辑中的矛盾命题，用形式逻辑的思维解题即可。

✏ 真题秒杀

例 8.20　（2005 年 MBA 联考真题）番茄红素、谷胱甘肽、谷氨酰胺是有效的抗氧化剂，这些抗氧化剂可以中和人体内新陈代谢所产生的自由基。体内自由基过量会加速细胞的损伤，从而加速人的衰老。因而为了延缓衰老，人们必须在每天的饮食中添加这些抗氧化剂。

以下哪项如果为真，最能削弱上述论证？

A. 体内自由基不是造成人衰老的唯一原因。

B. 每天参加运动可有效中和甚至清除体内的自由基。

C. 抗氧化剂的价格普遍偏高，大部分消费者难以承受。

D. 缺乏锻炼的超重者在体内极易出现自由基过量。

E. 吸烟是导致体内细胞损伤的主要原因之一。

【第1步　识别论证类型】

题干：抗氧化剂可以中和人体内新陈代谢所产生的自由基。体内自由基过量会加速细胞的损伤，从而加速人的衰老。因此，为了延缓衰老，人们<u>必须</u>在每天的饮食中添加这些抗氧化剂。

题干的论点中出现绝对化词"必须"，故此题为<u>绝对化结论模型</u>。论点说"必须"这样，我们只需要说"不必"如此，用其他方式也可以，就能削弱题干，故此题可秒选 B 项。

【第2步　套用母题方法】

A 项，体内自由基不是造成人衰老的唯一原因，但不是"唯一"原因，可能是原因之一，故此项不能削弱题干。

B 项，此项说明通过运动也可以中和甚至清除体内的自由基，那么在饮食中添加抗氧化剂就不是"必须"的，故削弱题干。

C 项，无关选项，题干讨论的是"是否需要抗氧化剂"，而此项讨论的是"是否买得起抗氧化剂"。

D 项，无关选项，题干不涉及"超重者"的情况。

E 项，无关选项，题干仅涉及"自由基"的影响，不涉及"吸烟"的影响。

【答案】B

例 8.21　(2015 年管理类联考真题)当企业处于蓬勃上升时期，往往紧张而忙碌，没有时间和精力去设计和修建"琼楼玉宇"；当企业所有的重要工作都已经完成，其时间和精力就开始集中在修建办公大楼上。所以，如果一个企业的办公大楼设计得越完美，装饰得越豪华，则该企业离解体的时间就越近；当某个企业的大楼设计和建造趋向完美之际，它的存在就逐渐失去意义。这就是所谓的"办公大楼法则"。

以下哪项如果为真，最能质疑上述观点？

A. 某企业的办公大楼修建得美轮美奂，入住后该企业的事业蒸蒸日上。

B. 一个企业如果将时间和精力都耗费在修建办公大楼上，则对其他重要工作就投入不足了。

C. 建造豪华的办公大楼，往往会加大企业的运营成本，损害其实际利益。

D. 企业办公大楼越破旧，该企业就越有活力和生机。

E. 建造豪华的办公大楼并不需要企业投入太多的时间和精力。

【第1步　识别论证类型】

办公大楼法则：当企业所有的重要工作都已经完成，其时间和精力就开始集中在修建办公大楼上，因此，如果一个企业的办公大楼设计得越完美，装饰得越豪华，则该企业离解体的时间就越近(豪华→变差)。

题干的结论中出现绝对化词"如果……则……"，故此题为<u>绝对化结论模型</u>，直接找结论的矛盾命题即可反驳。

【第2步　套用母题方法】

A 项，办公大楼修建得美轮美奂，但企业的事业蒸蒸日上，即"豪华∧﹁变差"，与办公大楼法则矛盾，故此项最能削弱题干的结论。

B、C 项，指出了办公大楼装修豪华的恶果，支持题干。

D 项，企业办公大楼越破旧(无因)，该企业就越有活力和生机(无果)，无因无果，支持题干。

E 项，削弱题干的论据，但 A 项是题干观点的矛盾命题，故 E 项的削弱力度不如 A 项。

【答案】A

母题模型 28 争论焦点模型

母题技巧

第 1 步　识别论证类型	**题干特点**：题干中出现两个人的争论。 **提问方式**： "以下哪项最为恰当地概括了上述争论的问题？" "以下哪项是上述争论的焦点？"
第 2 步　套用母题方法	争论焦点模型的三大解题原则： （1）**双方表态原则**。 争论的焦点必须是双方均明确表态的部分。如果一方对一个观点表态，另外一方对此观点没有表态，则此观点不是争论的焦点。 （2）**双方差异原则**。 争论的焦点必须是二者观点不同的部分，即有差异的部分。 （3）**论点优先原则**。 论据服务于论点，所以当反方质疑对方论据时，往往是为了说明对方论点不成立，这时争论的焦点一般是双方的论点不同。在双方论点相同，质疑对方的论据时，争论的焦点才是论据。

真题秒杀

例 8.22　（2009 年在职 MBA 联考真题）总经理：快速而准确地处理订单是一项关键业务。为了增加利润，我们应当用电子方式而不是继续用人工方式处理客户订单，因为这样订单可以直接到达公司相关业务部门。

董事长：如果用电子方式处理订单，我们一定会赔钱。因为大多数客户喜欢通过与人打交道来处理订单。如果转用电子方式，我们的生意就会失去人情味，就难以吸引更多的客户。

以下哪项最为恰当地概括了上述争论的问题？

A. 转用电子方式处理订单是否不利于保持生意的人情味？

B. 用电子方式处理订单是否比人工方式更为快速和准确？

C. 转用电子方式处理订单是否有利于提高商业利润？

D. 快速而准确的运作方式是否一定能提高商业利润？

E. 客户喜欢用何种方式处理订单？

【第 1 步　识别论证类型】

本题出现两个人的争论，故此题为**争论焦点模型**。

总经理：<u>为了增加利润</u>，我们应当用电子方式而不是继续用人工方式处理客户订单，因为这样订单可以直接到达公司相关业务部门。

董事长：如果用电子方式处理订单，我们<u>一定会赔钱</u>。因为大多数客户喜欢通过与人打交道来处理订单。

【第 2 步　套用母题方法】

总经理认为，采用电子方式处理订单可以增加利润；而董事长认为，采用电子方式处理订单会赔钱。故两人争论的问题是：采用电子方式是否能增加利润，秒选 C 项。

A 项，只有董事长提及"人情味"，总经理没有，违反双方表态原则，排除。

B 项，只有总经理提及"快速而准确"，董事长没有，违反双方表态原则，排除。

D 项，两人的论证对象是"电子方式处理订单"，而不是"快速而准确的运作方式"，此项偷换了题干的论证对象，排除。

E 项，只有董事长提及客户"喜欢"什么方式，总经理没有，违反双方表态原则，排除。

【答案】C

例 8.23 （2005 年 MBA 联考真题）厂长：采用新的工艺流程可以大大减少炼铜车间所产生的二氧化碳。这一新流程的要点是用封闭式熔炉替代原来的开放式熔炉。但是，不光购置和安装新的设备是笔大的开支，而且运作新流程的成本也高于目前的流程。因此，从总体上说，采用新的工艺流程将大大增加生产成本而使本厂无利可图。

总工程师：我有不同意见。事实上，最新的封闭式熔炉的熔炼能力是现有的开放式熔炉无法相比的。

在以下哪个问题上，总工程师和厂长最可能有不同意见？

A. 采用新的工艺流程是否确实可以大大减少炼铜车间所产生的二氧化碳？

B. 运作新流程的成本是否一定高于目前的流程？

C. 采用新的工艺流程是否一定使本厂无利可图？

D. 最新的封闭式熔炉的熔炼能力是否确实明显优于现有的开放式熔炉？

E. 使用最新的封闭式熔炉是否明显增加了生产成本？

【第 1 步 识别论证类型】

本题出现两个人的争论，故此题为争论焦点模型。

厂长：采用新的工艺流程将大大增加生产成本而使本厂无利可图。

总工程师：我有不同意见。事实上，最新的封闭式熔炉的熔炼能力是现有的开放式熔炉无法相比的。

【第 2 步 套用母题方法】

厂长认为，采用新工艺无利可图；总工程师对此有不同意见。故两人争论的问题是：采用新工艺是否无利可图，秒选 C 项。

A 项，只有厂长提及"二氧化碳"问题，总工程师没有，违反双方表态原则，排除。

B 项，只有厂长提及"新流程的成本"问题，总工程师没有，违反双方表态原则，排除。

D 项，只有总工程师提及"熔炼能力"问题，厂长没有，违反双方表态原则，排除。

E 项，只有厂长提及"生产成本"问题，总工程师没有，违反双方表态原则，排除。

【答案】C

例 8.24 （2008 年 MBA 联考真题）郑女士：衡远市过去十年的 GDP（国内生产总值）增长率比易阳市高，因此衡远市的经济前景比易阳市好。

胡先生：我不同意你的观点。衡远市的 GDP 增长率虽然比易阳市的高，但易阳市的 GDP 数值却更大。

以下哪项最为准确地概括了郑女士和胡先生争议的焦点？

A. 易阳市的 GDP 数值是否确实比衡远市大？

B. 衡远市的 GDP 增长率是否确实比易阳市高？

C. 一个城市的 GDP 数值大，是否经济前景一定好？

D. 一个城市的 GDP 增长率高，是否经济前景一定好？

E. 比较两个城市的经济前景，GDP 数值与 GDP 增长率哪个更重要？

【第 1 步　识别论证类型】

本题出现两个人的争论，故此题为**争论焦点模型**。

郑女士：衡远市过去十年的 GDP 增长率更高，因此衡远市的经济前景更好。

胡先生：我不同意你的观点。衡远市的 GDP 增长率虽然比易阳市的高，但易阳市的 GDP 数值却更大。

【第 2 步　套用母题方法】

郑女士认为，衡远市的经济前景更好，而胡先生不认可这一点，故两个人的争论焦点是这两个城市哪一个经济前景更好。但没有这个选项可供选择。

继续分析，两个人之所以观点不同，是因为两人对经济前景的判断标准不同，郑女士的依据是"GDP 增长率"，胡先生的依据是"GDP 数值"，故 E 项正确。

A、C 项，只有胡先生提及"GDP 数值"问题，郑女士没有，违反双方表态原则，排除。

B 项，胡先生、郑女士均认可"衡远市的 GDP 增长率比易阳市的高"，在该问题上并不存在争议，违反双方差异原则，排除。

D 项，虽然两人都提到了"GDP 增长率"，但只有郑女士对"GDP 增长率"与"经济前景"的关系进行了表态，违反双方表态原则，排除。

【答案】E

例 8.25　（2010 年管理类联考真题、2018 年经济类联考真题）陈先生：未经许可侵入别人的电脑，就好像开偷来的汽车撞伤了人，这些都是犯罪行为。但后者性质更严重，因为它既侵占了有形财产，又造成了人身伤害；而前者只是在虚拟世界中捣乱。

林女士：我不同意。例如，非法侵入医院的电脑，有可能扰乱医疗数据，甚至危及病人的生命。因此，非法侵入电脑同样会造成人身伤害。

以下哪项最为准确地概括了两人争论的焦点？

A. 非法侵入别人电脑和开偷来的汽车是否同样会危及人的生命？

B. 非法侵入别人电脑和开偷来的汽车伤人是否都构成犯罪？

C. 非法侵入别人电脑和开偷来的汽车伤人是否是同样性质的犯罪？

D. 非法侵入别人电脑的犯罪性质是否和开偷来的汽车伤人一样的严重？

E. 是否只有侵占有形财产才构成犯罪？

【第 1 步　识别论证类型】

本题出现两个人的争论，故此题为**争论焦点模型**。

陈先生：未经许可侵入别人的电脑，就好像开偷来的汽车撞伤了人，这些都是犯罪行为。但后者性质更严重（观点），因为它既侵占了有形财产，又造成了人身伤害；而前者只是在虚拟世界中捣乱。

林女士：我不同意（观点）。例如，非法侵入医院的电脑，有可能扰乱医疗数据，甚至危及病人的生命。因此，非法侵入电脑同样会造成人身伤害（论据）。

【第2步 套用母题方法】

陈先生的论证是一个"人丑模型"，他的观点是"后者性质更严重"；林女士不同意这一观点，并给出了论据。故，两人争论的焦点是：二者哪个性质更严重。秒选D项。

A项，虽然两人均涉及"非法侵入别人电脑和开偷来的汽车是否同样会危及人的生命"，但是这仅仅是两人的论据，在论点不一致的情况下，优先选论点的差异（论点优先原则）。故排除此项。

B项，陈先生、林女士均认可"非法侵入别人电脑和开偷来的汽车伤人都构成犯罪"，在该问题上并不存在争议，违反双方差异原则，排除。

C项，两人的争议是哪个性质"严重"，而不是二者的性质"是否相同"，排除。注意，陈先生的话中"性质"二字其实没有什么用，我们把陈先生的话改为"但是后者更严重"并不改变陈先生的原意，可见"性质"二字就是为了迷惑考生。

E项，无关选项，陈先生、林女士均未对"是否只有侵占有形财产才构成犯罪？"这一问题表态。

【答案】D

例 8.26 （2010年在职MBA联考真题）甲：从互联网上人们可以获得任何想要的信息和资料。因此，人们不需要听取专家的意见，只要通过互联网就可以很容易地学到他们需要的知识。

乙：过去的经验告诉我们，随着知识的增加，对专家的需求也相应地增加。因此，互联网反而会增加我们咨询专家的机会。

以下哪项是上述争论的焦点？

A. 互联网是否能有助于信息在整个社会的传播？
B. 互联网是否能增加人们学习知识时请教专家的可能性？
C. 互联网是否能使更多的人容易获得更多的资料？
D. 专家在未来是否将会更多地依靠互联网？
E. 互联网知识与专家的关系以及两者的重要性。

【第1步 识别论证类型】

本题出现两个人的争论，故此题为争论焦点模型。

甲：人们不需要听取专家的意见，只要通过互联网就可以很容易地学到他们需要的知识。

乙：互联网反而会增加我们咨询专家的机会。

【第2步 套用母题方法】

甲认为，有了互联网就不再需要咨询专家，而乙认为互联网反而会增加咨询专家的机会，秒选B项。

A项，无关选项，双方均未提及"信息传播"问题，排除。

C项，由甲的观点"从互联网上人们可以获得任何想要的信息和资料"与乙的观点"随着知识的增加"可知，二人均肯定了互联网可以获得资料，在该问题上并不存在争议，排除。

D项，两人的论证对象是"互联网增加咨询专家的机会"，而不是"专家是否依靠互联网"，排除。

E项，两人的论证对象是"互联网增加咨询专家的机会"，而不是"专家与互联网的关系与重要性",排除。另外,争论焦点题的答案一般是疑问句而不是陈述句(此类题的答案中一般带有"是否"二字)。

【答案】B

💡 老吕贴心话

老吕贴心话 ⑪ 找不到论证逻辑模型怎么办?

当我们对论证逻辑模型掌握得足够熟练时,可以一眼看出多数论证逻辑题的命题模型。对于较复杂的、不能迅速判断命题模型的论证逻辑题,可用以下步骤来解题:

第1步:优先判断"一致性"。

优先判断题干论据与论点中是否存在对象不一致、概念不一致、话题不一致等问题。如果存在,那么这道题很可能是考查"拆桥搭桥模型"。而且,"类比论证模型(论据A,论点B)""归纳论证模型(论据小,论点大)""演绎论证模型(论据一般,论点个别)"也存在论据与论点的对象不一致问题。

第2步:找因果关系。

如果一道题用"一致性"解不出来,那么这道题有很大可能性考的是以下两大方向:

第一大方向:找原因。即先摆现象,再分析这个现象的原因;或者通过实验验证来确定因果关系。

第二大方向:预测结果。当题干中出现"会""将会""未来会"等表示将来的词汇时,一般考的是对未来结果的预测。而对于"措施目的模型",我们也可以把"目的"看成是符合我们预期的未来结果。

第3步:找其他模型。

根据"一致性""找原因"和"预测结果",可以解决90%以上的论证逻辑题。其他模型考的特别少,每年最多一两道题。

经过以上步骤,一般可以找到论证逻辑模型,如果实在找不到,则可直接分析选项。

来看一道例题:

长期以来,尽管人们制造的望远镜倍数越来越大,但是仍然不足以看清火星表面的细节。所以火星上是否存在生命,目前仍是科学家的难解之谜。但一项最新的研究显示,"好奇号"火星探测器在火星上探测到一些岩石,其碳中含有大量的轻碳同位素(碳-12),因此人们推测火星上是有生命的。

以下哪项如果为真,最能质疑上述推测?

A. "好奇号"火星探测器探测到的样本中有四分之一,其碳-12的含量比地球的参考标准高70%。

B. 火星大气稀薄,这导致阳光中的紫外线会直接照射到土壤中,与大气中的二氧化碳结合从而形成碳-12。

C. 火星可能曾穿过含有碳的星际云，大气与尘云阻挡阳光，使火星上的降水冻结形成冰川，阻止碳被稀释。

D. 地球上的碳-12 有多种来源，有的是有机体在新陈代谢过程中形成的，有的则是自然形成的。

E. 碳-12 并不只存在于动物身上，植物身上也可以探测到轻碳同位素(碳-12)。

【题干的论证结构】

题干："好奇号"火星探测器在火星上探测到一些岩石，其碳中含有大量的轻碳同位素(碳-12)(论据)，因此，人们推测火星上是有生命的(论点)。

【第 1 步　优先判断"一致性"】

题干的论据为"火星含有轻碳同位素"，论点为"火星上有生命"，二者不同，故优先考虑拆桥搭桥模型。找直接切断"轻碳同位素"与"生命"的选项，然而很遗憾，并没有这样的选项。

【第 2 步　找因果关系】

如果是预测未来结果的题，题干中应该有"会""将会""未来会"等表示将来的词。而本题中"火星探测器在火星上探测到一些岩石"是已经发生了的事，已经发生的事，最容易考"找原因"。

我们把"因此人们推测"替换成"这是因为"，即：火星上的岩石的碳中含有大量的轻碳同位素，这是因为，火星上有生命。

替换完以后，此句话符合逻辑，因此，就可以断定题干存在"摆现象、析原因"这一过程，即"现象原因模型"。此时，我们就可以进行选项分析了。

【第 3 步　分析选项】

A 项，无关选项，题干不涉及样本中碳-12 的含量与地球的参考标准之间的比较。

B 项，削弱题干，此项说明火星上的碳-12 是由紫外线与二氧化碳结合形成的(另有他因)，从而有助于说明碳-12 与生命无关。

C 项，无关选项，此项没有解释火星含有大量轻碳同位素的原因。

D 项，无关选项，题干不涉及地球上的碳-12 的来源问题。

E 项，无关选项，题干不涉及动植物身上是否含有轻碳同位素(碳-12)。

【答案】B

老吕贴心话 12　一道论证逻辑题中有多个考点怎么办？

很多论证逻辑题有多个考点或多个模型。此时要清楚，即使题干中有多个考点，当我们拿出其中任何一个考点分析时，都可以应用前文我们讲解的论证模型的解题方法。

在平时的训练中，我们可以不看选项，自行分析题干，找到命题人有可能命题的所有考点，然后再分析选项考的是哪个考点。经过这样的精细化训练后，我们就能理解命题人的命题角度，甚至形成考点与选项设计的条件反射关系。这样，等我们上了考场，我们不用仔细地分析题干，一看选项就能知道命题人是如何设计选项的。

来看一道例题：

孩子出生后的第一年在托儿所度过，会引发孩子的紧张不安。在我们的研究中，有 464 名 12～13 岁的儿童接受了特异情景测试法的测验，该项测验意在测试儿童 1 岁时的状况与对母亲的依附心理之间的关系。其结果是：有 41.5% 曾在托儿所看护的儿童和 25.7% 曾在家看护的儿童被认为紧张不安，过于依附母亲。

以下哪项如果为真，最没有可能对上述研究的推断提出质疑？

A. 研究中所测验的孩子并不是从在托儿所看护和在家看护两种情况下随机选取的，因此，这两组样本儿童的家庭很可能有系统性的差异存在。

B. 这项研究的主持者被证实曾经在自己的幼儿时期受到过长时间来自托儿所阿姨的冷落。

C. 针对孩子母亲的另一项研究发现：由于孩子在家里表现出过度的依附心理，父母因此希望将其送入托儿所予以矫正。

D. 因为风俗的关系，在464名被测试者中，在托儿所看护的大多数为女童，而在家看护的多数为男童。一般地说，女童比男童更易表现出紧张不安和依附母亲。

E. 出生后第一年在家看护的孩子多数是由祖父母或外祖父母看护的，并形成浓厚的亲情。

【题干的论证结构】

题干：有464名12～13岁的儿童接受了特异情景测试法的测验，结果显示有41.5％曾在托儿所看护的儿童和25.7％曾在家看护的儿童被认为紧张不安(两组对象)，因此，孩子出生后的第一年在托儿所度过，会引发孩子的紧张不安(因果关系)。

【考点分析】

考点1："有464名12～13岁的儿童"，这显然是一组样本，因此，可以从样本有没有代表性的角度命题。

考点2：凡是涉及调查问题，都可以从调查机构或调查者的中立性角度命题。

考点3：此题的实验过程使用的是两组对象对比，因此，可以从求异法的角度命题，即看样本之间是否有其他差异。

考点4：此题的结论"孩子出生后的第一年在托儿所度过，会引发孩子的紧张不安"，是一个因果关系。因此，可以从因果关系的角度来命题。但要注意，在求因果五法(尤其是求异法)的结论中常出现"会"这一字样。"会"这一字样会让题干看起来是在预测结果，但实际上，这是在确立因果关系的存在，选项一般从找原因的角度来命题。

【选项分析】

A项，指出样本选取不是随机的，即样本没有代表性(考点1)，可以削弱。

B项，指出研究的主持者可能受儿时情况的影响，说明调查者不中立(考点2)，可以削弱。

C项，不是在托儿所引发孩子的过度依附心理，而是孩子表现出过度的依附心理后被送往托儿所，指出题干因果倒置(考点4)，可以削弱。

D项，指出题干的样本之间存在其他差异因素：性别差异，是性别的差异导致了题干中结果的差异(考点3)，可以削弱。

E项，无关选项，题干涉及的是孩子对"母亲"的依附，而此项是"祖父母或外祖父母"。

【答案】E

联考逻辑
要点7讲

第6讲

逻辑谬误
论证逻辑干扰项

8 类常见逻辑谬误　　3 类常见干扰项

✏ 写在前面的话

1. 谬误

所谓谬误就是论证过程中犯的逻辑错误。

关于谬误，联考大纲规定的内容有：混淆概念、转移论题、自相矛盾、模棱两可、不当类比、以偏概全、其他谬误。

那么，大纲中规定的"其他谬误"是指什么呢？老吕总结了历年管理类、经济类联考的所有真题，将这些谬误进行了分类，并会在接下来的章节进行讲解。

2. 谬误在联考中如何命题？

在管理类、经济类联考中，谬误主要通过以下三种形式考查：

第一，论证有效性分析。

联考中有两篇作文，第一篇作文就是论证有效性分析。在该文章中，命题人会给我们一段论证，要求我们找出这一论证中的逻辑谬误，并进行分析。所以这篇文章的本质，是用写作的方式考查逻辑。

第二，评论逻辑漏洞题。

联考逻辑题中，有一些题的提问方式为："以下哪项准确地指出了上述论证中的逻辑漏洞？"，这种题目就是要找到题干中的逻辑谬误。但这类题在真题中的题量并不大。

第三，论证逻辑干扰项。

每一道论证逻辑题，必有 4 个干扰项。这 4 个干扰项的设计来源，就是我们常犯的逻辑谬误，这样才能起到干扰作用。有时候，我们会感觉一些错误选项特别"有道理"，甚至比正确选项还"有道理"，这就说明有一些我们日常生活中习以为常的思维是不合逻辑的，犯了逻辑谬误。

3. 本讲学习的关键

（1）理解逻辑谬误的原理。

（2）相信逻辑知识、相信解题原则，而不是相信自己的直觉。

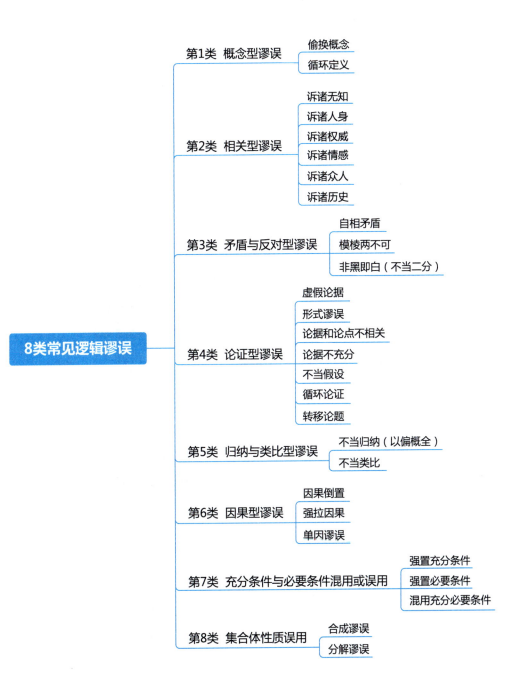

第1类 概念型谬误
- 偷换概念
- 循环定义

第2类 相关型谬误
- 诉诸无知
- 诉诸人身
- 诉诸权威
- 诉诸情感
- 诉诸众人
- 诉诸历史

第3类 矛盾与反对型谬误
- 自相矛盾
- 模棱两不可
- 非黑即白（不当二分）

8类常见逻辑谬误

第4类 论证型谬误
- 虚假论据
- 形式谬误
- 论据和论点不相关
- 论据不充分
- 不当假设
- 循环论证
- 转移论题

第5类 归纳与类比型谬误
- 不当归纳（以偏概全）
- 不当类比

第6类 因果型谬误
- 因果倒置
- 强拉因果
- 单因谬误

第7类 充分条件与必要条件混用或误用
- 强置充分条件
- 强置必要条件
- 混用充分必要条件

第8类 集合体性质误用
- 合成谬误
- 分解谬误

第6讲

```
                                                        干扰项1   对象不一致

                                                        干扰项2   概念不一致

                                                        干扰项3   话题不一致

                                                        干扰项4   比较不一致
                                    类型1   一致性类
                                                        干扰项5   比例不一致

                                                        干扰项6   程度不一致

                                                        干扰项7   范围不一致

                                                        干扰项8   时间不一致


                                                        干扰项9   诉诸情感

                                                        干扰项10   诉诸无知

                                                        干扰项11   诉诸人身
                                    类型2   诉诸类
         3类常见干扰项                                    干扰项12   诉诸权威

                                                        干扰项13   诉诸众人

                                                        干扰项14   诉诸主观（主观观点）


                                                        干扰项15   无效他因

                                                        干扰项16   不当反例

                                                        干扰项17   否定最高级

                                                        干扰项18   明否暗肯
                                    类型3   其他类
                                                        干扰项19   两可选项

                                                        干扰项20   存在难度

                                                        干扰项21   规范命题

                                                        干扰项22   其他措施

                                                        干扰项23   因人而异
```

第 **9** 章　逻辑谬误与论证逻辑干扰项

【本章知识清单】

大纲考点：逻辑谬误	常见干扰项
第1类 概念型谬误 第2类 相关型谬误 第3类 矛盾与反对型谬误 第4类 论证型谬误 第5类 归纳与类比型谬误 第6类 因果型谬误 第7类 充分条件与必要条件混用 　　　 或误用 第8类 集合体性质误用	类型1 一致性类 类型2 诉诸类 类型3 其他类

01　# 第 1 节　常见逻辑谬误

扫码免费听
本节讲解
（共 2 个视频）

第 1 类　概念型谬误

谬误名称	含义	示例
偷换概念	偷换概念是将两个貌似一样的概念进行代换，实际上改变了概念的修饰语、适用范围、所指对象，等等。	象是动物，所以小象是小动物。 第一个"小"是指年龄小，第二个"小"是指体型小。
循环定义	下定义时，定义项中不得间接地包含被定义项，否则就会犯"循环定义"的逻辑谬误。	什么是男人？ 男人就是不是女人的人。 什么是女人？ 女人就是不是男人的人。

🖊 **典型例题**

例 9.1　什么是奇数？奇数就是偶数加 1。什么是偶数？偶数就是奇数减 1。

第
6
讲

321

下列哪项最为恰当地指出了上述推理的逻辑错误?

A. 偷换概念。　　　　　B. 自相矛盾。　　　　　C. 以偏概全。

D. 因果倒置。　　　　　E. 循环定义。

【详细解析】

题干用偶数来定义奇数,又用奇数来定义偶数,犯了"循环定义"的逻辑错误。

【答案】E

第 2 类　相关型谬误

相关型谬误是指用在逻辑上不相关的而在感情、情绪、态度和信念等心理因素上相关的论据进行论证而导致的思维错误。论证应当重视情感因素的作用,但不能以情感来代替逻辑的合理性。最常见的相关型谬误包含:诉诸无知、诉诸人身、诉诸权威、诉诸情感、诉诸众人、诉诸历史等。

谬误名称	含义	示例
诉诸无知	人们断定一件事物正确,只是因为它未被证明是错误的;或断定一件事物错误,只是因为它未被证明是正确的;即把没有证据当作论据进行论证。	这世界有外星人存在,因为没有证据证明外星人不存在。
诉诸人身	在论证过程中,将立论或反驳的重心指向提出论点的人,而不是论点本身,因人立言或因人废言。	这个人的人品有问题,所以他说的话一定是假话。
诉诸权威	在论证过程中,以本人或他人的权威为根据来论证某一论点。	物体下落速度和重量成比例,因为伟大的哲学家亚里士多德认为物体下落速度和重量成比例。
诉诸情感	在论证过程中,借助于人们的同情心等感情,以诱使人们相信其论点。	我一把屎一把尿把你拉扯大,让你上学、让你读书,你居然连研究生都不考!
诉诸众人	在论证过程中,以众人的意见、见解来进行论证,大家都认为是对的,那一定就是对的。	三个人都说市上有虎,于是听者就信以为真。
诉诸历史	错误地将一个事物的历史的长短,作为评价这个事物的标准。	瑜伽有三千年的历史,因此,瑜伽一定是好的。

🖊️ 真题秒杀

例 9.2　(2009 年在职 MBA 联考真题)办公室主任:本办公室不打算使用循环再利用纸张。给用户的信件必须能留下好的印象,不能打印在劣质纸张上。

文具供应商:循环再利用纸张不一定是劣质的。事实上,最初的纸张就是用可回收材料制造的。一直到 19 世纪 50 年代,由于碎屑原料供不应求,才使用木纤维作为造纸原料。

以下哪项最为恰当地概括了文具供应商的反驳中存在的漏洞?

A. 没有意识到办公室主任对于循环再利用纸张的偏见是由于某种无知。

B. 使用了不相关的事实来证明一个关于产品质量的断定。

C. 不恰当地假设办公室主任了解纸张的制造工艺。

D. 忽视了办公室主任对产品质量关注的合法权利。

E. 不恰当地假设办公室主任忽视了环境保护。

【详细解析】

办公室主任:本办公室不打算使用循环再利用纸张,因为这种纸张是劣质纸张。

文具供应商:循环再利用纸张不一定是劣质的,因为最初的纸张就是用可回收材料制造的。

文具供应商指出了"最初的纸张是用可回收材料制造的"这一个事实,但这仅仅介绍了这类纸张的发展历史,并没有涉及这类纸张的质量。因此,文具供应商的论据和他的观点不相关,诉诸历史。

故 B 项恰当地指出了文具供应商的反驳中存在的漏洞。

【答案】B

例 9.3 (2010 年管理类联考真题、2018 年经济类联考真题)学生:IQ 和 EQ 哪个更重要?您能否给我指点一下?

学长:你去书店问问工作人员关于 IQ 和 EQ 的书,哪类销得快,哪类就更重要。

以下哪项与题干中的问答方式最为相似?

A. 员工:我们正制定一个度假方案,你说是在本市好,还是去外地好?

　　经理:现在年终了,各公司都在安排出去旅游,你去问问其他公司的同行,他们计划去
　　哪里,我们就不去哪里,不凑热闹。

B. 平平:母亲节那天我准备给妈妈送一份礼物,你说是送花好,还是送巧克力好?

　　佳佳:你在母亲节前一天去花店看一下,看看买花的人多不多不就行了嘛?

C. 顾客:我准备买一件毛衣,你看颜色是鲜艳一点好,还是素一点好?

　　店员:这个需要结合自己的性格与穿衣习惯,各人可以有自己的选择与喜好。

D. 游客:我们前面有两条山路,走哪一条更好?

　　导游:你仔细看看,哪一条山路上车马的痕迹深,我们就走哪一条。

E. 学生:我正在准备期末复习,是做教材上的练习重要,还是理解教材内容更重要?

　　老师:你去问问高年级得分高的同学,他们是否经常背书做练习。

【详细解析】

学长:关于 IQ 和 EQ 的书,哪类销得快,哪类就更重要。可见,学长犯了诉诸众人的逻辑谬误,同时还涉及"关于 IQ 和 EQ 的书"销量的比较。

A 项,"他们计划去哪里,我们就不去哪里",不是诉诸众人,与题干不同。

B 项,"看看买花的人多不多就行了"是诉诸众人,但佳佳的回答只涉及"花",没有比较,因此类似度不高。

C 项,店员的回答强调"可以根据自己的喜好做选择",不是诉诸众人,与题干不同。

D 项,诉诸众人,且有两类对象的比较,故此项与题干最为相似。

E 项,"高年级得分高的同学"可视为权威,故此项犯了诉诸权威的逻辑谬误,与题干不同。

【答案】D

第3类　矛盾与反对型谬误

矛盾与反对型谬误是常见的谬误类型之一，通常会以下三种形式出现：自相矛盾、模棱两不可和非黑即白。

谬误名称	含义	示例
自相矛盾	同时肯定两个矛盾或反对的判断或概念。	张三既是个男人，也是个女人。
模棱两不可	同时否定两个矛盾或下反对的判断或概念。	张三既不是男人，也不是女人。
非黑即白（不当二分）	误把反对关系当作矛盾关系，误认为否定一方，就肯定了另外一方，也称为非此即彼。	这个杯子的颜色不是黑色，那它一定是白色的。（理解1：不是黑色不一定是白色，也可能是红、黄等其他颜色。 理解2：不恰当地把颜色分成了黑色和白色两种，其实还有其他颜色。）

说明：在真题中，一般不会让我们区分自相矛盾和模棱两不可，我们可以近似地认为这两种都是自相矛盾。

🖊 典型例题

例9.4　这次预测只是一次例行的科学预测。这样的预测已经做过很多次，既不能算成功，也不能算不成功。

以上表述的谬误，也存在于下列哪项中？

A. 在即将举行的大学生辩论赛中，我不认为我校代表队一定能进入前四名，我也不认为我校代表队可能进不了前四名。

B. 这次关于物价问题的社会调查结果，既不能说完全反映了民意，也不能说一点也没有反映民意。

C. 这次考前辅导，既不能说完全成功，也不能说彻底失败。

D. 人有特异功能，既不是被事实证明的科学结论，也不是纯属欺诈的伪科学结论。

E. 泰迪犬是一种可爱的宠物狗，可见，所有的宠物狗都挺可爱。

【详细解析】

题干："成功"和"不成功"是矛盾关系，题干同时否定了"成功"和"不成功"，犯了模棱两不可的逻辑谬误。

A项，"一定能进入前四名"和"可能进不了前四名"是矛盾关系，选项同时否定了二者，犯了模棱两不可的逻辑谬误，与题干所犯的谬误类型一致，符合题干。

B、C、D三项中的对应概念都是反对关系，不是矛盾关系，与题干不同。

E项，由泰迪犬的情况概括所有宠物狗的情况，以偏概全，与题干不同。

【答案】A

第 4 类　论证型谬误

论证的重要规则是要求从论据出发能合乎逻辑地推出论点，即论据和论点之间要有必然的联系。违反这条规则就会犯"推不出"或"推断不当"的逻辑谬误。有以下几种常见类型：

谬误名称	含义	示例
虚假论据	论据不真实。	康哥的头发特别浓密（实际情况是康哥头发很少），因此，康哥很帅。
形式谬误	违反了形式逻辑中所学的推理规则。	所有的聪明人都是近视眼，他近视得很厉害，所以，他一定很聪明。
论据和论点不相关	论据和论点在内容上毫无关系。	康哥头发很少，所以，他一定帅气多金。
论据不充分	论据虽然为真，但不足以推出结论。	张三和李四不和，张三一定是杀李四的凶手。
不当假设	如果论证中存在隐含假设，但隐含假设不成立，就称之为不当假设。	曹操文治武功卓越，因此，他是一代明君。 隐含假设：曹操是君主。 但实际上曹操是丞相而不是君主。
循环论证	用 A 来证明 A，就犯了"循环论证"的逻辑谬误。	因为爱，所以爱。
转移论题	①自己的论证中，没有保证论证话题的一致性。②反驳别人的论证时，没有保持与别人话题的一致性。	老吕：罗瑞，你的脸怎么这么大？罗瑞：但是我的数学课讲得很好呀。

📝 真题秒杀

例 9.5 （2008 年 MBA 联考真题）许多人并不了解自己，也不去试图了解自己。这些人可能会去试图了解别人，但很少会成功，因为连自己都不了解的人是不可能了解别人的。所以，缺乏自我了解的人是不会了解别人的。

以上论述的逻辑错误是：

A. 错误地把某一事件的必要条件作为这一事件的充分条件。

B. 没有估计到并非每个人都想了解自己。

C. 指责人们没有做到他们不可能做到的事。

D. 在没有定义"自我了解"的情况下使用了这个名词。

E. 只在结论中重复了论述中的一个前提。

【详细解析】

题干：因为连自己都不了解的人是不可能了解别人的，所以，缺乏自我了解的人是不会了解别人的。

题干的论据与论点的意思是完全相同的，即用 A 来证明 A，犯了循环论证的逻辑错误。

【答案】E

第 6 讲

第5类 归纳与类比型谬误

谬误名称	含义	示例
不当归纳（以偏概全）	指以一些样本去推测全体的情况时，由于样本不具备代表性而引起的逻辑谬误。	我宿舍有个山东人，酒量特别大。看来，山东人酒量都挺大。 分析：以一个山东人的情况，来代表所有山东人的情况，以偏概全。
不当类比	指在使用类比进行论证时，由于类比对象的差异导致类比不成立。	别人每晚都遛他们的宠物狗，因此，我决定今晚遛遛我养的鱼。 分析：将宠物狗需要遛，类比到鱼也需要遛，不当类比。

典型例题

例 9.6 张珊：我准备让我的孩子就读阳光实验学校。因为在去年的高考中，该学校实验 3 班的升学率达到了创纪录的 65％。这证明这所学校去年的升学率非常高。

以下哪项与张珊的逻辑漏洞最为相似？

A. 阳光实验学校去年的高考升学率很高，看来，今年他们的高考升学率也差不到哪里去。

B. 阳光实验学校今年的教学质量很好，因为没有证据证明他们的教学质量下滑。

C. 阳光实验学校是个非常好的学校，因为有很多朋友给我推荐这所学校。

D. 阳光实验学校实验 2 班的李思、王伍同学分别被录取到了清华北大，看来，这个班的同学们都考得不错。

E. 阳光实验学校今年的高考升学率会很好，因为昨天有位教育专家做出了这样的预测。

【详细解析】

题干：该学校实验 3 班的升学率达到了创纪录的 65％，这证明这所学校去年的升学率非常高。

题干由一个班的情况，归纳出该学校整体的情况，犯了以偏概全的逻辑错误。

A 项，由去年的情况类比到今年的情况，存在不当类比的嫌疑，与题干不同。

B 项，把没有证据证明教学质量下滑，作为教学质量很好的理由，犯了诉诸无知的逻辑错误，与题干不同。

C 项，由很多人推荐作为这所学校好的理由，犯了诉诸众人的逻辑错误，与题干不同。

D 项，由两个学生的情况归纳出该班所有学生的情况，犯了以偏概全的逻辑错误，与题干相同。

E 项，由专家的观点作为得出论点的依据，犯了诉诸权威的逻辑错误，与题干不同。

【答案】D

第 6 类 因果型谬误

谬误名称	含义	示例
因果倒置	误把原因当成了结果，而把结果当成了原因。	张珊：你是因为寂寞才想我。 实际情况是："你"是因为想张珊才寂寞。
强拉因果	把没有因果关系的两个事件，误认为有因果关系。	我刚打开电视机，巴西队就进球了，我真是巴西队的幸运之神。
单因谬误 （忽略他因）	如果一个结果是由多种原因造成的，但论证者误认为只有一种原因，这就犯了"单因谬误"或"忽略他因"的逻辑错误。	酱心考上了研究生，仅仅是因为她报了老吕的班（可能还有其他原因，如：酱心自己的努力）。

典型例题

例 9.7 都乐市勤劳的人民都拥有两头牛，张先生认为，给那些懒惰的人发两头牛，都乐市所有的人都将变得勤劳。

以下哪项是对张先生的论证的恰当评价？

A. 张先生的论证是正确的。

B. 张先生的论证是错误的，其漏洞与下文中上官柳的相似：古时候，上官柳整天只顾读书，却不赚钱谋生，妻子无法忍受，决定和他离婚。几年后，上官柳成为大官，衣锦还乡，妻子要求和他复合，上官柳把水泼在地上说："我们的关系就像这水一样，再也收不回来了。"

C. 张先生的论证是错误的，其漏洞与下文中李先生的相似：李先生认为，艺术创作和色情书刊都有性和裸体，艺术创作没有过多的禁忌，所以色情书刊也不该有过多的禁忌。

D. 张先生的论证是错误的，其漏洞与下文中王先生的相似：王先生认为，盲人的听力一般比明眼人好，可见听力好的人容易失明。

E. 张先生的论证是错误的，其漏洞与下文中小杨的相似：小刘问："左"是什么意思？小杨答："左"即是和"右"相反的方向。小刘又问：那"右"是什么意思？小杨答："右"即是和"左"相反的方向。

【详细解析】

题干论证犯了因果倒置的逻辑谬误，即：是因为勤劳，所以拥有两头牛，并不是因为拥有两头牛所以勤劳。

A 项，张先生的论证有漏洞，故排除。

B、C 项，采用的是类比论证，犯的逻辑错误是不当类比，与题干论证的漏洞不相似，故排除。

D 项，因果倒置，是因为失明的人听力好，而不是听力好的人容易失明，与题干论证的漏洞相似，故此项正确。

E 项，此项是用"右"来定义"左"，再用"左"来定义"右"，犯了循环定义的逻辑错误，与题干论证的漏洞不相似，故排除。

【答案】D

第7类　充分条件与必要条件混用或误用

谬误名称	含义	示例
强置充分条件	误把不充分的条件当作充分条件来使用。	如果刮风，一定会下雨。 实际情况是：刮风了也未必下雨。
强置必要条件	误把不必要的条件当作必要条件来使用。	只有考上会计硕士，才是研究生。 实际情况是：并非只有考上会计硕士才是研究生，考上其他专业的硕士同样是研究生。
混用充分必要条件	误把充分条件当成必要条件，或者误把必要条件当成充分条件。	如果下雨了，那么地上一定会湿。因此，如果地上湿了，那么肯定是下雨了。

🖋 **真题秒杀**

例 9.8　(2008年MBA联考真题)临近本科毕业，李明所有已修课程的成绩均是优秀。按照学校规定，如果最后一学期他的课程成绩也都是优秀，就一定可以免试就读研究生。李明最后一学期有一门功课成绩未获得优秀，因此，他不能免试就读研究生了。

以下哪项对上述论证的评价最为恰当?

A. 上述论证是成立的。

B. 上述论证有漏洞，因为它忽视了：课程成绩只是衡量学生素质的一个方面。

C. 上述论证有漏洞，因为它忽视了：所陈述的规定有漏洞，会导致理解的歧义。

D. 上述论证有漏洞，因为它把题干所陈述的规定错误地理解为：只要所有学期课程成绩均是优秀，就一定可以免试就读研究生。

E. 上述论证有漏洞，因为它把题干所陈述的规定错误地理解为：只有所有学期课程成绩均是优秀，才可以免试就读研究生。

【详细解析】

题干：按照学校规定，①如果最后一学期他的课程成绩也都是优秀，就一定可以免试就读研究生(一般性前提)。②李明最后一学期有一门功课成绩未获得优秀，因此，他不能免试就读研究生了(个别性结论)。

将题干符号化：

题干的前提①：所有课程成绩都优秀→免试就读研究生。

题干的前提②：李明最后一学期有一门功课成绩未获得优秀。

题干的结论：李明不能免试就读研究生。

故题干误认为：不是所有课程成绩都优秀→不能免试就读研究生。(混用充分必要条件)

即：只有所有课程成绩均是优秀，才可以免试就读研究生。

【答案】E

第8类　集合体性质误用

集合体具有的性质，个体未必具有；个体具有的性质，集合体也未必具有。

谬误名称	含义	示例
合成谬误	误认为个体具有的性质，集体一定具有。	这支球队的每个球员都很优秀，因此，这支球队很优秀。 分析：每个球员都优秀，组成球队后也可能出现配合不好、球队反而不优秀的情况。
分解谬误	误认为集体具有的性质，个体也一定具有。	这家公司是家非常优秀的公司，所以，公司里的每个员工也是优秀的。 分析：优秀的公司里面可能也有不优秀的员工。

📝 真题秒杀

例 9.9 （2011 年在职 MBA 联考真题）公达律师事务所以为刑事案件的被告进行有效辩护而著称，成功率达 90％以上。老余是一位以专门为离婚案件的当事人成功辩护而著称的律师。因此，老余不可能是公达律师事务所的成员。

以下哪项最为确切地指出了上述论证中存在的漏洞？

A. 公达律师事务所具有的特征，其成员不一定具有。

B. 没有确切指出老余为离婚案件的当事人辩护的成功率。

C. 没有确切指出老余为刑事案件的当事人辩护的成功率。

D. 没有提供公达律师事务所统计数据的来源。

E. 老余具有的特征，其所在工作单位不一定具有。

【详细解析】

题干：公达律师事务所以为刑事案件的被告进行有效辩护而著称，成功率达 90％以上（集体的性质）。老余是一位以专门为离婚案件的当事人成功辩护而著称的律师。因此，老余不可能是公达律师事务所的成员（个体的性质）。

A 项，集体具有的性质，个体未必具有，指出了题干的逻辑错误。

E 项，不正确。因为 E 项是由老余的性质来推断其工作单位的性质，而题干是由工作单位的性质来推断老余的性质。

其余各项显然均不正确。

【答案】A

例 9.10 （2007 年 MBA 联考真题）舞蹈学院的张教授批评本市芭蕾舞团最近的演出没能充分表现古典芭蕾舞的特色。他的同事林教授认为这一批评是个人偏见。作为芭蕾舞技巧专家，林教授考察过芭蕾舞团的表演者，结论是每一位表演者都拥有足够的技巧和才能来表现古典芭蕾舞的特色。

以下哪项最为恰当地概括了林教授反驳中存在的漏洞？

A. 他对张教授的评论风格进行攻击而不是对其观点加以反驳。

B. 他无视张教授的批评意见是与实际情况相符的。

C. 他仅从维护自己的权威地位的角度加以反驳。

D. 他依据一个特殊事例轻率地概括出一个普遍结论。

E. 他不当地假设，如果一个团体的每个成员具有某种特征，那么这个团体就总能体现这种特征。

【详细解析】

林教授：本市芭蕾舞团每一位表演者都拥有足够的技巧和才能来表现古典芭蕾舞的特色（个体的性质），所以，本市芭蕾舞团最近的演出充分表现了古典芭蕾舞的特色（集体的性质）。

即林教授由芭蕾舞团的个体性质，推断芭蕾舞团的整体性质，故 E 项恰当地概括了林教授的逻辑漏洞。

其余各项显然均不正确。

【答案】E

技巧：逻辑漏洞题的解法

1. 题型识别

题干中出现以下提问方式时，考查的是逻辑漏洞题：

"以下哪项最为恰当地指出了上述论证中存在的漏洞？"

2. 解题方法

这种题型没有特别的解题方法，考查的就是逻辑谬误基础知识的熟练度。熟练掌握基础知识，从而识别出题干中的逻辑漏洞即可。

3. 逻辑漏洞题与削弱题的区别与联系

(1)联系：这两类题都是为了说明题干的论证不成立。

(2)区别：逻辑漏洞题只要求我们找到题干中的逻辑漏洞，它是对题干中问题的客观分析，但并不要求我们反驳题干的观点；削弱题则要求用选项来反驳题干的观点。

📎 **典型例题**

例 9.11 哈佛大学某学者调查研究发现：威胁美国大陆的飓风是由非洲西海岸高气压的触发形成的。每当在撒哈拉沙漠以南的地区有大量的降雨之后，美国大陆就会受到特别频繁的飓风袭击。所以，大量的降雨一定是提升气流的压力而构成飓风的原因。

上述的论证推理最易受以下哪项的批评？

A. 仅仅依据现象间有联系就推断出有因果关系。

B. 依据一个过于狭隘的范例得出一般结论。

C. 将获得结论的充分条件当作必要条件。

D. 将获得结论的必要条件当作充分条件。

E. 该调查研究不太可信。

【第1步 识别论证类型】

题干：每当在撒哈拉沙漠以南的地区有大量的降雨之后，美国大陆就会受到特别频繁的飓风袭击（现象）。所以，大量的降雨一定是提升气流的压力而构成飓风的原因（原因）。

题型：此题的提问方式为"上述的论证推理最易受以下哪项的批评？"，这种提问方式可能是削弱题，也可能是逻辑漏洞题。观察选项，发现选项均在描述逻辑漏洞，故此题是逻辑漏洞题。

模型：题干中先描述了一种现象，然后分析了其中的因果关系，故此题为现象原因模型。因此，此题可秒选 A 项。

【第 2 步 套用母题方法】

A 项，题干仅仅是根据两个时间发生的先后顺序，就断定两个事件之间存在因果联系，犯了强拉因果的逻辑错误，故此项正确。

B 项，依据一个过于狭隘的范例得出一般结论（以偏概全），但题干中的论据是"每当降雨之后都会有飓风"，因此论据不是"过于狭隘的范例"，此项不正确。

C、D、E 项，显然不正确。

【答案】A

🖊️ **真题秒杀**

📖 **9.12** （2010 年在职 MBA 联考真题）即使在古代，规模生产谷物的农场，也只有依靠大规模的农产品市场才能生存，而这种大规模的农产品市场意味着有相当人口的城市存在。因为中国历史上只有一家一户的小农经济，从来没有出现过农场这种规模生产的农业模式，因此，现在考古所发现的中国古代城市，很可能不是人口密集的城市，而只是为举行某种仪式的人群临时聚集地。

以下哪项最为恰当地指出了上述论证中存在的漏洞？

A. 该结论只是对其前提中某个断定的重复。

B. 论证中对某个关键概念的界定前后不一致。

C. 在同一个论证中，对一个带有歧义的断定做出了不同的解释。

D. 把某种情况的不存在，作为证明此种情况的必要条件也不存在的根据。

E. 把某种情况在现实中的不存在，作为证明此类情况不可能发生的根据。

【第 1 步 识别论证类型】

题干中的论据：①规模生产谷物的农场，也只有依靠大规模的农产品市场才能生存，②而这种大规模的农产品市场意味着有相当人口的城市存在。③中国没有出现过农场。

题干中的结论：现在考古所发现的"中国古代城市"并不是城市。

模型：题干中的论据①是一般性前提，而结论是个别性的结论，故此题为演绎论证模型。

【第 2 步 套用母题方法】

将题干中的论据符号化：①农场→市场，②市场→城市。

串联可得：农场→市场→城市。

逆否可得：￢城市→￢市场→￢农场（可知，城市是农场的必要条件）。

由于"￢农场"后无箭头，故无法判断现在考古所发现的"中国古代城市"是不是城市。

即，不能由"没有规模生产谷物的农场"（某种情况不存在），推出"不是人口密集的城市"（此种情况的必要条件不存在），因此，D 项恰当地指出了上述论证中存在的漏洞。

【答案】D

📖 **9.13** （2006 年 MBA 联考真题）除非像给违反交通规则的机动车一样出具罚单，否则在交通法规中禁止自行车闯红灯是没有意义的。因为一项法规要有意义，必须能有效制止它所禁止的行为。但是上述法规对于那些经常闯红灯的骑车者来说显然没有约束力，而对那些习惯于遵守交通法规的骑车者来说，即使没有这样的法规，他们也不会闯红灯。

以下哪项最为恰当地指出了上述论证中存在的漏洞？

A. 不当地假设大多数机动车驾驶员都遵守禁止闯红灯的交通法规。

B. 在前提和结论中对"法规"这一概念的含义没有保持同一。

C. 忽视了这种可能性：一个法规若运用过于严厉的惩戒手段，即使有效地制止了它所禁止的行为，也不能认为是有意义的。

D. 没有考虑上述法规对于有时但并不经常闯红灯的骑车者所产生的影响。

E. 没有论证闯红灯对于公共交通的危害。

【第1步　识别论证类型】

题干中有转折词"但是"，故"但是"后面是上述论证的真正论据。

论据①：上述法规对于那些经常闯红灯的骑车者来说显然没有约束力。

论据②：对那些习惯于遵守交通法规的骑车者来说，即使没有这样的法规，他们也不会闯红灯。

题干中的结论：除非像给违反交通规则的机动车一样出具罚单，否则在交通法规中禁止自行车闯红灯是没有意义的。

【第2步　套用母题方法】

本题用的是二难推理。即：对于经常闯红灯的骑车者来说，该法规无意义；对于习惯于遵守交通法规的骑车者来说，该法规也无意义。因此，该法规无意义。

二难推理成立的前提是"经常闯红灯的骑车者"与"习惯于遵守交通法规的骑车者"是仅有的两种可能，如果还有其他可能，则这个二难推理不严谨（不当二分）。

A项，无关选项，题干是针对骑车者而不是机动车驾驶员的论证。

B项，题干中对"法规"这一概念的使用是相同的，并没有偷换概念。

C项，无关选项，题干没有说明这一法规是否运用了严厉的惩戒手段。

D项，此项指出除了以上两类人外，还有"有时但并不经常闯红灯的骑车者"，故D项恰当地指出了题干中的逻辑漏洞。

E项，无关选项，题干的论证不涉及"闯红灯对于公共交通的危害"。

【答案】D

例 9.14　（2008年MBA联考真题）统计显示，在汽车事故中，装有安全气囊汽车的比例高于未装安全气囊的汽车。因此，在汽车中安装安全气囊，并不能使车主更安全。

以下哪项最为恰当地指出了上述论证中存在的漏洞？

A. 不加说明就予以假设：任何装有安全气囊的汽车都有可能遭遇汽车事故。

B. 忽视了这种可能性：未安装安全气囊的车主更注意谨慎驾驶。

C. 不当地假设：在任何汽车事故中，安全气囊都会自动打开。

D. 不当地把发生汽车事故的可能程度，等同于车主在事故中受伤害的严重程度。

E. 忽视了这种可能性：装有安全气囊的汽车所占比例越来越大。

【第1步　识别论证类型】

题干：统计显示，在汽车事故中，装有安全气囊汽车的比例高于未装安全气囊的汽车。因此，在汽车中安装安全气囊，并不能使车主更安全。

模型：本题的论据中存在两组对比，故此题为**求异法模型**。

【第 2 步 套用母题方法】

题干的论证试图使用求异法，以证明"安全气囊"不能使车主更安全。但是，安全气囊的作用是减少事故发生后对车主的伤害，而不是避免汽车事故的发生。所以题干的论据无法证明其观点。

【答案】D

02 第 2 节 论证逻辑干扰项破解

扫码免费听
本节讲解
（共 2 个视频）

干扰项类型 1 一致性类

在论证逻辑题中，要求选项与题干中的论证对象、概念、话题、程度、范围、比较对象等方面具备一致性，如果存在不一致，一般就是干扰项。

干扰项编号	名称	含义	示例
干扰项 1	对象不一致	选项中的论证对象与题干中的论证对象不一致。	题干：中学生加强锻炼有助身体健康。 选项：中老年人如果加强锻炼，能够全方位发展。
干扰项 2	概念不一致	选项讨论的概念与题干讨论的概念不一致。	题干：注射疫苗可以预防感冒。 选项：注射疫苗不能治疗感冒。
干扰项 3	话题不一致	选项讨论的话题与题干讨论的话题不一致。	题干：康哥的英语讲得不错。 选项：康哥没头发。
干扰项 4	比较不一致	情况 1：题干中无比较，选项中进行了比较。	题干：老吕很帅。 选项：老吕不如宴帅。
		情况 2：题干中有比较，选项中进行了另外一个比较。	题干：老吕的头发比康哥多。 选项：老吕的英语不如康哥好。
干扰项 5	比例不一致	情况 1：题干中不涉及比例，选项中出现了比例。 情况 2：题干中出现比例 A，选项中出现比例 B，但这两种比例没有关系。	题干：西京市的肺癌发病率为 5%。可见，西京市的肺癌防治工作做得不够好。 选项：西京市肺癌患者占全国总患者数的比例并不高。 分析：题干分析的是西京市的情况，与其肺癌患者占全国的比例没有关系。

第 6 讲

续表

干扰项编号	名称	含义	示例
干扰项6	程度不一致	选项与题干在程度上不一致。	①题干说的是"可能",如果选项中出现"一定""必然""绝对"就是干扰项。 ②题干说的是"影响因素",选项若为"最重要的影响因素""主要影响因素""唯一影响因素"等就是干扰项。
干扰项7	范围不一致	选项与题干对象的范围不一致。	题干:<u>一部分</u>老吕的学员考上了研究生。 选项:<u>绝大部分</u>老吕的学员考上了研究生。
干扰项8	时间不一致	选项与题干对象的时间不一致。	题干:王良超是<u>2022年度</u>的全国最佳英语教师。 选项:王良超是<u>2023年度</u>的全国最佳英语教师。

"对象不一致"的选项在两种情况下有可能是正确答案:
情况1:选项与题干形成对照组。
情况2:选项与题干形成类比论证。

🖊 真题秒杀

例9.15 (2011年管理类联考真题)某教育专家认为:"男孩危机"是指男孩调皮捣蛋、胆小怕事、学习成绩不如女孩好等现象。近些年,这种现象已经成为儿童教育专家关注的一个重要问题。这位专家在列出一系列统计数据后,提出了"今日男孩为什么从小学、中学到大学全面落后于同年龄段的女孩"的疑问,这无疑加剧了无数男生家长的焦虑。该专家通过分析指出,恰恰是家庭和学校不适当的教育方法导致了"男孩危机"现象。

以下哪项如果为真,最能对该专家的观点提出质疑?

A. 家庭对独生子女的过度呵护,在很大程度上限制了男孩发散思维的拓展和冒险性格的养成。

B. 现在的男孩比以前的男孩在女孩面前更喜欢表现出"绅士"的一面。

C. 男孩在发展潜能方面要优于女孩,大学毕业后他们更容易在事业上有所成就。

D. 在家庭、学校教育中,女性充当了主要角色。

E. 现代社会游戏泛滥,男孩天性比女孩更喜欢游戏,这耗去了他们大量的精力。

【第1步 识别论证类型】

题干:"男孩危机"是指男孩调皮捣蛋、胆小怕事、学习成绩不如女孩好等现象(现象)。该专家通过分析指出,恰恰是家庭和学校不适当的教育方法导致了"男孩危机"现象(原因)。

题干先描述了"男孩危机"现象,又分析了这一现象的原因,故此题为<u>现象原因模型</u>。

【第2步　套用母题方法】

A项，提供了新的论据，说明确实是家庭的不恰当教育导致男孩危机，支持专家的观点。

B项，无关选项，题干比较的是"男孩与女孩"的表现，而此项比较的是"现在的男孩与以前的男孩"的表现。（干扰项·比较不一致）

C项，无关选项，题干讨论的是"从小学、中学到大学"时的情况，而此项讨论的是"大学毕业后"的情况。（干扰项·时间不一致）

D项，无法确定"在家庭、学校教育中，女性充当主要角色"对男孩发展的影响，如果不利于男孩的发展，则削弱题干；如果对男孩的发展没有不良影响，则支持题干。（干扰项·两可选项）

E项，另有他因，说明不是家庭和学校的教育方法不当，而是游戏泛滥导致了"男孩危机"现象，削弱专家的观点。

【答案】E

例 9.16　（2016年经济类联考真题）H国赤道雨林的面积每年以惊人的比例减少，引起了全球的关注。但是，卫星照片的数据显示，去年H国赤道雨林面积缩小的比例明显低于往年。去年，H国政府支出数百万美元用以制止滥砍滥伐和防止森林火灾。H国政府宣称，上述卫星照片的数据说明，本国政府保护赤道雨林的努力取得了显著成效。

以下哪项如果为真，最能削弱H国政府的上述结论？

A. 去年H国用以保护赤道雨林的财政投入明显低于往年。

B. 与H国毗邻的G国的赤道雨林的面积并未缩小。

C. 去年H国的旱季出现了异乎寻常的大面积持续降雨。

D. H国用于保护赤道雨林的费用只占年度财政支出的很小比例。

E. 森林面积的萎缩是全球性的环保问题。

【第1步　识别论证类型】

题干：卫星照片的数据显示，去年H国赤道雨林面积缩小的比例明显低于往年（现象）。去年，H国政府支出数百万美元用以制止滥砍滥伐和防止森林火灾。这说明，H国政府保护赤道雨林的努力取得了显著成效（原因）。

题干先描述了一种现象，又分析了这一现象的原因，故此题为现象原因模型。

【第2步　套用母题方法】

A项，无关选项，题干的论证不涉及去年和往年财政投入的比较。（干扰项·比较不一致）

B项，无关选项，题干的论证只涉及"H国"，与"G国"无关。（干扰项·对象不一致）

C项，去年H国的旱季出现了异乎寻常的大面积持续降雨，这就有利于雨林的生长，从而说明去年H国赤道雨林面积缩小的比例低于往年的真正原因，可能是旱季降雨而不是政府保护赤道雨林的努力。另有他因，削弱题干。

D项，无关选项，题干讨论的是"H国赤道雨林面积缩小的比例"，而此项讨论的是"H国用于保护赤道雨林的费用占年度财政支出的比例"。另外，"比例小"也不代表"无效果或者费用不够"。（干扰项·比例不一致）

E项，无关选项，题干仅涉及"H国"，不涉及"全球"的情况。（干扰项·对象不一致）

【答案】C

例 9.17　(2004年MBA联考真题)国产影片《英雄》显然是前两年最好的古装武打片。这部电影是由著名导演、演员、摄影师、武打设计师参与的一部国际化大制作的电影，票房收入明显领先，说明观看该片的人数远多于进口的A国大片《卧虎藏龙》的人数，尽管《卧虎藏龙》也是精心制作的中国古装武打片。

为使上述论证成立，以下哪项是必须假设的？

Ⅰ.国产影片《英雄》和A国影片《卧虎藏龙》的票价基本相同。

Ⅱ.观众数量是评价电影质量的标准。

Ⅲ.导演、演员、摄影师、武打设计师和服装设计师的阵容是评价电影质量的标准。

A. 仅Ⅰ。　　　　　　　　B. 仅Ⅱ。　　　　　　　　C. 仅Ⅲ。

D. 仅Ⅰ和Ⅱ。　　　　　　E. Ⅰ、Ⅱ和Ⅲ。

【第1步　识别论证类型】

题干的论证关系为：

①《英雄》的票房收入领先，说明，该电影的观看人数多。

②《英雄》这部电影是国际化大制作，而且，观看人数多，因此，这部电影是前两年最好的古装武打片。

本题有两个命题模型。

模型(1)：锁定①中的关键词"收入"，可知此题中有统计论证模型(收入利润型)。

模型(2)：②的论据中的核心概念"国际化大制作""观看人数多"，与论点中的核心概念"最好"之间存在不一致，故此题中有拆桥搭桥模型。

【第2步　套用母题方法】

Ⅰ项，是①的假设，因为，票房收入＝观看人数×票价，如果想要知道观看人数多少，需要了解票价情况。

Ⅱ项，是②的假设，搭桥法，说明"观看人数(多)"确实是"影片质量(好)"的判定标准。

Ⅲ项，②中有一个假设：电影制作阵容必须得是评价电影质量的标准。但是，此项中提到了"服装设计师"，而题干并不涉及"服装设计师"，故此项不必假设。(干扰项·对象不一致)

【答案】 D

例 9.18　(2017年经济类联考真题)科西嘉岛野生欧洲盘羊是8 000年前这个岛上的驯养羊逃到野外后的直系后代。因而它们为考古学家提供了在人为选择培育产生现代驯养羊之前早期驯养羊的模样的图画。

以下哪项是上述论证所依赖的假设？

A. 8 000年前的驯养羊与那时的野生羊极不相像。

B. 现存的羊中已经没有品种与野生欧洲盘羊的祖先在相同时期逃离驯养。

C. 现代驯养羊是8 000年前野生羊的直系后代。

D. 欧洲盘羊比现代驯养羊更像它们8 000年前的祖先。

E. 科西嘉岛的气候在最近8 000年几乎没有发生变化。

【第1步　识别论证类型】

题干：野生欧洲盘羊是8 000年前驯养羊的直系后代，因此，它们为考古学家提供了在人为选择培育产生现代驯养羊之前早期驯养羊的模样的图画。

题干论据中的对象是"野生欧洲盘羊",论点中的对象是"早期驯养羊",论证对象不一致,故此题为拆桥搭桥模型。

【第2步 套用母题方法】

A 项,无关选项,题干讨论的是"现在的野生欧洲盘羊与早期驯养羊的关系",而此项讨论的是"8 000 年前的驯养羊与那时的野生羊的关系"。(干扰项·对象不一致)

B 项,无关选项,题干不涉及"逃离驯养"的时期。(干扰项·话题不一致)

C 项,无关选项,题干讨论的是"现在的野生欧洲盘羊与早期驯养羊的关系",而此项讨论的是"现代驯养羊与 8 000 年前的野生羊的关系"。(干扰项·对象不一致)

D 项,此项指出欧洲盘羊更像它们 8 000 年前的祖先(早期驯养羊),搭桥法,必须假设。

E 项,无关选项,题干的论证不涉及"气候"问题。(干扰项·话题不一致)

【答案】D

例 9.19 (2005 年 MBA 联考真题)一些国家为了保护储户免受因银行故障造成的损失,由政府给个人储户提供相应的保险。有的经济学家指出,这种保险政策应对这些国家的银行高故障率承担部分责任。因为有了这种保险,储户在选择银行时就不关心其故障率的高低,这极大地影响了银行通过降低故障率来吸引储户的积极性。

为使上述经济学家的论证成立,以下哪项是必须假设的?

A. 银行故障是可以避免的。

B. 储户有能力区分不同银行的故障率的高低。

C. 故障率是储户选择银行的主要依据。

D. 储户存入的钱越多,选择银行就越谨慎。

E. 银行故障的主要原因是计算机病毒。

【第1步 识别论证类型】

题干:有了这种保险,储户在选择银行时就不关心其故障率的高低,这极大地影响了银行通过降低故障率来吸引储户的积极性,因此这种保险政策应对这些国家的银行高故障率承担部分责任。

题干中暗含一个措施目的模型:银行采取降低故障率的方式(措施)来吸引储户(目的)。

【第2步 套用母题方法】

A 项,假设过度,题干中说"降低"银行故障率,因此银行故障只要能"降低"即可,不要求"避免"。(干扰项·程度不一致)

B 项,必须假设,否则,如果储户没有能力区分不同银行故障率的高低,那么就不可能影响储户对银行的选择(取非法)。

C 项,假设过度,故障率是储户选择银行的依据之一即可,不要求"主要"依据。(干扰项·程度不一致)

D 项,无关选项,题干的论证不涉及储户的存款多少与谨慎程度的关系。

E 项,无关选项,题干的论证不涉及银行故障的原因。

【答案】B

第 6 讲

假设过度与推理过度

1. 假设过度

"隐含假设"就是指题干论证想成立所要具备的"必要条件",暗含"最低限度要求"的意思。如果选项超过了题干的需要,就是假设过度。

例如:

吕酱油想买一部价格为 6 800 元的华为手机,但他手上没钱,于是去找爸爸要钱。爸爸给他钱以后,他买到了想要的华为手机。

此例中的隐含假设是:爸爸给他的钱够 6 800 元,即够他买手机的钱。但并不假设他爸给他的钱比 6 800 元多,如果比 6 800 元多,就超出了吕酱油的需要。

注意:

(1)当题干的问题是"以下哪项必须假设"时,假设过度的项一律不选。

(2)当题干的问题是"以下哪项最可能是题干的假设"时,如果没有其他更好的项,则也可以选假设过度的项。

2. 推理过度

推论题要求忠实于题干,不能根据自己的理解做出过多的递进式的推理。

例如:

老吕今天吃得有点多了。

选项:看来老吕体重要超标了。

分析:此选项推理过度,仅由一顿饭吃的多少难以推断出体重是否超标。

3. 假设过度与推理过度的本质

假设过度与推理过度,本质都是选项在话题上、程度上、范围上等没有与题干保持一致性。

🖊 **真题秒杀**

例 9.20 (2004 年 MBA 联考真题)近几年来,一种从国外传入的白蝇严重危害着我国南方农作物生长。昆虫学家认为,这种白蝇是甜薯白蝇的一个变种,为了控制这种白蝇的繁殖,他们一直在寻找并人工繁殖甜薯白蝇的寄生虫。但最新的基因研究成果表明,这种白蝇不是甜薯白蝇的变种,而是与之不同的一种蝇种,称作银叶白蝇。因此,如果这项最新的基因研究成果是可信的话,那么,近年来昆虫学家寻找白蝇寄生虫的努力是白费了。

以下哪项是上述论证最可能假设的?

A. 上述最新的基因研究成果是可信的。

B. 甜薯白蝇的寄生虫对农作物没有任何危害。

C. 农作物害虫的寄生虫都可以用来有效控制这种害虫的繁殖。

D. 甜薯白蝇的寄生虫无法在银叶白蝇中寄生。

E. 某种生物的寄生虫只能在这种生物及其变种中才能寄生。

【第1步　识别论证类型】

题干：这种白蝇不是甜薯白蝇的变种，而是银叶白蝇。因此，如果这项最新的基因研究成果是可信的话，那么，近年来昆虫学家寻找白蝇寄生虫的努力是白费了。

论点中的努力是指"人工繁殖甜薯白蝇的寄生虫"，故此题为措施目的模型。题干的观点是这一措施（寻找白蝇寄生虫）达不到目的（控制白蝇的繁殖）。

【第2步　套用母题方法】

A项，"上述最新的基因研究成果是可信的"，是对题干中"如果这项最新的基因研究成果是可信的话"的重复。假设是指题干中"未言明"但是暗含的前提，而此项是言明的前提，故排除。

B项，假设过度，"没有任何危害"一词过于绝对。即使甜薯白蝇的寄生虫对农作物有一些危害，但只要它利大于弊就可以了。（干扰项·程度不一致）

C项，假设过度，因为题干仅涉及"白蝇寄生虫"，而此项中出现关键词"都"，即此项的对象是"所有农作物害虫的寄生虫"。（干扰项·范围不一致）

D项，必须假设，因为甜薯白蝇的寄生虫无法在银叶白蝇中寄生，才能说明题干中"寻找白蝇寄生虫的努力"无效。

E项，不必假设，因为此项中的"某种生物"其实指的是"任何一种生物"，故此项扩大了题干的论证范围。（干扰项·范围不一致）

【答案】D

例 9.21 （2008年MBA联考真题）根据一种心理学理论，一个人要想快乐就必须和周围的人保持亲密的关系，但是世界上伟大的画家往往是在孤独中度过了他们的大部分时光，并且没有亲密的人际关系。所以，这种心理学理论是不成立的。

以下哪项最可能是上述论证所假设的？

A. 该心理学理论是为了揭示内心体验与艺术成就的关系。

B. 有亲密人际关系的人几乎没有孤独的时候。

C. 孤独对于伟大的绘画艺术家来说是必需的。

D. 有些著名画家有亲密的人际关系。

E. 获得伟大成就的艺术家不可能不快乐。

【第1步　识别论证类型】

心理学理论：一个人要想快乐就必须和周围的人保持亲密的关系。即：快乐→亲密的人际关系。

题干的观点：世界上伟大的画家往往没有亲密的人际关系，因此，这种心理学理论不成立。

题干的结构是"有人认为……，但这一观点不成立，因为……"，即人丑模型。另外，由于心理学理论是一个假言命题，题干认为该理论不成立，所以涉及假言命题的矛盾命题。

【第2步　套用母题方法】

心理学理论：快乐→亲密的人际关系。

其矛盾命题为：快乐∧￢亲密的人际关系。

因此，如果以伟大的画家作为反例来反驳这一心理学理论，必须得有"伟大的画家快乐∧¬亲密的人际关系"。但题干仅说画家"没有亲密的人际关系"，所以要补充的假设为"伟大的画家快乐"。

A、B、C、D 项均未涉及"快乐"，故为无关选项，可直接排除。

E 项，获得伟大成就的艺术家不可能不快乐，可以推出"伟大的画家快乐"，因此，若补充此项可以使题干的反驳成立。但是，题干的论证要想成立，只需要"伟大的画家快乐"这一条件，而"伟大的艺术家"不仅包括画家，可见此项超过了题干的需要，假设过度。

注意：题干的提问方式为"以下哪项最可能是上述论证所假设的"，在没有更好的选项时，假设过度的项也可以选择。

【答案】E

例 9.22 （2007 年 MBA 联考真题）在青崖山区，商品通过无线广播电台进行密集的广告宣传将会迅速获得最大程度的知名度。

上述断定最可能推出以下哪项结论？

A. 在青崖山区，无线广播电台是商品打开市场的最重要途径。

B. 在青崖山区，高知名度的商品将拥有众多消费者。

C. 在青崖山区，无线广播电台的广告宣传可以使商品的信息传到每户人家。

D. 在青崖山区，某一商品为了迅速获得最大程度的知名度，除了通过无线广播电台进行密集的广告宣传外，不需要利用其他宣传工具做广告。

E. 在青崖山区，某一商品的知名度与其性能和质量的关系很大。

【第 1 步　识别论证类型】

题干信息：在青崖山区，商品通过无线广播电台进行密集的广告宣传将会迅速获得最大程度的知名度。

此题的提问方式为"上述断定最可能推出以下哪项结论"，故此题为推论题，推论题默认题干信息为真。

【第 2 步　套用母题方法】

A、B 项，推理过度，题干仅提及"获得知名度"，但获得知名度不见得能够"打开市场"或者"拥有众多消费者"。

C 项，推理过度，"最大程度"的知名度不见得能达到传播到"每户人家"的程度。（干扰项·程度不一致）

D 项，由题干可知，通过无线广播电台已经获得了"最大程度"的知名度，故没必要再用其他手段进行宣传了，故此项正确。

E 项，无关选项，题干不涉及"性能和质量"。（干扰项·话题不一致）

【答案】D

例 9.23 （2004 年 MBA 联考真题）营养学家研究发现，在其他条件不变的情况下，如果增加每天吃饭的次数，只要进食总量不显著增加，一个人的血脂水平将显著低于他常规就餐次数时的血脂水平。因此，多餐进食有利于降低血脂。然而，事实上，大多数每日增加就餐次数的人都会吃更多的食物。

上述断定最能支持以下哪项？

A. 对于大多数人，增加每天吃饭的次数一般不能导致他的血脂水平显著下降。

B. 对于少数人，增加每天吃饭的次数是降低高血脂的最佳方式。

C. 对于大多数人，每天所吃的食物总量一般不受吃饭次数的影响。

D. 对于大多数人，血脂水平不会受每天所吃的食物量的影响。

E. 对于大多数人，血脂水平可受就餐时间的影响。

【第1步　识别论证类型】

此题的提问方式为"上述断定最能支持以下哪项？"，故此题为推论题。

题干信息①：增加每天吃饭的次数，进食总量不显著增加，则多餐进食有利于降低血脂。

题干信息②：事实上，大多数每日增加就餐次数的人都会吃更多的食物。

【第2步　套用母题方法】

A项，由题干信息①可知，多餐进食有利于降低血脂的前提是"进食总量不显著增加"，但由题干信息②可知，这个前提大多数人做不到，因此，对于大多数人来说，多餐进食不能降低血脂。故此项正确。

B项，题干仅表示"多餐进食有利于降低血脂"，但并没有说这是"最佳方式"。（干扰项·程度不一致）

C项，不符合题干信息②。

D项，不符合题干信息①。

E项，无关选项，题干不涉及"就餐时间"。（干扰项·话题不一致）

【答案】A

干扰项类型2　诉诸类

干扰项编号	名称	含义	示例
干扰项9	诉诸情感	试图用情感而不是逻辑来说服别人，这是不恰当的。	陪我去逛街吧！如果你宁愿去上自习也不陪我逛街，我会有多伤心你知道吗？
干扰项10	诉诸无知	把没有证据当作削弱或支持一个观点的理由，就犯了"诉诸无知"的逻辑谬误。	常见的句式有：尚不明确、有待研究、尚待确定、还需讨论等。 注意："心理学尚无法确定酱油为什么暗恋酱心"，在这句话中，"酱油暗恋酱心"是确定的，心理学不能确定的是"酱油暗恋酱心的原因"。

续表

干扰项编号	名称	含义	示例
干扰项 11	诉诸人身	质疑对方的人格、处境、地位，而不是用逻辑来质疑对方，可以理解为我们日常生活中常说的"人身攻击"。	吕酱油肯定考不上研究生，因为他的名字太难听。 注意：指出"调查者不中立"并不是诉诸人身。比如老吕的爸爸说老吕的课讲得好，这并不可信。因为老吕的爸爸可能出于亲情而偏袒老吕。
干扰项 12	诉诸权威	试图用权威的观点或情况，而不是用逻辑来说服别人。	例①：康哥听某专家说生姜擦头皮能治疗脱发，因此康哥经常用生姜擦头皮。 例②：一位优秀学长认为老吕的书好，可见老吕的书一定好。
干扰项 13	诉诸众人	试图用众人的观点或情况，而不是用逻辑来说服别人。	既然有好多人不喜欢吕酱油，那么吕酱油一定有问题。
干扰项 14	诉诸主观（主观观点）	用缺少论据的主观观点来削弱或支持客观事实是没有力度的。	题干：事实上，老吕长得丑。 选项：老吕认为自己长得帅。

✍ **真题秒杀**

例 9.24 （2008 年 MBA 联考真题）周清打算请一个钟点工，于是上周末她来到惠明家政公司。但公司工作人员粗鲁的接待方式使她得出结论：这家公司的员工缺乏教养，不适合家政服务。

以下哪项如果为真，最能削弱上述论证？

A. 惠明家政公司员工通过有个性的服务展现其与众不同之处。

B. 惠明家政公司员工有近千人，绝大多数为外勤人员。

C. 周清是一个爱挑剔的人，她习惯于否定他人。

D. 教养对家政公司而言并不是最主要的。

E. 周清对家政公司员工的态度既傲慢又无礼。

【第 1 步 识别论证类型】

题干：公司工作人员粗鲁的接待方式使周清得出结论：这家公司的员工缺乏教养，不适合家政服务。

周清论据中的对象是"接待她的员工"。而论点中的对象是"这家公司的员工"，前者是后者的子集，即：

故此题为**归纳论证模型**。

【第 2 步　套用母题方法】

A 项，"有个性的服务"无法解释"粗鲁"，不能削弱题干。

B 项，此项说明公司员工数量非常多，周清遇到的员工数量太少，样本没有代表性，可以削弱题干。

C、E 项，这两项不是分析这家公司的情况，而是指责周清自身的问题，不能反驳题干。（干扰项·诉诸人身）

D 项，教养对家政公司而言并不是最主要的，不代表教养对家政公司而言不重要，故不能削弱题干。（干扰项·否定最高级）

【答案】B

例 9.25 （2021 年管理类联考真题）水产品的脂肪含量相对较低，而且含有较多不饱和脂肪酸，对预防血脂异常和心血管疾病有一定作用；禽肉的脂肪含量也比较低，脂肪酸组成优于畜肉；畜肉中的瘦肉脂肪含量低于肥肉，瘦肉优于肥肉。因此，在肉类的选择上，应该优先选择水产品，其次是禽肉，这样对身体更健康。

以下哪项如果为真，最能支持以上论述？

A. 所有人都有罹患心血管疾病的风险。

B. 肉类脂肪含量越低对人体越健康。

C. 人们认为根据自己的喜好选择肉类更有益于健康。

D. 人们须摄入适量的动物脂肪才能满足身体的需要。

E. 脂肪含量越低，不饱和脂肪酸含量越高。

【第 1 步　识别论证类型】

题干：①水产品的脂肪含量相对较低，而且含有较多不饱和脂肪酸，对预防血脂异常和心血管疾病有一定作用；②禽肉的脂肪含量也比较低，脂肪酸组成优于畜肉；③畜肉中的瘦肉脂肪含量低于肥肉，瘦肉优于肥肉。因此，在肉类的选择上，应该优先选择水产品，其次是禽肉，这样对身体更健康。

题干论据中的核心概念为"脂肪含量"，而论点中的核心概念为"身体健康"，二者并不一致，故此题为拆桥搭桥模型。

【第 2 步　套用母题方法】

A 项，无关选项，此项不涉及题干中的三种肉类。（干扰项·对象不一致）

B 项，搭桥法，将题干论据中的"脂肪含量低"和论点中的"健康"联系起来，支持题干。

C 项，人们"认为"怎么样，是主观观点，不能代表事实。（干扰项·诉诸主观）

D 项，此项说明人们需要摄入适量的动物脂肪，那么就可能得出与题干相反的结论，即不必选择脂肪含量低的水产品和禽肉，削弱题干。

E 项，无关选项，题干讨论的是"脂肪含量、不饱和脂肪酸含量"与"健康"之间的关系，而此项讨论的是"脂肪含量与不饱和脂肪酸含量"之间的关系。（干扰项·话题不一致）

【答案】B

第 6 讲

干扰项类型 3　其他类

干扰项编号	名称	含义	示例
干扰项 15	无效他因	情况 1：选项给出一个新的原因，但这个原因并不是题干中结果的原因。	题干：酱宝考上了研究生，这是因为，酱宝的学习方法很好。 选项：酱宝的学习方法很好，是因为听了老吕的课。 分析：题干分析的是"考上研究生"的原因，而选项分析的是"学习方法好的原因"，故这个选项是无关选项。
		情况 2：题干中出现对比实验，选项中指出实验对象的差异，但这种差异并不影响实验结果。	我和康哥发量的差别，并不会引起我们教学质量的差别。因此，发量差别对于教学质量来说是一个无关的差异因素。
干扰项 16	不当反例	1. 反例可反驳一般性、绝对化结论。 2. 反例不能反驳多数人的情况、不能反驳平均值、不能反驳调查结论（除非这个调查结论是针对所有人的）。出现用反例来反驳这类情况时，就可称为不当反例。 3. 不当反例的常用句式："有的""有的不""并非所有""可能不"。	题干： ①该公司员工的平均月收入超过 10 000 元。 ②该公司大多数员工的月收入超过 10 000 元。 ③该公司所有员工的月收入都超过 10 000 元。 选项：该公司有的员工月收入为 8 000 元。 分析：选项作为反例可以反驳③，但不能反驳①和②。
干扰项 17	否定最高级	选项中出现"否定词＋绝对化词或最高级词"，如："不仅仅""不是唯一的""不是最重要的""不完全"。	题干： ①你喜欢我，我长得帅肯定是最重要的原因。 ②你喜欢我，我长得帅肯定是原因之一。 选项：帅不是我喜欢你的最重要的原因。 分析：此选项可以质疑①，但不能质疑②。
干扰项 18	明否暗肯	有一些选项，看起来是否定的语气，但实际上肯定了题干的论证，这种选项叫明否暗肯项。	张三喜欢老吕，是不是因为老吕帅？ ①张三喜欢老吕不仅仅是因为老吕帅。 ②帅仅仅是张三喜欢老吕的原因之一。 ③除了帅以外，张三还喜欢老吕开着玛莎拉蒂时专注的眼神。 ①、②、③其实都肯定了帅是张三喜欢老吕的原因，是支持项。

续表

干扰项编号	名称	含义	示例
干扰项 19	两可选项	如果出现一个选项既存在支持题干的可能性，又存在削弱题干的可能性，则称为两可选项。	题干：应当将摩托车车道扩宽为 3 米，让骑摩托车的人有较宽的车道，从而消除抢道的现象。 选项：该项目需要进行项目评估。 选项分析："需要进行项目评估"，那么就存在经过评估后证明可行的可能，也存在经过评估后证明不可行的可能；即该项可能削弱题干，也可能支持题干。
干扰项 20	存在难度	只有题干讨论的话题是某件事的完成或某个目标达成的难易程度，"存在难度"才能削弱或支持。	看以下两个断定： ①吕酱心可以很容易地考上研究生。 ②吕酱心可以考上研究生。 "考上研究生存在难度"可以质疑①，但不能质疑②，因为有难度并不代表不可行。
干扰项 21	规范命题	规范命题亦称"道义命题""规范模态命题"，是指含有"必须（应该）""禁止""可以（允许）""可以不"这类规范词的命题。它是用来给人（规范的承受者）的行动提出某种命令或规定的命题。	行人必须遵守交通规则。 禁止随地吐痰。 大学生可以（允许）谈恋爱。 大学生可以（允许）不谈恋爱。 规范命题可以削弱规范命题，但不能削弱原因。 "大学生不应该结婚"可以削弱"大学生应该结婚"，但不能削弱"大学生张珊和李思结婚的原因是他们相爱"。
干扰项 22	其他措施	结构（1）：措施 A 可以达到目的。 这种结构的题干，"另有其他措施"的选项是干扰项，不能削弱题干。	例①： 坐飞机可以到达北京。 反驳：坐高铁可以到达北京。 这一反驳是无效的，因为坐高铁能去北京，并不能反驳坐飞机也可以去北京。
		结构（2）：为了达到目的必须用措施 A。 这种结构的题干，"另有其他措施"可以削弱。即，有其他方式也可以达到目的，未必用措施 A。	例②： 去北京，必须（一定要）坐飞机。 反驳：去北京可以坐高铁。 这一反驳是有效的，既然坐高铁也可以去北京，那么就不必非得坐飞机。
干扰项 23	因人而异	选项中出现因人而异、因物而异，这种选项一般是正确的废话，不能削弱或支持题干。	酱油问康哥："你觉得我和酱心在一起合适吗？" 康哥回答说："找对象这个问题因人而异。" 康哥说了一句正确的废话，他并没有支持或反对酱油和酱心在一起。

典型例题

例 9.26　美国的一个动物保护组织试图改变蝙蝠在人们心目中一直存在的恐怖形象。这个组织认为，蝙蝠之所以让人觉得可怕和遭到捕杀，仅仅是因为这些羞怯的动物在夜间表现得特别活跃。

以下哪项如果为真，将对上述动物保护组织的观点构成最严重的质疑？

A. 蝙蝠之所以能在夜间特别活跃，是由于它们具有在夜间感知各种射线和声波的特殊能力。

B. 蝙蝠是夜间飞行昆虫的主要捕食者。在这样的夜间飞行昆虫中，有很多是危害人类健康的。

C. 蝙蝠在中国及其他许多国家同样被认为是一种恐怖的飞禽。

D. 美国人熟知的浣熊和中国人熟知的食蚊雀，都是一些在夜间特别活跃的羞怯动物，但在人们的印象中一般并没有恐怖的形象。

E. 许多视觉艺术品，特别是动画片丑化了蝙蝠的形象。

【第1步　识别论证类型】

题干：蝙蝠之所以让人觉得可怕和遭到捕杀（现象），仅仅是因为这些羞怯的动物在夜间表现得特别活跃（原因）。

锁定关键词"之所以……是因为……"，可知此题为现象原因模型。

【第2步　套用母题方法】

A项，指出蝙蝠在夜间特别活跃的原因。"另有他因"的意思是"有其他原因导致了题干中的结果，因此不是题干中指出的原因导致了题干中的结果"，而此项是题干中的原因的原因，因此不能削弱题干。（干扰项·无效他因）

B项，无关选项，题干讨论的是为什么"蝙蝠让人觉得可怕和遭到捕杀"，而此项讨论的是"蝙蝠对人类的作用"。（干扰项·话题不一致）

C项，此项重复了题干中的现象，但并未分析这一现象的原因，而且，此项中"中国及其他许多国家认为"犯了诉诸众人的逻辑谬误。

D项，浣熊和食蚊雀都是在夜间特别活跃的羞怯动物（有因），但并没有恐怖的形象（无果），有因无果，削弱题干。

E项，此项指出有其他原因"丑化了"蝙蝠的形象，但"丑化"不代表"恐怖"。（干扰项·概念不一致）

【答案】D

真题秒杀

例 9.27　（2005年MBA联考真题）口腔癌对那些很少刷牙的人是危险的。为了能在早期发觉这些人的口腔癌，一些城镇的公共卫生官员向所有的该镇居民散发了一份小册子，上面描述了如何进行每周口腔的自我检查，以发现口腔的肿瘤。

以下哪项如果为真，最好地批评了把这份小册子作为一种达到公共卫生官员的目标的方法？

A. 有些口腔疾病的病征靠自检难以发现。

B. 预防口腔癌的方案因人而异。

C. 经常刷牙的人也可能患口腔癌。

D. 口腔自检的可靠性不如在医院所做的专门检查。

E. 很少刷牙的人不大可能每周对他们的口腔进行检查。

【第1步　识别论证类型】

题干：口腔癌对那些很少刷牙的人是危险的（原因）。为了能在早期发觉这些人的口腔癌（目的），一些城镇的公共卫生官员向所有的该镇居民散发了一份小册子（措施），上面描述了如何进行每周口腔的自我检查，以发现口腔的肿瘤。

锁定关键词"为了""以发现"，可知此题为措施目的模型。

【第2步　套用母题方法】

A项，有些口腔疾病的病征靠自检难以发现。根据对当关系图，"有的口腔疾病不能发现"可以反驳"所有口腔疾病能发现"，但不能反驳"口腔癌能发现"。（干扰项·不当反例之有的不）

B项，"因人而异"的意思是因人的不同而有所差异，只能反驳"大家都一样"，但题干并未指出大家预防口腔癌的方案都是一样的。（干扰项·因人而异）

C项，无关选项，题干讨论的是"很少刷牙的人"，而此项讨论的是"经常刷牙的人"。（干扰项·对象不一致）

D项，无关选项，题干不涉及"口腔自检"和"医院专门检查"之间的比较。（干扰项·比较不一致）

E项，措施达不到目的，很少刷牙的人不大可能每周对自己的口腔进行检查，所以，即使发放了小册子也起不到"在早期发现口腔癌"的作用。

【答案】E

例 9.28　（2005年MBA联考真题）市场上推出了一种新型的电脑键盘。新型键盘具有传统键盘所没有的"三最"特点，即最常用的键设计在最靠近最灵活手指的部分。新型键盘能大大提高键盘的输入速度，并减少错误率。因此，用新型键盘替换传统键盘能迅速提高相关部门的工作效率。

以下哪项如果为真，最能削弱上述论证？

A. 有的键盘使用者最灵活的手指和平常人不同。

B. 传统键盘中最常用的键并非设计在离最灵活手指最远的部分。

C. 越能高效率地使用传统键盘，短期内越不易熟练地使用新型键盘。

D. 新型键盘的价格高于传统键盘的价格。

E. 无论使用何种键盘，输入速度和错误率都因人而异。

【第1步　识别论证类型】

题干：新型键盘能大大提高键盘的输入速度，并减少错误率。因此，用新型键盘替换传统键盘（措施）能迅速提高相关部门的工作效率（目的）。

故此题为措施目的模型。

【第2步　套用母题方法】

A项，此项指出有的键盘使用者最灵活的手指和平常人不同。"有的"人的情况，不能说明措施无效。（干扰项·不当反例之有的不）

B项，传统键盘中最常用的键并非设计在离最灵活手指最远的部分，"否定词＋最高级"，如

果题干中出现相同的表达"最高级"的内容则可以削弱，否则不能削弱。（干扰项·否定最高级）

C项，削弱题干，说明使用新型键盘达不到"迅速"提高工作效率的目的。

D项，无关选项，题干的论证不涉及两种键盘"价格"的比较。（干扰项·比较不一致）

E项，无论使用何种键盘，输入速度和错误率都因人而异，因人而异不代表措施无效。（干扰项·因人而异）

【答案】C

例9.29（2007年MBA联考真题)某单位检验科需大量使用玻璃烧杯。一般情况下，普通烧杯和精密刻度烧杯都易于破损，前者的破损率稍微高些，但价格便宜得多。如果检验科把下年度计划采购烧杯的资金全部用于购买普通烧杯，就会使烧杯数量增加，从而满足检验需求。

以下哪项如果为真，最能削弱上述论证？

A. 如果把资金全部用于购买普通烧杯，可能会将其中部分烧杯挪为他用。

B. 下年度计划采购烧杯的数量不能用现在的使用量来衡量。

C. 某些检验人员喜欢使用精密刻度烧杯而不喜欢使用普通烧杯。

D. 某些检验需要精密刻度烧杯才能完成。

E. 精密刻度烧杯使用更加方便，易于冲洗与保存。

【第1步 识别论证类型】

题干：如果检验科把下年度计划采购烧杯的资金全部用于购买普通烧杯(措施)，就会使烧杯数量增加，从而满足检验需求(目的)。

锁定关键词"计划""从而"，可知此题为措施目的模型。

【第2步 套用母题方法】

A项，措施有副作用，但这一副作用不是很严重，且"可能"是弱化词，故此项削弱力度小。

B项，下年度计划采购烧杯的数量不能用现在的使用量来衡量。应该怎么衡量，衡量以后是可行还是不可行，由此项无法确定这些问题。（干扰项·两可选项）

C项，此项指出某些检验人员喜欢使用精密刻度烧杯而不喜欢使用普通烧杯，但某些检验人员的喜好不足以成为决定性因素，故不能削弱题干。（干扰项·不当反例之有的不)

D项，此项说明有的检验不用精密刻度烧杯不能完成。此项也出现了"有的不"，但此项可以很好地削弱题干。因为题干中的措施是"全部购买普通烧杯"，只要有一个相关的反例即可反驳全部。

E项，提供论据说明精密刻度烧杯具有优势，但是否"方便、易清洗、易保存"并不是影响检验的关键因素，故削弱力度不如D项。

【答案】D

例9.30（2022年管理类联考真题)有些科学家认为，基因调整技术能大幅延长人类寿命。他们在实验室中调整了一种小型土壤线虫的两组基因序列，成功将这种生物的寿命延长了5倍，他们据此声称，如果将延长线虫寿命的科学方法应用于人类，人活到500岁就会成为可能。

以下哪项如果为真，最能质疑上述科学家的观点？

A. 基因调整技术可能会导致下一代中一定比例的个体失去繁殖能力。

B. 即使将基因调整技术成功应用于人类，也只会有极少的人活到500岁。

C. 将延长线虫寿命的科学方法应用于人类，还需要经历较长一段时间。

D. 人类的生活方式复杂而多样，不良的生活习惯和心理压力会影响身心健康。

E. 人类寿命的提高幅度不会像线虫那样简单倍增，200 岁以后寿命再延长基本不可能。

【注意】此题在本书第 4 讲已经讲过，但由于第 4 讲主要强调的是拆桥搭桥模型的使用，而本讲主要强调的是干扰项的破解，故请将本题的干扰项进行细致分析和体会。

【第 1 步 识别论证类型】

题干为拆桥搭桥模型（类比论证模型）：科学家在实验室中调整了一种小型土壤线虫的两组基因序列，成功将这种生物的寿命延长了 5 倍，因此，如果将延长线虫寿命的科学方法应用于人类，人活到 500 岁就会成为可能。

【第 2 步 套用母题方法】

A 项，专家讨论的是"寿命延长"的问题，而此项讨论的是"繁殖能力"的问题（干扰项·话题不一致）。当然，如果从措施目的的角度分析，此项说明题干中的方法有副作用，有一定的削弱作用。

B 项，此项看似想要削弱科学家的观点，实则指出了人活到 500 岁确实能够通过基因调整技术实现，支持题干。（干扰项·明否暗肯）

C 项，此项指出将延长线虫寿命的科学方法应用于人类，还需要经历较长一段时间。也就是说，现在还不能应用于人类，但存在未来可以应用于人类的可能。（干扰项·明否暗肯）

D 项，无关选项，题干的论证不涉及"不良的生活习惯和心理压力"对健康的影响。（干扰项·话题不一致）

E 项，此项说明人和线虫本质上有区别，活到 500 岁是不可能实现的，直接质疑科学家的观点，削弱力度大。

【答案】E

☀ 老吕贴心话

老吕贴心话 13 总是在两个选项中纠结怎么办？

你为什么总是在两个选项中纠结呢？为什么总是需要比较两个选项的支持或削弱力度呢？你是不是经常在比来比去，浪费了很多时间，最终还是选了错的那一个？

这些问题的原因如下：

(1)核心原因：你没有找到考点。

当我们找不到题干中的考点时，就容易出现好几个选项都能削弱或都能支持的"感觉"。但要注意，这种"感觉"多数时候是"错觉"，这种感觉的出现可能仅仅是因为没有找到考点，找到考点以后，正确答案"闪闪发光"。

（2）**不了解正确选项的特征。**

①正确的选项多数与题干具备一致性，即对象一致、话题一致、概念一致、程度一致、范围一致，个别题的正确选项与题干不完全一致，但至少会有相关性。例如：另有他因的选项，在表述上可能与题干没有直接的一致性，但是选项指出的原因是很有可能导致题干中出现的结果的，此时，选项和题干也能建立起一种因果关系，即具备相关性。

②正确的选项一般符合命题规律，简单来说，就是这个正确选项一般有个名字。如因果倒置、另有他因、有因无果、措施不可行，等等。

（3）**不了解干扰项的设置方式。**

干扰项的设置非常有规律性，如"偷换论证对象""与题干无关的新比较""转移论题"等干扰项每年必考。因此，你必须总结常见干扰项的设置方式。

但要注意，干扰项的设置不是绝对的。例如，"有的不"在削弱题中一般作为干扰项，但当题干的结论是"所有"时，"有的不"则是削弱力度最大的选项。因此，我们必须要理解干扰项的原理，而不是死记硬背干扰项。

第7讲

论证逻辑

必考专题突破

6 个必考专题　　**7** 个技巧总结

✏️ 写在前面的话

1. 论证逻辑的两种学习方法

论证逻辑有两种学习方法。方法一：按命题模型进行学习，即分析题干的考点是什么、命题模型是什么，以此来判断应该选择哪个选项。方法二：按题型进行学习，即分别训练削弱、支持、假设、解释等题型。

绝大多数同学会用第二种方法进行学习，但这样会出现一种问题：无法判断论证逻辑的考点，容易凭感觉做题。

所以，正确的学习方法是：用方法一学会识别考点和模型，用方法二进行训练。 在本书第4讲、第5讲中，我们已经用方法一学了考点和模型；在接下来的第7讲中，我们要进行题型的强化训练。

2. 论证逻辑的题型重点

5年前，论证逻辑考查最多的题型是削弱题。

近5年来，论证逻辑题型按考查题量从多到少依次为：支持题、削弱题、假设题、解释题、其他题型（如推论题、评论题、结构相似题）。

学习本讲的内容时，如果有题目做错了，要去回顾总结第4讲、第5讲、第6讲的相关内容，把相关的知识、技巧吃透了，正确率自然就提上来了。

📘 本讲内容

```
                                专题1  削弱题

                                专题2  支持题

                                专题3  假设题
论证逻辑6大必考专题
                                专题4  解释题

                                专题5  推论题

                                专题6  其他偶考题
```

第 ⑩ 章　　论证逻辑必考专题

专题 ①　削弱题

技巧总结

类别	削弱方法	力度大小
普通论证	指出论据不成立（虚假论据）	力度大
	提出反面论据	取决于反面论据的具体内容
	削弱隐含假设	力度大
	拆桥法	力度大
	直接反驳题干观点	力度大
	举反例	如果题干论点是一个一般性结论，则削弱力度很大；但如果题干论点不是一般性结论，则削弱力度较小
归纳论证	样本没有代表性	力度大
	调查机构不中立	不如样本没有代表性力度大
类比论证	类比对象有差异（拆桥）	取决于这种差异是不是本质性差异
演绎论证	用形式逻辑的思路，找题干的矛盾命题	力度大
统计论证	列出题干中的公式，根据公式进行解题	符合公式的力度大
溯因论证	因果倒置	力度大
	因果无关（因果拆桥）	力度大
	否因削弱	力度大
	另有他因	力度取决于选项中的原因与题干中的原因的排他性
	有因无果	力度取决于选项中的对象与题干中的对象的相似性
	无因有果	力度取决于选项中的对象与题干中的对象的相似性
现象原因模型（求异法型）	另有其他差异因素（其他方法与溯因论证重复，不赘述）	力度取决于这种差异因素是否影响实验结果
现象原因模型（共变法型）	共因削弱（其他方法与溯因论证重复，不赘述）	力度大
预测结果	给出结果不会发生的理由	力度取决于选项的具体内容

类别	削弱方法	力度大小
措施目的	措施不可行	力度大
	措施达不到目的（措施目的拆桥）	力度大
	措施弊大于利	力度大
	措施有副作用	力度小，因为再好的措施也是有一定的代价的

说明：

（1）平时训练时要注意模型分析，因为一旦锁定了模型，答案往往就可以直接锁定，因此80%以上的题目无需比较力度。

（2）有些题目模型不明显，或者模型过于复杂，则不用苛求用模型解题。削弱题的本质是指出对方的论证不成立，沿着这个思路去找正确的选项即可。

（3）以上力度大小的说明一般是成立的，但也有例外，还要看选项的内容进行具体分析。

例如，一个力度非常大的选项，如果加上弱化词"可能""猜测"等，也会变成一个力度很小的选项。

再如，出现专家的观点一般力度不大。但是如果专家的观点有足够的论据支持，那这一选项的力度反而大。

（4）以上力度的大小无需硬记，硬记非常容易混淆。我们要理解它为什么力度大、为什么力度小，这样即使我们记不住以上力度大小的总结，也可以自行分析选项的力度。

典型例题

例 10.1 李教授：目前的专利事务所工作人员很少有科技专业背景，但专利审理往往要涉及专业科技知识。由于本市现有的专利律师没有一位具有生物学的学历和工作经验，因此，难以处理有关生物方面的专利。

以下哪项如果为真，最能削弱李教授的结论？

A. 大部分科技专利事务仅涉及专利政策和一般科技知识，不需要太多的专门技术知识。

B. 生物学专家对专利工作不感兴趣，因此专利事务所很少与生物学专家打交道。

C. 既熟悉生物知识，又熟悉专利法规的人才十分缺乏。

D. 技术专家很难有机会成为本专业以外的行家。

E. 专利律师的收入和声望不及高科技领域的专家，因此难以吸引他们加入。

【第1步 识别论证类型】

李教授：专利审理往往要涉及专业科技知识（论据①）。由于本市现有的专利律师没有一位具有生物学的学历和工作经验（论据②），因此，难以处理有关生物方面的专利（论点）。

题干的论据①是个一般性前提，论点是个别性结论，故此题为演绎论证模型。

【第2步 套用母题方法】

A项，说明专利审理不需要太多专业知识，质疑李教授的论据①的真实性，从而削弱题干。

B、C、E项，说明了专利事务所缺少生物科技人员的原因，这是对论据②的解释，不能削弱。

D项，指出技术专家很难有机会成为本专业以外的行家，因此，那些擅长专利的专家就很难擅长生物方面的知识，因此难以处理有关生物方面的专利，支持题干。

【答案】A

第7讲

例 10.2 2005 年打捞公司在南川岛海域调查沉船时意外发现一艘载有中国瓷器的古代沉船，该沉船位于海底的沉积层上。据调查，南川岛海底沉积层在公元 1000 年形成，因此，水下考古人员认为，此沉船不可能是公元 850 年开往南川岛的"征服号"沉船。

以下哪项如果为真，最能严重地弱化上述论证？

A. 历史学家发现，"征服号"既未到达其目的地，也未返回其出发的港口。

B. 通过碳素技术测定，在南川岛海底沉积层发现的沉船是在公元 800 年建造的。

C. 经检查发现，"征服号"船的设计有问题，出海数周内几乎肯定会沉船。

D. 公元 700—公元 900 年间某些失传的中国瓷器在南川岛海底沉船中被发现。

E. 在南川岛海底沉积层发现的沉船可能是搁在海底礁盘数百年后才落到沉积层上的。

【第 1 步 识别论证类型】

题干：该沉船位于海底的沉积层上（论据①），南川岛海底沉积层在公元 1000 年形成（论据②）。因此，此沉船不可能是公元 850 年开往南川岛的"征服号"沉船（论点）。

题干的论据是"沉积层的年代"，论点是"沉船的年代"，二者不同，故此题为拆桥搭桥模型。题干暗含了一个假设：沉积层的年代和沉船的年代相近。

【第 2 步 套用母题方法】

A 项，无关选项，"征服号"没有返回也没到达目的地，说明了"征服号"可能沉没，但与沉船的年代不相关。

B 项，不能削弱，如果该沉船在公元 800 年建造，则该沉船有可能在 50 年后，于公元 850 年沉没于此。

C 项，无关选项，说明了沉船的原因，但与沉船的年代不相关。

D 项，若该沉船上有公元 900 年的某些失传的中国瓷器，自然不可能在 50 年前（公元 850 年）就沉船了，支持题干的结论。

E 项，削弱隐含假设，若该沉船之前一直搁在海底礁盘，过了数百年后，才落到沉积层上，则说明沉积层的年代和沉船的年代可能没有关系，切断了题干的隐含假设：沉积层的年代和沉船的年代相近。

【答案】E

例 10.3 根据文物保护法，被作为文物保护的建筑物或其他设施，其所有权即使属于个人，所有者也无权对其进行修缮、装饰乃至改建。这一规定并不妥当，因为有的所有者提出对文物进行外观和内部结构的改造，是因为他们确信，这样做有利于加固和美化文物，从而提高它们的价值。

以下哪项如果为真，最能削弱上述论证？

A. 对文物建筑的改造，不一定就能起到加固和美化的作用，有时反而会弄得不伦不类。

B. 有的文物建筑年久失修，如不及时改造，将严重损害其价值。

C. 文物建筑的真正价值在于它是历史的遗迹，对其原貌的任何改变都是在降低其价值。

D. 一个所有者不能对其所有物进行处置，这是对其基本权利的侵犯。

E. 个人所有者往往缺乏对文物建筑进行改造的技术能力。

【第 1 步 识别论证类型】

题干：有的文物所有者确信，对文物进行外观和内部结构的改造有利于加固和美化文物，从而提高它们的价值(论据)。因此,"所有者也无权对文物保护的建筑物或其他设施进行修缮、装饰乃至改建"这一规定并不妥当(论点)。

从论证结构来看,此题是一个**人丑模型**。从考查点来看,此题的论据是"有的文物所有者确信……",这是一种主观观点,未必是事实,无法作为论据证明观点。

【第2步 套用母题方法】

A项,削弱题干论据,说明对文物的改造"不一定"能起到加固和美化的作用,但"不一定""有时"是弱化词,故此项的削弱力度小。

B项,支持题干,说明有些文物确实需要进行修缮,指出了文物建筑改造的必要性,但"有的"属于弱化词,故此项的支持力度小。

C项,削弱题干论据,说明对文物的改造一定会降低文物的价值,从而说明文物所有者"确信"的观点是错误的,削弱力度大。

D项,指出该项规定侵犯了所有者的权利,以此说明文物的所有者有权利对文物进行改造,支持论点。

E项,不能削弱,因为题干仅表示"所有者提出对文物进行改造",并不代表他们要亲自进行改造,即使自身缺乏技术能力,也可以请有技术能力的人或团队进行改造。

【答案】C

例 10.4 人们经常使用微波炉给食品加热。有人认为,微波炉加热时食物的分子结构发生了改变,产生了人体不能识别的分子。这些奇怪的新分子是人体不能接受的,有些还具有毒性,甚至可能会致癌。因此,经常吃微波食品的人或动物,体内会发生严重的生理变化,从而造成严重的健康问题。

以下哪项最能质疑上述观点?

A. 微波加热不会比其他烹调方式导致更多的营养流失。

B. 我国微波炉生产标准与国际标准、欧盟标准一致。

C. 发达国家使用微波炉也很普遍。

D. 微波只是加热食物中的水分子,食品并未发生化学变化。

E. 自1947年发明微波炉以来,还没有因微波食品导致癌变的报告。

【第1步 识别论证类型】

题干:有人认为,微波炉加热时食物的分子结构发生了改变,产生了人体不能识别的分子。这些奇怪的新分子是人体不能接受的,有些还具有毒性,甚至可能会致癌(论据)。因此,经常吃微波食品的人或动物,体内会发生严重的生理变化,从而造成严重的健康问题(论点:预测结果)。

【第2步 套用母题方法】

A项,无关选项,题干讨论的是微波加热食品的"危害",而此项讨论的是微波加热食品的"营养"。(干扰项·话题不一致)

B、C项,无关选项,试图借助于"欧盟""发达国家"等权威的情况来说服人,犯了诉诸权威的逻辑谬误,不能削弱题干的论证。另外,C项中的"也很普遍"有诉诸众人的嫌疑。(干扰项·诉诸权威/诉诸众人)

D项,质疑论据,题干指出微波炉加热时食物的分子结构发生了改变,而此项说明食物的分子结构未发生变化，质疑了论据的真实性，故此项可以削弱题干。

E项，没有因微波食品导致癌变的"报告"，不代表微波食品不会导致癌变。此项把没有证据证明微波食品导致癌变，当作其不会导致癌变的证据，不能削弱题干的论证。（干扰项·诉诸无知）

【答案】D

例 10.5　为了调查当前人们的识字水平，某实验者列举了 20 个词语，请 30 位文化人士识读，这些人的文化程度都在大专以上。识读结果显示，多数人只读对 3 到 5 个词语，极少数人读对 15 个以上，甚至有人全部读错。其中，"蹒跚"的辨识率最高，30 人中有 19 人读对；"呱呱坠地"所有人都读错。20 个词语的整体误读率接近 80％。该实验者由此得出，当前人们的识字水平并没有提高，甚至有所下降。

以下哪项如果为真，最能对该实验者的结论构成质疑？

A. 实验者选取的 20 个词语不具有代表性。

B. 实验者选取的 30 位识读者均没有博士学位。

C. 实验者选取的 20 个词语在网络流行语言中不常用。

D. "呱呱坠地"这个词的读音有些大学老师也经常读错。

E. 实验者选取的 30 位识读者中约有 50％大学成绩不佳。

【第 1 步　识别论证类型】

题干：某实验者列举了 20 个词语，请 30 位文化人士识读，结果显示误读率很高，因此，当前人们的识字水平并没有提高，甚至有所下降。

论据中的对象是"30 位文化人士"识读"20 个词语"，论点中的对象是"人们"的识"字"水平，前者是后者的子集，即：

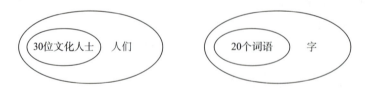

故此题为归纳论证模型。

【第 2 步　套用母题方法】

A项，指出所选的词语没有代表性，可以削弱。

其余各项中，识读者是不是拥有博士学位、大学成绩如何，以及这些词在网络流行语中是否常用、是否经常被大学老师读错，对"当前人们的识字水平"的影响不大，均为无关选项，无法削弱题干。

【答案】A

例 10.6　为了估计当前人们对基本管理知识掌握的水平，《管理者》杂志为读者开展了一次管理知识有奖答卷活动。答卷评分后发现，60％的参加者对于基本管理知识掌握的水平很高，30％左右的参加者也表现出了一定的水平。《管理者》杂志因此得出结论：目前社会群众对于基本管理知识的掌握还是不错的。

以下哪项如果为真，最能削弱以上结论？

A. 基本管理知识的范围很广，仅凭一次答卷就得出结论，未免过于草率。

B. 基本管理知识的掌握与管理水平的真正提高之间还有相当的差距。

C. 并非所有《管理者》的读者都参加了此次答卷活动。

D. 从定价、发行渠道等方面看，《管理者》的读者主要集中在高学历知识阶层。

E. 可能有几位杂志社工作人员的亲戚也参加了此次答卷，并获了奖。

【第1步　识别论证类型】

题干：《管理者》杂志为读者开展了一次管理知识有奖答卷活动，结果显示，<u>60%的参加者</u>对于基本管理知识掌握的水平很高，<u>30%左右的参加者</u>也表现出了一定的水平。因此，目前<u>社会群众</u>对于基本管理知识的掌握还是不错的。

论据中的对象是"该杂志的读者"，论点中的对象是"社会群众"，前者是后者的子集，即：

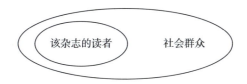

故此题为归纳论证模型。

【第2步　套用母题方法】

A项，问卷调查的成立性不在于做了几次调查，而在于调查有没有代表性，故此项的削弱力度小。一次问卷调查只要有代表性是可以得出结论的。

B项，无关选项，题干只涉及"基本管理知识的掌握"，不涉及"管理水平的真正提高"。（干扰项·话题不一致）

C项，不能削弱题干，此项等价于"有的读者没有参加调查"，只能削弱"所有读者都参加调查"。对于一项调查而言，只要样本有代表性即可，不要求所有人参加。（干扰项·不当反例之有的不）

D项，指出该项调查涉及的对象集中在高学历知识阶层，无法代表广大社会群体，可以削弱。

E项，用个别人的情况来削弱整个调查，力度小；而且此项还有弱化词"可能"，那么削弱力度就更小。

【答案】D

例 10.7　丈夫和妻子讨论孩子上哪所小学为好。丈夫称：根据当地教育局最新的教学质量评估报告，青山小学教学质量不高。妻子却认为：此项报告未必客观准确，因为撰写报告的人中有来自绿水小学的人员，而绿水小学在青山小学附近，两所学校有生源竞争的利害关系，因此青山小学的教学质量其实是较高的。

以下哪项最能弱化妻子的推理？

A. 撰写评估报告的人中也有来自青山小学的人员。

B. 对青山小学盲目信任，主观认为质量评估报告不可信。

C. 用有偏见的论据论证"教学质量评估报告是错误的"。

D. 并没有提供确切的论据，只是猜测评估报告有问题。

E. 没有证明青山小学和绿水小学的教学质量有显著差异。

【第 1 步　识别论证类型】

此题要求弱化妻子的推理，故锁定妻子的话：撰写教学质量评估报告的人中有来自绿水小学的人员，而绿水小学与青山小学有竞争关系（论据），因此，教育局关于"青山小学教学质量不高"的结论未必准确（论点）。

妻子认为报告撰写者的人员构成有问题，从而质疑该报告的<u>中立性</u>。题干的提问方式为"以下哪项最能<u>弱化妻子的推理？</u>"，故我们需要肯定这一报告的中立性。

【第 2 步　套用母题方法】

A 项，撰写教学质量评估报告的人中也有来自青山小学的人员，所以，妻子认为的人员构成问题不存在，削弱了妻子的论证。

B 项，是对妻子推理的质疑，但此项没有提供任何论据，故此项的质疑力度有限。

C 项，妻子质疑人员构成问题，这是合理的质疑，不属于"偏见"，故此项的质疑不成立。

D 项，妻子提供了人员构成方面的论据，故此项的质疑不成立。

E 项，无关选项，题干中妻子的论证仅涉及"青山小学的教学质量是不是较高的"，不涉及"青山小学和绿水小学的教学质量差异"。（干扰项·话题不一致）

【答案】A

例 10.8　在村庄东、西两块玉米地中，东面的地施过磷酸钙单质肥料，西面的地则没有。结果，东面的地亩产玉米 300 公斤，西面的地亩产玉米仅 150 公斤。因此，东面的地比西面的地产量高的原因是施用了过磷酸钙单质肥料。

以下哪项如果为真，最能削弱上述论证？

A. 给东面的地施用的过磷酸钙是过期的肥料。

B. 北面的地施用过硫酸钾单质化肥，亩产玉米 220 公斤。

C. 每块地都种植了不同种类的四种玉米。

D. 两块地的田间管理无明显不同。

E. 东面和西面两块地的土质不同。

【第 1 步　识别论证类型】

题干出现两组对象的对比：

> 东面地块：施过磷酸钙单质肥料，亩产玉米 300 公斤；
>
> 西面地块：没施过磷酸钙单质肥料，亩产玉米仅 150 公斤；
>
> ─────────────────
>
> 故：施用了过磷酸钙单质肥料导致玉米产量高。

故此题为现象原因模型（求异法型）。

【第 2 步　套用母题方法】

A 项，此项说明过期的肥料都可以增产，那么不过期的肥料的效果可能会更好，支持题干。

B 项，无关选项，题干的论证对象是"过磷酸钙"，而此项的论证对象是"过硫酸钾"。（干扰项·对象不一致）

C 项，此项说明东、西地块都种了四种玉米，排除差因，支持题干。

D 项，此项说明东、西地块的田间管理相同，排除差因，支持题干。

E 项，此项说明存在其他差异因素（土质不同）影响实验结果，另有差因，削弱题干。

【答案】E

例 10.9 某中学发现有学生在课余时间用扑克玩带有赌博性质的游戏，因此规定学生不得带扑克进入学校，不过即使是硬币，也可以用作赌具，但禁止学生带硬币进入学校是不可思议的，因此，禁止学生带扑克进入学校是荒谬的。

以下哪项如果为真，最能削弱上述论证？

A. 禁止带扑克进入学校不能阻止学生在校外赌博。

B. 硬币作为赌具远不如扑克方便。

C. 很难查明学生是否带扑克进入学校。

D. 赌博不但败坏校风，而且影响学生的学习成绩。

E. 有的学生玩扑克不涉及赌博。

【第1步 识别论证类型】

题干用扑克和硬币这两个不同的对象作类比：

$$硬币：可以用作赌具，不禁止；$$

$$扑克：可以用作赌具；$$

$$\overline{}$$

$$所以，不禁止扑克。$$

故此题为类比论证模型。

【第2步 套用母题方法】

A项，无关选项，题干讨论的是约束学生在"校内"的行为，不涉及学生"校外赌博"。（干扰项·话题不一致）

B项，削弱题干，通过说明硬币作为赌具远不如扑克方便，指出类比对象之间有差异，题干不当类比。

C项，"很难查明"不代表"不能查明"，故此项不能削弱题干。（干扰项·存在难度）

D项，无关选项，题干不涉及学生赌博的危害。（干扰项·话题不一致）

E项，"有的"学生玩扑克不涉及赌博，并不排除其他人会用扑克赌博，故此项不能削弱题干。（干扰项·不当反例之有的不）

【答案】B

例 10.10 某市繁星商厦服装部在前一阵疲软的服装市场中打了一个反季节销售的胜仗。据统计，繁星商厦皮衣的销售额在6、7、8三个月连续成倍数增长，6月527件，7月1 269件，8月3 218件。该市有关主管部门希望在今年冬天向全市各大商场推广这种反季节销售的策略，力争今年11、12月和明年1月全市的夏衣销售有一个大的突破。

以下哪项如果为真，能够最好地说明该市有关主管部门的这种希望可能会落空？

A. 皮衣的价格可以在夏天一降再降，是因为厂家可以在皮衣淡季的时候购买厚材料，其价格可以降低30％。

B. 皮衣的生产企业为了使生产、销售可以正常循环，宁愿自己保本或者微利，把利润压缩了55％。

C. 在盛夏里搞皮衣反季节销售的不只是繁星商厦一家，但只有繁星商厦同时推出了售后服务时间由消协规定的3个月延长到7个月的方案，打消了很多消费者的顾虑，所以在诸商家中独领风骚。

D. 今年夏天繁星商厦的冬衣反季节销售并没有使该商厦夏衣的销售获益，反而略有下降。

E. 根据最近进行的消费者心理调查的结果，买夏衣重流行、买冬衣重实惠是消费者极为普遍的心理。

【第1步　识别论证类型】

题干：在夏季卖冬衣获得较好的销售额。因此，在冬季卖夏衣也可以获得较好的销售额。

题干将夏季卖冬衣和冬季卖夏衣进行类比，故此题为类比论证模型。

【第2步　套用母题方法】

A、B项，无关选项，这两项解释了皮衣进行反季节销售取得成功的原因，但并未指出夏衣能否进行反季节销售。（干扰项·不当他因）

C项，说明了繁星商厦皮衣反季节销售成功的原因，但并未指出夏衣能否进行反季节销售。（干扰项·不当他因）

D项，无关选项，题干的计划是在冬季卖夏衣，与夏季卖夏衣是否获利无关。

E项，此项说明消费者在买冬衣和买夏衣时的购买心理有很大区别，即指出类比对象之间有差异，因此，对夏衣进行反季节销售未必可以取得成功，故上述希望可能会落空。

【答案】E

例 10.11　某学校评选优秀学生干部，根据规定，只有学习成绩优秀并且品德优良者，才能被评为优秀学生干部。大仙是班长，而且学习成绩在班里名列前茅，因此，他一定可以被评为优秀学生干部。

以下哪项如果为真，最能削弱题干的论证？

A. 大仙虽然是班长，但是他的班长工作做得并不好。

B. 班主任黄老师认为，大仙并不胜任班长工作。

C. 三年前，大仙的成绩并不好。

D. 大仙上学期间谈恋爱。

E. 大仙的品德有问题。

【第1步　识别论证类型】

题干：只有学习成绩优秀并且品德优良者，才能被评为优秀学生干部（论据①）。大仙是班长，而且学习成绩在班里名列前茅（论据②）。因此，他一定可以被评为优秀学生干部（论点）。

题干的论据①是个一般性前提，论点是个别性结论，故此题为演绎论证模型。

【第2步　套用母题方法】

论据①可符号化为：③优秀学生干部→成绩优秀∧品德优良。

等价于：④¬成绩优秀∨¬品德优良→¬优秀学生干部。

A项，无关选项，由③可知，优秀学生干部的评选不涉及"班长工作"的情况。

B项，无关选项，由③可知，优秀学生干部的评选不涉及"班主任的评价"。

C项，无关选项，题干讨论的是"现在"的情况，不涉及"三年前"的情况。

D项，无关选项，由③可知，优秀学生干部的评选不涉及"是否谈恋爱"。

E项，此项说明大仙的品德有问题，由④可知，大仙不能被评为优秀学生干部，可以削弱题干的论证。

【答案】E

例 10.12 一种外表类似苹果的水果被培育出来，我们称它为皮果。皮果的果皮里面会包含少量杀虫剂的残余物。然而，专家建议我们吃皮果之前不应该削皮，因为这种皮果的果皮里面含有一种特殊的维生素，这种维生素在其他水果里面含量很少，对人体健康很有益处，弃之可惜。

以下哪项如果为真，最能对专家的上述建议构成质疑？

A. 皮果皮上的杀虫剂残余物不能被洗掉。

B. 皮果皮中的那种维生素不能被人体充分消化吸收。

C. 吸收皮果皮上的杀虫剂残余物对人体的危害超过了吸收皮果皮中的维生素对人体的益处。

D. 皮果皮上杀虫剂残余物的数量太少，不会对人体造成危害。

E. 皮果皮上的这种维生素未来也可能用人工的方式合成，有关研究成果已经公布。

【第1步 识别论证类型】

题干：皮果的果皮里面会包含少量杀虫剂的残余物，但是，这种皮果的果皮里面含有一种特殊的维生素，这种维生素在其他水果里面含量很少，对人体健康很有益处，弃之可惜，因此，专家建议我们吃皮果之前不应该削皮。

锁定关键词"专家建议"，可知此题为措施目的模型。

【第2步 套用母题方法】

A项，此项重复了题干中的背景信息"皮果的果皮里面会包含少量杀虫剂的残余物"，不涉及利弊大小的比较，故不能削弱专家的观点。

B项，说明了食用皮果的果皮后，维生素"不能被充分吸收"（干扰项·否定最高级）。"不能被充分吸收"说明存在可以被部分吸收的可能性。那么，吸收的部分对人体的好处就可能比害处大，故此项不能削弱专家的观点。

C项，此项说明食用皮果果皮的弊大于利，因此，可以削弱专家的观点。

D项，支持题干，此项指出皮果皮上的杀虫剂残余物不会对人体造成危害，因此，食用果皮的利大于弊，支持专家的观点。

E项，无关选项，题干不涉及皮果的果皮维生素"未来"是否可以由人工合成。（干扰项·话题不一致）

【答案】C

例 10.13 瑜伽功的教师说他知道做瑜伽功感觉多好，并知道这种运动对他的心灵和精神健康多么有利。他说："不管怎么说，有着长达 3 000 年历史的东西一定会对人类行为有其合理之处。"

下面哪一项如果正确，是对瑜伽功教师基于瑜伽功历经时间论断的最强的相关性反驳？

A. 该教师受益于教授瑜伽功，因此，他作为一名受益者不是一个公正的验证人。

B. 瑜伽功的练习在 3 000 年中有一些变化。

C. 该教师只以一个人的经历来论证，他的健康可能是有其他原因。

D. 战争贯穿整个人类历史，它不能被公正地称为是好的。

E. 3 000 年是对这一时间段的过少估计。

【第1步 识别论证类型】

瑜伽功教师：瑜伽功有着长达 3 000 年的历史，因此，瑜伽功一定会对人类行为有其合理之处。

题干论据中说的是瑜伽功的"历史长"，论点中说的是瑜伽功"合理"，二者不一致，故此题为拆桥搭桥模型。

【第2步　套用母题方法】

A项，此项指出由于该教师受益于瑜伽功，因此其论断不具有中立性，可以削弱论证的成立性。但是，此项与"瑜伽功的历经时间"无关，故为无关选项。

B项，无关选项，题干并不涉及瑜伽功在3 000年中是否存在"变化"，而且，瑜伽功的练习发生了变化也不代表它没有好处。

C项，此项指出该教师这一个样本数量太少，从而说明样本没有代表性，可以削弱题干。但是，此项与"瑜伽功的历经时间"无关，故为无关选项。

D项，削弱题干，此项构造了一个和瑜伽功教师类似的论证：战争也很久远，但战争显然是不好的。从而说明时间久远的东西，未必是好的。此项用的是归谬法。

E项，无关选项，此项只是单纯说明瑜伽功时间的长短，不涉及瑜伽功是不是好的。

【答案】D

例 10.14　H地区95％的海洛因成瘾者在尝试海洛因前曾吸食过大麻，因此，该地区吸大麻的人数如果能减少一半，新的海洛因成瘾者将显著减少。

以下哪项如果为真，最能削弱上述论证？

A. 长期吸食大麻可能导致海洛因成瘾。

B. 吸毒者可以通过积极的治疗而戒毒。

C. H地区吸大麻的人成为海洛因成瘾者的比例很小。

D. 大麻和海洛因都是通过相同的非法渠道获得的。

E. 大麻吸食者的戒毒方法与海洛因成瘾者的戒毒方法是不同的。

【第1步　识别论证类型】

题干：H地区95％的海洛因成瘾者在尝试海洛因前曾吸食过大麻，因此，该地区吸大麻的人数如果能减少一半，新的海洛因成瘾者将显著减少。

关键词"95％"是比率，"吸大麻的人数"是数量，故此题为统计论证模型（数量比率型）。

【第2步　套用母题方法】

题干中的前提是海洛因成瘾者中吸食大麻的比例，而结论依赖的却是吸食大麻者中海洛因成瘾者的比例，二者并不是同一比例。

所以，只要说明在吸大麻的人群中，只有很少比例的人吸食海洛因，就可以削弱题干。故可以秒选C项。

A项，此项说明吸食大麻确实会导致海洛因成瘾，因此，减少吸大麻的人数，就可能减少海洛因成瘾的人数，支持题干。

B项，无关选项，题干并不涉及戒毒的方法。

D项，无关选项，题干并不涉及获取大麻和海洛因的渠道。

E项，无关选项，题干并不涉及大麻吸食者与海洛因成瘾者在戒毒方法上的比较。

【答案】C

例 10.15　讯通驾校希望减少中老年学员的数量。因为一般而言，中老年人的培训难度较大。但统计数据表明，该校中老年学员的比例在逐渐增加。很显然，讯通驾校的上述希望落空了。

以下哪项如果为真，最能削弱上述论证？

A. 讯通驾校关于年龄阶段的划分不准确。

B. 国家关于汽车驾驶者的年龄限制放宽了。

C. 培训合格的中老年驾驶员是驾校不可推卸的责任。

D. 中老年人学习驾车是汽车进入家庭后的必然趋势。

E. 讯通驾校附近另一家驾校开设了专招青年学员的低价速成培训班。

【第1步 识别论证类型】

题干：驾校希望减少中老年学员的<u>数量</u>，但统计数据表明，该校中老年学员的<u>比例</u>在逐渐增加。很显然，驾校的上述希望落空了。

关键词"中老年学员的比例"是比率，"中老年学员的数量"是数量，故此题为<u>统计论证模型</u>（数量比率型）。

【第2步 套用母题方法】

根据公式：

$$中老年学员的比例 = \frac{中老年学员的人数}{中老年学员的人数 + 青年学员的人数} \times 100\%。$$

可知，中老年学员的比例的增加，可能是分子增加，也可能是分母中"青年学员的人数"减少，故此项可秒选 E 项。

A 项，如果有足够多的青年学员被错划为中老年学员，则削弱题干；如果把中老年学员错划为青年学员，则加强题干。（干扰项·两可选项）

B 项，无法确定"年龄限制放宽"是放宽了年龄下限，还是放宽了年龄上限。（干扰项·两可选项）

C 项，无关选项，此项不涉及该驾校的中老年学员人数。（干扰项·话题不一致）

D 项，无关选项，未来趋势无法说明现在的情况，也无法说明该驾校的中老年学员人数是否增加。（干扰项·话题不一致）

【答案】E

例 10.16 2000 年，宏发投资基金的基金总值的 40% 用于债券的购买。近几年来，由于股市比较低迷，该投资基金更加重视投资债券，在 2004 年，其投资基金的 60% 都用于购买债券。因此，认为该投资基金购买债券比过去减少的观点是站不住脚的。

以下哪项如果为真，最能削弱上述论证？

A. 2004 年宏发投资基金的总额比 2000 年少。

B. 宏发投资基金的领导层关于基金的投资取向一直存在不同的看法和争论。

C. 宏发投资基金经营部有许多新来的员工，他们对该基金的投资决策情况并不了解。

D. 宏发投资基金面临的竞争压力越来越大，无论怎样调整投资结构，经营风险都在增加。

E. 宏发投资基金 2004 年投资股票的比例比 2000 年要低。

【第1步 识别论证类型】

题干：2000 年，宏发投资基金的基金总值的 40% 用于债券的购买；在 2004 年，其投资基金的 60% 都用于购买债券。因此，认为该投资基金购买债券比过去减少的观点是站不住脚的（即没有减少）。

题干论据中的"40％""60％"是比率，论点中的"没有减少"是数量，故此题为统计论证模型（数量比率型）。

【第 2 步　套用母题方法】

根据公式：

$$购买债券额＝基金总额×购买债券的百分比。$$

可知，购买债券额的数量，既与基金总额相关，也与购买债券的百分比相关，所以，只要说明投资基金总额在减少即可削弱题干。故 A 项正确。

B、C、D 项均不直接涉及债券的"购买数量"，故均为无关选项。

E 项，无关选项，题干讨论的是投资"债券"，而此项讨论的是投资"股票"。（干扰项·对象不一致）

【答案】A

例 10.17　2020 年和 2021 年的中国电影市场都不太理想。但是，据调查，2021 年在中国上映的电影的平均票房达到了 1.05 亿元，而在 2020 年中国上映的电影的平均票房仅为 0.88 亿元。如果这一调查数据是准确的，就说明中国的电影市场已经出现回暖迹象，同时也说明那些成本高昂的大制作电影不用再担心亏损。

以下哪项如果为真，最为恰当地指出了上述论证的逻辑漏洞？

A. 2021 年中国上映的电影的平均票房低于 2019 年的情况。

B. 以上调查数据并不准确。

C. 成本高昂的大制作电影仅占全国电影总数的一小部分。

D. 平均票房高并不能说明大制作电影的票房高。

E. 成本高昂的大制作电影的利润率不如小制作电影。

【第 1 步　识别论证类型】

题干：2021 年在中国上映的电影的平均票房达到了 1.05 亿元，而在 2020 年中国上映的电影的平均票房仅为 0.88 亿元。如果数据准确，说明中国的电影市场已经出现回暖迹象，同时也说明那些成本高昂的大制作电影不用再担心亏损。

题干中出现平均值，易知此题为统计论证模型（平均值型）。

【第 2 步　套用母题方法】

题干有两个断定：①中国的电影市场已经出现回暖迹象，②那些成本高昂的大制作电影不用再担心亏损。

由题干中平均值的增长，可以较好地说明断定①，但无法说明断定②，故此题选择 D 项。

A 项，无关选项，题干中的"回暖迹象"指的是 2021 年相对于 2020 年来说有所回暖，与 2019 年的情况无关。（干扰项·比较不一致）

B 项，题干的结论假设了"这一调查数据是准确的"，故"调查数据并不准确"无法削弱这一结论。

C 项，无关选项，题干的论证不涉及大制作电影占全国电影总数的比例。（干扰项·比例不一致）

E 项，无关选项，题干的论证不涉及大制作电影与小制作电影利润率的比较。（干扰项·比较不一致）

【答案】D

例 **10.18** 现在的新能源汽车，主要是电动汽车或者油电混合动力汽车。这两种汽车都离不开动力电池，而制造动力电池需要钕、镧、铈、氧化镨、铽等稀土资源。动力电池采用的"永磁技术"，对钕的依赖就像人类离不开氧气一般。2019 年中国烧结钕铁硼毛坯产量为 17 万吨，同比 2018 年增长 9.7%。据了解，H 国 2019 年烧结钕铁硼毛坯产量相比 2018 年增长了 28%。可以预测，H 国的钕铁硼毛坯产量将很快超过中国。

以下哪项如果为真，最能削弱上述论证？

A. 中国的粘结钕铁硼产量的增长率比 H 国高。

B. 用现在的产量来推测未来的产量未必准确。

C. 除了中国和 H 国以外，美国、日本也曾经是烧结钕铁硼的重要生产国。

D. 2018 年，中国的烧结钕铁硼毛坯产量占全球的总份额约为 95%。

E. 中国粘结钕铁硼产量的增长率与 H 国的实际差距，没有想象中那么大。

【第 1 步　识别论证类型】

题干：2019 年中国烧结钕铁硼毛坯产量为 17 万吨，同比 2018 年增长 9.7%；H 国 2019 年烧结钕铁硼毛坯产量相比 2018 年增长了 28%。可以预测，H 国的钕铁硼毛坯产量将很快超过中国。

题干中出现增长率，并利用增长率衡量各个国家烧结钕铁硼毛坯的产量，故此题为**统计论证模型**（增长率型）。

【第 2 步　套用母题方法】

根据公式：

$$现值 = 原值 × (1 + 增长率)。$$

可知：只要说明 H 国的钕铁硼毛坯产量的原值远低于中国，就可以削弱题干。故 D 项正确。

A 项，无关选项，题干的论证不涉及中国和 H 国"粘结"钕铁硼产量增长率的比较。（干扰项·比较不一致）

B 项，对题干的论证进行了质疑，但是，该质疑只提供观点，并没有给出足够的理由，因此削弱力度较小。

C 项，无关选项，题干的论证只涉及中国与 H 国的比较，不涉及其他国家。（干扰项·对象不一致）

E 项，无关选项，题干的论证不涉及中国和 H 国"粘结"钕铁硼产量增长率的比较。（干扰项·比较不一致）

【答案】D

例 **10.19** 建筑历史学家丹尼斯教授对欧洲 19 世纪早期铺有木地板的房子进行了研究。结果发现较大的房间铺设的木板条比较小的房间铺设的木板条窄得多。丹尼斯教授认为，既然大房子的主人一般都比小房子的主人富有，那么，用窄木条铺地板很可能是当时有地位的象征，用以表明房主的富有。

以下哪项如果为真，最能削弱丹尼斯教授的观点？

A. 欧洲 19 世纪晚期的大多数房子铺设的木地板的宽度大致相同。

B. 丹尼斯教授的学术地位受到了国际建筑历史学界的质疑。

C. 欧洲 19 世纪早期木地板条的价格是以长度为标准计算的。

D. 欧洲 19 世纪早期木地板条的价格是以面积为标准计算的。

E. 在以欧洲 19 世纪市民生活为背景的小说《雾都十三夜》中，富商查理的别墅中铺设的是较宽的胡桃木地板。

【第 1 步 识别论证类型】

题干：①较大的房间铺设的木板条比较小的房间铺设的木板条窄得多。②大房子的主人一般都比小房子的主人富有。因此，用窄木条铺地板很可能是当时有地位的象征，用以表明房主的富有。

题干中利用木条的宽窄程度衡量社会地位，对于相同面积的房间，木条越窄，使用木条的长度就越长，题干涉及简单面积计算，故此题为统计论证模型（其他数量关系型）。

【第 2 步 套用母题方法】

A 项，无关选项，题干讨论的是"19 世纪早期"，而此项讨论的是"19 世纪晚期"。（干扰项·时间不一致）

B 项，此项试图用丹尼斯教授的学术地位受到质疑来削弱其观点，诉诸人身，力度小。

C 项，支持丹尼斯教授，木地板条的价格如果以长度为标准计算，则越窄的木板条，相同面积使用的数量越多，造价也越贵，越可以证明是有地位的象征。

例如：下面是两个长 10 米、宽 4 米的房间，如下图所示。如果我们用宽 2 米的木板条铺房间，如左图，则总木板的长度只需要 20 米；如果我们用宽 1 米的木板条铺房间，如右图，则总木板的长度需要 40 米。

D 项，削弱丹尼斯教授，木地板条的价格如果以面积为标准计算，则无论木板条是宽还是窄，对于相同面积的房间，地板条的总价都是相同的，故可反驳使用窄木条更加富有。

E 项，例证法削弱，但用小说作例证缺乏说服力。

【答案】D

例 10.20 一般认为，一个人 80 岁和他在 30 岁时相比，理解和记忆能力都显著减退。最近一项调查显示，80 岁的老人和 30 岁的年轻人在玩麻将时所表现出的理解和记忆能力没有明显差别。因此，认为一个人到了 80 岁理解和记忆能力会显著减退的看法是站不住脚的。

以下哪项如果为真，最能削弱上述论证？

A. 玩麻将需要的主要不是理解和记忆能力。

B. 玩麻将只需要较低的理解和记忆能力。

C. 80 岁的老人比 30 岁的年轻人有更多的时间玩麻将。

D. 玩麻将有利于提高一个人的理解和记忆能力。

E. 一个人到了 80 岁理解和记忆能力会显著减退的看法，是对老年人的偏见。

【第 1 步 识别论证类型】

题干：一个人 80 岁和他在 30 岁时相比，理解和记忆能力都显著减退（他人的观点）。认为一个人到了 80 岁理解和记忆能力会显著减退的看法是站不住脚的（否定他人的观点）。最近一项调查显示，80 岁的老人和 30 岁的年轻人在玩麻将时所表现出的理解和记忆能力没有明显差别（否定他人观点的理由）。

题干从论证结构上来讲，是人丑模型。从考点来讲，论据中的对象是"玩麻将时所表现出的理解和记忆能力"，论点中的对象是"一个人的理解和记忆能力"，前者是后者的子集，即：

故此题为<u>归纳论证模型</u>。因此，我们需要指出玩麻将这一活动没有代表性。

【第2步　套用母题方法】

A项，不能削弱，此项只是说明玩麻将"主要"需要的不是理解和记忆能力，但不代表玩麻将不需要理解和记忆能力。（干扰项·否定最高级）

B项，削弱题干，此项说明玩麻将只需要较低的理解和记忆能力，因此不能代表一个人的理解和记忆能力。比如：教授和小学生都会做1+1=2，并不能说明他们的数学能力相同，只能说明会做"1+1=2"不能代表数学能力强。

C项，无关选项，老年人有更多的时间玩麻将，最多只能说明老年人玩麻将更熟练，与理解和记忆能力关系不大。（干扰项·比较不一致）

D项，无关选项，此项说明了玩麻将的好处，但不涉及老年人与年轻人的比较。

E项，支持题干，说明一个人到了80岁理解和记忆能力不会显著减退。

【答案】B

例 10.21　一项关于婚姻的调查显示，那些起居时间明显不同的夫妻之间，虽然每天相处的时间相对要少，但每月爆发激烈争吵的次数，比起那些起居时间基本相同的夫妻明显要多。因此，为了维护良好的夫妻关系，夫妻之间应当注意尽量保持基本相同的起居规律。

以下哪项如果为真，最能削弱上述论证？

A. 夫妻间不发生激烈争吵不一定关系就好。

B. 夫妻间闹矛盾时，一方往往用不同时起居的方式以示不满。

C. 个人的起居时间一般随季节变化。

D. 起居时间的明显变化会影响人的情绪和健康。

E. 起居时间的不同很少是夫妻间争吵的直接原因。

【第1步　识别论证类型】

题干存在两组对象的对比：

起居时间明显不同的夫妻：争吵的次数多；

起居时间基本相同的夫妻：争吵的次数少；

因此，保持基本相同的起居规律可以减少争吵次数。

故此题为<u>现象原因模型（求异法型）</u>。

【第2步　套用母题方法】

A项，无关选项，题干的论证只涉及"夫妻争吵的次数"，不涉及夫妻关系是不是好。（干扰项·话题不一致）

B项，此项指出题干因果倒置：不是起居时间不同导致的夫妻间争吵，而是因为夫妻间争吵导致了起居时间不同。故此项削弱题干。

C项，无关选项，题干的论证不涉及"季节变化"。

D 项，无关选项，题干的论证不涉及起居时间的变化是否会"影响人的情绪和健康"。

E 项，不能削弱题干。起居时间的不同"很少"是夫妻间争吵的直接原因，说明确实存在一些夫妻是因为起居时间的不同导致的争吵（干扰项·明否暗肯）；另外，起居时间的不同不是直接原因，也可能是间接原因。

【答案】B

例 10.22　在期货市场上，粮食可以在收获前就"出售"，如果预测歉收，粮价就上升；如果预测丰收，粮价就下跌。目前粮食作物正面临严重干旱，今晨气象学家预测，一场足以解除旱情的大面积降雨将在傍晚开始。因此，近期期货市场上的粮价会大幅度下跌。

以下哪项如果为真，最能削弱上述论证？

A. 气象学家气候预测的准确性并不稳定。

B. 气象学家同时提醒做好防涝准备，防备这场大面积降雨延续过长。

C. 农业学家预测，一种严重的虫害将在本季粮食作物的成熟期出现。

D. 和期货市场上的某些商品相比，粮食价格的波动幅度较小。

E. 干旱不是对粮食作物生长最严重的威胁。

【第 1 步　识别论证类型】

题干：如果预测歉收，粮价就上升；如果预测丰收，粮价就下跌（论据①）。一场足以解除旱情的大面积降雨将在傍晚开始（论据②）。因此，近期期货市场上的粮价会大幅度下跌（论点：预测结果）。

题干的论据①是一般性前提，论点是个别性结论，故此题为演绎论证模型。

【第 2 步　套用母题方法】

A 项，此项只是指出气象学家气候预测的准确性并"不稳定"，但未明确说明究竟是高准确率水平上的不稳定，比如准确率在 85%～95% 之间波动；还是低水平上的不稳定，比如准确率在 15%～25% 之间波动。因此，仅由预测的准确性"不稳定"无法推断预测的准确性"低"，也不能说明这次预测不正确，故此项不能削弱题干。

B 项，削弱题干，若大面积降雨延续过长，可能会导致歉收，引起粮价上升，削弱题干中的预测，但是"防备"仅仅是未雨绸缪，是一种猜测性语气，故削弱力度较小。

C 项，此项说明粮食作物的成熟期将会出现严重虫害，进而导致歉收，引起粮价上升，削弱题干中的预测。由"严重"一词，可知此项的削弱力度大。

D 项，无关选项，题干不涉及在期货市场上粮食与其他商品价格波动幅度的比较。（干扰项·比较不一致）

E 项，不能削弱，干旱不是"最严重的威胁"，不代表干旱不是"威胁"。（干扰项·否定最高级）

【答案】C

例 10.23　研究发现，市面上 X 牌香烟中的 Y 成分可以抑制 EB 病毒。实验证实，EB 病毒是很强的致鼻咽癌的病原体，可以导致正常的鼻咽部细胞转化为癌细胞。因此，经常吸 X 牌香烟的人将减少患鼻咽癌的风险。

以下哪项如果为真，最能削弱上述论证？

A. 不同条件下的实验，可以得出类似的结论。

B. 已经患有鼻咽癌的患者吸 X 牌香烟后并未发现病情好转。

C. Y 成分可以抑制 EB 病毒，也可以对人的免疫系统产生负面作用。

D. 经常吸 X 牌香烟会加强 Y 成分对 EB 病毒的抑制作用。

E. Y 成分的作用可以被 X 牌香烟的 Z 成分中和。

【第1步　识别论证类型】

题干：①X 牌香烟中的 Y 成分可以抑制 EB 病毒；②EB 病毒可以导致正常的鼻咽部细胞转化为癌细胞。因此，经常吸 X 牌香烟的人将减少患鼻咽癌的风险。

锁定关键词"将"，可知此题为预测结果模型。当然，如果我们把"吸 X 牌香烟"看作措施，把"减少患鼻咽癌的风险"看作目的，则此题也可视为措施目的模型。

【第2步　套用母题方法】

A 项，支持题干，不同条件下的实验都可以得到类似的结论，说明题干中的实验准确。

B 项，无关选项，题干说的是"减少患鼻咽癌的风险"，指"预防"；而此项说的是"已经患有鼻咽癌的患者……"，指"治疗"。（干扰项·概念不一致）

C 项，Y 成分可以抑制 EB 病毒（肯定题干），也可以对人的免疫系统产生负面作用（否定题干），但是，由此项无法确定吸 X 牌香烟利大于弊还是弊大于利，故不能削弱题干。

D 项，支持题干，肯定了题干经常"吸 X 牌香烟将减少患鼻咽癌的风险"的结论。

E 项，削弱题干，香烟中 Y 成分的作用被 Z 成分中和，则吸这种香烟不能产生对 EB 病毒的抑制作用，即措施达不到目的（结果预测错误），可以削弱题干。

【答案】E

例 10.24　据调查，滨州市有 24% 的家庭拥有电脑，但拥有电脑的家庭中的 12% 每周编写程序 2 小时以上，23% 在 1 至 2 小时，其余的每周都不到 1 小时。可见，滨州市大部分购买电脑的家庭并没有充分利用他们的家庭电脑。

以下哪种说法如果为真，最能构成对上述结论的质疑？

A. 过多地使用电脑会对眼睛产生危害，对孕妇身体也有影响。

B. 许多人购买电脑是为了娱乐或其他用途，而不是编写程序。

C. 在调查中，会有相当比例的被调查对象夸大他们的电脑知识。

D. 使用电脑需要不断地学习与动手实践，有一个循序渐进的过程。

E. 家庭电脑的普及和充分利用肯定需要一个过程，不可操之过急。

【第1步　识别论证类型】

题干：拥有电脑的家庭中的 12% 每周编写程序 2 小时以上，23% 在 1 至 2 小时，其余的每周都不到 1 小时。可见，滨州市大部分购买电脑的家庭并没有充分利用他们的家庭电脑。

论据中的核心概念是"编写程序"，论点中的核心概念是"利用电脑"，前者是后者的子集，即：

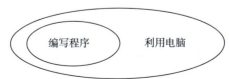

故此题为归纳论证模型。

【第2步 套用母题方法】

A项，无关选项，此项指出了使用电脑的危害，但与题干的论证没有关系。

B项，此项指出除了"编写程序"以外，也可以用其他方式来"利用"电脑，指出题干以偏概全，削弱题干。

C项，无关选项，题干不涉及"电脑知识"。

D、E项，无关选项，这两项指出电脑的使用和普及需要一个过程，由此无法说明现在利用电脑的情况。

【答案】B

例 10.25 郑兵的孩子即将上高中，郑兵发现，在当地中学，学生与老师的比例低的学校，学生的高考成绩普遍都比较好，郑兵因此决定，让他的孩子选择学生总人数最少的学校就读。

以下哪项最为恰当地指出了郑兵上述决定的漏洞？

A. 忽略了学校教学质量既和学生与老师的比例有关，也和生源质量有关。

B. 仅注重高考成绩，忽略了孩子的全面发展。

C. 不当地假设：学生总人数少就意味着学生与老师的比例低。

D. 在考虑孩子的教育时忽略了孩子本人的愿望。

E. 忽略了学校教学质量主要与教师的素质而不是数量有关。

【第1步 识别论证类型】

郑兵：学生与老师的比例低的学校，学生的高考成绩普遍都比较好。因此决定，让他的孩子选择学生总人数最少的学校就读。

论据中的"学生与老师的比例低"是比率，论点中的"学生总人数"是数量，故此题为统计论证模型（数量比率型）。

【第2步 套用母题方法】

根据公式：

$$学生与老师的比例 = \frac{学生总人数}{老师总人数} \times 100\%。$$

可见，郑兵把"学生总人数少"，误认为"学生与老师的比例低"，故C项正确。

其他各项均与郑兵的论证无关，是无关选项。

【答案】C

例 10.26 临床试验显示，对偶尔食用一定量的牛肉干的人而言，大多数品牌的牛肉干的添加剂并不会导致动脉硬化。因此，人们可以放心食用牛肉干而无需担心对健康的影响。

以下哪项如果为真，最能削弱上述论证？

A. 食用大量牛肉干不利于动脉健康。

B. 动脉健康不等于身体健康。

C. 肉类都含有对人体有害的物质。

D. 喜欢吃牛肉干的人往往也喜欢食用其他对动脉健康有损害的食品。

E. 题干所述的临床试验大都是由医学院的实习生在医师指导下完成的。

【第1步 识别论证类型】

题干：大多数品牌的牛肉干的添加剂并不会导致动脉硬化。因此，人们可以放心食用牛肉干而无需担心对健康的影响。

论据中的核心概念是"不会导致动脉硬化"，论点中的核心概念是"无需担心对健康的影响"，前者是后者的子集，即：

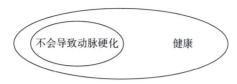

故此题为归纳论证模型。

【第2步　套用母题方法】

A项，削弱题干，说明牛肉干吃多了确实会对动脉健康有不利影响，但题干中涉及的是"偶尔食用一定量的牛肉干"，此项涉及的是"食用大量的牛肉干"，因此削弱力度小。（干扰项·范围不一致）

B项，此项指出动脉健康不等于身体健康，故食用牛肉干"不会导致动脉硬化"不代表对"健康没有影响"，削弱题干。

C项，题干仅涉及"牛肉干"，而此项说的是"肉类"，扩大了题干的论证范围，故削弱力度小。

D项，无关选项，题干不涉及"其他对动脉健康有损害的食品"。

E项，不能支持或削弱题干，因为试验者的身份不能直接确定试验的可信度。

【答案】B

例 10.27　20世纪90年代初，小普村镇建立了洗涤剂厂，当地村民虽然因此提高了收入，但工厂每天排出的大量污水使村民们忧心忡忡：如果工厂继续排放污水，他们的饮用水将被污染，健康将受到影响。然而，这种担心是多余的。因为1994年对小普村镇的村民健康检查发现，几乎没人因水污染而患病。

以下哪项如果为真，最能质疑上述论证？

A. 1994年，上述洗涤剂厂排放的污水量是历年中较小的。

B. 1994年，小普村镇的村民并非全体参加健康检查。

C. 在1994年，上述洗涤剂厂的生产量减少了。

D. 合成洗涤剂污染饮用水导致的疾病需要多年后才会显现出来。

E. 合成洗涤剂污染饮用水导致的疾病与一般疾病相比更难检测。

【第1步　识别论证类型】

题干：工厂每天排出的大量污水使村民们忧心忡忡，如果工厂继续排放污水，他们的饮用水将被污染，健康将受到影响（他人的观点）。然而，这种担心是多余的（否定他人的观点）。因为1994年对小普村镇的村民健康检查发现，几乎没人因水污染而患病（否定他人观点的理由）。

从论证结构来看，题干的结构是人丑模型。从考点看，此题的论据是一项调查，论点是一般性结论，故此题为归纳论证模型。

【第2步　套用母题方法】

A项，无关选项，题干不涉及不同年份"排放污水量"的比较。（干扰项·比较不一致）

B项，无关选项，在抽样统计中，只要求抽取的样本有代表性，并不要求统计所有人。

C项，无关选项，题干的论证不涉及洗涤剂厂的"生产量"。

D项，此项说明在调查中虽然暂时没有发现因水污染而患病的人，但长久来看会对健康有影响，故调查结果不能代表实际情况，削弱题干。

E项，有难度并不代表不可以进行检测（干扰项·存在难度）；另外，题干本身不涉及不同疾病之间检测难度的比较。（干扰项·比较不一致）

【答案】D

例 10.28　有90个病人，都患有难治疾病T，服用过同样的常规药物。这些病人被分为人数相等的两组，第一组服用一种用于治疗疾病T的实验药物W素，第二组服用不含有W素的安慰剂。10年后的统计显示，两组都有44人死亡。因此，这种实验药物是无效的。

以下哪项如果为真，则最能削弱上述论证？

A. 在上述死亡的病人中，第二组从发病到死亡的平均时间比第一组短两年。

B. 在上述死亡的病人中，第二组的平均寿命比第一组小两岁。

C. 在上述活着的病人中，第二组的病情比第一组的更严重。

D. 在上述活着的病人中，第二组的比第一组的更年长。

E. 在上述活着的病人中，第二组的比第一组的更年轻。

【第1步　识别论证类型】

题干存在两组对象的对比：

第一组：服用实验药物W素，有44人死亡；

第二组：不服用实验药物W素，有44人死亡；

———————————————————

故：这种实验药物是无效的。

故此题为现象原因模型（求异法型）。

【第2步　套用母题方法】

A项，此项说明不服用该药物，从发病到死亡的平均时间会变短，因此服用该药物确实有一定延长寿命的作用，故该药物有效，削弱题干。

B项，无关选项，"平均寿命"的长短与"发病到死亡的时间"的长短没有关系。（干扰项·概念不一致）

C、D、E项，题干比较的是"死亡"人数，这三项说的是"活着"的病人的情况，故可直接排除。（干扰项·对象不一致）

【答案】A

例 10.29　硕鼠通常不患血癌。在一项实验中发现，给300只硕鼠同等量的辐射后，将它们平均分为两组：第一组可以不受限制地吃食物；第二组限量吃食物。结果，第一组75只硕鼠患血癌，第二组5只硕鼠患血癌。因此，通过限制硕鼠的进食量，可以控制由实验辐射导致的硕鼠血癌的发生。

以下哪项如果为真，则最能削弱上述实验的结论？

A. 硕鼠与其他动物一样，有时原因不明就患有血癌。

B. 第一组硕鼠的食物易于使其患血癌，而第二组的食物不易使其患血癌。

C. 第一组硕鼠体质较弱，第二组硕鼠体质较强。

D. 对其他种类的实验动物，实验辐射很少导致其患血癌。

E. 不管是否控制进食量，暴露于实验辐射的硕鼠都可能患有血癌。

【第 1 步　识别论证类型】

题干存在两组对象的对比：

第一组：不受限制地吃食物，75 只硕鼠患血癌；

第二组：限量吃食物，5 只硕鼠患血癌；

故：限制硕鼠的进食量可以控制硕鼠血癌的发生。

故此题为现象原因模型（求异法型）。

【第 2 步　套用母题方法】

A 项，无关选项，题干不涉及"其他动物"的情况，而且"不明原因"属于诉诸无知。

B 项，另有差因，说明存在食物上的差异使得第一组比第二组更容易患血癌，削弱题干。

C 项，另有差因，说明两组对象在体质上有差别。但由此项无法确定体质强弱与患血癌是否有直接关系，故此项的削弱力度不如 B 项。

D 项，无关选项，题干不涉及其他种类的实验动物的情况。（干扰项·对象不一致）

E 项，不能支持也不能削弱题干，因为题干中两组硕鼠都出现患血癌的情况，故此项说控制进食和不控制进食的都有可能患血癌，只是复述了题干的实验，并没有对实验结果进行分析。

【答案】B

例 10.30　由于工业废水的污染，淮河中下游水质恶化，有害物质的含量大幅度提高，这引起了多种鱼类的死亡。但由于蟹有适应污染水质的生存能力，因此，上述沿岸的捕蟹业和蟹类加工业将不会像渔业同行那样受到严重影响。

以下哪项如果是真的，将严重削弱上述论证？

A. 许多鱼类已向淮河上游及其他水域迁移。

B. 上述地区渔业的资金向蟹业转移，激化了蟹业的竞争。

C. 作为幼蟹主要食物来源的水生物蓝藻无法在污染水质中继续存活。

D. 蟹类适应污染水质的生理机制尚未得到科学的揭示。

E. 在鱼群分布稀少的水域中蟹类繁殖较快。

【第 1 步　识别论证类型】

题干：蟹有适应污染水质的生存能力（原因），因此，捕蟹业和蟹类加工业将不会像渔业同行那样受到严重影响（对结果的预测）。

锁定关键词"将不会"，故此题为预测结果模型。

【第 2 步　套用母题方法】

A 项，无关选项，题干不涉及鱼类迁移的问题。

B 项，无关选项，此项只是说明蟹业的竞争加大了，但是竞争本身分恶性竞争和良性竞争，出现竞争未必就对蟹业产生严重影响。

C 项，说明由于水质污染幼蟹的主要食物无法存活，这就可能使得幼蟹失去了食物来源而影响生存，故捕蟹业和蟹类加工业会受到水质污染的严重影响，削弱力度大。

　　D项，无关选项，题干的论证只涉及"蟹类有适应污染水质的生存能力"，至于这种能力的原理是什么不影响题干论证的成立性。

　　E项，支持题干，此项说明多种鱼类的死亡，给蟹类带来了更好的生存环境，促进了蟹类繁殖，因此这是捕蟹业的利好条件。

　　【答案】C

专题 2　支持题

扫码免费听
专题 2 讲解

⏱ 技巧总结

类别	支持方法	力度大小
普通论证	支持题干中的论据	力度小
	补充新论据	取决于新论据的具体内容
	补充隐含假设	必要假设的力度小于充分性论据
	搭桥法	力度大
	直接支持题干观点	力度大
	例证法	力度小
归纳论证	样本有代表性	力度大
	调查机构中立	力度小
类比论证	类比对象有相似性	力度大
演绎论证	用形式逻辑的思路，补充题干中的箭头	力度大
统计论证	列出题干中的公式，根据公式进行解题	符合公式的力度大
溯因论证	排除因果倒置	力度并不大，但一般可以选
	因果相关	力度大
	排除他因	力度取决于他因是否排除完全
	无因无果	力度取决于选项中的对象与题干中的对象的相似性
现象原因模型（求异法型）	排除其他差异因素（其他方法与溯因论证重复，不赘述）	力度大
	在选项中构造对比实验	力度大
措施目的	措施可行	力度小
	措施可达目的	力度大
	措施利大于弊	力度大
	措施没有副作用	力度小

类别	支持方法	力度大小

说明:

(1)从最近几年真题来看,做支持题时,最重要的方法是考虑论据与论点的一致性(即搭桥法)、选项与题干的相关性(可迅速排除无关选项)。

(2)在以上方法找不到答案时,优先用命题模型解题。一旦确定命题模型,则多数题目可直接锁定答案。

(3)模型不明显的题目,要记住支持题的本质是帮助题干进行论证,帮助说明题干的正确性。

(4)以上力度大小的说明一般是成立的,但也有例外,还要看选项的内容进行具体分析。而且,只要你对命题模型足够了解,多数题目都无须比较力度。

典型例题

例 10.31 S市环保检测中心的统计分析表明,2009年空气质量为优的天数为150天,比2008年多出22天。二氧化碳、一氧化碳、二氧化氮、可吸入颗粒物四项污染物浓度平均值,与2008年相比分别下降了约21.3%、25.6%、26.2%、15.4%。S市环保负责人指出,这得益于近年来本市政府持续采取的控制大气污染的相关措施。

以下除哪项外,均能支持上述市环保负责人的看法?

A. S市广泛开展环保宣传,加强了市民的生态理念和环保意识。

B. S市启动了内部控制污染方案,凡是不达标的燃煤锅炉停止运行。

C. S市执行了机动车排放国Ⅳ标准,单车排放比Ⅲ降低了49%。

D. S市市长办公室最近研究了焚烧秸秆的问题,并着手制定相关条例。

E. S市制定了"绿色企业"标准,继续加快污染重、能耗高的企业的退出。

【第1步 识别论证类型】

题干:2009年空气质量为优的天数比2008年多出22天;四项污染物浓度平均值比2008年分别下降了约21.3%、25.6%、26.2%、15.4%(现象)。S市环保负责人指出,这得益于(其原因是)近年来本市政府持续采取的控制大气污染的相关措施(原因)。

题干先描述了一种现象,然后分析了这种现象的原因,故此题为**现象原因模型**。

【第2步 套用母题方法】

A、B、C、E四项均补充论据,指出了本市政府为控制大气污染采取的具体措施,支持题干中市环保负责人的看法。

D项,此项只是说明政府着手制定相关条例,但相关措施尚未实施,具体效果也无从知晓,所以不能支持题干中市环保负责人的看法。

【答案】D

例 10.32 由于含糖饮料的卡路里含量高,容易导致肥胖,因此无糖饮料开始流行。经过一段时期的调查,李教授认为:无糖饮料尽管卡路里含量低,但并不意味着它不会导致体重增加。因为无糖饮料可能导致人们对于甜食的高度偏爱,这意味着其可能食用更多的含糖类食物。而且无糖饮料几乎没什么营养,喝得过多就限制了其他健康饮品的摄入,比如茶和果汁等。

以下哪项如果为真,最能支持李教授的观点?

A. 茶是中国的传统饮料，长期饮用有益健康。

B. 有些瘦子也爱喝无糖饮料。

C. 有些胖子爱吃甜食。

D. 不少胖子向医生报告他们常喝无糖饮料。

E. 喝无糖饮料的人很少进行健身运动。

【第1步 识别论证类型】

李教授：无糖饮料尽管卡路里含量低，但并不意味着它不会导致体重增加(论点)。因为无糖饮料可能导致人们对于甜食的高度偏爱，从而食用更多的含糖类食物(导致体重增加)。

李教授的观点是对无糖饮料引发的结果的断定，故此题为预测结果模型。

【第2步 套用母题方法】

A项，无关选项，题干讨论的是"无糖饮料"，并不涉及"茶"。(干扰项·对象不一致)

B项，有些瘦子也爱喝无糖饮料，举反例，有助于说明无糖饮料不会导致体重增加。不过此反例削弱力度有限。

C项，无关选项，此项最多能说明"胖"与"甜食"的关系，但无法说明"无糖饮料"与"胖"的关系。(干扰项·话题不一致)

D项，支持题干，此项通过举例子的形式，说明喝无糖饮料不意味着它不会导致体重增加，支持李教授的观点(例证法)。

E项，此项指出喝无糖饮料的人很少进行健身运动，说明可能是因为很少进行健身运动导致体重增加，另有他因，削弱题干。

【答案】D

例 10.33 休斯敦《每日通报》的一篇社论声称，休斯敦的投票者会普遍欢迎某前控制市议会的政党下台。该社论基于最近的一次调查报告发表了这个声明。调查报告显示，有59％的休斯敦在册选民认为该政党在后年的市议会选举中肯定下台。

以下哪项最能支持上述论证？

A. 投票者在某一限定时间对某一政党的态度可被合理地认为是他们将继续对该政党保持这一态度的可信赖的指示器，除了发生不可预测的政治发展之外。

B. 对投票者对某一政党的情绪的估计的调查报告结果可被合理地用作发表关于那个政党可能会有的前景的声明的基础。

C. 对某一执政党不满情绪的增加可被合理地认为它将会导致在野党的支持率相应地增加。

D. 期望某一政治上可能发生的事情能够实现的投票者的比例可被合理地认为与赞成这个可能事情实现的投票者的比例相近。

E. 可以合理地认为，那些接受有关将来选举结果的调查的人会在这场选举中行使他们的投票权。

【第1步 识别论证类型】

题干：59％的休斯敦在册选民认为该政党会下台 ——证明——→ 休斯敦的投票者会普遍欢迎该政党下台。

"认为"与"欢迎"显然不是同一概念。(比如，我"认为"我有可能失恋，不代表我"欢迎"我失恋。)故此题为拆桥搭桥模型。

【第2步 套用母题方法】

D项，期望(即欢迎)某一政治上可能发生的事情能够实现的投票者的比例可被合理地认为与赞成这个可能事情实现(即认为)的投票者的比例相近。故此项搭建了"认为"与"欢迎"的桥梁，最能支持题干。

其余各项均为无关选项。

【答案】D

例 10.34　陈先生：昨天我驾车时被警察出具罚单，理由是我超速。警察这样做是不公正的。我敢肯定，当时我看到很多车都超速，为什么受罚的只有我一个？

贾女士：你并没有受到不公正的对待，因为警察当时不可能制止所有的超速汽车。事实上，当时每个超速驾驶的人都同样可能被出具罚单。

确定以下哪项原则，最能支持贾女士的观点？

A. 任何处罚的公正性，只能是相对的，不是绝对的。绝对公正的处罚，是一种理想化的标准，不具有可操作性。

B. 对违反交通规则的处罚不是一种目的，而是一种手段。

C. 违反交通规则的处罚对象，应当是所有违反交通规则的人。

D. 任何处罚，只要有法规依据，就是公正的。

E. 如果每个违反交通规则的人被处罚的可能性均等，那么，对其中任何一个人的处罚都是公正的。

【第1步 识别论证类型】

题干的提问方式为"最能支持贾女士的观点"，故锁定贾女士的观点。

贾女士：每个超速驾驶的人都同样可能被出具罚单，因此，陈先生并没有受到不公正的对待(即公正)。

"可能相同"与"公正"显然不是同一概念，故此题为拆桥搭桥模型。

【第2步 套用母题方法】

A项，无关选项，此项说明了"公正的相对性和绝对性"，但与贾女士的论证无关。(干扰项·话题不一致)

B项，无关选项，贾女士的论证不涉及"处罚的目的或手段"。(干扰项·话题不一致)

C项，此项说明所有违反交通规则的人都应该受到惩罚，而题干中只有陈先生受到惩罚，这显然是不公正的，因此此项削弱贾女士的观点。

D项，无关选项，贾女士的论证不涉及罚单是否有"法规依据"。(干扰项·话题不一致)

E项，此项等价于：可能性均等→公正，建立了"可能相同"与"公正"之间的联系，搭桥法，支持贾女士的观点。

【答案】E

例 10.35　最近，流行性感冒肆虐。小太阳幼儿园的相关负责人表示，家中有人得流感后，只有痊愈后才能去该幼儿园接孩子。张珊家中有人得了流感，因此，根据小太阳幼儿园的要求，她不能去该幼儿园接孩子。

以下哪项如果为真，将给上述论证以最强的支持？

第 7 讲

A. 得了流感者，可能会传染给其他人。

B. 幼儿极易被流感患者传染。

C. 中国某医科大学的传染病专家黄教授认为，流感患者不应该近距离接触幼儿。

D. 目前科学家还未完全弄清流感的传染途径。

E. 张珊家中的流感患者尚未痊愈。

【第1步　识别论证类型】

小太阳幼儿园：①家中有人得流感后，只有痊愈后才能去该幼儿园接孩子(一般性前提)。②张珊家中有人得了流感。因此，张珊不能去该幼儿园接孩子(个别性结论)。

题干的论据是一般性前提，论点是个别性结论，故此题为<u>演绎论证模型</u>。

【第2步　套用母题方法】

将论据①符号化，可得：¬ 痊愈→不能去该幼儿园接孩子。

可见，需要补充前提：张珊家中的流感患者尚未痊愈，即可得：张珊不能去该幼儿园接孩子。故 E 项正确。

A、B、C 项，可以作为张珊不能去该幼儿园接孩子的原因，但与该幼儿园的要求并不直接相关，故排除。

D 项，无关选项，题干的论证并不涉及"流感的传染途径"。

【答案】E

例 10.36　科学家给内蒙古的 40 亩盐碱地施入一些发电厂的脱硫灰渣，结果在这块地里长出了玉米和牧草。科学家得出结论：燃煤电厂的脱硫灰渣可以用来改造盐碱地。

以下哪项如果为真，最不能支持科学家的结论？

A. 用脱硫灰渣改良过的盐碱地中生长的玉米与肥沃土壤中玉米的长势差不多。

B. 脱硫灰渣的主要成分是石膏，而用石膏改良盐碱地已有一百多年的历史。

C. 这 40 亩试验田旁边没有施用脱硫灰渣的盐碱地上灰蒙蒙一片，连杂草也很少见。

D. 这些脱硫灰渣中重金属及污染物的含量均未超过国家标准。

E. 该块地里施加了复合肥料。

【第1步　识别论证类型】

科学家：给盐碱地施入一些发电厂的脱硫灰渣，结果在这块地里长出了玉米和牧草，因此，燃煤电厂的脱硫灰渣可以用来改造盐碱地。

题干对给盐碱地施入脱硫灰渣的前后情况进行了对比，故此题为<u>现象原因模型(求异法型)</u>。

【第2步　套用母题方法】

A 项，此项指出通过脱硫灰渣改良的盐碱地种地的效果和肥沃土壤一样好，说明脱硫灰渣确实可以用来改造盐碱地，补充论据，支持题干。

B 项，此项解释了脱硫灰渣能改造盐碱地的原因，支持题干。但此项有诉诸历史的嫌疑，支持力度小。

C 项，没有施用脱硫灰渣(无因)的盐碱地上灰蒙蒙一片，连杂草也很少见(无果)，此项通过构造对照组，利用求异法支持题干。

D 项，此项指出脱硫灰渣中重金属及污染物的含量均未超过国家标准，说明脱硫灰渣没有副作用，可以使用，故支持题干。但此项与能否改造盐碱地并不直接相关，因此支持力度小。

E项，此项说明可能并不是因为脱硫灰渣能改造盐碱地，而是因为施加了复合肥料的缘故才使得这块地里长出了玉米和牧草，另有他因，削弱题干。

【答案】E

例 10.37　近来，网民对电动汽车的发展展开了激烈的讨论。有人认为，电动汽车的发展，确实有利于国产汽车品牌实现对外资品牌的弯道超车，但与此同时，电动汽车的动力电池存在寿命短、低温工况下续航里程下降等诸多问题，因此，我国的电动汽车在近五年内不会有大的发展。

以下哪项如果为真，则最能支持上述预测？

A. 电动汽车不仅包括私家车，也包括公共汽车。

B. 引起电动汽车续航里程下降的主要原因是寒冷天气引发的电量损耗。

C. 任何事物的发展都是一个不断改进的过程。

D. 汽车动力电池在近五年内不可能有大的发展。

E. 我国的燃油汽车工业的发展势头十分迅猛。

【第1步　识别论证类型】

题干：电动汽车的动力电池存在寿命短、低温工况下续航里程下降等诸多问题（原因），因此，我国的电动汽车在近五年内不会有大的发展（对结果的预测）。

锁定关键词"近五年内不会"，故此题为预测结果模型。

【第2步　套用母题方法】

A项，无关选项，题干不涉及电动汽车的类型。（干扰项·话题不一致）

B项，此项解释了电动汽车续航里程下降的原因，但与题干的预测不直接相关，故支持力度小。

C项，此项说明任何事物的发展都是一个不断改进的过程，那么电动汽车的动力电池问题是否可以得到解决呢？并不确定。（干扰项·两可选项）

D项，支持题干，此项说明汽车动力电池的问题五年内无法解决，这就支持了电动汽车在近五年内不会有大的发展的结论。

E项，无关选项，题干讨论的是"电动汽车"的发展情况，而此项讨论的是"燃油汽车"的发展情况。（干扰项·对象不一致）

【答案】D

例 10.38　在A国，近年来在电视卫星的发射和操作中事故不断，这使得不少保险公司不得不面临巨额赔偿，这不可避免地导致了电视卫星的保险金的猛涨，使得发射和操作电视卫星的费用变得更为昂贵。为了应付昂贵的成本，必须进一步开发电视卫星更多的尖端功能来提高电视卫星的售价。

以下哪项如果为真，和题干的断定一起，最能支持这样一个结论，即电视卫星的成本将继续上涨？

A. 承担电视卫星保险业风险的只有为数不多的几家大公司，这使得保险金必定很高。

B. A国电视卫星业面临的问题，在西方发达国家带有普遍性。

C. 电视卫星目前具备的功能已能满足需要，用户并没有对此提出新的要求。

D. 卫星的故障大都发生在进入轨道以后，对这类故障的分析及排除变得十分困难。

E. 电视卫星具备的尖端功能越多,越容易出问题。

【第1步 识别论证类型】

题干:电视卫星事故不断——导致——→保险公司面临巨额赔偿——导致——→保险金猛涨——导致——→电视卫星的费用变得更为昂贵——导致——→开发电视卫星更多的尖端功能来提高电视卫星的售价。因此,电视卫星的成本将继续上涨。

锁定关键词"将继续",故此题为<u>预测结果模型</u>。

【第2步 套用母题方法】

A项,无关选项,此项说明了保险金"很高"的原因,但保险金"很高"不代表会"上涨"。(干扰项·概念不一致)

B项,无关选项,题干的论证并不涉及其他国家的情况。(干扰项·对象不一致)

C项,无关选项,题干中开发更多功能的原因与用户的需求没有直接关系,而是为了应对保险费用问题。

D项,无关选项,此项至多说明卫星故障的排除和解决很困难、费用高,但无法说明卫星发射的成本会"上涨"。

E项,尖端功能越多——导致——→问题越多,与题干中的信息形成一个恶性循环,即:尖端功能越多,越容易出问题,保险金越猛涨,电视卫星的费用越昂贵,越需要研发尖端功能。因此,会不断推高电视卫星的成本,支持题干结论。

【答案】E

例 10.39 雄性的园丁鸟能构筑装饰精美的鸟巢,或称为凉棚。基于对本地同种园丁鸟不同群落构筑凉棚的构筑和装饰风格不同这个事实的判断,研究者们得出结论:园丁鸟构筑鸟巢的风格是一种后天习得的,而不是基因遗传的特性。

以下哪项如果为真,将最有力地加强研究者们得出的结论?

A. 通过对园丁鸟的广泛研究发现,它们的筑巢风格中的共性多于差异。

B. 年幼的雄性园丁鸟不会构筑凉棚,在能以本地凉棚风格构筑凉棚之前,很明显地花了好几年时间观看比它们年纪大的园丁鸟构筑凉棚。

C. 有一种园丁鸟的凉棚缺少大多数其他种类园丁鸟构筑凉棚的塔形和装饰特征。

D. 只在新圭亚那和澳大利亚发现有园丁鸟,而在那里本地鸟类显然很少互相接触。

E. 众所周知,一些鸣禽的鸣唱方式是后天习得的,而不是基因遗传的。

【第1步 识别论证类型】

题干:本地同种园丁鸟不同群落构筑凉棚的构筑和装饰风格不同(现象),因此,园丁鸟构筑鸟巢的风格是一种后天习得的,而不是基因遗传的特性(原因)。

题干先描述了一种现象,然后分析了这一现象的原因,故此题为<u>现象原因模型</u>。要注意,因果论证也是论证的一种,此题没有从因果的角度设计选项,而是从论证的角度设计的选项。

【第2步 套用母题方法】

A项,提出反面论据,说明园丁鸟的筑巢风格中的共性多于差异,削弱题干。

B项,支持题干,"年幼的雄性园丁鸟不会构筑凉棚"说明园丁鸟构筑凉棚的习性不是基因遗传的特性,"花了好几年时间观看比它们年纪大的园丁鸟构筑凉棚"说明园丁鸟筑巢的特性是由后天习得的。

C项，无关选项，题干并不涉及不同园丁鸟构筑凉棚的塔形和装饰特征的比较。（干扰项·比较不一致）

D项，此项说明园丁鸟之间并不会互相接触，那么它们筑巢就可能不是通过后天习得的，削弱题干。

E项，无关选项，题干的论证并不涉及鸣禽的"鸣唱方式"是后天习得的还是基因遗传的。

【答案】B

例 10.40　最近几年，许多精细木工赢得了很多赞扬，被称为艺术家。但由于家具必须实用，精细木工在施展他们的精湛手艺时，必须同时注意他们产品的实用价值。因此，精细木工不是艺术。

以下哪项最能支持上述结论？

A. 一些家具制作出来是为了陈放在博物馆里，在那里它们不会被任何人使用。

B. 一些精细木工比其他人更关注他们制作的产品的实用价值。

C. 精细木工应该比他们现在更加关注他们产品的实用价值。

D. 一个物品，如果它的制作者注意到它的实用价值，就不是艺术品。

E. 艺术家们不关心他们作品的货币价值。

【第1步　识别论证类型】

题干：由于家具必须实用，精细木工在施展他们的精湛手艺时，必须同时注意他们产品的实用价值，因此，精细木工不是艺术。

题干论据中的核心概念是"实用价值"，论点中的核心概念是"不是艺术"，二者存在不一致，故此题为拆桥搭桥模型。

【第2步　套用母题方法】

A项，说明有的精细木工无须注意产品的实用价值，削弱题干中"家具必须实用"这一前提。

B项，无关选项，题干不涉及精细木工与其他人对产品实用价值的关注度的比较。（干扰项·比较不一致）

C项，无关选项，此项给精细木工提出了建议，但与题干的论证无关。

D项，实用价值→不是艺术品，搭桥法，支持题干。

E项，无关选项，题干不涉及作品的"货币价值"。

【答案】D

例 10.41　蝙蝠发射声波并通常非常高效地利用声波的反射来发现、予以定位并捕捉其猎物。然而，据说该过程特有的效率因蛾子能够听到蝙蝠发出的声波而降低。

下面哪项如果为真，最能支持上述说法？

A. 听不见食昆虫的蝙蝠发射声波的蛾子与听得见该声波的蛾子如果都生活在持续没有该类蝙蝠的环境中，听不见的蛾子平均而言比听得见的蛾子的寿命长。

B. 听不见食昆虫的蝙蝠发射声波的蛾子是最易被这种蝙蝠捉住的昆虫之一。

C. 当蛾子改变其飞行的速度和方向时，其翅膀运动所产生的声波波形也改变了。

D. 能听见食昆虫的蝙蝠发射声波的蛾子比听不见的蛾子被这种蝙蝠捕捉到的可能性更小。

E. 听得见食昆虫的蝙蝠发射声波的蛾子，在其采取躲避行动来逃脱该种蝙蝠捕捉的能力上各不相同。

【第1步　识别论证类型】

题干：该过程特有的效率因蛾子能够听到蝙蝠发出的声波而降低。

即：蛾子能够听到蝙蝠发出的声波，会降低蝙蝠通过声波捕捉猎物的效率。

锁定关键词"会降低"，故此题为预测结果模型。

【第2步　套用母题方法】

A项，无关选项，题干比较的是"听得见蝙蝠声波"和"听不见蝙蝠声波"的蛾子"被蝙蝠捕食"时的情况，而此项是"没有蝙蝠"时的情况，实验环境与题干不同。

B项，支持题干，但此项没有给出对照组，故支持力度小。

C项，无关选项，题干的论证并不涉及蛾子自身形成的声波波形。

D项，支持题干，此项构造对比实验：

能听见蝙蝠声波的蛾子：被捕食的可能性小；

听不见蝙蝠声波的蛾子：被捕食的可能性大；

故说明：蛾子能够听到蝙蝠发出的声波，会降低蝙蝠通过声波捕捉猎物的效率。

E项，无关选项，题干是"听不见"与"听得见"蝙蝠发射声波的蛾子之间的比较，而此项是"听得见"的蛾子的内部比较。（干扰项·比较不一致）

【答案】D

例 10.42　有许多公司现在免费向员工提供健身课程，帮助他们锻炼身体，减轻压力，甚至学习怎样戒烟。这些课程提高了员工的生产力，降低了他们的缺勤率，并且可以使公司减少保险支出。因此，这一课程既对公司有益，又对员工有益。

以下哪项如果为真，能够有效地支持上述结论？

A. 健身课程是许多公司向员工提供的很普及的服务。

B. 研究表明，在压力管理下的锻炼对很多人都没有效果。

C. 常规性的锻炼能够减少人们患心脏病的可能，并使他们精力充沛。

D. 过快地适应高负荷的健身课程，容易造成伤病。

E. 公司需要专门雇用一些员工来指导各种锻炼课程。

【第1步　识别论证类型】

题干：健身课程提高了员工的生产力，降低了他们的缺勤率，并且可以使公司减少保险支出（论据）。因此，这一课程既对公司有益，又对员工有益（论点）。

题干论点中有两个断定：①这一课程对公司有益；②这一课程对员工有益。故此题为双断定模型。直接支持题干中的断定即可。

【第2步　套用母题方法】

A项，无关选项，此项说明了健身课程很"普及"，但未涉及这些课程是否"有益"。（干扰项·话题不一致）

B项，削弱题干，此项说明健身课程对员工的帮助不大。

C项，支持题干，此项说明健身锻炼对人身体确实有益，支持断定②。

D项，削弱题干，说明健身课程有副作用。不过，无法确定题干中的健身课程是否存在"高负荷"问题，故此项的削弱力度小。

E项，此项说明健身课程需要公司负担费用，削弱断定①。但要注意，我们无法确定公司提供健身课程的额外支出与此带来的收益谁多谁少，故此项的削弱力度小。

【答案】C

例 10.43 　某外国航空公司经理："新开发的避撞系统，虽然还未经全面测试以发现潜在的问题，但必须马上在客机上安装，因为这个系统的机械报警装置可以使飞行员避免撞机事故。"

该公司飞行员："飞行员不能驾驶一架避撞系统未经全面测试的飞机，因为有故障的避撞系统将会误导飞行员，造成撞机。"

以下哪项如果为真，最能加强飞行员的反对意见？

A. 机械设备总是有可能出现故障。

B. 喷气式发动机在第一次投入使用之前也未经彻底测试，但是其性能与安全记录却是有目共睹的。

C. 虽然避撞系统能使飞行员避免一些相撞事故，但是未经测试的避撞系统的潜在问题可能会造成更多的撞机事故。

D. 许多撞机事故是由于飞行员过度疲劳造成的。

E. 处于目前开发阶段的避撞系统，在 6 个月的试用期间，在客机上的工作效果比在货机上好。

【第1步　识别论证类型】

题干要求加强"飞行员"的反对意见，故锁定飞行员的话。

飞行员：有故障的避撞系统将会误导飞行员造成撞机(论据)，因此，飞行员不能驾驶一架避撞系统未经全面测试的飞机(论点)。

论据与论点中的核心内容出现不一致，故此题为拆桥搭桥模型。

【第2步　套用母题方法】

A项，此项表明"机械设备总是有可能出现故障"，但是，不确定这种故障是否与"未经全面测试"有关，故此项不能支持飞行员的意见。

B项，举反例，说明即使是未经彻底测试的喷气式发动机，性能和安全性也是比较可靠的，削弱飞行员的意见。但此项的削弱力度非常小，因为此项讨论的是"喷气式发动机"的情况，而题干讨论的是"避撞系统"的情况。

C项，此项说明未经测试的避撞系统确实会造成撞机，搭桥法，支持飞行员的意见。

D项，无关选项，"飞行员过度疲劳"会不会造成撞机，与"未经全面测试的避撞系统"会不会造成撞机无关。(干扰项·话题不一致)

E项，无关选项，题干不涉及避撞系统在客机和货机上工作效果的比较。(干扰项·比较不一致)

【答案】C

例 10.44 　游隼的数目在 20 世纪 50 年代迅速下降，并且在 20 世纪 70 年代达到空前的最低点。这种下降被科学家归因于乡村地区广泛使用的杀虫药 DDT。

下列哪一项如果正确，最能支持科学家的主张？

A. DDT 在重工业地区通常不使用。

B. 在 1972 年后 DDT 被禁止使用的时间里，游隼的数目已经稳定增加。

C. 游隼，不像其他的捕食性鸟类，放弃落出巢的鸟蛋，即使这些鸟蛋并没有损坏。

D. 欧椋鸟、家居麻雀等游隼所捕食的鸟类，在它们的栖息地未被 DDT 影响。

E. 经调查发现游隼的食物来源不足。

【第 1 步　识别论证类型】

题干：游隼的数目在 20 世纪 50 年代迅速下降，并且在 20 世纪 70 年代达到空前的最低点（现象）。这种下降被科学家归因于乡村地区广泛使用的杀虫药 DDT（原因）。

题干先描述了一种现象，然后分析了这种现象的原因，故此题为现象原因模型。

【第 2 步　套用母题方法】

A 项，无关选项，题干论证涉及的是"乡村地区"，与"重工业地区"无关。（干扰项·对象不一致）

B 项，在 1972 年后 DDT 被禁止使用（无因）的时间里，游隼的数目已经稳定增加（无果），无因无果，支持题干。

C 项，无关选项，题干的论证并不涉及游隼对于落出巢的鸟蛋的态度。

D 项，此项说明游隼捕食的鸟类（食物来源）并没有受到影响，排除游隼因食物不足而导致数量下降的可能性，排除他因，支持题干。但排除这一原因，并不能肯定题干中的原因，故支持力度较小。

E 项，此项说明导致游隼数量下降的原因可能是食物来源不足，另有他因，削弱题干。

【答案】B

例 10.45　桑洛镇最近通过了一项禁止在全镇范围内所有餐厅吸烟的法律，因为通常在桑洛镇餐厅吃饭的许多人不愿意在吃饭时控制吸烟，桑洛的餐厅将毫无疑问地失去许多顾客和相当多的收入。

下列哪一项如果正确，最能加强上面的论述？

A. 大多数在餐厅吃饭的桑洛的居民是不吸烟者。

B. 大多数与不吸烟者吃饭的吸烟者愿意在吃饭时控制住吸烟。

C. 假如在餐厅中限制吸烟的法律没有被制定，可能将制定更严格的在桑洛所有公共场合限制吸烟的法律。

D. 在桑洛禁止吸烟的法律通过前，小镇有一项要求大多数餐厅有无烟区的法令。

E. 与桑洛相邻的其他区域，有许多与桑洛的餐厅差不多的餐厅，没有制定或执行任何反吸烟者的法律。

【第 1 步　识别论证类型】

题干：桑洛镇通过了一项禁止在全镇范围内所有餐厅吸烟的法律，而通常在桑洛镇餐厅吃饭的许多人不愿意在吃饭时控制吸烟（原因）。因此，桑洛的餐厅将毫无疑问地失去许多顾客和相当多的收入（结果预测）。

锁定关键词"将"，可知此题为预测结果模型。

【第 2 步　套用母题方法】

A项，削弱题干，由于在餐厅吃饭的人大多数都不吸烟，因此该项规定对餐厅大多数的顾客没有影响，说明禁止吸烟不会导致餐厅失去许多顾客。

B项，"愿意在吃饭时控制住吸烟"对题干的论据略有削弱作用，但由于此项仅涉及"与不吸烟者吃饭的吸烟者"，故作为削弱项，其削弱力度不大。

C项，无关选项，题干的论证不涉及如果没有制定该法律会怎么样。

D项，削弱题干，由于大多数餐厅本来就有无烟区，实现了吸烟者和不吸烟者的分区进食，因此，新出台禁烟法令对原本就在无烟区进食的顾客来说没有影响，因此，餐厅未必会失去许多顾客。

E项，支持题干，由于桑洛的餐厅周围有许多与桑洛的餐厅差不多的餐厅，说明吸烟者还可以选择别的餐厅，那么禁烟会导致桑洛的餐厅失去许多顾客。

【答案】E

例 10.46 尽管象牙交易已被国际协议宣布为非法行为，但是，一些钢琴制造者仍使用象牙来覆盖钢琴键，这些象牙通常通过非法手段获得。最近，专家们发明了一种合成象牙，不像早期的象牙替代物，这种合成象牙受到了全世界范围内音乐会钢琴家的好评。但是因为钢琴制造者从来不是象牙的主要消费者，所以合成象牙的发展可能对抑制为获得最自然的象牙而捕杀大象的活动没什么帮助。

下面哪一项如果正确，最有助于加强上述论证？

A. 大多数会弹钢琴，但不是音乐会钢琴家的人也可以轻易地区分新的合成象牙和较次的象牙替代物。

B. 新型的合成象牙被生产出来，这种象牙的颜色、表面质地可以与任何一种具有商业用途的自然象牙的质地相媲美。

C. 其他自然产物，如骨头和乌龟壳被证明不是自然象牙在钢琴键上的替代物。

D. 自然象牙最普遍的应用是在装饰性雕刻品方面。这些雕刻品不但因为它们的工艺质量，而且因为它们的材料的真实性而被珍藏。

E. 生产新型象牙的费用要比生产科学家们以前开发的任何象牙替代品的费用低得多。

【第1步 识别论证类型】

题干：合成象牙可以用于钢琴制造(论据①)。但是，钢琴制造者不是象牙的主要消费者(论据②)。所以，合成象牙的发展可能对抑制为获得最自然的象牙而捕杀大象的活动没什么帮助(论点：预测结果)。

题干分析的是合成象牙带来的结果，故此题为<u>预测结果模型</u>。

【第2步 套用母题方法】

A项，无关选项，题干不涉及哪些人也可以轻易区分新的合成象牙和较次的象牙替换物。

B项，削弱题干，此项说明合成象牙的真实度很高，可以替代所有自然象牙，从而说明合成象牙会抑制为获得自然象牙而捕杀大象的活动。

C项，无关选项，题干不涉及"其他自然产物"。(干扰项·对象不一致)

D项，支持题干，此项说明自然象牙最普遍的应用是在装饰性雕刻品方面，且这一需求要求象牙的真实性，因此，自然象牙的一些用途不能被合成象牙替代。

E项，无关选项，题干不涉及"新型象牙"与"以前开发的象牙替代品"的费用比较。(干扰

项·比较不一致）

【答案】D

例 10.47 转基因食品可能带来副作用，但一种转基因大豆含有有益于人体健康的微量元素，专家建议人们食用这种大豆加工成的产品。

以下哪项最能支持专家的建议？

A. 加工后的转基因食品副作用会减少。

B. 从其他食品中不能得到此种微量元素。

C. 没有证据表明转基因食品会带来副作用。

D. 这种微量元素对人体健康的益处大于转基因食品副作用带来的危害。

E. 人们正在寻找含这种微量元素的天然食品，估计 5 年内就能成功。

【第 1 步　识别论证类型】

题干：转基因食品可能带来副作用，但一种转基因大豆含有有益于人体健康的微量元素（论据）。专家建议人们食用这种大豆加工成的产品（论点）。

锁定关键词"专家建议"，可知此题为措施目的模型。

【第 2 步　套用母题方法】

题干中这种转基因大豆既存在好处，又存在害处，即存在利弊分析。只要说明该种转基因大豆的利大于弊，即可支持题干。故 D 项正确。

A 项，加工后的转基因食品副作用会减少，支持题干，但无法说明"利大于弊"，故支持力度小。

B 项，既然从其他食品中不能得到此种微量元素，那么就有食用题干中的转基因大豆加工成的产品的必要，支持题干，但无法说明"利大于弊"，故支持力度小。

C 项，用"没有证据"来支持或削弱题干，没有力度。（干扰项·诉诸无知）

E 项，无关选项，题干的论证并不涉及其他"天然食品"，5 年后的情况也与现在无关。

【答案】D

例 10.48 由于常规的抗生素的使用可以产生能在抗生素环境下存活的抗生菌，人体内存在抗生菌是由于人们使用处方抗生素。但是，一些科学家相信人体内大多数抗生菌是由人们吃下的已经被细菌感染的肉类而来的。

以下哪项如果为真，将最显著地增强这些科学家的想法？

A. 给牲畜喂的饲料中通常含有抗生素，这样畜牧业主可以提高他们牲畜的生长速度。

B. 大多数吃了已经被细菌感染的肉类而食物中毒的人，是用处方抗生素来医治的。

C. 在城市人口中抗生菌的发现率比在肉类质量相仿的乡村地区高得多。

D. 从来不使用处方抗生素的人是那些最不可能有抗生菌的人。

E. 畜牧业主宣称动物中的抗生菌不能通过感染的肉类向人类传播。

【第 1 步　识别论证类型】

题干：①抗生素的使用可以产生能在抗生素环境下存活的抗生菌（背景信息①）。人体内存在抗生菌是由于人们使用处方抗生素（背景信息②）。科学家认为：人体内大多数抗生菌是由人们吃下的已经被细菌感染的肉类而来的（论点）。

题干中没有明显的命题模型，故直接分析选项。

【第2步 分析选项】

A项，牲畜的饲料中含有抗生素，由①可知，牲畜体内会产生抗生菌，因此人在吃下肉类时可能会获得抗生菌，支持科学家的观点。

B项，削弱科学家的观点，此项说明需要使用处方抗生素对细菌感染的肉类引发的食物中毒进行医治，说明人体内抗生菌的来源还是"处方抗生素"，而不是来源于肉类。

C项，削弱科学家的观点，城市与乡村人口食用的肉类质量相仿，但是城市人口中抗生菌的发现率却更高，说明人体内的抗生菌可能不是由人们吃下的包括被细菌感染的肉类而来的，而是有其他原因。

D项，削弱科学家的观点，如果从来不使用处方抗生素的人是那些最不可能有抗生菌的人，那么可以说明抗生菌的来源主要是使用处方抗生素而不是食用肉类。

E项，无关选项，畜牧业主的"宣称"仅仅是主观观点，不一定是事实（干扰项·诉诸主观），而且畜牧业主也不具备评论此事的中立性。

【答案】A

例 10.49 大多数道路的修理比预算的要花费更多的时间和金钱，但去年夜间修理93号高速公路和类似的道路并未比预算花费更多的时间和金钱。因此，在夏季，夜间修理主要道路可能更省时省钱。

下列哪一项如果为真，最能支持上面得到的结论？

A. 夜间路上较少数目的车辆和较舒适的夜间温度允许修路工人工作得更快。

B. 在夜间工作的道路修理工作人员用明亮刺眼的灯光标志他们的工作地点，并且加上白天使用的橘红色的圆锥标志。

C. 修理93号高速公路的预算足够用，以至于使它不可能被超过。

D. 愿意在晚上工作的修路工人较容易找到工作的机会，因为大多数人宁愿在白天工作。

E. 用于道路修理的沥青在较高温度下膨胀，在较低温度下收缩。

【第1步 识别论证类型】

题干：大多数道路的修理比预算的要花费更多的时间和金钱，但是去年夜间修理93号高速公路和类似的道路并未比预算花费更多的时间和金钱（结果差异）。因此，在夏季，夜间修路可能更省时省钱（原因差异）。

题干中利用"夜间"这个差异因素，得出"夜间修路可能更省时省钱"的结论，故此题为现象原因模型（求异法型）。

【第2步 套用母题方法】

A项，支持题干，解释了夏季夜间修理道路节省时间和金钱的原因。

B项，无关选项，此项说明了夜间工人的施工方式，但不涉及修路时间和费用。

C项，此项说明93号高速公路没有超过预算的原因，是预算太高了，而不是因为夜间修路更省时省钱，另有他因，削弱题干。

D项，无关选项，题干不涉及哪些工人更容易找到工作。

E项，无关选项，不确定"沥青的热胀冷缩"与"修路时间和费用"的关系。

【答案】A

例 10.50　E 河大坝建成 20 年后，E 河土产的八种鱼中没有一种仍能在大坝的下游充分繁殖。由于该坝将大坝下游的河水温度每年的变化范围由 50℃ 降低到了 6℃，科学家们提出了一个假想，认为迅速升高的河水温度在提示土产鱼开始繁殖周期方面起了一定的作用。

下面哪项如果为真，最能支持上述假想？

A. 土产的八种鱼仍能但只能在大坝下游的支流中繁殖，在那里每年温度的变化范围保持在大约 50℃。

B. 在大坝修建以前，E 河每年都要漫出河岸，从而产生出土产鱼类最主要繁殖区域的回流水。

C. 该坝修建以前，E 河有记录的最低温度是 34℃，而大坝建成以后的有记录的最低温度是 43℃。

D. 非土产的鱼类，在大坝建成之后引入 E 河，开始同日益减少的土产鱼类争夺食物和空间。

E. E 河土产的五种鱼在北美其他任何河流中都不算是土产的。

【第 1 步　识别论证类型】

题干：①E 河大坝建成 20 年后，E 河土产的八种鱼中没有一种仍能在大坝的下游充分繁殖（现象）。②由于该坝将大坝下游的河水温度每年的变化范围由 50℃ 降低到了 6℃。因此，科学家们认为：迅速升高的河水温度在提示土产鱼开始繁殖周期方面起了一定的作用（原因）。

题干先描述了一种现象，然后分析了这种现象的原因，故此题为现象原因模型。

【第 2 步　套用母题方法】

A 项，此项说明温度变化范围大的情况下，土产的八种鱼仍能但只能在大坝下游的支流中繁殖。即与题干建立对照组：

题干：大坝下游河水温度每年的变化范围由 50℃ 降低到了 6℃，土产的八种鱼无法充分繁殖；

A 项：大坝下游支流中每年温度的变化范围保持在大约 50℃，土产的八种鱼可以繁殖；

所以，迅速升高的河水温度在提示土产鱼开始繁殖周期方面起了一定的作用。

故此项支持题干。

B 项，此项说明有可能是回流水消失导致土产鱼无法繁殖，另有他因，削弱题干。

C 项，无关选项，题干涉及的是"温度变化"，此项涉及的是"最低温度"。（干扰项·概念不一致）

D 项，此项说明是非土产鱼类的竞争导致土产鱼无法繁殖，另有他因，削弱题干。

E 项，无关选项，题干的论证并不涉及"北美其他河流"。（干扰项·对象不一致）

【答案】A

例 10.51　分心驾驶是指驾驶人为满足自己的身体舒适、心情愉悦等需求而没有将注意力全部集中于驾驶过程的驾驶行为，常见的分心行为有抽烟、饮水、进食、聊天、刮胡子、使用手机、照顾小孩等。某专家指出，分心驾驶已成为我国道路交通事故的罪魁祸首。

以下哪项如果为真，最能支持上述专家的观点？

A. 一项统计研究表明，相对于酒驾、药驾、超速驾驶、疲劳驾驶等情形，我国由分心驾驶导致的交通事故占比最高。

B. 驾驶人正常驾驶时反应时间为 0.3～1.0 秒，使用手机时反应时间则延迟 3 倍左右。

C. 开车使用手机会导致驾驶人注意力下降20％；如果驾驶人边开车边发短信，则发生车祸的概率是其正常驾驶时的23倍。

D. 近来使用手机已成为我国驾驶人分心驾驶的主要表现形式，59％的人开车过程中看微信，31％的人玩自拍，36％的人刷微博、微信朋友圈。

E. 一项研究显示，在美国超过1/4的车祸是由驾驶人使用手机引起的。

【第1步 识别论证类型】

专家：<u>分心驾驶</u>已成为我国道路交通事故的<u>罪魁祸首</u>。

题干中专家只给了一个观点，没有进行论证。这种一般考主语和宾语的搭桥，故也可以看作拆桥搭桥模型。

【第2步 套用母题方法】

"罪魁祸首"是指灾祸最重要的原因、第一重要的原因。只有A项涉及由分心驾驶导致的交通事故"占比最高"，即第一重要的原因，故直接选择A项。

B项，说明驾车时使用手机会使反应时间延迟3倍，带来一定的安全隐患，但使用手机仅是分心驾驶的一种情况，且也不知道这是不是交通事故的"罪魁祸首"，故排除。

C项，说明驾车时使用手机会使发生车祸的概率急剧增加，但无法确定这是不是交通事故的"罪魁祸首"，故排除。

D项，说明了"使用手机已成为我国驾驶人分心驾驶的主要表现形式"，但未涉及这是否引发"交通事故"，故排除。

E项，无关选项，题干仅涉及"我国"的情况，与"美国"的情况无关。

【答案】A

例 10.52 "节食族"是指那些早餐吃水果、午餐吃蔬菜，几乎不吃高热量食物的人。在这个物品丰盛的时代，过度节食，就像把一个5岁的孩子带进糖果店，却告诉他只能吃一个果冻。营养专家指出，这种做法既不科学也不合乎情理。

以下哪项陈述如果为真，能给专家的观点以最有力的支持？

A. 科学家发现，使老鼠的卡路里摄入量减少30％，就会降低老鼠罹患癌症的可能性。

B. 科学家发现，采用限制卡路里的饮食方法，可以降低血压，减少动脉栓塞的可能。

C. 有专家警告说，限制卡路里的摄入，有造成骨质疏松和生育困难的风险。

D. 冲绳岛是世界上百岁老人比例最高的地区，那里的居民信奉"八分饱"的饮食哲学。

E. 暴饮暴食的做法比节食更加不科学也不合乎情理。

【第1步 识别论证类型】

营养专家：节食既不科学也不合乎情理。

题干中没有明显的论证类型，故直接分析选项。

【第2步 分析选项】

A项，此项说明节食能减少患癌症的可能，削弱专家的观点。不过，题干讨论的是"人"，此项讨论的是"老鼠"，削弱力度小。

B项，此项指出节食有降低血压、减少动脉栓塞可能的优点，削弱专家的观点。

C项，指出节食确实有造成骨质疏松和生育困难的风险的危害，支持专家的观点。

D项，提出反面论据，指出有些节食地区的居民寿命长，削弱专家的观点。

E项，无关选项，题干不涉及"暴饮暴食"与"节食"的比较。（干扰项·比较不一致）

【答案】C

例 10.53　那种认为只伤害自己而不伤害别人就行的态度，实际上是忽视了人们彼此之间的相互依存关系。破坏自己的生活或者健康就意味着不能帮助家庭成员或者社会，相反，它意味着要耗费社会的食物、健康服务和教育方面的有限资源，却不能完全地回报于社会。

下面哪项最能支持上面的观点？

A. 本可以避免的事故和疾病的费用提高了所有人的健康保险费用。

B. 对某个人的伤害可能带来间接的益处，如在与健康有关的领域内给其他人提供工作机会。

C. 戒绝所有可能对参加者造成伤害的娱乐，生活会变得乏味不堪。

D. 人对社会做出的贡献不能由个人的健康程度衡量。

E. 喝酒、吸烟、服非法的毒品，造成主要伤害的对象是那些消费这些物品的人。

【第1步　识别论证类型】

题干：那种认为只伤害自己而不伤害别人就行的态度（他人的观点），实际上是忽视了人们彼此之间的相互依存关系（题干的观点）。破坏自己的生活……（论据）。

从论证结构来看，此题是人丑模型，即：有人认为"只伤害自己而不伤害别人就行"，这种观点不成立，因为……。故我们需要说明：只伤害自己不伤害别人是不成立的。

【第2步　套用母题方法】

A项，此项说明在自己身上发生的本可以避免的事故和疾病的费用，却让别人也承担了更高的保险费用，故支持题干。

B项，无关选项，题干讨论的是"伤害自己"的行为，而此项讨论的是"伤害他人"的行为。（干扰项·对象不一致）

C项，此项的意思是：戒绝对自己造成伤害的娱乐，生活会变得乏味，即，可以适度地伤害一下自己。但此项不涉及这样的行为会不会影响他人，故为无关选项。

D项，削弱题干的论据，说明不能由破坏自己的健康得到不能回报社会。

E项，说明喝酒、吸烟等过程中主要是伤害自己而不是伤害别人，支持的是"他人的观点"。

【答案】A

例 10.54　史书记载，春秋战国时期的古滇国历时五百余年，在云南历史上的地位颇为重要。古滇国的青铜文化吸收和融合了不同地区和民族的文化精华，然而东汉以后，古滇国却神秘消失，唐代以后的史书上竟没留下任何记载。近年来，抚仙湖南岸江川县李家山墓葬群出土了数千件古滇青铜器，抚仙湖北岸相连的晋宁石寨山曾出土滇王印。据此，考古学家推测云南抚仙湖水下古城就是神秘消失的古滇王城。

以下哪项如果为真，最能支持上述推测？

A. 在抚仙湖水下古城，也发现了大量青铜器。

B. 按考古常规看，王国都城附近都有墓葬群。

C. 抚仙湖水下古城与史料记载的古滇国都位于今云南境内。

D. 据专家推测，抚仙湖水下古城与古滇国处于同一历史时期。

E. 在离云南抚仙很远的陕西，也出土了类似的文物。

【第1步　识别论证类型】

题干：抚仙湖南岸江川县李家山墓葬群出土了数千件古滇青铜器(论据①)。抚仙湖北岸相连的晋宁石寨山曾出土滇王印(论据②)。据此推测：云南抚仙湖水下古城就是神秘消失的古滇王城(论点)。

论据②的"滇王印"可以算作"古滇王城"的直接论据，但论据①与"古滇王城"没有直接关系，故此题为拆桥搭桥模型。

【第2步　套用母题方法】

A项，无关选项，此项无法确定这些青铜器是否来源于古滇王城。

B项，搭桥法，肯定了墓葬群与王国都城的联系，说明论据①确实支持题干的论点。

C项，说明抚仙湖水下古城和古滇国都位于云南，但云南是个较大的范围，不能说明二者的位置完全相同，故此项支持力度小。

D项，此项是专家的推测，用"推测"来证明题干中的"推测"，支持力度小。(干扰项·诉诸权威)

E项，削弱题干，提出反面论据，说明仅有这些文物无法断定古滇王城位置。

【答案】B

例 10.55　一项研究对 1 262 名 67～84 岁的男女参试者进行了为期 3 年的跟踪调查，内容涉及参试者食盐日摄入量和身体活动情况。研究人员测量了参试者的认知能力及心理健康状况。结果发现，饮食含盐量高的老人，认知能力下降速度最快；饮食清淡的老人，认知能力下降速度缓慢。因此，吃太咸会增加患老年痴呆症的危险。

以下哪项如果为真，最能支持上述结论？

A. 认知功能障碍是常见的老年痴呆症症状。

B. 研究发现了一种老年痴呆症的致病基因，所以老年痴呆症可能有遗传性。

C. 许多研究证实，高盐饮食会增加患高血压、胃癌等疾病的风险。

D. 调查显示，痴呆与人的精神状况关系密切，抑郁、易怒、悲伤等不良精神刺激容易导致痴呆的发生。

E. 饮食含盐量高的老人年龄大都在 75 岁以上。

【第1步　识别论证类型】

题干：饮食含盐量高的老人，认知能力下降速度最快；饮食清淡的老人，认知能力下降速度缓慢(两组对比)。因此，吃太咸会增加患老年痴呆症的危险。

题干由两组对比，得出一个因果关系，故此题为现象原因模型(求异法型)。同时，"认知能力"与"老年痴呆症"显然不是同一概念，故此题也为拆桥搭桥模型。

【第2步　套用母题方法】

A项，搭桥法，建立了论据中"认知能力下降速度"与结论中"老年痴呆症"的联系，支持题干。

B项，无关选项，题干不涉及老年痴呆症是否有遗传性。

C项，无关选项，题干不涉及"高盐饮食"是否会"增加患高血压、胃癌等疾病的风险"。

D项，无关选项，此项说明不良精神刺激容易导致痴呆，但与"吃太咸"是否会引起老年痴呆症无关。

E项，此项说明引起认知能力下降的原因可能并不是饮食，而是年龄的问题，另有他因，削弱题干。

【答案】A

第7讲

扫码免费听
专题 3 讲解

专题 **3** 　假设题

⏰ 技巧总结

类别	假设方法	说明
普通论证	搭桥法	假设题最常用的方法
	取非法	否定正确选项会使题干不成立，这种方法称为取非法
	红花词法	假设题中，出现"至少""至少会有"时，容易是答案
归纳论证	样本有代表性	必须假设
类比论证	类比对象有相似性	可认为是搭桥法
演绎论证	用形式逻辑的思路，补充题干中的箭头	常考三段论
统计论证	列出题干中的公式，根据公式进行解题	符合公式的一般是假设
溯因论证（分析原因）	排除因果倒置	必须假设
	因果相关	必须假设
	排除他因	必须假设
	无因无果	若题干为：事件 B 发生一定是因为原因 A，则可选。否则，无因无果不必假设
现象原因模型（求异法型）	排除其他差异因素（其他方法与溯因论证重复，不赘述）	必须假设
预测结果	指出结果确实会发生	必须假设
措施目的	措施可行	必须假设
	措施可达目的	必须假设
	措施利大于弊	必须假设
	措施没有副作用	不必假设

（1）必要假设

假设的意思是题干成立的必要条件，因此，"必要假设"才是假设题最"正宗"的出题方式。必要假设的一般提问方式如下：

"上述结论如果要成立，以下哪项<u>必须假设</u>？"

"上述论证假设了以下哪项？"

必要条件的含义是：没它不行。所以，正确的选项取非以后，会使题干的论证不成立。这种方法称为"取非法"，是必要假设题的常用方法。

（2）可能假设

可能假设题的一般提问方式如下：

"以下哪项<u>最可能</u>是上述论证所作的假设？"

此类题目，如果选项中有题干的必要条件，就选这个必要条件的选项。如果选项中没有题干的必要条件，也可以选能使题干成立的项（充分项）。有时候，在没有其他更好的选项时，假设过度的项也可以选。

类别	假设方法	说明

（3）充分假设

充分假设题的一般提问方式如下：

"假设以下哪项，能使上述题干成立？"

此类题的题干中会出现"假设"这两个字，但这并不是假设题，而是补充条件题。

📝 **典型例题**

例 10.56 已知研究生入学考试分为初试和复试两关，初试通过后才有资格复试。那么，酱心考上了研究生。

假设以下哪项，能使上述论证成立？

Ⅰ. 酱心通过了初试。

Ⅱ. 酱心通过了复试。

Ⅲ. 酱心通过了初试和复试。

A. 仅Ⅰ。　　　　　　　B. 仅Ⅱ。　　　　　　　C. 仅Ⅲ。

D. 仅Ⅱ和Ⅲ。　　　　　E. Ⅰ、Ⅱ和Ⅲ。

【第1步　识别论证类型】

题干的提问方式为"假设以下哪项，能使上述论证成立？"，要求补充一个选项作为条件，联立题干中的条件，能使题干的结论成立。故此题虽然带有"假设"二字，但实际上是补充条件题。

【第2步　套用母题方法】

题干的前提：①研究生入学考试分为初试和复试两关，②初试通过后才有资格复试。

Ⅰ项，酱心通过了初试，但无法确定她复试是否通过，因此，无法推出酱心考上了研究生。

Ⅱ项，酱心通过了复试，由题干条件②可知，酱心也通过了初试，故有：酱心初试和复试都通过了，由题干条件①可知，她考上了研究生。故补充Ⅱ项能使题干成立。

Ⅲ项，酱心通过了初试和复试，由题干条件①可知，她考上了研究生。故补充Ⅲ项能使题干成立。

【答案】D

例 10.57 已知研究生入学考试分为初试和复试两关，初试通过后才有资格复试。那么，酱心考上了研究生。

为使上述论证成立，以下哪项必须假设？

Ⅰ. 酱心通过了初试。

Ⅱ. 酱心通过了复试。

Ⅲ. 酱心通过了初试和复试。

A. 仅Ⅰ。　　　　　　　B. 仅Ⅱ。　　　　　　　C. 仅Ⅲ。

D. 仅Ⅱ和Ⅲ。　　　　　E. Ⅰ、Ⅱ和Ⅲ。

【第1步　识别论证类型】

题干的提问方式为"为使上述论证成立，以下哪项必须假设？"，"必须假设"的意思就是找必要条件，即没它不行的项。因此，否定正确的选项，会使题干结论不成立(取非法)。

【第2步　套用母题方法】

Ⅰ项，必须假设，否则，若酱心没有通过初试，她不可能考上研究生（取非法，即否定必要条件，会使题干结论不成立）。

Ⅱ项，必须假设，否则，若酱心没有通过复试，她不可能考上研究生（取非法）。

Ⅲ项，必须假设，否则，若酱心没有通过初试或没有通过复试，她不可能考上研究生（取非法）。

【答案】E

例 10.58　香蕉叶斑病是一种严重影响香蕉树生长的传染病，它的危害范围遍及全球。这种疾病可由一种专门的杀菌剂有效控制，但喷洒这种杀菌剂会对周边人群的健康造成危害。因此，在人口集中的地区对小块香蕉林喷洒这种杀菌剂是不妥当的。幸亏规模香蕉种植园大都远离人口集中的地区，可以安全地使用这种杀菌剂。因此，全世界的香蕉产量，大部分不会受到香蕉叶斑病的影响。

以下哪项可能是上述论证所假设的？

A. 人类最终可以培育出抗叶斑病的香蕉品种。

B. 全世界生产的香蕉，大部分产自规模香蕉种植园。

C. 和在小块香蕉林中相比，香蕉叶斑病在规模香蕉种植园中传播得较慢。

D. 香蕉叶斑病是全球范围内唯一危害香蕉生长的传染病。

E. 香蕉叶斑病不危害植物。

【第1步　识别论证类型】

题干：规模香蕉种植园可以安全地使用这种杀菌剂（避免香蕉叶斑病的影响），因此，全世界的香蕉产量，大部分不会受到香蕉叶斑病的影响。

论据中的论证对象是"规模香蕉种植园"，论点中的论证对象是"全世界的香蕉产量的大部分"，二者不一致，故此题为拆桥搭桥模型。

【第2步　套用母题方法】

A项，无关选项，题干不涉及人类最终是否可以培育出抗叶斑病的香蕉品种。（干扰项·话题不一致）

B项，此项建立了"规模香蕉种植园"与"全世界的香蕉产量的大部分"之间的关系，搭桥法，必须假设。

C项，无关选项，题干不涉及香蕉叶斑病"传播速度"的比较。（干扰项·比较不一致）

D项，不必假设，"唯一"过于绝对。（干扰项·程度不一致）

E项，与题干的背景信息"香蕉叶斑病是一种严重影响香蕉树生长的传染病"矛盾，故排除。

【答案】B

例 10.59　任何行为都有结果。任何行为的结果中，必定包括其他行为。而要判断一个行为是否好，就需要判断它的结果是否好；要判断它的结果是否好，就需要判断作为其结果的其他行为是否好。这样，实际上我们面临着一个不可完成的思考。因此，一个好的行为实际上不可能存在。

以下哪项最可能是上述论证所假设的？

A. 有些行为的结果中只包括其他行为。

B. 我们可以判断已经发生的行为是否好，但不能判断正在发生的行为是否好。

C. 判断一个行为是好的，就需要判断制止该行为的行为是坏的。

D. 我们应该实施好的行为。

E. 一个好的行为必须是能够被我们判断的。

【第1步 识别论证类型】

题干论据的意思是：我们要判断 A 是不是好的，就要判断 A 的结果 B 是不是好的，要判断结果 B 是不是好的，就要判断结果 B 的其他行为 C 是不是好的……这样就会陷入无限循环，因此，我们无法判断一个行为是不是好的。

故题干的论证结构为：我们无法判断一个行为是不是好的，因此，一个好的行为实际上不可能存在。

论据中的核心概念是"无法判断"，论点中的核心概念是"好的行为不可能存在"，二者不一致，故此题为拆桥搭桥模型。

【第2步 套用母题方法】

搭桥法：无法判断→不存在好的行为。

等价于：存在好的行为→可以判断。故 E 项正确。

A 项，"只包括"过于绝对，故排除。

B 项，题干没有区分"已经发生的行为"和"正在发生的行为"，故排除。

C 项，题干不涉及"制止该行为的行为"，故排除。

D 项，"我们应该实施好的行为"是给我们提建议，与题干的论证无关，故排除。

【答案】E

例 10.60 在 H 国前年出版的 50 000 部书中，有 5 000 部是小说。H 国去年发行的电影中，恰有 25 部是由这些小说改编的。因为去年 H 国共发行了 100 部电影，因此，由前年该国出版的书改编的电影，在这 100 部电影中所占的比例不会超过四分之一。

基于以下哪项假设能使上述推理成立？

A. H 国去年发行电影的剧本，都不是由专业小说作家编写的。

B. 由小说改编的电影的制作周期不短于一年。

C. H 国去年发行的电影中，至少 25 部是国产片。

D. H 国前年出版的小说中，适合改编成电影的不超过 0.5%。

E. H 国去年发行的电影，没有 部是基于小说以外的书改编的。

【第1步 识别论证类型】

题干：去年 H 国发行的 100 部电影中，有 25 部是由前年出版的"小说"改编的，因此，由前年该国出版的"书"改编的电影，在这 100 部电影中所占的比例不会超过四分之一。

题干论据的核心概念是"小说"，论点的核心概念是"书"，二者不一致，故此题为拆桥搭桥模型。

【第2步 套用母题方法】

A 项，无关选项，题干不涉及电影剧本是否由"专业小说作家"编写。

B 项，无关选项，题干不涉及"电影的制作周期"。

C 项，无关选项，题干不涉及"国产片"有多少部。

D项，无关选项，题干不涉及"适合改编成电影"的小说占比。

E项，搭建题干中"小说"和"书"的桥梁，必须假设。

【答案】E

例 10.61　从技术上讲，一种保险单如果其索赔额及管理费用超过保金收入，这种保险单就属于折价发行。但是保金收入可以用来投资并产生回报，因而折价发行的保单并不一定总是亏本的。

上述论断建立在以下哪项假设基础之上？

A. 保险公司不会为吸引顾客而故意折价发行保单。

B. 并不是每种亏本的保单都是折价发行的。

C. 在索赔发生前，保单每年的索赔额都是可以精确估计的。

D. 投资与保金收入的所得是保险公司利润的最重要来源。

E. 至少部分折价发行的保单，并不要求保险公司在得到保金后立即支付全部赔偿。

【第1步　识别论证类型】

题干：保金收入可以用来投资并产生回报，因此，折价发行的保单并不一定总是亏本的。

题干中，"将保金收入用于投资"可以看作是一种措施，"产生回报"可以看作是目的。故此题为措施目的模型。

【第2步　套用母题方法】

A项，题干仅涉及折价发行的保单是否"亏本"，不涉及保险公司是否"故意"发行，无关选项。

B项，此项等价于：有的亏本的保单"不是折价发行的"，题干不涉及"不是折价发行"的保单是不是也会亏本的问题，无关选项。

C项，假设过度，此项有两个问题：第一，题干仅涉及"折价发行的保单"，而此项是"保单"，即所有保单；第二，"精确估计"过于绝对。（干扰项·范围不一致）

D项，假设过度，投资与保金收入的所得是保险公司利润的"最重要"来源，过于绝对。（干扰项·程度不一致）

E项，此项指出措施可行，必须假设。使用取非法，若此项为假，则说明所有折价发行的保单都要求立即赔偿，那就无法进行投资以获得收入了。

【答案】E

例 10.62　江口市急救中心向市政府申请购置一辆新的救护车，以进一步增强该中心的急救能力。市政府否决了这项申请，理由是：急救中心所需的救护车的数量，必须与中心的规模和综合能力相配套。根据该急救中心现有的医护人员和医疗设施的规模和综合能力，现有的救护车足够了。

以下哪项是市政府关于此项决定的论证所必须假设的？

A. 江口市的急救对象的数量不会有大的增长。

B. 市政府的财政面临困难，无力购置新的救护车。

C. 急救中心现有的救护车中，至少有一辆近期内不会退役。

D. 江口市的其他大中医院有足够的能力配合急救中心抢救全市的危重病人。

E. 市政府至少在五年内不会拨款以扩大急救中心的规模和提高综合能力。

【第1步 识别论证类型】

题干：急救中心所需的救护车的数量，必须与中心的规模和综合能力相配套。根据该急救中心现有的医护人员和医疗设施的规模和综合能力，现有的救护车足够了，因此，市政府否决了购置一辆新的救护车的申请。

题干中没有明显的命题模型，故直接分析选项。

【第2步 分析选项】

A项，无关选项，市政府否决申请的理由与"急救对象的数量"没有关系，而是与该"急救中心的规模和综合能力"相关。

B项，无关选项，市政府否决申请的理由与"财政"情况没有关系。

C项，必须假设，使用取非法：假设此项为假，则急救中心现有的救护车在近期内全部都会退役，那么，市政府就不应该否决购买救护车的申请。

D项，不必假设，因为市政府的决议仅涉及"急救中心"，不涉及其他医院的情况。

E项，不必假设，因为此项中出现了新的时间"五年"，而题干中市政府的决定是基于"现有的"情况（干扰项·范围不一致）。如果把此项中的"五年内"改为"至少短期内"，则也是很好的假设项。

【答案】C

例 10.63 一个著名歌手获得了一场诉讼的胜利，控告一个广告公司在一则广告里使用了由另一名歌手对该著名歌手演唱的一首众所周知的歌曲的翻唱版本。这场诉讼的结果是广告公司将停止在广告中使用模仿者的版本。因此，由于著名歌手的演唱费用比他的模仿者要高，广告费用将上升。

以上结论基于以下哪项假设？

A. 大多数人无法将一个著名歌手某一首歌的版本同一个好的模仿者对同一首歌的演唱区分开来。

B. 使用著名歌手做广告通常比使用著名歌手的模仿者做广告更有效果。

C. 一些广为人知的歌曲的原版不能在广告中使用。

D. 广告公司将继续使用模仿者来模仿著名歌手的形体动作。

E. 广告公司将在广告中使用该歌曲的原唱版本。

【第1步 识别论证类型】

题干：①广告公司将停止在广告中使用模仿者的版本；②原唱歌手的演唱费用比模仿者高。因此，广告费用将上升。

锁定关键词"将上升"，故此题为预测结果模型。

【第2步 套用母题方法】

A项，无关选项，题干不涉及"能否区分原唱歌手和模仿者"。

B项，无关选项，题干不涉及原唱歌手和模仿者关于广告效果的比较。

C项，无关选项，不确定此项中的"一些广为人知的歌曲"是否是题干中的歌曲。

D项，削弱题干，说明广告公司不会使用原唱歌手，那么就无法得出广告费用将上升的结论。

E项，必须假设，广告公司将使用该歌曲的原唱版本，而原唱歌手的费用更高，所以广告费将会上升。

【答案】E

第7讲

例 10.64　上一个冰川形成并从极地扩散时期的珊瑚化石在比它现在生长的地方深得多的海底被发现了，因此，尽管它与现在生长的珊瑚看起来没多大区别，但能在深水中生长说明它们之间在重要的方面有很大的不同。

上述论证依据下面哪个假设？

A. 在冰川未从极地扩散之前的时期，还没有发现相应年代的珊瑚化石。

B. 冰川扩散时代的地理变动并未使珊瑚化石下沉。

C. 今天的珊瑚大都生活在与那些在较深处发现的珊瑚化石具有相同地理区域的较浅位置。

D. 已发现了冰川从极地扩散的各个时期的珊瑚化石。

E. 现在的珊瑚能够在更深、比它们现在生活的温度更冷的水中生存。

【第 1 步　识别论证类型】

题干：上一个冰川形成并从极地扩散时期的珊瑚化石在比它现在生长的地方深得多的海底被发现了（现象）。因此，能在深水中生长说明它们之间在重要的方面有很大的不同（原因）。

本题有两个命题模型：

模型（1）：现象原因模型。

题干先描述了一种现象，然后分析了这种现象的原因，故此题为现象原因模型。

模型（2）：拆桥搭桥模型。

题干通过"珊瑚化石"的位置，来确定"珊瑚生长"的位置，故此题也为拆桥搭桥模型。

【第 2 步　套用母题方法】

A 项，无关选项，题干讨论的是"冰川从极地扩散时期的珊瑚化石"，而此项讨论的是"冰川未从极地扩散之前的时期的珊瑚化石"。（干扰项·对象不一致）

B 项，搭桥法，说明"珊瑚化石"的位置确实可以代表"珊瑚生长"的位置，必须假设。

C 项，今天的珊瑚比珊瑚化石的位置浅，即珊瑚化石的位置比今天的珊瑚深，故此项重复了题干中的论据，但不是题干的隐含假设。另外，题干只涉及"深度"，不涉及是否在"相同地理区域"。（干扰项·话题不一致）

D 项，无关选项，题干不涉及冰川从极地扩散的"各个时期"的珊瑚化石。（干扰项·对象不一致）

E 项，无关选项，题干的论证只涉及海水的"深度"，并不涉及海水的"温度"。（干扰项·话题不一致）

【答案】B

例 10.65　有医学研究显示，行为痴呆症患者大脑组织中往往含有过量的铝。同时有化学研究表明，一种硅化合物可以吸收铝。陈医生据此认为，可以用这种硅化合物治疗行为痴呆症。

以下哪项是陈医生最可能依赖的假设？

A. 行为痴呆症患者大脑组织的含铝量通常过高，但具体数量不会变化。

B. 该硅化合物在吸收铝的过程中不会产生副作用。

C. 用来吸收铝的硅化合物的具体数量与行为痴呆症患者的年龄有关。

D. 过量的铝是导致行为痴呆症的原因，患者脑组织中的铝不是痴呆症引起的结果。

E. 行为痴呆症患者脑组织中的铝含量与病情的严重程度有关。

【第 1 步　识别论证类型】

题干：①行为痴呆症患者大脑组织中往往含有过量的铝；②一种硅化合物可以吸收铝。因此，可以用这种硅化合物（措施）治疗行为痴呆症（目的）。

本题有两个命题模型：

模型（1）：现象原因模型（共变法型）。

题干论据①中"行为痴呆症"和"过量的铝"这两种现象同时出现，暗含现象原因模型（共变法型），即"过量的铝导致了行为痴呆症"。在这个因果关系成立的前提下，用硅化合物吸收铝才有可能起到治疗作用。

模型（2）：措施目的模型。

由"用这种硅化合物治疗行为痴呆症"可知，此题也为措施目的模型。

【第 2 步 套用母题方法】

A 项，无关选项，题干仅表示该类患者大脑组织含有"过量的铝"，但并不涉及铝的含量是否会"变化"。（干扰项·话题不一致）

B 项，措施目的模型中，并不要求措施完全没有副作用。如果这种硅化合物能治好行为痴呆症，即使它有一些副作用也是值得的。

C 项，无关选项，题干不涉及患者的"年龄"。（干扰项·话题不一致）

D 项，补充了此题模型（1）中的隐含假设，说明确实是过量的铝导致了行为痴呆症，且此项排除了因果倒置的可能，故此项正确。

E 项，不必假设，题干不涉及"铝含量"与病情的"严重程度"之间的关系。

【答案】D

例 10.66　美国扁桃仁于 20 世纪 70 年代出口到我国，当时被误译成"美国大杏仁"。这种误译导致大多数消费者根本不知道扁桃仁、杏仁是两种完全不同的产品。对此，尽管我国林果专家一再努力澄清，但学界的声音很难传达到相关企业和普通大众。因此，必须制定林果的统一行业标准，这样才能还相关产品以本来面目。

以下哪项最可能是上述论证的假设？

A. 美国扁桃仁和中国大杏仁的外形很相似。

B. 进口商品名称的误译会扰乱我国企业正常的对外贸易活动。

C. "美国大杏仁"在中国市场上的销量超过中国杏仁。

D. 我国相关企业和普通大众并不认可我国林果专家的意见。

E. 长期以来，我国没有关于林果的统一行业标准。

【第 1 步 识别论证类型】

题干：美国扁桃仁被误译成"美国大杏仁"。因此，必须制定林果的统一行业标准（措施），这样才能还相关产品以本来面目（目的）。

题干中"制定统一行业标准"可以看作措施，"还产品以本来面目"可以看作目的，故此题为措施目的模型。另外，此题的结论中出现"必须……才……"，因此，也可以从绝对化结论模型的角度解题。

【第 2 步 套用母题方法】

A 项，无关选项，题干不涉及美国扁桃仁和中国大杏仁的"外形"是否相似。

B 项，无关选项，题干不涉及"进口商品名称的误译对对外贸易活动的影响"。

C 项，无关选项，题干不涉及"美国大杏仁和中国杏仁在中国市场销量的比较"。

D项，题干指出学界的声音"很难传达到"相关企业和普通大众，而不是相关企业和普通大众"不认可"专家的观点，故此项不必假设。

E项，措施有必要，必须假设，否则，如果我国已经有了关于林果的统一行业标准，那么就不需要制定这一标准了。

【答案】E

例 10.67 一种对偏头痛有明显疗效的新药正在推广。不过服用这种药可能加剧心脏病。但是只要心脏病患者在服用该药物时严格遵从医嘱，它的有害副作用就完全可以避免。因此，关于这种药物副作用的担心是不必要的。

上述论证基于以下哪项假设？

A. 药物有害副作用的产生都是因为患者在服用时没有严格遵从医嘱。

B. 有心脏病的偏头痛患者在服用上述新药时不会违背医嘱。

C. 大多数服用上述新药的偏头痛患者都有心脏病。

D. 上述新药有多种副作用，但其中最严重的是会加剧心脏病。

E. 上述新药将替代目前其他治疗偏头痛的药物。

【第1步 识别论证类型】

题干：只要心脏病患者在服用该药物时严格遵从医嘱，它的有害副作用就完全可以避免。因此，不必担心这种药的副作用(可能加剧心脏病)。

题干的论据是个假言命题(一般性前提)，论点是针对"这种药物"(个别性结论)，故此题为演绎论证模型。

【第2步 套用母题方法】

A项，假设过度，题干的论证只涉及"这种药"的副作用，而此项说的是"药物的有害副作用都……"，即所有药物的情况。(干扰项·范围不一致)

B项，必须假设，否则，有心脏病的偏头痛患者在服用上述新药时违背医嘱，那么题干中的前提就不成立了(取非法)。

C项，不必假设，只要服用新药的偏头痛患者部分有心脏病即可，无须假设"大多数"都有心脏病。(干扰项·范围不一致)

D项，不必假设，题干仅涉及"可能加剧心脏病"这一种副作用，不涉及"多种副作用"，也不涉及"最严重"的副作用。(干扰项·范围不一致/程度不一致)

E项，不必假设，题干不涉及"其他治疗偏头痛的药物"。

【答案】B

例 10.68 最近的一项对都乐县所有的汽车事故受害者的调查发现，在严重受伤的司机和前排乘客中，80％的人在事故发生时没有系安全带。这表明，通过系安全带，司机和前排乘客可以在事故发生时大幅降低他们严重受伤的风险。

上面得出的结论是不恰当的，除非下面哪项是正确的？

A. 所有调查中的司机和前排乘客中，超过 20％的人在事故发生时系了安全带。

B. 都乐县中远远超过 20％的司机和前排乘客在驾车旅行时不系安全带。

C. 在这次调查中，受重伤的司机和前排乘客比后排乘客多。

D. 调查中超过一半的司机和前排乘客在事故发生时没有系安全带。

E. 大多数向都乐县警方报告的汽车事故不涉及任何重伤。

【第1步 识别论证类型】

题干：在严重受伤的司机和前排乘客中，80%的人在事故发生时没有系安全带。这表明，通过系安全带，司机和前排乘客可以在事故发生时大幅降低他们严重受伤的风险。

题干的论据中出现百分比，论点中出现因果关系，选项中也出现百分比，故此题为**现象原因模型（百分比对比型）**。

【第2步 套用母题方法】

A项，必须假设，所有调查中的司机和前排乘客中，超过20%的人在事故发生时系了安全带。即所有人中没有系安全带的比例不到80%，而出事故的人中没系安全带的人达到了80%，这说明不系安全带真的会增加受伤的风险（差比加强）。

B项，不必假设，只知道远远超过20%的司机和前排乘客在驾车旅行时不系安全带，但是不清楚到底远超多少，无法确定对题干的影响。若被调查者中有大于20%但小于80%的人系了安全带，则加强题干；若被调查者中有大于等于80%的人系了安全带，则削弱题干（同比削弱，差比加强）。

C项，无关选项，题干不涉及"司机和前排乘客"与"后排乘客"数量上的比较。（干扰项·比较不一致）

D项，不必假设，理由与B项完全相同。

E项，无关选项，题干的论证对象是"都乐县所有的汽车事故受害者"，而此项的论证对象是"大多数向都乐县警方报告的汽车事故"。（干扰项·对象不一致）

【答案】A

例 10.69 有些末日论者警告说，天气形势长期转暖或转冷的趋势都将大量减少谷物产量。但是，比较乐观的报告指出，即使平均气温的这种变化真的发生，我们可以预期谷物产量不会有太大变化，因为几乎没有迹象表明降雨量会改变。此外，对大多数庄稼来说，气候导致的产量变化将被年产量的波动和科技因素引起的产量增加而掩盖。

下面哪项是上文提到的较乐观的报告所基于的假设？

A. 天气形势长期的变化无法被准确地预测。

B. 谷物的生产高度依赖于科技因素，以至于不论气候条件如何，产量提高的可能性都不大。

C. 降雨量的变化趋势比温度变化趋势更难孤立地去考虑。

D. 长期的转暖或转冷趋势如果伴随着降雨形势的变化，其对谷物产量的破坏比没有降雨形势的变化时更大。

E. 长期转冷趋势比长期转暖趋势对谷物产量的潜在破坏更严重。

【第1步 识别论证类型】

末日论者：天气形势长期转暖或转冷的趋势都将大量减少谷物产量。

较乐观的报告：①几乎没有迹象表明降雨量会改变；②气候导致的产量变化将被年产量的波动和科技因素引起的产量增加而掩盖。因此，平均气温的变化不会导致预期谷物产量有太大变化。

此题的论据②直接说明气候和产量相关，但论据①只提到了降雨情况，并未说明降雨与论点中产量的关系，故此题为**拆桥搭桥模型**。此外，此题的论点还涉及对结果的预测。

【第 2 步　套用母题方法】

A 项，"天气形势长期的变化"是末日论者提出的观点，此项削弱末日论者的观点，但不是较乐观报告的假设，排除。

B 项，题干中双方争论的是天气形势的变化是不是会"大量减少谷物产量"，并没有对"产量提高"做出假设，排除。

C 项，无关选项，题干不涉及"降雨量的变化趋势"与"温度的变化趋势"衡量难度的比较。（干扰项·比较不一致）

D 项，此项的意思是：降雨形势不变化时影响小，降雨形势变化时影响大；搭建了论据①与论点"不会有太大变化"的关系，故必须假设。

E 项，无关选项，题干不涉及"长期转冷趋势"与"长期转暖趋势"之间的比较。（干扰项·比较不一致）

【答案】D

例 10.70　在高速公路上行驶时，许多司机都会超速。因此，如果规定所有汽车都必须安装一种装置，这种装置在汽车超速时会发出声音提醒司机减速，那么，高速公路上的交通事故将会明显减少。

上述论证依赖于以下哪项假设？

Ⅰ. 在高速公路上超速行驶的司机，大都没有意识到自己超速。

Ⅱ. 高速公路上发生交通事故的重要原因，是司机超速行驶。

Ⅲ. 上述装置的价格十分昂贵。

A. 仅Ⅰ。　　　　　　　B. 仅Ⅱ。　　　　　　　C. 仅Ⅲ。

D. 仅Ⅰ和Ⅱ。　　　　　E. Ⅰ、Ⅱ和Ⅲ。

【第 1 步　识别论证类型】

题干：如果规定所有汽车都必须安装一种装置，这种装置在汽车超速时会发出声音提醒司机减速（措施），那么，高速公路上的交通事故将会明显减少（目的）。

本题有两个命题模型：

模型（1）：措施目的模型。

"安装该种装置"可看作措施，"减少交通事故"可看作目的，故此题为措施目的模型。

模型（2）：拆桥搭桥模型。

论据中涉及"超速"，论点中涉及"事故"，二者不一致，故此题也为拆桥搭桥模型。

【第 2 步　套用母题方法】

Ⅰ项，必须假设。使用取非法：假设此项为假，则在高速公路上超速行驶的司机，他们本身就知道自己超速了，属于明知故犯，因此即使安装了提示装备，也没有作用，所以就不必另外安装设备提醒其超速了。

Ⅱ项，搭桥法，建立论据中"超速"与论点中"事故"的关系，必须假设。

Ⅲ项，无关选项，题干仅涉及该设备是否有作用，不涉及此设备的价格。

【答案】D

例 10.71　莱布尼兹是 17 世纪伟大的哲学家。他先于牛顿发表了他的微积分研究成果。但是当时牛顿公布了他的私人笔记，说明他至少在莱布尼兹发表其成果的10年前已经运用了微积分的原理。牛顿还说，在莱布尼兹发表其成果的不久前，他在给莱布尼兹的信中谈起过自己关于微积分的思想。但是事后的研究说明，牛顿的这封信中，有关微积分的几行字几乎没有涉及这一理论的任何重要之处。因此，可以得出结论：莱布尼兹和牛顿各自独立地发现了微积分。

以下哪项是上述论证必须假设的？

A. 莱布尼兹在数学方面的才能不亚于牛顿。

B. 莱布尼兹是个诚实的人。

C. 没有第三个人不迟于莱布尼兹和牛顿独立地发现了微积分。

D. 莱布尼兹发表微积分研究成果前从没有把其中的关键性内容告诉任何人。

E. 莱布尼兹和牛顿都没有从第三渠道获得关于微积分的关键性细节。

【第1步　识别论证类型】

题干：牛顿与莱布尼兹的信中没有涉及微积分理论的任何重要之处（论据）。因此，莱布尼兹和牛顿各自独立地发现了微积分（论点）。

题干的论据为"信中"不涉及微积分，论点为"独立"发现微积分，二者存在不一致，故此题为拆桥搭桥模型。

【第2步　套用母题方法】

A项，无关选项，题干不涉及莱布尼兹和牛顿二人数学才能的比较。（干扰项·比较不一致）

B项，无关选项，题干的论据和论点并不涉及莱布尼兹的观点或态度，因此莱布尼兹的诚实与否与题干论点的成立性无关，同时，此项有诉诸人身的嫌疑。

C项，无关选项，有没有其他人独立发现微积分，并不影响牛顿、莱布尼兹是否独立发现微积分。

D项，不必假设，"任何人"过于绝对，莱布尼兹可以告诉别人，比如告诉他的妻子、孩子，只要莱布尼兹不把微积分的细节告诉牛顿即可。

E项，除了"信件"以外没有第三渠道，那就建立了"信中没提"和"独立"的等价性，必须假设。使用取非法：假设此项为假，则两人通过其他方式获取到了对方关于微积分的关键性细节，那么他们的发现就存在互相借鉴的可能性，因此就不是各自独立地发现了微积分。

【答案】E

例 10.72　生活成本与一个地区的主导行业支付的平均工资水平呈正相关。例如，某省雁南地区的主导行业是农业，而龙山地区的主导行业是汽车制造业，由此，我们可以得出结论：龙山地区的生活成本一定比雁南地区高。

以下哪项最可能是上文所作的假设？

A. 龙山地区的生活质量比雁南地区高。

B. 雁南地区参与汽车制造业的人比龙山地区少。

C. 汽车制造业支付的平均工资水平比农业高。

D. 龙山地区的生活成本比其他地区都高。

E. 龙山地区的居民希望离开龙山地区，到生活成本较低的地区生活。

【第1步　识别论证类型】

题干：生活成本与一个地区的主导行业支付的平均工资水平呈正相关（论据①）。某省雁南地区的主导行业是农业，而龙山地区的主导行业是汽车制造业（论据②）。由此，我们可以得出结论：龙山地区的生活成本一定比雁南地区高。

论据①是一般性前提，论点是个别性结论，故此题为<u>演绎论证模型</u>。

【第2步　套用母题方法】

论据①提出：生活成本与主导行业的"平均工资水平"正相关；而论据②只提到了主导行业，未提及"平均工资水平"，就得到了关于生活成本的结论。因此，我们要帮助题干补充两个地区主导行业的"平均工资水平"。故C项正确。

A项，无关选项，题干讨论的是"生活成本"，而此项讨论的是"生活质量"。（干扰项·话题不一致）

B项，无关选项，题干不涉及两个地区参与汽车制造业的人数的比较。（干扰项·比较不一致）

D项，无关选项，题干不涉及"龙山地区"与"其他地区"的比较。（干扰项·比较不一致）

E项，无关选项，此项说明龙山地区的生活成本高，但没能指出龙山地区与雁南地区的比较。

【答案】C

例 10.73　如果将中心位置的机场附近的空域仅限于商用客机和那些装备了雷达的私人飞机使用，私人飞机流量的绝大部分将被迫使用偏远的机场。这种私人飞机流量的减少将降低在中心位置的机场附近发生空中撞击的危险。

上述结论依赖以下哪个假设？

A. 对于大多数私人飞机的飞行员来说，使用偏远的机场同中心位置的机场一样方便。

B. 大多数偏远的机场没有装备处理商业客机流量的设备。

C. 大多数使用中心位置机场的私人飞机没有装备雷达。

D. 商业客机比私人飞机有更大的空中相撞的危险。

E. 空中撞击危险的减少将最终导致商业客机流量增加。

【第1步　识别论证类型】

题干：中心位置的机场附近的空域仅限于商用客机和那些装备了雷达的私人飞机使用（即：禁止"没有装备雷达的私人飞机"使用），会让"大部分私人飞机"被迫使用偏远的机场，从而降低在中心位置的机场附近发生空中撞击的危险。

本题有两个命题模型：

模型（1）：措施目的模型。

题干第一句话可看作措施，第二句话可看作目的，故此题为<u>措施目的模型</u>。

模型（2）：拆桥搭桥模型。

题干论据中的论证对象为"没有装备雷达的私人飞机"，题干论点中的论证对象为"大部分私人飞机"，二者存在不一致，故此题也为<u>拆桥搭桥模型</u>。

【第2步　套用母题方法】

A项，不必假设，此项与题干信息中的"被迫使用"偏远的机场相矛盾，既然题干说明私人飞机被迫使用偏远的机场，说明在方便性上应该不如中心位置的机场。

B项，无关选项，题干的论证对象是"私人飞机"，不涉及"商业客机"。（干扰项·对象不一致）

C 项，搭桥法，此项建立"没有装备雷达的私人飞机"和"大部分私人飞机"之间的联系，必须假设。

D 项，无关选项，题干不涉及商业客机与私人飞机空中相撞危险性的比较。

E 项，无关选项，题干不涉及空中撞击危险的减少带来的收益。

【答案】C

例 10.74 某些精神失常患者可以通过心理疗法而痊愈，例如，癔症和心因性反应等。然而，某些精神失常是因为大脑神经递质化学物质不平衡，例如，精神分裂症和重症抑郁，这类患者只能通过药物进行治疗。

上述论述基于以下哪项假设？

A. 心理疗法对大脑神经递质化学物质的不平衡所导致的精神失常无效。

B. 对精神失常患者，药物治疗往往比心理疗法见效快。

C. 大多数精神失常都不是由脑神经递质化学物质的不平衡导致的。

D. 对精神失常患者，心理疗法比药物治疗疗效差些。

E. 心理疗法仅仅是减轻精神失常患者的病情，根治还是需要药物治疗。

【第 1 步 识别论证类型】

题干：治疗精神失常有两种方法：心理疗法∨药物疗法（论据①）。某些精神失常是因为大脑神经递质化学物质不平衡（论据②），因此，这类患者只能通过药物进行治疗（论点）。

题干的论据①是个选言命题（一般性前提），论点是个别性结论，故此题为演绎论证模型。

【第 2 步 套用母题方法】

A 项，必须假设，因为治疗精神失常有两种方法：心理疗法∨药物疗法，因此，要得到"只能"通过药物进行治疗的结论，就必须假设心理疗法无效，即，┐心理疗法→药物疗法。

B 项，无关选项，题干不涉及两种治疗方法"见效速度"的比较。（干扰项·比较不一致）

C 项，不必假设，题干论据②中的量词是"某些"，即存在即可，数量不定。因此，无须假定"大多数"精神失常都不是由脑神经递质化学物质的不平衡导致的。（干扰项·范围不一致）

D 项，不必假设，题干不涉及两种治疗方法治疗效果的比较。

E 项，不必假设，此项与题干信息"某些精神失常患者可以通过心理疗法而痊愈"矛盾。

【答案】A

例 10.75 区别于知识型考试，能力型考试的理想目标，是要把短期行为的应试辅导对于成功应试所起的作用降低到最低限度。能力型考试从理念上不认同应试辅导。一项调查表明，参加各种专业硕士考前辅导班的考生的实考平均成绩，反而低于未参加任何辅导的考生。因此，考前辅导不利于专业硕士考生的成功应试。

为使上述论证成立，以下哪项是必须假设的？

A. 专业硕士考试是能力型考试。

B. 上述辅导班都由名师辅导。

C. 在上述调查对象中，经过考前辅导的考生在辅导前的平均水平和未参加辅导的考生大致相当。

D. 专业硕士考试对于考生的水平有完全准确的区分度。

E. 在上述调查对象中，男女比例大致相当。

第 7 讲

【第1步　识别论证类型】

题干：参加各种专业硕士考前辅导班的考生的实考平均成绩，反而低于未参加任何辅导的考生（两组对比）。因此，考前辅导不利于专业硕士考生的成功应试（因果关系）。

题干由两组对比，得出一个因果关系，故此题为现象原因模型（求异法型）。

【第2步　套用母题方法】

A项，"能力型考试"与题干的背景信息相关，而与题干的论证不直接相关，故此项不必假设。

B项，无关选项，题干不涉及"名师"问题。

C项，必须假设，使用求异法时，要排除其他差异因素影响实验结果的可能。此项排除了两类考生基础不一致的可能。

D项，"完全准确"假设过度。一个考试不必有"完全准确"的区分度，只要能保证有较高的区分度即可。（干扰项·程度不一致）

E项，无关选项，题干不涉及"男女比例"问题。

【答案】C

例 10.76　一项实验显示，那些免疫系统功能较差的人，比起那些免疫系统功能一般或较强的人，在进行心理健康的测试时记录明显较差。因此，这项实验的设计和实施者得出结论：人的免疫系统，不仅保护人类抵御生理疾病，且能保护人类抵御心理疾病。

上述结论基于以下哪项假设？

A. 免疫系统功能较强的人比功能一般的人，更能抵御心理疾病。

B. 患有某种心理疾病的人，一定患有某种相关的生理疾病。

C. 具有较强的免疫系统功能的人不会患心理疾病。

D. 心理疾病不会引起免疫系统功能的降低。

E. 心理疾病不能依靠药物治疗，而只能依靠心理治疗。

【第1步　识别论证类型】

题干：那些免疫系统功能较差的人，比起那些免疫系统功能一般或较强的人，在进行心理健康的测试时记录明显较差（两组对比）。因此，人的免疫系统，不仅保护人类抵御生理疾病，且能保护人类抵御心理疾病（因果关系）。

题干由两组对比，得出一个因果关系，故此题为现象原因模型（求异法型）。

【第2步　套用母题方法】

A项，无关选项，题干比较的是免疫系统功能"差"和"一般或较强"的人，而此项比较的是免疫系统功能"一般"和"较强"的人。（干扰项·比较不一致）

B项，"一定"一词过于绝对，与题干程度不一致，不必假设。

C项，"不会"一词过于绝对，与题干程度不一致，不必假设。

D项，必须假设，此项排除题干因果倒置的可能。使用取非法：假设此项为假，则心理疾病会引起免疫系统功能的降低，那么可以说明是心理健康可以保护免疫系统，而不是免疫系统可以保护人类抵御心理疾病，论点无法成立。

E项，无关选项，题干不涉及心理疾病的"治疗手段"。

【答案】D

例 10.77 医生在给病人做常规检查的同时，会要求附加做一些收费昂贵的非常规检查。医保单位经常拒绝支付这类非常规检查的费用，这样会耽误医生对一些疾病的诊治。

为使上述论证成立，以下哪项是必须假设的？

A. 常规检查的收费标准都低于非常规检查。

B. 非常规检查比常规检查对疾病的诊治更为重要。

C. 医生要求病人做收费昂贵的非常规检查不包含任何经济上增收的考虑。

D. 所有非常规检查对疾病的诊治都有不可取代的作用。

E. 有些患者因为医保单位拒绝支付费用而放弃做一些收费昂贵的非常规检查。

【第1步 识别论证类型】

题干：医保单位经常拒绝支付医生要求的非常规检查的费用，这样会耽误医生对一些疾病的诊治（结果预测）。

锁定关键词"这样会"，可知此题为预测结果模型。

【第2步 套用母题方法】

A项，无关选项，题干不涉及常规检查与非常规检查"收费标准"的比较。

B项，无关选项，题干不涉及常规检查与非常规检查"重要性"的比较。

C项，无关选项，医生是否有"经济上增收的考虑"，与这一检查是不是"有利于诊治"并不直接相关。

D项，不必假设，题干说的是医生要求做"一些"收费昂贵的非常规检查，不必假设"所有"。（干扰项·范围不一致）

E项，此项说明医保单位拒绝支付非常规检查的费用，确实会使得一些病人放弃非常规检查，从而影响了疾病的诊治，必须假设。

【答案】E

专题④ 解释题

⚡ 技巧总结

扫码免费听
专题4讲解

第1步 识别论证类型	题干的提问方式为： "以下哪项如果为真，最有助于解释上述表面上的矛盾现象？" "以下哪项如果为真，最有助于解释上述现象？" "以下哪项如果为真，最有助于解释上述差异？"	
第2步 套用母题方法	（1）解释差异 此类题的题干会出现两个不同的对象，同一事件在这两个对象上发生时，产生了结果上的差异。此时的解法为：找差异，即，找到两个对象之间的差异点，这个差异点会导致题干中结果的差异。 （2）解释矛盾 此类题的题干会出现两个看似矛盾、实则不矛盾的现象。我们要找到题干的矛盾点在哪里，正确的选项可以化解这个矛盾。	

续表

第2步　套用母题方法	（3）解释现象 题干中直接描述一种现象。 我们要找到题干中现象的原因。 【注意事项】 ①解释题的本质就是找原因。 ②无论是以上哪种命题方式，均默认题干中的现象已经发生，我们只能寻找这一现象发生的原因，而不能去质疑这一现象。

典型例题

例 10.78　马晓敏是眼科医院眼底手术的一把刀，也是湖城市最好的眼底手术医生，但是，令人费解的是，经马晓敏手术后，患者视力获得明显提高的比例较低。

以下哪项如果为真，最有助于解释以上陈述？

A. 眼底手术大多是棘手的手术，需要较长的时间才能完成。

B. 除了马晓敏以外，湖城市眼科医院缺乏能干的眼底手术医生。

C. 除了眼底手术，马晓敏同时精通其他眼科手术。

D. 目前经马晓敏手术后患者视力获得明显提高的比例比过去有所提高。

E. 湖城市眼科医院难治的眼底疾病患者的手术大多数都是由马晓敏医生完成的。

【第1步　识别论证类型】

待解释的现象：马晓敏是湖城市最好的眼底手术医生，但是，经马晓敏手术后，患者视力获得明显提高的比例较低。

【第2步　套用母题方法】

注意，此题中暗含马晓敏医生与其他医生的比较。

A项，无关选项，此项说明了"眼底手术需要的时间较长"，但是不涉及马晓敏医生的手术效果为什么比其他医生更差。

B项，此项加剧了题干的矛盾，既然马晓敏医生比其他医生能干，为什么她的眼底手术效果更差呢？

C项，无关选项，题干不涉及"其他眼科手术"。（干扰项·对象不一致）

D项，无关选项，题干不涉及"与过去的比较"。（干扰项·比较不一致）

E项，此项说明马晓敏医生所医治的患者的病情要更加严重，因此术后视力明显提高的比例较低，可以解释题干。

【答案】E

例 10.79　巴斯德认为，空气中的微生物浓度与环境状况、气流运动和海拔有关。他在山上的不同高度分别打开装着煮过的培养液的瓶子，发现海拔越高，培养液被微生物污染的可能性越小。在山顶上，20 个装了培养液的瓶子，只有 1 个长出了微生物。普歇另用干草浸液做材料重复了巴斯德的实验，却得出不同的结果：即使在海拔很高的地方，所有装了培养液的瓶子都很快长出了微生物。

以下哪项如果为真，最能解释普歇和巴斯德实验所得到的不同结果？

A. 只要有氧气的刺激，微生物就会从培养液中自发地生长出来。

B. 培养液在加热消毒、密封、冷却的过程中会被外界细菌污染。

C. 普歇和巴斯德的实验设计都不够严密。

D. 干草浸液中含有一种耐高温的枯草杆菌，培养液一旦冷却，枯草杆菌的孢子就会复活，迅速繁殖。

E. 普歇和巴斯德都认为，虽然他们用的实验材料不同，但是经过煮沸，细菌都能被有效地杀灭。

【第1步　识别论证类型】

巴斯德：海拔越高，培养液被微生物污染的可能性越小，因此，空气中的微生物浓度与环境状况、气流运动和海拔高度有关。

普歇：另用干草浸液做材料重复了巴斯德的实验，却得出不同的结果：即使在海拔很高的地方，所有装了培养液的瓶子都很快长出了微生物。

【第2步　套用母题方法】

普歇与巴斯德的实验结果不同，那就要找到实验条件的差异：巴斯德的实验中，使用普通培养液；普歇的实验中，采用干草浸液。那么，可能就是实验材料的差异导致了实验结果的差异，易知D项正确。

其余各项均不涉及两个人实验的差异，因此不能解释两个人实验结果的不同。

【答案】D

例 10.80　几乎没有动物能受得住撒哈拉沙漠中午的高温，只有一种动物是例外，那就是银蚁。银蚁选择在这个时段离开巢穴，在烈日下寻找食物，通常是被晒死的动物的尸体。当然，银蚁也必须非常小心，弄得不好，自己也会成为高温下的牺牲品。

以下哪项最无助于解释银蚁为什么要选择在中午时段觅食？

A. 银蚁靠辨别自身分泌的信息素返回巢穴，这种信息素即使在烈日下也不会挥发。

B. 随着下午气温的下降，剩下的动物尸体很快会被其他觅食动物搬走。

C. 银蚁的天敌食蚁兽在中午的烈日下不会出现。

D. 中午银蚁巢穴中的气温比地表更高。

E. 银蚁辨别外界信息的能力在中午最为灵敏。

【第1步　识别论证类型】

待解释的现象：几乎没有动物能受得住撒哈拉沙漠中午的高温，但银蚁却选择在中午时段觅食。

【第2步　套用母题方法】

A项，不能解释，信息素在烈日下也不会挥发，只能说明银蚁具备中午出去觅食的基本条件，但不能说明银蚁有中午出去觅食的动机。

B项，可以解释，说明银蚁冒着高温去觅食是担心食物被其他觅食动物搬走。

C项，可以解释，说明银蚁冒着高温去觅食是为了躲避天敌。

D项，可以解释，说明银蚁冒着高温去觅食是因为此时巢穴内的温度更高，出去觅食反而可以更凉快些。

E项，可以解释，说明银蚁冒着高温去觅食是因为此时辨别外界信息的能力最灵敏，利于觅食。

【答案】A

第7讲

例 10.81 一旦消费者认识到通货膨胀阶段开始了，一般就会产生消费的增长。这一增长可以很容易地解释为什么消费者不愿意推迟购买那些肯定要涨价的商品。尽管消费者预料到价格持续上涨，工资也会随之上涨，但是在长期通货膨胀期间，消费者最终还是会推迟那些甚至是日常生活用品的购买。

以下哪项如果为真，最有助于解释上述表面上的矛盾现象？

A. 消费者在通货膨胀时期比在非通货膨胀时期积蓄更多的钱。

B. 在经济标示器发出通货膨胀开始的信号和消费者认识到它开始之间存在一种滞后现象。

C. 对人类行为的一般性描述不适用于每一种具体的行为模式。

D. 如果足够产生影响的消费者不能购买的话，那么价格最终会跌落，而工资不会受到直接影响。

E. 消费者的购买力在通货膨胀的持续时期降低是由于工资跟不上价格上升的速度。

【第 1 步　识别论证类型】

待解释的现象：通货膨胀开始时，消费者不愿意推迟购买那些肯定要涨价的商品，但通货膨胀持续时期，消费者推迟了购买。

【第 2 步　套用母题方法】

A 项，无关选项，题干涉及的是"通货膨胀开始时"与"通货膨胀持续时期"的不同情况，而此项是在比较"通货膨胀时期"和"非通货膨胀时期"的差异。（干扰项·比较不一致）

B 项，不能解释，题干需要解释的是在通货膨胀的"持续时期"的情况，既然通货膨胀在持续，那么，此项所涉的"滞后性"并不影响消费者的决策。

C 项，无关选项，此项明显无法解释题干的矛盾现象。

D 项，此项说明消费者推迟购买会导致"价格跌落"，而题干中说消费者依然认为"价格会上升"，故此项与题干信息不符，不能解释题干。

E 项，可以解释，说明由于工资的上涨速度跟不上价格上升的速度，导致了消费者购买力下降，最终导致推迟购买（不是消费者不想买，是买不起）。

【答案】E

例 10.82 20 年前，任一公司的执行官在选择重新设置公司总部时主要关心的是土地的成本。今天一个执行官在重新设置总部时要关心的东西更广泛了，经常包括当地学校和住房的质量。

假如以上的信息是正确的，则以下哪项最好地解释了以上所描述的执行官所关心的变化？

A. 20 年前高质量的住房和学校像今天一样难以发现。

B. 某些地区房地产税和学校税停止增加，允许许多人购买房屋。

C. 公司执行官在做决定时总是考虑替换方法将怎样影响公司的利润。

D. 一个近年人员缺乏的问题迫使公司找到尽可能多的方法来吸引新的雇员。

E. 在今后 20 年中，一些地区比其他地区土地的价值变化少。

【第 1 步　识别论证类型】

待解释的现象：在选择重新设置公司总部时，20 年前执行官主要关心的是土地的成本，现在还关心当地学校和住房的质量。

【第 2 步　套用母题方法】

A 项，不能解释，在住房和学校方面，既然过去和现在的情况相同，就不能解释题干中执行官关注点的变化。

B项，无关选项，"允许许多人购买房屋"与公司的利益不直接相关，不能说明这会影响公司执行官的决策。

C项，无关选项，此项说明公司执行官会考虑利润问题，但没有说明"考虑学校和住房因素"对公司的影响。

D项，可以解释，说明执行官关心学校和住房的质量，是为了吸引雇员。

E项，无关选项，题干比较的是20年前和现在的情况，而此项说的是"今后20年中"的情况。（干扰项·时间不一致）

【答案】D

例 10.83　佛罗里达的一些社区几乎全部是退休老人居住，如果有，也只有很少的带小孩的家庭居住。然而这些社区聚集了很多欣欣向荣的专门出租婴儿和小孩使用的家具的企业。

以下哪项如果正确，能最好地调和以上描述的表面矛盾？

A. 专门出租小孩用的家具的企业是从佛罗里达的批发商那里买来的家具。

B. 居住在这些社区的为数不多的孩子都互相认识，并经常到其他人的房子里过夜。

C. 这些社区的许多居民经常搬家，更愿意租用他们的家具而不愿意去买。

D. 这些社区的许多居民必须为一年来访几个星期的孙子或者孙女们提供必要的用具。

E. 出租的孩子用的家具与商店里拿来卖的家具质量相同。

【第1步　识别论证类型】

待解释的现象：社区里居住的几乎全部是退休老人，却聚集了很多出租婴儿和小孩使用的家具的企业。

【第2步　套用母题方法】

A项，无关选项，题干的现象与家具的来源无关。

B项，不能解释，此项说明"为数不多的孩子"都互相认识，因此更加证明该小区孩子的人数确实少，加剧了题干中的矛盾。

C项，无关选项，题干涉及"婴儿和小孩"使用的家具，而此项涉及的是"居民"使用的家具。（干扰项·对象不一致）

D项，可以解释，此项说明虽然在这个小区里常住的小孩并不多，但是这些退休老人家里会有来访的小孩，所以他们需要为这些"婴儿和小孩"准备使用的家具。

E项，无关选项，题干不涉及出租的家具和售卖的家具在质量上的比较。（干扰项·比较不一致）

【答案】D

例 10.84　虽然用椰子油制造的不含奶的咖啡伴侣每勺含2克饱和脂肪，或者说它所含的饱和脂肪比同样数量的牛奶高7倍，且这种咖啡伴侣通常不含胆固醇，但是，这样一勺含2克饱和脂肪的咖啡伴侣比含有2毫克胆固醇的同样数量的一勺牛奶使消费者血液中的胆固醇含量增高很多。

以下哪项如果为真，能对上文中的不一致之处提供最好的解释？

A. 营养学家指出，成人每日消耗的饱和脂肪可能不多于250毫克胆固醇。

B. 含 1 克饱和脂肪的食物与含 25 毫克胆固醇的食物对血液中胆固醇含量增加的影响大约有同样的作用。

C. 是牛奶胆固醇含量 5 倍的白色奶油通常被偏爱牛奶的消费者选作咖啡伴侣。

D. 不用椰子油制造的不含奶的咖啡伴侣比纯牛奶含更少的饱和脂肪和胆固醇。

E. 具有较低饱和脂肪含量的奶制品，它们的胆固醇含量通常也较低。

【第 1 步　识别论证类型】

待解释的现象：用椰子油制造的咖啡伴侣不含胆固醇，每勺含 2 克饱和脂肪，但是，它比含有 2 毫克胆固醇的牛奶使消费者血液中的胆固醇含量增高很多。

【第 2 步　套用母题方法】

A 项，无关选项，题干不涉及成人每日消耗多少饱和脂肪。（干扰项·话题不一致）

B 项，可以解释，此项说明"1 克饱和脂肪＝25 毫克胆固醇"对血液中胆固醇含量增加的影响，因此每勺椰子油(2 克饱和脂肪)制造的咖啡伴侣对血液胆固醇的影响相当于 50 毫克胆固醇，远大于题干中每勺牛奶(2 毫克胆固醇)的胆固醇含量。

C 项，无关选项，题干的矛盾中并不涉及"白色奶油"。（干扰项·对象不一致）

D 项，无关选项，题干的矛盾中并不涉及"不用椰子油"制造的不含奶的咖啡伴侣。（干扰项·对象不一致）

E 项，无关选项，此项只涉及了奶制品，不涉及题干中"用椰子油制造的咖啡伴侣"。

【答案】B

例 10.85　实验证明：茄红素具有防止细胞癌变的作用。近年来 W 公司提炼出茄红素，将其制成片剂，希望让酗酒者服用以预防因饮酒过多引发的癌症。然而，初步的试验发现，经常服用 W 公司的茄红素片剂的酗酒者反而比不常服用 W 公司的茄红素片剂的酗酒者更易于患癌症。

以下哪项能解释上述矛盾？

Ⅰ. 癌症的病因是综合的，对预防药物的选择和由此产生的作用也因人而异。

Ⅱ. 酒精与 W 公司的茄红素片剂发生长时间作用后反而使其成为致癌物质。

Ⅲ. W 公司生产的茄红素片剂不稳定，易于受其他物质影响而分解变性，从而与身体发生不良反应而致癌；自然茄红素性质稳定，不会致癌。

A. 仅Ⅰ和Ⅱ。　　　　　B. 仅Ⅰ和Ⅲ。　　　　　C. 仅Ⅱ和Ⅲ。

D. Ⅰ、Ⅱ、Ⅲ。　　　　E. Ⅰ、Ⅱ、Ⅲ都不是。

【第 1 步　识别论证类型】

待解释的现象：茄红素具有防止细胞癌变的作用，但是，W 公司生产的茄红素片剂，酗酒者服用以后反而更容易患癌症。

【第 2 步　套用母题方法】

Ⅰ项，不能解释，此项并未说明茄红素和 W 公司生产的茄红素片剂二者的差异。（干扰项·因人而异）

Ⅱ项，可以解释，此项解释了 W 公司生产的茄红素片剂使酗酒者易患癌症的具体原因。

Ⅲ项，可以解释，此项指出了"自然茄红素"与"W 公司生产的茄红素片剂"之间在致癌性上的差异。

【答案】C

例 10.86   去年，美国费城由妇女控告的强奸案率增加了20％。具有讽刺意味的是，这个数字是由女权运动组织在年度报告中以赞许的口气公布的。

以下哪项如果为真，能逻辑地解释上述女权运动组织看起来不合情理的赞许态度？

A. 市政府鼓励受害妇女控告强奸的新法案的实施，极大地减少了受害妇女不敢控告的情况。

B. 近三年来，这个城市强奸案在刑事案中之比例逐年上升。

C. 女权组织的领导人一直把预防强奸案的发生作为优先考虑的问题。

D. 这个城市受害妇女控告的强奸案发生率最高的地区集中在东部的三个邻近街区。

E. 这个城市对强奸犯的法律惩治越来越严厉。

【第1步　识别论证类型】

待解释的现象：美国费城由妇女控告的强奸案率增加了20％，然而，女权运动组织却赞赏此现象。

【第2步　套用母题方法】

A项，可以解释，此项说明受害妇女控告的强奸案率增加，不是因为强奸案件发生的次数增加，而是发生案件后，原本不敢控告的受害妇女敢于控告了，因此值得赞赏。

B项，无关选项，题干的现象与强奸案在所有刑事案件中的比例无关。（干扰项·比例不一致）

C项，如果此项为真，则女权运动组织的初衷一定是期望强奸案率下降，而事实是强奸案率增加20％，因此女权运动组织不会以赞许的口气公布此事，此项加剧了题干中的矛盾。

D项，无关选项，题干的现象与强奸案具体发生在费城的哪个地区无关。

E项，如果此项为真，那么强奸案率应该下降才对，加剧了题干中的矛盾。

【答案】A

例 10.87   新疆的哈萨克族人用经过训练的金雕在草原上长途追击野狼。某研究小组为研究金雕的飞行方向和判断野狼群的活动范围，将无线电传导器放置在一只金雕身上进行追踪。野狼为了觅食，其活动范围通常很广，因此，金雕追击野狼的飞行范围通常也很大。然而，两周以来，无线电传导器不断传回的信号显示，金雕仅在放飞地3千米范围内飞行。

以下哪项如果为真，最有助于解释上述金雕的行为？

A. 金雕的放飞地周边重峦叠嶂，险峻异常。

B. 金雕的放飞地2千米范围内有一牧羊草场，成为狼群袭击的目标。

C. 由于受训金雕的捕杀，放飞地广阔草原的野狼几乎灭绝了。

D. 无线电传导器信号仅能在有限的范围内传导。

E. 无线电传导器的安放并未削弱金雕的飞行能力。

【第1步　识别论证类型】

待解释的现象：野狼一般活动范围很广，因而金雕追击野狼的飞行范围通常也很大，然而，两周以来金雕仅在放飞地3千米范围内飞行。

【第2步　套用母题方法】

A项，金雕是在天上飞的，因此地面上的地形并不影响金雕的飞行。当然，存在野狼受地形影响而缩小自己的活动范围的可能，故此项有一定的解释力度。

B项，可以解释，此项说明是牧羊草场使野狼的活动范围变小，从而使金雕的飞行范围变小。

C项，加剧了题干中的矛盾，如果放飞地的野狼几乎灭绝了，那么金雕应该飞行更远的距离去搜寻追击野狼，因此金雕的飞行范围应该更大。

D 项，不能解释，因为题干中已说明"无线电传导器不断传回的信号显示"，所以并不是因为金雕飞出了传导范围，否则无线电传导器传回的信号应该是间断的。

E 项，不能解释，如果无线电传导器未削弱金雕的飞行能力，那么金雕有能力飞得更远，故此项加剧了题干中的矛盾。

【答案】B

例 10.88 在 19 世纪，法国艺术学会是法国绘画及雕塑的主要赞助部门，当时个人赞助者已急剧减少。由于该艺术学会并不鼓励艺术创新，19 世纪的法国雕塑缺乏新意。然而，同一时期的法国绘画却表现出很大程度的创新。

以下哪项如果为真，最有助于解释 19 世纪法国绘画与雕塑之间创新的差异？

A. 在 19 世纪，法国艺术学会给予绘画的经费支持比雕塑多。

B. 在 19 世纪，雕塑家比画家获得更多的来自法国艺术学会的支持经费。

C. 由于颜料和画布价格比雕塑用的石料便宜，19 世纪法国的非赞助绘画作品比非赞助雕塑作品多。

D. 19 世纪极少数的法国艺术家既进行雕塑创作，也进行绘画创作。

E. 尽管法国艺术学会仍对雕塑家和画家给予赞助，但 19 世纪的法国雕塑家和画家得到的经费支持明显下降。

【第 1 步 识别论证类型】

前提的相同点：法国绘画及雕塑的主要赞助部门均为不鼓励艺术创新的法国艺术学会。

结论的差异点：法国雕塑缺乏新意，法国绘画却有很大创新。

前提相同，结论出现差异，故此题为解释差异，找到造成雕塑与绘画的不同结果的差异因素即可。

【第 2 步 套用母题方法】

A 项，不能解释题干，既然绘画拿到了法国艺术学会更多的经费，那么绘画更应遵循法国艺术学会的要求，不应该表现出很大程度的创新，此项加剧了题干中的矛盾。

B 项，可以解释题干，但力度较小，因为画家拿到的经费更少可能是他们需要的经费少，那么，就存在画家的作品多数是由法国艺术学会赞助的可能。

C 项，可以解释，此项指出了二者的差异，说明绘画不像雕塑那样依赖法国艺术学会的赞助，绘画可以自给自足，不需要赞助，因此绘画可以不遵循法国艺术学会的要求。

D 项，无关选项，题干不涉及艺术家是否会同时进行雕塑创作和绘画创作。

E 项，"下降"的意思是"与过去相比减少了"，题干不存在 19 世纪与过去的比较。（干扰项·比较不一致）

【答案】C

例 10.89 汽车保险公司的统计数据显示：在所处理的汽车被盗索赔案中，安装自动防盗系统汽车的比例明显低于未安装此种系统的汽车。这说明，安装自动防盗系统能明显减少汽车被盗的风险。但警察局的统计数据却显示：在报案的被盗汽车中，安装自动防盗系统的比例高于未安装此种系统的汽车。这说明，安装自动防盗系统不能减少汽车被盗的风险。

以下哪项如果为真，最有利于解释上述看起来矛盾的统计结果？

A. 许多安装了自动防盗系统的汽车车主不再购买汽车被盗保险。

B. 有些未安装自动防盗系统的汽车被盗后，车主报案但未索赔。

C. 安装自动防盗系统的汽车大都档次较高，汽车的档次越高，越易成为被盗窃的对象。

D. 汽车被盗后，车主一般先到警察局报案，再去保险公司索赔。

E. 有些安装了自动防盗系统的汽车被盗后，车主索赔但未报案。

【第1步　识别论证类型】

待解释的现象：<u>保险公司的统计数据显示</u>，安装防盗系统的汽车被盗索赔案要少于未安装此系统的汽车，但是<u>警察局的统计数据却显示</u>，安装防盗系统的汽车被盗案件多于未安装此系统的汽车。

题干涉及两类对象：保险公司的统计和警察局的统计，需要找到二者的差异。

【第2步　套用母题方法】

A项，可以解释，许多安装了自动防盗系统的汽车车主不再购买汽车被盗保险，那么当他们的车被盗后，他们会去警察局报案，但不会去保险公司索赔，因此保险公司的统计和警察局的统计数据不一致。

B项，不能解释，首先"有些"的数量不确定；其次，如果有很多未安装自动防盗系统的汽车被盗后，车主报案但未索赔，那么警察局的统计就应该出现未安装防盗系统的汽车数量很多的现象，与题干现象不符。

C项，不能解释，此项只能解释安装自动防盗系统的汽车为什么会被盗，但并未说明这些人为什么未向保险公司索赔。

D项，不能解释，如果此项为真，保险公司和警察局的统计数据就不应该有差异。

E项，不能解释，首先"有些"的数量不确定；其次，如果有很多安装了自动防盗系统的汽车被盗后，车主索赔但未报案，那么安装了自动防盗系统的汽车向保险公司索赔的数量应该很多，与题干现象不符。

【答案】A

例 10.90　烟草业仍然是有利可图的。在中国，尽管今年吸烟者中成人的人数减少，烟草生产商销售的烟草总量还是增加了。

以下哪项不能用来解释烟草销售量的增长和吸烟者中成人人数的减少？

A. 今年，开始吸烟的妇女数量多于戒烟的男子数量。

B. 今年，开始吸烟的少年数量多于同期戒烟的成人数量。

C. 今年，非吸烟者中咀嚼烟草及嗅鼻烟的人多于戒烟者。

D. 今年和往年相比，那些有长年吸烟史的人平均消费了更多的烟草。

E. 今年中国生产的香烟中用于出口的数量高于往年。

【第1步　识别论证类型】

待解释的现象：在中国，今年成人吸烟者人数减少了，但是，烟草的销售量却增加了。

【第2步　套用母题方法】

A项，不能解释题干，此项中的对象"妇女和男子"与题干中的对象"成人"存在交集，无法由"妇女和男子"的情况判断"成人"的情况。

B项，可以解释，说明虽然吸烟的成年人减少了，但开始吸烟的少年数量增多了，因而带来了烟草销量的增加。

C项，可以解释，说明咀嚼烟草及嗅鼻烟的人带来了烟草销量的增加。

D项，可以解释，说明虽然吸烟的成年人减少了，但人均烟草消费量增加了，因而带来了烟草销量的增加。

E项，可以解释，说明是由于烟草出口量的增加，带来了烟草销量的增加。

【答案】A

例 10.91　1970 年，U 国汽车保险业的赔付总额中，只有 10％用于赔付汽车事故造成的人身伤害。而 2000 年，这部分赔付金所占的比例上升到 50％，尽管这 30 年来 U 国的汽车事故率呈逐年下降的趋势。

以下哪项如果为真，最有助于解释上述看起来矛盾的现象？

A. 这 30 年来，U 国汽车的总量呈逐年上升的趋势。

B. 这 30 年来，U 国的医疗费用显著上升。

C. 2000 年 U 国的交通事故数量明显多于 1970 年。

D. 2000 年 U 国实施的新交通法规比 1970 年的更为严格。

E. 这 30 年来，U 国汽车保险金的上涨率明显高于此期间的通货膨胀率。

【第 1 步　识别论证类型】

待解释的现象：30 年来 U 国的汽车事故率呈逐年下降的趋势，但是，赔付汽车事故造成的人身伤害的资金占汽车保险业的赔付总额的比例却从 10％上升到了 50％。

【第 2 步　套用母题方法】

$$题干中的比例 = \frac{事故造成人身伤害的赔偿金额}{汽车保险业总的赔偿金额} \times 100\%。$$

A项，汽车总量上升，但因为事故率下降，所以事故数未必上升；即使事故数上升，造成人身伤害赔付的事故数也不一定上升，所以是可能的解释，力度小。

B项，可以解释，医疗费用显著上升，则上述公式的分子变大，所以比例增加。

C项，不能解释，事故总数上升，但造成人身伤害赔付的事故数不一定上升，无法确定造成人身伤害的事故数量的变化。

D项，无关选项，新交通法规更加严格只能解释汽车事故率呈逐年下降的趋势，但是不能解释汽车事故造成的人身伤害的赔偿金额占汽车保险业的赔付总额的比例上升的问题。

E项，无关选项，题干不存在汽车保险金与通货膨胀率的比较。

【答案】B

 专题5　推论题

扫码免费听
专题 5 讲解

技巧总结

第 1 步　识别论证类型	（1）概括论点题 题干的提问方式为： "以下哪项如果为真，最能概括题干所要表达的结论？"

第 1 步　识别论证类型	（2）普通推论题 题干的提问方式为： "如果上述断定为真，则以下哪项断定必然为真？" "如果上述断定为真，最能推出以下哪项结论？" "如果上述断定为真，最能支持以下哪项结论？"
第 2 步　套用母题方法	（1）概括论点题 分析题干的论证结构，找到题干的论点即可。可参考人丑模型的解题方法。 （2）普通推论题 普通推论题与形式逻辑中的推理题以及综合推理题的提问方式是相同的。 因此： 情况 1：题干中有诸如"如果……那么……""只有……才……"等逻辑关联词，此题为推理题，应用本书第 1、2、3 讲的解法解题。 情况 2：题干中没有上述逻辑关联词，则用论证、因果等相关知识解题。 【注意】判断干扰项的方法 主要考虑以下内容：对象的一致性、话题的一致性、量词的一致性、程度的一致性。

✏ 典型例题

例 10.92　人一般都偏好醒目的颜色。在婴幼儿眼里，红、黄都是醒目的颜色，这与成人相同；但与许多成人不同的是，黑、蓝和白色是不醒目的。市场上红、黄色为主的儿童玩具，比同样价格的黑、蓝和白色为主的玩具销量要大。

以上信息最能支持以下哪项结论？

A. 市场上黑、蓝和白色的成人服装比同样价格的红、黄色成人服装销量要大。

B. 市场上红、黄色为主的儿童服装，比同样价格的黑、蓝和白色为主的儿童服装销量要大。

C. 儿童玩具的销售状况至少在某种程度上反映了婴幼儿的喜好。

D. 儿童玩具的制造商认真研究了婴幼儿对颜色的喜好。

E. 颜色是婴幼儿选择玩具的唯一标准。

【第 1 步　识别论证类型】

题干的提问方式为："以上信息最能支持以下哪项结论？"，故此题为推论题。

【第 2 步　套用母题方法】

①在婴幼儿眼中，红色、黄色比黑色、蓝色、白色更醒目。

②红、黄色为主的儿童玩具比同样价格的黑、蓝、白色为主的玩具销量大。

A 项，无关选项，题干讨论的是"儿童玩具"，而此项讨论的是"成人服装"。（干扰项·对象不一致）

B 项，无关选项，题干讨论的是"儿童玩具"，而此项讨论的是"儿童服装"。（干扰项·对象不一致）

C 项，建立了题干中婴幼儿"喜欢的颜色"与"儿童玩具销量"的关系（可认为是搭桥法），故此项正确。

D项，推理过度，由题干无法判定儿童玩具的制造商的行为。例如存在这种可能：儿童玩具的制造商随机生产了不同颜色的玩具，结果发现红、黄色的卖得好。

E项，推理过度，"唯一"标准过于绝对。（干扰项·程度不一致）

【答案】C

例 10.93 人们已经认识到，除了人以外，一些高级生物不仅能适应环境，而且能改变环境以利于自己的生存。其实，这种特性很普遍。例如，一些低级浮游生物会产生一种气体，这种气体在大气层中转化为硫酸盐颗粒，这些颗粒使水蒸气浓缩而形成云。事实上，海洋上空的云层的形成很大程度上依赖于这种颗粒。较厚的云层意味着较多的阳光被遮挡，意味着地球吸收较少的热量。因此，这些低级浮游生物使地球变得凉爽，而这有利于它们的生存，当然也有利于人类。

以下哪项最为准确地概括了上述议论的主题？

A. 为了改变地球的温室效应，人类应当保护低级浮游生物。

B. 并非只有高级生物才能改变环境以利于自己的生存。

C. 一些低级浮游生物通过改变环境以利于自己的生存，同时也造福于人类。

D. 海洋上空云层形成的规模，很大程度上取决于海洋中低级浮游生物的数量。

E. 低等生物以对其他种类的生物无害的方式改变环境，而高等生物则往往相反。

【第1步 识别论证类型】

本题的论证结构是人丑模型。主要论证结构是：人们认识到……，其实这种特性很普遍（论点），例如……（论据）。

注意：题干中的"因此"后面的部分，是对例子的总结，仍然是论据，而不是全文的论点。

【第2步 套用母题方法】

通过对论证结构的分析，可知此题的论点为"不仅是高级生物能适应环境、改变环境以利于自己的生存。其实，这种特性很普遍"，即"并非只有高级生物才能改变环境以利于自己的生存"，故 B 项正确。

A项，无关选项，题干未涉及"保护低级浮游生物"的问题。（干扰项·话题不一致）

C项，此项是题干中"因此"后面的部分，仍然是论据而不是论点，排除此项。

D项，此项是题干例子中的内容，不是论点，排除此项。

E项，无关选项，题干未涉及生物改变环境的方式是否"有害"。

【答案】B

例 10.94 神经化学物质的失衡可以引起人的行为失常，大到严重的精神疾病，小到常见的孤僻、抑郁甚至暴躁、嫉妒。神经化学的这些发现，使我们不但对精神疾病患者，而且对身边原本生厌的怪癖行为者，怀有同情和容忍。因为精神健康，无非是指具有平衡的神经化学物质。

以下哪项最为准确地表达了上述论证所要表达的结论？

A. 神经化学物质失衡的人在人群中只占少数。

B. 神经化学的上述发现将大大丰富精神病学的理论。

C. 理解神经化学物质与行为的关系将有助于培养对他人的同情心。

D. 神经化学物质的失衡可以引起精神疾病或其他行为失常。

E. 神经化学物质是否平衡是决定精神或行为是否正常的主要因素。

【第1步 识别论证类型】

题干的提问方式为："以下哪项最为准确地表达了上述论证所要表达的结论？"，故此题为推论题。

题干：①神经化学物质的失衡可以引起人的行为失常，大到严重的精神疾病，小到常见的孤僻、抑郁甚至暴躁、嫉妒（名词解释：神经化学的发现）。②神经化学的这些发现，使我们不但对精神疾病患者，而且对身边原本生厌的怪癖行为者，怀有同情和容忍（全文的主句，即论点）。③因为精神健康，无非是指具有平衡的神经化学物质（论据）。

【第2步 套用母题方法】

通过对论证结构的分析，可知此题的论点为"神经化学的这些发现使我们怀有同情和容忍"，C项是这句话的同义复述，故C项正确。

A项，无关选项，题干的论证并未涉及神经化学物质失衡的人在人群中的占比。（干扰项·比例不一致）

B项，无关选项，题干的论证并未涉及"精神病学的理论"。（干扰项·对象不一致）

D项，此项相当于"神经化学的这些发现"，但未指出这些发现带来的影响，排除。

E项，此项不选，理由有两点：第一，此项涉及的是题干句①，不是论点；第二，题干未提及"主要"因素。（干扰项·程度不一致）

【答案】C

例 10.95 在西方经济发展的萧条期，消费需求的萎缩导致许多企业解雇职工甚至倒闭。在萧条期，被解雇的职工很难找到新的工作，这就增加了失业人数。萧条之后的复苏，是指消费需求的增加和社会投资能力的扩张。这种扩张要求增加劳动力。但是经历了萧条之后的企业主大都丧失了经商的自信，他们尽可能地推迟雇用新的职工。

上述断定如果为真，最能支持以下哪项结论？

A. 经济复苏不一定能迅速减少失业人数。

B. 萧条之后的复苏至少需要两三年。

C. 萧条期的失业大军主要由倒闭企业的职工组成。

D. 萧条通常是由企业主丧失经商自信引起的。

E. 在西方经济发展中出现萧条是解雇职工造成的。

【第1步 识别论证类型】

题干的提问方式为："上述断定如果为真，最能支持以下哪项结论？"，故此题为推论题。

【第2步 套用母题方法】

题干信息：

①在西方经济发展的萧条期，消费需求的萎缩导致许多企业解雇职工甚至倒闭；被解雇的职工很难找到新的工作，这就增加了失业人数。

②萧条之后的复苏要求增加劳动力。但是经历了萧条之后的企业主大都丧失了经商的自信，他们尽可能地推迟雇用新的职工。

由②可知，由于缺少信心，企业主在经济复苏时不会立即招工，因此失业人数并不一定迅速下降。故A项正确。

B项，无关选项，题干没有提及"两三年"这一具体时间。（干扰项·时间不一致）

第7讲

C项，由①可知，两个原因导致失业：企业解雇职工、企业倒闭。但不能确定哪个是失业的"主要"原因。（干扰项·程度不一致）

D、E项，无关选项，题干讨论的是萧条带来的"后果"，而这两项讨论的是萧条的"原因"。（干扰项·话题不一致）

【答案】A

例 10.96 先天的遗传因素和后天的环境影响对人的发展起的作用到底哪个重要？双胞胎的研究对于回答这一问题有重要的作用。唯环境影响决定论者预言，如果把一对双胞胎完全分开抚养，同时把一对不相关的婴儿放在一起抚养，那么，待他们长大成人后，在性格等内在特征上，前二者之间绝不会比后二者之间有更大的类似。实验的统计数据并不支持这种极端的观点，但也不支持另一种极端观点，即唯遗传因素决定论。

从以上论述最能推出以下哪个结论？

A. 为了确定上述两个极端观点哪一个正确，还需要进一步的研究工作。

B. 虽然不能说环境影响对于人的发展起唯一决定的作用，但实际上起最重要的作用。

C. 环境影响和遗传因素对人的发展都起着重要的作用。

D. 试图通过改变一个人的环境来改变一个人是徒劳无益的。

E. 双胞胎研究是不能令人满意的，因为它得出了自相矛盾的结论。

【第1步　识别论证类型】

题干的提问方式为："从以上论述最能推出以下哪个结论？"，故此题为推论题。

【第2步　套用母题方法】

题干：实验的统计数据并不支持唯环境影响决定论者的观点，但也不支持唯遗传因素决定论者的观点。

由题干信息可知，并不是环境或者遗传中的某单一因素影响人的发展，而是环境影响和遗传因素对人的发展都有重要的作用。故 C 项正确。

A项，无关选项，题干对已进行的实验下了结论，没有涉及是否继续其他研究。

B项，题干并没有比较环境影响和遗传因素对人的影响的大小，故不能得出环境影响的作用"最重要"的结论。（干扰项·程度不一致）

D项，不正确，题干的观点为环境影响和遗传因素对人的发展都有重要的作用，因此认可环境可以影响人的发展，即通过环境改变一个人并不是徒劳无益的。

E项，不正确，题干已然通过双胞胎实验得出结论，没有自相矛盾，遗传因素和环境影响也不是矛盾关系，可以同时起作用。

【答案】C

例 10.97 张珊有合法与非法的概念，但没有道德上对与错的概念。她由于自己的某个行为受到起诉。尽管她承认自己的行为是非法的，但却不知道这一行为事实上是不道德的。

上述断定能恰当地推出以下哪项结论？

A. 张珊做了某种违法的事。

B. 张珊做了某种不道德的事。

C. 张珊是法律专业的毕业生。

D. 非法的行为不可能合乎道德。

E. 对于法律来说，道德上的无知不能成为借口。

【第1步　识别论证类型】

题干的提问方式为："上述断定能恰当地推出以下哪项结论？"，故此题为推论题。

【第2步　套用母题方法】

题干信息：

①张珊承认自己的行为是非法的。

②张珊不知道这一行为事实上是不道德的。

A项，不一定为真，断定①中，"承认"仅是一种主观观点，这种观点不一定是真的。故张珊未必做了非法的事。

B项，一定为真，断定②已经明确表示，张珊的行为"事实上"是不道德的。

C项，无关选项，题干并未涉及张珊"所学的专业"。

D项，无关选项，题干并未涉及"非法的行为是否合乎道德"。

E项，无关选项，题干中张珊并没有把道德上的无知当成借口。

【答案】B

例 10.98　水泥的原料是很便宜的，像石灰石和随处可见的泥土都可以用作水泥的原料。但水泥的价格会受石油价格的影响，因为在高温炉窑中把原料变为水泥要耗费大量的能源。

基于上述断定，最可能得出以下哪项结论？

A. 石油是水泥所含的原料之一。

B. 石油是制水泥的一些高温炉窑的能源。

C. 水泥的价格随着油价的上升而下跌。

D. 水泥的价格越高，石灰石的价格也越高。

E. 石油价格是决定水泥产量的主要因素。

【第1步　识别论证类型】

题干的提问方式为："基于上述断定，最可能得出以下哪项结论？"，故此题为推论题。

【第2步　套用母题方法】

题干：在高温炉窑中把原料变为水泥要耗费大量的能源，因此，水泥的价格会受石油价格的影响。

论据中说"耗费能源"，结论中说"石油"，搭桥建立联系，可见，石油是制水泥的高温炉窑的能源，故B项正确。

A项，不正确，原料是指没有经过加工制造的材料，如用棉花可以做成纺织品，则棉花是纺织品的原料。水泥制造过程中要用石油做能源，不是用石油做原料。

C项，不正确，石油是制造水泥时的能源，则油价的上升会使制造水泥成本上升，可能会带来水泥价格上升而不是下跌。

D项，无关选项，题干的论证不涉及"石灰石的价格"。

E项，无关选项，题干的论证不涉及"水泥产量"。

【答案】B

例 10.99　大多数抗忧郁药物都会引起体重增加，尽管在服用这些抗忧郁药物时，节食有助于减少体重的增加，但不可能完全避免这种现象。

以上信息最能支持以下哪项结论？

A. 医生不应当给体重超重的患者开抗忧郁药处方。

B. 至少有些服用抗忧郁药物的人的体重会超重。

C. 至少有些服用抗忧郁药物的人会体重增加。

D. 至少有些服用抗忧郁药物的患者应当通过节食来保持体重。

E. 服用抗忧郁药物的人体重超重，是由于没有坚持节食。

【第 1 步　识别论证类型】

题干的提问方式为："以上信息最能支持以下哪项结论?"，故此题为推论题。

【第 2 步　套用母题方法】

题干信息：

①大多数抗忧郁药物都会引起体重增加。

②节食有助于减少体重的增加，但不能完全避免体重的增加。

由②可知，至少存在这么一部分服用药物的人，虽然他们节食了，但是体重还是增加了。故 C 项正确。

A 项，推理过度，即使抗忧郁药存在使患者体重增加这一副作用，只要这些药利大于弊，医生还是可以开这些药。

B 项，偷换概念，"体重增加"不代表一定会"超重"。

D 项，不正确，由②可知，节食有助于"减少"体重的增加，而不是"保持"体重。

E 项，不正确，由②可知，节食并不能完全避免体重的增加，说明还会有其他因素导致体重增加，因此把体重超重归结于没有坚持节食，并不妥当。

【答案】C

例 10.100　有一种识别个人签名的电脑软件，不但能准确辨别签名者的笔迹，而且能准确辨别其他一些特征，如下笔的力度、签名的速度等。一个最在行的伪造签名的人，即使能完全模仿签名者的笔迹，也不能同时完全模仿上述这些特征。

如果上述断定为真，则以下哪项最可能为真?

A. 一个伪造签名者，如果能完全模仿签名者下笔的力度，则一定不能完全模仿签名的速度。

B. 一个最在行的伪造签名者，如果不能完全模仿签名者下笔的力度，则一定能完全模仿签名的速度。

C. 对于配备上述软件的电脑来说，如果把使用者的个人签名作为密码，那么除使用者本人外，无人能进入。

D. 上述电脑软件将首先在银行系统得到应用。

E. 上述电脑软件不能辨别指纹。

【第 1 步　识别论证类型】

题干的提问方式为："如果上述断定为真，则以下哪项最可能为真?"，故此题为推论题。

【第 2 步　套用母题方法】

题干：最在行的伪造签名的人，也不能完全模仿电脑软件所能识别的所有特征(如下笔的力度、签名的速度等)。

A 项，此项试图使用选言推理，即若有"不能模仿下笔的力度∨不能模仿签名的速度"，可知"能模仿下笔的力度→不能模仿签名的速度"。但是题干中的"下笔的力度""签名的速度"只是两个例子而已，后面还有个"等"字，并不是仅在这两种中选择，故这个选言推理不成立。

B项，不正确。第一，"下笔的力度""签名的速度"只是其中两个例子，并不能构成选言推理；第二，此项并不符合选言推理的推理规则，如果肯定一个肢判断，那么另一个肢判断真假不定。

C项，由题干可知，即使是最在行的伪造签名的人，也不能同时完全模仿电脑软件所能识别的所有特征，所以模仿的签名一定能被识别出来，只有使用者的个人签名才可以解开密码，故此项为真。

D项，无关选项，题干不涉及"银行系统"。

E项，无关选项，题干不涉及"指纹"。

【答案】C

例 10.101 一些重大工程的严重事故的最初起因，没有一次是设备故障，都是人为失误。这种失误，和小到导致交通堵塞、大到导致仓库失火的人为失误，没有实质性的区别。从长远的观点看，交通堵塞和仓库失火几乎是不可避免的。

上述断定最能支持以下哪项结论？

A. 重大工程不可能因设备故障而导致事故。

B. 重大工程的管理并不比指挥交通、管理仓库复杂。

C. 重大工程如果持续运作，那么发生严重事故几乎是不可避免的。

D. 人们试图通过严格的规章制度以杜绝安全事故的努力是没有意义的。

E. 为使人类免于严重事故引起的灾难，世界各地的重大工程应当立即停止运作。

【第1步 识别论证类型】

题干的提问方式为："上述断定最能支持以下哪项结论？"，故此题为推论题。

【第2步 套用母题方法】

题干使用类比论证：

$$交通堵塞和仓库失火：人为失误，几乎不可避免；$$

$$重大工程事故：人为失误；$$

$$因此，重大工程事故几乎不可避免。$$

A项，无关选项，题干不涉及重大工程是否会因"设备故障"而导致事故。

B项，无关选项，题干仅对"交通堵塞和仓库失火"与"重大工程事故"作了类比，并没有涉及这二者之间"管理难度"的对比。

C项，符合题干的类比论证，正确。

D项，推理过度，因为根据题干，严格的规章制度虽然无法"杜绝"安全事故，但只要能"减少"安全事故的发生，就是有意义的。

E项，推理过度，题干只是表明一些重大工程存在事故风险，但是这并不代表重大工程需要立即停止运作。

【答案】C

例 10.102 最近的研究表明，和鹦鹉长期密切接触会增加患肺癌的危险。但是没人会因为存在这种危险性，而主张政府通过对鹦鹉的主人征收安全税来限制或减少人和鹦鹉的接触。因此，同样的道理，政府应该取消对滑雪、汽车、摩托车和竞技降落伞等带有危险性的比赛场所征

第7讲

收安全税。

以下哪项最不符合题干的意思？

A. 政府应该对一些豪华型的健身美容设施征收专门税以贴补教育。

B. 政府不应该提倡但也不应禁止新闻媒介对飞车越黄河这样的危险性活动的炒作。

C. 政府应运用高科技手段来提高竞技比赛的安全性。

D. 政府应拨专款来确保登山运动和探险活动参加者的安全。

E. 政府应设法通过增加成本的方式，来减少人们对带有危险性的竞技娱乐活动的参与。

【第 1 步　识别论证类型】

题干的提问方式为："以下哪项最不符合题干的意思？"，故此题为推论题。

【第 2 步　套用母题方法】

题干使用类比论证：

和鹦鹉长期密切接触有危险：不应向鹦鹉的主人征收安全税；

滑雪、汽车、摩托车和竞技降落伞等比赛也有危险；

所以，不应该向有危险性的比赛场所征收安全税。

A、B、C、D 四项题干均未提及，是无关选项。

E 项，政府应增加危险性活动的成本，而征收安全税正是增加这些活动的成本，此项支持征收安全税，与题干的意思"不应该向有危险性的比赛场所征收安全税"相反，所以此项最不符合题干的意思。

【答案】E

例 10.103　让所有的实验鼠奔跑 1 小时。第一组实验鼠跑前 1 小时喝西红柿汁。第二组跑后喝西红柿汁。第三组奔跑到 30 分钟后喝西红柿汁，休息 1 小时后再跑 30 分钟。对照组实验鼠只饮水。运动过后 6 小时测量实验鼠血液中标志动物疲劳的物质"TGF-b"的浓度，结果是：与只饮水的实验鼠相比，第一组和第三组实验鼠的这一指标减少 50%～60%，而第二组实验鼠几乎没有差别。

以下哪一项最适合作为上述实验的结论？

A. 饮用西红柿汁可以消除运动引起的疲劳。

B. 动物的疲劳是由"TGF-b"这种物质所致。

C. 前 3 组实验鼠与只饮水的实验鼠是以同样的速度奔跑的。

D. 在运动强度和运动量相同的情况下，运动间隙中较长时间的休息可以减轻疲劳。

E. 运动前饮用西红柿汁可以减轻运动疲劳。

【第 1 步　识别论证类型】

题干的提问方式为："以下哪一项最适合作为上述实验的结论？"，故此题为推论题。

【第 2 步　套用母题方法】

题干使用对比实验：

第一组(跑前喝西红柿汁)：疲劳标志物"TGF-b"的浓度减少 50%～60%；

第三组(跑中喝西红柿汁)：疲劳标志物"TGF-b"的浓度减少 50%～60%；

第二组(跑后喝西红柿汁)：疲劳标志物"TGF-b"的浓度没减少；

对照组（不喝西红柿汁）：疲劳标志物"TGF-b"的浓度没减少；

第一组和第三组的共同点是运动前 1 小时饮用了西红柿汁（求同法），

使得它们疲劳程度比运动后喝西红柿汁和只饮水的要低（求异法）。

因此，可以得到结论：运动前饮用西红柿汁可以减轻运动疲劳。故 E 项正确。

A 项，不正确，此项没有指出"跑前"和"跑后"饮用西红柿汁的区别，而且"消除"一词过于绝对。

B 项，无关选项，题干不涉及什么物质导致动物的疲劳。

C 项，不正确，此项只能是题干的实验要求，不是题干的实验结论。

D 项，不正确，题干的实验目的是验证喝西红柿汁对于疲劳的作用，而非"运动间隙的休息"对疲劳的影响。

【答案】E

例 10.104 硕鼠通常不患血癌。在一项实验中发现，给 300 只硕鼠同等量的辐射后，将它们平均分为两组：第一组可以不受限制地吃食物；第二组限量吃食物。结果第一组有 75 只硕鼠患血癌，第二组有 5 只硕鼠患血癌。

上述实验最能支持以下哪项结论？

A. 硕鼠和其他动物一样，有时原因不明就患血癌。

B. 通过限制硕鼠的进食量，可以控制由实验辐射导致的硕鼠血癌的发生。

C. 是否暴露于辐射之中对于硕鼠是否患血癌没有任何影响。

D. 对于其他种类的动物，实验辐射很少导致患血癌。

E. 硕鼠是否患病，与个体的体质有关。

【第 1 步 识别论证类型】

题干的提问方式为："上述实验最能支持以下哪项结论？"，故此题为推论题。

【第 2 步 套用母题方法】

题干使用求异法：

第一组硕鼠，不限制进食量：75 只患血癌；

第二组硕鼠，限制进食量：5 只患血癌。

因此，控制进食量可控制由实验辐射导致的硕鼠血癌的发生。

故 B 项正确。

A、D 项，无关选项，题干不涉及"其他动物"。

C 项，不符合题干信息：硕鼠通常不患血癌，但给 300 只硕鼠同等量的辐射后，有的硕鼠患了血癌。

E 项，无关选项，题干不涉及"硕鼠的体质与是否患病"的关系。

【答案】B

例 10.105 去年某旅游胜地游客人数与前年游客人数相比，减少约一半。当地旅游管理部门调查发现，去年与前年的最大不同是入场门票从 120 元升到 190 元。

以下哪项措施最可能有效地解决上述游客锐减问题？

A. 利用多种媒体加强广告宣传。

B. 旅游地增加更多的游玩项目。

C. 根据实际情况，入场门票实行季节浮动价。

D. 对游客提供更周到的服务。

E. 加强该旅游地与旅游公司的联系。

【第1步　识别论证类型】

题干的提问方式为："以下哪项措施最可能有效地解决上述游客锐减问题？"，故此题为推论题。

【第2步　套用母题方法】

题干使用求异法：

$$前提差异：门票涨价；$$
$$结果差异：涨价后，游客人数减少约一半；$$
$$\overline{根据求异法：门票涨价导致游客人数减少。}$$

所以，要解决游客人数减少问题，最可能的方法是解决门票价格问题，五个选项中只有C项的措施涉及了门票的价格问题，可迅速选择C项。

其余选项都是可能有效的措施，但不如C项好，因为只有C项直接解决了题干中导致游客数量下降的问题。

【答案】C

例 10.106　一项对西部山区小塘村的调查发现，小塘村约五分之三的儿童进入中学后出现中度以上的近视，而他们的父母及祖辈，没有机会到正规学校接受教育，很少出现近视。

以下哪项作为上述断定的结论最为恰当？

A. 接受文化教育是造成近视的原因。

B. 只有在儿童时期接受正式教育才易于成为近视。

C. 阅读和课堂作业带来的视觉压力必然造成儿童的近视。

D. 文化教育的发展和近视现象的出现有密切关系。

E. 小塘村约五分之二的儿童是文盲。

【第1步　识别论证类型】

题干的提问方式为："以下哪项作为上述断定的结论最为恰当？"，故此题为推论题。

【第2步　套用母题方法】

题干：小塘村约五分之三的儿童进入中学后出现近视，而他们的没有接受学校教育的父母及祖辈却很少出现近视。

根据求异法的推理，上述调查比较的现象是"是否近视"，差异因素是"是否接受学校教育"，从而有利于推出结论：文化教育的发展和近视现象的出现有密切关系。因此，D项作为题干断定的结论最为恰当。

A项，推理过度，因为求异法的结论是或然性的，不能断言接受文化教育是造成近视的原因。

B项，推理过度，此项认为"只有"儿童时期接受正式教育才易出现近视，过于绝对。

C项，推理过度，"必然"一词过于绝对。

E项，不能推出，题干只能推出约五分之二的儿童进入中学后没有出现近视，不涉及该村有多少儿童没接受教育。

【答案】D

例 10.107　19 世纪前，技术、科学发展相对独立。而 19 世纪的电气革命，是建立在科学基础上的技术创新，它不可避免地导致了两者的结合与发展，而这又使人类不可避免地面对尖锐的伦理道德问题和资源环境问题。

以下哪项符合题干的断定？

Ⅰ. 产生当今尖锐的伦理道德问题和资源环境问题的一个重要根源是电气革命。

Ⅱ. 如果没有电气革命，则不会产生当今尖锐的伦理道德问题和资源环境问题。

Ⅲ. 如果没有科学与技术的结合，就不会有电气革命。

A. 仅Ⅰ。　　　　　　　　B. 仅Ⅱ。　　　　　　　　C. 仅Ⅲ。

D. 仅Ⅰ和Ⅲ。　　　　　　E. Ⅰ、Ⅱ和Ⅲ。

【第 1 步　识别论证类型】

题干的提问方式为："以下哪项符合题干的断定？"，故此题为推论题。

本题既考查了因果关系的知识，也考查了形式逻辑的知识：

题干：①电气革命→科学和技术的结合与发展→伦理道德问题和资源环境问题。

等价于：②￢伦理道德问题和资源环境问题→￢科学和技术的结合与发展→￢电气革命。

【第 2 步　套用母题方法】

Ⅰ项，由①可知，此项为真。

Ⅱ项，由②可知，"￢电气革命"后无箭头指向，故此项不能被推出。

Ⅲ项，由②可知，此项为真。

【答案】D

专题 6　其他偶考题

扫码免费听
专题 6 讲解

评论题技巧总结

第 1 步　识别论证类型	题干的提问方式为："回答以下哪个问题对评价以上陈述最有帮助？""了解以下哪项，对评价上述论证最为重要？"
第 2 步　套用母题方法	此类题就是要求我们找到一个关键问题，这一关键问题的回答会直接影响到题干论证的成立性。即，对这个问题做正面回答，可以使题干成立；对这个问题做反面回答，可以使题干不成立。 常用"设计对比实验"法。

典型例题

例 10.108　老林被誉为"股票神算家"。他曾经成功地预测了 1994 年 8 月"井喷式"上升行情和1996年下半年的股市暴跌，这仅是他准确预测股市行情的两个实例。

回答以下哪个问题对评价以上陈述最有帮助？

A. 老林准确预测股市行情的成功率是多少？

B. 老林是否准确地预言了2002年6月13日的股市大跌？

C. 老林准确预测股市行情的方法是什么？

D. 老林的最高学历和所学专业是什么？

E. 有多少人相信老林对股市行情的预测？

【第1步　识别论证类型】

题干的提问方式为："回答以下哪个问题对评价以上陈述最有帮助？"，故此题为评论题。

【第2步　套用母题方法】

题干：老林成功地预测了1994年8月"井喷式"上升行情和1996年下半年的股市暴跌。因此，老林是"股票神算家"。

要知道老林是不是真正的"股票神算家"，仅靠两个例子有以偏概全的嫌疑，还需要知道他准确预测股市行情的成功率是多少。

如果他准确预测股市行情的成功率很高，则说明他是"股票神算家"；反之，则说明他不是"股票神算家"。故A项正确。

【答案】A

例 10.109　在过去的几十年，正在接受高等教育的学生中，女性比例正在逐渐升高。以下事实可以部分地说明这一点：在1959年，20～21岁之间的女性只有11%正在接受高等教育，而在1991年，这个年龄段中的女性有30%在高校读书。

了解以下哪项，对评价上述论证最为重要？

A. 在该年龄段的女性中，没有接受高等教育的比例。

B. 在该年龄段的女性中，完成高等教育的比例。

C. 完成高等教育的女性中，毕业后进入高薪阶层的比例。

D. 在该年龄段的男性中，接受高等教育的比例。

E. 在该年龄段的男性中，完成高等教育的比例。

【第1步　识别论证类型】

题干的提问方式为："了解以下哪项，对评价上述论证最为重要？"，故此题为评论题。

【第2步　套用母题方法】

题干：在1959年，20～21岁之间的女性只有11%正在接受高等教育，而在1991年，这个年龄段中的女性有30%在高校读书，因此，在过去的几十年中，正在接受高等教育的学生中，女性比例正在逐渐升高。

$$接受高等教育的学生中的女性比例 = \frac{接受高等教育的女性人数}{所有接受高等教育的总人数}$$

$$= \frac{接受高等教育的女性人数}{接受高等教育的女性人数 + 接受高等教育的男性人数}。$$

题干仅衡量了分子的大小，而评价题干的论证是否正确，还要衡量分母的大小。

D项，如果"在该年龄段的男性中，接受高等教育的比例"特别大，则说明接受高等教育的男性人数很多，从而说明接受高等教育的学生中的女性比例小；如果"在该年龄段的男性中，接受高等教育的比例"特别小，则说明接受高等教育的男性人数很少，从而说明接受高等教育的学生中的女性比例大。故此项正确。

【答案】D

🕐 结构相似题技巧总结

第1步　识别论证类型	题干的提问方式为： "上述论证方式和以下哪项最为类似？" "以下哪项论证中出现的逻辑错误与题干中出现的类似？"
第2步　套用母题方法	步骤1：找到题干中的论证方法或逻辑错误。 步骤2：选出一个和题干中的论证方法或逻辑错误最为相似的选项。

🖌 典型例题

例 10.110　一艘远洋帆船载着5位中国人和几位外国人由中国开往欧洲。途中，除5位中国人外，全患上了败血症。同乘一艘船，同样是风餐露宿，漂洋过海，为什么中国人和外国人如此不同呢？原来这5位中国人都有喝茶的习惯，而外国人没有。于是得出结论：喝茶是这5位中国人未得败血症的原因。

以下哪项和题干中得出结论的方法最为相似？

A. 警察锁定了犯罪嫌疑人，但是从目前掌握的事实来看，都不足以证明他犯罪。专案组由此得出结论：必有一种未知的因素潜藏在犯罪嫌疑人身后。

B. 在两块土壤情况基本相同的麦地上，对其中一块施氮肥和钾肥，另一块只施钾肥。结果施氮肥和钾肥的那块麦地的产量远高于另一块。可见，施氮肥是麦地产量较高的原因。

C. 孙悟空："如果打白骨精，师父会念紧箍咒；如果不打，师父就会被妖精吃掉。"孙悟空无奈得出结论："我还是回花果山算了。"

D. 天文学家观测到天王星的运行轨道有特征A、B、C，已知特征A、B分别是由两颗行星甲、乙的吸引造成的，于是猜想还有一颗未知行星造成天王星的轨道特征C。

E. 一定压力下的一定量气体，温度升高，体积增大；温度降低，体积缩小。气体体积与温度之间存在一定的相关性，说明气体温度的改变是其体积改变的原因。

【第1步　识别论证类型】

题干的提问方式为："以下哪项和题干中得出结论的方法最为相似？"，故此题为结构相似题。

【第2步　套用母题方法】

题干使用求异法：

$$5\text{位中国人喝茶：没有得败血症；}$$
$$\text{外国人没有喝茶：得了败血症；}$$
$$\overline{\qquad\qquad\qquad\qquad\qquad\qquad}$$
$$\text{所以，喝茶是这5位中国人未得败血症的原因。}$$

A、D项，选项排除了已知因素，说明有未知因素，为剩余法论证，与题干不同。

B项，此项用两组对比实验，得出一个因果关系，为求异法论证，与题干相同。

C项，此项使用二难推理，与题干不同。

E项，此项通过温度与体积之间存在共变关系来确定二者的因果关系，为共变法论证，与题干不同。

【答案】B

例 10.111 一家化工厂，生产一种可以让诸如水獭这样小的哺乳动物不能生育的杀虫剂。工厂开始运作以后，一种在附近小河中生存的水獭不能生育的发病率迅速增加。因此，这家工厂在生产杀虫剂时一定污染了河水。

以下哪项陈述中所包含的推理错误与上文中的最为相似？

A. 低钙饮食可以导致家禽产蛋量下降。一个农场里的鸡在春天放出去觅食后，它们的产蛋量明显减少了。所以，它们找到和摄入的食物的含钙量一定很低。

B. 导致破伤风的细菌在马的消化道内生存，破伤风是一种传染性很强的疾病。所以，马一定比其他大多数动物更容易染上破伤风。

C. 营养不良的动物很容易感染疾病，在大城市动物园里的动物没有营养不良。所以，它们肯定不容易感染疾病。

D. 猿的特征是有反转的拇指并且没有尾巴。最近，一种未知动物的化石残余被发现，由于这种动物有可反转的拇指，所以，它一定是猿。

E. 有人说一般头顶双旋的孩子都比较聪明，因此，聪明的孩子的头顶都有两个旋。

【第1步 识别论证类型】

题干的提问方式为："以下哪项陈述中所包含的推理错误与上文中的最为相似？"，故此题为结构相似题。

【第2步 套用母题方法】

题干的论证：杀虫剂导致不能生育，不能生育，所以杀虫剂是原因。

即：A→B，B，所以原因是A。

A项，A→B，B，所以原因是A。故此项与题干相同。

B项，题干是分析原因，此项是推断结果，故此项与题干不同。

C项，A→B，￢A，所以，￢B。故此项与题干不同。

D项，A→B∧￢C，B，所以，A。故此项与题干不同。

E项，A→B，因此，B→A。故此项与题干不同。

【答案】A

例 10.112 有些人坚信飞碟是存在的。理由是，谁能证明飞碟不存在呢？

下列选项中，哪一项与上文的论证方式是相同的？

A. 中世纪欧洲神学家论证上帝存在的理由是：你能证明上帝不存在吗？

B. 神农架地区有野人，因为有人看见过野人的踪影。

C. 科学家不是天生聪明的。因为，爱因斯坦就不是天生聪明的。

D. 一个经院哲学家不相信人的神经在脑中汇合。理由是，亚里士多德著作中讲到，神经是从心脏里产生出来的。

E. 鬼是存在的。如果没有鬼，为什么古今中外有那么多人讲鬼故事？

【第 1 步　识别论证类型】

题干的提问方式为："下列选项中，哪一项与上文的论证方式是相同的？"，故此题为结构相似题。

【第 2 步　套用母题方法】

题干：把不能证明飞碟不存在，作为飞碟存在的理由，犯了诉诸无知的逻辑错误。

A 项，把不能证明上帝不存在，作为上帝存在的理由，诉诸无知，与题干相同。

B 项，"有人看见过野人的踪影"是得出"神农架地区有野人"的论据，与题干不同。

C 项，用爱因斯坦的情况来概括科学家的情况，以偏概全，与题干不同。

D 项，用亚里士多德的观点作为论据，诉诸权威，与题干不同。

E 项，通过假设没有鬼存在，推出矛盾，从而证明鬼存在，反证法，与题干不同。

【答案】A

💡 老吕贴心话

老吕贴心话 ⑭　《7 讲》看完以后做什么？

我知道很多同学会着急刷题。老吕建议先不要着急，先把《7 讲》按如下方式总结一遍：

1. **复盘所有知识点和公式。**要求：知识点能理解，公式会推导。

2. **用思维导图的方式总结所有命题模型的解题技巧。**可以用纸画，但如果能在脑子里靠联想就把思维导图全画出来，那就更好了。

3. **复盘错题。**但是，千万不要抄题，主要是分析一下错误题目的考点、模型。对论证逻辑来说，还要分析正确选项是如何设计的，干扰项是如何设计的。

做完《7 讲》后，优先把《母题 800 练》做透，如果还有时间可以做《400 题》系列。把一个体系学透，就可以拿高分。

老吕贴心话 ⑮　如何高效利用真题？

1. 使用真题的常见误区

每一年到了 11 月份，都会有很多同学和我产生以下对话：

同学："老师，我什么时候开始做真题？"

老吕："我不是说了让你们早点开始做真题吗？"

同学："我听说真题做早了就浪费了。"

我的天！！请你相信一个中考全市第三、高考全市第十四名的山东省学霸好吗？更何况这个学霸搞考研已经搞了十几年，已经把无数学生送上岸！我很真诚地和你说，真题不做才是浪费了，真题做得晚才是浪费了!!!

2. 使用真题的正确方法

接下来，我来说说真题应该怎么用。

第 1 步：用真题做模考。

但要注意，并不是在考试前一个月才拿出真题来模考。而是，你每备考完一轮，都要拿出 1 到 2 套真题来模考，而且是限时模考。例如，基础轮过完，就要模考真题；强化轮过完，再模考真题，以此类推。

这样做有两个作用：第一，了解真题的命题特点，看看自己做的书、听的课是否符合真题的命题特点；第二，了解自己与真题的差距，发现自己的薄弱章节，以便调整后面的学习计划。

如果你是全日制考生，建议最迟在 10 月底之前模考完所有真题。

如果你是在职考生，建议最迟在 11 月底之前模考完所有真题。

第 2 步：总结分析真题的命题规律。

真题能反映命题人过去的命题思路，能预测命题人未来的命题方向。因此，我们必须把真题做好、做透，最好能做分类总结，以求发现真题的命题规律。

如果自己的总结能力强，可以自行总结真题；如果自己的总结能力不够，可以听我们协议班中的真题分类密训课程。

3. 哪些年份的真题值得做

管理类联考 2016 年至今的真题价值最高，最能代表当前命题人的命题思路，要重点做；2013 年至 2015 年的真题质量也不错，也可认真做。2012 年及以前的真题，有一些题和现在的命题思路相同，有一些题已经不能反映现在的命题思路。2012 年及以前的一些有价值的真题，在我们的《要点 7 讲》和《母题 800 练》中已经选用，因此，你没必要再做 2012 年及以前的套卷。

经济类联考 2021 年至今的真题，由教育部统一命题，应重点训练。而 2020 年及以前的真题，由高校自主命题。这两类题无论是从题型设计，还是从考试内容看，差别都较大，因此，2020 年及以前的真题价值不高。

经济类联考的同学可以看 2013 年至今的管理类联考逻辑和论证有效性分析真题，因为这些题和经综真题的命题思路没有任何区别；也可以借鉴 2013 年至今的管理类联考论说文真题，因为这些题与经综的论说文存在较大的相似性。

同理，管理类联考的同学，可以看 2021 年至今的经综逻辑、写作真题，其他年份的经综真题则不必再看。

老吕贴心话 ⑯ 管综数学和写作应该怎么学？

如果你前期已经学过数学基础且基础不错，可以直接学《母题 800 练》。掌握母题，天下无题。

如果你没有数学基础或基础不扎实，则踏踏实实跟着我和老罗学就行，先《7 讲》，再《800 练》，再《400 题》，足够了。

现在很多同学认为数学做的题越多越好、做的题越难越好，以老吕十五年的教学经验来看，老吕不认同这种观点。老吕认为：第一，真题要考的题目要学透！反复搞，直到一道都不错；而真题从来没考过的题，甚至一些超纲题，看一眼就是眼睛犯了罪。我记得前几天有同学问了老罗一道特别奇葩的几何概率题，这是超纲的，不会考。从 1997 年到现在，真题一共考了六十多种题型。为防万一，我们在 7 讲和 800 练上给大家准备了八十八种题型，并且标注了考频，也就是说，把这些题做好，已经足够覆盖所有真题并且已经溢出需求。第二，平时训练的题目要大于真题，但不宜过难。我们考的是以基础知识和核心题型为主的选择题，而不是奥数竞赛题。用特别难的题来折磨自己，是一种自我PUA。从难度来讲，7讲和800练上的题，整体难度已经大于真题，无须再追求更高难度。个别同学认为7讲和800练上的数学题不够难，这是一种错觉；其实是因为我们分类分得特别好，在这种分类方法的指导下，难题也会变简单。

但要注意，最近几年数学真题呈现一个明显的变化，就是更加注重对数学知识的理解和应用能力，涉及复杂计算的题考得非常少。

例如下面这道2022年的真题：

如右图所示，AD 与圆相切于点 D，AC 与圆相交于点 B，C. 则能确定 $\triangle ABD$ 与 $\triangle BDC$ 的面积比.

(1)已知 $\dfrac{AD}{CD}$.

(2)已知 $\dfrac{BD}{CD}$.

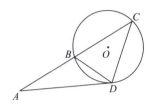

如果你基础知识扎实，能看出来这道题中的三角形相似，根据面积比等于相似比的平方，可以秒选 B。但如果你基础知识不扎实，会感觉这道题无从下手。

而且，现在很多条件充分性判断题，是没有数字的。2022年真题中，10道条件充分性判断题有8道几乎没有数字。这种题更加考查大家对数学知识的理解和应用。

写作的学习比较简单，可以按《7讲》——《33篇》——"9大篇"这一顺序进行学习。其中《7讲》是写作教材，《33篇》是论说文素材，"9大篇"是押题。写作不要怕，只要掌握老吕的写法，想拿高分很容易的。

老吕贴心话 17　经综数学和写作应该怎么学？

经综数学可以先《要点精编》，再《800练》，再真题。经综数学的书不是老吕写的，但老吕知道我们这个系列的书编写得还是很好的，经综的同学可以看一看。当然，老吕自己不讲数学，具体的细节我也讲不清楚，大家可以自行判断。

经综的写作与管综的写作，基本相同，但又略有区别。其中，论证有效性分析的命题是完全相同的；论说文的写作原理相同，但经综的论说文更加偏重社会类话题一些，可以多在这方面做准备。

学习方式也是《7讲》——《33篇》——"9大篇"这一顺序。

老吕贴心话 18　考研需要报班吗？

很多同学认为老师只是想赚钱而已，把自己和老师对立起来，这是不对的。说实话，这个世界上99%的人都想赚钱，但作为老师，我对自己的学生是有责任、有情怀的。我特别真诚地希望我的每个学生好，无论报不报班，只要愿意相信我的学生，我都认为是我的学员，我都愿意尽我所能去帮助他。

我自己也经常看到一些不需要报班的帖子，这是一种误导；还有那些劝你看10个老师课的帖子，也是一种误导。如果你相信我们的课，你应该先把我们的东西学透；如果你相信别的老师，也应该把别的老师的东西学透；东学一下西学一下，一般不会有太好的效果。你得相信专业的力量。比如，理发应该找托尼老师，跨栏则应该找孙海平教练。

所以，如果你在经济上没有压力，请把少量的钱投在自己的未来上；如果你经济上有压力，我们会给你提供很多免费课，请至少扫一下二维码，把这些免费课听完，这也会帮助你很多。

MBA MPA MPAcc MEM

管理类 经济类联考逻辑

书课包

主编
吕建刚

随堂笔记

"填空式"默写掌握重点内容
搭配逻辑7讲，二次练习巩固

中国政法大学出版社

2023 · 北京

目 录

第 1 讲　推理基础

（形式逻辑及综合推理基础）

第2讲　推理母题：5大条件类

（含形式逻辑及综合推理）

第3讲　推理母题：非5大条件类

（含形式逻辑及综合推理）

第4讲　论证母题：一致性类

第5讲　论证母题：非一致性类

第6讲　逻辑谬误与论证逻辑干扰项

第7讲　论证逻辑必考专题突破

答案速查

1

推理基础

（形式逻辑及综合推理基础）

写在前面的话

① 推理的基础是什么？

在管理类联考中推理题平均每年考 18 道，在经济类联考中推理题平均每年考 12 道。这些推理题，又可以分为两大类，即形式逻辑和综合推理。但实际上，无论是形式逻辑还是综合推理，其基础知识都是形式逻辑的基本公式。想把这两部分题目做好，学好形式逻辑是基础。

② 什么是形式逻辑？

形式逻辑的概念比较抽象。我们用以下例子来说明什么是形式逻辑。

例如：

如果下雨，那么地上湿。

如果我爱你，那么我嫁给你。

如果好好学习，就能考上研究生。

如果听了老吕的课，就能得高分。

在以上例子中，虽然四句话的内容不一样，但其形式是完全一样的。我们可以把上面的例子表示成"如果 A，那么 B"的形式。

可见，形式逻辑就是不考虑思维的内容，只研究思维形式的思维过程。

联考大纲中规定的概念、判断、推理，都属于形式逻辑。因此，严格意义上说，本书的第 1～3 讲均属于形式逻辑。

本讲内容

23个大纲考点

第1章　复言命题
- 大纲考点1　充分条件（A→B）
- 大纲考点2　必要条件（﹁A→﹁B）
- 大纲考点3　充要条件（A←→B）
- 大纲考点4　"除非否则"的三种句式
- 大纲考点5　串联推理
- 大纲考点6　联言命题（A∧B）
- 大纲考点7　相容选言命题（A∨B）
- 大纲考点8　不相容选言命题（A∀B）
- 大纲考点9　箭头与或者的互换公式
- 大纲考点10　不相容选言命题与排除法的使用
- 大纲考点11　箭摩根公式
- 大纲考点12　多重假言命题

第2章　简单命题
- 大纲考点13　性质命题
- 大纲考点14　模态命题
- 大纲考点15　性质命题的负命题
- 大纲考点16　模态命题的负命题
- 大纲考点17　联言选言命题的负命题
- 大纲考点18　假言命题的负命题
- 大纲考点19　关系命题

第3章　概念
- 大纲考点20　概念与定义
- 大纲考点21　集合概念与类概念
- 大纲考点22　概念间的关系
- 大纲考点23　概念的划分

第1章　复言命题

第1节　假言命题

扫码免费听
本节讲解

📋 本节知识清单

大纲考点	
大纲考点1　充分条件（A→B）	大纲考点4　"除非否则"的三种句式
大纲考点2　必要条件（¬A→¬B）	大纲考点5　串联推理
大纲考点3　充要条件（A↔B）	

大纲考点1　充分条件（A→B）

1.1　什么是充分条件

类型	含义	通俗理解	符号化	口诀
充分条件				

下列例句均表示充分条件。

例句	关联词	符号化
如果有钱，就任性		
只要不作死，就不会死		
一旦我爱你，我就嫁给你		
水烧到了100℃，就会沸腾		
想要下雨，必须有云		
欲速则不达		
听了老吕的课，一定能考上		
你行你上		

1.2 逆否命题

口诀 1 逆否命题

公式

1.3 箭头指向原则

口诀 2 箭头指向原则

典型例题

例 1.1 如果下雨，那么地就湿。

以下哪项符合以上断定？

Ⅰ. 如果地没湿，说明没有下雨。

Ⅱ. 如果地湿了，说明一定下雨了。

Ⅲ. 如果不下雨，地就不会湿。

A. 仅Ⅰ。　　　B. 仅Ⅱ。　　　C. 仅Ⅲ。　　　D. 仅Ⅱ和Ⅲ。　　　E. Ⅰ、Ⅱ和Ⅲ。

大纲考点 2　必要条件 (┐A→┐B)

2.1　什么是必要条件

类型	含义	通俗理解	符号化	口诀	逆否
必要条件					

下列例句均表示必要条件。

例句	关联词	符号化
只有你买房，我才嫁给你		
除非你买房，我才嫁给你		
好好学习是考上大学的前提		
爱情是婚姻的基础		
空气对于人类的生存是不可或缺的		

2.2　箭头指向原则

典型例题

例 **1.2** 只有我爱你，我才嫁给你。

若以上信息为真，则以下哪项不确定真假？

Ⅰ．如果不爱你，则我不会嫁给你。

Ⅱ．如果我爱你，则我一定嫁给你。

Ⅲ．如果我不嫁给你，则我不爱你。

A. 仅Ⅰ。

B. 仅Ⅱ。

C. 仅Ⅲ。

D. 仅Ⅱ和Ⅲ。

E. Ⅰ、Ⅱ和Ⅲ。

例 **1.3** 只有较高艺术修养的学生，才能考上电影学院。

如果这个断定成立，则以下哪项一定为真？

A. 有较高艺术修养的学生，也可以考上其他大学。

B. 电影学院有时也招有较高艺术修养的成年人。

C. 王英没有较高的艺术修养，但她考上了电影学院。

D. 如果王英考上了电影学院，则她一定有较高的艺术修养。

E. 有较高艺术修养的学生，都能考上电影学院。

例 **1.4** 甲、乙、丙三人讨论"不劳动者不得食"这一原则所包含的意义。

甲说："不劳动者不得食，意味着得食者可以不劳动。"

乙说："不劳动者不得食，意味着得食者必须是劳动者。"

丙说："不劳动者不得食，意味着劳动者一定得食。"

以下哪项结论是正确的？

A. 甲的意见正确，乙和丙的意见不正确。

B. 乙的意见正确，甲和丙的意见不正确。

C. 丙的意见正确，甲和乙的意见不正确。

D. 乙和丙的意见正确，甲的意见不正确。

E. 甲、乙、丙三人的意见都不正确。

大纲考点3　充要条件（A↔B）

类型	含义	通俗理解	符号化	口诀	逆否
充要条件					

下列例句均表示充要条件。

例句	关联词	符号化
当且仅当你买房，我才跟你结婚		
你心里只有我是我爱你的唯一条件		

口诀3　假言命题

典型例题

例 1.5　当且仅当你的联考分数达到180分时，你能进武汉大学MBA复试。

如果以上断定为真，则以下哪项也必然为真？

Ⅰ. 如果你的联考分数达到180分，你就能进武汉大学MBA复试。

Ⅱ. 只有你的联考分数达到180分，你才能进武汉大学MBA复试。

Ⅲ. 如果你的联考分数没达到180分，你就不能进武汉大学MBA复试。

A. 仅Ⅰ。　　　　　　　　B. 仅Ⅱ。　　　　　　　　C. 仅Ⅲ。

D. 仅Ⅱ和Ⅲ。　　　　　　E. Ⅰ、Ⅱ和Ⅲ。

大纲考点 4　"除非否则"的三种句式

"除非否则"的三种句式	除非 A，否则 B	A，否则 B	B，除非 A
画箭头			

口诀 4　"除非否则"的三种句式

典型例题

例 1.6 只有认识错误，才能改正错误。

以下各项都准确地表达了上述断定的含义，除了：

A. 除非认识错误，否则不能改正错误。

B. 如果不认识错误，那么不能改正错误。

C. 如果改正错误，说明已经认识了错误。

D. 只要认识错误，就一定能改正错误。

E. 不能改正错误，除非认识错误。

真题秒杀

例 1.7（2012 年管理类联考真题）经理说："有了自信不一定赢。"董事长回应说："但是没有自信一定会输。"

以下哪项与董事长的意思最为接近？

A. 不输即赢，不赢即输。

B. 如果自信，则一定会赢。

C. 只有自信，才可能不输。

D. 除非自信，否则不可能输。

E. 只有赢了，才可能更自信。

例 **1.8** (2020 年经济类联考真题)只要不下雨，典礼就按时开始。

以下哪项正确表述了上述断定？

Ⅰ. 如果典礼按时开始，则一定没有下雨。

Ⅱ. 如果典礼不按时开始，则一定下雨。

Ⅲ. 除非下雨，否则典礼就按时开始。

A. 只有Ⅰ。

B. 只有Ⅱ。

C. 只有Ⅲ。

D. 只有Ⅱ和Ⅲ。

E. Ⅰ、Ⅱ和Ⅲ。

大纲考点 5　串联推理

已知 A→B，B→C。则有：_____。

逆否可得：_____。

此时，仍可满足箭头指向原则：_____。

口诀 5　推理基本法

典型例题

例 **1.9** 如果你犯了法，你就会受到法律制裁；如果你受到法律制裁，别人就会看不起你；如果别人看不起你，你就无法受到尊重；而只有得到别人的尊重，你才能过得舒心。

从以上叙述中，可以推出下列哪一个结论？

A. 你不犯法，日子就会过得舒心。

B. 你犯了法，日子就不会过得舒心。

C. 你日子过得不舒心，证明你犯了法。

D. 你日子过得舒心，表明你看得起别人。

E. 如果别人看得起你，你日子就能过得舒心。

真题秒杀

例 1.10 （2002年MBA联考真题）一本小说要畅销，必须有可读性；一本小说，只有深刻触及社会的敏感点，才能有可读性；而一个作者如果不深入生活，他的作品就不可能深刻触及社会的敏感点。

以下哪项结论可以从题干的断定中推出？

Ⅰ. 一个畅销小说作者，不可能不深入生活。

Ⅱ. 一本不触及社会敏感点的小说，不可能畅销。

Ⅲ. 一本不具有可读性的小说的作者，一定没有深入生活。

A. 只有Ⅰ。

B. 只有Ⅱ。

C. 只有Ⅰ和Ⅱ。

D. 只有Ⅰ和Ⅲ。

E. Ⅰ、Ⅱ和Ⅲ。

例 1.11 （2015年管理类联考真题）一个人如果没有崇高的信仰，就不可能守住道德的底线；而一个人只有不断地加强理论学习，才能始终保持崇高的信仰。

根据以上信息，可以得出以下哪项？

A. 一个人没能守住道德的底线，是因为他首先丧失了崇高的信仰。

B. 一个人只要有崇高的信仰，就能守住道德的底线。

C. 一个人只有不断加强理论学习，才能守住道德的底线。

D. 一个人如果不能守住道德的底线，就不可能保持崇高的信仰。

E. 一个人只要不断加强理论学习，就能守住道德的底线。

扫码免费听
本节讲解

第2节 联言选言命题

本节知识清单

大纲考点	
大纲考点6 联言命题（A∧B） 大纲考点7 相容选言命题（A∨B） 大纲考点8 不相容选言命题（A∀B）	大纲考点9 箭头与或者的互换公式 大纲考点10 不相容选言命题与排除法的使用 大纲考点11 箭摩根公式 大纲考点12 多重假言命题

大纲考点6 联言命题（A∧B）

6.1 什么是联言命题

类型	含义	符号化	发生事件的个数
联言命题			

以下例句均为联言命题。

例句	关联词	符号化
老罗既胖又可爱		
我想低调，但是实力不允许		
高端大气上档次		
康哥很有才华，却没有头发		
酱心和酱油都考上了研究生		

6.2 联言命题的真假

根据联言命题 A∧B 的含义"A、B 都发生"，易得"联言命题的真值表"：

情况	A	B	A∧B
①			
②			
③			
④			

可见：＿＿＿＿＿＿＿＿＿＿＿＿＿＿＿＿。

6.3 联言命题的矛盾命题

观察上表可知：

1."A∧B"为真，有＿＿＿＿＿种可能，即＿＿＿＿＿＿＿＿＿＿＿＿＿。

2."A∧B"为假，有＿＿＿＿＿种可能，即＿＿＿＿＿＿＿。此时，A 和 B 可能＿＿＿＿＿＿＿，也可能＿＿＿＿＿＿。即，A 假和 B 假至少发生一个，我们将至少发生一个记为"∨"，则有："A∧B"为假，等价于：＿＿＿＿＿＿＿＿＿＿＿＿＿＿＿＿＿＿＿＿＿。

故有：

[德摩根公式(1)]

可见：

"A∧B"与＿＿＿＿＿＿＿＿＿＿＿＿＿矛盾。

"￢（A∧B）"与＿＿＿＿＿＿＿＿＿＿＿＿等价。

典型例题

例 1.12 已知"树木既能绿化环境，又能制造出新鲜空气"为真。

根据以上信息无法确定以下哪项的真假？

A. 树木能绿化环境。   B. 树木不能绿化环境。

C. 树木能制造出新鲜空气。   D. 树木不能制造出新鲜空气。

E. 小草也能制造出新鲜空气。

例 1.13 已知"树木既能绿化环境，又能制造出新鲜空气"为假。

根据以上信息可以断定以下哪项说法必然正确？

A. 树木不能制造出新鲜空气。

B. 树木能绿化环境，但不能制造出新鲜空气。

C. 树木不能绿化环境，但能制造出新鲜空气。

D. 树木既不能绿化环境，也不能制造出新鲜空气。

E. 树木不能绿化环境和树木不能制造出新鲜空气至少一个为真。

大纲考点7　相容选言命题（A∨B）

7.1　什么是相容选言命题

类型	含义	符号化	发生事件的个数
相容选言命题			

以下例句均为相容选言命题。

例句	关联词	符号化
或者张三作案，或者李四作案		
李四考不上清华，或者王五考上北大		
张三和李四至少有一个人会考上		
或者张三作案或者李四作案，二者至少其一		

7.2 相容选言命题的真假

根据 A∨B 的含义，即 A、B 至少发生一个，也可能都发生，易得"相容选言命题的真值表"：

情况	A	B	A∨B
①			
②			
③			
④			

可见：_____。

7.3 相容选言命题的矛盾命题

观察上表可知：

1."A∨B"为真，有_____种可能，即_____。

2."A∨B"为假，有_____种可能，即_____。

则有：

"A∨B"为假，等价于：_____。

故有：

[德摩根公式(2)]

可见：

"A∨B"与_____矛盾。

"¬（A∨B)"与_____等价。

典型例题

例 1.14 已知"小王考上了北大，或者小李没考上清华"为假，判断下列命题的真假。

(1)小王考上了北大。

(2)小王没考上北大。

(3)小李考上了清华。

(4)小李没考上清华。

(5)小李考上了清华，或者小王考上了北大。

例 1.15 并非蔡经理负责研发或者负责销售工作。

如果以上陈述为真，则以下哪项最为准确地表达了以上断定？

A. 蔡经理既不负责研发也不负责销售。

B. 蔡经理负责销售但不负责研发。

C. 蔡经理负责研发但不负责销售。

D. 如果蔡经理不负责销售，那么他负责研发。

E. 如果蔡经理负责销售，那么他不负责研发。

大纲考点 8　不相容选言命题（A∀B）

8.1　什么是不相容选言命题

类型	含义	符号化	发生事件的个数
不相容选言命题			

以下例句均表示不相容选言命题。

例句	关联词	符号化
要么是男人，要么是女人		
他或者是唯心主义者，或者是唯物主义者，二者必居其一		

【易错点】

"或者……或者……，二者至少其一"是＿＿＿＿＿＿命题。

"或者……或者……，二者必居其一"是＿＿＿＿＿＿命题。

8.2 不相容选言命题的真假

根据 A∀B 的含义，即事件 A 和事件 B 发生且仅发生一个，易得"不相容选言命题的真值表"：

情况	A	B	A∀B
①			
②			
③			
④			

可见：_____。

口诀6　联言选言命题

8.3 不相容选言命题的矛盾命题

观察上表可知：

1."A∀B"为真，有_____种可能，即_____。

2."A∀B"为假，有_____种可能，即_____。

则有：

"A∀B"为假，等价于：_____。

故有：

[德摩根公式(3)]

可见：

"A∀B"与_____矛盾。

"¬（A∀B)"与_____等价。

典型例题

例 1.16 某个体户严重违反了经营条例，执法人员向他宣称："要么罚款，要么停业，二者必居其一。"他说："我不同意。"

如果该个体户坚持自己意见的话，以下哪项断定是他在逻辑上必须同意的？

A. 罚款但不停业。

B. 停业但不罚款。

C. 既不罚款又不停业。

D. 既罚款又停业。

E. 如果既不罚款又不停业办不到的话，就必须接受既罚款又停业。

大纲考点9　箭头与或者的互换公式

9.1　或者变箭头("∨"变"→")

9.2　箭头变或者("→"变"∨")

9.3　利用"永真式"证明"箭头变或者公式"

典型例题

例 1.17 并非雅典奥运会既成功又节俭。

如果上述命题为真，那么以下哪项也必为真？

A. 雅典奥运会成功但不节俭。

B. 雅典奥运会节俭但不成功。

C. 雅典奥运会既不节俭也不成功。

D. 如果雅典奥运会不节俭，那么一定成功了。

E. 如果雅典奥运会成功了，那么一定不节俭。

例 1.18 鱼和熊掌不可兼得。

以下哪项断定符合题干的断定？

Ⅰ. 鱼和熊掌皆不可得。

Ⅱ. 鱼不可得或熊掌不可得。

Ⅲ. 如果鱼可得，则熊掌不可得。

A. 只有Ⅰ。　　　　　　　B. 只有Ⅱ。　　　　　　　C. 只有Ⅲ。

D. 只有Ⅱ和Ⅲ。　　　　　E. Ⅰ、Ⅱ和Ⅲ。

真题秒杀

例 **1.19** （2005 年 MBA 联考真题）总经理：根据本公司的实力，我主张环岛绿地和宏达小区这两个项目至少上马一个，但清河改造工程不能上马。

董事长：我不同意。

以下哪项最为准确地表达了董事长实际同意的意思？

A. 环岛绿地、宏达小区和清河改造这三个工程都上马。

B. 环岛绿地、宏达小区和清河改造这三个工程都不上马。

C. 环岛绿地、宏达小区这两个工程至多上马一个，但清河改造工程要上马。

D. 环岛绿地、宏达小区这两个工程至多上马一个，如果做不到这一点，那也要保证清河改造工程上马。

E. 环岛绿地、宏达小区这两个工程都不上马，如果做不到这一点，那也要保证清河改造工程上马。

大纲考点 10　不相容选言命题与排除法的使用

A∀B 的含义是发生且仅发生一个。故，若已知 A∀B 为真，根据排除法，则可推出：

如果 A，则＿＿＿＿＿＿＿＿＿＿＿＿＿。

如果 B，则＿＿＿＿＿＿＿＿＿＿＿＿＿。

如果￢A，则＿＿＿＿＿＿＿＿＿＿＿＿＿。

如果￢B，则＿＿＿＿＿＿＿＿＿＿＿＿＿。

典型例题

例 **1.20** 一桩投毒谋杀案，作案者要么是甲，要么是乙，二者必有其一；所用毒药或者是毒鼠强，或者是乐果，二者至少是其一。

如果上述断定为真，则以下哪项推断一定成立？

Ⅰ. 该投毒案不是甲投毒鼠强所为，因此一定是乙投乐果所为。

Ⅱ. 在该案侦破中发现甲投了毒鼠强，因此该案中的毒药不可能是乐果。

Ⅲ. 该投毒案的作案者不是甲，并且所投毒药中没有毒鼠强，因此一定是乙投乐果所为。

A. 仅Ⅰ。

B. 仅Ⅱ。

C. 仅Ⅲ。

D. 仅Ⅰ和Ⅲ。

E. Ⅰ、Ⅱ和Ⅲ。

真题秒杀

例 **1.21** (2010年在职MBA联考真题)某山区发生了较大面积的森林病虫害。在讨论农药的使用时，老许提出："要么使用甲胺磷等化学农药，要么使用生物农药。前者过去曾用过，价钱便宜，杀虫效果好，但毒性大；后者未曾使用过，效果不确定，价格贵。"

从老许的提议中，不可能推出的结论是：

A. 如果使用化学农药，那么就不使用生物农药。

B. 或者使用化学农药，或者使用生物农药，两者必居其一。

C. 如果不使用化学农药，那么就使用生物农药。

D. 化学农药比生物农药好，应该优先考虑使用。

E. 化学农药和生物农药是两类不同的农药，两类农药不要同时使用。

大纲考点 11 箭摩根公式

1. A→B∧C，等价于：_____，等价于：_____。
2. A→B∨C，等价于：_____，等价于：_____。
3. A∧B→C，等价于：_____，等价于：_____。
4. A∨B→C，等价于：_____，等价于：_____。

典型例题

例 **1.22** 只要有足够的勇气和智慧，就没有办不成的事。

如果上述断定为真，则以下哪项一定为真？

A. 如果有事办不成，说明既缺乏足够的勇气，又缺乏足够的智慧。

B. 如果有事办不成，说明缺乏足够的勇气，或者缺乏足够的智慧。

C. 如果没有办不成的事，说明至少有足够的勇气。

D. 如果缺乏足够的勇气和智慧，那就办不成任何事。

E. 如果缺乏足够的勇气和智慧，就总有事办不成。

例 **1.23** 一个产品要畅销，产品的质量和经销商的诚信缺一不可。

以下各项都符合题干的断定，除了：

A. 一个产品滞销，说明它或者质量不好，或者经销商缺乏诚信。

B. 一个产品，只有质量高并且诚信经销，才能畅销。

C. 一个产品畅销，说明它质量高并有诚信的经销商。

D. 一个产品，除非有高的质量和诚信的经销商，否则不能畅销。

E. 一个质量好并且由诚信者经销的产品不一定畅销。

真题秒杀

例 1.24 (2010年管理类联考真题)针对威胁人类健康的甲型H1N1流感，研究人员研制出了相应的疫苗。尽管这些疫苗是有效的，但某大学研究人员发现，阿司匹林、羟苯基乙酰胺等抑制某些酶的药物会影响疫苗的效果，这位研究人员指出："如果你使用了阿司匹林或者对乙酰氨基酚，那么你注射疫苗后就必然不会产生良好的抗体反应。"

如果小张注射疫苗后产生了良好的抗体反应，那么根据上述研究结果可以得出以下哪项结论？

A. 小张服用了阿司匹林，但没有服用对乙酰氨基酚。

B. 小张没有服用阿司匹林，但感染了H1N1流感病毒。

C. 小张服用了阿司匹林，但没有感染H1N1流感病毒。

D. 小张没有服用阿司匹林，也没有服用对乙酰氨基酚。

E. 小张服用了对乙酰氨基酚，但没有服用羟苯基乙酰胺。

大纲考点 12　多重假言命题

1. 如果A，那么B，除非C。

　　符号化：_____

　　等价于：_____

　　等价于：_____

　　等价于：_____

　　等价于：_____

　　等价于：_____

2. 只有A，才B，否则C。

　　符号化：_____

　　等价于：_____

　　等价于：_____

典型例题

例 1.25 如果飞行员严格遵守操作规程，并且飞机在起飞前经过严格的例行技术检验，那么，飞机就不会失事，除非出现例如劫机这样的特殊意外。这架波音747在金沙岛上空失事。

如果上述断定为真，则以下哪项也一定为真？

A. 如果失事时无特殊意外发生，则飞行员一定没有严格遵守操作规程，并且飞机在起飞前没有经过严格的例行技术检验。

B. 如果失事时有特殊意外发生，则飞行员一定严格遵守了操作规程，并且飞机在起飞前经过了严格的例行技术检验。

C. 如果飞行员没有严格遵守操作规程，并且飞机起飞前没有经过严格的例行技术检验，则失事时一定没有特殊意外发生。

D. 如果失事时没有特殊意外发生，则可得出结论：只要飞机失事的原因是飞行员没有严格遵守操作规程，那么飞机在起飞前一定经过了严格的例行技术检验。

E. 如果失事时没有特殊意外发生，则可得出结论：只要飞机失事的原因不是飞机在起飞前没有经过严格的例行技术检验，那么一定是飞行员没有严格遵守操作规程。

真题秒杀

例 1.26 (2010年管理类联考真题)蟋蟀是一种非常有趣的小动物。宁静的夏夜，草丛中传来阵阵清脆悦耳的鸣叫声。那是蟋蟀在唱歌。蟋蟀优美动听的歌声并不是出自它的好嗓子，而是来自它的翅膀。左右两翅一张一合，相互摩擦，就可以发出悦耳的响声了。蟋蟀还是建筑专家，与它那柔软的挖掘工具相比，蟋蟀的住宅真可以算得上是伟大的工程了。在其住宅门口，有一个收拾得非常舒适的平台。夏夜，除非下雨或者刮风，否则蟋蟀肯定会在这个平台上唱歌。

根据以上陈述，以下哪项是蟋蟀在无雨的夏夜所做的？

A. 修建住宅。

B. 收拾平台。

C. 在平台上唱歌。

D. 如果没有刮风，它就在抢修工程。

E. 如果没有刮风，它就在平台上唱歌。

第 2 章　简单命题

第 1 节　性质命题与模态命题

扫码免费听
本节讲解

📋 **本节知识清单**

大纲考点	
大纲考点 13　性质命题	大纲考点 14　模态命题

大纲考点 13　性质命题

13.1　什么是性质命题

性质命题：

13.2　性质命题的类型

性质命题有以下 6 种类型：

序号	量词	主语	谓语	名称
（1）		小姐姐	萌萌的	
（2）		小黑子	不会唱跳	
（3）		学霸	考了 280 分	
（4）		山顶	没有积雪	
（5）		酱宝	很漂亮	
（6）		康哥	没头发	

13.3 注意点

(1)"有的"含义

"有的"的意思并不是"部分",它是一个_____,数量是从____到____都有可能。

(2)量词的位置

"全称命题"的量词_____和"特称命题"的量词_____,应该修饰主语,而不是宾语。

(3)"一个"是一个吗?

看下面两句话:

①一个男孩正在踢足球。

②一个男孩要经历很多事情,才能成长为男人。

第①句话中的"一个"的数量关系是_____,但第②句话中的"一个"其实指的是_____,其数量关系相当于_____。

13.4 性质命题的对当关系

性质命题之间的关系可以分为四类:_____、_____、_____、_____。

请将下图补充完整:

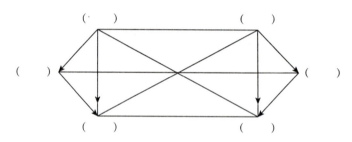

假定我们班共有10人,我们把我们班考上研究生的同学的数量分为三类:全部都考上(10人考上)、全部没考上(0人考上)、一部分考上一部分没考上(1到9人考上),可知这三类囊括了我们班同学考上研究生的所有可能情况。见下表:

情况	所有	所有不	有的	有的不
全部都考上(10人)				
全部没考上(0人)				
一部分考上一部分没考上(1到9人,即[1,9])				

观察上表,可得以下四种关系。

(1)矛盾关系:_____;常见的矛盾关系有:_____。

矛盾关系满足的规则:_____

(2)反对关系:_____;常见的反对关系有:_____。

反对关系满足的规则:_____

(3)下反对关系：＿＿＿＿＿＿＿；常见的下反对关系有：＿＿＿＿＿＿＿＿＿＿＿＿＿＿＿＿＿＿。

下反对关系满足的规则：＿＿＿＿＿＿＿＿＿＿＿＿＿＿＿＿＿＿＿＿＿＿＿＿。

(4)推理关系：①＿＿＿＿＿＿＿＿＿＿＿＿＿＿；②＿＿＿＿＿＿＿＿＿＿＿＿＿。

推理关系满足的规则：＿＿＿＿＿＿＿＿＿＿＿＿＿＿＿＿＿＿＿＿＿＿＿＿。

口诀 7　对当关系

典型例题

例 2.1　已知"所有女明星颜值很高"为真，则以下命题哪些必然为真，哪些必然为假，哪些可真可假？

(1)有的女明星颜值不高。

(2)有的女明星颜值高。

(3)所有女明星颜值不高。

(4)女明星 baby 颜值不高。

(5)女明星酱宝颜值高。

例 2.2　已知"有些留学生来自韩国"为真，则以下哪个命题必然为假？

A. 有些留学生不是来自韩国。

B. 所有留学生来自韩国。

C. 所有留学生都不是来自韩国。

D. 酱心是留学生，来自韩国。

E. 酱油是留学生，但不是来自韩国。

大纲考点 14　模态命题

14.1　什么是模态命题

模态命题：

14.2 模态命题的类型和数学意义

类型	事件 A 发生的概率 P
事件 A 必然发生	
事件 A 必然不发生	
事件 A 可能发生	
事件 A 可能不发生	

(1)"可能"和"可能不"含义＿＿＿＿＿＿＿＿＿＿＿＿＿＿＿。
(2)"事件 A 必然发生"和"事件 A 事实发生"含义＿＿＿＿＿＿＿。

14.3 模态命题的对当关系

模态命题之间的关系可以分为四类：＿＿＿＿＿、＿＿＿＿＿、＿＿＿＿＿、＿＿＿＿＿。
请将下图补充完整：

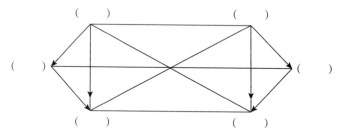

我们知道，一个事件发生的可能性只有三种：必然发生(即概率 $P=1$)，必然不发生(即概率 $P=0$)，可能发生也可能不发生[即概率 $P\in(0,1)$]。这样，可得下表：

情况	事件 A 必然发生 $P=1$	事件 A 必然不发生 $P=0$	事件 A 可能发生 $P\in(0,1]$	事件 A 可能不发生 $P\in[0,1)$
$P=0$				
$P=1$				
$P\in(0,1)$				

观察上表，可得以下四种关系。
(1)矛盾关系：＿＿＿＿＿；常见的矛盾关系有：＿＿＿＿＿＿＿＿＿＿＿＿＿。
矛盾关系满足的规则：＿＿＿＿＿＿＿＿＿＿＿＿＿＿＿＿＿＿＿＿＿＿。
(2)反对关系：＿＿＿＿＿；常见的反对关系有：＿＿＿＿＿＿＿＿＿＿＿。
反对关系满足的规则：＿＿＿＿＿＿＿＿＿＿＿＿＿＿＿＿＿＿＿＿＿＿。
(3)下反对关系：＿＿＿＿＿；常见的下反对关系有：＿＿＿＿＿＿＿＿＿。
下反对关系满足的规则：＿＿＿＿＿＿＿＿＿＿＿＿＿＿＿＿＿＿＿＿＿＿。
(4)推理关系：①＿＿＿＿＿＿＿＿＿＿＿＿＿＿＿；②＿＿＿＿＿＿＿＿＿。
推理关系满足的规则：＿＿＿＿＿＿＿＿＿＿＿＿＿＿＿＿＿＿＿＿＿＿。

综上所述，模态命题和性质命题的对当关系原理完全相同，解题方法也完全相同，也符合以下口诀：

口诀7 对当关系

典型例题

例 2.3 已知"他必然会拿冠军"为真，则以下命题哪些必然为真，哪些必然为假，哪些可真可假？

(1)他必然不会拿冠军。

(2)他可能会拿冠军。

(3)他可能不会拿冠军。

(4)事实上，他会拿冠军。

(5)事实上，他不会拿冠军。

例 2.4 已知"豆豆可能是网红"为假，则以下命题哪些必然为真，哪些必然为假，哪些可真可假？

(1)豆豆必然是网红。

(2)豆豆必然不是网红。

(3)豆豆可能不是网红。

(4)豆豆是网红。

(5)豆豆不是网红。

例 2.5 已知"酱油可能考上研究生"为假，则以下哪项无法判断真假？

A. 酱油必然考上研究生。

B. 酱油必然考不上研究生。

C. 酱油可能考不上研究生。

D. 事实上，酱油考上研究生。

E. 酱心必然考上研究生。

真题秒杀

例 **2.6** （2016 年经济类联考真题）这个单位已发现有育龄职工违纪超生。

如果上述断定为真，则在下述三个断定中不能确定真假的是：

Ⅰ. 这个单位没有育龄职工不违纪超生。

Ⅱ. 这个单位有的育龄职工没违纪超生。

Ⅲ. 这个单位所有的育龄职工都没违纪超生。

A. 只有Ⅰ和Ⅱ。   B. Ⅰ、Ⅱ和Ⅲ。   C. 只有Ⅰ和Ⅲ。

D. 只有Ⅱ。   E. 只有Ⅰ。

例 **2.7** （2008 年 MBA 联考真题）在中唐公司的中层干部中，王宜获得了由董事会颁发的特别奖。

如果上述断定为真，则以下哪项断定不能确定真假？

Ⅰ. 中唐公司的中层干部都获得了特别奖。

Ⅱ. 中唐公司的中层干部都没有获得特别奖。

Ⅲ. 中唐公司的中层干部中，有人获得了特别奖。

Ⅳ. 中唐公司的中层干部中，有人没获得特别奖。

A. 仅Ⅰ。   B. 仅Ⅲ和Ⅳ。   C. 仅Ⅱ和Ⅲ。

D. 仅Ⅰ和Ⅳ。   E. Ⅰ、Ⅱ和Ⅲ。

第2节　负命题

扫码免费听
本节讲解

第1讲

负命题也称为＿＿＿＿＿＿＿＿＿＿＿＿＿＿＿＿＿。比如说，A 的矛盾命题是 ¬A，也可以说 ¬A 是 A 的负命题。

大纲考点 15　性质命题的负命题

15.1　性质命题的负命题

(1)"并非所有　　"等价于＿＿＿＿＿＿＿＿＿＿＿＿。

(2)"并非所有不　"等价于＿＿＿＿＿＿＿＿＿＿＿＿。

(3)"并非有的　　"等价于＿＿＿＿＿＿＿＿＿＿＿＿。

(4)"并非有的不　"等价于＿＿＿＿＿＿＿＿＿＿＿＿。

［性质命题的负命题的替换口诀］

🔷 典型例题

例 2.8　写出下列命题的等价命题。

(1)并非所有地铁都在地下开。

(2)并非所有地铁都不在地下开。

(3)并非有的地铁在地下开。

(4)并非有的地铁不在地下开。

15.2　"都"的含义

1. 当"所有"和"都"连用时，"都"的含义为＿＿＿＿＿＿＿＿＿＿＿。

2. 当"都"独立使用时，"都"的含义为＿＿＿＿＿＿＿＿＿＿＿。

典型例题

例 2.9 写出下列命题的等价命题。

(1)鸟不都会飞。

(2)并非鸟不都会飞。

(3)并非鸟都会飞。

(4)并非鸟都不会飞。

大纲考点 16　模态命题的负命题

(1)"不必然　　"等价于＿＿＿＿＿＿＿＿＿＿＿。

(2)"不必然不　"等价于＿＿＿＿＿＿＿＿＿＿＿。

(3)"不可能　　"等价于＿＿＿＿＿＿＿＿＿＿＿。

(4)"不可能不　"等价于＿＿＿＿＿＿＿＿＿＿＿。

[模态命题的负命题的替换口诀]

典型例题

例 2.10 小仙女："从现在开始，你只许疼我一个人，要宠我，不能骗我，答应我的每一件事都要做到，对我讲的每一句话都要真心，不许欺负我、骂我，要相信我，别人欺负我，你要在第一时间出来帮我，我开心了，你就要陪着我开心，我不开心了，你就要哄我开心，永远都要觉得我是最漂亮的，梦里也要见到我，在你的心里面只有我，就是这样了。你能做到吗？"

大猪蹄子："我不一定能做到。"

请问，大猪蹄子的意思是什么？

A. 他可能能做到，也可能做不到。

B. 他可能能做到。

C. 他可能做不到。

D. 他做不到的可能性比做到的可能性大。

E. 他想分手。

例 2.11 最近一段时期，有关要发生地震的传言很多。一天傍晚，小明问在院子里乘凉的爷爷：“爷爷，他们都说明天要地震了。”爷爷说：“根据我的观察，明天不必然不地震。”小明说：“那您的意思是明天不会地震了？”爷爷说：“不对。”小明陷入了迷惑。

以下哪句话与爷爷的第一个回答意思最为接近？

A. 明天必然不地震。　　　　B. 明天可能地震。　　　　C. 明天可能不地震。

D. 明天不可能地震。　　　　E. 明天不可能不地震。

例 2.12 写出下列命题的等价命题。

(1)不可能所有运动员有洪荒之力。

(2)运动员不可能都有洪荒之力。

(3)运动员可能不都有洪荒之力。

(4)运动员都不可能有洪荒之力。

(5)没有洪荒之力的运动员不可能夺金牌。

(6)不可能所有没有洪荒之力的运动员夺金牌。

例 2.13 人都不可能不犯错误，不一定所有人都会犯严重错误。

以下哪项断定最符合题干的意思？

A. 人都可能犯错误，但有的人可能不犯严重错误。

B. 人都可能犯错误，但所有的人都可能不犯严重错误。

C. 人都一定会犯错误，但有的人可能不犯严重错误。

D. 人都一定会犯错误，但所有的人都可能不犯严重错误。

E. 人都可能会犯错误，但有的人一定不犯严重错误。

例 2.14 没有一个人尊重不自重的人。

以下哪项符合上述题干的断定？

Ⅰ. 所有人不尊重自重的人。

Ⅱ. 所有人不尊重不自重的人。

Ⅲ. 不自重的人不被所有人尊重。

A. 仅Ⅰ。　　　　　　　　B. 仅Ⅱ。　　　　　　　　C. 仅Ⅲ。

D. 仅Ⅰ和Ⅱ。　　　　　　E. 仅Ⅱ和Ⅲ。

> **易错点：负命题中宾语的量词**

典型例题

例 **2.15** 世界上最勤奋的人也不可能读完天下所有的书。

以下哪项准确地表达了题干的断定？

Ⅰ. 世界上最勤奋的人必然读不完天下所有的书。

Ⅱ. 世界上最勤奋的人也必然有的书读不完。

Ⅲ. 世界上最勤奋的人可能读不完天下所有的书。

A. 仅Ⅰ。　　　　　　　B. 仅Ⅱ。　　　　　　　C. 仅Ⅲ。

D. 仅Ⅰ和Ⅱ。　　　　　E. 仅Ⅱ和Ⅲ。

例 **2.16** 不必然酱心会受到所有人的喜欢。

以下哪项准确地表达了题干的断定？

Ⅰ. 可能酱心会受到有些人的喜欢。

Ⅱ. 可能酱心不会受到有些人的喜欢。

Ⅲ. 可能有的人不喜欢酱心。

A. 仅Ⅰ。　　　　　　　B. 仅Ⅱ。　　　　　　　C. 仅Ⅲ。

D. 仅Ⅰ和Ⅱ。　　　　　E. 仅Ⅱ和Ⅲ。

真题秒杀

例 **2.17** (2013 年管理类联考真题)某公司人力资源管理部人士指出：由于本公司招聘职位有限，本招聘考试中不可能所有的应聘者都被录用。

基于以下哪项可以得出该人士的上述结论？

A. 在本次招考中必然有应聘者被录用。

B. 招聘考试中可能有应聘者被录用。

C. 招聘考试中可能有应聘者不被录用。

D. 招聘考试中必然有应聘者不被录用。

E. 招聘考试中可能有应聘者被录用，也可能有应聘者不被录用。

例 2.18 （2012年经济类联考真题）并非所有出于良好愿望的行为必然会导致良好的结果。

如果上述断定为真，则以下哪项断定必为真？

A. 所有出于良好愿望的行为必然不会导致良好的结果。

B. 所有出于良好愿望的行为可能不会导致良好的结果。

C. 有的出于良好愿望的行为不会导致良好的结果。

D. 有的出于良好愿望的行为可能不会导致良好的结果。

E. 有的出于良好愿望的行为一定不会导致良好的结果。

例 2.19 （2006年MBA联考真题）一把钥匙能打开天下所有的锁。这样的万能钥匙是不可能存在的。

以下哪项最符合题干的断定？

A. 任何钥匙都必然有它打不开的锁。

B. 至少有一把钥匙必然打不开天下所有的锁。

C. 至少有一把锁天下所有的钥匙都必然打不开。

D. 任何钥匙都可能有它打不开的锁。

E. 至少有一把钥匙可能打不开天下所有的锁。

大纲考点 17　联言选言命题的负命题

前文中我们已经学过联言命题、相容选言命题和不相容选言命题的矛盾命题，它其实就是联言命题、相容选言命题和不相容选言命题的负命题。我们所学的德摩根公式，其实就是对负命题的运算。让我们一起回顾一下。

(1)"¬（A∧B）"，等价于：_____。

(2)"¬（A∨B）"，等价于：_____。

(3)"¬（A∀B）"，等价于：_____。

[联言选言命题的负命题的替换口诀]

口诀 8　负命题

典型例题

例 **2.20** 并非小王考上了研究生或者小李没考上研究生。

以下哪项最为准确地表达了上述断定的意思？

A. 小王考上了研究生。

B. 小李没考上研究生。

C. 小王和小李都考上了研究生。

D. 小王和小李都没考上研究生。

E. 小王没考上研究生，但是小李考上了研究生。

真题秒杀

例 **2.21** （2005 年 MBA 联考真题）一方面确定法律面前人人平等，同时又允许有人触犯法律而不受制裁，这是不可能的。

以下哪项最符合题干的断定？

A. 或者允许有人凌驾于法律之上，或者任何人触犯法律都要受到制裁，这是必然的。

B. 任何人触犯法律都要受到制裁，这是必然的。

C. 有人凌驾于法律之上，触犯法律而不受制裁，这是可能的。

D. 如果不允许有人触犯法律而可以不受制裁，那么法律面前人人平等是可能的。

E. 一方面允许有人凌驾于法律之上，同时又声称任何人触犯法律都要受到制裁，这是可能的。

大纲考点 18　假言命题的负命题

分类	含义	矛盾命题（负命题）	等价转换公式
充分条件 A→B			
必要条件 ¬A→¬B			
充要条件 A↔B			

典型例题

例 2.22 酱心对酱油承诺：如果我爱你，我一定会嫁给你。

以下哪项如果为真，说明酱心没有兑现承诺？

Ⅰ. 酱心爱酱油，而且酱心嫁给了酱油。

Ⅱ. 酱心爱酱油，但是酱心没嫁给酱油。

Ⅲ. 酱心不爱酱油，但是酱心嫁给了酱油。

Ⅳ. 酱心不爱酱油，而且酱心也没嫁给酱油。

A. 仅Ⅰ。

B. 仅Ⅱ。

C. 仅Ⅲ。

D. 仅Ⅱ和Ⅲ。

E. 仅Ⅱ、Ⅲ和Ⅳ。

例 2.23 在近20年世界杯上，凡是淘汰阿根廷队的球队，都会在下一轮比赛中输掉，这被称为"阿根廷魔咒"。1994年，罗马尼亚在1/8决赛中干掉了失去老马的阿根廷，紧接着就被瑞典挡在4强之外；1998年，荷兰靠博格坎普灵光一现淘汰阿根廷，下一轮他们就点球负于巴西；2002年，瑞典在小组赛末轮淘汰阿根廷，一出线就被塞内加尔打败；2006年和2010年，德国两次淘汰阿根廷，但都在随后的决赛或半决赛中输掉了。

下面各项都没有反驳或削弱"阿根廷魔咒"，除了：

A. 在2002年世界杯上，阿根廷队在小组赛中没有出线。

B. 在2018年世界杯上，法国队在1/8决赛中淘汰阿根廷队，最终赢得冠军。

C. 1990年，阿根廷队在首战输给喀麦隆队之后，最后获得亚军。

D. 2006年，意大利队获得冠军，但比赛过程中未遭遇阿根廷队。

E. 2002年，中国队进入日韩世界杯决赛圈，小组赛即被淘汰。

例 2.24 张珊："不经过研究生入学考试，就不能读研究生。"

以下哪项能说明张珊的话为假？

A. 不经过研究生入学考试，但能读研究生。

B. 不经过研究生入学考试，不能读研究生。

C. 经过研究生入学考试，不能读研究生。

D. 经过研究生入学考试，能读研究生。

E. 李思不想考研究生。

例 2.25 张珊说："当且仅当天下雨，地上才会湿。"

以下哪项如果为真，说明张珊的话为假？

Ⅰ. 天下雨了，地上湿了。

Ⅱ. 天下雨了，地上没湿。

Ⅲ. 天没下雨，地上湿了。

A. 仅Ⅰ。   B. 仅Ⅱ。   C. 仅Ⅲ。

D. 仅Ⅱ和Ⅲ。   E. Ⅰ、Ⅱ和Ⅲ。

真题秒杀

例 2.26 (2012 年管理类联考真题)在家电产品"三下乡"活动中，某销售公司的产品受到了农村居民的广泛欢迎。该公司总经理在介绍经验时表示：只有用最流行畅销的明星产品面对农村居民，才能获得他们的青睐。

以下哪项如果为真，最能质疑总经理的论述？

A. 某品牌电视由于其较强的防潮能力，尽管不是明星产品，但仍然获得了农村居民的青睐。

B. 流行畅销的明星产品由于价格偏高，故没有赢得农村居民的青睐。

C. 流行畅销的明星产品只有质量过硬，才能获得农村居民的青睐。

D. 有少数娱乐明星为某些流行畅销的产品做虚假广告。

E. 流行畅销的明星产品最适合城市中的白领使用。

例 2.27 (2019 年经济类联考真题)校务委员会决定，除非是少数民族贫困生，否则不能获得特别奖学金。

以下哪项如果为真，说明校务委员会的上述决定没有得到贯彻？

Ⅰ. 赵明是少数民族贫困生，没有获得特别奖学金。

Ⅱ. 刘斌是汉族贫困生，获得了特别奖学金。

Ⅲ. 熊强不是贫困生，获得了特别奖学金。

A. 只有Ⅰ。

B. 只有Ⅰ和Ⅱ。

C. 只有Ⅱ和Ⅲ。

D. 只有Ⅰ和Ⅲ。

E. Ⅰ、Ⅱ和Ⅲ。

扫码免费听
本节讲解

第3节　关系命题

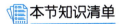 **本节知识清单**

大纲考点
大纲考点 19　关系命题

大纲考点 19　关系命题

关系命题：

19.1　关系的对称性

分类	含义	例句
对称关系	如果 A 与 B 有着某种关系，那么 B 与 A 也_____着同样的关系。	
非对称关系	如果 A 与 B 有着某种关系，那么 B 与 A_____这种关系，也_____这种关系。	
反对称关系	如果 A 与 B 存在着某种关系，那么 B 与 A_____这种关系。	

典型例题

例 **2.28** 老吕喜欢酱心；酱心喜欢每一个喜欢老吕的人。

如果上述判断为真，则以下哪一项可能为真？

Ⅰ. 酱心喜欢老吕。

Ⅱ. 酱心不喜欢老吕。

Ⅲ. 每一个喜欢老吕的人都喜欢酱心。

A. 仅Ⅰ。　　　　　　B. 仅Ⅱ。　　　　　　C. 仅Ⅲ。

D. 仅Ⅰ和Ⅱ。　　　　E. Ⅰ、Ⅱ和Ⅲ。

19.2 关系的传递性

分类	含义	例句
传递关系	如果 A 对 B 有某种关系，B 对 C 也有某种关系，那么 A 对 C _____ 这种关系。	
非传递关系	如果 A 对 B 有某种关系，B 对 C 也有某种关系，那么 A 对 C _____ 这种关系，也_____ 这种关系。	
反传递关系	如果 A 对 B 有某种关系，B 对 C 也有某种关系，那么 A 对 C _____ 这种关系。	

典型例题

例 2.29 居委会举行社区居民代表会议，会议结束后，与会人员坐在一起闲聊。根据闲聊的内容，居委会主任得知：小王和小张是邻居，小张和小李是邻居；小赵和小李是好友，小李和小钱是好友。

若以上居委会主任得知的内容都是真实的，则以下哪项一定为真？

Ⅰ. 小张和小王是邻居。

Ⅱ. 小王和小李是邻居。

Ⅲ. 小赵和小钱是好友。

A. 只有Ⅰ。　　　　　　B. 只有Ⅱ。　　　　　　C. 只有Ⅲ。

D. 只有Ⅰ和Ⅱ。　　　　E. Ⅰ、Ⅱ和Ⅲ。

例 2.30 甘蓝比菠菜更有营养。但是，因为绿芥蓝比莴苣更有营养，所以甘蓝比莴苣更有营养。

以下各项作为新的前提分别加入题干的前提中，都能使题干的推理成立，除了：

A. 甘蓝与绿芥蓝同样有营养。

B. 菠菜比莴苣更有营养。

C. 菠菜比绿芥蓝更有营养。

D. 菠菜与绿芥蓝同样有营养。

E. 绿芥蓝比甘蓝更有营养。

第 3 章　概念

第 1 节　概念与定义

扫码免费听
本节讲解

本节知识清单

大纲考点	
大纲考点 20　概念与定义	大纲考点 21　集合概念与类概念

大纲考点 20　概念与定义

20.1　概念

概念是反映对象_____的思维形式。

概念有两层含义：_____和_____。

典型例题

例 3.1　如今，人们经常讨论下岗职工的问题，但也常常弄不清下岗职工的准确定义。国家统计局(1997)261 号统计报表的填表说明中对下岗职工的说明是：下岗职工是指由于企业的生产和经营状况等原因，已经离开本人的生产和工作岗位，并已不在本单位从事其他工作，但仍与用人单位保留劳动关系的人员。

按照以上划分标准，以下哪项所述的人员可以称为下岗职工？

A. 赵大大原来在汽车制造厂工作，半年前辞去工作，开了一个汽车修理铺。

B. 钱二萍原来是某咨询公司的办公室秘书。最近，公司以经营困难为由，解除了她的工作合同，她只能在家做家务。

C. 张三枫原来在手表厂工作，因长期疾病不能工作，经批准提前办理了退休手续。

D. 李四喜原来在某服装厂工作，长期请病假。其实他的身体并无不适，目前在家里开了个缝纫部。

E. 王五伯原来在电视机厂工作，今年 53 岁。去年工厂因产品积压，人员富余，让 50 岁以上的人回家休息，等 55 岁时再办理正式退休手续。

真题秒杀

例 **3.2** （2013年管理类联考真题）根据学习在动机形成和发展中所起的作用，人的动机可分为原始动机和习得动机两种。原始动机是与生俱来的动机，它是以人的本能需要为基础的；习得动机是指后天获得的各种动机，即经过学习产生和发展起来的各种动机。

根据以上陈述，以下哪项最可能属于原始动机？

A. 尊敬老人，孝顺父母。　　　　　　　B. 尊师重教，崇文尚武。

C. 不入虎穴，焉得虎子？　　　　　　　D. 窈窕淑女，君子好逑。

E. 宁可食无肉，不可居无竹。

20.2　定义

定义是对概念的描述。它包含＿＿＿＿＿＿、＿＿＿＿＿＿和＿＿＿＿＿＿。

为了使定义下得正确，必须遵守以下规则，见下表：

编号	规则	违反规则的逻辑谬误	例句
①	定义项不得直接包含被定义项		聪明人就是脑子很聪明的人
②	定义项不得间接包含被定义项		奇数就是偶数加 1； 而偶数就是奇数减 1
③	定义项的外延和被定义项的 外延必须完全相等		人类是指用肺呼吸的哺乳动物
			人类是指女人
④	定义不应包括含混的概念， 不能用比喻句		儿童就是指祖国的花朵
⑤	定义不应当是否定的		男人就是不是女人的人

典型例题

例 **3.3** 平反是对处理错误的案件进行纠正。

依据以下哪项能最为确切地说明上述定义的不严格？

A. 对案件是否处理错误，应该有明确的标准，否则不能说明什么是平反。

B. 应该说明平反的操作程序。

C. 对平反的客体应该具体分析，平反了，不等于没错误。

D. 处理错误的案件包括三种：重罪轻判、轻罪重判和无罪而判。

E. 应该说明平反的主体及其权威性。

大纲考点 21　集合概念与类概念

类型	定义
集合概念	
类概念	
集合概念与类概念的区分方法	

第1讲

典型例题

例 **3.4** 克鲁特是德国家喻户晓的"明星"北极熊，北极熊是北极名副其实的霸主。因此，克鲁特是名副其实的北极霸主。

以下除哪项外，均与上述论证中出现的谬误相似？

A. 这是一支战无不胜的军队，小李是这支军队的成员。因此，小李是战无不胜的。

B. 鲁迅的作品不是一天能读完的，《祝福》是鲁迅的作品。因此，《祝福》不是一天能读完的。

C. 中国人是不怕困难的，我是中国人。因此，我是不怕困难的。

D. 怡东大厦坐落在清水街，清水街的建筑属于违章建筑。因此，怡东大厦的建筑属于违章建筑。

E. 西班牙语是外语，外语是普通高等学校招生的必考科目。因此，西班牙语是普通高等学校招生的必考科目。

扫码免费听
本节讲解

第2节　概念间的关系

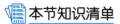 本节知识清单

大纲考点
大纲考点 22　概念间的关系

大纲考点 22　概念间的关系

关系类型		定义	图示
全同		两个概念的外延完全相同	
种属		一个概念 A（种）的外延包含于另外一个概念 B（属）的外延	
交叉		两个概念在外延上有并且只有一部分是重合的	
全异	矛盾	两个概念的外延没有重合，并且两个概念的外延相加是全集	
	反对	两个概念的外延没有重合，并且两个概念的外延相加不是全集，至少还有一个事物不属于这两个概念	

典型例题

例 **3.5** 某大学一寝室中住着若干个学生。其中，一个是哈尔滨人，两个是北方人，一个是广东人，两个在法律系，三个是进修生。该寝室中恰好住了8个人。

如果题干中关于身份的介绍涉及寝室中所有的人，则以下各项关于该寝室的断定都不与题干矛盾，除了：

A. 该校法律系每年都招收进修生。

B. 该校法律系从未招收过进修生。

C. 来自广东的室友在法律系就读。

D. 来自哈尔滨的室友在财政金融系就读。

E. 该寝室的三个进修生都是南方人。

真题秒杀

例 **3.6** （2012年管理类联考真题）概念 A 和概念 B 之间有交叉关系，当且仅当：(1)存在对象 x，x 既属于 A 又属于 B；(2)存在对象 y，y 属于 A 但是不属于 B；(3)存在对象 z，z 属于 B 但是不属于 A。

根据上述定义，以下哪项中画线的两个概念之间有交叉关系？

A. 国画按题材分主要有<u>人物画</u>、花鸟画、山水画等，按技法分主要有<u>工笔画</u>和写意画等。

B. 《<u>盗梦空间</u>》除了是<u>最佳影片</u>的有力争夺者外，它在技术类奖项的争夺中也将有所斩获。

C. 洛邑小学 30 岁的<u>食堂总经理</u>为了改善伙食，在食堂放了几个意见本，征求<u>学生们</u>的意见。

D. 在<u>微波炉清洁剂</u>中加入漂白剂，就会释放出<u>氯气</u>。

E. <u>高校教师</u>包括<u>教授</u>、副教授、讲师和助教等。

第3节　概念的划分

扫码免费听
本节讲解

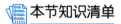　**本节知识清单**

大纲考点
大纲考点 23　概念的划分

大纲考点 23　概念的划分

　　按照＿＿＿＿＿＿对概念进行细分，就是对概念的划分。

　　概念的划分要满足以下规则，见下表：

编号	规则	违反规则的逻辑谬误	例句
①	标准要统一		杂志分为季刊、月刊、外文刊物。 分析：季刊、月刊是按出版时间划分，外文刊物是按语言划分。
②	层级要一致		学生可以分为大学生、中学生和一年级学生。 分析：大学生、中学生应该与小学生并列，不能与一年级学生并列。
③	不重		人类可以分为男人、女人和孩子。 分析：男人与孩子、女人与孩子都有交集。
④	不漏		人类可以分为老年人、中年人和幼儿。 分析：老年人＋中年人＋幼儿＜人类。
⑤	不多		孩子可分为婴儿、幼儿、少年和中年人。 分析：中年人不属于孩子。

典型例题

例 3.7 我最爱阅读外国文学作品，英国的、法国的、古典的，我都爱读。

以上陈述在逻辑上犯了哪项错误？

A. 划分外国文学作品的标准混乱，前者是按国别的，后者是按时代的。

B. 外国文学作品，没有分是诗歌、小说还是戏剧。

C. 没有说最喜好什么。

D. 没有说是外文原版还是翻译本。

E. 在"古典的"后面，没有紧接着指出"现代的"。

推理母题

5大条件类

(含形式逻辑及综合推理)

写在前面的话

① 什么是综合推理？

题干中出现多种不同类型的已知条件的推理题，如题干中同时出现假言命题、数量关系、匹配关系、方位关系等。

例如：

(2021年管理类联考真题)某高铁线路设有"东沟""西山""南镇""北阳""中丘"5座高铁站。该线路现有甲、乙、丙、丁、戊 5 趟车运行。这 5 座高铁站中，每站均恰好有 3 趟车停靠，且甲车和乙车停靠的站均不相同。已知：

(1)若乙车或丙车至少有一车在"北阳"停靠，则它们均在"东沟"停靠。

(2)若丁车在"北阳"停靠，则丙、丁和戊车均在"中丘"停靠。

(3)若甲、乙和丙车中至少有 2 趟车在"东沟"停靠，则这 3 趟车均在"西山"停靠。

根据上述信息，可以得出以下哪项？

A. 甲车不在"中丘"停靠。

B. 乙车不在"西山"停靠。

C. 丙车不在"东沟"停靠。

D. 丁车不在"北阳"停靠。

E. 戊车不在"南镇"停靠。

【分析】

此题中，条件(1)、(2)、(3)均为假言命题，"甲车和乙车停靠的站均不相同"是一个事实条件，"5 座高铁站中，每站均恰好有 3 趟车停靠"是数量关系＋匹配关系型条件，可见，此题的条件类型比较复杂，故此题可称为综合推理题。

此题的解析见母题模型 9，例 4.56。

❷ 形式逻辑与综合推理的关系是什么？

近年来，有很多同学认为形式逻辑在真题中不怎么考了，这种观点是非常错误的。实际上，近5年真题中与形式逻辑有关的题目的总题量远远大于5年前的真题。根据近5年的真题统计，可知以下数据：

管理类联考平均每年考18道左右推理题，其中涉及形式逻辑知识的有15道以上，不涉及串联推理的综合推理题不到3道。

经济类联考平均每年考12道左右的推理题，其中涉及形式逻辑知识的有10道以上，不涉及串联推理的综合推理题不到2道。

❸ 推理题如何得高分？

第1步：分析条件类型

推理题已知条件的类型十分固定，通过分析已知条件的类型，就可以了解命题人的命题模型(即母题)是什么。

第2步：掌握母题方法

命题模型(即母题)与秒杀方法之间存在相对确定的对应关系。一道题的命题模型确定了，这道题的解法就确定了。因此，我们要通过本章的学习，记熟、练会命题模型与秒杀方法的对应关系，最好能将其变成一种本能的条件反射。

第3步：训练做题速度

学完本章后，可以通过《逻辑母题800练》一书进行刷题练习。切记，联考对考试时间的要求非常高，因此，在练习时一定要限制做题时间，以求提高解题速度。

另外，很多推理题的难度很大，学习过程中如果遇到不会做的题也不要心慌，牢记并练熟老吕讲的方法，推理题是可以做到满分的。

本讲内容

9个母题模型 — 第4章 推理母题：5大条件类

- 母题模型1 事实假言模型
- 母题模型2 半事实假言模型
- 母题模型3 假言推假言模型
- 母题模型4 假言推事实模型
- 母题模型5 数量假言模型
- 母题模型6 假言命题的矛盾命题模型
- 母题模型7 匹配模型
- 母题模型8 数量关系模型
- 母题模型9 5大条件综合应用模型

第④章　推理母题：5大条件类

本章知识清单

基础知识	母题模型
1. 5大条件的识别 2. 二难推理	母题模型1　事实假言模型 母题模型2　半事实假言模型 母题模型3　假言推假言模型 母题模型4　假言推事实模型 母题模型5　数量假言模型 母题模型6　假言命题的矛盾命题模型 母题模型7　匹配模型 母题模型8　数量关系模型 母题模型9　5大条件综合应用模型

第1节　推理题的命题规律与5大条件的识别

扫码免费听
本节讲解

1. 推理题已知条件的构成

推理题的命题形式十分多样，但90％的推理题的已知条件由以下5大类型组成：

第1类：_____

第2类：_____

第3类：_____

第4类：_____

第5类：_____

2. 母题模型的识别

如果题干由"事实＋假言"两类已知条件构成，则可命名为_____。

如果题干由"数量＋假言"两类已知条件构成，则可命名为_____。

如果题干由"数量＋假言＋匹配"三类已知条件构成，则可命名为_____。

以此类推。

第2节　5大条件类母题模型

母题模型 1　事实假言模型

扫码免费听
本节讲解
（共4个视频）

母题技巧

【第1步　识别条件类型】

特点(1)：题干中的已知条件主要由_____组成。

特点(2)：题干中的选项均为或多为_____。

【第2步　套用母题方法】

方法一：_____

步骤1：_____。

步骤2：_____。

步骤3：_____。

方法二：_____

根据口诀_____可以直接推出答案。

口诀9　事实假言模型

典型例题

例 4.1　已知如下信息：

①如果锡剧团今晚来村里演出，则全村的人不会外出。

②只有村主任今晚去县里，才能拿到化肥供应计划。

③只有拿到化肥供应计划，村里庄稼的夏收才有保证。

如果事实上，锡剧团今晚来村里演出了，则根据上述信息可以推出以下各项，除了：

A. 村主任没有拿到化肥供应计划。

B. 村主任今晚去了县里。

C. 村里庄稼的夏收没有保证。

D. 全村人都没有外出。

E. 村主任今晚没去县里。

真题秒杀

例 **4.2** (2018年管理类联考真题)某市已开通运营一、二、三、四号地铁线路，各条地铁线每一站运行加停靠所需时间均彼此相同。小张、小王、小李三人是同一单位的职工，单位附近有北口地铁站。某天早晨，三人同时都在常青站乘一号线上班，但三人关于乘车路线的想法不尽相同。已知：

(1)如果一号线拥挤，小张就坐2站后转三号线，再坐3站到北口站；如果一号线不拥挤，小张就坐3站后转二号线，再坐4站到北口站。

(2)只有一号线拥挤，小王才坐2站后转三号线，再坐3站到北口站。

(3)如果一号线不拥挤，小李就坐4站后转四号线，坐3站之后再转三号线，坐1站到达北口站。

(4)该天早晨地铁一号线不拥挤。

假定三人换乘及步行总时间相同，则以下哪项最可能与上述信息不一致？

A. 小王和小李同时到达单位。　　　　B. 小张和小王同时到达单位。

C. 小王比小李先到达单位。　　　　　D. 小李比小张先到达单位。

E. 小张比小王先到达单位。

例 **4.3** (2020年管理类联考真题)某单位拟在椿树、枣树、楝树、雪松、银杏、桃树中选择4种栽种在庭院中。已知：

(1)椿树、枣树至少种植一种。

(2)如果种植椿树，则种植楝树但不种植雪松。

(3)如果种植枣树，则种植雪松但不种植银杏。

如果庭院中种植银杏，则以下哪项是不可能的？

A. 种植椿树。　　　　　　　　　　　B. 种植楝树。

C. 不种植枣树。　　　　　　　　　　D. 不种植雪松。

E. 不种植桃树。

例 **4.4** (2015年经济类联考真题改编)大嘴鲈鱼只在有鲦鱼或者长有浮藻的水域里生活。漠亚河中有大嘴鲈鱼。

从上述断定能得出以下哪项结论？

A. 漠亚河中有浮藻。

B. 漠亚河中有鲦鱼。

C. 漠亚河中有浮藻，也有鲦鱼。

D. 如果在漠亚河中有鲦鱼，则其中肯定不会有浮藻。

E. 如果在漠亚河中没有鲦鱼，则其中肯定有浮藻。

例 4.5 （2015 年经济类联考真题）大嘴鲈鱼只在有鲦鱼出现的河中且长有浮藻的水域里生活。漠亚河中没有大嘴鲈鱼。

从上述断定能得出以下哪项结论？

Ⅰ. 鲦鱼只在长有浮藻的河中才能被发现。

Ⅱ. 漠亚河中既没有浮藻，又发现不了鲦鱼。

Ⅲ. 如果在漠亚河中发现了鲦鱼，则其中肯定不会有浮藻。

A. 仅Ⅰ。　　　　　　　　B. 仅Ⅱ。　　　　　　　　C. 仅Ⅲ。

D. 仅Ⅰ和Ⅱ。　　　　　　E. Ⅰ、Ⅱ和Ⅲ都不能从题干推出。

例 4.6 （2009 年管理类联考真题）除非年龄在 50 岁以下，并且能持续游泳 3 000 米以上，否则不能参加下个月举行的花样横渡长江活动。同时，高血压和心脏病患者不能参加。老黄能持续游泳 3 000 米以上，但没被批准参加这项活动。

以上断定能推出以下哪项结论？

Ⅰ. 老黄的年龄至少 50 岁。

Ⅱ. 老黄患有高血压。

Ⅲ. 老黄患有心脏病。

A. 仅Ⅰ。　　　　　　　　B. 仅Ⅱ。　　　　　　　　C. 仅Ⅲ。

D. Ⅰ、Ⅱ和Ⅲ至少有一项。　E. Ⅰ、Ⅱ和Ⅲ都不能从题干推出。

母题模型 2　半事实假言模型

母题技巧

【第 1 步　识别条件类型】

特点(1)：题干中的已知条件主要由＿＿＿＿＿＿＿＿＿＿＿＿＿＿＿组成。

特点(2)：题干中的选项均为或多为＿＿＿＿＿＿＿＿＿＿＿＿＿＿＿＿＿＿。

【第 2 步　套用母题方法】

方法一：＿＿＿＿＿＿＿＿＿＿＿＿＿＿＿＿＿＿＿＿

①＿＿＿＿＿＿＿＿＿＿＿＿＿＿＿＿。

②＿＿＿＿＿＿＿＿＿＿＿＿＿＿＿＿。

③＿＿＿＿＿＿＿＿＿＿＿＿＿＿＿＿。

方法二：＿＿＿＿＿＿＿＿＿＿＿＿＿＿＿＿＿＿＿＿

若已知条件为"A∨B"，则可以进行＿＿＿＿＿＿＿＿＿＿，也可以转化为＿＿＿＿＿＿＿＿＿＿。

典型例题

例 **4.7** 在一种插花艺术中，对色彩有如下要求：

(1)或者使用橙黄，或者使用墨绿。

(2)如果使用橙黄，则不能使用天蓝。

(3)只有使用天蓝，才能使用铁青。

(4)墨绿和铁青只使用一种。

由此可见，在这种插花艺术中色彩的使用应满足：

A. 不使用橙黄，使用铁青。　　　　　　B. 不使用墨绿，使用天蓝。

C. 不使用墨绿，使用铁青。　　　　　　D. 不使用天蓝，使用橙黄。

E. 不使用铁青，使用墨绿。

真题秒杀

例 **4.8** (2021年管理类联考真题)"冈萨雷斯""埃尔南德斯""施米特""墨菲"这4个姓氏是且仅是卢森堡、阿根廷、墨西哥、爱尔兰四国中其中一国常见的姓氏。已知：

(1)"施米特"是阿根廷或卢森堡常见姓氏。

(2)若"施米特"是阿根廷常见姓氏，则"冈萨雷斯"是爱尔兰常见姓氏。

(3)若"埃尔南德斯"或"墨菲"是卢森堡常见姓氏，则"冈萨雷斯"是墨西哥常见姓氏。

根据以上信息，可以得出以下哪项？

A. "施米特"是卢森堡常见姓氏。　　　　B. "埃尔南德斯"是卢森堡常见姓氏。

C. "冈萨雷斯"是爱尔兰常见姓氏。　　　D. "墨菲"是卢森堡常见姓氏。

E. "墨菲"是阿根廷常见姓氏。

例 **4.9** (2013年经济类联考真题)如果李凯拿到钥匙，他就会把门打开并且保留钥匙。如果杨林拿到钥匙，他会把钥匙交到失物招领处。要么李凯拿到钥匙，要么杨林拿到钥匙。

如果上述信息正确，那么下列哪项一定正确？

A. 失物招领处没有钥匙。　　　　　　　B. 失物招领处有钥匙。

C. 门打开了。　　　　　　　　　　　　D. 李凯拿到了钥匙。

E. 如果李凯没有拿到钥匙，那么钥匙会在失物招领处。

口诀 10　选项事实假言模型

母题模型3 假言推假言模型

母题技巧

【第1步 识别条件类型】

特点(1)：题干中的已知条件主要由_____组成。

特点(2)：题干中的选项均为或多为_____。

【第2步 套用母题方法】

情况1：_____

方法一：_____

步骤1：_____。

步骤2：_____。

步骤3：_____。

步骤4：_____。

方法二：_____

情况2：_____

方法一：_____

步骤1：_____。

步骤2：_____。

步骤3：_____。

方法二：_____

口诀11 假言推假言模型

典型例题

例 4.10 本科生要拥有一流的科研实力，就要有厚实的理论基础。只有拥有一流的科研实力，本科生才能发表学术文章。要想获得推免资格，必须发表学术文章。

以下各项都符合题干的意思，除了：

A. 本科生不能发表学术文章，除非有厚实的理论基础。

B. 只要本科生有厚实的理论基础，就能发表学术文章。

C. 如果本科生有一流的科研实力，就不会没有厚实的理论基础。

D. 不能设想本科生有一流的科研实力，但缺乏厚实的理论基础。

E. 本科生或者没有一流的科研实力，或者有厚实的理论基础。

例 4.11 文化体现在一个人如何对待自己、对待他人、对待自己所处的自然环境。在一个文化环境厚实的社会里，人懂得尊重自己——他不苟且，不苟且才有品位；人懂得尊重别人——他不霸道，不霸道才有道德；人懂得尊重自然——他不掠夺，不掠夺才有永续的生命。

下面哪一项不能从上面这段话中推出？

A. 如果一个人苟且，则他无品位。

B. 如果一个人霸道，则他无道德。

C. 如果人类掠夺自然，则不会有永续的生命。

D. 除非一个人无道德，否则他不霸道。

E. 如果一个人无道德，则他霸道并且苟且。

真题秒杀

例 4.12 (2001年MBA联考真题)一个心理健康的人，必须保持自尊；一个人只有受到自己所尊敬的人的尊敬才能保持自尊；而一个用"追星"的方式来表达自己尊敬情感的人，不可能受到自己所尊敬的人的尊敬。

以下哪项结论可以从题干的断定中推出？

A. 一个心理健康的人，不可能用"追星"的方式来表达自己的尊敬情感。

B. 一个心理健康的人，不可能接受用"追星"的方式所表达的尊敬。

C. 一个人如果受到了自己所尊敬的人的尊敬，他（她）一定是个心理健康的人。

D. 没有一个保持自尊的人，会尊敬一个用"追星"的方式来表达尊敬情感的人。

E. 一个用"追星"的方式来表达自己尊敬情感的人，完全可以同时保持自尊。

例 4.13 (2021年经济类联考真题)"理念是实践的先导"，理念科学，发展才能蹄疾步稳；"思想是行动的指南"，思想破冰，行动才能突破重围；"战略是发展的规划"，战略得当，未来才能行稳致远。执政环境不会一成不变，治国理政需要与时俱进。

根据以上陈述，可以得出以下哪项？

A. 若战略不得当，未来就不能行稳致远。

B. 只要思想破冰，行动就可以突破重围。

C. 治国理政只有与时俱进，才能不断改善执政环境。

D. 只有以正确思想为指导，才能进行科学的战略规划。

E. 要正确处理好理念、思想、战略和发展的辩证关系。

母题模型 4　假言推事实模型

必备基础知识：二难推理

类型		特点	公式
进退两难与 左右为难	进退两难	有一件事，我干也难（进也难），不干也难（退也难）。	
	左右为难	对某件事，你现在面临两种选择，但这两种选择都有难处，左右为难。	
迎难而上与 难以发生	迎难而上	有一件很难的事，你退也得做，进也得做，那么迎难而上吧。	
	难以发生	如果一个事件 A 的发生会推出矛盾，说明这个事件 A 不可能发生（难以发生）。	
难上加难		对某件事，你现在面临两种选择，但这两种选择都有难处且需要同时选择，难上加难。	

典型例题

例 4.14　威尼斯面临的问题具有典型意义。一方面，为了解决市民的就业，增加城市的经济实力，必须保留和发展它的传统工业，这是旅游业所不能替代的经济发展的基础；另一方面，为了保护其独特的生态环境，必须杜绝工业污染，但是，发展工业将不可避免地导致工业污染。

以下哪项能作为结论从上述断定中推出？

A. 威尼斯将不可避免地面临经济发展的停滞或生态环境的破坏。

B. 威尼斯市政府的正确决策应是停止发展工业以保护生态环境。

C. 威尼斯市民的生活质量只依赖于经济和生态环境。

D. 旅游业是威尼斯经济收入的主要来源。

E. 如果有一天威尼斯的生态环境受到了破坏，这一定是它为发展经济所付出的代价。

例 **4.15** 关于财务混乱的错误谣言损害了一家银行的声誉。如果管理人员不试图反驳这些谣言，它们就会传播开来并最终摧毁顾客的信心。但如果管理人员努力驳斥这种谣言，这种驳斥使谣言增加的程度比使它减少的程度更大。

如果以上的陈述都为真，则根据这些陈述，下列哪项也一定为真？

A. 银行的声誉不会受到猛烈的广告宣传活动的影响。

B. 管理人员无法阻止已经出现的威胁银行声誉的谣言。

C. 面对错误的谣言，银行经理的最佳对策是直接说出财务的真实情况。

D. 关于财务混乱的正确的传言，对银行储户对该银行的信心的影响没有错误的流言大。

E. 管理人员可以有效遏制谣言，以维护银行的声誉。

例 **4.16** 如果李生喜欢表演，则他报考戏剧学院。如果他不喜欢表演，则他可以成为戏剧理论家。如果他不报考戏剧学院，则他不能成为戏剧理论家。

由此可推出李生将：

A. 不喜欢表演。

B. 成为戏剧理论家。

C. 不报考戏剧学院。

D. 报考戏剧学院。

E. 不能成为戏剧理论家。

例 **4.17** 如果他勇于承担责任，那么他就一定会直面媒体，而不是选择逃避；如果他没有责任，那么他就一定会聘请律师，捍卫自己的尊严。可是事实上，他不仅没有聘请律师，现在逃得连人影都不见了。

根据以上陈述，可以得出以下哪项结论？

A. 即使他没有责任，也不应该选择逃避。

B. 虽然选择了逃避，但是他可能没有责任。

C. 如果他有责任，那么他应该勇于承担责任。

D. 如果他不敢承担责任，那么说明他责任很大。

E. 他有责任，但没有勇气承担责任。

母题技巧

【第1步　识别条件类型】

特点(1)：题干中的已知条件主要由_____组成。

特点(2)：题干中的选项均为或多为_____。

【第2步　套用母题方法】

方法一：_____

步骤1：_____。

步骤2：_____。

步骤3：_____。

方法二：_____

步骤1：_____。

步骤2：_____。

步骤3：_____。

口诀 12　假言推事实模型

口诀 13　如何找二难推理

典型例题

例 4.18 下面是甲、乙、丙、丁四位专家关于选调生的录取意见：

甲：如果不录取李正，那么不录取王兴。

乙：如果不录取王兴，那么录取李正。

丙：如果录取李正，那么录取周成。

丁：周成或者赵立至少有一个不被录取。

如果上述要求均被满足，则以下哪项一定为真？

A. 录取王兴。

B. 不录取李正。

C. 不录取周成。

D. 不录取赵立。

E. 不录取王兴。

真题秒杀

例 **4.19** (2022年管理类联考真题)李佳、贾元、夏辛、丁东、吴悠5位大学生暑期结伴去皖南旅游。对于5人将要游览的地点，他们却有不同的想法。

　　李佳：若去龙川，则也去呈坎。

　　贾元：龙川和徽州古城两个地方至少去一个。

　　夏辛：若去呈坎，则也去新安江山水画廊。

　　丁东：若去徽州古城，则也去新安江山水画廊。

　　吴悠：若去新安江山水画廊，则也去江村。

　　事后得知，5人的想法都得到了实现。

　　根据以上信息，上述5人选择游览的地点，肯定有：

A. 龙川和呈坎。　　　　　　　　　　B. 江村和新安江山水画廊。

C. 龙川和徽州古城。　　　　　　　　D. 呈坎和新安江山水画廊。

E. 呈坎和徽州古城。

例 **4.20** (2020年管理类联考真题)因业务需要，某公司欲将甲、乙、丙、丁、戊、己、庚7个部门合并到丑、寅、卯3个子公司。已知：

　　(1)一个部门只能合并到一个子公司。

　　(2)若丁和丙中至少有一个未合并到丑公司，则戊和甲均合并到丑公司。

　　(3)若甲、己、庚中至少有一个未合并到卯公司，则戊合并到寅公司且丙合并到卯公司。

　　根据上述信息，可以得出以下哪项？

A. 甲、丁均合并到丑公司。　　　　　B. 乙、戊均合并到寅公司。

C. 乙、丙均合并到寅公司。　　　　　D. 丁、丙均合并到丑公司。

E. 庚、戊均合并到卯公司。

例 **4.21** (2022年管理类联考真题)某单位有甲、乙、丙、丁、戊、己、庚、辛、壬、癸10名新进员工，他们所学专业是哲学、数学、化学、金融、会计5个专业之一，每人只学其中一个专业。已知：

　　(1)若甲、丙、壬、癸中至多有3人是数学专业，则丁、庚、辛3人都是化学专业。

　　(2)若乙、戊、己中至多有2人是哲学专业，则甲、丙、庚、辛4人专业各不相同。

　　根据上述信息，所学专业相同的新员工是：

A. 乙、戊、己。　　　　　　　　　　B. 甲、壬、癸。

C. 丙、丁、癸。　　　　　　　　　　D. 丙、戊、己。

E. 丁、庚、辛。

例 **4.22** (2022 年管理类联考真题)某校文学社王、李、周、丁 4 人每人只爱好诗歌、戏剧、散文、小说 4 种文学形式中的一种，且各不相同。他们每人只创作了上述 4 种形式中的一种作品，且形式各不相同。他们创作的作品形式与各自的文学爱好均不相同。已知：

(1)若王没有创作诗歌，则李爱好小说。

(2)若王没有创作诗歌，则李创作小说。

(3)若王创作诗歌，则李爱好小说且周爱好散文。

根据上述信息，可以得出以下哪项？

A. 王爱好散文。　　　　　B. 李爱好戏剧。　　　　　C. 周爱好小说。

D. 丁爱好诗歌。　　　　　E. 周爱好戏剧。

母题模型 5　数量假言模型

母题技巧

【第 1 步　识别条件类型】

特点(1)：题干中的已知条件主要由＿＿＿＿＿＿＿＿＿＿＿＿＿＿＿＿＿＿组成。

特点(2)：题干中的选项均为或多为＿＿＿＿＿＿＿＿＿＿＿＿＿＿＿＿＿。

【第 2 步　套用母题方法】

步骤 1：＿＿＿＿＿＿＿＿＿＿＿＿＿＿＿＿＿。

步骤 2：＿＿＿＿＿＿＿＿＿＿＿＿＿＿＿＿＿。

步骤 3：＿＿＿＿＿＿＿＿＿＿＿＿＿＿＿＿＿。

口诀 14　数 量 假 言 模 型

典型例题

例 **4.23** 在《不青春但有你》的比赛中，共有甲、乙、丙、丁、戊、己、庚 7 位选手参加比赛，选出 4 位进入决赛。已知，比赛结果如下：

(1)如果丁进入决赛，则己也进入决赛。

(2)只要丙、庚中至少有 1 人进入决赛，则己也进入决赛。

根据以上信息，可以得出以下哪项？

A. 甲进入决赛了。　　　　B. 丙进入决赛了。　　　　C. 庚进入决赛了。

D. 己进入决赛了。　　　　E. 丁进入决赛了。

例 4.24 老罗为美化《数学要点7讲》周测随堂笔记的形式，计划从红色、黄色、橙色、青色、蓝色、紫色和绿色这7种颜色中选出4种给文档内的文字上色。已知：

(1)若不选择黄色，则不选择青色也不选择紫色。

(2)如果选择绿色或者蓝色，那么也会选择紫色。

根据上述信息，以下哪项一定为真？

A. 老罗选择了绿色。　　　　　　　　B. 老罗选择了黄色。

C. 老罗选择了青色。　　　　　　　　D. 老罗选择了橙色。

E. 老罗选择了红色。

真题秒杀

例 4.25 (2021年管理类联考真题)甲、乙、丙、丁、戊5人是某校美学专业2019级研究生，第一学期结束后，他们在张、陆、陈3位教授中选择导师，每人只能选择1人作为导师，每位导师都有1至2人选择，并且得知：

(1)选择陆老师的研究生比选择张老师的多。

(2)若丙、丁中至少有1人选择张老师，则乙选择陈老师。

(3)若甲、丙、丁中至少有1人选择陆老师，则只有戊选择陈老师。

根据以上信息，可以得出以下哪项？

A. 甲选陆老师。　　　　　　　　　　B. 乙选择张老师。

C. 丁、戊选择陆老师。　　　　　　　D. 乙、丙选择陈老师。

E. 丙、丁选择陈老师。

母题模型6　假言命题的矛盾命题模型

母题技巧

【第1步　识别条件类型】

特点(1)：题干中出现一个或多个_____。

特点(2)：提问方式：

"以下哪项最能_____题干？"

"以下哪项最能说明题干_____？"

"若题干为真，则以下哪项_____？"

"以下哪项最_____题干？"

【第2步 套用母题方法】

步骤1：_____。

步骤2：_____。

步骤3：_____。

口诀 15 串联矛盾模型

典型例题

例 4.26 正是因为有了充足的奶制品作为食物来源，生活在呼伦贝尔大草原的牧民才能摄入足够的钙质。很明显，这种足够的钙质，对于呼伦贝尔大草原的牧民拥有健壮的体魄是必不可少的。

以下哪种情况如果存在，最能削弱以上的断定？

A. 有的呼伦贝尔大草原的牧民从食物中能摄入足够的钙质，且有健壮的体魄。

B. 有的呼伦贝尔大草原的牧民不具有健壮的体魄，但从食物中摄入的钙质并不缺少。

C. 有的呼伦贝尔大草原的牧民不具有健壮的体魄，他们从食物中不能摄入足够的钙质。

D. 有的呼伦贝尔大草原的牧民有健壮的体魄，但没有充足的奶制品作为食物来源。

E. 有的呼伦贝尔大草原的牧民没有健壮的体魄，但有充足的奶制品作为食物来源。

真题秒杀

例 4.27 （2005年MBA联考真题）一个花匠正在配制插花。可供配制的花共有苍兰、玫瑰、百合、牡丹、海棠和秋菊6个品种，一件合格的插花必须至少由两种花组成，并同时满足以下条件：如果有苍兰或海棠，则不能有秋菊；如果有牡丹，则必须有秋菊；如果有玫瑰，则必须有海棠。

以下各项所列的两种花都可以单独或与其他花搭配，组成一件合格的插花，除了：

A. 苍兰和玫瑰。

B. 苍兰和海棠。

C. 玫瑰和百合。

D. 玫瑰和牡丹。

E. 百合和秋菊。

例 4.28 (2011年管理类联考真题)在恐龙灭绝6500万年后的今天，地球正面临着又一次物种大规模灭绝的危机。截至20世纪末，全球大约有20％的物种灭绝。现在，大熊猫、西伯利亚虎、北美玫瑰、巴西红木等许多珍稀物种面临着灭绝的危险。有三位学者对此作了预测：

学者一：如果大熊猫灭绝，则西伯利亚虎也将灭绝。

学者二：如果北美玫瑰灭绝，则巴西红木不会灭绝。

学者三：或者北美玫瑰灭绝，或者西伯利亚虎不会灭绝。

如果三位学者的预测都为真，则以下哪项一定为假？

A. 大熊猫和北美玫瑰都将灭绝。

B. 巴西红木将灭绝，西伯利亚虎不会灭绝。

C. 大熊猫和巴西红木都将灭绝。

D. 大熊猫将灭绝，巴西红木不会灭绝。

E. 巴西红木将灭绝，大熊猫不会灭绝。

母题模型7　匹配模型

母题技巧

【第1步　识别条件类型】

特点：题干中的已知条件主要由_____组成。

【第2步　套用母题方法】

(1)秒杀方法：_____

情况1：_____。

"以下哪项_____为真？"

"以下哪项_____符合题干？"

"以下哪项_____题干？"

情况2：_____。

情况3：_____。

使用方式：

方式①：_____。

方式②：_____。

(2)常规方法：_____

情况1：_____。

情况2：_____。

情况3：_____。

口诀 16 匹配模型

典型例题

例 4.29 (2010 年管理类联考真题)李赫、张岚、林宏、何柏、邱辉 5 位同事近日各自买了一台不同品牌的小轿车，分别为雪铁龙、奥迪、宝马、奔驰、桑塔纳。这 5 辆车的颜色分别与 5 人名字最后一个字谐音的颜色不同。已知，李赫买的是蓝色的雪铁龙。

以下哪项排列可能依次对应张岚、林宏、何柏、邱辉所买的车？

A. 灰色奥迪、白色宝马、灰色奔驰、红色桑塔纳。

B. 黑色奥迪、红色宝马、灰色奔驰、白色桑塔纳。

C. 红色奥迪、灰色宝马、白色奔驰、黑色桑塔纳。

D. 白色奥迪、黑色宝马、红色奔驰、灰色桑塔纳。

E. 黑色奥迪、灰色宝马、白色奔驰、红色桑塔纳。

例 4.30 在同一侧的房号为 1、2、3、4 的四间房子里，分别住着来自韩国、法国、英国和德国的四位专家。有一位记者前来采访他们。

韩国人说："我的房号大于德国人，且我不会说外语，也无法和邻居交流。"

法国人说："我会说德语，但我却无法和我的邻居交流。"

英国人说："我会说韩语，但我只可以和一个邻居交流。"

德国人说："我会说我们这四个国家的语言。"

那么，按照房号从小到大的顺序排，房间里住的人的国籍依次是：

A. 英国、德国、韩国、法国。

B. 法国、英国、德国、韩国。

C. 德国、英国、法国、韩国。

D. 德国、英国、韩国、法国。

E. 法国、德国、英国、韩国。

例 4.31 在美发沙龙内有一排座位，座位的编号从左到右依次为 1 号、2 号、3 号、4 号。4 位女士 H、N、J、K 坐在上面，她们现在的头发颜色为棕色、金黄色、灰色、红色，想染的颜色为赤褐色、黑色、白色、红色。

已知以下条件：

(1)J 左边的女士的头发是棕色的。

(2)一位女士想把头发染成白色，另一位女士现在的头发是金黄色，N 坐在她们两人之间。

(3)坐在 1 号位置上的女士的头发是红色的。

(4)K 坐在想把头发染成黑色的女士旁边，而 H 坐在偶数位置上。

(5)灰色头发的女士想把她的头发染成赤褐色，她不在 3 号位置上。

根据以上信息，可知 1 号位置上的女士是谁？

A. H。　　　　　　　B. N。　　　　　　　C. J。

D. K。　　　　　　　E. 无法判断。

例 4.32 大学新生张强、史宏和黎明同住一个宿舍，他们分别来自东北三省(辽宁、黑龙江和吉林)中的某一省份。其中，张强不比来自黑龙江的同学个子矮，史宏比来自辽宁的同学个子高，黎明的个子和来自辽宁的同学一样高。

如果上述断定为真，则以下哪项也为真？

A. 张强来自辽宁，史宏来自黑龙江，黎明来自吉林。

B. 张强来自辽宁，史宏来自吉林，黎明来自黑龙江。

C. 张强来自黑龙江，史宏来自辽宁，黎明来自吉林。

D. 张强来自吉林，史宏来自黑龙江，黎明来自辽宁。

E. 张强来自黑龙江，史宏来自吉林，黎明来自辽宁。

例 4.33 老吕、毋亮和陈正康三位教师共教六门课：逻辑、数学、写作、英语、会计和审计，每人教两门课。已知：

(1)写作老师和数学老师是邻居。

(2)毋亮最年轻。

(3)老吕经常对英语老师和数学老师谈自己的看法。

(4)英语老师比逻辑老师年龄大。

(5)毋亮、会计老师和逻辑老师经常一起游泳。

根据以上条件，请判断以下哪项是正确的？

A. 老吕教逻辑和会计。　　B. 毋亮教写作和英语。　　C. 陈正康教审计和写作。

D. 毋亮教数学和审计。　　E. 老吕教写作和会计。

例 **4.34** 下面三题基于以下题干：

F、G、H、J、K 和 L 6 位运动员参加 4 支球队：足球队、排球队、篮球队和乒乓球队。已知：

①每人恰加入一个队，每个队至少有一人加入。

②H 和 F 加入同一个队。

③恰有一个人和 L 加入同一个队。

④G 加入的是足球队。

⑤J 加入的是足球队或乒乓球队。

⑥H 没加入乒乓球队。

(1)以下哪项一定为假？

A. K 加入的是足球队。

B. L 加入的是足球队。

C. L 加入的是排球队。

D. K 加入的是篮球队。

E. J 加入的是乒乓球队。

(2)如果 L 加入的是篮球队，则以下哪项一定为真？

A. H 加入的是排球队。

B. G 加入的是篮球队。

C. K 加入的是足球队。

D. K 加入的是排球队。

E. K 加入的是乒乓球队。

(3)如果 K 没加入篮球队，则以下哪项一定为真？

A. L 加入的是足球队。

B. L 加入的是排球队。

C. L 加入的是篮球队。

D. F 和 H 加入的是排球队。

E. F 和 H 加入的是篮球队。

例 4.35 三位美丽的姑娘王铁锤、小卷毛和赵大宝到帝都旅游，她们每人为自己选购了一件心爱的礼物。她们分别到大悦城、王府井和国贸购买了香水、戒指和项链。已知：

(1)王铁锤没到国贸去购买项链。

(2)小卷毛没有购买大悦城的任何商品。

(3)购买香水的那个姑娘没有到王府井去。

(4)购买项链的并非小卷毛。

(5)只有国贸卖项链。

根据以上已知条件，可以推断以下哪项为真？

A. 小卷毛在大悦城买的东西。
B. 小卷毛买的是项链。
C. 赵大宝在王府井买的东西。
D. 王铁锤买的是香水。
E. 王铁锤在王府井买的东西。

例 4.36 杰克夫妇、迈克夫妇和詹姆斯夫妇参加了复活节的舞会，已知如下信息：

(1)舞会上没有一个男人同自己的妻子跳舞。

(2)杰克在和琳达跳舞。

(3)迈克的舞伴是詹姆斯的妻子。

(4)露丝的丈夫正和爱丽思跳舞。

那么杰克夫妇、迈克夫妇和詹姆斯夫妇分别为：

A. 杰克——爱丽思、迈克——露丝、詹姆斯——琳达。
B. 杰克——爱丽思、迈克——琳达、詹姆斯——露丝。
C. 杰克——露丝、迈克——琳达、詹姆斯——爱丽思。
D. 杰克——琳达、迈克——爱丽思、詹姆斯——露丝。
E. 杰克——琳达、迈克——露丝、詹姆斯——爱丽思。

真题秒杀

例 4.37 (2014年管理类联考真题)某小区业主委员会的4名成员晨桦、建国、向明和嘉媛围坐在一张方桌前(每边各坐一人)讨论小区大门旁的绿化方案。4人的职业各不相同，每个人的职业是高校教师、软件工程师、园艺师或邮递员之中的一种。已知：晨桦是软件工程师，他坐在建国的左手边；向明坐在高校教师的右手边；坐在建国对面的嘉媛不是邮递员。

根据以上信息，可以得出以下哪项？

A. 嘉媛是高校教师，向明是园艺师。
B. 向明是邮递员，嘉媛是园艺师。
C. 建国是邮递员，嘉媛是园艺师。
D. 建国是高校教师，向明是园艺师。
E. 嘉媛是园艺师，向明是高校教师。

例 4.38 下面两题基于以下题干：

某校四位女生施琳、张芳、王玉、杨虹与四位男生范勇、吕伟、赵虎、李龙进行中国象棋比赛。他们被安排在四张桌上，每桌一男一女对弈，四张桌从左到右分别记为1、2、3、4号，每对选手需要进行四局比赛。比赛规定：选手每胜一局得2分，和一局得1分，负一局得0分。前三局结束时，按分差大小排列，四对选手的总积分分别是6∶0、5∶1、4∶2、3∶3。已知：

①张芳跟吕伟对弈，杨虹在4号桌比赛，王玉的比赛桌在李龙比赛桌的右边。

②1号桌的比赛至少有一局是和局，4号桌双方的总积分不是4∶2。

③赵虎前三局总积分并不领先他的对手，他们也没有下成过和局。

④李龙已连输三局，范勇在前三局总积分上领先他的对手。

(1)(2018年管理类联考真题)根据上述信息，前三局比赛结束时谁的总积分最高？

A. 杨虹。　　　B. 施琳。　　　C. 范勇。　　　D. 王玉。　　　E. 张芳。

(2)(2018年管理类联考真题)如果下列有位选手前三局均与对手下成和局，那么他(她)是谁？

A. 施琳。　　　B. 杨虹。　　　C. 张芳。　　　D. 范勇。　　　E. 王玉。

例 4.39 (2012年在职MBA联考真题)张明、李英、王佳和陈蕊四人在一个班组工作，他们来自江苏、安徽、福建和山东四个省，每个人只会说原籍的一种方言。现已知：

①福建人会说闽南方言。

②山东人学历最高且会说中原官话。

③王佳比福建人的学历低。

④李英会说徽州话并且和来自江苏的同事是同学。

⑤陈蕊不懂闽南方言。

根据以上陈述，可以得出以下哪项结论？

A. 陈蕊不会说中原官话。

B. 张明会说闽南方言。

C. 李英是山东人。

D. 王佳会说徽州话。

E. 陈蕊是安徽人。

母题模型8　数量关系模型

母题技巧

【第1步　识别条件类型】

特点(1)：题干中的已知条件主要由_____组成。

特点(2)：题干中的选项均为或多为_____。

【第2步　套用母题方法】

(1)_____。

(2)_____。

口诀17　数量关系模型

典型例题

例 4.40 酱心作为女性嘉宾参加了某电视台举办的相亲节目，她择偶的条件是：高个子、相貌英俊、博士。在老周、老吴、老李、老张4位男性嘉宾中，只有1位符合她所要求的全部条件。已知：

(1) 4位男性嘉宾中，有3位高个子，2位博士，1位长相英俊。

(2)老周和老吴都是博士。

(3)老张和老李身高相同。

(4)老李和老周并非都是高个子。

谁符合酱心所要求的全部条件？

A. 老周。　　　　　　　B. 老吴。　　　　　　　C. 老李。

D. 老张。　　　　　　　E. 无法确定。

例 4.41 N中学在进行高考免试学生的推荐时，共有甲、乙、丙、丁、戊、己、庚7位同学入围。已知：

(1)在7人中，有3位同学是女生，4位同学是男生。

(2)有4位同学的年龄为18岁，而另外3位同学的年龄则为17岁。

(3)甲、丙和戊的年龄相同，而乙和庚的年龄不相同。

(4)乙、丁和己的性别相同，而甲和庚的性别不相同。

(5)只有一位17岁的女生得到推荐资格。

据此，可以推出获得推荐资格的是：

A. 甲。　　　　　　　　B. 乙。　　　　　　　　C. 丙。

D. 戊。　　　　　　　　E. 庚。

例 4.42 S市教育局为提高农村中学教育质量，准备从市教学能手中选出多名骨干教师前往农村中学对农村中学教师进行系统培训。根据工作要求，教育局局长提出了以下要求：

(1)甲和乙两人中至少要选择一人。

(2)乙和丙两人中至多能选择一人。

(3)如果选择丁，则丙和戊两人都要选择。

(4)在甲、乙、丙、丁、戊5人中应选择3人。

如果上述断定都是真的，则以下哪项也必然是真的？

A. 选择甲和丙。　　　　　　B. 选择乙和戊。　　　　　　C. 选择丙和戊。

D. 选择乙和丁。　　　　　　E. 选择甲和戊。

例 4.43 甲、乙、丙、丁4个人玩游戏，在每张纸上写出1～9中的一个数字，然后叠起来，每人从中抽取2张，然后报出两数的关系，由此猜出剩下没有人拿的那个数字是多少。已知：

①甲说他手里的两数相加为10。

②乙说他手里的两数相减为1。

③丙说他手里的两数之积为24。

④丁说他手里的两数之商为3。

由此他们4个人都猜出了剩下没有人拿的那个数字，这个数字是：

A. 5。　　　B. 6。　　　C. 7。　　　D. 8。　　　E. 9。

真题秒杀

例 4.44 下面四题基于以下题干：

某班打算从方如芬、郭嫣然、何之莲三名女生中选拔两人，从彭友文、裘志节、任向阳、宋文凯、唐晓华五名男生中选拔三人，组成大学生五人支教小组到山区义务支教。要求：

①郭嫣然和唐晓华不同时入选。

②彭友文和宋文凯不同时入选。

③裘志节和唐晓华不同时入选。

(1)(2013年在职MBA联考真题)下列哪位一定入选？

A. 方如芬。　　　　　　B. 郭嫣然。　　　　　　C. 宋文凯。

D. 何之莲。　　　　　　E. 任向阳。

(2)(2013年在职MBA联考真题)如果郭嫣然入选，则下列哪位也一定入选？

A. 方如芬。   B. 何之莲。   C. 彭友文。

D. 裘志节。   E. 宋文凯。

(3)(2013年在职MBA联考真题)若何之莲未入选，则下列哪一位也未入选？

A. 唐晓华。   B. 彭友文。   C. 裘志节。

D. 宋文凯。   E. 方如芬。

(4)(2013年在职MBA联考真题)若唐晓华入选，则下列哪两位一定入选？

A. 方如芬和郭嫣然。

B. 郭嫣然和何之莲。

C. 彭友文和何之莲。

D. 任向阳和宋文凯。

E. 方如芬和何之莲。

例 4.45 (2016年管理类联考真题)古人以干支纪年。甲乙丙丁戊己庚辛壬癸为十干，也称天干。子丑寅卯辰巳午未申酉戌亥为十二支，也称地支。顺次以天干配地支，如甲子、乙丑、丙寅、……、癸酉、甲戌、乙亥、丙子等，六十年重复一次，俗称六十花甲子。根据干支纪年，公元2014年为甲午年，公元2015年为乙未年。

根据以上陈述，可以得出以下哪项？

A. 现代人已不用干支纪年。

B. 21世纪会有甲丑年。

C. 干支纪年有利于农事。

D. 根据干支纪年，公元2024年为甲寅年。

E. 根据干支纪年，公元2087年为丁未年。

扫码免费听
本节讲解

第3节 5大条件综合推理

母题模型9 5大条件综合应用模型

母题技巧

1. 条件类型的识别及命题模型的命名规则
   (1)识别已知条件的类型。
   (2)根据已知条件的类型对命题模型进行命名。
   5大条件表述的先后顺序遵循以下原则：_____。
2. 套用母题方法
   (1)事实条件破解：_____。
   (2)假言条件破解：_____。
   (3)半事实条件破解：_____。
   (4)数量条件破解：_____。
   (5)匹配条件破解：_____。

典型例题

例 4.46 老张、老王、老李、老赵四人的职业分别是司机、教授、医生、工人。已知：
(1)老张比教授个子高。
(2)老李比老王个子矮。
(3)工人比司机个子高。
(4)医生比教授个子矮。
(5)工人不是老赵就是老李。
根据以上信息，以下哪项一定为真？
A. 四个人的职业都可以确定。
B. 四个人的职业只能确定三个。
C. 四个人的职业只能确定两个。
D. 四个人的职业只能确定一个。
E. 老李是教授。

例 4.47 去年，S市举办了第三十一届世博会。其中有八个区：服装区、智能装备区、多功能医疗区、汽车区、食品区、高端装备区、日用品区、家居区平均分布于"指南针"展馆的东、南、西、北四个方位，已知：

(1)家居区不和日用品区在一个方位，就和食品区在一个方位。

(2)如果智能装备区位于东部或者南部，那么北部不能设置汽车区也不能设置日用品区。

(3)智能装备区或多功能医疗区要设置在北部或者东部。

(4)服装区和汽车区设置于北部。

(5)食品区与多功能医疗区在一个方位，或者与高端装备区在一个方位。

根据上述已知条件，以下哪项一定为真？

A. 日用品区不设置在南部。

B. 日用品区和智能装备区在一个方位。

C. 食品区和高端装备区设置在东部。

D. 多功能医疗区设置在东部。

E. 家居区设置在西部。

例 4.48 下面三题基于以下题干：

张、李、王和刘四位教授要担任 E、F、G、H、I、J、K 这七位研究生的导师。每位研究生都跟随一位导师；每位教授最多带两位研究生。研究生中，J 和 K 是硕士生，其余是博士生；E、F 和 J 是男生，其余是女生。同时，以下条件必须满足：

①张教授只带男研究生。

②李教授只带一名研究生。

③如果某位教授带一名硕士生，则必须带与这位硕士生性别相同的博士生。

(1)根据上面的条件，可以推断以下哪项肯定为真？

A. 李教授担任 F 的导师。　　　　　　B. 刘教授担任 G 的导师。

C. 张教授担任 J 的导师。　　　　　　D. 张教授担任 E 的导师。

E. 王教授担任 H 的导师。

(2)以下研究生都可以由李教授带，除了哪一位？

A. E。　　　　B. G。　　　　C. I。　　　　D. K。　　　　E. F。

(3)根据题干，可以推断以下哪项肯定为真？

A. 王教授至少担任一名女研究生的导师。

B. 王教授至少担任一名硕士研究生的导师。

C. 刘教授至少担任一名男研究生的导师。

D. 李教授至少担任一名硕士研究生的导师。

E. 王教授至少担任一名男研究生的导师。

例 4.49 下面五题基于以下题干：

一家食品店从星期一到星期日，每天都有3种商品特价销售。可供特价销售的商品包括3种蔬菜：G、H和J；3种水果：K、L和O；3种饮料：X、Y和Z。必须根据以下条件安排特价商品：

① 每天至少有一种蔬菜特价销售，每天至少有一种水果特价销售。

② 无论在哪天，如果J是特价销售的商品，则L不能特价销售。

③ 无论在哪天，如果K是特价销售的商品，则Y也必须特价销售。

④ 每一种商品在一周内特价销售的次数不能超过3天。

(1)以下哪项列出的是可以一起特价销售的商品？

A. G、J、Z。　　　　　　　B. H、K、X。　　　　　　　C. J、L、Y。

D. H、K、L。　　　　　　　E. G、K、Y。

(2)如果J在星期五、星期六、星期日特价销售，K在星期一、星期二、星期三特价销售，而G只在星期四特价销售，则L可以在哪几天特价销售？

A. 仅在星期二。

B. 仅在星期四。

C. 仅在星期一、星期二和星期三。

D. 在这一周前4天中的任何两天。

E. 在这一周后3天中的任何两天。

(3)如果每一种水果在一周中特价销售3天，则饮料总共在这一周内可以特价销售的天数最多为：

A. 3天。　　　B. 4天。　　　C. 5天。　　　D. 6天。　　　E. 2天。

(4)如果H和Y同时在星期一、星期二、星期三特价销售，G和X同时在星期四、星期五、星期六特价销售，则星期日特价销售的商品一定包括：

A. J和O。　　　B. J和K。　　　C. J和L。　　　D. K和Z。　　　E. K和L。

(5)如果在某一周中恰好有7种商品特价销售，则以下哪项关于这一周的陈述一定为真？

A. X是本周唯一特价销售的饮料。

B. Y是本周唯一特价销售的饮料。

C. Z是本周唯一特价销售的饮料。

D. 至少有一天，G和Z同时特价销售。

E. 本周特价销售的饮料为Y和Z。

真题秒杀

例 4.50 下面两题基于以下题干：

某剧团拟将历史故事"鸿门宴"搬上舞台。该剧有项王、沛公、项伯、张良、项庄、樊哙、范增7个主要角色，甲、乙、丙、丁、戊、己、庚7名演员每人只能扮演其中一个，且每个角色只能由其中一人扮演。根据各演员的特点，角色安排如下：

①如果甲不扮演沛公，则乙扮演项王。

②如果丙或己扮演张良，则丁扮演范增。

③如果乙不扮演项王，则丙扮演张良。

④如果丁不扮演樊哙，则庚或戊扮演沛公。

(1)(2021年管理类联考真题)根据上述信息，可以得出以下哪项？

A. 甲扮演沛公。   B. 乙扮演项王。   C. 丙扮演张良。

D. 丁扮演范增。   E. 戊扮演樊哙。

(2)(2021年管理类联考真题)若甲扮演沛公而庚扮演项庄，则可以得出以下哪项？

A. 丙扮演项伯。   B. 丙扮演范增。   C. 丁扮演项伯。

D. 戊扮演张良。   E. 戊扮演樊哙。

例 4.51 下面两题基于以下题干：

某海军部队有甲、乙、丙、丁、戊、己、庚7艘舰艇，拟组成两个编队出航，第一编队编列3艘舰艇，第二编队编列4艘舰艇。编列需满足以下条件：

①航母己必须编列在第二编队。

②戊和丙至多有一艘编列在第一编队。

③甲和丙不在同一编队。

④如果乙编列在第一编队，则丁也必须编列在第一编队。

(1)(2018年管理类联考真题)如果甲在第二编队，则下列哪项中的舰艇一定也在第二编队？

A. 乙。   B. 丙。   C. 丁。   D. 戊。   E. 庚。

(2)(2018年管理类联考真题)如果丁和庚在同一编队，则可以得出以下哪项？

A. 甲在第一编队。   B. 乙在第一编队。   C. 丙在第一编队。

D. 戊在第二编队。   E. 庚在第二编队。

例 4.52 （2022 年管理类联考真题）宋、李、王、吴 4 人均订阅了《人民日报》《光明日报》《参考消息》《文汇报》中的两种报纸，每种报纸均有两人订阅，且各人订阅的均不完全相同。另外，还知道：

(1)如果吴至少订阅了《光明日报》《参考消息》中的一种，则李订阅了《人民日报》而王未订阅《光明日报》。

(2)如果李、王两人中至多有一人订阅了《文汇报》，则宋、吴均订阅了《人民日报》。

如果李订阅了《人民日报》，则可以得出以下哪项？

A. 宋订阅了《文汇报》。

B. 宋订阅了《人民日报》。

C. 王订阅了《参考消息》。

D. 吴订阅了《参考消息》。

E. 吴订阅了《人民日报》。

例 4.53 （2022 年经济类联考真题）近年来，流失海外百余年的圆明园 7 尊兽首铜像鼠首、牛首、虎首、兔首、马首、猴首和猪首通过"华商捐赠""国企竞拍""外国友人返还"这 3 种方式陆续回归中国。每种方式均获得 2～3 尊兽首铜像，且每种方式获得的兽首铜像各不相同。已知：

(1)如果牛首、虎首和猴首中至少有一尊是通过"华商捐赠"或者"外国友人返还"回归的，则通过"国企竞拍"获得的是鼠首和马首。

(2)如果马首、猪首中至少有一尊是通过"国企竞拍"或者"外国友人返还"回归的，则通过"华商捐赠"获得的是鼠首和虎首。

根据上述信息，以下哪项是通过"外国友人返还"获得的兽首铜像？

A. 鼠首、兔首。

B. 马首、猴首。

C. 兔首、猪首。

D. 鼠首、马首。

E. 马首、兔首。

例 **4.54** 下面两题基于以下题干：

江海大学的校园美食节开幕了，某女生宿舍有 5 人积极报名参加此次活动，她们的姓名分别为金粲、木心、水仙、火珊、土润。举办方要求，每位报名者只做一道菜品参加评比，但需自备食材。限于条件，该宿舍所备食材仅有 5 种：金针菇、木耳、水蜜桃、火腿和土豆，要求每种食材只能有 2 人选用，每人又只能选用 2 种食材，并且每人所选食材名称的第一个字与自己的姓氏均不相同。已知：

①如果金粲选水蜜桃，则水仙不选金针菇。

②如果木心选金针菇或土豆，则她也须选木耳。

③如果火珊选水蜜桃，则她也须选木耳和土豆。

④如果木心选火腿，则火珊不选金针菇。

(1)(2016 年管理类联考真题)根据上述信息，可以得出以下哪项？

A. 木心选用水蜜桃、土豆。　　　　　　B. 水仙选用金针菇、火腿。

C. 土润选用金针菇、水蜜桃。　　　　　D. 火珊选用木耳、水蜜桃。

E. 金粲选用木耳、土豆。

(2)(2016 年管理类联考真题)如果水仙选用土豆，则可以得出以下哪项？

A. 木心选用金针菇、水蜜桃。　　　　　B. 金粲选用木耳、火腿。

C. 火珊选用金针菇、土豆。　　　　　　D. 水仙选用木耳、土豆。

E. 土润选用水蜜桃、火腿。

例 **4.55** (2015 年管理类联考真题)甲、乙、丙、丁、戊和己 6 人围坐在一张正六边形的小桌前，每边各坐 1 人。已知：

(1)甲与乙正面相对。

(2)丙与丁不相邻，也不正面相对。

如果己与乙不相邻，则以下哪项一定为真？

A. 如果甲与戊相邻，则丁与己正面相对。

B. 甲与丁相邻。

C. 戊与己相邻。

D. 如果丙与戊不相邻，则丙与己相邻。

E. 己与乙正面相对。

例 4.56 以下两题基于以下题干：

某高铁线路设有"东沟""西山""南镇""北阳""中丘"5 座高铁站。该线路现有甲、乙、丙、丁、戊 5 趟车运行。这 5 座高铁站中，每站均恰好有 3 趟车停靠，且甲车和乙车停靠的站均不相同。已知：

①若乙车或丙车至少有一车在"北阳"停靠，则它们均在"东沟"停靠。

②若丁车在"北阳"停靠，则丙、丁和戊车均在"中丘"停靠。

③若甲、乙和丙车中至少有 2 趟车在"东沟"停靠，则这 3 趟车均在"西山"停靠。

(1)(2021 年管理类联考真题)根据上述信息，可以得出以下哪项？

A. 甲车不在"中丘"停靠。

B. 乙车不在"西山"停靠。

C. 丙车不在"东沟"停靠。

D. 丁车不在"北阳"停靠。

E. 戊车不在"南镇"停靠。

(2)(2021 年管理类联考真题)若没有车在每站都停靠，则可以得出以下哪项？

A. 甲车在"南镇"停靠。

B. 乙车在"东沟"停靠。

C. 丙车在"西山"停靠。

D. 丁车在"南镇"停靠。

E. 戊车在"西山"停靠。

3

推理母题

非5大条件类

（含形式逻辑及综合推理）

写在前面的话

① **"非 5 大条件类"题型与"5 大条件类"题型的关系是什么？**

> 二者是互补关系。在联考逻辑真题的推理题中，"5 大条件类"题型占 80% 左右，"非 5 大条件类"题型占 20% 左右。

② **"非 5 大条件类"题型考的是什么知识？**

> "非 5 大条件类"题型一般考的是形式逻辑的基础知识。其中，"性质串联模型""隐含三段论模型"均与"串联推理"的解题原理是一样的；"真假话问题"本质上考的是对当关系；两次与三次分类模型，本质上考的是概念的划分。
>
> 但是，近几年的联考逻辑真题中也出现了一些特殊题型，如"数独模型"，不过考的并不多，命题概率为 30%。

③ **"非 5 大条件类"题型难吗？**

> "非 5 大条件类"题型的整体难度中等，但也可以出比较难的题。从考点来说，本部分题目主要考的是基础知识，例如 2023 年管综真题的第 1 道逻辑题，考的就是"双 A 串联公式"。但这一基础知识相对复杂，所以，基础知识扎实的同学会感觉比较简单，但基础掌握不牢固的同学会觉得很难。

④ **"非 5 大条件类"题型怎么学？**

> "非 5 大条件类"题型与"5 大条件类"题型的学习方法相同，即：第 1 步识别条件类型，第 2 步套用母题方法。不再赘述。

本讲内容

7个母题模型 — 第5章 推理母题：非5大条件类

- 母题模型10 性质串联模型
- 母题模型11 隐含三段论模型
- 母题模型12 推理结构相似模型
- 母题模型13 真假话问题
  - 母题变式13.1 经典真假话问题
  - 母题变式13.2 一人多判断型的真假话问题
  - 母题变式13.3 真城假城型的真假话问题
- 母题模型14 数独模型
- 母题模型15 两次与三次分类模型
  - 母题变式15.1 两次分类模型
  - 母题变式15.2 三次分类模型
- 母题模型16 其他母题模型

第 **5** 章　推理母题：非5大条件类

本章知识清单

基础知识	母题模型
1. "有的 A 是 B" 的含义 2. "有的" 开头原则 3. "有的" 互换原则 4. 双 A 串联公式	母题模型 10　性质串联模型 母题模型 11　隐含三段论模型 母题模型 12　推理结构相似模型 母题模型 13　真假话问题 母题模型 14　数独模型 母题模型 15　两次与三次分类模型 母题模型 16　其他母题模型

第 1 节　性质命题串联的基础知识

扫码免费听
本节讲解

1 全称命题的串联推理

为了方便做题，我们可以将全称命题和单称命题画成箭头。见下表：

编号	句式	例句	符号化
句式①	A 是 B	酱心是女神	
句式②	所有的 A 是 B	所有的明星都是女神	

典型例题

例 5.1　所有爱斯基摩土著人都是穿黑衣服的。所有北婆罗洲土著人都是穿白衣服的。没有既穿白衣服又穿黑衣服的人。H 是穿白衣服的。

基于以上事实，下列哪个判断必为真？

A. H 是北婆罗洲土著人。　　　　　　　　B. H 不是爱斯基摩土著人。

C. H 不是北婆罗洲土著人。　　　　　　　D. H 是爱斯基摩土著人。

E. H 既不是爱斯基摩土著人，也不是北婆罗洲土著人。

2 特称命题的串联推理

2.1 "有的 A 是 B"的含义

"有的"是一个存在量词，它等于"有"，等于"存在"，等于"至少一个"。因此，"有的 A 是 B"的含义是＿＿＿＿＿＿＿＿＿＿＿＿＿＿＿＿＿＿＿＿＿＿，具体有以下四种情况：

情况	关系	图示
①	A、B 为交叉关系，即 A 与 B 有交集，且 A 中有不属于 B 的部分，B 中有不属于 A 的部分。	
②	A 是 B 的真子集。	
③	B 是 A 的真子集。	
④	A 与 B 相等。	

2.2 "有的"互换原则

观察上表，易知"有的 A 是 B"的四种情况，恰好也是"有的 B 是 A"的四种情况。也就是说，只要存在 A 是 B，也就存在 B 是 A。因此，＿＿＿＿＿＿＿＿＿＿＿＿＿＿＿＿＿＿＿＿，看起来 A 和 B 互换了位置，故老吕称之为"'有的'互换原则"：＿＿＿＿＿＿＿＿＿＿＿＿＿＿＿＿＿。

可见，为了方便做题，我们可以将特称命题画成箭头。见下表：

编号	句式	例句	符号化
句式③	有的 A 是 B	有的明星是女神	

故有：＿＿＿＿＿＿＿＿＿＿＿＿＿＿＿＿＿＿＿＿。

2.3 互换与逆否的辨别

(1)"有的 A 是 B"无法逆否推出"￢ B→￢ A"。因为，当出现上表中的情况①和情况③时，"￢ B→￢ A"为＿＿＿＿＿＿；当出现上表中的情况②和情况④时，"￢ B→￢ A"为＿＿＿＿＿＿。

故："有的 A 是 B"不是假言命题，不能逆否，即此种命题中带"有的"的项不逆否。

（2）假言命题只能用_____，不能因为假言命题中出现了"有的"的字样就认为是"有的"互换。

口诀 18 **"有的" 互换原则**

典型例题

例 **5.2** 有些具有良好效果的护肤化妆品是诺亚公司生产的。所有诺亚公司生产的护肤化妆品都价格昂贵，而价格昂贵的护肤化妆品无一例外得到女士们的青睐。

以下各项都能从题干的断定中推出，除了：

A. 有些效果良好的护肤化妆品得到女士们的青睐。

B. 得到女士们青睐的护肤化妆品中，有些实际效果并不好。

C. 所有诺亚公司生产的护肤化妆品都得到女士们的青睐。

D. 有些价格昂贵的护肤化妆品是效果良好的。

E. 所有不被女士们青睐的护肤化妆品都便宜。

3 双 A 串联公式

3.1 "所有"推"有的"公式

所有 A 是 B，可推出：_____。从而得到：_____。

口诀 19 **"所有" 推 "有的"**

3.2 双单称的串联

已知：①酱宝是老吕的学生。②酱宝考上了研究生。

①可推出：_____，

与②串联可得：_____。

②可推出：_____，

与①串联可得：_____。

3.3 双"所有"的串联

已知：①所有山东人都是中国人。②所有山东人都是黄种人。

①可推出：_____，

互换可得：_____，

与②串联可得：_____。

②可推出：_____，

互换可得：_____，

与①串联可得：_____。

3.4 双 A 串联公式

通过以上两个例子可以发现，对于两个判断对象相同的单称命题或者两个判断对象相同的全称命题，符合以下"双 A 串联公式"：

已知：①A 是 B(A→B)。②A 是 C(A→C)。

①可推出：有的 A 是 B，互换可得：有的 B 是 A，与②串联可得：_____

_____。

②可推出：有的 A 是 C，互换可得：有的 C 是 A，与①串联可得：_____

_____。

以上证明过程也可以用下图表示：

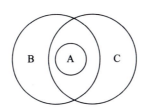

典型例题

例 5.3 所有的山东人都是黄种人。所有的山东人都喜欢吃煎饼卷大葱。有些黄种人喜欢吃北京烤鸭。

如果以上断定为真，则以下哪项也一定为真？

Ⅰ. 有些黄种人不是山东人。

Ⅱ. 有些黄种人不喜欢吃北京烤鸭。

Ⅲ. 有些黄种人喜欢吃煎饼卷大葱。

A. 仅Ⅰ。

B. 仅Ⅱ。

C. 仅Ⅲ。

D. 仅Ⅰ和Ⅲ。

E. Ⅰ、Ⅱ和Ⅲ。

第2节 与性质命题相关的母题模型

扫码免费听
本节讲解
（共3个视频）

母题模型 10 性质串联模型

母题技巧

【第1步 识别条件类型】

特点(1)：题干由_____组成，并且这些性质命题中

存在_____，可以作为桥梁实现串联。

特点(2)：选项均为_____。

【第2步 套用母题方法】

情况1：_____。

情况2：_____。

步骤1：_____。

步骤2：_____。

步骤3：_____。

步骤4：_____。

情况3：_____。

当题干中出现以下两类条件时，可以使用双 A 串联公式。

类型(1)：_____。

类型(2)：_____。

口诀 20 性质串联模型

典型例题

例 5.4 所有教授都是博学多才的学者，所有博学多才的学者都读了很多书，有一些教授是南方人。

以下哪项不能从上述断定中得出？

A. 有些南方人读了很多书。

B. 有些读了很多书的人是南方人。

C. 读了很多书的人都当了教授。

D. 没读很多书的人不是教授。

E. 有些博学多才的学者是南方人。

例 **5.5** 本问题发生在一所学校内。学校的教授中有一些是足球迷。学校预算委员会的成员们一致要求把学校的足球场改建为一个科贸写字楼，以改善学校的收入状况。所有的足球迷都反对将学校的足球场改建为科贸写字楼。

如果以上各句陈述均为真，则下列哪项也必为真？

A. 学校所有的教授都是学校预算委员会的成员。

B. 学校有的教授不是学校预算委员会的成员。

C. 学校预算委员会中有的成员是足球迷。

D. 并不是所有的学校预算委员会的成员都是学校的教授。

E. 有的足球迷是学校预算委员会的成员。

例 **5.6** 青海湖的湟鱼是味道鲜美的鱼，近年来由于自然环境的恶化和人类的过度捕捞，数量大为减少，成了珍稀动物。凡是珍稀动物都是需要保护的动物。

如果以上陈述为真，则以下陈述都必然为真，除了：

A. 有些珍稀动物是味道鲜美的鱼。

B. 有些需要保护的动物不是青海湖的湟鱼。

C. 有些味道鲜美的鱼是需要保护的动物。

D. 所有不需要保护的动物都不是青海湖的湟鱼。

E. 有的需要保护的动物是味道鲜美的鱼。

真题秒杀

例 **5.7** （2011年经济类联考真题改编）一些投机者是热心乘船游玩的人。所有的商人都支持沿海工业的发展。所有热心乘船游玩的人都反对沿海工业的发展。

据此可知以下哪项一定成立？

A. 有一些投机者是商人。

B. 一些商人热心乘船游玩。

C. 一些投机者支持沿海工业的发展。

D. 一些投机者不支持沿海工业的发展。

E. 有的热心乘船游玩的人是商人。

易错点：有的 A 不是 B

1."有的 A 不是 B"如何画箭头

有的 A 不是 B，等价于：_____，可互换为：_____。

符号化为：_____，可互换为：_____。

2."有的 A 是 B"_____推出"有的 A 不是 B"。

"有的 A 不是 B"_____推出"有的 A 是 B"。

母题模型 11　隐含三段论模型

必备知识

1. 一个标准的三段论，由_____个性质命题构成前提，由_____个性质命题构成结论。

2. 若在一个三段论的推理中，明确给出了_____，但是省略了_____，由此直接得出结论。那么，这个三段论就称为隐含三段论。

公式化如下：

已知 A→B，因此，A→C。需要补充条件_____，这样才能使结论成立。

母题技巧

【第 1 步　识别条件类型】

特点(1)：题干由_____组成，前提和结论一般为_____，个别题目为_____。

特点(2)：提问方式

"补充以下哪项能使题干_____?"

"以下哪项是题干推理的_____?"

"以下哪项最能说明上述结论_____?"（此时需要反驳题干中的三段论）

【第 2 步　套用母题方法】

通用方法：串联法。

步骤 1：_____。

步骤 2：_____。

步骤 3：_____。

步骤 4：_____。

秒杀方法："开心消消乐"法。

隐含三段论问题符合_____原则。因此，多数隐含三段论问题可以把成对的项直接消掉，余下的项用箭头串联一般就是答案。

典型例题

例 5.8 某些理发师留胡子，因此，某些留胡子的人穿白衣服。

下述哪项如果为真，足以佐证上述论断的正确性？

A. 某些理发师不喜欢穿白衣服。

B. 某些穿白衣服的理发师不留胡子。

C. 所有理发师都穿白衣服。

D. 某些理发师不喜欢留胡子。

E. 所有穿白衣服的人都是理发师。

例 5.9 所有的小说家是想象力丰富的；所有想象力丰富的人都博览群书；如果一个人博览群书，那么他一定通晓古今。所以，小说家都是勤奋好学的。

以下哪项如果为真，最能保证上述论证的成立？

A. 通晓古今的人一定是勤奋好学的。

B. 有的小说家并不勤奋好学。

C. 所有小说家都不通晓古今。

D. 有的小说家是通晓古今的。

E. 通晓古今的人不一定是勤奋好学的。

真题秒杀

例 5.10 （2007年MBA联考真题）张华是甲班学生，对围棋感兴趣。该班学生或者对国际象棋感兴趣，或者对军棋感兴趣；如果对围棋感兴趣，则对军棋不感兴趣。因此，张华对中国象棋感兴趣。

以下哪项最可能是上述推理的假设？

A. 如果对国际象棋感兴趣，则对中国象棋感兴趣。

B. 甲班对国际象棋感兴趣的学生都对中国象棋感兴趣。

C. 围棋和中国象棋比军棋更具挑战性。

D. 甲班学生感兴趣的棋类只限于围棋、国际象棋、军棋和中国象棋。

E. 甲班所有学生都对中国象棋感兴趣。

例 5.11 (2012 年管理类联考真题)有些通信网络的维护涉及个人信息安全,因而,不是所有通信网络的维护都可以外包。

以下哪项可以使上述论证成立?

A. 所有涉及个人信息安全的都不可以外包。

B. 有些涉及个人信息安全的不可以外包。

C. 有些涉及个人信息安全的可以外包。

D. 所有涉及国家信息安全的都不可以外包。

E. 有些通信网络的维护涉及国家信息安全。

例 5.12 (2015 年管理类联考真题)有些阔叶树是常绿植物,因此,所有阔叶树都不生长在寒带地区。

以下哪项如果为真,最能反驳上述结论?

A. 常绿植物不都是阔叶树。

B. 寒带的某些地区不生长阔叶树。

C. 有些阔叶树不生长在寒带地区。

D. 常绿植物都不生长在寒带地区。

E. 常绿植物都生长在寒带地区。

例 5.13 (2003 年 MBA 联考真题)大山中学所有骑自行车上学的学生都回家吃午饭,因此,有些家在郊区的大山中学的学生不骑自行车上学。

为使上述论证成立,以下哪项关于大山中学的断定是必须假设的?

A. 骑自行车上学的学生家都不在郊区。

B. 回家吃午饭的学生都骑自行车上学。

C. 家在郊区的学生都不回家吃午饭。

D. 有些家在郊区的学生不回家吃午饭。

E. 有些不回家吃午饭的学生家不在郊区。

母题模型 12　推理结构相似模型

母题技巧

【第1步　识别条件类型】

特点(1)：题干中出现＿＿＿＿＿＿＿＿＿＿＿＿、＿＿＿＿＿＿＿＿＿＿＿＿等。

特点(2)：提问方式：

"以下哪项与题干的推理＿＿＿＿＿＿＿＿＿＿＿＿＿＿＿＿＿＿＿＿＿？"

"以下哪项与题干所犯的逻辑错误＿＿＿＿＿＿＿＿＿＿＿＿＿＿＿＿＿？"

【第2步　套用母题方法】

步骤1：＿＿＿＿＿＿＿＿＿＿＿＿＿＿＿＿＿＿＿＿。

步骤2：＿＿＿＿＿＿＿＿＿＿＿＿＿＿＿＿＿＿＿＿。

【注意】

1. 相似＋归谬

提问方式：

"以下哪项推理明显说明上述论证不成立？"

"以下哪项推理作类比能说明上述推理不成立？"

解题思路：

这类题目，我们不仅要找到与题干推理结构相似的选项，而且这一选项的结论还必须是

＿＿＿＿＿＿＿＿＿＿＿＿＿＿＿＿＿＿＿＿的，这样才能说明题干的推理不成立。

2. 论证结构相似题

结构相似题既有可能考形式逻辑的知识，也有可能考论证逻辑的知识。如果题干中出现了

＿＿＿＿＿＿＿＿＿＿＿＿＿＿＿＿＿＿＿＿时，这道题就是推理结构相似题。若没有出现

＿＿＿＿＿＿＿＿＿＿＿＿＿＿＿＿＿＿＿＿，则一般是论证结构相似题。

典型例题

例 5.14　所有的聪明人都是近视眼，我近视得很厉害，所以我很聪明。

以下哪项与上述推理的逻辑结构一致？

A. 我是个笨人，因为所有的聪明人都是近视眼，而我的视力那么好。

B. 所有的猪都有四条腿，但这种动物有八条腿，所以它不是猪。

C. 小陈十分高兴，所以小陈一定长得很胖，因为高兴的人都能长胖。

D. 所有的天才都高度近视，我一定是高度近视，因为我是天才。

E. 所有的鸡都是尖嘴，这种总在树上待着的鸟是尖嘴，因此它是鸡。

例 **5.15** 有些自然物品具有审美价值，所有的艺术品都有审美价值，因此，有些自然物品也是艺术品。

以下哪个推理具有和上述推理最为类似的结构？

A. 有些有神论者是佛教徒，所有的基督教徒都不是佛教徒，因此，有些有神论者不是基督教徒。

B. 某些律师喜欢钻牛角尖，李小鹏是律师，因此，李小鹏喜欢钻牛角尖。

C. 有些南方人爱吃辣椒，所有的南方人都习惯吃大米，因此，有些习惯吃大米的人爱吃辣椒。

D. 有些进口货是假货，所有国内组装的 APR 空调机的半成品都是进口货，因此，有些 APR 空调机的半成品是假货。

E. 有些小保姆接受过专业培训，所有的保安人员都接受过专业培训，因此，有些小保姆兼当保安。

例 **5.16** 马三立是相声演员，马三立是曲艺演员。所以，相声演员都是曲艺演员。

以下哪项推理作类比明显说明上述论证不成立？

A. 人都有思想，狗不是人。所以，狗没有思想。

B. 商品都有价值，商品都是劳动产品。所以，劳动产品都有价值。

C. 所有技术骨干都刻苦学习，小张不是技术骨干。所以，小张不是刻苦学习的人。

D. 犯罪行为都是违法行为，犯罪行为都应受到社会的谴责。所以，违法行为都应受到社会的谴责。

E. 黄金是金属，黄金是货币。所以，金属都是货币。

真题秒杀

例 **5.17** (2012 年管理类联考真题)经过反复核查，质检员小李向厂长汇报说："726 车间生产的产品都是合格的，所以不合格的产品都不是 726 车间生产的。"

以下哪项和小李的推理结构最为相似？

A. 所有入场的考生都经过了体温测试，所以没能入场的考生都没有经过体温测试。

B. 所有出厂设备都是合格的，所以检测合格的设备都已出厂。

C. 所有已发表的文章都是认真校对过的，所以认真校对过的文章都已发表。

D. 所有真理都是不怕批评的，所以怕批评的都不是真理。

E. 所有不及格的学生都没有好好复习，所以没好好复习的学生都不及格。

例 5.18 (2008 年 MBA 联考真题)有些好货不便宜，因此，便宜货不都是好货。

以下哪项推理作类比能说明上述推理不成立？

A. 湖南人不都爱吃辣椒，因此，有些爱吃辣椒的不是湖南人。

B. 有些人不自私，因此，人并不自私。

C. 好的动机不一定有好的效果，因此，好的效果不一定都产生于好的动机。

D. 金属都导电，因此，导电的都是金属。

E. 有些南方人不是广东人，因此，广东人不都是南方人。

母题变式 13.1 经典真假话问题

母题技巧

【第 1 步 识别条件类型】

特点：题干中出现几个断定，已知这些断定_____。

【第 2 步 套用母题方法】

情况 1：_____。

步骤 1：_____。

步骤 2：_____。

步骤 3：_____。

常用的矛盾关系	
简单命题中的矛盾关系	
复言命题中的矛盾关系	

情况 2：_____。

要找题干中的_____。

常用的反对关系	
简单命题中的反对关系	
复言命题中的反对关系	

情况 3：_____。

方法 1：_____。

常用的下反对关系	
简单命题中的下反对关系	
复言命题中的下反对关系	

方法 2：_____。

常用的推理关系	
简单命题中的推理关系	
复言命题中的推理关系	

典型例题

例 5.19 以下是关于某中学甲班同学参加夏令营的三个断定：

(1)甲班有学生参加了夏令营。

(2)甲班所有学生都没有参加夏令营。

(3)甲班的蔡明没有参加夏令营。

如果这三个断定中只有一个为真，则以下哪项一定为真？

A. 甲班同学并非都参加了夏令营。

B. 甲班同学并非都没有参加夏令营。

C. 甲班参加夏令营的学生超过半数。

D. 甲班仅蔡明没有参加夏令营。

E. 甲班仅蔡明参加了夏令营。

例 5.20 以下关于某案件的四个断定中只有一个为真。

Ⅰ. 如果甲作案，则乙是同案犯。

Ⅱ. 作案者是丙。

Ⅲ. 作案者是甲，但乙没作案。

Ⅳ. 作案者是甲或丁。

则这一真的断定是：

A. Ⅰ。　　　　　B. Ⅱ。　　　　　C. Ⅲ。

D. Ⅳ。　　　　　E. 无法确定。

例 5.21 以下是某次考试的三个断定：

(1)甲班所有学生都及格了。

(2)甲班所有学生都没有及格。

(3)甲班的张珊没有及格。

如果这三个断定中只有一个为假，则以下哪项一定为真？

A. 甲班有同学及格了。

B. 张珊及格了。

C. 甲班有同学没有及格。

D. 甲班所有同学及格了。

E. 甲班有同学及格、也有同学没有及格。

例 5.22 某公司共有包括总经理在内的 20 名员工。有关这 20 名员工，以下三个断定中只有一个是真的。

Ⅰ. 有人在该公司入股。

Ⅱ. 有人没在该公司入股。

Ⅲ. 总经理没在该公司入股。

根据以上信息，以下哪项是真的？

A. 20 名员工都入了股。

B. 20 名员工都没入股。

C. 只有一人入了股。

D. 只有一人没入股。

E. 无法确定入股员工的人数。

例 5.23 有五位同学张珊、李思、王伍、赵陆、孙七参加了北京大学哲学系的博士招生，最终只录取了一人。对于录取结果，有以下四条议论：

(1)被录取者是赵陆。

(2)被录取者不是张珊。

(3)被录取者不是张珊，就是李思。

(4)被录取者既不是王伍，也不是赵陆。

结果显示，只有一条议论是假的。那么被录取的人是：

A. 张珊。   B. 赵陆。   C. 王伍。

D. 李思。   E. 孙七。

技巧：复杂对当关系的快速锁定

复言命题的反对、下反对、推理关系，比较难找，但可使用以下口诀快速锁定。

口诀21 复杂对当关系的锁定

1. 反对关系找_____

"A∧B"与"¬A∧B"为反对关系。

证明方法一：真值表法。

情况	A	B	A∧B	¬A∧B
①				
②				
③				
④				

证明方法二：二难推理法。

2. 下反对关系找_____

"A∨B"与"¬A∨B"为下反对关系。

证明方法一：真值表法。

情况	A	B	A∨B	¬A∨B
①				
②				
③				
④				

证明方法二：二难推理法。

3. 推理关系_____

(1)_____

已知"A∧B"为真，则"A"为真，"B"为真，故"A∨B"为真。

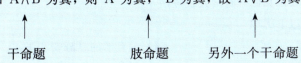

干命题　　　　肢命题　　另外一个干命题

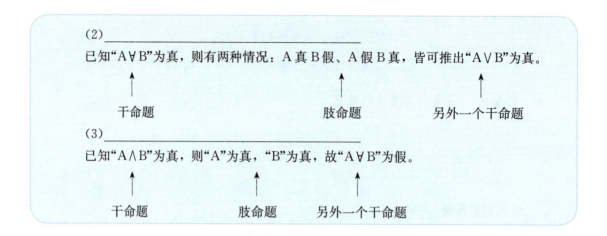

(2) _____

已知"A∀B"为真，则有两种情况：A真B假、A假B真，皆可推出"A∨B"为真。

干命题　　　　　　　　　肢命题　　　　　　另外一个干命题

(3) _____

已知"A∧B"为真，则"A"为真，"B"为真，故"A∀B"为假。

干命题　　　　　肢命题　　　另外一个干命题

典型例题

例 5.24 有五个国家的足球队参加了中国杯足球赛，对于比赛结果，观众有如下议论：

(1)冠军队不是韩国队，就是日本队。

(2)冠军队既不是中国队，也不是伊朗队。

(3)冠军队只能是伊朗队。

(4)冠军队不是韩国队。

比赛结果显示，只有一条议论是正确的。那么获得冠军的队伍是：

A. 韩国队。　　　　　　　　　　　　B. 伊朗队。

C. 中国队。　　　　　　　　　　　　D. 日本队。

E. 巴西队。

真题秒杀

例 5.25 （2016年管理类联考真题）郝大爷过马路时不幸摔倒昏迷，所幸有小伙子及时将他送往医院救治。郝大爷病情稳定后，有4位陌生的小伙子陈安、李康、张幸、汪福来医院看望他。郝大爷问他们究竟是谁送他来医院的，他们的回答如下：

陈安：我们4人都没有送您来医院。

李康：我们4人中有人送您来医院。

张幸：李康和汪福至少有一人没有送您来医院。

汪福：送您来医院的人不是我。

后来证实上述4人中有两人说真话，有两人说假话。

根据上述信息，可以得出以下哪项？

A. 说真话的是李康和张幸。　　　　　B. 说真话的是陈安和张幸。

C. 说真话的是李康和汪福。　　　　　D. 说真话的是张幸和汪福。

E. 说真话的是陈安和汪福。

例 **5.26** （2013年管理类联考真题）某金库发生了失窃案。公安机关侦查确定，这是一起典型的内盗案，可以断定金库管理员甲、乙、丙、丁中至少有一人是作案者。办案人员对四人进行了询问，四人的回答如下：

甲："如果乙不是窃贼，我也不是窃贼。"

乙："我不是窃贼，丙是窃贼。"

丙："甲或者乙是窃贼。"

丁："乙或者丙是窃贼。"

后来事实表明，他们四人中只有一人说了真话。

根据以上陈述，以下哪项一定为假？

A. 丙说的是假话。　　　　B. 丙不是窃贼。　　　　C. 乙不是窃贼。

D. 丁说的是真话。　　　　E. 甲说的是真话。

母题变式 13.2　一人多判断型的真假话问题

母题技巧

【第1步　识别条件类型】

题干特点：

(1)题干中有多个人，每个人都做了两个或两个以上的判断。

(2)已知每个人的判断有几真几假。

【第2步　套用母题方法】

方法一：＿＿＿＿＿＿＿＿＿＿＿＿＿＿＿。

方法二：＿＿＿＿＿＿＿＿＿＿＿＿＿＿＿。

方法三：＿＿＿＿＿＿＿＿＿＿＿＿＿＿＿。

典型例题

例 **5.27** 赵明、钱红、孙杰三人被北京大学、清华大学和北京师范大学录取。关于他们分别是被哪个学校录取的，同学们作了如下的猜测：

同学甲：赵明被清华大学录取，孙杰被北京师范大学录取。

同学乙：赵明被北京师范大学录取，钱红被清华大学录取。

同学丙：赵明被北京大学录取，孙杰被清华大学录取。

结果，同学们的猜测各对了一半。

那么，他们的录取情况是：

A. 赵明、钱红、孙杰分别被北京大学、清华大学和北京师范大学录取。

B. 赵明、钱红、孙杰分别被清华大学、北京师范大学和北京大学录取。

C. 赵明、钱红、孙杰分别被北京师范大学、清华大学和北京大学录取。

D. 赵明、钱红、孙杰分别被北京大学、北京师范大学和清华大学录取。

E. 赵明、钱红、孙杰分别被清华大学、北京大学和北京师范大学录取。

例 5.28 赛马场上，三匹马的夺冠呼声最高，它们分别是赤兔、的卢和乌骓。

观众甲说："我认为冠军不会是赤兔，也不会是的卢。"

观众乙说："我觉得冠军不会是赤兔，而乌骓一定是冠军。"

观众丙说："可我认为冠军不会是乌骓，而是赤兔。"

比赛结果很快出来了，他们中有一个人的两个判断都对；另一个人的两个判断都错了；还有一个人的判断是一对一错。

则以下说法正确的是哪一项？

A. 冠军是赤兔。　　　　　　B. 冠军是的卢。　　　　　　C. 冠军是乌骓。

D. 甲的话均为假。　　　　　E. 丙的话均为假。

真题秒杀

例 5.29 （2020 年管理类联考真题）某项测试共有 4 道题，每道题给出 A、B、C、D 四个选项，其中只有一项是正确答案。现有张、王、赵、李 4 人参加了测试，他们的答题情况和测试结果见下表：

答题者	第一题	第二题	第三题	第四题	测试结果
张	A	B	A	B	均不正确
王	B	D	B	C	只答对 1 题
赵	D	A	A	B	均不正确
李	C	C	B	D	只答对 1 题

根据以上信息，可以得出以下哪项？

A. 第二题的正确答案是 C。　　　　　　B. 第二题的正确答案是 D。

C. 第三题的正确答案是 D。　　　　　　D. 第四题的正确答案是 A。

E. 第四题的正确答案是 D。

母题变式 13.3　真城假城型的真假话问题

母题技巧

【第 1 步　识别条件类型】

题干特点：题干的已知条件中有两座城，分别是真城和假城，真城的人只说真话，假城的人只说假话。

【第 2 步　套用母题方法】

一般使用＿＿＿＿＿＿＿＿＿＿＿＿＿＿＿＿＿＿＿，假设某人来自真城或假城。

典型例题

例 5.30 某地住着甲、乙两个部落，甲部落总是讲真话，乙部落总是讲假话。一天，一个旅行者来到这里，碰到一个土著人 A。旅行者就问他："你是哪一个部落的人？"A 回答说："我是甲部落的人。"这时，又过来一个土著人 B，旅行者就请 A 去问 B 属于哪一个部落。A 问过 B 后，回来对旅行者说："他说他是甲部落的人。"

根据这种情况，对 A、B 所属的部落，旅行者所做出的正确判断应是下列哪一项？

A. A 是甲部落，B 是乙部落。

B. A 是乙部落，B 是甲部落。

C. A 是甲部落，B 所属部落不明。

D. A 所属部落不明，B 是乙部落。

E. A、B 所属部落均不明。

真题秒杀

例 5.31 下面两题基于以下题干：

某公司年度审计期间，审计人员发现一张发票，上面有赵义、钱仁礼、孙智、李信 4 个签名，签名者的身份各不相同，是经办人、复核、出纳或审批领导之中的一个，且每个签名都是本人所签。询问 4 位相关人员，得到以下答案：

赵义："审批领导的签名不是钱仁礼。"

钱仁礼："复核的签名不是李信。"

孙智："出纳的签名不是赵义。"

李信："复核的签名不是钱仁礼。"

已知上述每个回答中，如果提到的人是经办人，则该回答为假；如果提到的人不是经办人，则为真。

(1)(2014 年管理类联考真题)根据以上信息，可以得出经办人是：

A. 赵义。　　　　　　　B. 钱仁礼。　　　　　　　C. 孙智。

D. 李信。　　　　　　　E. 无法确定。

(2)(2014 年管理类联考真题)根据以上信息，该公司的复核与出纳分别是：

A. 李信、赵义。　　　　B. 孙智、赵义。　　　　　C. 钱仁礼、李信。

D. 赵义、钱仁礼。　　　E. 孙智、李信。

第 3 节　其他综合推理题

母题模型 14　数独模型

母题技巧

【第 1 步　识别条件类型】

题干特点：题目中会出现一个由小方格组成的 N×N 的矩阵，要求在矩阵的小方格里填入一些元素，并且要求行、列或某些特殊区域中不能有重复元素。

【第 2 步　套用母题方法】

方法一：_____。

方法二：_____。

方法三：_____。

方法四：_____。

典型例题

例 5.32 下面有一个 4×4 的方阵，它所含的每个小方格中可填入一个汉字（已有部分汉字填入）。现要求该方阵的每行、每列及 4 个由粗线条围成的小区域内均含有"围""魏""救""赵"4 个汉字，不能重复也不能遗漏。

	①		赵
	魏	救	
②			
围			

根据上述要求，方阵中①和②处应填入的汉字分别是：

A. 围、魏。

B. 魏、魏。

C. 救、赵。

D. 赵、魏。

E. 赵、围。

例 **5.33** 下面有一个 5×5 的方阵，它所含的每个小方格中可填入一个汉字(已有部分汉字填入)。现要求该方阵中的每行、每列均含有"金""木""水""火""土"5 个汉字，不能重复也不能遗漏。

		木		①
土				
		水	②	金
火				
			土	

根据上述要求，方阵中①和②处应填入的汉字分别是：

A. 金、火。   B. 火、木。

C. 水、木。   D. 土、火。

E. 水、火。

真题秒杀

例 **5.34** (2021 年管理类联考真题)下面有一个 5×5 的方阵，它所含的每个小方格中可填入一个词(已有部分词填入)。现要求该方阵中的每行、每列及每个粗线条围住的五个小方格组成的区域中均含有"道路""制度""理论""文化""自信"5 个词，不能重复也不能遗漏。

①	②	③	④	
	自信	道路		制度
理论				道路
制度		自信		
				文化

根据上述要求，以下哪项是方阵顶行①、②、③、④空格中从左至右依次应填入的词？

A. 道路、理论、制度、文化。   B. 道路、文化、制度、理论。

C. 文化、理论、制度、自信。   D. 理论、自信、文化、道路。

E. 制度、理论、道路、文化。

母题模型 15 两次与三次分类模型

母题变式 15.1 两次分类模型

母题技巧

【第1步 识别条件类型】

题干将_____概念按照_____标准进行了_____分类。

【第2步 套用母题方法】

方法一：_____。

方法二：_____。

典型例题

例 5.35 中华女子学院的前身是1949年创建的新中国妇女职业学校，1995年更名为中华女子学院，2002年正式转制为普通高等学校。该校女生比男生多，在2019年下学期的高等数学期末考试中，该学校优秀的学生超过了一半。

如果上述断定都是真的，则以下哪项也必然是真的？

A. 女生优秀的比男生优秀的多。

B. 女生优秀的比男生不优秀的多。

C. 女生不优秀的比男生优秀的多。

D. 女生不优秀的比男生不优秀的多。

E. 女生不优秀的和男生优秀的一样多。

真题秒杀

例 5.36 （2011年在职MBA联考真题）某市优化投资环境，2010年累计招商引资10亿元。其中外资5.7亿元，投资第三产业4.6亿元，投资非第三产业5.4亿元。

根据以上陈述，可以得出以下哪项结论？

A. 投资第三产业的外资大于投资非第三产业的内资。

B. 投资第三产业的外资小于投资非第三产业的内资。

C. 投资第三产业的外资等于投资非第三产业的内资。

D. 投资第三产业的外资和投资非第三产业的内资无法比较大小。

E. 投资第三产业的外资为4.3亿元。

母题变式 15.2 三次分类模型

母题技巧

【第1步 识别条件类型】

题干将＿＿＿＿＿＿＿＿概念按照＿＿＿＿＿＿＿＿标准进行了＿＿＿＿＿＿＿＿分类。

【第2步 套用母题方法】

方法：＿＿＿＿＿＿＿＿＿＿＿＿＿＿＿＿＿＿＿＿＿＿＿＿。

典型例题

例 **5.37** 据统计，老吕逻辑要点7讲班的1 000名考生中，应届考生600人，非应届女生180人，南方非应届生150人，南方男生350人，南方非应届女生有100人，由此可见，去年在该班参加高考的考生中：

A. 应届南方男生有300人。

B. 应届北方男生有300人。

C. 非应届南方女生多于100人。

D. 非应届南方女生少于70人。

E. 应届北方女生有250人。

真题秒杀

例 **5.38** （2013年管理类联考真题）据统计，去年在某校参加高考的385名文、理科考生中，女生189人，文科男生41人，非应届男生28人，应届理科考生256人。

由此可见，去年在该校参加高考的考生中：

A. 非应届文科男生多于20人。

B. 应届理科女生少于130人。

C. 非应届文科男生少于20人。

D. 应届理科女生多于130人。

E. 应届理科男生多于129人。

母题模型 16 　其他母题模型

真题中，推理题以母题模型 1～15 为主，其他题目考得较少，统一归入其他母题模型。

母题技巧

1. 相邻与不相邻

题干中出现相邻或不相邻问题。

解题思路：

(1)_____解相邻问题。

(2)_____解不相邻问题。

2. 排序模型

题干中出现大小、高低、多少、先后等关系。

解题方法：

方法一：_____。

步骤 1：_____。

步骤 2：_____。

步骤 3：_____。

方法二：_____。

典型例题

例 5.39　下面两题基于以下题干：

某国东部沿海有 5 个火山岛：E、F、G、H、I，它们由北至南排列成一条直线，同时发现：

①F 与 H 相邻并且在 H 的北边。

②I 与 E 相邻。

③G 在 F 的北边某个位置。

(1)假如 G 与 I 相邻并且在 I 的北边，则下面哪一项陈述一定为真？

A. H 在岛屿的最南边。　　　　　　　　B. F 在岛屿的最北边。

C. E 在岛屿的最南边。　　　　　　　　D. I 在岛屿的最北边。

E. G 在岛屿的最南边。

(2)假如 G 是最北边的岛屿，则该组岛屿有多少种可能的排列顺序？

A. 2。　　　　　　　　　　　　　　　B. 3。

C. 4。　　　　　　　　　　　　　　　D. 5。

E. 6。

例 5.40 药监局对五种消炎药进行药效比较，结果如下：甲与乙药效相同；丙比甲有效；丁副作用最大；戊药效最差。

如果以上陈述为真，则以下哪项必然为真？

A. 丙最有效。

B. 丁比戊药效好。

C. 甲比戊副作用大。

D. 甲和乙副作用相同。

E. 乙比丙有效。

真题秒杀

例 5.41 （2013年经济类联考真题）和政治学导论、世界史导论相比，杨林更喜欢物理学和数学。和政治学导论相比，杨林更不喜欢体育。

除了下列哪项，其余各项都能从上述论述中推出？

A. 和体育相比，杨林更喜欢政治学导论。

B. 和体育相比，杨林更喜欢数学。

C. 和世界史导论相比，杨林更不喜欢体育。

D. 和体育相比，杨林更喜欢物理学。

E. 和数学相比，杨林更不喜欢世界史导论。

论证母题

一致性类

4

写在前面的话

❶ 论证

所谓论证，就是用一些已知为真的事实或其他证据，来证明一个观点的过程。其中，前者被称为"论据"，后者被称为"论点"。

即：

$$论据 \xrightarrow{证明} 论点。$$

例如：

①康哥的头发很少而且脸盘儿很大(论据)，因此，康哥长得丑(论点)。

②酱宝基础不错、也很努力、学习方法又得当(论据)，我认为，她能考上研究生(论点)。

论证逻辑研究什么是论证、如何进行论证、如何支持或反驳一个论证、如何识别论证中出现的谬误等内容。

❷ 论证逻辑的命题量

管理类联考逻辑共 30 道题，其中，论证逻辑平均每年考 12 道左右，占比 40%；

经济类联考逻辑共 20 道题，其中，论证逻辑平均每年考 8 道左右，占比 40%。

论证逻辑题中，从题干来看，一致性类占比约为 40%～50%；从解题方法来看，能用一致性解题的占比约为 70%。

❸ 论证逻辑的学习要点

(1)相信老吕的方法，不要凭感觉做题。

(2)坚持找题干的论证结构和考点，不要凭感觉做题。

(3)理解正确选项的类型，理解干扰项的类型，不要凭感觉做题。

本讲内容

5个大纲考点

第6章 拆桥搭桥与类比、归纳、演绎

- 大纲考点24 论证与论证结构
- 大纲考点25 论证基本法（论证三性）
- 大纲考点26 类比论证
- 大纲考点27 归纳论证
- 大纲考点28 演绎论证

4个母题模型

第6章 拆桥搭桥与类比、归纳、演绎

- 母题模型17 拆桥搭桥模型
- 母题模型18 类比论证模型
- 母题模型19 归纳论证模型
- 母题模型20 演绎论证模型
  - 母题变式20.1 演绎论证模型：假言论证与三段论论证
  - 母题变式20.2 演绎论证模型：选言论证

第
4
讲

第 ⑥ 章　拆桥搭桥与类比、归纳、演绎

📋 **本章知识清单**

大纲考点	母题模型
大纲考点 24　论证与论证结构 大纲考点 25　论证基本法（论证三性） 大纲考点 26　类比论证 大纲考点 27　归纳论证 大纲考点 28　演绎论证	母题模型 17　拆桥搭桥模型 母题模型 18　类比论证模型 母题模型 19　归纳论证模型 母题模型 20　演绎论证模型

第 1 节　论证基础

扫码免费听
本节讲解

大纲考点 24　论证与论证结构

24.1　论证的构成

如前文所述，论证就是用一些已知为真的事实或其他证据，来证明一个观点的过程。

其结构为：_____

在逻辑真题中，一个论证逻辑题往往包括以下部分：

构成部分	具体内容	内容特点
	是相关论证的一个引子。	①事实描述。 ②与观点不直接相关。 ③一般默认为真。
	是用来证明论点的理由和证据。	①事实描述。 ②用于证明观点。 ③论据不一定为真。因为有人会虚构论据来证明自己的观点。

续表

构成部分	具体内容	内容特点
	是论证者所要证明的观点，代表了论证者对某一问题的看法、见解、主张、态度。	有所断定。
	虽未言明，但是论证要想成立所必须具有的一个前提。	不在题干中直接出现。

24.2 论证的分类

论证可以分为以下几个类型：

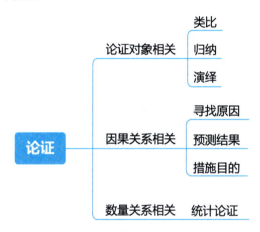

以上论证类型会在第4讲和第5讲中进行讲解。

24.3 论证结构标志词

论点标志词	论据标志词

第4讲

例①：

近年来，我国海外代购业务量快速增长（　　　　　）。代购者们通常从海外购买产品，通过各种渠道避开关税，再卖给内地顾客从中牟利，却让政府损失了税收收入（　　　　　）。某专家由此指出（　　　　　），政府应该严厉打击海外代购行为（　　　　　）。

例②：

据碳-14 检测，卡皮瓦拉山岩画的创作时间最早可追溯到 3 万年前。在文字尚未出现的时代，岩画是人类沟通交流、传递信息、记录日常生活的主要方式。于是今天的我们可以在这些岩画中看到：一位母亲将孩子举起嬉戏，一家人在仰望并试图碰触头上的星空……动物是岩画的另一个主角，比如巨型犰狳、马鹿、螃蟹等（　　　　　）。在许多画面中，人们手持长矛，追逐着前方的猎物（　　　　　）。由此可以推断（　　　　　），此时的人类已经居于食物链的顶端（　　　　　）。

例③：

曹操文治武功卓越（　　　　　），因此（　　　　　），他是一代明君（　　　　　）。

真题秒杀

例 **6.1** （2019 年管理类联考真题）有一论证（相关语句用序号表示）如下：

①今天，我们仍然要提倡勤俭节约。
②节约可以增加社会保障资源。
③我国尚有不少地区的人民生活贫困，亟需更多社会保障资源，但也有一些人浪费严重。
④节约可以减少资源消耗。
⑤因为被浪费的任何粮食或者物品都是消耗一定的资源得来的。

如果用"甲→乙"表示甲支持（或证明）乙，则以下哪项对上述论证基本结构的表示最为准确？

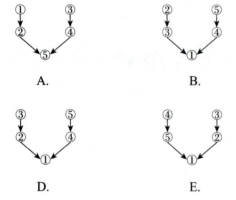

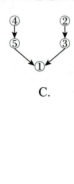

24.4 论证的评论与论证逻辑的题型

大纲原文中，对论证的评价包括：(1)加强；(2)削弱；(3)解释；(4)其他。这些知识通过以下题型进行考查：

题型	提问方式
	"以下哪项如果为真，最能（或不能）削弱上述结论？" "以下哪项如果为真，最能（或不能）对上述结论提出质疑？" "以下哪项如果为真，最能反驳上述结论？" "以下哪项如果为真，最能说明上述结论不成立？" "以下各项都是对上述论点的质疑，除了哪项？"
	"以下哪项如果为真，最能支持上述结论？" "以下哪项如果为真，最能加强上述结论？" "以下哪项如果为真，最不能支持上述结论？"
	"上述结论如果要成立，必须基于以下哪项假设？" "上述论证假设了以下哪项？" "以下哪项最可能是上述论证所作的假设？"
	"以下哪项如果为真，最有助于解释上述现象？" "以下哪项如果为真，最能解释上述差异？" "以下哪项如果为真，最有助于解释上述矛盾？"
	"以下哪项最为恰当地概括了上述断定所要表达的结论？" "如果上述断定为真，则以下哪项断定必然为真？" "如果上述断定为真，最能推出以下哪项结论？"
	"以下哪项最为恰当地指出了上述论证中存在的漏洞？" "上述论证采用了以下哪种论证方法？" "以下哪项对上述论证基本结构的表述最为准确？" "回答以下哪个问题对评价以上陈述最有帮助？" "以下哪项最为恰当地概括了上述争论的问题？"

第4讲

典型例题

例 **6.2** 据报道，某国科学家在一块 60 万年前来到地球的火星陨石上发现了有机生物的痕迹，因为该陨石由二氧化碳化合物构成，该化合物产生于甲烷，而甲烷可以是微生物受到高压和高温作用时产生的。由此可以推断火星上曾经有过生物，甚至可能有过像人一样的高级生物。

以下条件除了哪项外，都能对上文的结论提出质疑？

A. 火星陨石在地球上的 60 万年间可能产生了很多的化学变化，要界定其中哪些物质仍完全保留着在火星上的性质不是那么容易的。

B. 60 万年的时间与宇宙的年龄相比是微不足道的，但在这一期间的生物进化历史可以是丰富多彩的。

C. 微生物受到高压和高温作用时可以产生甲烷，但甲烷是否可以由其他方法产生是有待探讨的一个问题。

D. 由微生物进化到人类需要足够的时间和合适的条件，其复杂性及其中的一些偶然性可能是现在的人们难以想象的。

E. 所说的二氧化碳化合物可以从甲烷产生，但也不能绝对排除从其他物质产生的可能性。

第2节　一致性类论证母题的破解

扫码免费听
本节讲解
（共2个视频）

大纲考点 25　论证基本法（论证三性）

25.1　一致性

一致性体现在以下三个方面：

第一，_____。否则，就犯了_____的逻辑谬误。

第二，_____。否则，就犯了_____的逻辑谬误。

第三，_____。否则，就犯了_____的逻辑谬误。

25.2　相关性

论据作为证明论点的依据，要与论点具备必然的_____。如果把一些在情感上、历史上、人格上等其他方面相关，但在逻辑上并不相关的内容作为论据使用，就会犯"诉诸情感""诉诸历史""诉诸人身"等逻辑谬误。

25.3　真实性

论据既然是作为证据来证明一个论点的，它就必须是_____。否则，就犯了_____的逻辑谬误。

母题模型 17　拆桥搭桥模型

母题技巧

【第1步　识别论证类型】

题干特点：题干中出现以下三种不一致，则为拆桥搭桥模型。

(1)_____。

(2)_____。

(3)_____。

【第2步　套用母题方法】

(1)支持题、假设题：_____。

(2)削弱题：_____。

第4讲

口诀 22　拆桥搭桥模型

典型例题

例 **6.3**（2017 年经济类联考真题改编）实验发现，口服少量某种类型的安定药物，可使人们在测谎器的测验中撒谎而不被发现。测谎器对人们所产生的心理压力能够被这类安定药物有效地抑制，同时没有显著的副作用。因此，这类药物同样可有效地减少日常生活中的心理压力而无显著的副作用。

以下哪项最能削弱题干中的论证？

A. 任何类型的安定药物都有抑制心理压力的效果。

B. 如果禁止测试者服用任何药物，测谎器就有完全准确的测试结果。

C. 测谎器对人们所产生的心理压力与日常生活中人们面临的心理压力有比较大的差异。

D. 大多数药物都有副作用。

E. 越来越多的人在日常生活中面临日益加重的心理压力。

例 **6.4**　格陵兰岛是地球上最大的岛屿，形成于 38 亿年前，大部分地区被冰雪覆盖。有大量远古的岩石化石埋藏在格陵兰岛地下，它们的排列就像是一个整齐的堤坝，也被称为蛇纹石。通过这些蛇纹石，人们可以断定格陵兰岛在远古时期可能是一块海底大陆。

补充以下哪项作为前提可以得出上述结论？

A. 格陵兰岛是一个由高耸的山脉、庞大的蓝绿色冰山、壮丽的峡湾和贫瘠裸露的岩石组成的地区。

B. 这些蛇纹石化石的年代和特征与伊苏亚地区发现的一致，而后者曾是一片海底大陆。

C. 蛇纹石中碳的形状呈现出生物组织特有的管状和洋葱型结构，类似于早期的海洋微生物。

D. 由于大陆板块的运动才创造出了许多新的大陆，在板块运动发生之前，地球上绝大部分地区是一片汪洋大海。

E. 蛇纹石是两个大陆板块在运动中相互碰撞时挤压海底大陆而形成的一种岩石。

例 **6.5** 大城市相对于中小城市，尤其是小城镇来讲，其生活成本是比较高的。这必然限制农村人口的进入，因此，仅靠发展大城市实际上无法实现城市化。

以下哪项是上述论证所假设的？

A. 城市化是我国发展的必由之路。

B. 单纯发展大城市不利于城市化的推进。

C. 要实现城市化，就必须让城市充分吸纳农村人口。

D. 大城市对外地农村人口的吸引力明显低于中小城市。

E. 城市化不能单纯发展大城市，也要充分重视发展其他类型的城市。

真题秒杀

例 **6.6** （2019年管理类联考真题）某研究机构以约2万名65岁以上的老人为对象，调查了笑的频率与健康状态的关系。结果显示，在不苟言笑的老人中，认为自身现在的健康状态"不怎么好"和"不好"的比例分别是几乎每天都笑的老人的1.5倍和1.8倍。爱笑的老人对自我健康状态的评价往往较高。他们由此认为，爱笑的老人更健康。

以下哪项如果为真，最能质疑上述调查者的观点？

A. 乐观的老人比悲观的老人更长寿。

B. 病痛的折磨使得部分老人对自我健康状态的评价不高。

C. 身体健康的老人中，女性爱笑的比例比男性高10个百分点。

D. 良好的家庭氛围使得老年人生活更乐观、身体更健康。

E. 老年人的自我健康评价往往和他们实际的健康状况之间存在一定的差距。

例 **6.7** （2020年管理类联考真题）披毛犀化石多分布在欧亚大陆北部，我国东北平原、华北平原、西藏等地也偶有发现。披毛犀有一种独特的构造——鼻中隔，简单地说就是鼻子中间的骨头。研究发现，西藏披毛犀化石的鼻中隔只是一块不完全的硬骨，早先在亚洲北部、西伯利亚等地发现的披毛犀化石的鼻中隔要比西藏披毛犀的"完全"，这说明西藏披毛犀具有更原始的形态。

以下哪项如果为真，最能支持以上论述？

A. 一个物种不可能有两个起源地。

B. 西藏披毛犀化石是目前已知最早的披毛犀化石。

C. 为了在冰雪环境中生存，披毛犀的鼻中隔经历了由软到硬的进化过程，并最终形成一块完整的骨头。

D. 冬季的青藏高原犹如冰期动物的"训练基地"，披毛犀在这里受到耐寒训练。

E. 随着冰期的到来，有了适应寒冷能力的西藏披毛犀走出西藏，往北迁徙。

例 6.8 (2011 年在职 MBA 联考真题)英国纽克大学和曼彻斯特大学考古人员在北约克郡的斯塔卡发现一处有一万多年历史的人类房屋遗迹。测年结果显示，它为一个高约 3.5 米的木质圆形小屋，存在于公元前 8500 年，比之前发现的英国最古老房屋至少早 500 年。考古人员还在附近发现一个木头平台和一个保存完好的大树树干。此外他们还发现了经过加工的鹿角饰品，这说明当时的人已经有了一些仪式性的活动。

以下哪项如果为真，最能支持上述观点？

A. 木头平台是人类建造小木屋的工作场所。

B. 当时的英国人已经有了相对稳定的住址，而不是之前认为的居无定所的游猎者。

C. 人类是群居动物，附近还有更多的木屋等待发掘。

D. 人类在一万多年前就已经在北约克郡附近进行农耕活动。

E. 只有举行仪式性的活动，才会出现经过加工的鹿角饰品。

大纲考点 26　类比论证

26.1　什么是类比论证

类比是根据两个或两类相关对象具有某些相似或相同的属性，从而推测他们在另外的属性上也相同或者相似。

可见，类比论证的典型结构为：

26.2　类比的有效性

类比的有效性取决于两点：一是＿＿＿＿＿＿＿＿＿＿＿＿＿＿＿＿＿＿＿＿＿＿＿（真题主要考查），二是＿＿＿＿＿＿＿＿＿＿＿＿＿＿＿＿＿＿＿＿。

但要注意，类比对象不可能完全一样，因此，我们用指出类比对象的差异来削弱一个类比论证时，这种差异必须是＿＿＿＿＿＿＿＿＿＿＿＿＿＿＿＿＿＿＿＿＿＿的差异。

母题模型 18　类比论证模型

母题技巧

【第 1 步　识别论证类型】

题干特点(1)：论据中的论证对象是＿＿＿＿＿＿＿＿＿＿＿＿＿＿＿＿＿，论点中的论证对象是＿＿＿＿＿＿＿＿＿＿＿＿＿＿＿。二者之间存在一定的相似性，但并不相同。如下图所示：

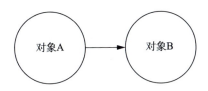

题干特点(2)：题干中常出现以下类比形式。

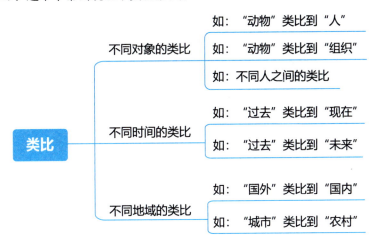

【第2步　套用母题方法】

(1)支持题、假设题：_____。

(2)削弱题：_____。

口诀23　类比论证模型

典型例题

例 6.9　流行性感冒病毒，是正粘病毒科的代表种，简称流感病毒，包括人流感病毒和动物流感病毒，人流感病毒分为甲（A）、乙（B）、丙（C）三型，是流行性感冒（流感）的病原体。研究人员发现，注射灭活疫苗可使人体产生对伤寒、霍乱、流行性脑膜炎等病毒的抗体。有科学家据此认为，研发灭活疫苗将是人类对抗流感病毒的有效途径。

以下哪项最可能是科学家的论证所假设的？

A. 任何类型的疫苗都有对抗流感病毒的效果。

B. 注射一次灭活疫苗将使人产生对流感病毒的完全的免疫效果。

C. 人类对伤寒、霍乱、流行性脑膜炎等病毒的免疫反应原理与人体对流感病毒的免疫反应原理相同。

D. 灭活疫苗没有副作用。

E. 如果没有灭活疫苗，人类无法对抗流感病毒。

例 6.10 近日，研究人员在对实验鼠的神经回路进行分析中，发现导致特发性震颤的致病基因。研究人员分析了行走时下半身出现强烈震颤的实验鼠的基因及其中枢神经系统，发现实验鼠的"Teneurin-4"基因出现变异，导致神经细胞的轴突外没有形成髓鞘。神经类似电线，轴突相当于电线中的导线，而髓鞘如同覆盖在导线外的绝缘层。研究人员认为，实验鼠是由于髓鞘没有正常形成，导致神经回路"短路"，才出现震颤症状。研究人员据此得出结论，人类发生这种震颤的原因也是相同的。

以下哪项如果为真，最能削弱研究人员的论证？

A. 研究发现，"Teneurin-4"基因功能受到抑制的转基因实验鼠也存在髓鞘发育不全的状况。

B. 导致人类发生特发性震颤的致病基因与实验鼠的基因具备类似性。

C. 特发性震颤一直被认为是由基因导致的，但与此相关的具体基因及其引发症状的详细机制此前一直不明。

D. 患有特发性震颤疾症的人类与实验鼠发病时的症状并不完全相同。

E. 人类体内不具备"Teneurin-4"这种基因。

真题秒杀

例 6.11 （2022年管理类联考真题）有些科学家认为，基因调整技术能大幅延长人类寿命。他们在实验室中调整了一种小型土壤线虫的两组基因序列，成功将这种生物的寿命延长了5倍。他们据此声称，如果将延长线虫寿命的科学方法应用于人类，人活到500岁就会成为可能。

以下哪项如果为真，最能质疑上述科学家的观点？

A. 基因调整技术可能会导致下一代中一定比例的个体失去繁殖能力。

B. 即使将基因调整技术成功应用于人类，也只会有极少的人活到500岁。

C. 将延长线虫寿命的科学方法应用于人类，还需要经历较长一段时间。

D. 人类的生活方式复杂而多样，不良的生活习惯和心理压力会影响身心健康。

E. 人类寿命的提高幅度不会像线虫那样简单倍增，200岁以后寿命再延长基本不可能。

大纲考点 27 归纳论证

27.1 完全归纳与不完全归纳

归纳就是通过个别性、特殊性认识概括出一般性认识的过程。归纳可分为两种：一种叫完全归纳，另一种叫不完全归纳。

(1)完全归纳

完全归纳法是根据某类对象中＿＿＿＿＿＿＿＿＿＿＿＿＿＿＿＿＿＿＿对象的性质，推出该类对象＿＿＿＿＿＿＿＿＿＿＿＿＿＿＿＿＿＿＿具有此性质。

(2)不完全归纳

逻辑考试中很少考到完全归纳。本书后文中所讲的"归纳"，如无特殊说明，均指不完全归纳。

不完全归纳法（以下简称"归纳"）是根据_____对象（样本）的性质，推出该类对象_____具有此性质。

27.2 样本的代表性

一组有代表性的样本，至少要符合三个特点：第一，_____；第二，_____；第三，_____。否则，这个样本就不具有足够的代表性，此论证就犯了_____的逻辑谬误。

27.3 中立性

一项调查，无论是调查者还是被调查者，都应该保持中立性。

母题模型 19 归纳论证模型

母题技巧

【第1步 识别论证类型】

题干特点（1）：论据中的论证对象（a）是论点中的论证对象（A）的_____。如下图所示：

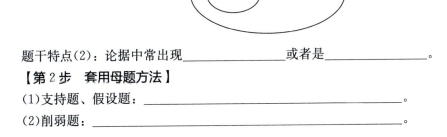

题干特点（2）：论据中常出现_____或者是_____。

【第2步 套用母题方法】

(1)支持题、假设题：_____。

(2)削弱题：_____。

口诀24 归纳论证模型

典型例题

例 **6.12** 《花与美》杂志受 A 市花鸟协会委托，就 A 市评选市花一事对杂志读者群进行了民意调查，结果 60% 以上的读者将荷花选为市花，于是编辑部宣布，A 市大部分市民赞成将荷花定为市花。

以下哪项如果属实，最能削弱该编辑部的结论？

A. 有些《花与美》的读者并不喜欢荷花。

B. 《花与美》杂志的读者主要来自 A 市一部分收入较高的女性市民。

C. 《花与美》杂志的有些读者并未在调查中发表意见。

D. 市花评选的最后决定权是 A 市政府而非花鸟协会。

E. 《花与美》杂志的调查问卷将荷花放在十种候选花的首位。

例 **6.13** 目前的大学生普遍缺乏中国传统文化的学习和积累。国家教委有关部门及部分高等院校最近做的一次调查表明，大学生中喜欢和比较喜欢京剧艺术的只占到被调查人数的 14%。

下列陈述中的哪一项最能削弱上述观点？

A. 大学生缺乏对京剧艺术欣赏方面的指导，不懂得怎样去欣赏。

B. 喜欢京剧艺术与学习中国传统文化不是一回事，不要以偏概全。

C. 14% 的比例正说明培养大学生对传统文化的学习大有潜力可挖。

D. 有一些大学生既喜欢京剧，又对中国传统文化的其他方面有兴趣。

E. 调查的比例太小，恐怕不能反映当代大学生的真实情况。

例 **6.14** 在一项调查中，对"如果被查出患有癌症，你是否希望被告知真相"这一问题，80% 的被调查者作了肯定回答。因此，当人们被查出患有癌症时，大多数都希望被告知真相。

以下各项如果为真，都能削弱上述论证，除了：

A. 上述调查的策划者不具有医学背景。

B. 上述问题的完整表述是：作为一个意志坚强和负责任的人，如果被查出患有癌症，你是否希望被告知真相？

C. 在另一项相同内容的调查中，大多数被调查者对这一问题作了否定回答。

D. 上述调查是在一次心理学课堂上实施的，调查对象受过心理素质的训练。

E. 在被调查时，人们通常都不讲真话。

例 **6.15** 交管局要求司机在通过某特定路段时，在白天也要像晚上一样使用大灯，结果发现这条路上的年事故发生率比从前降低了15％。他们得出结论说，在全市范围内都推行该项规定会同样地降低事故发生率。

以下哪项如果为真，最能支持上述论断？

A. 该测试路段在选取时包括了在该市驾车时可能遇见的多种路况。

B. 由于可以选择其他路线，因此所测试路段的交通量在测试期间减少了。

C. 在某些条件下，包括有雾和暴雨的条件下，大多数司机已经在白天使用了大灯。

D. 司机们对在该测试路段使用大灯的要求的了解来自在每个行驶方向上的三个显著的标牌。

E. 该特定路段由于附近山群遮挡，导致白天能见度非常低。

真题秒杀

例 **6.16** （2007年MBA联考真题）莫大伟到吉安公司上班的第一天，就被公司职工自由散漫的表现所震惊。莫大伟由此得出结论：吉安公司是一个管理失效的公司，吉安公司的员工都缺乏工作积极性和责任心。

以下哪项如果为真，最能削弱上述论证？

A. 当领导不在时，公司的员工会表现出自由散漫。

B. 吉安公司的员工超过2万人，遍布该省的十多个城市。

C. 莫大伟大学刚毕业就到吉安公司，对校门外的生活不适应。

D. 吉安公司的员工和领导的表现完全不一样。

E. 莫大伟上班的这一天刚好是节假日后的第一个工作日。

例 **6.17** （2020年经济类联考真题）免疫研究室的钟教授说："生命科学院从前的研究生那种勤奋精神越来越不多见了，因为我发现目前在我的研究生中，起早摸黑做实验的人越来越少了。"

以下哪项最为恰当地指出了钟教授推理中的漏洞？

A. 不当地假设：除了生命科学院以外，其他学院的研究生普遍都不够用功。

B. 没有考虑到研究生的不勤奋有各自不同的原因。

C. 只是提出了问题，但没有提出解决问题的办法。

D. 不当地假设：他的学生状况就是生命科学院所有研究生的一般状况。

E. 没有设身处地考虑他的研究生毕业后工作的难处。

大纲考点 28　演绎论证

28.1　什么是演绎论证

演绎是由＿＿＿＿＿＿＿＿到＿＿＿＿＿＿＿＿＿的论证方法，它由一般原理出发，推导出关于个别情况的结论。演绎是必然性的论证，即：如果前提为真，则其结论一定为真。

28.2　推理与论证的区别

推理我们只考虑＿＿＿＿＿＿＿＿＿＿的正确性，而论证则既要求＿＿＿＿＿＿＿＿＿＿的正确性，也要求＿＿＿＿＿＿＿＿＿＿的正确性。

28.3　常见的演绎论证

假言论证	含义：以一个假言命题作为主要论据，从而得出论点的过程。	
	公式：	
三段论论证	含义：以一个三段论或隐含三段论作为主要论据，从而得出论点的过程。	
	公式：	
选言论证	含义：以一个选言命题作为主要论据，从而得出论点的过程。选言论证可看作排除法。	
	公式：	
反证法与归谬法	①反证法 反证法是通过论证与论点矛盾的观点不成立（矛盾命题不成立），来论证论点的真实性。 反证法的一般步骤是：	
	②归谬法 归谬法是一种反驳方法，它的一般步骤是：	
	③反证法与归谬法的区别 目的不同：＿＿ 过程不同：＿＿	

典型例题

例 6.18 你要努力学习，因为如果你不努力学习，就难以考上研究生。

下面哪项论证在方式上与上述论证最类似？

A. 人在自己的生活中不能不尊重规律，如果违背规律，就会受到规律的无情惩罚。

B. 加强税法宣传十分重要，这样做可以普及税法知识，增强人们的纳税意识，增加国家的财政收入。

C. 有些近体诗是要求对仗的，因为有些近体诗是律诗，而所有律诗都要求对仗。

D. 风水先生惯说空，指南指北指西东，倘若真有龙虎地，何不当年葬乃翁。

E. 金属都具有导电的性质，因为，我们研究了金、银、铜、铁、铅这些金属，发现它们都能导电。

母题模型 20　演绎论证模型

母题变式 20.1　演绎论证模型：假言论证与三段论论证

母题技巧

【第 1 步　识别论证类型】

题干特点：论据是 ＿＿＿＿＿＿＿＿＿＿＿＿＿＿，即论证对象是某类对象的全体 A；论点是

＿＿＿＿＿＿＿＿＿＿＿＿，即论证对象是此类对象中的个体 a；后者是前者的子集。如下图所示：

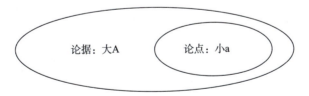

【第 2 步　套用母题方法】

无论是削弱题、支持题，还是假设题，用 ＿＿＿＿＿＿＿＿＿＿＿＿＿＿＿＿＿＿＿＿＿＿＿＿，

一般可以直接看出答案。

口诀 25　演绎论证模型

典型例题

例 6.19 一项新的医疗技术，只有当它的疗效和安全性都确实可靠之后才能临床使用。1998 年 A 国科学家成功地使人类胚胎干细胞在体外生长和增殖，这种干细胞技术如果与克隆技术相结合，将可以由患者的体细胞培养出所需的组织细胞，取代患者的坏损细胞，以治疗各种疑难疾病，这就是所谓的"治疗性克隆"。但现在"治疗性克隆"离临床使用还有相当长的距离。

以下哪项如果为真，将给上述结论以最强的支持？

A. 由于"治疗性克隆"涉及破坏人类早期胚胎的问题，因而引起罗马教会以及美、法、德等国政府的强烈反对。

B. 到目前为止，人类胚胎干细胞的获得是相当困难的。

C. 韩国学者黄禹锡承诺为一名因车祸瘫痪的儿童进行干细胞修复，但他有关干细胞的研究成果全部属于造假。

D. 目前科学家还远未弄清人类胚胎干细胞定向分化为各种细胞的机制以及如何防止它转化为癌细胞的问题。

E. 目前只有极少数科学家能够熟练进行人类胚胎干细胞技术与克隆技术的结合。

例 6.20 江东市政府有关负责人表示，誓将今年的拆违拆临工作进行到底，凡是违法建筑均应拆除，绝不姑息。因此，狮子桥下的这片建筑均应拆除。

以下哪项如果为真，最能削弱上述论证？

A. 狮子桥下的这片建筑已经得到相关部门的默许。

B. 狮子桥下的这片建筑都是违法建筑。

C. 狮子桥下的这片建筑均有经营许可证。

D. 狮子桥下的这片建筑有些没有得到相关部门的批准。

E. 狮子桥下的这片建筑有些不是违法建筑。

真题秒杀

例 **6.21** (2013 年管理类联考真题)足球是一项集体运动，若想不断取得胜利，每个强队都必须有一位核心队员，他总能在关键场次带领全队赢得比赛。友南是某国甲级联赛强队西海队队员。据某记者统计，在上赛季参加的所有比赛中，有友南参赛的场次，西海队胜率高达 75.5%，另有 16.3% 的平局，8.2% 的场次输球；而在友南缺阵的情况下，西海队的胜率只有 58.9%，输球的比率高达 23.5%。该记者由此得出结论：友南是上赛季西海队的核心队员。

以下哪项如果为真，最能质疑该记者的结论？

A. 西海队教练表示："球队是一个整体，不存在有友南的西海队和没有友南的西海队。"

B. 上赛季友南缺席且西海队输球的比赛，都是小组赛中西海队已经确定出线后的比赛。

C. 西海队队长表示："没有友南我们将失去很多东西，但我们会找到解决办法。"

D. 上赛季友南上场且西海队输球的比赛，都是西海队与传统强队对阵的关键场次。

E. 本赛季开始以来，在友南上阵的情况下，西海队胜率暴跌 20%。

例 **6.22** (2007 年 MBA 联考真题)以一般读者为对象的评介建筑作品的著作，应当包括对建筑作品两方面的评价，一是实用价值，二是审美价值，否则就是有缺陷的。摩顿评介意大利巴洛克宫殿的专著，详细地分析评介了这些宫殿的实用功能，但是没能指出，这些宫殿，特别是它们的极具特色的拱顶，是西方艺术的杰作。

假设以下哪项，能从上述断定得出结论：摩顿的上述专著是有缺陷的？

A. 摩顿对巴洛克宫殿实用功能的评介比较客观。

B. 除了实用价值和审美价值以外，摩顿的上述专著没有从其他方面对巴洛克宫殿作出评介。

C. 摩顿的上述专著以一般读者为对象。

D. 摩顿的上述专著是他的主要代表作。

E. 有些读者只关心建筑作品的审美价值，不关心其实用价值。

母题变式 20.2　演绎论证模型：选言论证

母题技巧

【第 1 步　识别论证类型】

题干特点：论据中出现＿＿＿＿＿＿＿＿＿。

【第 2 步　套用母题方法】

利用公式＿＿＿＿＿＿＿＿＿＿＿＿＿＿＿＿＿＿解题，也可以理解为排除法。

典型例题

例 **6.23** 由于人口老龄化，德国政府面临困境：如果不改革养老体系，将出现养老金不可持续的现象。解决这一难题的政策包括提高养老金缴费比例、降低养老金支付水平、提高退休年龄。其中提高退休年龄所受阻力最大，实行这一政策的政府可能会在下次选举时丢失大量选票。但德国政府于 2007 年完成法定程序，将退休年龄从 65 岁提高到 67 岁。

以下哪一项陈述如果为真，最能支持德国政府采取的政策？

A. 延迟退休一年，所削减的养老金可达 GDP 的 1％。

B. 德国政府规定从 2012 年起用 20 年的过渡期来实现退休年龄从 65 岁提高到 67 岁。

C. 2001 年，德国以法律形式确定了养老金缴费上限，2004 年确定了养老金支付下限，两项政策已经用到了极致。

D. 现在德国人的平均寿命大大提高，退休者领取养老金的年限越来越长。

E. 欧盟已经有多个国家在 2007 年以前提高了退休年龄。

真题秒杀

例 **6.24** （2004 年 MBA 联考真题）张勇认为他父亲生于 1934 年，而张勇的妹妹则认为父亲生于 1935 年。张勇的父亲出生的医院没有 1934 年的产科记录，但有 1935 年的记录。据记载，该医院没有张勇父亲的出生记录。因此，可以得出结论：张勇的父亲出生于 1934 年。

为使上述论证成立，以下哪项是必须假设的？

Ⅰ. 上述医院 1935 年的产科记录是完整的。

Ⅱ. 张勇和他妹妹关于父亲的出生年份的断定，至少有一个是真实的。

Ⅲ. 张勇的父亲已经过世。

A. 仅Ⅰ。　　　　　　　B. 仅Ⅱ。　　　　　　　C. 仅Ⅲ。

D. 仅Ⅰ和Ⅱ。　　　　　E. Ⅰ、Ⅱ和Ⅲ。

例 **6.25** （2009 年在职 MBA 联考真题）松鼠在树干中打洞吮食树木的浆液。因为树木的浆液成分主要是水加上一些糖分，所以松鼠的目标是水或糖分。又因为树木周边并不缺少水源，松鼠不必费那么大劲打洞取水。因此，松鼠打洞的目的是摄取糖分。

以下哪项最为恰当地概括了上述的论证方法？

A. 通过否定两种可能性中的一种，来肯定另一种。

B. 通过某种特例，来概括一般性的结论。

C. 在已知现象与未知现象之间进行类比。

D. 通过反例否定一般性的结论。

E. 通过否定某种现象存在的必要条件，来断定此种现象不存在。

5

论证母题

非一致性类

写在前面的话

1 本讲的主要内容及其重要性

本讲主要包括因果关系、措施目的、统计论证及其他论证模型。其中，因果关系与措施目的每年必考多道题；统计论证考得很少，大约三四年才会考 1 道题；其他论证模型大约每年考 1 道题。

2 本讲的难度

与第 4 讲相比，本讲的知识点更多、难度更大，多数同学的错误率都会有所提高。如果你的错误率也有所提高，说明你是正常人，不必焦虑。

建议本讲内容至少学 2 遍。

本讲内容

5个大纲考点

第7章　因果关系与措施目的

- 大纲考点29　因果关系
- 大纲考点30　分析原因（溯因论证）
- 大纲考点31　求因果五法
- 大纲考点32　预测结果
- 大纲考点33　措施目的

8个母题模型

第7章　因果关系与措施目的

- 母题模型21　现象原因模型
  - 母题变式21.1　现象原因模型：基本模型
  - 母题变式21.2　现象原因模型：求异法型
  - 母题变式21.3　现象原因模型：百分比对比型
  - 母题变式21.4　现象原因模型：共变法型
  - 母题变式21.5　现象原因模型：剩余法型
- 母题模型22　预测结果模型
- 母题模型23　措施目的模型

第8章　其他论证模型

- 母题模型24　统计论证模型
  - 母题变式24.1　统计论证模型：收入利润型
  - 母题变式24.2　统计论证模型：数量比率型
  - 母题变式24.3　统计论证模型：其他数量型
- 母题模型25　人丑模型
- 母题模型26　双断定模型
- 母题模型27　绝对化结论模型
- 母题模型28　争论焦点模型

第5讲

第 7 章　因果关系与措施目的

本章知识清单

大纲考点	母题模型
大纲考点 29　因果关系 大纲考点 30　分析原因（溯因论证） 大纲考点 31　求因果五法 大纲考点 32　预测结果 大纲考点 33　措施目的	母题模型 21　现象原因模型 母题模型 22　预测结果模型 母题模型 23　措施目的模型

第 1 节　因果关系基础

扫码免费听
本节讲解
（共 2 个视频）

大纲考点 29　因果关系

名称	重点内容	定义	常犯的逻辑谬误
因果关系	因果关系		
	前因后果		
	复杂因果		

【注意】"因为"的含义

我们不能通过"因为"二字来断定原因，要通过"前因后果"来判断原因，即原因发生的时间
_____，结果发生的时间_____，且二者存在_____。

大纲考点 30　分析原因（溯因论证）

名称	定义	常犯的逻辑谬误
溯因论证		

典型例题

例 7.1 经过对最近十年的统计资料分析，大连市因癌症死亡的人数比例比全国城市的平均值要高两倍。而在历史上大连市一直是癌症特别是肺癌的低发病地区。看来，大连市最近这十年对癌症的防治出现了失误。

以下哪项如果为真，最能削弱上述论断？

A. 十年来大连市的人口增长和其他城市比起来并不算快。

B. 大连市的气候和环境适合疗养，很多癌症病人在此地走过了最后一段人生之路。

C. 大连市最近几年医疗保健的投入连年上升，医疗设施有了极大的改善。

D. 大连市医学院在以中医理论探讨癌症机理方面取得了突破性的进展。

E. 尽管肺癌的死亡率上升，但大连市的肺结核死亡率几乎降到了零。

大纲考点 31　求因果五法

方法	定义	基本结构	有效性
求同法			
求异法			

第5讲

续表

方法	定义	基本结构	有效性
求同求异共用法			
共变法			
剩余法			

真题秒杀

例 7.2 (2010年管理类联考真题)化学课上，张老师演示了两个同时进行的教学实验：一个实验是 $KClO_3$，加热后有 O_2 缓慢产生；另一个实验是 $KClO_3$，加热后迅速撒入少量 MnO_2，这时立即有大量的 O_2 产生。张老师由此指出：MnO_2 是 O_2 快速产生的原因。

以下哪项与张老师得出结论的方法类似？

A. 同一个品牌的化妆品，价格越高，卖得就越火。由此可见，消费者喜欢价格高的化妆品。

B. 居里夫人在沥青矿物中提取放射性元素时发现，从一定量的沥青矿物中提取的全部纯铀的放射性强度比同等数量的沥青矿物的放射性强度低数倍。她据此推断，沥青矿物中还存在其他放射性更强的元素。

C. 统计分析发现，在30岁至60岁之间，年纪越大，胆子越小。因此，有理由相信：岁月是勇敢的腐蚀剂。

D. 将闹钟放在玻璃罩里，使它打铃，可以听到铃声；然后把玻璃罩里的空气抽空，再使闹钟打铃，就听不到铃声了。由此可见，空气是声音传播的介质。

E. 人们通过对绿藻、蓝藻、红藻的大量观察，发现结构简单、无根叶是藻类植物的主要特征。

大纲考点32 预测结果

定义：依据当前情况，对未来可能发生的情况进行预测。

基本结构：_____。

扫码免费听
本节讲解
（共4个视频）

第2节　因果关系类母题模型

母题模型 21　现象原因模型

母题变式 21.1　现象原因模型：基本模型

母题技巧　（现象原因模型的削弱）

【第1步　识别论证类型】

题干特点：＿＿＿＿＿＿＿＿＿＿＿＿＿＿＿＿＿＿＿＿＿＿＿＿

题干结构：(1)＿＿＿＿＿＿＿＿＿＿＿＿＿＿＿＿＿＿＿＿＿＿

　　　　　(2)＿＿＿＿＿＿＿＿＿＿＿＿＿＿＿＿＿＿＿＿＿＿

【第2步　套用母题方法】

假设题干结构为：原因 A 导致了结果 B；或者，现象 B 的出现是因为原因 A。则常见的削弱方式有：

削弱方式	内容说明	力度大小
	直接指出题干中的原因 A 和结果 B 无关。	
	指出不是 A 导致 B，而是 B 导致 A。	
	直接否定题干中的原因 A。	
	是其他原因 C 导致了题干中的结果 B。	
	在某些场合中，出现了原因 A，但没有出现结果 B。	
	在某些场合中，没有出现原因 A，但出现了结果 B。	

口诀 26　现象原因模型

典型例题

例 7.3 为什么人类在长距离奔跑方面要比跑得更快的四足动物更有耐力？也许这是因为早期人类是炎热的非洲热带草原上的猎人。人类逐渐发展出了通过出汗散热的能力，而大多数哺乳动物只能靠喘气，这一功能在跑的时候很难调节。而且，四足动物必须采取一种速度能让它们在一步中间呼吸一次，否则，它们前足落地的撞击力将会阻碍深呼吸。人类则可以改变跑步中呼吸的次数，确定一种其猎物无法适应的速度，最终使之力竭。

以下哪项如果为真，以上对人类为何会发展为更好的长跑者的解释将受到最严重的削弱？

A. 早期人类一般捕猎那些没有人类擅长长跑的动物。

B. 早期人类只是在非洲热带草原上进行狩猎的物种之一。

C. 早期人类狩猎主要是通过偷偷靠近并围成圈来捕捉猎物。

D. 狩猎对于后来处在较寒冷气候中的人类与对早期非洲热带草原上的人类一样重要。

E. 今天的人类保持了长跑的能力，但不再通过追赶猎物来狩猎了。

例 7.4 因偷盗、抢劫或寻衅滋事罪入狱的刑满释放人员的重新犯罪率，要远远高于因索贿、受贿等职务犯罪入狱的刑满释放人员。这说明，在狱中对上述前一类罪犯教育改造的效果，远不如对后一类罪犯。

以下哪项如果为真，则最能削弱上述论证？

A. 与其他类型的罪犯相比，职务犯罪者往往有较高的文化水平。

B. 对贪污、受贿的刑事打击，并没能有效地遏制腐败，有些地方的腐败反而愈演愈烈。

C. 刑满释放人员很难再得到官职。

D. 职务犯罪的罪犯在整个服刑犯中只占很小的比例。

E. 统计显示，职务犯罪者很少有前科。

例 7.5 地壳中的沉积岩随着层状物质的聚集以及上层物质的压力使下层的物质变为岩石而硬化。某一特定沉积岩层中含有异常数量的钇元素被认为是 6 000 万年前一陨石撞击地球的理论的有力证据。与地壳相比，陨石中富含钇元素。地质学家创立的理论认为，当陨石与地球相撞时，会升起巨大的富钇灰尘云。他们认为那些灰尘将最终落到地球上，并与其他的物质相混，当新层在上面沉积时，就形成了富含钇的岩石层。

以下哪项如果为真，能反对短文中所声称的富含钇的岩石层是陨石撞击地球的证据？

A. 短文中所描述的巨大的灰尘云将会阻碍太阳光的传播，从而使地球的温度降低。

B. 一层沉积岩的硬化要花上几千万年的时间。

C. 不管沉积岩层中是否含有钇元素，它们都被用来确定史前时代事件发生的日期。

D. 6 000 万年前，地球上发生了非常剧烈的火山爆发，这些火山喷发物形成了巨大的钇灰尘云。

E. 大约在钇沉积的同时，许多种类的动物灭绝了。所以一些科学家提出了庞大恐龙的灭绝起因于陨石与地球相撞的理论。

例 **7.6** 最近举行的一项调查表明，师大附中的学生对滚轴溜冰的着迷程度远远超过其他任何游戏，同时调查发现，经常玩滚轴溜冰的学生的平均学习成绩相对其他学生更好一些。看来，玩滚轴溜冰可以提高学生的学习成绩。

以下哪项如果为真，最能削弱上面的推论？

A. 师大附中与学生家长签订了协议，如果孩子的学习成绩的名次没有排在前二十名，双方共同禁止学生玩滚轴溜冰。

B. 玩滚轴溜冰能够锻炼身体，保证学习效率的提高。

C. 玩滚轴溜冰的同学受到了学校的有效指导，其中一部分同学才不至于因此荒废学业。

D. 玩滚轴溜冰有助于智力开发，从而提高学习成绩。

E. 玩滚轴溜冰很难，能够锻炼学生克服困难做好一件事情的毅力，这对学习是有帮助的。

真题秒杀

例 **7.7** （2014年管理类联考真题）不仅人上了年纪会难以集中注意力，就连蜘蛛也有类似的情况。年轻蜘蛛结的网整齐均匀，角度完美；年老蜘蛛结的网可能出现缺口，形状怪异。蜘蛛越老，结的网就越没有章法。科学家由此认为，随着时间的流逝，这种动物的大脑也会像人脑一样退化。

以下哪项如果为真，最能质疑科学家的上述论证？

A. 优美的蛛网更容易受到异性蜘蛛的青睐。

B. 年老蜘蛛的大脑较之年轻蜘蛛，其脑容量明显偏小。

C. 运动器官的老化会导致年老蜘蛛结网能力下降。

D. 蜘蛛结网只是一种本能的行为，并不受大脑控制。

E. 形状怪异的蛛网较之整齐均匀的蛛网，其功能没有大的差别。

例 **7.8** （2012年经济类联考真题）有一种生产毒素的微生物会使海水变成红色，这种现象被称为赤潮。当海獭的主要食物来源蛤蜊被赤潮毒素污染时，海獭就不会在那些区域觅食了。对于海獭的这种行为，一种解释认为，海獭在某个地方正式觅食之前会先尝几个蛤蜊，并且能够察觉出其中的任何毒素。

以下哪项如果为真，将最有力地表明上述解释是不正确的？

A. 在赤潮出现的某些海域，既没有蛤蜊也没有海獭。

B. 少量的赤潮毒素不会产生什么危害，但是大量的这种毒素会使海獭死亡。

C. 当没有受到赤潮影响的一片海水被人为地染成棕红色时，海獭也不吃那些地方的蛤蜊。

D. 海獭在某个海域出现是一种显著的标志，表明那里可以找到其他海洋生物。

E. 海獭的味觉系统具有比其视觉系统高得多的辨别能力。

例 7.9 (2007年MBA联考真题)在我国北方严寒冬季的夜晚，车辆前挡风玻璃会因低温而结冰霜。第二天对车辆发动预热后，玻璃上的冰霜会很快融化。何宁对此不解，李军解释道：因为车辆仅有的除霜孔位于前挡风玻璃，而车辆预热后除霜孔完全开启，因此，是开启除霜孔使车辆玻璃上的冰霜融化。

以下哪项如果为真，最能质疑李军对车辆玻璃冰霜迅速融化的解释？

A. 车辆一侧玻璃窗没有出现冰霜现象。

B. 尽管车尾玻璃窗没有除霜孔，其玻璃上的冰霜融化速度与前挡风玻璃没有差别。

C. 当吹在车辆玻璃上的空气气温增加，其冰霜的融化速度也会增加。

D. 车辆前挡风玻璃除霜孔的暖气流排出后可能很快冷却。

E. 即使启用车内空调暖风功能，除霜孔的功用也不能被取代。

例 7.10 (2013年管理类联考真题)某公司自去年初开始实施一项"办公用品节俭计划"，每位员工每月只能免费领用限量的纸笔等各类办公用品。年末统计时发现，公司用于各类办公用品的支出较上年度下降了30%。在未实施该计划的过去5年间，公司年均消耗办公用品10万元。公司总经理由此得出：该计划去年已经为公司节约了不少经费。

以下哪项如果为真，最能构成对总经理推论的质疑？

A. 另一家与该公司规模及其他基本情况均类似的公司，未实施类似的节俭计划，在过去的5年间办公用品消耗额年均也为10万元。

B. 在过去的5年间，该公司大力推广无纸化办公，并且取得很大成效。

C. "办公用品节俭计划"是控制支出的重要手段，但说该计划为公司"一年内节约不少经费"，没有严谨的数据分析。

D. 另一家与该公司规模及其他基本情况均类似的公司，未实施类似的节俭计划，但在过去的5年间办公用品人均消耗额越来越低。

E. 去年，该公司在员工困难补助、交通津贴等方面的开支增加了3万元。

母题技巧 **（现象原因模型的支持）**

【第1步 识别论证类型】

题干结构：(1)_____

(2)_____

【第2步 套用母题方法】

假设题干结构为：原因A导致了结果B；或者，现象B的出现是因为原因A。则常见的支持方式有：

支持方式	内容说明	力度大小
	直接说明题干中的因果关系成立。	
	排除是其他原因导致结果 B 的可能。	
	排除 B 是 A 的原因这种可能。	
	在某些场合中，没有出现原因 A，也没出现结果 B。	

典型例题

例 7.11 一份对北方山区先天性精神分裂症患者的调查统计表明，大部分患者都出生在冬季。专家们指出，其原因很可能是那些临产的孕妇营养不良，因为在这一年最寒冷的季节中，人们很难买到新鲜食品。

以下哪项如果为真，能支持题干中专家的结论？

A. 在精神分裂症患者中，先天性患者只占很小的比例。

B. 调查中相当比例的患者有家族史。

C. 与引起精神分裂症有关的大脑区域的发育，大部分发生在产前一个月。

D. 新鲜食品与腌制食品中的营养成分对大脑发育的影响相同。

E. 虽然生活在北方山区，但被调查对象的家庭大都经济条件良好。

例 7.12 对常兴市 23 家老人院的一项评估显示，爱慈老人院在疾病治疗水平方面得到的评价相当低，而在其他不少方面评价不错。虽然各老人院的规模大致相当，但爱慈老人院医生与住院老人的比率在常兴市的老人院中几乎是最小的。因此，医生数量不足是造成爱慈老人院在疾病治疗水平方面评价偏低的原因。

以下哪项如果为真，最能加强上述论证？

A. 和祥老人院也在常兴市，对其疾病治疗水平的评价比爱慈老人院还要低。

B. 爱慈老人院的医务护理人员比常兴市其他老人院都要多。

C. 爱慈老人院的医生发表的相关学术文章很少。

D. 爱慈老人院位于常兴市的市郊。

E. 爱慈老人院某些医生的医术一般。

真题秒杀

例 7.13 （2016年经济类联考真题）近年来，全球的青蛙数量有所下降，而同时地球接受的紫外线辐射有所增加。因为青蛙的遗传物质在受到紫外线辐射时会受到影响，且青蛙的卵通常为凝胶状而没有外壳或皮毛的保护。所以可以认为，青蛙数量的下降至少部分是由于紫外线辐射的上升导致的。

下列哪一项如果为真，最能支持以上论述？

A. 即使在紫外线没有显著上升的地方，青蛙的产卵数量仍然显著下降。

B. 在青蛙数量下降最少的地方，作为青蛙猎物的昆虫的数量显著下降。

C. 数量显著下降的青蛙种群中杀虫剂的浓度要高于数量没有下降的青蛙种群。

D. 在很多地方，海龟会和青蛙共享栖息地，虽然海龟的卵有外壳保护，海龟的数量仍然有所下降。

E. 有些青蛙种群会选择将它们的卵藏在石头或沙子下，而这些种群的数量下降要明显少于不这样做的青蛙种群。

例 7.14 （2010年管理类联考真题）一种常见的现象是，从国外引进的一些畅销科普读物在国内并不畅销。有人对此解释说，这与我们多年来沿袭的文理分科有关。文理分科人为地造成了自然科学与人文社会科学的割裂，导致科普类图书的读者市场还没有真正形成。

以下哪项如果为真，最能加强上述观点？

A. 有些自然科学工作者对科普读物也不感兴趣。

B. 科普读物不是没有需求，而是有效供给不足。

C. 由于缺乏理科背景，非自然科学工作者对科学敬而远之。

D. 许多科普电视节目都拥有固定的收视群，相应的科普读物也大受欢迎。

E. 国内大部分科普读物只是介绍科学常识，很少真正关注科学精神的传播。

母题技巧　（现象原因模型的假设）

【第1步　识别论证类型】

题干结构：(1)_____

　　　　　(2)_____

【第2步　套用母题方法】

假设题干结构为：原因A导致了结果B；或者，现象B的出现是因为原因A。则常见的假设方式有：

假设方式	内容说明	其他说明
	直接说明题干中的因果关系成立。	
	排除是其他原因导致结果 B 的可能。	
	排除 B 是 A 的原因这种可能。	
	没有出现原因 A，就没有结果 B。	

典型例题

例 7.15 最近五年来，共有五架 W-160 客机失事。面对 W-160 设计有误的指控，W-160 的生产厂商明确加以否定，其理由是，每次 W-160 空难的调查都表明，失事的原因是飞行员的操作失误。

为使厂商的上述反驳成立，以下哪项是必须假设的？

Ⅰ. 如果飞行员不操作失误，W-160 就不会失事。

Ⅱ. 飞行员的操作失误和 W-160 任一部分的设计都没有关系。

Ⅲ. 每次对 W-160 空难的调查结论都可信。

A. 仅Ⅰ。　　　　　　B. 仅Ⅱ。　　　　　　C. 仅Ⅲ。

D. 仅Ⅱ和Ⅲ。　　　　E. Ⅰ、Ⅱ和Ⅲ。

真题秒杀

例 7.16 （2002 年 MBA 联考真题）在西西里的一处墓穴里，发现了一只陶瓷花瓶。考古学家证实这只花瓶原产自希腊。墓穴主人生活在 2 700 年前，是当时的一个统治者。因此，这说明在 2 700 年前，西西里和希腊之间已有贸易往来。

以下哪项是上述论证必须假设的？

A. 西西里陶瓷匠人的水平不及希腊陶瓷匠人。

B. 在当时用来制造陶瓷的黏土，西西里产的和希腊产的很不一样。

C. 墓穴主人活着的时候，已经有大批船队能够往来于西西里和希腊。

D. 在西西里墓穴里发现的这只花瓶不是墓穴主人的后裔在后来放进去的。

E. 墓穴主人不是西西里皇族的成员。

例 **7.17** (2010年在职MBA联考真题)1979年，在非洲摩西地区发现有一只大象在觅食时进入赖登山的一个山洞。不久，其他的大象也开始进入洞穴，以后几年进入山洞集聚成为整个大象群的常规活动。1979年之前，摩西地区没有发现大象进入山洞，山洞内没有大象的踪迹。到2006年，整个大象群在洞穴内或附近度过其大部分的冬季。由此可见，大象能够接受和传授新的行为，而这并不是由遗传基因所决定的。

以下哪项是上述论述的假设？

A. 大象的基因突变可以发生在相对短的时间跨度，如数十年。

B. 大象群在数十年前出现的新的行为不是由遗传基因预先决定的。

C. 大象新的行为模式易于成为固定的方式，一般都会延续几代。

D. 大象的群体行为不受遗传影响，而是大象群内个体间互相模仿的结果。

E. 某一新的行为模式只有在一定数量的动物群内成为固定的模式，才可以推断出发生了基因突变。

母题变式 21.2 现象原因模型：求异法型

母题技巧

【第1步 识别论证类型】

题干特点：题干通过_____、_____，继而得出一个因果关系。

【第2步 套用母题方法】

在求异法模型中，常见以下分析角度。

角度	说明	削弱	支持/假设
论证对象	题干常用动物代替人类来做实验，此时，要先看这二者之间的相似性。		
样本	对比实验是用样本的情况，来分析一般性结论，故需要考虑样本有代表性吗？		
中立性	对比实验的主持者是否中立？ 是否存在安慰剂效应？		
差异因素	看题干中的对比实验设计是否严谨，是否存在其他差异因素影响实验结果（简称差因）。		
因果关系	求异法是求因果五法之一，目的是找原因，因此从大方向上来说，它是现象原因模型。 故现象原因模型中的削弱、支持、假设方法在此处都适用。		

口诀 27　求异法模型

例 **7.18** 将患癌症的实验鼠按居住环境分为两组。一组是普通环境：每个标准容器中生活的实验鼠不多于 5 只，没有娱乐设施；另一组是复杂环境：每 20 只实验鼠共同居住在一个宽敞的、配有玩具、转轮等设施的容器中。几周后，与普通环境的实验鼠相比，复杂环境中实验鼠的肿瘤明显缩小了。因此，复杂环境与动物之间的互动可以抑制肿瘤生长。

以下哪项陈述如果为真，能给上面的结论以最有力的支持？

A. 在复杂环境中生活的实验鼠面临更多的纷争和挑战。

B. 两组中都有自身患癌症和因注射癌细胞而患癌症的实验鼠，且两组均有充足的食物和水。

C. 与普通环境实验鼠相比，复杂环境实验鼠体内一种名为"瘦素"的激素的水平明显偏低。

D. 与普通环境实验鼠相比，复杂环境实验鼠体内的肾上腺素水平有所提高。

E. 与复杂环境实验鼠相比，普通环境实验鼠的体质更差。

例 **7.19** （2000 年 MBA 联考真题）孩子出生后的第一年在托儿所度过，会引发孩子的紧张不安。在我们的研究中，有 464 名 12～13 岁的儿童接受了特异情景测试法的测验，该项测验意在测试儿童 1 岁时的状况与对母亲的依附心理之间的关系。其结果是：有 41.5％曾在托儿所看护的儿童和 25.7％曾在家看护的儿童被认为紧张不安，过于依附母亲。

以下哪项如果为真，最没有可能对上述研究的推断提出质疑？

A. 研究中所测验的孩子并不是从托儿所看护和在家看护两种情况下随机选取的，因此，这两组样本儿童的家庭很可能有系统性的差异存在。

R. 这项研究的主持者被证实曾经在自己的幼儿时期受到过长时间来自托儿所阿姨的冷落。

C. 针对孩子的母亲另一部分研究发现：由于孩子在家里表现出过度的依附心理，父母因此希望将其送入托儿所予以矫正。

D. 因为风俗的关系，在 464 名被测试者中，在托儿所看护的大多数为女童，而在家看护的多数为男童。一般地说，女童比男童更易表现出紧张不安和依附母亲。

E. 出生后第一年在家看护的孩子多数是由祖父母或外祖父母看护的，并形成浓厚的亲情。

例 7.20 （2006年MBA联考真题）食用某些食物可降低体内自由基，达到排毒、清洁血液的作用。研究者将大鼠设定为实验动物，分为两组，A组每天喂养含菌类、海带、韭菜和绿豆的混合食物，B组喂养一般饲料。研究观察到，A组大鼠的体内自由基比B组显著降低。科学家由此得出结论：人类食入菌类、海带、韭菜和绿豆等食物同样可以降低体内自由基。

以下哪项如果为真，最能支持以上论证？

A. 一般人都愿意食入菌类、海带、韭菜和绿豆等食物。

B. 不含菌类、海带、韭菜和绿豆的食物将增加体内自由基。

C. 没有其他的途径降低体内自由基。

D. 体内自由基的降低有助于人体的健康。

E. 人对菌类、海带、韭菜和绿豆等食物的吸收和大鼠相比没有实质性的区别。

例 7.21 （2000年MBA联考真题）光线的照射有助于缓解冬季抑郁症。研究人员曾对9名患者进行研究，他们均因冬季白天变短而患上了冬季抑郁症。研究人员让患者在清早和傍晚各接受3小时伴有花香的强光照射。一周之内，7名患者完全摆脱了抑郁，另外2人也表现出了显著的好转。由于光照会诱使身体误以为夏季已经来临，这样便治好了冬季抑郁症。

以下哪项如果为真，最能削弱上述论证的结论？

A. 研究人员在强光照射时有意使用花香伴随，对于改善患上冬季抑郁症的患者的适应性有不小的作用。

B. 9名患者中最先痊愈的3位均为女性，而对男性患者治疗的效果较为迟缓。

C. 该实验均在北半球的温带气候中，无法区分南北半球的实验差异，但也无法预先排除。

D. 强光照射对于皮肤的损害已经得到专门研究的证实，其中夏季比冬季的危害性更大。

E. 每天6小时的非工作状态，改变了患者原来的生活环境，改善了他们的心态，这是对抑郁症患者的一种主要影响。

例 7.22 （2005年MBA联考真题）一项研究将一组有严重失眠的人与另一组未曾失眠的人进行比较，结果发现，有严重失眠的人出现了感觉障碍和肌肉痉挛，例如，皮肤过敏或不停地"跳眼"症状。研究人员的这一结果有力地支持了这样一个假设：失眠会导致周围神经系统功能障碍。

以下哪项如果为真，最能质疑上述假设？

A. 感觉障碍或肌肉痉挛是一般人常有的周围神经系统功能障碍。

B. 常人偶尔也会严重失眠。

C. 该项研究并非由权威人士组织实施。

D. 周围神经系统功能障碍的人常患有严重的失眠。

E. 参与研究的两组人员的性别与年龄构成并不完全相同。

例 **7.23** （2005 年 MBA 联考真题）马医生发现，在进行手术前喝高浓度加蜂蜜的热参茶可以使他手术时主刀更稳，用时更短，效果更好。因此，他认为，要么是参，要么是蜂蜜，其含有的某些化学成分能帮助他更快更好地进行手术。

以下哪项如果为真，能削弱马医生的上述结论？

Ⅰ. 马医生在喝含高浓度加蜂蜜的热柠檬茶后的手术效果同喝高浓度加蜂蜜的热参茶一样好。

Ⅱ. 马医生在喝白开水之后的手术效果与喝高浓度加蜂蜜的热参茶一样好。

Ⅲ. 洪医生主刀的手术效果比马医生好，而前者没有术前喝高浓度的蜂蜜热参茶的习惯。

A. 仅Ⅰ。

B. 仅Ⅱ。

C. 仅Ⅲ。

D. 仅Ⅰ和Ⅱ。

E. Ⅰ、Ⅱ和Ⅲ。

技巧：无因无果与设计对比实验

1. 无因无果/无因有果的本质

当题干中出现某个原因 A 导致结果 B 时，选项中常出现＿＿＿＿＿＿＿＿＿＿＿＿／＿＿＿＿＿＿＿＿＿＿＿＿，此时，选项与题干构成对比实验。

2. 设计对比实验

题干中给出一组因果关系，要求我们去支持或评价这组因果关系的成立性时，选项中常出现完整的对比实验。

这类题考查的是我们设计对比实验的能力。其关键在于，保证题干中的＿＿＿＿＿＿＿＿＿＿＿＿＿＿＿＿＿＿＿＿＿＿＿＿＿＿＿＿＿＿＿是对比实验中的唯一变量。

典型例题

例 **7.24** 动物种群的跨物种研究表明，出生一个月就与母亲隔离的幼仔常常表现出很强的侵略性。例如，在觅食时好斗且拼命争食，别的幼仔都退让了它还在争抢。解释这一现象的假说是，形成侵略性强的毛病是由于幼仔在初始阶段缺乏由父母引导的社会化训练。

以下哪项陈述如果为真，能够最有力地加强上述论证？

A. 早期与母亲隔离的羚羊在冲突中表现出极大的侵略性以确立其在种群中的优势地位。

B. 在父母的社会化训练环境中长大的黑猩猩在交配冲突中的侵略性，比没有在这一环境中长大的黑猩猩弱得多。

C. 出生头三个月被人领养的婴儿在童年时期常常表现得富有侵略性。

D. 许多北极熊在争食冲突中的侵略性比交配冲突中的侵略性强。

E. 动物幼仔争食好斗是动物的本能。

例 7.25 爱尔兰有大片泥煤蕴藏量丰富的湿地。环境保护主义者一直反对在湿地区域采煤。他们的理由是开采泥煤会破坏爱尔兰湿地的生态平衡，其直接严重后果是会污染水源。然而，这一担心是站不住脚的。据近50年的相关统计，从未发现过因采煤而污染水源的报告。

以下哪项如果为真，最能加强题干的论证？

A. 在爱尔兰的湿地采煤已有200年的历史，其间从未因此造成水源污染。

B. 在爱尔兰，采煤湿地的生态环境和未采煤湿地没有实质性的不同。

C. 在爱尔兰，采煤湿地的生态环境和未开采前没有实质性的不同。

D. 爱尔兰具备足够的科技水平和财政支持来治理污染，保护生态。

E. 爱尔兰是世界上生态环境最佳的国家之一。

真题秒杀

例 7.26 （2015年管理类联考真题）自闭症会影响社会交往、语言交流和兴趣爱好等方面的行为。研究人员发现，实验鼠体内神经连接蛋白的蛋白质如果合成过多，就会导致自闭症。由此他们认为，自闭症与神经连接蛋白的蛋白质合成量具有重要关联。

以下哪项如果为真，最能支持上述观点？

A. 生活在群体之中的实验鼠较之独处的实验鼠患自闭症的比例要小。

B. 雄性实验鼠患自闭症的比例是雌性实验鼠的5倍。

C. 抑制神经连接蛋白的蛋白质合成可缓解实验鼠的自闭症状。

D. 如果将实验鼠控制蛋白合成的关键基因去除，其体内的神经连接蛋白就会增加。

E. 神经连接蛋白正常的老年实验鼠患自闭症的比例很低。

例 7.27 （2001年MBA联考真题）许多孕妇都出现了维生素缺乏的症状，但这通常不是由于孕妇的饮食中缺乏维生素，而是由于腹内婴儿的生长使他们比其他人对维生素有更高的需求。

为了评价上述结论的确切程度，以下哪项操作最为重要？

A. 对某个缺乏维生素的孕妇的日常饮食进行检测，确定其中维生素的含量。

B. 对某个不缺乏维生素的孕妇的日常饮食进行检测，确定其中维生素的含量。

C. 对孕妇的科学食谱进行研究，以确定有利于孕妇摄入足量维生素的最佳食谱。

D. 对日常饮食中维生素足量的一个孕妇和一个非孕妇进行检测，并分别确定她们是否缺乏维生素。

E. 对日常饮食中维生素不足量的一个孕妇和另一个非孕妇进行检测，并分别确定她们是否缺乏维生素。

母题变式 21.3　现象原因模型：百分比对比型

母题技巧

【第1步　识别论证类型】

论据特点：论据中有_____。

论点特点：论点中直接给出明确的_____或者_____。

选项特点：选项中也有_____。

【第2步　套用母题方法】

题干：吸烟者中有25%会得肺癌，因此，吸烟容易引发肺癌。			
选项	选项内容	分析	结论
情况①	不吸烟者中有3%会得肺癌。		
情况②	所有人的平均肺癌发病率为3%。		
情况③	不吸烟者中有24.8%会得肺癌。		
情况④	所有人的平均肺癌发病率为24.8%。		
情况⑤	不吸烟者中有68%会得肺癌。		
情况⑥	所有人的平均肺癌发病率为68%。		

总结以上情况①和②，可知，将选项作为对照组和题干组进行比较时，若百分比有差距，则

_____。

总结以上情况③和④，可知，将选项作为对照组和题干组进行比较时，若百分比差不多，则

_____。

总结以上情况⑤和⑥，可知，将选项作为对照组和题干组进行比较时，发现题干组反过来与

对照组有差距，则_____。

口诀 28　百分比对比模型

真题秒杀

例 7.28 (2010 年管理类联考真题)对某高校本科生的某项调查统计发现：在因成绩优异被推荐免试攻读硕士研究生的文科专业学生中，女生占有 70％。由此可见，该校本科生文科专业的女生比男生优秀。

以下哪项如果为真，能最有力地削弱上述结论？

A. 在该校本科生文科专业学生中，女生占 30％以上。

B. 在该校本科生文科专业学生中，女生占 30％以下。

C. 在该校本科生文科专业学生中，男生占 30％以下。

D. 在该校本科生文科专业学生中，女生占 70％以下。

E. 在该校本科生文科专业学生中，男生占 70％以上。

例 7.29 下面两题基于以下题干：

某校的一项抽样调查显示：该校经常泡网吧的学生中，家庭经济条件优越的占 80％，学习成绩下降的也占 80％，因此，家庭条件优越是学生泡网吧的重要原因，泡网吧是学习成绩下降的重要原因。

(1)(2005 年 MBA 联考真题)以下哪项如果为真，最能削弱上述论证？

A. 该校位于高档住宅区，学生九成以上家庭条件优越。

B. 经过清理整顿，该校周围网吧符合规范。

C. 有的家庭条件优越的学生并不泡网吧。

D. 家庭条件优越的家长并不赞成学生泡网吧。

E. 被抽样调查的学生占全校学生的 30％。

(2)(2005 年 MBA 联考真题)以下哪项如果为真，最能加强上述论证？

A. 该校是市重点学校，学生的成绩高于普通学校。

B. 该校狠抓教学质量，上学期半数以上学生的成绩都有明显提高。

C. 被抽样调查的学生多数能如实填写问卷。

D. 该校经常做这种形式的问卷调查。

E. 该项调查的结果已上报，受到了教育局的重视。

例 **7.30** (2009年在职MBA联考真题)据某国卫生部门统计，2004年全国糖尿病患者中，年轻人不到10%，70%为肥胖者。这说明，肥胖将极大地增加患糖尿病的危险。

以下哪项如果为真，将严重削弱上述结论？

A. 医学已经证明，肥胖是心血管病的重要诱因。

B. 2004年，该国肥胖者的人数比1994年增加了70%。

C. 2004年，肥胖者在该国中老年人中所占的比例超过60%。

D. 2004年，该国年轻人中的肥胖者所占的比例，比1994年提高了30%。

E. 2004年，该国糖尿病的发病率比1994年降低了20%。

母题变式 21.4　现象原因模型：共变法型

母题技巧

【第1步　识别论证类型】

题干结构(1)：_____。

题干指出两个现象同时发生，就说明这两个现象之间有因果关系。

题干结构(2)：_____。

题干指出两个现象之间存在共变(常用关联词：越……越……)，就说明这两个现象之间有因果关系。

题干结构(3)：_____。

题干中存在三组对象的对比实验，观察这三组对象中是否存在共变因素，从而确定因果关系。

【第2步　套用母题方法】

在共变法模型中，常见以下分析角度。

角度	说明	削弱	支持/假设
因果倒置	共变法中，两种现象A和B存在共生或者共变关系，那么到底A是B的原因，还是B是A的原因？		
存在共因	存在共变的两个现象之间可能没有因果关系，而是另有一个共同原因，导致了两个现象同时出现。		
另有他因	看题干中的实验设计是否严谨，是否存在其他因素影响实验结果。		
因果关系	共变法是求因果五法之一，目的是找原因，因此从大方向上来说，它是现象原因模型。故现象原因模型中的削弱、支持、假设方法在此处都适用。		

第5讲

口诀 29　共变法模型

典型例题

例 **7.31**　大约在 12 000 年前，当气候变暖时，人类开始陆续来到北美洲各地。在同一时期，大型哺乳动物，如乳齿象、猛犸和剑齿虎等，却从它们曾经广泛分布的北美洲土地上灭绝了。所以，和人类曾经与自然界其他生物和平相处的神话相反，早在 12 000 年前，人类的活动便导致了这些动物的灭绝。

以上论证最容易受到以下哪项陈述的质疑？

A. 该论证未经反思地把人类排除在自然界之外。

B. 人类来到北美洲可能还会导致乳齿象、猛犸和剑齿虎之外的其他动物灭绝。

C. 乳齿象、猛犸和剑齿虎等大型哺乳动物的灭绝，对于早期北美洲的原始人类来说，具有非同寻常的意义。

D. 所提出的证词同样适用于两种可选择的假说：气候的变化导致大型哺乳动物灭绝，但同样的原因使得人类来到北美洲各地。

E. 12 000 年前，很多小型哺乳动物遭到了灭绝。

真题秒杀

例 **7.32**　(2000 年 MBA 联考真题)世界卫生组织在全球范围内进行了一项有关献血对健康影响的跟踪调查。调查对象分为三组：第一组中的对象均有两次以上的献血记录，其中最多的达数十次；第二组中的对象均仅有一次献血记录；第三组中的对象均从未献过血。调查结果显示，被调查对象中癌症和心脏病的发病率，第一组分别为 0.3％和 0.5％，第二组分别为 0.7％和0.9％，第三组分别为 1.2％和2.7％。一些专家依此得出结论：献血有利于减少患癌症和心脏病的风险。这两种病已经不仅在发达国家而且也在发展中国家成为威胁中老年人生命的主要杀手。因此，献血利己利人，一举两得。

以下哪项如果为真，将削弱以上结论？

Ⅰ. 60 岁以上的调查对象，在第一组中占 60％，在第二组中占 70％，在第三组中占 80％。

Ⅱ. 献血者在献血前要经过严格的体检，一般具有较好的体质。

Ⅲ. 调查对象的人数，第一组为 1 700 人，第二组为 3 000 人，第三组为 7 000 人。

A. 仅Ⅰ。　　　　　　　　B. 仅Ⅱ。　　　　　　　　C. 仅Ⅲ。

D. 仅Ⅰ和Ⅱ。　　　　　　E. Ⅰ、Ⅱ和Ⅲ。

例 **7.33** （2010 年管理类联考真题）一般认为，出生地间隔较远的夫妻所生子女的智商较高。有资料显示，夫妻均是本地人，其所生子女的平均智商为 102.45；夫妻是省内异地的，其所生子女的平均智商为 106.17；而隔省婚配的，其所生子女的智商则高达 109.35。因此，异地通婚可提高下一代的智商水平。

以下哪项如果为真，最能削弱上述结论？

A. 统计孩子平均智商的样本数量不够多。

B. 不难发现，一些天才儿童的父母均是本地人。

C. 不难发现，一些低智商儿童的父母的出生地间隔较远。

D. 能够异地通婚者是智商比较高的，他们自身的高智商促成了异地通婚。

E. 一些情况下，夫妻双方出生地间隔很远，但他们的基因可能接近。

母题变式 21.5　现象原因模型：剩余法型

母题技巧

【第1步　识别论证类型】

题干结构(1)：某现象有两个可能的原因，排除了＿＿＿＿＿，证明是＿＿＿＿＿。

题干结构(2)：排除了某现象的已知原因，说明＿＿＿＿＿＿＿＿＿＿＿＿。

【第2步　套用母题方法】

剩余法其实就是＿＿＿＿＿＿＿＿在因果关系中的应用，利用排除法的原理秒杀即可

典型例题

例 **7.34** 小儿神经性皮炎一直被认为是由母乳过敏引起的。但是，如果我们让患儿停止进食母乳而改用牛乳，他们的神经性皮炎并不能因此而消失。因此，显然存在别的某种原因引起小儿神经性皮炎。

下列哪项如果为真，最能支持题干的结论？

A. 医学已经证明，母乳是婴儿最理想的食料。

B. 医学尚不能揭示母乳过敏诱发小儿神经性皮炎的病理机制。

C. 已发现有小儿神经性皮炎的患儿从未进食过母乳。

D. 已发现有母乳过敏导致婴儿突发性窒息的病例。

E. 小儿神经性皮炎的患儿并没有表现出对母乳的拒斥。

例 7.35 某地区国道红川口曾经是交通事故的频发路段，自从 8 年前对此路段限速每小时 60 千米后，发生在此路段的交通伤亡人数大幅下降。然而，近年来此路段超速车辆增多，但发生在此路段的交通伤亡人数仍然下降。

上述断定最能支持以下哪项结论？

A. 车辆限速与此路段 8 年来交通伤亡人数大幅下降没有关系。

B. 8 年来在此路段行驶的车辆并未显著减少。

C. 8 年来对本地区进行广泛的交通安全教育十分有效。

D. 近年来汽油费用的上升限制了本地区许多家庭购买新车。

E. 此路段 8 年来交通伤亡人数下降不仅是车辆限速的结果。

母题模型 22 预测结果模型

母题技巧

【第 1 步 识别论证类型】

题干特点：题干中出现_____

等表示_____的词汇。

【第 2 步 套用母题方法】

削弱：_____。

支持：_____。

典型例题

例 7.36 随着生物技术公司的出现，这些公司对他们的专职研究人员和学术顾问的专利化成果不再予以公开。这种抑制将会减缓生物科学和工程的发展速度。

以下哪一项如果正确，将最能严重地削弱以上描述的关于科学保密的预测？

A. 由实业界资助的生物技术研究已经取得了一些具有重大科学意义的结果。

B. 当科学研究的结果作为秘密被保存起来时，独立的研究人员无法利用这些结果做进一步发展。

C. 由于生物技术公司研究的优先次序与学术机构的不同，对这些公司的研究工作提供经济资助扭曲了研究的正常次序。

D. 为提高公司在科学界的地位，生物技术公司鼓励员工将他们的成果，特别是重要的成果公开发表。

E. 生物技术公司将一部分研究资源投入到具有基础性科学意义和并不能期望立即产生实际应用的问题研究上。

例 7.37 去年，和羊毛的批发价不同，棉花的批发价大幅度地下跌。因此，虽然目前商店中棉织品的零售价还没有下跌，但它肯定会下跌。

以下哪项如果为真，最能削弱上述论证？

A. 去年由于引进新的工艺，棉织品的生产加工成本普遍上升。

B. 去年，羊毛批发价的上涨幅度小于棉花批发价的下跌幅度。

C. 棉织品比羊毛制品更受消费者的欢迎。

D. 零售价的变动一般都滞后于批发价的变动。

E. 目前商店中羊毛制品的零售价没有大的变动。

真题秒杀

例 7.38 （2012 年在职 MBA 联考真题）电影的年票房收入将开始下降。去年售出的电影票中有一半以上是给了占人口总数 27％ 的 25 岁以下的年龄组，然而，在今后 10 年中，25 岁以下的人口数量将持续下降。

下面哪项如果正确，将对上述关于将来的电影票房收入的预测提出最大的质疑？

A. 医学进步降低了 40 岁到 60 岁的人的死亡率。

B. 很多人在 25 岁以后逐渐失去了去电影院看电影的兴趣。

C. 电影院的数目正在增多，预计这一趋势在将来的 10 年里会继续。

D. 电影票房趋向于随着劳动力的增加而增加，而在今后的 10 年里劳动力人数将逐年增加。

E. 专家认为在今后 10 年的每一年中卖出的电影票总数中有一多半是给 25 岁以下的人。

例 7.39 （2017 年管理类联考真题）进入冬季以来，内含大量有毒颗粒物的雾霾频繁袭击我国部分地区。有关调查显示，持续接触高浓度污染物会直接导致 10％ 至 15％ 的人患有眼睛慢性炎症或干眼症。有专家由此认为，如果不采取紧急措施改善空气质量，这些疾病的发病率和相关的并发症将会增加。

以下哪项如果为真，最能支持上述专家的观点？

A. 有毒颗粒物会刺激并损害人的眼睛，长期接触会影响泪腺细胞。

B. 空气质量的改善不是短期内能够做到的，许多人不得不在污染环境中工作。

C. 眼睛慢性炎症或干眼症等病例通常集中出现于花粉季。

D. 上述被调查的眼疾患者中有 65％ 是年龄在 20～40 岁之间的男性。

E. 在重污染环境中采取戴护目镜、定期洗眼等措施有助于预防干眼症等眼疾。

第5讲

第3节 措施目的

大纲考点33 措施目的

33.1 什么是措施目的

措施目的模型题目的题干结构一般为：由于某个原因，因此计划采取某个措施（方法、建议），以达到某种目的（解决某个问题），即：

_____

33.2 措施目的与预测结果的联系与区别

(1)联系

(2)区别
①

②

母题模型23 措施目的模型

母题技巧 （措施目的模型的削弱）

【第1步 识别论证类型】

题干特点(1)：题干中出现_____
等表示目的的词汇。

题干特点(2)：题干中出现_____
等表达措施的内容。

【第2步 套用母题方法】

假设题干结构为：计划采取措施 A，以求达到目的 B。则常见的削弱方式有：

削弱方式	内容说明	力度大小
	指出由于某个原因，即使采取了措施 A，也无法达到想要的目的 B。	
	指出由于某个原因导致措施 A 无法实施。	
	指出措施 A 弊端太大，采取措施 A 得不偿失。	
	指出措施 A 会产生一定的副作用。	
	有些措施目的的题目中暗含因果关系，可以削弱这个因果关系。	

真题秒杀

例 7.40 （2010 年在职 MBA 联考真题）某乡间公路附近经常有鸡群聚集。这些鸡群对这条公路上高速行驶的汽车的安全造成了威胁。为了解决这个问题，当地交通部门计划购入一群猎狗来驱赶鸡群。

以下哪项如果为真，最能对上述计划构成质疑？

A. 出没于公路边的成群猎狗会对交通安全构成威胁。

B. 猎狗在驱赶鸡群时可能伤害鸡群。

C. 猎狗需要经过特殊训练才能驱赶鸡群。

D. 猎狗可能会有疫病，有必要进行定期检疫。

E. 猎狗的使用会增加交通管理的成本。

例 7.41 （2018 年经济类联考真题）某些种类的海豚利用回声定位来发现猎物：它们发射出滴答的声音，然后接收水域中远处物体反射的回音。海洋生物学家推测这些滴答声可能有另一个作用：海豚用异常高频的滴答声使猎物的感官超负荷，从而击晕近距离的猎物。

以下哪项如果为真，最能对上述推测构成质疑？

A. 海豚用回声定位不仅能发现远距离的猎物，而且能发现中距离的猎物。

B. 作为一种发现猎物的讯号，海豚发出的滴答声，是它的猎物的感官不能感知的，只有海豚能够感知从而定位。

C. 海豚发出的高频讯号即使能击晕它们的猎物，这种效果也是很短暂的。

D. 蝙蝠发出的声波不仅能使它发现猎物，而且这种声波能对猎物形成特殊刺激，从而有助于蝙蝠捕获它的猎物。

E. 海豚想捕获的猎物离自己越远，它发出的滴答声就越高。

例 7.42 （2019 年经济类联考真题）这里有一个控制农业杂草的新办法，它不是试图合成那种能杀死特殊野草而对谷物无害的除草剂，而是使用对所有植物都有效的除草剂，同时运用特别的基因工程来使谷物对除草剂具有免疫力。

以下哪项如果正确，将是上述提出的新办法实施的最严重障碍？

A. 对某些特定种类杂草有效的除草剂，施用后两年内会阻碍某些作物的生长。

B. 最新研究表明，进行基因重组并非想象的那样可以使农作物中的营养成分有所提高。

C. 大部分的只能除掉少数特定杂草的除草剂含有的有效成分对家禽、家畜及野生动物有害。

D. 这种万能除草剂已经上市，但它的万能作用使得人们认为它不适合作为农业控制杂草的方法。

E. 虽然基因重组已使单个的谷物植株免受万能除草剂的影响，但这些作物产出的种子却由于万能除草剂的影响而不发芽。

母题技巧　（措施目的模型的支持）

【第 1 步　识别论证类型】

题干特点（1）：题干中出现＿＿＿＿＿＿＿＿＿＿＿＿＿＿＿＿＿＿＿＿＿等表示目的的词汇。

题干特点（2）：题干中出现＿＿＿＿＿＿＿＿＿＿＿＿＿＿＿＿＿＿＿＿＿等表达措施的内容。

【第 2 步　套用母题方法】

假设题干结构为：计划采取措施 A，以求达到目的 B。则常见的支持方式有：

支持方式	内容说明	力度大小
	指出采取题干中的措施，可以达到题干中的目的。	
	指出措施具备实施的可行性。	
	指出采取题干中的措施是利大于弊的。	
	指出措施不会产生副作用。	
	指出采取这一措施的必要性或原因。	

典型例题

例 7.43 目前食品包装袋上没有把纤维素的含量和其他营养成分一起列出。因此，作为保护民众健康的一项措施，国家应该规定在食品包装袋上要明确列出纤维素的含量。

以下哪项如果为真，则能作为论据支持上述论证？

Ⅰ. 大多数消费者购买食品时能注意包装袋上关于营养成分的说明。

Ⅱ. 高纤维食品对于预防心脏病、直肠癌和糖尿病有重要作用。

Ⅲ. 很多消费者都具有高纤维食品营养价值的常识。

A. 仅Ⅰ。   B. 仅Ⅱ。   C. 仅Ⅲ。

D. 仅Ⅰ和Ⅲ。   E. Ⅰ、Ⅱ和Ⅲ。

真题秒杀

例 7.44 （2010年在职MBA联考真题）过去，人们很少在电脑上收到垃圾邮件。现在，只要拥有自己的电子邮件地址，人们一打开电脑，每天可以收到几件甚至数十件包括各种广告和无聊内容的垃圾邮件。因此，应该制定限制各种垃圾邮件的规则并研究反垃圾邮件的有效方法。

以下哪项如果为真，最能支持上述论证？

A. 目前的广告无孔不入，已经渗透到每个人的日常生活领域。

B. 目前，电子邮箱地址探测软件神通广大，而防范的软件和措施却软弱无力。

C. 现在的电脑性能与过去的电脑相比，功能十分强大。

D. 对于经常使用计算机的现代人来说，垃圾邮件是他们的最主要烦恼之一。

E. 广告公司通过电子邮件发出的广告，被认真看过的不足千分之一。

例 7.45 （2016年管理类联考真题）有专家指出，我国城市规划缺少必要的气象论证，城市的高楼建得高耸而密集，阻碍了城市的通风循环。有关资料显示，近几年国内许多城市的平均风速已下降10％。风速下降，意味着大气扩散能力减弱，导致大气污染物滞留时间延长，易形成雾霾天气和热岛效应。为此，有专家提出建立"城市风道"的设想，即在城市里制造几条畅通的通风走廊，让风在城市中更加自由地进出，促进城市空气的更新循环。

以下哪项如果为真，最能支持上述建立"城市风道"的设想？

A. 城市风道形成的"穿街风"，对建筑物的安全影响不大。

B. 风从八方来，"城市风道"的设想过于主观和随意。

C. 有风道但没有风，就会让城市风道成为无用的摆设。

D. 有些城市已拥有建立"城市风道"的天然基础。

E. 城市风道不仅有利于"驱霾"，还有利于散热。

母题技巧 （措施目的模型的假设）

【第1步　识别论证类型】

题干特点（1）：题干中出现＿＿＿＿＿＿＿＿＿＿＿＿＿＿＿＿＿＿＿＿＿＿＿＿＿＿＿等表示目的的词汇。

题干特点（2）：题干中出现＿＿＿＿＿＿＿＿＿＿＿＿＿＿＿＿＿＿＿＿＿＿＿＿＿＿＿等表达措施的内容。

【第2步　套用母题方法】

假设题干结构为：计划采取措施 A，以求达到目的 B。则常见的假设方式有：

假设方式	是否假设	说明
措施可以达到目的 （措施目的搭桥）		采用取非法，若措施达不到目的，就没必要采取此措施。
措施可行		采用取非法，若措施不可行，就无法采取此措施。
措施利大于弊		采用取非法，若措施不是利大于弊的，采取此措施就得不偿失。
措施没有副作用		措施的有效性与措施有无副作用并不直接相关。
措施有必要		既然是措施"有必要"，当然必须假设。

典型例题

例 7.46 在近代科技发展中，技术革新从发明、应用到推广的循环过程不断加快。世界经济的繁荣是建立在导致新产业诞生的连续不断的技术革新上的。因此，产业界需要增加科研投入以促进经济进一步持续发展。

上述论证基于以下哪项假设？

Ⅰ. 科研成果能够产生一系列新技术、新发明。

Ⅱ. 电讯、生物制药、环保是目前技术革新循环最快的产业，将会在未来几年中产生大量的新技术、新发明。

Ⅲ. 目前产业界投入科研的资金量还不足以确保一系列新技术、新发明的产生。

A. 仅Ⅰ。　　　　　　　　　B. 仅Ⅲ。　　　　　　　　　C. 仅Ⅰ和Ⅱ。

D. 仅Ⅰ和Ⅲ。　　　　　　　E. Ⅰ、Ⅱ和Ⅲ。

真题秒杀

例 7.47 (2010 年在职 MBA 联考真题)赵家村的农田比马家村少得多，但赵家村的单位生产成本近年来明显比马家村低。马家村的人通过调查发现：赵家村停止使用昂贵的化肥，转而采用轮作和每年两次施用粪肥的方法。不久，马家村也采用了同样的措施，很快，马家村获得了很好的效果。

以下哪项最可能是上文所作的假设？

A. 马家村有足够的粪肥来源可以用于农田施用。

B. 马家村比赵家村更善于促进农作物生长的田间管理。

C. 马家村经常调查赵家村的农业生产情况，学习降低生产成本的经验。

D. 马家村用处理过的污水软泥代替化肥，但对生产成本的影响不大。

E. 赵家村和马家村都减少使用昂贵的农药，降低了生产成本。

例 7.48 (2015 年管理类联考真题)张教授指出，生物燃料是指利用生物资源生产的燃料乙醇或生物柴油，它们可以替代由石油制取的汽油和柴油，是可再生能源开发利用的重要方向。受世界石油资源短缺、环保和全球气候变化的影响，20 世纪 70 年代以来，许多国家日益重视生物燃料的发展，并取得显著成效。所以，应该大力开发和利用生物燃料。

以下哪项最可能是张教授论证的预设？

A. 发展生物燃料可有效降低人类对石油等化石燃料的消耗。

B. 发展生物燃料会减少粮食供应，而当今世界有数以百万计的人食不果腹。

C. 生物柴油和燃料乙醇是现代社会能源供给体系的适当补充。

D. 生物燃料在生产与运输的过程中需要消耗大量的水、电和石油等。

E. 目前我国生物燃料的开发和利用已经取得很大的成绩。

第 8 章　其他论证模型

第 1 节　统计论证

扫码免费听
本节讲解

所谓统计论证，就是依据对数据的搜集、整理、分析，得出论点的过程。

真题中可能涉及的统计数据主要包括：＿＿＿＿＿＿＿＿＿＿＿、＿＿＿＿＿＿＿＿＿＿＿＿＿、

＿＿＿＿＿＿＿＿＿＿＿＿、＿＿＿＿＿＿＿＿＿＿＿＿、＿＿＿＿＿＿＿＿＿＿＿＿＿等。

母题模型 24　统计论证模型

母题变式 24.1　统计论证模型：收入利润型

母题技巧

【第 1 步　识别论证类型】

题干特点：题干中出现＿＿＿＿＿＿＿＿＿＿＿＿＿＿＿＿＿＿＿＿＿＿＿等字样。

【第 2 步　套用母题方法】

使用以下公式解题：

①总收入＝＿＿＿＿＿＿＿＿＿＿＿＿＿＿＿＿＿＿。

②利润＝＿＿＿＿＿＿＿＿＿＿＿＿＿＿＿＿＿＿。

③利润率＝＿＿＿＿＿＿＿＿＿＿＿＿＿＿＿＿＿。

典型例题

例 8.1 2012年入夏以来，美国遭遇了50多年来最严重的干旱天气，本土48个州有三分之二的区域遭受中度以上旱灾，预计玉米和大豆将大幅度减产。然而，美国农业部8月28日发布的报告预测，2012年美国农业净收入有望达到创纪录的1 222亿美元，比去年增加3.7%。

如果以下陈述为真，则哪一项最好地解释了上述看似矛盾的两个预测？

A. 2012年，全球许多地方遭遇干旱、高温、暴雨、台风等自然灾害。

B. 目前玉米和大豆的国际价格和美国国内价格均出现暴涨。

C. 美国农场主可以获得农业保险的赔款，抵消一部分减产的影响。

D. 为应对干旱，美国政府对农场主采取了诸如紧急降低农业贷款利率等一系列救助措施。

E. 美国农业基础较好，在全球有广泛的影响力。

例 8.2 大投资的所谓巨片的票房收入，一般是影片制作与商业宣传总成本的2至3倍。但是电影产业的年收入大部分来自中小投资的影片。

以下哪项如果为真，最能解释题干中的现象？

A. 大投资的巨片中确实不乏精品。

B. 大投资巨片的票价明显高于中小投资的影片。

C. 对观众的调查显示，大投资巨片的平均受欢迎程度并不高于中小投资影片。

D. 票房收入不是评价影片质量的主要标准。

E. 投入市场的影片中，大部分是中小投资的影片。

真题秒杀

例 8.3 （2005年MBA联考真题）以优惠价出售日常家用小商品的零售商通常有上千雇员，其中大多数只能领取最低工资。随着国家法定的最低工资额的提高，零售商的人力成本也随之大幅度提高。但是，零售商的利润非但没有降低，反而提高了。

以下哪项如果为真，最有助于解释上述看起来矛盾的现象？

A. 上述零售商的基本顾客，是领取最低工资的人。

B. 人力成本只占零售商经营成本的一半。

C. 在国家提高最低工资额的法令实施后，除了人力成本以外，零售商的其他经营成本也有所提高。

D. 零售商的雇员有一部分来自农村，他们都拿最低工资。

E. 在国家提高最低工资额的法令实施后，零售商降低了某些高薪雇员的工资。

例 8.4 （2010年管理类联考真题）成品油生产商的利润很大程度上受国际市场原油价格的影响，因为大部分原油是按国际市场价购进的。今年来，国际原油市场价格的不断提高，增加了A国成品油生产商的运营成本。这说明，这些成品油生产商的利润将会大幅减少。

以下哪项如果为真，最能削弱以上结论？

A. 原油成本只占成品油生产商运营成本的一半。

B. 随着国际原油市场价格的上涨，该国政府将为成品油生产商提供较多的补助。

C. 在国际原油市场价格不断上涨期间，该国成品油生产商降低了个别高薪雇员的工资。

D. 在国际原油市场价格上涨之后，除进口成本增加外，成品油生产的其他成本也有所提高。

E. 该国成品油生产商的原油有一部分来自国内，这部分受国际市场价格波动影响较小。

母题变式 24.2　统计论证模型：数量比率型

母题技巧

【第1步　识别论证类型】

命题情况(1)：_____。

命题情况(2)：_____。

命题情况(3)：_____。

【第2步　套用母题方法】

此类题常见以下问题：

(1)本来应该用比率做出断定，但题干误用数量做出了断定。

(2)本来应该用数量，但题干误用了比率。

(3)误用比率，即应该用比率A时，用了比率B。

此类题的解题方法：_____。

典型例题

例 8.5 春江市师范大学的同学们普遍抱怨各个食堂的伙食太差。然而唯独一年前反映最差的风味食堂，这一次抱怨的同学人数比较少。学校后勤部门号召其他各个食堂向风味食堂学习，共同改善学校学生关心的伙食问题。

下列哪项如果为真，则表明学校后勤部门的这个决定是错误的？

A. 各个食堂的问题不同，不能一刀切，要因地制宜，采取不同的措施。

B. 风味食堂的进步也是与其他各个食堂的支持分不开的。

C. 粮食价格一天天上涨，蔬菜供应也很难保质保量，食堂再努力，也是"难为无米之炊"。

D. 因为伙食差，来风味食堂就餐的人数比其他食堂要少得多。

E. 风味食堂的花样多，但是价格高，困难同学可吃不起。

例 8.6 广告：世界上最好的咖啡豆产自哥伦比亚。在咖啡的配方中，哥伦比亚咖啡豆的含量越高，则配制的咖啡越好。克力莫公司购买的哥伦比亚咖啡豆最多，因此，有理由相信，如果你购买了一罐克力莫公司的咖啡，那么，你就买了世界上配制最好的咖啡。

以下哪项如果为真，最能削弱上述广告中的论证？

A. 克力莫公司配制及包装咖啡所使用的设备和其他咖啡制造商的不一样。

B. 不是所有克力莫公司的竞争者在他们销售的咖啡中，都使用哥伦比亚咖啡豆。

C. 克力莫公司销售的咖啡比任何别的公司销售的咖啡多得多。

D. 克力莫公司咖啡的价格是现在配制的咖啡中最高的。

E. 大部分没有配制过的咖啡比配制最好的咖啡好。

例 8.7 自从《行政诉讼法》颁布以来，"民告官"的案件成为社会关注的热点。人们普遍担心的是，"官官相护"会成为公正审理此类案件的障碍。但据 H 省本年度的调查显示，凡正式立案审理的"民告官"案件，65％都是以原告胜诉结案。这说明，H 省的法院在审理"民告官"的案件中，并没有出现社会舆论所担心的"官官相护"。

以下哪项如果为真，最能削弱上述论证？

A. 在"民告官"案件中，原告如果不掌握能胜诉的确凿证据，一般不会起诉。

B. 有关部门收到的关于司法审理有失公正的投诉，H 省要多于周边省份。

C. 所谓"民告官"的案件，在法院受理的案件中只占很小的比例。

D. 在"民告官"的案件审理中，司法公正不能简单地理解为原告胜诉。

E. 由于新闻媒介的特殊关注，"民告官"案件审理的透明度要大大高于其他的案件。

例 8.8 科学家再次发现在美洲大陆曾经广泛种植的一种粮食作物，它每磅的蛋白质含量高于现在如小麦、水稻等主食作物。科学家声称，种植这种谷物对人口稠密、人均卡路里摄入量低和蛋白质来源不足的国家大为有利。

以下哪项如果是真的，最能对上述科学家的声称构成质疑？

A. 全球的粮食供给只来自于 20 种粮食作物。

B. 许多重要的粮食作物如马铃薯最初都产自新大陆。

C. 很多人都认为这种谷物让他们感觉营养物质丰富。

D. 重新发现的农作物每磅产生的卡路里比目前的粮食作物都要高。

E. 重新发现的农作物平均亩产量远比现在的主食作物低得多。

真题秒杀

例 8.9 （2005 年 MBA 联考真题）新华大学在北戴河设有疗养院，每年夏季接待该校的教职工。去年夏季该疗养院的入住率，即全部床位的使用率为 87%，来此疗养的教职工占全校教职工的比例为 10%。今年夏季来此疗养的教职工占全校教职工的比例下降至 8%，但入住率却上升至 92%。

以下各项如果为真，都有助于解释上述看起来矛盾的数据，除了：

A. 今年该校新成立了理学院，教职工总数比去年有较大增长。

B. 今年该疗养院打破了历年的惯例，第一次有限制地对外开放。

C. 今年该疗养院的客房总数不变，但单人间的比例由原来的 5% 提高至 10%，双人间由原来的 40% 提高到 60%。

D. 该疗养院去年大部分客房今年改为足疗保健室或棋牌娱乐室。

E. 经过去年冬季的改建，该疗养院的各项设施的质量明显提高，大大增加了对疗养者的吸引力。

例 8.10 （2016 年经济类联考真题）第一个事实：电视广告的效果越来越差。一项跟踪调查显示，在电视广告所推出的各种商品中，观众能够记住其品牌名称的商品的百分比逐年降低。

第二个事实：在一段连续插播的电视广告中，观众印象较深的是第一个和最后一个，而中间播出的广告留给观众的印象，一般来说要浅得多。

以下哪项如果为真，最能使得第二个事实成为对第一个事实的一个合理解释？

A. 在从电视广告里见过的商品中，一般电视观众能记住其品牌名称的大约还不到一半。

B. 近年来，被允许在电视节目中连续插播广告的平均时间逐渐缩短。

C. 近年来，人们花在看电视上的平均时间逐渐缩短。

D. 近年来，一段连续播出的电视广告所占用的平均时间逐渐增加。

E. 近年来，一段连续播出的电视广告中所出现的广告的平均数量逐渐增加。

例 8.11 （2007 年 MBA 联考真题）在"非典"期间，某地区共有 7 名参与治疗"非典"的医务人员死亡，同时也有 10 名未参与"非典"治疗工作的医务人员死亡。这说明参与"非典"治疗并不比日常医务工作危险。

以下哪项相关断定如果为真，最能削弱上述结论？

A. 参与"非典"治疗死亡的医务人员的平均年龄，略低于未参与"非典"治疗而死亡的医务人员。

B. 参与"非典"治疗的医务人员的体质，一般高于其他医务人员。

C. 个别参与治疗"非典"死亡的医务人员的死因，并非是感染"非典"病毒。

D. 医务人员中只有一小部分参与了"非典"治疗工作。

E. 经过治疗的"非典"患者死亡人数，远低于未经治疗的"非典"患者死亡人数。

母题变式 24.3 统计论证模型：其他数量型

母题技巧

【第1步 识别论证类型】

(1)平均值型：_____。

(2)增长率型：_____。

(3)其他数量关系型：_____。

【第2步 套用母题方法】

(1)平均值型

①_____。

②_____。

(2)增长率型

公式：_____。

(3)其他数量关系型

无论题干中出现什么数量关系，都要_____，再进行解题。

典型例题

例 8.12 东升商城公关部职工的平均工资是营业部职工的 2 倍，因此，公关部职工比营业部职工普遍有较高的收入。

以下哪项如果是真的，将最能削弱上述论证？

A. 公关部职工的人均周实际工作时数要超过营业部职工的 50%。

B. 按可比因素计算，公关部职工为商城创造的人均价值是营业部职工的近 10 倍。

C. 公关部职工中最高工资与最低工资间的差别要远大于营业部职工。

D. 公关部职工的人数只是营业部职工的 10%。

E. 公关部职工中有 20% 享受商城的特殊津贴，营业部职工中则有 25% 享受此种津贴。

例 8.13 在过去的 10 年中，由美国半导体工业生产的半导体增加了 200%，但日本半导体工业生产的半导体增加了 500%，因此，日本现在比美国制造的半导体多。

以下哪项如果为真，最能削弱上述论证？

A. 在过去的 5 年中，由美国半导体工业生产的半导体仅增长 100%。

B. 在过去的 10 年中，美国生产的半导体的美元价值比日本生产的高。

C. 今天美国半导体出口在整个出口产品中所占的比例比 10 年前高。

D. 10 年前，美国生产的半导体占世界半导体的 90%，而日本仅占 2%。

E. 10 年前，日本生产半导体是世界第 4 位，而美国列第 1 位。

第5讲

第 2 节　其他论证模型

扫码免费听
本节讲解

母题模型 25　人丑模型

母题技巧

【第 1 步　识别论证类型】

题干结构(1)：＿＿＿＿＿＿＿＿＿＿＿＿＿＿＿＿＿＿＿＿＿＿＿。

题干结构(2)：＿＿＿＿＿＿＿＿＿＿＿＿＿＿＿＿＿＿＿＿＿＿＿。

【第 2 步　套用母题方法】

题干结构(1)：＿＿＿＿＿＿＿＿＿＿＿＿＿＿＿＿＿＿＿＿＿＿＿。

题干结构(2)：＿＿＿＿＿＿＿＿＿＿＿＿＿＿＿＿＿＿＿＿＿＿＿。

真题秒杀

例 8.14　(2008 年 MBA 联考真题)有人提出通过开采月球上的氦-3 来解决地球上的能源危机，在熔合反应堆中氦-3 可以用作燃料。这一提议是荒谬的，即使人类能够在月球上开采出氦-3，要建造上述熔合反应堆在技术上至少也是 50 年以后的事。地球今天面临的能源危机到那个时候再着手解决就太晚了。

以下哪项最为恰当地概括了题干所要表达的意思？

A. 如果地球今天面临的能源危机不能在 50 年内得到解决，那就太晚了。

B. 开采月球上的氦-3 不可能解决地球上近期的能源危机。

C. 开采和利用月球上的氦-3 只是一种理论假设，实际上做不到。

D. 人类解决能源危机的技术突破至少需要 50 年。

E. 人类的太空搜索近年内不可能有效解决地球面临的问题。

例 8.15　(2008 年 MBA 联考真题)纯种赛马是昂贵的商品。一种由遗传缺陷引起的疾病威胁着纯种赛马，使它们轻则丧失赛跑能力，重则瘫痪甚至死亡。因此，赛马饲养者认为，一旦发现有此种缺陷的赛马应停止饲养。这种看法是片面的。因为一般地说，此种疾病可以通过伙食和医疗加以控制。另外，有此种遗传缺陷的赛马往往特别美，这正是马术表演特别看重的。

以下哪项最为准确地概括了题干所要论证的结论？

A. 美观的外表对于赛马来说特别重要。

B. 有遗传缺陷的赛马不一定丧失比赛能力。

C. 不应当绝对禁止饲养有遗传缺陷的赛马。

D. 一些有遗传缺陷的赛马的疾病未得到控制，是由于缺乏合理的伙食或必要的医疗。

E. 遗传疾病虽然是先天的，但其病变可以通过后天的人为措施加以控制。

例 8.16 （2010 年在职 MBA 联考真题）某社会学家认为：每个企业都力图降低生产成本，以便增加企业的利润。但不是所有降低生产成本的努力都对企业有利，如有的企业减少对职工社会保险的购买，暂时可以降低生产成本，但从长远看是得不偿失，这会对职工的利益造成损害，减少职工的归属感，影响企业的生产效率。

以下哪项最能准确表示上述社会学家陈述的结论？

A. 如果一项措施能够提高企业的利润，但不能提高职工的福利，此项措施是不值得提倡的。

B. 企业采取降低成本的某些措施对企业的发展不一定总是有益的。

C. 只有当企业职工和企业家的利益一致时，企业采取的措施才是对企业发展有益的。

D. 企业降低生产成本的努力需要从企业整体利益的角度进行综合考虑。

E. 减少对职工社保的购买会损害职工的切身利益，对企业也没有好处。

母题模型 26　双断定模型

母题技巧

【第 1 步　识别论证类型】

题干特点：_____。

【第 2 步　套用母题方法】

秒杀方法（1）：_____。

秒杀方法（2）：_____。

典型例题

例 8.17 在塞普西路斯的一个古城蒙科云，发掘出了城市的残骸，这一残骸呈现出被地震损坏的典型特征。考古学家猜想，该城的破坏是这个地区公元 365 年的一次地震所致。

以下哪项如果为真，最有力地支持了考古学家的猜想？

A. 经常在公元 365 年前后的墓穴里发现的青铜制纪念花瓶，在蒙科云城里也发现了。

B. 在蒙科云城废墟里没有发现在公元 365 年以后铸的硬币，但是却有 365 年前的铸币。

C. 多数现代塞普西路斯历史学家曾经提及，在公元 365 年前后附近发生过地震。

D. 在蒙科云城废墟中发现了公元 300 年至 400 年风格的雕塑。

E. 在蒙科云发现了塞普西路斯 365 年以后才使用的希腊字母的石刻。

真题秒杀

例 8.18 （2013年在职MBA联考真题）某国研究人员报告说，他们在某地区的地层里发现了约2亿年前的陨石成分，而它们很可能是当时一颗巨大陨石撞击现在的加拿大魁北克省时的飞散物痕迹。在该岩石厚约5厘米的黏土层中还含有高浓度的铱和铂等元素，浓度是通常地表中浓度的50至2 000倍。另外，这处岩石中还含有白垩纪末期地层中的特殊矿物。由于地层上下还含有海洋浮游生物化石，所以可以确定撞击时期是在约2.15亿年前。

以下哪项如果为真，最能支持上述研究发现？

A. 该处岩石是远古时代深海海底的堆积层露出地面后形成的。

B. 在古生代三叠纪后期（约2亿年至2.37亿年前）菊石等物种大规模灭绝。

C. 铱和铂等元素是陨石特有的，在地表中通常只微量存在。

D. 在远古时代曾经发生多起陨石撞击地球的事件。

E. 白垩纪末期，地球上曾经发生过生物大灭绝事件。

例 8.19 （2020年管理类联考真题）王研究员：吃早餐对身体有害，因为吃早餐会导致皮质醇峰值更高，进而导致体内胰岛素异常，这可能引发Ⅱ型糖尿病。

李教授：事实并非如此，因为上午皮质醇水平高只是人体生理节律的表现，而不吃早餐不仅会增加患Ⅱ型糖尿病的风险，还会增加患其他疾病的风险。

以下哪项如果为真，最能支持李教授的观点？

A. 一日之计在于晨，吃早餐可以补充人体消耗，同时为一天的工作准备能量。

B. 糖尿病患者若在9点至15点之间摄入一天所需的卡路里，血糖水平就能保持基本稳定。

C. 经常不吃早餐，上午工作处于饥饿状态，不利于血糖调节，容易患上胃溃疡、胆结石等疾病。

D. 如今，人们工作繁忙，晚睡晚起现象非常普遍，很难按时吃早餐，身体常常处于亚健康状态。

E. 不吃早餐的人通常缺乏营养和健康方面的知识，容易形成不良生活习惯。

母题模型 27　绝对化结论模型

母题技巧

【第1步　识别论证类型】

题干特点：题干论点中出现绝对化的断定。

例如：_____。

【第2步　套用母题方法】

此模型主要在_____题中考查。这类模型本质上考查的是

_____，用形式逻辑的思维解题即可。

真题秒杀

例 **8.20** （2005 年 MBA 联考真题）番茄红素、谷胱甘肽、谷氨酰胺是有效的抗氧化剂，这些抗氧化剂可以中和人体内新陈代谢所产生的自由基。体内自由基过量会加速细胞的损伤，从而加速人的衰老。因而为了延缓衰老，人们必须在每天的饮食中添加这些抗氧化剂。

以下哪项如果为真，最能削弱上述论证？

A. 体内自由基不是造成人衰老的唯一原因。

B. 每天参加运动可有效中和甚至清除体内的自由基。

C. 抗氧化剂的价格普遍偏高，大部分消费者难以承受。

D. 缺乏锻炼的超重者在体内极易出现自由基过量。

E. 吸烟是导致体内细胞损伤的主要原因之一。

例 **8.21** （2015 年管理类联考真题）当企业处于蓬勃上升时期，往往紧张而忙碌，没有时间和精力去设计和修建"琼楼玉宇"；当企业所有的重要工作都已经完成，其时间和精力就开始集中在修建办公大楼上。所以，如果一个企业的办公大楼设计得越完美，装饰得越豪华，则该企业离解体的时间就越近；当某个企业的大楼设计和建造趋向完美之际，它的存在就逐渐失去意义。这就是所谓的"办公大楼法则"。

以下哪项如果为真，最能质疑上述观点？

A. 某企业的办公大楼修建得美轮美奂，入住后该企业的事业蒸蒸日上。

B. 一个企业如果将时间和精力都耗费在修建办公大楼上，则对其他重要工作就投入不足了。

C. 建造豪华的办公大楼，往往会加大企业的运营成本，损害其实际利益。

D. 企业办公大楼越破旧，该企业就越有活力和生机。

E. 建造豪华的办公大楼并不需要企业投入太多的时间和精力。

母题模型 28 争论焦点模型

母题技巧

【第1步 识别论证类型】

题干特点：_____。

提问方式：

(1)_____。

(2)_____。

【第2步 套用母题方法】

三大解题原则：

(1)_____。

(2)_____。

(3)_____。

真题秒杀

例 8.22 (2009年在职MBA联考真题)总经理：快速而准确地处理订单是一项关键业务。为了增加利润，我们应当用电子方式而不是继续用人工方式处理客户订单，因为这样订单可以直接到达公司相关业务部门。

董事长：如果用电子方式处理订单，我们一定会赔钱。因为大多数客户喜欢通过与人打交道来处理订单。如果转用电子方式，我们的生意就会失去人情味，就难以吸引更多的客户。

以下哪项最为恰当地概括了上述争论的问题？

A. 转用电子方式处理订单是否不利于保持生意的人情味？

B. 用电子方式处理订单是否比人工方式更为快速和准确？

C. 转用电子方式处理订单是否有利于提高商业利润？

D. 快速而准确的运作方式是否一定能提高商业利润？

E. 客户喜欢用何种方式处理订单？

例 8.23 (2005 年 MBA 联考真题)厂长：采用新的工艺流程可以大大减少炼铜车间所产生的二氧化碳。这一新流程的要点是用封闭式熔炉替代原来的开放式熔炉。但是，不光购置和安装新的设备是笔大的开支，而且运作新流程的成本也高于目前的流程。因此，从总体上说，采用新的工艺流程将大大增加生产成本而使本厂无利可图。

总工程师：我有不同意见。事实上，最新的封闭式熔炉的熔炼能力是现有的开放式熔炉无法相比的。

在以下哪个问题上，总工程师和厂长最可能有不同意见？

A. 采用新的工艺流程是否确实可以大大减少炼铜车间所产生的二氧化碳？

B. 运作新流程的成本是否一定高于目前的流程？

C. 采用新的工艺流程是否一定使本厂无利可图？

D. 最新的封闭式熔炉的熔炼能力是否确实明显优于现有的开放式熔炉？

E. 使用最新的封闭式熔炉是否明显增加了生产成本？

例 8.24 (2008 年 MBA 联考真题)郑女士：衡远市过去十年的 GDP(国内生产总值)增长率比易阳市高，因此衡远市的经济前景比易阳市好。

胡先生：我不同意你的观点。衡远市的 GDP 增长率虽然比易阳市的高，但易阳市的 GDP 数值却更大。

以下哪项最为准确地概括了郑女士和胡先生争议的焦点？

A. 易阳市的 GDP 数值是否确实比衡远市大？

B. 衡远市的 GDP 增长率是否确实比易阳市高？

C. 一个城市的 GDP 数值大，是否经济前景一定好？

D. 一个城市的 GDP 增长率高，是否经济前景一定好？

E. 比较两个城市的经济前景，GDP 数值与 GDP 增长率哪个更重要？

例 8.25 （2010 年管理类联考真题、2018 年经济类联考真题）陈先生：未经许可侵入别人的电脑，就好像开偷来的汽车撞伤了人，这些都是犯罪行为。但后者性质更严重，因为它既侵占了有形财产，又造成了人身伤害；而前者只是在虚拟世界中捣乱。

林女士：我不同意。例如，非法侵入医院的电脑，有可能扰乱医疗数据，甚至危及病人的生命。因此，非法侵入电脑同样会造成人身伤害。

以下哪项最为准确地概括了两人争论的焦点？

A. 非法侵入别人电脑和开偷来的汽车是否同样会危及人的生命？

B. 非法侵入别人电脑和开偷来的汽车伤人是否都构成犯罪？

C. 非法侵入别人电脑和开偷来的汽车伤人是否是同样性质的犯罪？

D. 非法侵入别人电脑的犯罪性质是否和开偷来的汽车伤人一样的严重？

E. 是否只有侵占有形财产才构成犯罪？

例 8.26 （2010 年在职 MBA 联考真题）甲：从互联网上人们可以获得任何想要的信息和资料。因此，人们不需要听取专家的意见，只要通过互联网就可以很容易地学到他们需要的知识。

乙：过去的经验告诉我们，随着知识的增加，对专家的需求也相应地增加。因此，互联网反而会增加我们咨询专家的机会。

以下哪项是上述争论的焦点？

A. 互联网是否能有助于信息在整个社会的传播？

B. 互联网是否能增加人们学习知识时请教专家的可能性？

C. 互联网是否能使更多的人容易获得更多的资料？

D. 专家在未来是否将会更多地依靠互联网？

E. 互联网知识与专家的关系以及两者的重要性。

6

逻辑谬误
论证逻辑干扰项

写在前面的话

1 谬误

所谓谬误就是论证过程中犯的逻辑错误。

关于谬误，联考大纲规定的内容有：混淆概念、转移论题、自相矛盾、模棱两可、不当类比、以偏概全、其他谬误。

那么，大纲中规定的"其他谬误"是指什么呢？老吕总结了历年管理类、经济类联考的所有真题，将这些谬误进行了分类，并会在接下来的章节进行讲解。

2 谬误在联考中如何命题？

在管理类、经济类联考中，谬误主要通过以下三种形式考查：

第一，论证有效性分析。

联考中有两篇作文，第一篇作文就是论证有效性分析。在该文章中，命题人会给我们一段论证，要求我们找出这一论证中的逻辑谬误，并进行分析。所以这篇文章本质，是用写作的方式考查逻辑。

第二，评论逻辑漏洞题。

联考逻辑题中，有一些题的提问方式为："以下哪项准确地指出了上述论证中的逻辑漏洞？"，这种题目就是要找到题干中的逻辑谬误。但这类题在真题中的题量并不大。

第三，论证逻辑干扰项。

每一道论证逻辑题，必有 4 个干扰项。这 4 个干扰项的设计来源，就是我们常犯的逻辑谬误，这样才能起到干扰作用。有时候，我们会感觉一些错误选项特别"有道理"，甚至比正确选项还"有道理"，这就说明有一些我们日常生活中习以为常的思维是不合逻辑的，犯了逻辑谬误。

3 本讲学习的关键

(1)理解逻辑谬误的原理。

(2)相信逻辑知识、相信解题原则，而不是相信自己的直觉。

本讲内容

8类常见逻辑谬误

- 第1类 概念型谬误
- 第2类 相关型谬误
- 第3类 矛盾与反对型谬误
- 第4类 论证型谬误
- 第5类 归纳与类比型谬误
- 第6类 因果型谬误
- 第7类 充分条件与必要条件混用或误用
- 第8类 集合体性质误用

3类常见干扰项

类型1 一致性类
- 干扰项1 对象不一致
- 干扰项2 概念不一致
- 干扰项3 话题不一致
- 干扰项4 比较不一致
- 干扰项5 比例不一致
- 干扰项6 程度不一致
- 干扰项7 范围不一致
- 干扰项8 时间不一致

类型2 诉诸类
- 干扰项9 诉诸情感
- 干扰项10 诉诸无知
- 干扰项11 诉诸人身
- 干扰项12 诉诸权威
- 干扰项13 诉诸众人
- 干扰项14 诉诸主观（主观观点）

类型3 其他类
- 干扰项15 无效他因
- 干扰项16 不当反例
- 干扰项17 否定最高级
- 干扰项18 明否暗肯
- 干扰项19 两可选项
- 干扰项20 存在难度
- 干扰项21 规范命题
- 干扰项22 其他措施
- 干扰项23 因人而异

第 6 讲

第 **9** 章　逻辑谬误与论证逻辑干扰项

📋 **本章知识清单**

大纲考点：逻辑谬误	常见干扰项
第 1 类　概念型谬误 第 2 类　相关型谬误 第 3 类　矛盾与反对型谬误 第 4 类　论证型谬误 第 5 类　归纳与类比型谬误 第 6 类　因果型谬误 第 7 类　充分条件与必要条件混用或误用 第 8 类　集合体性质误用	类型 1　一致性类 类型 2　诉诸类 类型 3　其他类

第 1 节　常见逻辑谬误

扫码免费听
本节讲解
（共 2 个视频）

第 1 类　概念型谬误

谬误名称	含义	示例
		象是动物，所以小象是小动物。 第一个"小"是指年龄小，第二个"小"是指体型小。
		什么是男人？　男人就是不是女人的人。 什么是女人？　女人就是不是男人的人。

典型例题

例 9.1 什么是奇数？奇数就是偶数加 1。什么是偶数？偶数就是奇数减 1。

下列哪项最为恰当地指出了上述推理的逻辑错误？

A. 偷换概念。

B. 自相矛盾。

C. 以偏概全。

D. 因果倒置。

E. 循环定义。

第 2 类 相关型谬误

相关型谬误是指用在逻辑上不相关的而在感情、情绪、态度和信念等心理因素上相关的论据进行论证而导致的思维错误。论证应当重视情感因素的作用，但不能以情感来代替逻辑的合理性。最常见的相关型谬误包含：＿＿＿＿＿＿＿＿＿＿＿＿＿＿＿＿＿＿＿＿＿＿＿＿＿＿等。

谬误名称	含义	示例
		这世界有外星人存在，因为没有证据证明外星人不存在。
		这个人的人品有问题，所以他说的话一定是假话。
		物体下落速度和重量成比例，因为伟大的哲学家亚里士多德认为物体下落速度和重量成比例。
		我一把屎一把尿把你拉扯大，让你上学、让你读书，你居然连研究生都不考！
		三个人都说市上有虎，于是听者就信以为真。
		瑜伽有三千年的历史，因此，瑜伽一定是好的。

真题秒杀

例 9.2 (2009年在职MBA联考真题)办公室主任：本办公室不打算使用循环再利用纸张。给用户的信件必须能留下好的印象，不能打印在劣质纸张上。

文具供应商：循环再利用纸张不一定是劣质的。事实上，最初的纸张就是用可回收材料制造的。一直到19世纪50年代，由于碎屑原料供不应求，才使用木纤维作为造纸原料。

以下哪项最为恰当地概括了文具供应商的反驳中存在的漏洞？

A. 没有意识到办公室主任对于循环再利用纸张的偏见是由于某种无知。

B. 使用了不相关的事实来证明一个关于产品质量的断定。

C. 不恰当地假设办公室主任了解纸张的制造工艺。

D. 忽视了办公室主任对产品质量关注的合法权利。

E. 不恰当地假设办公室主任忽视了环境保护。

例 9.3 (2010年管理类联考真题、2018年经济类联考真题)学生：IQ和EQ哪个更重要？您能否给我指点一下？

学长：你去书店问问工作人员关于IQ和EQ的书，哪类销得快，哪类就更重要。

以下哪项与题干中的问答方式最为相似？

A. 员工：我们正制定一个度假方案，你说是在本市好，还是去外地好？

　　经理：现在年终了，各公司都在安排出去旅游，你去问问其他公司的同行，他们计划去哪里，我们就不去哪里，不凑热闹。

B. 平平：母亲节那天我准备给妈妈送一份礼物，你说是送花好，还是送巧克力好？

　　佳佳：你在母亲节前一天去花店看一下，看看买花的人多不多不就行了嘛？

C. 顾客：我准备买一件毛衣，你看颜色是鲜艳一点好，还是素一点好？

　　店员：这个需要结合自己的性格与穿衣习惯，各人可以有自己的选择与喜好。

D. 游客：我们前面有两条山路，走哪一条更好？

　　导游：你仔细看看，哪一条山路上车马的痕迹深，我们就走哪一条。

E. 学生：我正在准备期末复习，是做教材上的练习重要，还是理解教材内容更重要？

　　老师：你去问问高年级得分高的同学，他们是否经常背书做练习。

第3类　矛盾与反对型谬误

矛盾与反对型谬误是常见的谬误类型之一，通常会以以下三种形式出现：＿＿＿＿＿＿＿＿
＿＿＿＿＿＿＿＿＿＿＿＿＿＿＿＿＿＿。

谬误名称	含义	示例
		张三既是个男人，也是个女人。
		张三既不是男人，也不是女人。
		这个杯子的颜色不是黑色，那它一定是白色的。（理解1：不是黑色不一定是白色，也可能是红、黄等其他颜色。 理解2：不恰当地把颜色分成了黑色和白色两种，其实还有其他颜色。）

说明：在真题中，一般不会让我们区分自相矛盾和模棱两不可，我们可以近似地认为这两种都是自相矛盾。

典型例题

例 9.4　这次预测只是一次例行的科学预测。这样的预测已经做过很多次，既不能算成功，也不能算不成功。

以上表述的谬误，也存在于下列哪项中？

A. 在即将举行的大学生辩论赛中，我不认为我校代表队一定能进入前四名，我也不认为我校代表队可能进不了前四名。

B. 这次关于物价问题的社会调查结果，既不能说完全反映了民意，也不能说一点也没有反映民意。

C. 这次考前辅导，既不能说完全成功，也不能说彻底失败。

D. 人有特异功能，既不是被事实证明的科学结论，也不是纯属欺诈的伪科学结论。

E. 泰迪犬是一种可爱的宠物狗，可见，所有的宠物狗都挺可爱。

第4类　论证型谬误

论证的重要规则是要求从论据出发能合乎逻辑地推出论点，即论据和论点之间要有必然的联系。违反这条规则就会犯"推不出"或"推断不当"的逻辑谬误。有以下几种常见类型：

谬误名称	含义	示例
		康哥的头发特别浓密（实际情况是康哥头发很少），因此，康哥很帅。
		所有的聪明人都是近视眼，他近视得很厉害，所以，他一定很聪明。
		康哥头发很少，所以，他一定帅气多金。
		张三和李四不和，张三一定是杀李四的凶手。
		曹操文治武功卓越，因此，他是一代明君。隐含假设：曹操是君主。但实际上曹操是丞相而不是君主。
		因为爱，所以爱。
		老吕：罗瑞，你的脸怎么这么大？罗瑞：但是我的数学课讲得很好呀。

真题秒杀

例 9.5　(2008 年 MBA 联考真题)许多人并不了解自己，也不去试图了解自己。这些人可能会去试图了解别人，但很少会成功，因为连自己都不了解的人是不可能了解别人的。所以，缺乏自我了解的人是不会了解别人的。

以上论述的逻辑错误是：

A. 错误地把某一事件的必要条件作为这一事件的充分条件。

B. 没有估计到并非每个人都想了解自己。

C. 指责人们没有做到他们不可能做到的事。

D. 在没有定义"自我了解"的情况下使用了这个名词。

E. 只在结论中重复了论述中的一个前提。

第5类　归纳与类比型谬误

谬误名称	含义	示例
		我宿舍有个山东人，酒量特别大。看来，山东人酒量都挺大。 分析：以一个山东人的情况，来代表所有山东人的情况，以偏概全。
		别人每晚都遛他们的宠物狗，因此，我决定今晚遛遛我养的鱼。 分析：将宠物狗需要遛，类比到鱼也需要遛，不当类比。

典型例题

例 9.6　张珊：我准备让我的孩子就读阳光实验学校。因为在去年的高考中，该学校实验3班的升学率达到了创纪录的65％。这证明这所学校去年的升学率非常高。

以下哪项与张珊的逻辑漏洞最为相似？

A. 阳光实验学校去年的高考升学率很高，看来，今年他们的高考升学率也差不到哪里去。

B. 阳光实验学校今年的教学质量很好，因为没有证据证明他们的教学质量下滑。

C. 阳光实验学校是个非常好的学校，因为有很多朋友给我推荐这所学校。

D. 阳光实验学校实验2班的李思、王伍同学分别被录取到了清华北大，看来，这个班的同学们都考得不错。

E. 阳光实验学校今年的高考升学率会很好，因为昨天有位教育专家做出了这样的预测。

第6类　因果型谬误

谬误名称	含义	示例
		张珊：你是因为寂寞才想我。 实际情况是："你"是因为想张珊才寂寞。
		我刚打开电视机，巴西队就进球了，我真是巴西队的幸运之神。
		酱心考上了研究生，仅仅是因为她报了老吕的班（可能还有其他原因，如：酱心自己的努力）。

典型例题

例 9.7 都乐市勤劳的人民都拥有两头牛，张先生认为，给那些懒惰的人发两头牛，都乐市所有的人都将变得勤劳。

以下哪项是对张先生的论证的恰当评价？

A. 张先生的论证是正确的。

B. 张先生的论证是错误的，其漏洞与下文中上官柳的相似：古时候，上官柳整天只顾读书，却不赚钱谋生，妻子无法忍受，决定和他离婚。几年后，上官柳成为大官，衣锦还乡，妻子要求和他复合，上官柳把水泼在地上说："我们的关系就像这水一样，再也收不回来了。"

C. 张先生的论证是错误的，其漏洞与下文中李先生的相似：李先生认为，艺术创作和色情书刊都有性和裸体，艺术创作没有过多的禁忌，所以色情书刊也不该有过多的禁忌。

D. 张先生的论证是错误的，其漏洞与下文中王先生的相似：王先生认为，盲人的听力一般比明眼人好，可见听力好的人容易失明。

E. 张先生的论证是错误的，其漏洞与下文中小杨的相似：小刘问："左"是什么意思？小杨答："左"即是和"右"相反的方向。小刘又问：那"右"是什么意思？小杨答："右"即是和"左"相反的方向。

第7类 充分条件与必要条件混用或误用

谬误名称	含义	示例
		如果刮风，一定会下雨。 实际情况是：刮风了也未必下雨。
		只有考上会计硕士，才是研究生。 实际情况是：并非只有考上会计硕士才是研究生，考上其他专业的硕士同样是研究生。
		如果下雨了，那么地上一定会湿。因此，如果地上湿了，那么肯定是下雨了。

例 **9.8** (2008 年 MBA 联考真题)临近本科毕业，李明所有已修课程的成绩均是优秀。按照学校规定，如果最后一学期他的课程成绩也都是优秀，就一定可以免试就读研究生。李明最后一学期有一门功课成绩未获得优秀，因此，他不能免试就读研究生了。

以下哪项对上述论证的评价最为恰当？

A. 上述论证是成立的。

B. 上述论证有漏洞，因为它忽视了：课程成绩只是衡量学生素质的一个方面。

C. 上述论证有漏洞，因为它忽视了：所陈述的规定有漏洞，会导致理解的歧义。

D. 上述论证有漏洞，因为它把题干所陈述的规定错误地理解为：只要所有学期课程成绩均是优秀，就一定可以免试就读研究生。

E. 上述论证有漏洞，因为它把题干所陈述的规定错误地理解为：只有所有学期课程成绩均是优秀，才可以免试就读研究生。

第8类 集合体性质误用

集合体具有的性质，个体未必具有；个体具有的性质，集合体也未必具有。

谬误名称	含义	示例
		这支球队的每个球员都很优秀，因此，这支球队很优秀。 分析：每个球员都优秀，组成球队后也可能出现配合不好、球队反而不优秀的情况。
		这家公司是家非常优秀的公司，所以，公司里的每个员工也是优秀的。 分析：优秀的公司里面可能也有不优秀的员工。

例 **9.9** (2011 年在职 MBA 联考真题)公达律师事务所以为刑事案件的被告进行有效辩护而著称，成功率达 90% 以上。老余是一位以专门为离婚案件的当事人成功辩护而著称的律师。因此，老余不可能是公达律师事务所的成员。

以下哪项最为确切地指出了上述论证中存在的漏洞？

A. 公达律师事务所具有的特征，其成员不一定具有。

B. 没有确切指出老余为离婚案件的当事人辩护的成功率。

C. 没有确切指出老余为刑事案件的当事人辩护的成功率。

D. 没有提供公达律师事务所统计数据的来源。

E. 老余具有的特征，其所在工作单位不一定具有。

例 9.10 （2007 年 MBA 联考真题）舞蹈学院的张教授批评本市芭蕾舞团最近的演出没能充分表现古典芭蕾舞的特色。他的同事林教授认为这一批评是个人偏见。作为芭蕾舞技巧专家，林教授考察过芭蕾舞团的表演者，结论是每一位表演者都拥有足够的技巧和才能来表现古典芭蕾舞的特色。

以下哪项最为恰当地概括了林教授反驳中存在的漏洞？

A. 他对张教授的评论风格进行攻击而不是对其观点加以反驳。

B. 他无视张教授的批评意见是与实际情况相符的。

C. 他仅从维护自己的权威地位的角度加以反驳。

D. 他依据一个特殊事例轻率地概括出一个普遍结论。

E. 他不当地假设，如果一个团体的每个成员具有某种特征，那么这个团体就总能体现这种特征。

技巧：逻辑漏洞题的解法

1. 题型识别

题干中出现以下提问方式时，考查的是逻辑漏洞题：

_____。

2. 解题方法

这种题型没有特别的解题方法，考查的就是逻辑谬误基础知识的熟练度。熟练掌握基础知识，从而识别出题干中的逻辑漏洞即可。

3. 逻辑漏洞题与削弱题的区别与联系

(1)联系：_____。

(2)区别：_____

_____。

典型例题

例 9.11 哈佛大学某学者调查研究发现：威胁美国大陆的飓风是由非洲西海岸高气压的触发形成的。每当在撒哈拉沙漠以南的地区有大量的降雨之后，美国大陆就会受到特别频繁的飓风袭击。所以，大量的降雨一定是提升气流的压力而构成飓风的原因。

上述的论证推理最易受以下哪项的批评？

A. 仅仅依据现象间有联系就推断出有因果关系。

B. 依据一个过于狭隘的范例得出一般结论。

C. 将获得结论的充分条件当作必要条件。

D. 将获得结论的必要条件当作充分条件。

E. 该调查研究不太可信。

真题秒杀

例 9.12 (2010年在职MBA联考真题)即使在古代，规模生产谷物的农场，也只有依靠大规模的农产品市场才能生存，而这种大规模的农产品市场意味着有相当人口的城市存在。因为中国历史上只有一家一户的小农经济，从来没有出现过农场这种规模生产的农业模式，因此，现在考古所发现的中国古代城市，很可能不是人口密集的城市，而只是为举行某种仪式的人群临时聚集地。

以下哪项最为恰当地指出了上述论证中存在的漏洞？

A. 该结论只是对其前提中某个断定的重复。

B. 论证中对某个关键概念的界定前后不一致。

C. 在同一个论证中，对一个带有歧义的断定做出了不同的解释。

D. 把某种情况的不存在，作为证明此种情况的必要条件也不存在的根据。

E. 把某种情况在现实中的不存在，作为证明此类情况不可能发生的根据。

例 9.13 (2006年MBA联考真题)除非像给违反交通规则的机动车一样出具罚单，否则在交通法规中禁止自行车闯红灯是没有意义的。因为一项法规要有意义，必须能有效制止它所禁止的行为。但是上述法规对于那些经常闯红灯的骑车者来说显然没有约束力，而对那些习惯于遵守交通法规的骑车者来说，即使没有这样的法规，他们也不会闯红灯。

以下哪项最为恰当地指出了上述论证中存在的漏洞？

A. 不当地假设大多数机动车驾驶员都遵守禁止闯红灯的交通法规。

B. 在前提和结论中对"法规"这一概念的含义没有保持同一。

C. 忽视了这种可能性：一个法规若运用过于严厉的惩戒手段，即使有效地制止了它所禁止的行为，也不能认为是有意义的。

D. 没有考虑上述法规对于有时但并不经常闯红灯的骑车者所产生的影响。

E. 没有论证闯红灯对于公共交通的危害。

例 9.14 (2008年MBA联考真题)统计显示，在汽车事故中，装有安全气囊汽车的比例高于未装安全气囊的汽车。因此，在汽车中安装安全气囊，并不能使车主更安全。

以下哪项最为恰当地指出了上述论证中存在的漏洞？

A. 不加说明就予以假设：任何装有安全气囊的汽车都有可能遭遇汽车事故。

B. 忽视了这种可能性：未安装安全气囊的车主更注意谨慎驾驶。

C. 不当地假设：在任何汽车事故中，安全气囊都会自动打开。

D. 不当地把发生汽车事故的可能程度，等同于车主在事故中受伤害的严重程度。

E. 忽视了这种可能性：装有安全气囊的汽车所占比例越来越大。

第2节 论证逻辑干扰项破解

扫码免费听
本节讲解
（共2个视频）

干扰项类型1 一致性类

在论证逻辑题中，要求选项与题干中的＿＿＿＿＿＿＿＿＿＿＿＿＿＿＿
等方面具备一致性，如果存在不一致，一般就是干扰项。

干扰项编号	名称	含义	示例
干扰项1			题干：中学生加强锻炼有助身体健康。 选项：中老年人如果加强锻炼，能够全方位发展。
干扰项2			题干：注射疫苗可以预防感冒。 选项：注射疫苗不能治疗感冒。
干扰项3			题干：康哥的英语讲得不错。 选项：康哥没头发。
干扰项4			题干：老吕很帅。 选项：老吕不如于宴帅。
			题干：老吕的头发比康哥多。 选项：老吕的英语不如康哥好。
干扰项5			题干：西京市的肺癌发病率为5%。可见，西京市的肺癌防治工作做得不够好。 选项：西京市肺癌患者占全国总患者数的比例并不高。 分析：题干分析的是西京市的情况，与其肺癌患者占全国的比例没有关系。
干扰项6			①题干说的是"可能"，如果选项中出现"一定""必然""绝对"就是干扰项。 ②题干说的是"影响因素"，选项若为"最重要的影响因素""主要影响因素""唯一影响因素"等就是干扰项。

续表

干扰项编号	名称	含义	示例
干扰项 7			题干：一部分老吕的学员考上了研究生。 选项：绝大部分老吕的学员考上了研究生。
干扰项 8			题干：王良超是 2022 年度的全国最佳英语教师。 选项：王良超是 2023 年度的全国最佳英语教师。

"对象不一致"的选项在两种情况下有可能是正确答案：

情况 1：＿＿＿＿＿＿＿＿＿＿＿＿＿＿＿。

情况 2：＿＿＿＿＿＿＿＿＿＿＿＿＿＿＿。

真题秒杀

例 9.15 （2011年管理类联考真题）某教育专家认为："男孩危机"是指男孩调皮捣蛋、胆小怕事、学习成绩不如女孩好等现象。近些年，这种现象已经成为儿童教育专家关注的一个重要问题。这位专家在列出一系列统计数据后，提出了"今日男孩为什么从小学、中学到大学全面落后于同年龄段的女孩"的疑问，这无疑加剧了无数男生家长的焦虑。该专家通过分析指出，恰恰是家庭和学校不适当的教育方法导致了"男孩危机"现象。

以下哪项如果为真，最能对该专家的观点提出质疑？

A. 家庭对独生子女的过度呵护，在很大程度上限制了男孩发散思维的拓展和冒险性格的养成。

B. 现在的男孩比以前的男孩在女孩面前更喜欢表现出"绅士"的一面。

C. 男孩在发展潜能方面要优于女孩，大学毕业后他们更容易在事业上有所成就。

D. 在家庭、学校教育中，女性充当了主要角色。

E. 现代社会游戏泛滥，男孩天性比女孩更喜欢游戏，这耗去了他们大量的精力。

例 9.16 （2016年经济类联考真题）H国赤道雨林的面积每年以惊人的比例减少，引起了全球的关注。但是，卫星照片的数据显示，去年H国赤道雨林面积缩小的比例明显低于往年。去年，H国政府支出数百万美元用以制止滥砍滥伐和防止森林火灾。H国政府宣称，上述卫星照片的数据说明，本国政府保护赤道雨林的努力取得了显著成效。

以下哪项如果为真，最能削弱H国政府的上述结论？

A. 去年H国用以保护赤道雨林的财政投入明显低于往年。

B. 与H国毗邻的G国的赤道雨林的面积并未缩小。

C. 去年H国的旱季出现了异乎寻常的大面积持续降雨。

D. H国用于保护赤道雨林的费用只占年度财政支出的很小比例。

E. 森林面积的萎缩是全球性的环保问题。

例 9.17 (2004 年 MBA 联考真题)国产影片《英雄》显然是前两年最好的古装武打片。这部电影是由著名导演、演员、摄影师、武打设计师参与的一部国际化大制作的电影，票房收入明显领先，说明观看该片的人数远多于进口的 A 国大片《卧虎藏龙》的人数，尽管《卧虎藏龙》也是精心制作的中国古装武打片。

为使上述论证成立，以下哪项是必须假设的？

Ⅰ. 国产影片《英雄》和 A 国影片《卧虎藏龙》的票价基本相同。

Ⅱ. 观众数量是评价电影质量的标准。

Ⅲ. 导演、演员、摄影师、武打设计师和服装设计师的阵容是评价电影质量的标准。

A. 仅Ⅰ。   B. 仅Ⅱ。   C. 仅Ⅲ。

D. 仅Ⅰ和Ⅱ。   E. Ⅰ、Ⅱ和Ⅲ。

例 9.18 (2017 年经济类联考真题)科西嘉岛野生欧洲盘羊是 8 000 年前这个岛上的驯养羊逃到野外后的直系后代。因而它们为考古学家提供了在人为选择培育产生现代驯养羊之前早期驯养羊的模样的图画。

以下哪项是上述论证所依赖的假设？

A. 8 000 年前的驯养羊与那时的野生羊极不相像。

B. 现存的羊中已经没有品种与野生欧洲盘羊的祖先在相同时期逃离驯养。

C. 现代驯养羊是 8 000 年前野生羊的直系后代。

D. 欧洲盘羊比现代驯养羊更像它们 8 000 年前的祖先。

E. 科西嘉岛的气候在最近 8 000 年几乎没有发生变化。

例 9.19 (2005 年 MBA 联考真题)一些国家为了保护储户免受因银行故障造成的损失，由政府给个人储户提供相应的保险。有的经济学家指出，这种保险政策应对这些国家的银行高故障率承担部分责任。因为有了这种保险，储户在选择银行时就不关心其故障率的高低，这极大地影响了银行通过降低故障率来吸引储户的积极性。

为使上述经济学家的论证成立，以下哪项是必须假设的？

A. 银行故障是可以避免的。

B. 储户有能力区分不同银行的故障率的高低。

C. 故障率是储户选择银行的主要依据。

D. 储户存入的钱越多，选择银行就越谨慎。

E. 银行故障的主要原因是计算机病毒。

假设过度与推理过度

1. 假设过度

"隐含假设"就是指＿＿＿＿＿＿＿＿＿＿＿＿＿＿＿＿＿＿＿＿＿＿＿，暗含
＿＿＿＿＿＿＿＿＿＿＿＿＿＿＿＿＿＿＿＿＿＿＿的意思。如果选项超过
了题干的需要，就是假设过度。

注意：

(1)当题干的问题是＿＿＿＿＿＿＿＿＿＿＿＿＿＿＿＿＿＿＿＿＿
时，假设过度的项一律不选。

(2)当题干的问题是＿＿＿＿＿＿＿＿＿＿＿＿＿＿＿＿＿＿＿＿＿
时，如果没有其他更好的项，则也可以选假设过度的项。

2. 推理过度

推论题要求忠实于题干，不能根据自己的理解做出过多的递进式的推理。

3. 假设过度与推理过度的本质

假设过度与推理过度，本质都是＿＿＿＿＿＿＿＿＿＿＿＿＿＿＿＿＿＿。

真题秒杀

例 9.20 (2004 年 MBA 联考真题)近几年来，一种从国外传入的白蝇严重危害着我国南方农作物生长。昆虫学家认为，这种白蝇是甜薯白蝇的一个变种，为了控制这种白蝇的繁殖，他们一直在寻找并人工繁殖甜薯白蝇的寄生虫。但最新的基因研究成果表明，这种白蝇不是甜薯白蝇的变种，而是与之不同的一种蝇种，称作银叶白蝇。因此，如果这项最新的基因研究成果是可信的话，那么，近年来昆虫学家寻找白蝇寄生虫的努力是白费了。

以下哪项是上述论证最可能假设的？

A. 上述最新的基因研究成果是可信的。

B. 甜薯白蝇的寄生虫对农作物没有任何危害。

C. 农作物害虫的寄生虫都可以用来有效控制这种害虫的繁殖。

D. 甜薯白蝇的寄生虫无法在银叶白蝇中寄生。

E. 某种生物的寄生虫只能在这种生物及其变种中才能寄生。

例 9.21 (2008 年 MBA 联考真题)根据一种心理学理论，一个人要想快乐就必须和周围的人保持亲密的关系，但是世界上伟大的画家往往是在孤独中度过了他们的大部分时光，并且没有亲密的人际关系。所以，这种心理学理论是不成立的。

以下哪项最可能是上述论证所假设的？

A. 该心理学理论是为了揭示内心体验与艺术成就的关系。

B. 有亲密人际关系的人几乎没有孤独的时候。

C. 孤独对于伟大的绘画艺术家来说是必需的。

D. 有些著名画家有亲密的人际关系。

E. 获得伟大成就的艺术家不可能不快乐。

例 9.22 (2007 年 MBA 联考真题)在青崖山区，商品通过无线广播电台进行密集的广告宣传将会迅速获得最大程度的知名度。

上述断定最可能推出以下哪项结论？

A. 在青崖山区，无线广播电台是商品打开市场的最重要途径。

B. 在青崖山区，高知名度的商品将拥有众多消费者。

C. 在青崖山区，无线广播电台的广告宣传可以使商品的信息传到每户人家。

D. 在青崖山区，某一商品为了迅速获得最大程度的知名度，除了通过无线广播电台进行密集的广告宣传外，不需要利用其他宣传工具做广告。

E. 在青崖山区，某一商品的知名度与其性能和质量的关系很大。

例 9.23 (2004 年 MBA 联考真题)营养学家研究发现，在其他条件不变的情况下，如果增加每天吃饭的次数，只要进食总量不显著增加，一个人的血脂水平将显著低于他常规就餐次数时的血脂水平。因此，多餐进食有利于降低血脂。然而，事实上，大多数每日增加就餐次数的人都会吃更多的食物。

上述断定最能支持以下哪项？

A. 对于大多数人，增加每天吃饭的次数一般不能导致他的血脂水平显著下降。

B. 对于少数人，增加每天吃饭的次数是降低高血脂的最佳方式。

C. 对于大多数人，每天所吃的食物总量一般不受吃饭次数的影响。

D. 对于大多数人，血脂水平不会受每天所吃的食物量的影响。

E. 对于大多数人，血脂水平可受就餐时间的影响。

干扰项类型2 诉诸类

干扰项编号	名称	含义	示例
干扰项9			陪我去逛街吧！如果你宁愿去上自习也不陪我逛街，我会有多伤心你知道吗？
干扰项10			常见的句式有：尚不明确、有待研究、尚待确定、还需讨论等。注意："心理学尚无法确定酱油为什么暗恋酱心"，在这句话中，"酱油暗恋酱心"是确定的，心理学不能确定的是"酱油暗恋酱心的原因"。
干扰项11			吕酱油肯定考不上研究生，因为他的名字太难听。注意：指出"调查者不中立"并不是诉诸人身。比如老吕的爸爸说老吕的课讲得好，这并不可信。因为老吕的爸爸可能出于亲情而偏袒老吕。
干扰项12			例①：康哥听某专家说生姜擦头皮能治疗脱发，因此康哥经常用生姜擦头皮。例②：一位优秀学长认为老吕的书好，可见老吕的书一定好。
干扰项13			既然有好多人不喜欢吕酱油，那么吕酱油一定有问题。
干扰项14			题干：事头上，老吕长得丑。选项：老吕认为自己长得帅。

真题秒杀

例 **9.24** （2008年MBA联考真题）周清打算请一个钟点工，于是上周末她来到惠明家政公司。但公司工作人员粗鲁的接待方式使她得出结论：这家公司的员工缺乏教养，不适合家政服务。

以下哪项如果为真，最能削弱上述论证？

A. 惠明家政公司员工通过有个性的服务展现其与众不同之处。

B. 惠明家政公司员工有近千人，绝大多数为外勤人员。

C. 周清是一个爱挑剔的人，她习惯于否定他人。

D. 教养对家政公司而言并不是最主要的。

E. 周清对家政公司员工的态度既傲慢又无礼。

例 **9.25** （2021年管理类联考真题）水产品的脂肪含量相对较低，而且含有较多不饱和脂肪酸，对预防血脂异常和心血管疾病有一定作用；禽肉的脂肪含量也比较低，脂肪酸组成优于畜肉；畜肉中的瘦肉脂肪含量低于肥肉，瘦肉优于肥肉。因此，在肉类的选择上，应该优先选择水产品，其次是禽肉，这样对身体更健康。

以下哪项如果为真，最能支持以上论述？

A. 所有人都有罹患心血管疾病的风险。

B. 肉类脂肪含量越低对人体越健康。

C. 人们认为根据自己的喜好选择肉类更有益于健康。

D. 人们须摄入适量的动物脂肪才能满足身体的需要。

E. 脂肪含量越低，不饱和脂肪酸含量越高。

干扰项类型3　其他类

干扰项编号	名称	含义	示例
干扰项15			题干：酱宝考上了研究生，这是因为，酱宝的学习方法很好。 选项：酱宝的学习方法很好，是因为听了老吕的课。 分析：题干分析的是"考上研究生"的原因，而选项分析的是"学习方法好的原因"，故这个选项是无关选项。
			我和康哥发量的差别，并不会引起我们教学质量的差别。因此，发量差别对于教学质量来说是一个无关的差异因素。

干扰项编号	名称	含义	示例
干扰项 16			题干： ①该公司员工的平均月收入超过10 000元。 ②该公司大多数员工的月收入超过10 000元。 ③该公司所有员工的月收入都超过10 000元。 选项：该公司有的员工月收入为8 000元。 分析：选项作为反例可以反驳③，但不能反驳①和②。
干扰项 17			题干： ①你喜欢我，我长得帅肯定是最重要的原因。 ②你喜欢我，我长得帅肯定是原因之一。 选项：帅不是我喜欢你的最重要的原因。 分析：此选项可以质疑①，但不能质疑②。
干扰项 18			张三喜欢老吕，是不是因为老吕帅？ ①张三喜欢老吕不仅仅是因为老吕帅。 ②帅仅仅是张三喜欢老吕的原因之一。 ③除了帅以外，张三还喜欢老吕开着玛莎拉蒂时专注的眼神。 ①、②、③其实都肯定了帅是张三喜欢老吕的原因，是支持项。
干扰项 19			题干：应当将摩托车车道扩宽为3米，让骑摩托车的人有较宽的车道，从而消除抢道的现象。 选项：该项目需要进行项目评估。 选项分析："需要进行项目评估"，那么就存在经过评估后证明可行的可能，也存在经过评估后证明不可行的可能；即该项可能削弱题干，也可能支持题干。

续表

干扰项编号	名称	含义	示例
干扰项20			看以下两个断定： ①吕酱心可以很容易地考上研究生。 ②吕酱心可以考上研究生。 "考上研究生存在难度"可以质疑①，但不能质疑②，因为有难度并不代表不可行。
干扰项21			行人必须遵守交通规则。 禁止随地吐痰。 大学生可以（允许）谈恋爱。 大学生可以（允许）不谈恋爱。 规范命题可以削弱规范命题，但不能削弱原因。 "大学生不应该结婚"可以削弱"大学生应该结婚"，但不能削弱"大学生张珊和李思结婚的原因是他们相爱"。
干扰项22			例①： 坐飞机可以到达北京。 反驳：坐高铁可以到达北京。 这一反驳是无效的，因为坐高铁能去北京，并不能反驳坐飞机也可以去北京。
			例②： 去北京，必须（一定要）坐飞机。 反驳：去北京可以坐高铁。 这一反驳是有效的，既然坐高铁也可以去北京，那么就不必非得坐飞机。
干扰项23			酱油问康哥："你觉得我和酱心在一起合适吗？" 康哥回答说："找对象这个问题因人而异。" 康哥说了一句正确的废话，他并没有支持或反对酱油和酱心在一起。

典型例题

例 9.26 美国的一个动物保护组织试图改变蝙蝠在人们心目中一直存在的恐怖形象。这个组织认为，蝙蝠之所以让人觉得可怕和遭到捕杀，仅仅是因为这些羞怯的动物在夜间表现得特别活跃。

以下哪项如果为真，将对上述动物保护组织的观点构成最严重的质疑？

A. 蝙蝠之所以能在夜间特别活跃，是由于它们具有在夜间感知各种射线和声波的特殊能力。

B. 蝙蝠是夜间飞行昆虫的主要捕食者。在这样的夜间飞行昆虫中，有很多是危害人类健康的。

C. 蝙蝠在中国及其他许多国家同样被认为是一种恐怖的飞禽。

D. 美国人熟知的浣熊和中国人熟知的食蚊雀，都是一些在夜间特别活跃的羞怯动物，但在人们的印象中一般并没有恐怖的形象。

E. 许多视觉艺术品，特别是动画片丑化了蝙蝠的形象。

例 9.27 (2005 年 MBA 联考真题)口腔癌对那些很少刷牙的人是危险的。为了能在早期发觉这些人的口腔癌，一些城镇的公共卫生官员向所有的该镇居民散发了一份小册子，上面描述了如何进行每周口腔的自我检查，以发现口腔的肿瘤。

以下哪项如果为真，最好地批评了把这份小册子作为一种达到公共卫生官员的目标的方法？

A. 有些口腔疾病的病征靠自检难以发现。

B. 预防口腔癌的方案因人而异。

C. 经常刷牙的人也可能患口腔癌。

D. 口腔自检的可靠性不如在医院所做的专门检查。

E. 很少刷牙的人不大可能每周对他们的口腔进行检查。

例 9.28 (2005 年 MBA 联考真题)市场上推出了一种新型的电脑键盘。新型键盘具有传统键盘所没有的"三最"特点，即最常用的键设计在最靠近最灵活手指的部分。新型键盘能大大提高键盘的输入速度，并减少错误率。因此，用新型键盘替换传统键盘能迅速提高相关部门的工作效率。

以下哪项如果为真，最能削弱上述论证？

A. 有的键盘使用者最灵活的手指和平常人不同。

B. 传统键盘中最常用的键并非设计在离最灵活手指最远的部分。

C. 越能高效率地使用传统键盘，短期内越不易熟练地使用新型键盘。

D. 新型键盘的价格高于传统键盘的价格。

E. 无论使用何种键盘，输入速度和错误率都因人而异。

例 9.29 （2007 年 MBA 联考真题）某单位检验科需大量使用玻璃烧杯。一般情况下，普通烧杯和精密刻度烧杯都易于破损，前者的破损率稍微高些，但价格便宜得多。如果检验科把下年度计划采购烧杯的资金全部用于购买普通烧杯，就会使烧杯数量增加，从而满足检验需求。

以下哪项如果为真，最能削弱上述论证？

A. 如果把资金全部用于购买普通烧杯，可能会将其中部分烧杯挪为他用。

B. 下年度计划采购烧杯的数量不能用现在的使用量来衡量。

C. 某些检验人员喜欢使用精密刻度烧杯而不喜欢使用普通烧杯。

D. 某些检验需要精密刻度烧杯才能完成。

E. 精密刻度烧杯使用更加方便，易于冲洗与保存。

例 9.30 （2022 年管理类联考真题）有些科学家认为，基因调整技术能大幅延长人类寿命。他们在实验室中调整了一种小型土壤线虫的两组基因序列，成功将这种生物的寿命延长了 5 倍，他们据此声称，如果将延长线虫寿命的科学方法应用于人类，人活到 500 岁就会成为可能。

以下哪项如果为真，最能质疑上述科学家的观点？

A. 基因调整技术可能会导致下一代中一定比例的个体失去繁殖能力。

B. 即使将基因调整技术成功应用于人类，也只会有极少的人活到 500 岁。

C. 将延长线虫寿命的科学方法应用于人类，还需要经历较长一段时间。

D. 人类的生活方式复杂而多样，不良的生活习惯和心理压力会影响身心健康。

E. 人类寿命的提高幅度不会像线虫那样简单倍增，200 岁以后寿命再延长基本不可能。

7

论证逻辑

必考专题突破

写在前面的话

❶ 论证逻辑的两种学习方法

论证逻辑有两种学习方法。方法一：按命题模型进行学习，即分析题干的考点是什么、命题模型是什么，以此来判断应该选择哪个选项。方法二：按题型进行学习，即分别训练削弱、支持、假设、解释等题型。

绝大多数同学会用第二种方法进行学习，但这样会出现一种问题：无法判断论证逻辑的考点，容易凭感觉做题。

所以，正确的学习方法是：用方法一学会识别考点和模型，用方法二进行训练。在本书第 4 讲、第 5 讲中，我们已经用方法一学了考点和模型。在接下来的第 7 讲中，我们要进行题型的强化训练。

❷ 论证逻辑的题型重点

5 年前，论证逻辑考查最多的题型是削弱题。

近 5 年来，论证逻辑题型按考查题量从多到少依次为：支持题、削弱题、假设题、解释题、其他题型(如推论题、评论题、结构相似题)。

学习本讲的内容时，如果有题目做错了，要去回顾总结第 4 讲、第 5 讲、第 6 讲的相关内容，把相关的知识、技巧吃透了，正确率自然就提上来了。

本讲内容

论证逻辑6大必考专题

- 专题1　削弱题
- 专题2　支持题
- 专题3　假设题
- 专题4　解释题
- 专题5　推论题
- 专题6　其他偶考题

第 ⑩ 章　论证逻辑必考专题

■■■　**专题 1　削弱题**　■■■

扫码免费听
专题 1 讲解

技巧总结

类别	削弱方法	力度大小
普通论证		
归纳论证		
类比论证		
演绎论证		
统计论证		
溯因论证		

类别	削弱方法	力度大小
溯因论证		
现象原因模型（求异法型）		
现象原因模型（共变法型）		
预测结果		
措施目的		

典型例题

例 10.1 李教授：目前的专利事务所工作人员很少有科技专业背景，但专利审理往往要涉及专业科技知识。由于本市现有的专利律师没有一位具有生物学的学历和工作经验，因此，难以处理有关生物方面的专利。

以下哪项如果为真，最能削弱李教授的结论？

A. 大部分科技专利事务仅涉及专利政策和一般科技知识，不需要太多的专门技术知识。

B. 生物学专家对专利工作不感兴趣，因此专利事务所很少与生物学专家打交道。

C. 既熟悉生物知识，又熟悉专利法规的人才十分缺乏。

D. 技术专家很难有机会成为本专业以外的行家。

E. 专利律师的收入和声望不及高科技领域的专家，因此难以吸引他们加入。

例 10.2 2005 年打捞公司在南川岛海域调查沉船时意外发现一艘载有中国瓷器的古代沉船，该沉船位于海底的沉积层上。据调查，南川岛海底沉积层在公元 1000 年形成，因此，水下考古人员认为，此沉船不可能是公元 850 年开往南川岛的"征服号"沉船。

以下哪项如果为真，最能严重地弱化上述论证？

A. 历史学家发现，"征服号"既未到达其目的地，也未返回其出发的港口。

B. 通过碳素技术测定，在南川岛海底沉积层发现的沉船是在公元 800 年建造的。

C. 经检查发现，"征服号"船的设计有问题，出海数周内几乎肯定会沉船。

D. 公元 700—公元 900 年间某些失传的中国瓷器在南川岛海底沉船中被发现。

E. 在南川岛海底沉积层发现的沉船可能是搁在海底礁盘数百年后才落到沉积层上的。

例 10.3 根据文物保护法，被作为文物保护的建筑物或其他设施，其所有权即使属于个人，所有者也无权对其进行修缮、装饰乃至改建。这一规定并不妥当，因为有的所有者提出对文物进行外观和内部结构的改造，是因为他们确信，这样做有利于加固和美化文物，从而提高它们的价值。

以下哪项如果为真，最能削弱上述论证？

A. 对文物建筑的改造，不一定就能起到加固和美化的作用，有时反而会弄得不伦不类。

B. 有的文物建筑年久失修，如不及时改造，将严重损害其价值。

C. 文物建筑的真正价值在于它是历史的遗迹，对其原貌的任何改变都是在降低其价值。

D. 一个所有者不能对其所有物进行处置，这是对其基本权利的侵犯。

E. 个人所有者往往缺乏对文物建筑进行改造的技术能力。

例 10.4 人们经常使用微波炉给食品加热。有人认为，微波炉加热时食物的分子结构发生了改变，产生了人体不能识别的分子。这些奇怪的新分子是人体不能接受的，有些还具有毒性，甚至可能会致癌。因此，经常吃微波食品的人或动物，体内会发生严重的生理变化，从而造成严重的健康问题。

以下哪项最能质疑上述观点？

A. 微波加热不会比其他烹调方式导致更多的营养流失。

B. 我国微波炉生产标准与国际标准、欧盟标准一致。

C. 发达国家使用微波炉也很普遍。

D. 微波只是加热食物中的水分子，食品并未发生化学变化。

E. 自 1947 年发明微波炉以来，还没有因微波食品导致癌变的报告。

例 10.5 为了调查当前人们的识字水平，某实验者列举了 20 个词语，请 30 位文化人士识读，这些人的文化程度都在大专以上。识读结果显示，多数人只读对 3 到 5 个词语，极少数人读对 15 个以上，甚至有人全部读错。其中，"蹒跚"的辨识率最高，30 人中有 19 人读对；"呱呱坠地"所有人都读错。20 个词语的整体误读率接近 80%。该实验者由此得出，当前人们的识字水平并没有提高，甚至有所下降。

以下哪项如果为真，最能对该实验者的结论构成质疑？

A. 实验者选取的 20 个词语不具有代表性。

B. 实验者选取的 30 位识读者均没有博士学位。

C. 实验者选取的 20 个词语在网络流行语言中不常用。

D. "呱呱坠地"这个词的读音有些大学老师也经常读错。

E. 实验者选取的 30 位识读者中约有 50% 大学成绩不佳。

例 10.6 为了估计当前人们对基本管理知识掌握的水平，《管理者》杂志为读者开展了一次管理知识有奖答卷活动。答卷评分后发现，60% 的参加者对于基本管理知识掌握的水平很高，30% 左右的参加者也表现出了一定的水平。《管理者》杂志因此得出结论：目前社会群众对于基本管理知识的掌握还是不错的。

以下哪项如果为真，最能削弱以上结论？

A. 基本管理知识的范围很广，仅凭一次答卷就得出结论，未免过于草率。

B. 基本管理知识的掌握与管理水平的真正提高之间还有相当的差距。

C. 并非所有《管理者》的读者都参加了此次答卷活动。

D. 从定价、发行渠道等方面看，《管理者》的读者主要集中在高学历知识阶层。

E. 可能有几位杂志社工作人员的亲戚也参加了此次答卷，并获了奖。

例 10.7 丈夫和妻子讨论孩子上哪所小学为好。丈夫称：根据当地教育局最新的教学质量评估报告，青山小学教学质量不高。妻子却认为：此项报告未必客观准确，因为撰写报告的人中有来自绿水小学的人员，而绿水小学在青山小学附近，两所学校有生源竞争的利害关系，因此青山小学的教学质量其实是较高的。

以下哪项最能弱化妻子的推理？

A. 撰写评估报告的人中也有来自青山小学的人员。

B. 对青山小学盲目信任，主观认为质量评估报告不可信。

C. 用有偏见的论据论证"教学质量评估报告是错误的"。

D. 并没有提供确切的论据，只是猜测评估报告有问题。

E. 没有证明青山小学和绿水小学的教学质量有显著差异。

例 10.8 在村庄东、西两块玉米地中，东面的地施过磷酸钙单质肥料，西面的地则没有。结果，东面的地亩产玉米 300 公斤，西面的地亩产玉米仅 150 公斤。因此，东面的地比西面的地产量高的原因是施用了过磷酸钙单质肥料。

以下哪项如果为真，最能削弱上述论证？

A. 给东面的地施用的过磷酸钙是过期的肥料。

B. 北面的地施用过硫酸钾单质化肥，亩产玉米 220 公斤。

C. 每块地都种植了不同种类的四种玉米。

D. 两块地的田间管理无明显不同。

E. 东面和西面两块地的土质不同。

例 10.9 某中学发现有学生在课余时间用扑克玩带有赌博性质的游戏，因此规定学生不得带扑克进入学校，不过即使是硬币，也可以用作赌具，但禁止学生带硬币进入学校是不可思议的，因此，禁止学生带扑克进入学校是荒谬的。

以下哪项如果为真，最能削弱上述论证？

A. 禁止带扑克进入学校不能阻止学生在校外赌博。

B. 硬币作为赌具远不如扑克方便。

C. 很难查明学生是否带扑克进入学校。

D. 赌博不但败坏校风，而且影响学生的学习成绩。

E. 有的学生玩扑克不涉及赌博。

例 10.10 某市繁星商厦服装部在前一阵疲软的服装市场中打了一个反季节销售的胜仗。据统计，繁星商厦皮衣的销售额在 6、7、8 三个月连续成倍数增长，6 月 527 件，7 月 1 269 件，8 月 3 218 件。该市有关主管部门希望在今年冬天向全市各大商场推广这种反季节销售的策略，力争今年 11、12 月和明年 1 月全市的夏衣销售有一个大的突破。

以下哪项如果为真，能够最好地说明该市有关主管部门的这种希望可能会落空？

A. 皮衣的价格可以在夏天一降再降，是因为厂家可以在皮衣淡季的时候购买厚材料，其价格可以降低 30%。

B. 皮衣的生产企业为了使生产、销售可以正常循环，宁愿自己保本或者微利，把利润压缩了 55%。

C. 在盛夏里搞皮衣反季节销售的不只是繁星商厦一家，但只有繁星商厦同时推出了售后服务时间由消协规定的 3 个月延长到 7 个月的方案，打消了很多消费者的顾虑，所以在诸商家中独领风骚。

D. 今年夏天繁星商厦的冬衣反季节销售并没有使该商厦夏衣的销售获益，反而略有下降。

E. 根据最近进行的消费者心理调查的结果，买夏衣重流行、买冬衣重实惠是消费者极为普遍的心理。

例 10.11 某学校评选优秀学生干部，根据规定，只有学习成绩优秀并且品德优良者，才能被评为优秀学生干部。大仙是班长，而且学习成绩在班里名列前茅，因此，他一定可以被评为优秀学生干部。

以下哪项如果为真，最能削弱题干的论证？

A. 大仙虽然是班长，但是他的班长工作做得并不好。

B. 班主任黄老师认为，大仙并不胜任班长工作。

C. 三年前，大仙的成绩并不好。

D. 大仙上学期间谈恋爱。

E. 大仙的品德有问题。

例 10.12 一种外表类似苹果的水果被培育出来，我们称它为皮果。皮果的果皮里面会包含少量杀虫剂的残余物。然而，专家建议我们吃皮果之前不应该削皮，因为这种皮果的果皮里面含有一种特殊的维生素，这种维生素在其他水果里面含量很少，对人体健康很有益处，弃之可惜。

以下哪项如果为真，最能对专家的上述建议构成质疑？

A. 皮果皮上的杀虫剂残余物不能被洗掉。

B. 皮果皮中的那种维生素不能被人体充分消化吸收。

C. 吸收皮果皮上的杀虫剂残余物对人体的危害超过了吸收皮果皮中的维生素对人体的益处。

D. 皮果皮上杀虫剂残余物的数量太少，不会对人体造成危害。

E. 皮果皮上的这种维生素未来也可能用人工的方式合成，有关研究成果已经公布。

例 10.13 瑜伽功的教师说他知道做瑜伽功感觉多好，并知道这种运动对他的心灵和精神健康多么有利。他说："不管怎么说，有着长达 3 000 年历史的东西一定会对人类行为有其合理之处。"

下面哪一项如果正确，是对瑜伽功教师基于瑜伽功历经时间论断的最强的相关性反驳？

A. 该教师受益于教授瑜伽功，因此，他作为一名受益者不是一个公正的验证人。

B. 瑜伽功的练习在 3 000 年中有一些变化。

C. 该教师只以一个人的经历来论证，他的健康可能是有其他原因。

D. 战争贯穿整个人类历史，它不能被公正地称为是好的。

E. 3 000 年是对这一时间段的过少估计。

第
7
讲

例 10.14 H 地区 95％的海洛因成瘾者在尝试海洛因前曾吸食过大麻，因此，该地区吸大麻的人数如果能减少一半，新的海洛因成瘾者将显著减少。

以下哪项如果为真，最能削弱上述论证？

A. 长期吸食大麻可能导致海洛因成瘾。

B. 吸毒者可以通过积极的治疗而戒毒。

C. H 地区吸大麻的人成为海洛因成瘾者的比例很小。

D. 大麻和海洛因都是通过相同的非法渠道获得的。

E. 大麻吸食者的戒毒方法与海洛因成瘾者的戒毒方法是不同的。

例 10.15 讯通驾校希望减少中老年学员的数量。因为一般而言，中老年人的培训难度较大。但统计数据表明，该校中老年学员的比例在逐渐增加。很显然，讯通驾校的上述希望落空了。

以下哪项如果为真，最能削弱上述论证？

A. 讯通驾校关于年龄阶段的划分不准确。

B. 国家关于汽车驾驶者的年龄限制放宽了。

C. 培训合格的中老年驾驶员是驾校不可推卸的责任。

D. 中老年人学习驾车是汽车进入家庭后的必然趋势。

E. 讯通驾校附近另一家驾校开设了专招青年学员的低价速成培训班。

例 10.16 2000 年，宏发投资基金的基金总值的 40％用于债券的购买。近几年来，由于股市比较低迷，该投资基金更加重视投资债券，在 2004 年，其投资基金的 60％都用于购买债券。因此，认为该投资基金购买债券比过去减少的观点是站不住脚的。

以下哪项如果为真，最能削弱上述论证？

A. 2004 年宏发投资基金的总额比 2000 年少。

B. 宏发投资基金的领导层关于基金的投资取向一直存在不同的看法和争论。

C. 宏发投资基金经营部有许多新来的员工，他们对该基金的投资决策情况并不了解。

D. 宏发投资基金面临的竞争压力越来越大，无论怎样调整投资结构，经营风险都在增加。

E. 宏发投资基金 2004 年投资股票的比例比 2000 年要低。

例 10.17 2020 年和 2021 年的中国电影市场都不太理想。但是，据调查，2021 年在中国上映的电影的平均票房达到了 1.05 亿元，而在 2020 年中国上映的电影的平均票房仅为 0.88 亿元。如果这一调查数据是准确的，就说明中国的电影市场已经出现回暖迹象，同时也说明那些成本高昂的大制作电影不用再担心亏损。

以下哪项如果为真，最为恰当地指出了上述论证的逻辑漏洞？

A. 2021 年中国上映的电影的平均票房低于 2019 年的情况。

B. 以上调查数据并不准确。

C. 成本高昂的大制作电影仅占全国电影总数的一小部分。

D. 平均票房高并不能说明大制作电影的票房高。

E. 成本高昂的大制作电影的利润率不如小制作电影。

例 10.18 现在的新能源汽车，主要是电动汽车或者油电混合动力汽车。这两种汽车都离不开动力电池，而制造动力电池需要钕、镧、铈、氧化镨、铷等稀土资源。动力电池采用的"永磁技术"，对钕的依赖就像人类离不开氧气一般。2019 年中国烧结钕铁硼毛坯产量为 17 万吨，同比 2018 年增长 9.7%。据了解，H 国 2019 年烧结钕铁硼毛坯产量相比 2018 年增长了 28%。可以预测，H 国的钕铁硼毛坯产量将很快超过中国。

以下哪项如果为真，最能削弱上述论证？

A. 中国的粘结钕铁硼产量的增长率比 H 国高。

B. 用现在的产量来推测未来的产量未必准确。

C. 除了中国和 H 国以外，美国、日本也曾经是烧结钕铁硼的重要生产国。

D. 2018 年，中国的烧结钕铁硼毛坯产量占全球的总份额约为 95%。

E. 中国粘结钕铁硼产量的增长率与 H 国的实际差距，没有想象中那么大。

例 10.19 建筑历史学家丹尼斯教授对欧洲 19 世纪早期铺有木地板的房子进行了研究。结果发现较大的房间铺设的木板条比较小的房间铺设的木板条窄得多。丹尼斯教授认为，既然大房子的主人一般都比小房子的主人富有，那么，用窄木条铺地板很可能是当时有地位的象征，用以表明房主的富有。

以下哪项如果为真，最能削弱丹尼斯教授的观点？

A. 欧洲 19 世纪晚期的大多数房子铺设的木地板的宽度大致相同。

B. 丹尼斯教授的学术地位受到了国际建筑历史学界的质疑。

C. 欧洲 19 世纪早期木地板条的价格是以长度为标准计算的。

D. 欧洲 19 世纪早期木地板条的价格是以面积为标准计算的。

E. 在以欧洲 19 世纪市民生活为背景的小说《雾都十三夜》中，富商查理的别墅中铺设的是较宽的胡桃木地板。

例 10.20 一般认为,一个人 80 岁和他在 30 岁时相比,理解和记忆能力都显著减退。最近一项调查显示,80 岁的老人和 30 岁的年轻人在玩麻将时所表现出的理解和记忆能力没有明显差别。因此,认为一个人到了 80 岁理解和记忆能力会显著减退的看法是站不住脚的。

以下哪项如果为真,最能削弱上述论证?

A. 玩麻将需要的主要不是理解和记忆能力。

B. 玩麻将只需要较低的理解和记忆能力。

C. 80 岁的老人比 30 岁的年轻人有更多的时间玩麻将。

D. 玩麻将有利于提高一个人的理解和记忆能力。

E. 一个人到了 80 岁理解和记忆能力会显著减退的看法,是对老年人的偏见。

例 10.21 一项关于婚姻的调查显示,那些起居时间明显不同的夫妻之间,虽然每天相处的时间相对要少,但每月爆发激烈争吵的次数,比起那些起居时间基本相同的夫妻明显要多。因此,为了维护良好的夫妻关系,夫妻之间应当注意尽量保持基本相同的起居规律。

以下哪项如果为真,最能削弱上述论证?

A. 夫妻间不发生激烈争吵不一定关系就好。

B. 夫妻间闹矛盾时,一方往往用不同时起居的方式以示不满。

C. 个人的起居时间一般随季节变化。

D. 起居时间的明显变化会影响人的情绪和健康。

E. 起居时间的不同很少是夫妻间争吵的直接原因。

例 10.22 在期货市场上,粮食可以在收获前就"出售",如果预测歉收,粮价就上升;如果预测丰收,粮价就下跌。目前粮食作物正面临严重干旱,今晨气象学家预测,一场足以解除旱情的大面积降雨将在傍晚开始。因此,近期期货市场上的粮价会大幅度下跌。

以下哪项如果为真,最能削弱上述论证?

A. 气象学家气候预测的准确性并不稳定。

B. 气象学家同时提醒做好防涝准备,防备这场大面积降雨延续过长。

C. 农业学家预测,一种严重的虫害将在本季粮食作物的成熟期出现。

D. 和期货市场上的某些商品相比,粮食价格的波动幅度较小。

E. 干旱不是对粮食作物生长最严重的威胁。

例 10.23 研究发现，市面上 X 牌香烟中的 Y 成分可以抑制 EB 病毒。实验证实，EB 病毒是很强的致鼻咽癌的病原体，可以导致正常的鼻咽部细胞转化为癌细胞。因此，经常吸 X 牌香烟的人将减少患鼻咽癌的风险。

以下哪项如果为真，最能削弱上述论证？

A. 不同条件下的实验，可以得出类似的结论。

B. 已经患有鼻咽癌的患者吸 X 牌香烟后并未发现病情好转。

C. Y 成分可以抑制 EB 病毒，也可以对人的免疫系统产生负面作用。

D. 经常吸 X 牌香烟会加强 Y 成分对 EB 病毒的抑制作用。

E. Y 成分的作用可以被 X 牌香烟的 Z 成分中和。

例 10.24 据调查，滨州市有 24％的家庭拥有电脑，但拥有电脑的家庭中的 12％每周编写程序 2 小时以上，23％在 1 至 2 小时，其余的每周都不到 1 小时。可见，滨州市大部分购买电脑的家庭并没有充分利用他们的家庭电脑。

以下哪种说法如果为真，最能构成对上述结论的质疑？

A. 过多地使用电脑会对眼睛产生危害，对孕妇身体也有影响。

B. 许多人购买电脑是为了娱乐或其他用途，而不是编写程序。

C. 在调查中，会有相当比例的被调查对象夸大他们的电脑知识。

D. 使用电脑需要不断地学习与动手实践，有一个循序渐进的过程。

E. 家庭电脑的普及和充分利用肯定需要一个过程，不可操之过急。

例 10.25 郑兵的孩子即将上高中，郑兵发现，在当地中学，学生与老师的比例低的学校，学生的高考成绩普遍都比较好，郑兵因此决定，让他的孩子选择学生总人数最少的学校就读。

以下哪项最为恰当地指出了郑兵上述决定的漏洞？

A. 忽略了学校教学质量既和学生与老师的比例有关，也和生源质量有关。

B. 仅注重高考成绩，忽略了孩子的全面发展。

C. 不当地假设：学生总人数少就意味着学生与老师的比例低。

D. 在考虑孩子的教育时忽略了孩子本人的愿望。

E. 忽略了学校教学质量主要与教师的素质而不是数量有关。

例 10.26 临床试验显示，对偶尔食用一定量的牛肉干的人而言，大多数品牌的牛肉干的添加剂并不会导致动脉硬化。因此，人们可以放心食用牛肉干而无需担心对健康的影响。

以下哪项如果为真，最能削弱上述论证？

A. 食用大量牛肉干不利于动脉健康。

B. 动脉健康不等于身体健康。

C. 肉类都含有对人体有害的物质。

D. 喜欢吃牛肉干的人往往也喜欢食用其他对动脉健康有损害的食品。

E. 题干所述的临床试验大都是由医学院的实习生在医师指导下完成的。

例 10.27 20世纪90年代初，小普村镇建立了洗涤剂厂，当地村民虽然因此提高了收入，但工厂每天排出的大量污水使村民们忧心忡忡：如果工厂继续排放污水，他们的饮用水将被污染，健康将受到影响。然而，这种担心是多余的。因为1994年对小普村镇的村民健康检查发现，几乎没人因水污染而患病。

以下哪项如果为真，最能质疑上述论证？

A. 1994年，上述洗涤剂厂排放的污水量是历年中较小的。

B. 1994年，小普村镇的村民并非全体参加健康检查。

C. 在1994年，上述洗涤剂厂的生产量减少了。

D. 合成洗涤剂污染饮用水导致的疾病需要多年后才会显现出来。

E. 合成洗涤剂污染饮用水导致的疾病与一般疾病相比更难检测。

例 10.28 有90个病人，都患有难治疾病T，服用过同样的常规药物。这些病人被分为人数相等的两组，第一组服用一种用于治疗疾病T的实验药物W素，第二组服用不含有W素的安慰剂。10年后的统计显示，两组都有44人死亡。因此，这种实验药物是无效的。

以下哪项如果为真，则最能削弱上述论证？

A. 在上述死亡的病人中，第二组从发病到死亡的平均时间比第一组短两年。

B. 在上述死亡的病人中，第二组的平均寿命比第一组小两岁。

C. 在上述活着的病人中，第二组的病情比第一组的更严重。

D. 在上述活着的病人中，第二组的比第一组的更年长。

E. 在上述活着的病人中，第二组的比第一组的更年轻。

例 10.29 硕鼠通常不患血癌。在一项实验中发现，给 300 只硕鼠同等量的辐射后，将它们平均分为两组：第一组可以不受限制地吃食物；第二组限量吃食物。结果，第一组 75 只硕鼠患血癌，第二组 5 只硕鼠患血癌。因此，通过限制硕鼠的进食量，可以控制由实验辐射导致的硕鼠血癌的发生。

以下哪项如果为真，则最能削弱上述实验的结论？

A. 硕鼠与其他动物一样，有时原因不明就患有血癌。

B. 第一组硕鼠的食物易于使其患血癌，而第二组的食物不易使其患血癌。

C. 第一组硕鼠体质较弱，第二组硕鼠体质较强。

D. 对其他种类的实验动物，实验辐射很少导致其患血癌。

E. 不管是否控制进食量，暴露于实验辐射的硕鼠都可能患有血癌。

例 10.30 由于工业废水的污染，淮河中下游水质恶化，有害物质的含量大幅度提高，这引起了多种鱼类的死亡。但由于蟹有适应污染水质的生存能力，因此，上述沿岸的捕蟹业和蟹类加工业将不会像渔业同行那样受到严重影响。

以下哪项如果是真的，将严重削弱上述论证？

A. 许多鱼类已向淮河上游及其他水域迁移。

B. 上述地区渔业的资金向蟹业转移，激化了蟹业的竞争。

C. 作为幼蟹主要食物来源的水生物蓝藻无法在污染水质中继续存活。

D. 蟹类适应污染水质的生理机制尚未得到科学的揭示。

E. 在鱼群分布稀少的水域中蟹类繁殖较快。

专题 2　支持题

扫码免费听
专题 2 讲解

技巧总结

类别	支持方法	力度大小
普通论证		
归纳论证		
类比论证		
演绎论证		
统计论证		
溯因论证		
现象原因模型（求异法型）		

续表

类别	支持方法	力度大小
措施目的		

典型例题

例 **10.31** S市环保检测中心的统计分析表明，2009 年空气质量为优的天数为 150 天，比 2008 年多出 22 天。二氧化碳、一氧化碳、二氧化氮、可吸入颗粒物四项污染物浓度平均值，与 2008 年相比分别下降了约 21.3％、25.6％、26.2％、15.4％。S市环保负责人指出，这得益于近年来本市政府持续采取的控制大气污染的相关措施。

以下除哪项外，均能支持上述市环保负责人的看法？

A. S市广泛开展环保宣传，加强了市民的生态理念和环保意识。

B. S市启动了内部控制污染方案，凡是不达标的燃煤锅炉停止运行。

C. S市执行了机动车排放国Ⅳ标准，单车排放比Ⅲ降低了 49％。

D. S市市长办公室最近研究了焚烧秸秆的问题，并着手制定相关条例。

E. S市制定了"绿色企业"标准，继续加快污染重、能耗高的企业的退出。

例 **10.32** 由于含糖饮料的卡路里含量高，容易导致肥胖，因此无糖饮料开始流行。经过一段时期的调查，李教授认为：无糖饮料尽管卡路里含量低，但并不意味着它不会导致体重增加。因为无糖饮料可能导致人们对于甜食的高度偏爱，这意味着其可能食用更多的含糖类食物。而且无糖饮料几乎没什么营养，喝得过多就限制了其他健康饮品的摄入，比如茶和果汁等。

以下哪项如果为真，最能支持李教授的观点？

A. 茶是中国的传统饮料，长期饮用有益健康。

B. 有些瘦子也爱喝无糖饮料。

C. 有些胖子爱吃甜食。

D. 不少胖子向医生报告他们常喝无糖饮料。

E. 喝无糖饮料的人很少进行健身运动。

例 10.33 休斯敦《每日通报》的一篇社论声称，休斯敦的投票者会普遍欢迎某前控制市议会的政党下台。该社论基于最近的一次调查报告发表了这个声明。调查报告显示，有59％的休斯敦在册选民认为该政党在后年的市议会选举中肯定下台。

以下哪项最能支持上述论证？

A. 投票者在某一限定时间对某一政党的态度可被合理地认为是他们将继续对该政党保持这一态度的可信赖的指示器，除了发生不可预测的政治发展之外。

B. 对投票者对某一政党的情绪的估计的调查报告结果可被合理地用作发表关于那个政党可能会有的前景的声明的基础。

C. 对某一执政党不满情绪的增加可被合理地认为它将会导致在野党的支持率相应地增加。

D. 期望某一政治上可能发生的事情能够实现的投票者的比例可被合理地认为与赞成这个可能事情实现的投票者的比例相近。

E. 可以合理地认为，那些接受有关将来选举结果的调查的人会在这场选举中行使他们的投票权。

例 10.34 陈先生：昨天我驾车时被警察出具罚单，理由是我超速。警察这样做是不公正的。我敢肯定，当时我看到很多车都超速，为什么受罚的只有我一个？

贾女士：你并没有受到不公正的对待，因为警察当时不可能制止所有的超速汽车。事实上，当时每个超速驾驶的人都同样可能被出具罚单。

确定以下哪项原则，最能支持贾女士的观点？

A. 任何处罚的公正性，只能是相对的，不是绝对的。绝对公正的处罚，是一种理想化的标准，不具有可操作性。

B. 对违反交通规则的处罚不是一种目的，而是一种手段。

C. 违反交通规则的处罚对象，应当是所有违反交通规则的人。

D. 任何处罚，只要有法规依据，就是公正的。

E. 如果每个违反交通规则的人被处罚的可能性均等，那么，对其中任何一个人的处罚都是公正的。

例 10.35 最近，流行性感冒肆虐。小太阳幼儿园的相关负责人表示，家中有人得流感后，只有痊愈后才能去该幼儿园接孩子。张珊家中有人得了流感，因此，根据小太阳幼儿园的要求，她不能去该幼儿园接孩子。

以下哪项如果为真，将给上述论证以最强的支持？

A. 得了流感者，可能会传染给其他人。

B. 幼儿极易被流感患者传染。

C. 中国某医科大学的传染病专家黄教授认为，流感患者不应该近距离接触幼儿。

D. 目前科学家还未完全弄清流感的传染途径。

E. 张珊家中的流感患者尚未痊愈。

例 10.36 科学家给内蒙古的 40 亩盐碱地施入一些发电厂的脱硫灰渣，结果在这块地里长出了玉米和牧草。科学家得出结论：燃煤电厂的脱硫灰渣可以用来改造盐碱地。

以下哪项如果为真，最不能支持科学家的结论？

A. 用脱硫灰渣改良过的盐碱地中生长的玉米与肥沃土壤中玉米的长势差不多。

B. 脱硫灰渣的主要成分是石膏，而用石膏改良盐碱地已有一百多年的历史。

C. 这 40 亩试验田旁边没有施用脱硫灰渣的盐碱地上灰蒙蒙一片，连杂草也很少见。

D. 这些脱硫灰渣中重金属及污染物的含量均未超过国家标准。

E. 该块地里施加了复合肥料。

例 10.37 近来，网民对电动汽车的发展展开了激烈的讨论。有人认为，电动汽车的发展，确实有利于国产汽车品牌实现对外资品牌的弯道超车，但与此同时，电动汽车的动力电池存在寿命短、低温工况下续航里程下降等诸多问题，因此，我国的电动汽车在近五年内不会有大的发展。

以下哪项如果为真，则最能支持上述预测？

A. 电动汽车不仅包括私家车，也包括公共汽车。

B. 引起电动汽车续航里程下降的主要原因是寒冷天气引发的电量损耗。

C. 任何事物的发展都是一个不断改进的过程。

D. 汽车动力电池在近五年内不可能有大的发展。

E. 我国的燃油汽车工业的发展势头十分迅猛。

例 10.38 在 A 国，近年来在电视卫星的发射和操作中事故不断，这使得不少保险公司不得不面临巨额赔偿，这不可避免地导致了电视卫星的保险金的猛涨，使得发射和操作电视卫星的费用变得更为昂贵。为了应付昂贵的成本，必须进一步开发电视卫星更多的尖端功能来提高电视卫星的售价。

以下哪项如果为真，和题干的断定一起，最能支持这样一个结论，即电视卫星的成本将继续上涨？

A. 承担电视卫星保险业风险的只有为数不多的几家大公司，这使得保险金必定很高。

B. A 国电视卫星业面临的问题，在西方发达国家带有普遍性。

C. 电视卫星目前具备的功能已能满足需要，用户并没有对此提出新的要求。

D. 卫星的故障大都发生在进入轨道以后，对这类故障的分析及排除变得十分困难。

E. 电视卫星具备的尖端功能越多，越容易出问题。

例 10.39 雄性的园丁鸟能构筑装饰精美的鸟巢，或称为凉棚。基于对本地同种园丁鸟不同群落构筑凉棚的构筑和装饰风格不同这个事实的判断，研究者们得出结论：园丁鸟构筑鸟巢的风格是一种后天习得的，而不是基因遗传的特性。

以下哪项如果为真，将最有力地加强研究者们得出的结论？

A. 通过对园丁鸟的广泛研究发现，它们的筑巢风格中的共性多于差异。

B. 年幼的雄性园丁鸟不会构筑凉棚，在能以本地凉棚风格构筑凉棚之前，很明显地花了好几年时间观看比它们年纪大的园丁鸟构筑凉棚。

C. 有一种园丁鸟的凉棚缺少大多数其他种类园丁鸟构筑凉棚的塔形和装饰特征。

D. 只在新圭亚那和澳大利亚发现有园丁鸟，而在那里本地鸟类显然很少互相接触。

E. 众所周知，一些鸣禽的鸣唱方式是后天习得的，而不是基因遗传的。

例 10.40 最近几年，许多精细木工赢得了很多赞扬，被称为艺术家。但由于家具必须实用，精细木工在施展他们的精湛手艺时，必须同时注意他们产品的实用价值。因此，精细木工不是艺术。

以下哪项最能支持上述结论？

A. 一些家具制作出来是为了陈放在博物馆里，在那里它们不会被任何人使用。

B. 一些精细木工比其他人更关注他们制作的产品的实用价值。

C. 精细木工应该比他们现在更加关注他们产品的实用价值。

D. 一个物品，如果它的制作者注意到它的实用价值，就不是艺术品。

E. 艺术家们不关心他们作品的货币价值。

例 10.41 蝙蝠发射声波并通常非常高效地利用声波的反射来发现、予以定位并捕捉其猎物。然而，据说该过程特有的效率因蛾子能够听到蝙蝠发出的声波而降低。

下面哪项如果为真，最能支持上述说法？

A. 听不见食昆虫的蝙蝠发射声波的蛾子与听得见该声波的蛾子如果都生活在持续没有该类蝙蝠的环境中，听不见的蛾子平均而言比听得见的蛾子的寿命长。

B. 听不见食昆虫的蝙蝠发射声波的蛾子是最易被这种蝙蝠捉住的昆虫之一。

C. 当蛾子改变其飞行的速度和方向时，其翅膀运动所产生的声波波形也改变了。

D. 能听见食昆虫的蝙蝠发射声波的蛾子比听不见的蛾子被这种蝙蝠捕捉到的可能性更小。

E. 听得见食昆虫的蝙蝠发射声波的蛾子，在其采取躲避行动来逃脱该种蝙蝠捕捉的能力上各不相同。

例 10.42 有许多公司现在免费向员工提供健身课程，帮助他们锻炼身体，减轻压力，甚至学习怎样戒烟。这些课程提高了员工的生产力，降低了他们的缺勤率，并且可以使公司减少保险支出。因此，这一课程既对公司有益，又对员工有益。

以下哪项如果为真，能够有效地支持上述结论？

A. 健身课程是许多公司向员工提供的很普及的服务。

B. 研究表明，在压力管理下的锻炼对很多人都没有效果。

C. 常规性的锻炼能够减少人们患心脏病的可能，并使他们精力充沛。

D. 过快地适应高负荷的健身课程，容易造成伤病。

E. 公司需要专门雇用一些员工来指导各种锻炼课程。

例 10.43 某外国航空公司经理："新开发的避撞系统，虽然还未经全面测试以发现潜在的问题，但必须马上在客机上安装，因为这个系统的机械报警装置可以使飞行员避免撞机事故。"

该公司飞行员："飞行员不能驾驶一架避撞系统未经全面测试的飞机，因为有故障的避撞系统将会误导飞行员，造成撞机。"

以下哪项如果为真，最能加强飞行员的反对意见？

A. 机械设备总是有可能出现故障。

B. 喷气式发动机在第一次投入使用之前也未经彻底测试，但是其性能与安全记录却是有目共睹的。

C. 虽然避撞系统能使飞行员避免一些相撞事故，但是未经测试的避撞系统的潜在问题可能会造成更多的撞机事故。

D. 许多撞机事故是由于飞行员过度疲劳造成的。

E. 处于目前开发阶段的避撞系统，在 6 个月的试用期间，在客机上的工作效果比在货机上好。

例 10.44 游隼的数目在 20 世纪 50 年代迅速下降，并且在 20 世纪 70 年代达到空前的最低点。这种下降被科学家归因于乡村地区广泛使用的杀虫药 DDT。

下列哪一项如果正确，最能支持科学家的主张？

A. DDT 在重工业地区通常不使用。

B. 在 1972 年后 DDT 被禁止使用的时间里，游隼的数目已经稳定增加。

C. 游隼，不像其他的捕食性鸟类，放弃落出巢的鸟蛋，即使这些鸟蛋并没有损坏。

D. 欧椋鸟、家居麻雀等游隼所捕食的鸟类，在它们的栖息地未被 DDT 影响。

E. 经调查发现游隼的食物来源不足。

例 10.45 桑洛镇最近通过了一项禁止在全镇范围内所有餐厅吸烟的法律，因为通常在桑洛镇餐厅吃饭的许多人不愿意在吃饭时控制吸烟，桑洛的餐厅将毫无疑问地失去许多顾客和相当多的收入。

下列哪一项如果正确，最能加强上面的论述？

A. 大多数在餐厅吃饭的桑洛的居民是不吸烟者。

B. 大多数与不吸烟者吃饭的吸烟者愿意在吃饭时控制住吸烟。

C. 假如在餐厅中限制吸烟的法律没有被制定，可能将制定更严格的在桑洛所有公共场合限制吸烟的法律。

D. 在桑洛禁止吸烟的法律通过前，小镇有一项要求大多数餐厅有无烟区的法令。

E. 与桑洛相邻的其他区域，有许多与桑洛的餐厅差不多的餐厅，没有制定或执行任何反吸烟者的法律。

例 10.46 尽管象牙交易已被国际协议宣布为非法行为，但是，一些钢琴制造者仍使用象牙来覆盖钢琴键，这些象牙通常通过非法手段获得。最近，专家们发明了一种合成象牙，不像早期的象牙替代物，这种合成象牙受到了全世界范围内音乐会钢琴家的好评。但是因为钢琴制造者从来不是象牙的主要消费者，所以合成象牙的发展可能对抑制为获得最自然的象牙而捕杀大象的活动没什么帮助。

下面哪一项如果正确，最有助于加强上述论证？

A. 大多数会弹钢琴，但不是音乐会钢琴家的人也可以轻易地区分新的合成象牙和较次的象牙替代物。

B. 新型的合成象牙被生产出来，这种象牙的颜色、表面质地可以与任何一种具有商业用途的自然象牙的质地相媲美。

C. 其他自然产物，如骨头和乌龟壳被证明不是自然象牙在钢琴键上的替代物。

D. 自然象牙最普遍的应用是在装饰性雕刻品方面。这些雕刻品不但因为它们的工艺质量，而且因为它们的材料的真实性而被珍藏。

E. 生产新型象牙的费用要比生产科学家们以前开发的任何象牙替代品的费用低得多。

例 10.47 转基因食品可能带来副作用，但一种转基因大豆含有有益于人体健康的微量元素，专家建议人们食用这种大豆加工成的产品。

以下哪项最能支持专家的建议？

A. 加工后的转基因食品副作用会减少。

B. 从其他食品中不能得到此种微量元素。

C. 没有证据表明转基因食品会带来副作用。

D. 这种微量元素对人体健康的益处大于转基因食品副作用带来的危害。

E. 人们正在寻找含这种微量元素的天然食品，估计5年内就能成功。

例 10.48 由于常规的抗生素的使用可以产生能在抗生素环境下存活的抗生菌，人体内存在抗生菌是由于人们使用处方抗生素。但是，一些科学家相信人体内大多数抗生菌是由人们吃下的已经被细菌感染的肉类而来的。

以下哪项如果为真，将最显著地增强这些科学家的想法？

A. 给牲畜喂的饲料中通常含有抗生素，这样畜牧业主可以提高他们牲畜的生长速度。

B. 大多数吃了已经被细菌感染的肉类而食物中毒的人，是用处方抗生素来医治的。

C. 在城市人口中抗生菌的发现率比在肉类质量相仿的乡村地区高得多。

D. 从来不使用处方抗生素的人是那些最不可能有抗生菌的人。

E. 畜牧业主宣称动物中的抗生菌不能通过感染的肉类向人类传播。

例 10.49 大多数道路的修理比预算的要花费更多的时间和金钱，但去年夜间修理93号高速公路和类似的道路并未比预算花费更多的时间和金钱。因此，在夏季，夜间修理主要道路可能更省时省钱。

下列哪一项如果为真，最能支持上面得到的结论？

A. 夜间路上较少数目的车辆和较舒适的夜间温度允许修路工人工作得更快。

B. 在夜间工作的道路修理工作人员用明亮刺眼的灯光标志他们的工作地点，并且加上白天使用的橘红色的圆锥标志。

C. 修理93号高速公路的预算足够用，以至于使它不可能被超过。

D. 愿意在晚上工作的修路工人较容易找到工作的机会，因为大多数人宁愿在白天工作。

E. 用于道路修理的沥青在较高温度下膨胀，在较低温度下收缩。

例 10.50 E 河大坝建成 20 年后，E 河土产的八种鱼中没有一种仍能在大坝的下游充分繁殖。由于该坝将大坝的下游的河水温度每年的变化范围由 50℃ 降低到了 6℃，科学家们提出了一个假想，认为迅速升高的河水温度在提示土产鱼开始繁殖周期方面起了一定的作用。

下面哪项如果为真，最能支持上述假想？

A. 土产的八种鱼仍能但只能在大坝下游的支流中繁殖，在那里每年温度的变化范围保持在大约 50℃。

B. 在大坝修建以前，E 河每年都要漫出河岸，从而产生出土产鱼类最主要繁殖区域的回流水。

C. 该坝修建以前，E 河有记录的最低温度是 34℃，而大坝建成以后的有记录的最低温度是 43℃。

D. 非土产的鱼类，在大坝建成之后引入 E 河，开始同日益减少的土产鱼类争夺食物和空间。

E. E 河土产的五种鱼在北美其他任何河流中都不算是土产的。

例 10.51 分心驾驶是指驾驶人为满足自己的身体舒适、心情愉悦等需求而没有将注意力全部集中于驾驶过程的驾驶行为，常见的分心行为有抽烟、饮水、进食、聊天、刮胡子、使用手机、照顾小孩等。某专家指出，分心驾驶已成为我国道路交通事故的罪魁祸首。

以下哪项如果为真，最能支持上述专家的观点？

A. 一项统计研究表明，相对于酒驾、药驾、超速驾驶、疲劳驾驶等情形，我国由分心驾驶导致的交通事故占比最高。

B. 驾驶人正常驾驶时反应时间为 0.3～1.0 秒，使用手机时反应时间则延迟 3 倍左右。

C. 开车使用手机会导致驾驶人注意力下降 20%；如果驾驶人边开车边发短信，则发生车祸的概率是其正常驾驶时的 23 倍。

D. 近来使用手机已成为我国驾驶人分心驾驶的主要表现形式，59% 的人开车过程中看微信，31% 的人玩自拍，36% 的人刷微博、微信朋友圈。

E. 一项研究显示，在美国超过 1/4 的车祸是由驾驶人使用手机引起的。

例 10.52 "节食族"是指那些早餐吃水果、午餐吃蔬菜，几乎不吃高热量食物的人。在这个物品丰盛的时代，过度节食，就像把一个 5 岁的孩子带进糖果店，却告诉他只能吃一个果冻。营养专家指出，这种做法既不科学也不合乎情理。

以下哪项陈述如果为真，能给专家的观点以最有力的支持？

A. 科学家发现，使老鼠的卡路里摄入量减少 30%，就会降低老鼠罹患癌症的可能性。

B. 科学家发现，采用限制卡路里的饮食方法，可以降低血压，减少动脉栓塞的可能。

C. 有专家警告说，限制卡路里的摄入，有造成骨质疏松和生育困难的风险。

D. 冲绳岛是世界上百岁老人比例最高的地区，那里的居民信奉"八分饱"的饮食哲学。

E. 暴饮暴食的做法比节食更加不科学也不合乎情理。

例 10.53 那种认为只伤害自己而不伤害别人就行的态度，实际上是忽视了人们彼此之间的相互依存关系。破坏自己的生活或者健康就意味着不能帮助家庭成员或者社会，相反，它意味着要耗费社会的食物、健康服务和教育方面的有限资源，却不能完全地回报于社会。

下面哪项最能支持上面的观点？

A. 本可以避免的事故和疾病的费用提高了所有人的健康保险费用。

B. 对某个人的伤害可能带来间接的益处，如在与健康有关的领域内给其他人提供工作机会。

C. 戒绝所有可能对参加者造成伤害的娱乐，生活会变得乏味不堪。

D. 人对社会做出的贡献不能由个人的健康程度衡量。

E. 喝酒、吸烟、服非法的毒品，造成主要伤害的对象是那些消费这些物品的人。

例 10.54 史书记载，春秋战国时期的古滇国历时五百余年，在云南历史上的地位颇为重要。古滇国的青铜文化吸收和融合了不同地区和民族的文化精华，然而东汉以后，古滇国却神秘消失，唐代以后的史书上竟没留下任何记载。近年来，抚仙湖南岸江川县李家山墓葬群出土了数千件古滇青铜器，抚仙湖北岸相连的晋宁石寨山曾出土滇王印。据此，考古学家推测云南抚仙湖水下古城就是神秘消失的古滇王城。

以下哪项如果为真，最能支持上述推测？

A. 在抚仙湖水下古城，也发现了大量青铜器。

B. 按考古常规看，王国都城附近都有墓葬群。

C. 抚仙湖水下古城与史料记载的古滇国都位于今云南境内。

D. 据专家推测，抚仙湖水下古城与古滇国处于同一历史时期。

E. 在离云南抚仙很远的陕西，也出土了类似的文物。

例 10.55 一项研究对 1 262 名 67～84 岁的男女参试者进行了为期 3 年的跟踪调查，内容涉及参试者食盐日摄入量和身体活动情况。研究人员测量了参试者的认知能力及心理健康状况。结果发现，饮食含盐量高的老人，认知能力下降速度最快；饮食清淡的老人，认知能力下降速度缓慢。因此，吃太咸会增加患老年痴呆症的危险。

以下哪项如果为真，最能支持上述结论？

A. 认知功能障碍是常见的老年痴呆症症状。

B. 研究发现了一种老年痴呆症的致病基因，所以老年痴呆症可能有遗传性。

C. 许多研究证实，高盐饮食会增加患高血压、胃癌等疾病的风险。

D. 调查显示，痴呆与人的精神状况关系密切，抑郁、易怒、悲伤等不良精神刺激容易导致痴呆的发生。

E. 饮食含盐量高的老人年龄大都在 75 岁以上。

专题 3　假设题

扫码免费听
专题 3 讲解

技巧总结

类别	假设方法	说明
普通论证		
归纳论证		
类比论证		
演绎论证		
统计论证		
溯因论证 （分析原因）		
现象原因模型 （求异法型）		
预测结果		
措施目的		

典型例题

例 10.56 已知研究生入学考试分为初试和复试两关，初试通过后才有资格复试。那么，酱心考上了研究生。

假设以下哪项，能使上述论证成立？

Ⅰ. 酱心通过了初试。

Ⅱ. 酱心通过了复试。

Ⅲ. 酱心通过了初试和复试。

A. 仅Ⅰ。   B. 仅Ⅱ。   C. 仅Ⅲ。

D. 仅Ⅱ和Ⅲ。   E. Ⅰ、Ⅱ和Ⅲ。

例 10.57 已知研究生入学考试分为初试和复试两关，初试通过后才有资格复试。那么，酱心考上了研究生。

为使上述论证成立，以下哪项必须假设？

Ⅰ. 酱心通过了初试。

Ⅱ. 酱心通过了复试。

Ⅲ. 酱心通过了初试和复试。

A. 仅Ⅰ。   B. 仅Ⅱ。   C. 仅Ⅲ。

D. 仅Ⅱ和Ⅲ。   E. Ⅰ、Ⅱ和Ⅲ。

例 10.58 香蕉叶斑病是一种严重影响香蕉树生长的传染病，它的危害范围遍及全球。这种疾病可由一种专门的杀菌剂有效控制，但喷洒这种杀菌剂会对周边人群的健康造成危害。因此，在人口集中的地区对小块香蕉林喷洒这种杀菌剂是不妥当的。幸亏规模香蕉种植园大都远离人口集中的地区，可以安全地使用这种杀菌剂。因此，全世界的香蕉产量，大部分不会受到香蕉叶斑病的影响。

以下哪项可能是上述论证所假设的？

A. 人类最终可以培育出抗叶斑病的香蕉品种。

B. 全世界生产的香蕉，大部分产自规模香蕉种植园。

C. 和在小块香蕉林中相比，香蕉叶斑病在规模香蕉种植园中传播得较慢。

D. 香蕉叶斑病是全球范围内唯一危害香蕉生长的传染病。

E. 香蕉叶斑病不危害植物。

例 10.59 任何行为都有结果。任何行为的结果中，必定包括其他行为。而要判断一个行为是否好，就需要判断它的结果是否好；要判断它的结果是否好，就需要判断作为其结果的其他行为是否好。这样，实际上我们面临着一个不可完成的思考。因此，一个好的行为实际上不可能存在。

以下哪项最可能是上述论证所假设的？

A. 有些行为的结果中只包括其他行为。

B. 我们可以判断已经发生的行为是否好，但不能判断正在发生的行为是否好。

C. 判断一个行为是好的，就需要判断制止该行为的行为是坏的。

D. 我们应该实施好的行为。

E. 一个好的行为必须是能够被我们判断的。

例 10.60 在 H 国前年出版的 50 000 部书中，有 5 000 部是小说。H 国去年发行的电影中，恰有 25 部是由这些小说改编的。因为去年 H 国共发行了 100 部电影，因此，由前年该国出版的书改编的电影，在这 100 部电影中所占的比例不会超过四分之一。

基于以下哪项假设能使上述推理成立？

A. H 国去年发行电影的剧本，都不是由专业小说作家编写的。

B. 由小说改编的电影的制作周期不短于一年。

C. H 国去年发行的电影中，至少 25 部是国产片。

D. H 国前年出版的小说中，适合改编成电影的不超过 0.5%。

E. H 国去年发行的电影，没有一部是基于小说以外的书改编的。

例 10.61 从技术上讲，一种保险单如果其索赔额及管理费用超过保金收入，这种保险单就属于折价发行。但是保金收入可以用来投资并产生回报，因而折价发行的保单并不一定总是亏本的。

上述论断建立在以下哪项假设基础之上？

A. 保险公司不会为吸引顾客而故意折价发行保单。

B. 并不是每种亏本的保单都是折价发行的。

C. 在索赔发生前，保单每年的索赔额都是可以精确估计的。

D. 投资与保金收入的所得是保险公司利润的最重要来源。

E. 至少部分折价发行的保单，并不要求保险公司在得到保金后立即支付全部赔偿。

例 10.62 江口市急救中心向市政府申请购置一辆新的救护车，以进一步增强该中心的急救能力。市政府否决了这项申请，理由是：急救中心所需的救护车的数量，必须与中心的规模和综合能力相配套。根据该急救中心现有的医护人员和医疗设施的规模和综合能力，现有的救护车足够了。

以下哪项是市政府关于此项决定的论证所必须假设的？

A. 江口市的急救对象的数量不会有大的增长。

B. 市政府的财政面临困难，无力购置新的救护车。

C. 急救中心现有的救护车中，至少有一辆近期内不会退役。

D. 江口市的其他大中医院有足够的能力配合急救中心抢救全市的危重病人。

E. 市政府至少在五年内不会拨款以扩大急救中心的规模和提高综合能力。

例 10.63 一个著名歌手获得了一场诉讼的胜利，控告一个广告公司在一则广告里使用了由另一名歌手对该著名歌手演唱的一首众所周知的歌曲的翻唱版本。这场诉讼的结果是广告公司将停止在广告中使用模仿者的版本。因此，由于著名歌手的演唱费用比他的模仿者要高，广告费用将上升。

以上结论基于以下哪项假设？

A. 大多数人无法将一个著名歌手某一首歌的版本同一个好的模仿者对同一首歌的演唱区分开来。

B. 使用著名歌手做广告通常比使用著名歌手的模仿者做广告更有效果。

C. 一些广为人知的歌曲的原版不能在广告中使用。

D. 广告公司将继续使用模仿者来模仿著名歌手的形体动作。

E. 广告公司将在广告中使用该歌曲的原唱版本。

例 10.64 上一个冰川形成并从极地扩散时期的珊瑚化石在比它现在生长的地方深得多的海底被发现了，因此，尽管它与现在生长的珊瑚看起来没多大区别，但能在深水中生长说明它们之间在重要的方面有很大的不同。

上述论证依据下面哪个假设？

A. 在冰川未从极地扩散之前的时期，还没有发现相应年代的珊瑚化石。

B. 冰川扩散时代的地理变动并未使珊瑚化石下沉。

C. 今天的珊瑚大都生活在与那些在较深处发现的珊瑚化石具有相同地理区域的较浅位置。

D. 已发现了冰川从极地扩散的各个时期的珊瑚化石。

E. 现在的珊瑚能够在更深、比它们现在生活的温度更冷的水中生存。

例 10.65 有医学研究显示，行为痴呆症患者大脑组织中往往含有过量的铝。同时有化学研究表明，一种硅化合物可以吸收铝。陈医生据此认为，可以用这种硅化合物治疗行为痴呆症。

以下哪项是陈医生最可能依赖的假设？

A. 行为痴呆症患者大脑组织的含铝量通常过高，但具体数量不会变化。

B. 该硅化合物在吸收铝的过程中不会产生副作用。

C. 用来吸收铝的硅化合物的具体数量与行为痴呆症患者的年龄有关。

D. 过量的铝是导致行为痴呆症的原因，患者脑组织中的铝不是痴呆症引起的结果。

E. 行为痴呆症患者脑组织中的铝含量与病情的严重程度有关。

例 10.66 美国扁桃仁于 20 世纪 70 年代出口到我国，当时被误译成"美国大杏仁"。这种误译导致大多数消费者根本不知道扁桃仁、杏仁是两种完全不同的产品。对此，尽管我国林果专家一再努力澄清，但学界的声音很难传达到相关企业和普通大众。因此，必须制定林果的统一行业标准，这样才能还相关产品以本来面目。

以下哪项最可能是上述论证的假设？

A. 美国扁桃仁和中国大杏仁的外形很相似。

B. 进口商品名称的误译会扰乱我国企业正常的对外贸易活动。

C. "美国大杏仁"在中国市场上的销量超过中国杏仁。

D. 我国相关企业和普通大众并不认可我国林果专家的意见。

E. 长期以来，我国没有关于林果的统一行业标准。

例 10.67 一种对偏头痛有明显疗效的新药正在推广。不过服用这种药可能加剧心脏病。但是只要心脏病患者在服用该药物时严格遵从医嘱，它的有害副作用就完全可以避免。因此，关于这种药物副作用的担心是不必要的。

上述论证基于以下哪项假设？

A. 药物有害副作用的产生都是因为患者在服用时没有严格遵从医嘱。

B. 有心脏病的偏头痛患者在服用上述新药时不会违背医嘱。

C. 大多数服用上述新药的偏头痛患者都有心脏病。

D. 上述新药有多种副作用，但其中最严重的是会加剧心脏病。

E. 上述新药将替代目前其他治疗偏头痛的药物。

例 10.68 最近的一项对都乐县所有的汽车事故受害者的调查发现，在严重受伤的司机和前排乘客中，80％的人在事故发生时没有系安全带。这表明，通过系安全带，司机和前排乘客可以在事故发生时大幅降低他们严重受伤的风险。

上面得出的结论是不恰当的，除非下面哪项是正确的？

A. 所有调查中的司机和前排乘客中，超过 20％的人在事故发生时系了安全带。

B. 都乐县中远远超过 20％的司机和前排乘客在驾车旅行时不系安全带。

C. 在这次调查中，受重伤的司机和前排乘客比后排乘客多。

D. 调查中超过一半的司机和前排乘客在事故发生时没有系安全带。

E. 大多数向都乐县警方报告的汽车事故不涉及任何重伤。

例 10.69 有些末日论者警告说，天气形势长期转暖或转冷的趋势都将大量减少谷物产量。但是，比较乐观的报告指出，即使平均气温的这种变化真的发生，我们可以预期谷物产量不会有太大变化，因为几乎没有迹象表明降雨量会改变。此外，对大多数庄稼来说，气候导致的产量变化将被年产量的波动和科技因素引起的产量增加而掩盖。

下面哪项是上文提到的较乐观的报告所基于的假设？

A. 天气形势长期的变化无法被准确地预测。

B. 谷物的生产高度依赖于科技因素，以至于不论气候条件如何，产量提高的可能性都不大。

C. 降雨量的变化趋势比温度变化趋势更难孤立地去考虑。

D. 长期的转暖或转冷趋势如果伴随着降雨形势的变化，其对谷物产量的破坏比没有降雨形势的变化时更大。

E. 长期转冷趋势比长期转暖趋势对谷物产量的潜在破坏更严重。

例 10.70 在高速公路上行驶时，许多司机都会超速。因此，如果规定所有汽车都必须安装一种装置，这种装置在汽车超速时会发出声音提醒司机减速，那么，高速公路上的交通事故将会明显减少。

上述论证依赖于以下哪项假设？

Ⅰ. 在高速公路上超速行驶的司机，大都没有意识到自己超速。

Ⅱ. 高速公路上发生交通事故的重要原因，是司机超速行驶。

Ⅲ. 上述装置的价格十分昂贵。

A. 仅Ⅰ。　　　　　　　　B. 仅Ⅱ。　　　　　　　　C. 仅Ⅲ。

D. 仅Ⅰ和Ⅱ。　　　　　　E. Ⅰ、Ⅱ和Ⅲ。

例 10.71 莱布尼兹是 17 世纪伟大的哲学家。他先于牛顿发表了他的微积分研究成果。但是当时牛顿公布了他的私人笔记，说明他至少在莱布尼兹发表其成果的 10 年前已经运用了微积分的原理。牛顿还说，在莱布尼兹发表其成果的不久前，他在给莱布尼兹的信中谈起过自己关于微积分的思想。但是事后的研究说明，牛顿的这封信中，有关微积分的几行字几乎没有涉及这一理论的任何重要之处。因此，可以得出结论：莱布尼兹和牛顿各自独立地发现了微积分。

以下哪项是上述论证必须假设的？

A. 莱布尼兹在数学方面的才能不亚于牛顿。

B. 莱布尼兹是个诚实的人。

C. 没有第三个人不迟于莱布尼兹和牛顿独立地发现了微积分。

D. 莱布尼兹发表微积分研究成果前从没有把其中的关键性内容告诉任何人。

E. 莱布尼兹和牛顿都没有从第三渠道获得关于微积分的关键性细节。

例 10.72 生活成本与一个地区的主导行业支付的平均工资水平呈正相关。例如，某省雁南地区的主导行业是农业，而龙山地区的主导行业是汽车制造业，由此，我们可以得出结论：龙山地区的生活成本一定比雁南地区高。

以下哪项最可能是上文所作的假设？

A. 龙山地区的生活质量比雁南地区高。

B. 雁南地区参与汽车制造业的人比龙山地区少。

C. 汽车制造业支付的平均工资水平比农业高。

D. 龙山地区的生活成本比其他地区都高。

E. 龙山地区的居民希望离开龙山地区，到生活成本较低的地区生活。

例 10.73 如果将中心位置的机场附近的空域仅限于商用客机和那些装备了雷达的私人飞机使用，私人飞机流量的绝大部分将被迫使用偏远的机场。这种私人飞机流量的减少将降低在中心位置的机场附近发生空中撞击的危险。

上述结论依赖以下哪个假设？

A. 对于大多数私人飞机的飞行员来说，使用偏远的机场同中心位置的机场一样方便。

B. 大多数偏远的机场没有装备处理商业客机流量的设备。

C. 大多数使用中心位置机场的私人飞机没有装备雷达。

D. 商业客机比私人飞机有更大的空中相撞的危险。

E. 空中撞击危险的减少将最终导致商业客机流量增加。

例 10.74 某些精神失常患者可以通过心理疗法而痊愈，例如，癔症和心因性反应等。然而，某些精神失常是因为大脑神经递质化学物质不平衡，例如，精神分裂症和重症抑郁，这类患者只能通过药物进行治疗。

上述论述基于以下哪项假设？

A. 心理疗法对大脑神经递质化学物质的不平衡所导致的精神失常无效。

B. 对精神失常患者，药物治疗往往比心理疗法见效快。

C. 大多数精神失常都不是由脑神经递质化学物质的不平衡导致的。

D. 对精神失常患者，心理疗法比药物治疗疗效差些。

E. 心理疗法仅仅是减轻精神失常患者的病情，根治还是需要药物治疗。

例 10.75 区别于知识型考试，能力型考试的理想目标，是要把短期行为的应试辅导对于成功应试所起的作用降低到最低限度。能力型考试从理念上不认同应试辅导。一项调查表明，参加各种专业硕士考前辅导班的考生的实考平均成绩，反而低于未参加任何辅导的考生。因此，考前辅导不利于专业硕士考生的成功应试。

为使上述论证成立，以下哪项是必须假设的？

A. 专业硕士考试是能力型考试。

B. 上述辅导班都由名师辅导。

C. 在上述调查对象中，经过考前辅导的考生在辅导前的平均水平和未参加辅导的考生大致相当。

D. 专业硕士考试对于考生的水平有完全准确的区分度。

E. 在上述调查对象中，男女比例大致相当。

例 10.76 一项实验显示，那些免疫系统功能较差的人，比起那些免疫系统功能一般或较强的人，在进行心理健康的测试时记录明显较差。因此，这项实验的设计和实施者得出结论：人的免疫系统，不仅保护人类抵御生理疾病，且能保护人类抵御心理疾病。

上述结论基于以下哪项假设？

A. 免疫系统功能较强的人比功能一般的人，更能抵御心理疾病。

B. 患有某种心理疾病的人，一定患有某种相关的生理疾病。

C. 具有较强的免疫系统功能的人不会患心理疾病。

D. 心理疾病不会引起免疫系统功能的降低。

E. 心理疾病不能依靠药物治疗，而只能依靠心理治疗。

例 10.77 医生在给病人做常规检查的同时，会要求附加做一些收费昂贵的非常规检查。医保单位经常拒绝支付这类非常规检查的费用，这样会耽误医生对一些疾病的诊治。

为使上述论证成立，以下哪项是必须假设的？

A. 常规检查的收费标准都低于非常规检查。

B. 非常规检查比常规检查对疾病的诊治更为重要。

C. 医生要求病人做收费昂贵的非常规检查不包含任何经济上增收的考虑。

D. 所有非常规检查对疾病的诊治都有不可取代的作用。

E. 有些患者因为医保单位拒绝支付费用而放弃做一些收费昂贵的非常规检查。

专题 4　解释题

技巧总结

【第 1 步　识别论证类型】

题干的提问方式为：

"以下哪项如果为真，最有助于解释上述表面上的矛盾现象？"

"以下哪项如果为真，最有助于解释上述现象？"

"以下哪项如果为真，最有助于解释上述差异？"

【第 2 步　套用母题方法】

(1)＿＿＿＿＿＿＿＿＿＿＿＿＿＿＿＿＿＿＿＿

此类题的题干会出现两个不同的对象，同一事件在这两个对象上发生时，产生了结果上的差异。此时的解法为：＿＿＿＿＿＿＿＿＿＿＿＿＿＿＿＿＿＿＿＿＿，即，找到两个对象之间的差异点，这个差异点会导致题干中结果的差异。

(2)＿＿＿＿＿＿＿＿＿＿＿＿＿＿＿＿＿＿＿＿

此类题的题干会出现两个看似矛盾、实则不矛盾的现象。解题方法：我们要找到题干的矛盾点在哪里，正确的选项可以化解这个矛盾。

(3)＿＿＿＿＿＿＿＿＿＿＿＿＿＿＿＿＿＿＿＿

题干中直接描述一种现象。解题方法：我们要找到题干中现象的原因。

【注意事项】

①解释题的本质就是＿＿＿＿＿＿＿＿＿＿＿＿＿＿。

②无论是以上哪种命题方式，均默认题干中的现象已经发生，我们只能寻找这一现象发生的原因，而不能去质疑这一现象。

典型例题

例 10.78 马晓敏是眼科医院眼底手术的一把刀，也是湖城市最好的眼底手术医生，但是，令人费解的是，经马晓敏手术后，患者视力获得明显提高的比例较低。

以下哪项如果为真，最有助于解释以上陈述？

A. 眼底手术大多是棘手的手术，需要较长的时间才能完成。

B. 除了马晓敏以外，湖城市眼科医院缺乏能干的眼底手术医生。

C. 除了眼底手术，马晓敏同时精通其他眼科手术。

D. 目前经马晓敏手术后患者视力获得明显提高的比例比过去有所提高。

E. 湖城市眼科医院难治的眼底疾病患者的手术大多数都是由马晓敏医生完成的。

例 10.79 巴斯德认为，空气中的微生物浓度与环境状况、气流运动和海拔有关。他在山上的不同高度分别打开装着煮过的培养液的瓶子，发现海拔越高，培养液被微生物污染的可能性越小。在山顶上，20 个装了培养液的瓶子，只有 1 个长出了微生物。普歇另用干草浸液做材料重复了巴斯德的实验，却得出不同的结果：即使在海拔很高的地方，所有装了培养液的瓶子都很快长出了微生物。

以下哪项如果为真，最能解释普歇和巴斯德实验所得到的不同结果？

A. 只要有氧气的刺激，微生物就会从培养液中自发地生长出来。

B. 培养液在加热消毒、密封、冷却的过程中会被外界细菌污染。

C. 普歇和巴斯德的实验设计者都不够严密。

D. 干草浸液中含有一种耐高温的枯草杆菌，培养液一旦冷却，枯草杆菌的孢子就会复活，迅速繁殖。

E. 普歇和巴斯德都认为，虽然他们用的实验材料不同，但是经过煮沸，细菌都能被有效地杀灭。

例 10.80 几乎没有动物能受得住撒哈拉沙漠中午的高温，只有一种动物是例外，那就是银蚁。银蚁选择在这个时段离开巢穴，在烈日下寻找食物，通常是被晒死的动物的尸体。当然，银蚁也必须非常小心，弄得不好，自己也会成为高温下的牺牲品。

以下哪项最无助于解释银蚁为什么要选择在中午时段觅食？

A. 银蚁靠辨别自身分泌的信息素返回巢穴，这种信息素即使在烈日下也不会挥发。

B. 随着下午气温的下降，剩下的动物尸体很快会被其他觅食动物搬走。

C. 银蚁的天敌食蚁兽在中午的烈日下不会出现。

D. 中午银蚁巢穴中的气温比地表更高。

E. 银蚁辨别外界信息的能力在中午最为灵敏。

例 10.81 一旦消费者认识到通货膨胀阶段开始了，一般就会产生消费的增长。这一增长可以很容易地解释为什么消费者不愿意推迟购买那些肯定要涨价的商品。尽管消费者预料到价格持续上涨，工资也会随之上涨，但是在长期通货膨胀期间，消费者最终还是会推迟那些甚至是日常生活用品的购买。

以下哪项如果为真，最有助于解释上述表面上的矛盾现象？

A. 消费者在通货膨胀时期比在非通货膨胀时期积蓄更多的钱。

B. 在经济标示器发出通货膨胀开始的信号和消费者认识到它开始之间存在一种滞后现象。

C. 对人类行为的一般性描述不适用于每一种具体的行为模式。

D. 如果足够产生影响的消费者不能购买的话，那么价格最终会跌落，而工资不会受到直接影响。

E. 消费者的购买力在通货膨胀的持续时期降低是由于工资跟不上价格上升的速度。

例 10.82 20 年前，任一公司的执行官在选择重新设置公司总部时主要关心的是土地的成本。今天一个执行官在重新设置总部时要关心的东西更广泛了，经常包括当地学校和住房的质量。

假如以上的信息是正确的，则以下哪项最好地解释了以上所描述的执行官所关心的变化？

A. 20 年前高质量的住房和学校像今天一样难以发现。

B. 某些地区房地产税和学校税停止增加，允许许多人购买房屋。

C. 公司执行官在做决定时总是考虑替换方法将怎样影响公司的利润。

D. 一个近年人员缺乏的问题迫使公司找到尽可能多的方法来吸引新的雇员。

E. 在今后 20 年中，一些地区比其他地区土地的价值变化少。

例 10.83 佛罗里达的一些社区几乎全部是退休老人居住，如果有，也只有很少的带小孩的家庭居住。然而这些社区聚集了很多欣欣向荣的专门出租婴儿和小孩使用的家具的企业。

以下哪项如果正确，能最好地调和以上描述的表面矛盾？

A. 专门出租小孩用的家具的企业是从佛罗里达的批发商那里买来的家具。

B. 居住在这些社区的为数不多的孩子都互相认识，并经常到其他人的房子里过夜。

C. 这些社区的许多居民经常搬家，更愿意租用他们的家具而不愿意去买。

D. 这些社区的许多居民必须为一年来访几个星期的孙子或者孙女们提供必要的用具。

E. 出租的孩子用的家具与商店里拿来卖的家具质量相同。

例 10.84 虽然用椰子油制造的不含奶的咖啡伴侣每勺含 2 克饱和脂肪，或者说它所含的饱和脂肪比同样数量的牛奶高 7 倍，且这种咖啡伴侣通常不含胆固醇，但是，这样一勺含 2 克饱和脂肪的咖啡伴侣比含有 2 毫克胆固醇的同样数量的一勺牛奶使消费者血液中的胆固醇含量增高很多。

以下哪项如果为真，能对上文中的不一致之处提供最好的解释？

A. 营养学家指出，成人每日消耗的饱和脂肪可能不多于 250 毫克胆固醇。

B. 含 1 克饱和脂肪的食物与含 25 毫克胆固醇的食物对血液中胆固醇含量增加的影响大约有同样的作用。

C. 是牛奶胆固醇含量 5 倍的白色奶油通常被偏爱牛奶的消费者选作咖啡伴侣。

D. 不用椰子油制造的不含奶的咖啡伴侣比纯牛奶含更少的饱和脂肪和胆固醇。

E. 具有较低饱和脂肪含量的奶制品，它们的胆固醇含量通常也较低。

例 10.85 实验证明：茄红素具有防止细胞癌变的作用。近年来 W 公司提炼出茄红素，将其制成片剂，希望让酗酒者服用以预防因饮酒过多引发的癌症。然而，初步的试验发现，经常服用 W 公司的茄红素片剂的酗酒者反而比不常服用 W 公司的茄红素片剂的酗酒者更易于患癌症。

以下哪项能解释上述矛盾？

Ⅰ. 癌症的病因是综合的，对预防药物的选择和由此产生的作用也因人而异。

Ⅱ. 酒精与 W 公司的茄红素片剂发生长时间作用后反而使其成为致癌物质。

Ⅲ. W 公司生产的茄红素片剂不稳定，易于受其他物质影响而分解变性，从而与身体发生不良反应而致癌；自然茄红素性质稳定，不会致癌。

A. 仅Ⅰ和Ⅱ。

B. 仅Ⅰ和Ⅲ。

C. 仅Ⅱ和Ⅲ。

D. Ⅰ、Ⅱ、Ⅲ。

E. Ⅰ、Ⅱ、Ⅲ都不是。

例 10.86 去年，美国费城由妇女控告的强奸案率增加了 20%。具有讽刺意味的是，这个数字是由女权运动组织在年度报告中以赞许的口气公布的。

以下哪项如果为真，能逻辑地解释上述女权运动组织看起来不合情理的赞许态度？

A. 市政府鼓励受害妇女控告强奸的新法案的实施，极大地减少了受害妇女不敢控告的情况。

B. 近三年来，这个城市强奸案在刑事案中之比例逐年上升。

C. 女权组织的领导人一直把预防强奸案的发生作为优先考虑的问题。

D. 这个城市受害妇女控告的强奸案发生率最高的地区集中在东部的三个邻近街区。

E. 这个城市对强奸犯的法律惩治越来越严厉。

例 10.87 新疆的哈萨克族人用经过训练的金雕在草原上长途追击野狼。某研究小组为研究金雕的飞行方向和判断野狼群的活动范围，将无线电传导器放置在一只金雕身上进行追踪。野狼为了觅食，其活动范围通常很广，因此，金雕追击野狼的飞行范围通常也很大。然而，两周以来，无线电传导器不断传回的信号显示，金雕仅在放飞地 3 千米范围内飞行。

以下哪项如果为真，最有助于解释上述金雕的行为？

A. 金雕的放飞地周边重峦叠嶂，险峻异常。

B. 金雕的放飞地 2 千米范围内有一牧羊草场，成为狼群袭击的目标。

C. 由于受训金雕的捕杀，放飞地广阔草原的野狼几乎灭绝了。

D. 无线电传导器信号仅能在有限的范围内传导。

E. 无线电传导器的安放并未削弱金雕的飞行能力。

例 10.88 在 19 世纪，法国艺术学会是法国绘画及雕塑的主要赞助部门，当时个人赞助者已急剧减少。由于该艺术学会并不鼓励艺术创新，19 世纪的法国雕塑缺乏新意。然而，同一时期的法国绘画却表现出很大程度的创新。

以下哪项如果为真，最有助于解释 19 世纪法国绘画与雕塑之间创新的差异？

A. 在 19 世纪，法国艺术学会给予绘画的经费支持比雕塑多。

B. 在 19 世纪，雕塑家比画家获得更多的来自法国艺术学会的支持经费。

C. 由于颜料和画布价格比雕塑用的石料便宜，19 世纪法国的非赞助绘画作品比非赞助雕塑作品多。

D. 19 世纪极少数的法国艺术家既进行雕塑创作，也进行绘画创作。

E. 尽管法国艺术学会仍对雕塑家和画家给予赞助，但 19 世纪的法国雕塑家和画家得到的经费支持明显下降。

例 10.89 汽车保险公司的统计数据显示：在所处理的汽车被盗索赔案中，安装自动防盗系统汽车的比例明显低于未安装此种系统的汽车。这说明，安装自动防盗系统能明显减少汽车被盗的风险。但警察局的统计数据却显示：在报案的被盗汽车中，安装自动防盗系统的比例高于未安装此种系统的汽车。这说明，安装自动防盗系统不能减少汽车被盗的风险。

以下哪项如果为真，最有利于解释上述看起来矛盾的统计结果？

A. 许多安装了自动防盗系统的汽车车主不再购买汽车被盗保险。

B. 有些未安装自动防盗系统的汽车被盗后，车主报案但未索赔。

C. 安装自动防盗系统的汽车大都档次较高，汽车的档次越高，越易成为被盗窃的对象。

D. 汽车被盗后，车主一般先到警察局报案，再去保险公司索赔。

E. 有些安装了自动防盗系统的汽车被盗后，车主索赔但未报案。

例 10.90 烟草业仍然是有利可图的。在中国，尽管今年吸烟者中成人的人数减少，烟草生产商销售的烟草总量还是增加了。

以下哪项不能用来解释烟草销售量的增长和吸烟者中成人人数的减少？

A. 今年，开始吸烟的妇女数量多于戒烟的男子数量。

B. 今年，开始吸烟的少年数量多于同期戒烟的成人数量。

C. 今年，非吸烟者中咀嚼烟草及嗅鼻烟的人多于戒烟者。

D. 今年和往年相比，那些有长年吸烟史的人平均消费了更多的烟草。

E. 今年中国生产的香烟中用于出口的数量高于往年。

例 10.91 1970 年，U 国汽车保险业的赔付总额中，只有 10% 用于赔付汽车事故造成的人身伤害。而 2000 年，这部分赔付金所占的比例上升到 50%，尽管这 30 年来 U 国的汽车事故率呈逐年下降的趋势。

以下哪项如果为真，最有助于解释上述看起来矛盾的现象？

A. 这 30 年来，U 国汽车的总量呈逐年上升的趋势。

B. 这 30 年来，U 国的医疗费用显著上升。

C. 2000 年 U 国的交通事故数量明显多于 1970 年。

D. 2000 年 U 国实施的新交通法规比 1970 年的更为严格。

E. 这 30 年来，U 国汽车保险金的上涨率明显高于此期间的通货膨胀率。

扫码免费听
专题5讲解

专题5　推论题

技巧总结

【第1步　识别论证类型】

(1)_____

题干的提问方式为：

"以下哪项如果为真，最能概括题干所要表达的结论？"

(2)_____

题干的提问方式为：

"如果上述断定为真，则以下哪项断定必然为真？"

"如果上述断定为真，最能推出以下哪项结论？"

"如果上述断定为真，最能支持以下哪项结论？"

【第2步　套用母题方法】

(1)_____

分析题干的论证结构，找到题干的论点即可。可参考人丑模型的解题方法。

(2)_____

普通推论题与形式逻辑中的推理题以及综合推理题的提问方式是相同的。因此：

情况1：题干中有诸如"如果……那么……""只有……才……"等逻辑关联词，此题为推理题，应用本书前3讲的解法解题。

情况2：题干中没有以上逻辑关联词，则用论证、因果等相关知识解题。

【注意】判断干扰项的方法

主要考虑以下内容：_____。

典型例题

例 10.92 人一般都偏好醒目的颜色。在婴幼儿眼里，红、黄都是醒目的颜色，这与成人相同；但与许多成人不同的是，黑、蓝和白色是不醒目的。市场上红、黄色为主的儿童玩具，比同样价格的黑、蓝和白色为主的玩具销量要大。

以上信息最能支持以下哪项结论？

A. 市场上黑、蓝和白色的成人服装比同样价格的红、黄色成人服装销量要人。

B. 市场上红、黄色为主的儿童服装，比同样价格的黑、蓝和白色为主的儿童服装销量要大。

C. 儿童玩具的销售状况至少在某种程度上反映了婴幼儿的喜好。

D. 儿童玩具的制造商认真研究了婴幼儿对颜色的喜好。

E. 颜色是婴幼儿选择玩具的唯一标准。

例 10.93 人们已经认识到，除了人以外，一些高级生物不仅能适应环境，而且能改变环境以利于自己的生存。其实，这种特性很普遍。例如，一些低级浮游生物会产生一种气体，这种气体在大气层中转化为硫酸盐颗粒，这些颗粒使水蒸气浓缩而形成云。事实上，海洋上空的云层的形成很大程度上依赖于这种颗粒。较厚的云层意味着较多的阳光被遮挡，意味着地球吸收较少的热量。因此，这些低级浮游生物使地球变得凉爽，而这有利于它们的生存，当然也有利于人类。

以下哪项最为准确地概括了上述议论的主题？

A. 为了改变地球的温室效应，人类应当保护低级浮游生物。

B. 并非只有高级生物才能改变环境以利于自己的生存。

C. 一些低级浮游生物通过改变环境以利于自己的生存，同时也造福于人类。

D. 海洋上空云层形成的规模，很大程度上取决于海洋中低级浮游生物的数量。

E. 低等生物以对其他种类的生物无害的方式改变环境，而高等生物则往往相反。

例 10.94 神经化学物质的失衡可以引起人的行为失常，大到严重的精神疾病，小到常见的孤僻、抑郁甚至暴躁、嫉妒。神经化学的这些发现，使我们不但对精神疾病患者，而且对身边原本生厌的怪癖行为者，怀有同情和容忍。因为精神健康，无非是指具有平衡的神经化学物质。

以下哪项最为准确地表达了上述论证所要表达的结论？

A. 神经化学物质失衡的人在人群中只占少数。

B. 神经化学的上述发现将大大丰富精神病学的理论。

C. 理解神经化学物质与行为的关系将有助于培养对他人的同情心。

D. 神经化学物质的失衡可以引起精神疾病或其他行为失常。

E. 神经化学物质是否平衡是决定精神或行为是否正常的主要因素。

例 10.95 在西方经济发展的萧条期，消费需求的萎缩导致许多企业解雇职工甚至倒闭。在萧条期，被解雇的职工很难找到新的工作，这就增加了失业人数。萧条之后的复苏，是指消费需求的增加和社会投资能力的扩张。这种扩张要求增加劳动力。但是经历了萧条之后的企业主大都丧失了经商的自信，他们尽可能地推迟雇用新的职工。

上述断定如果为真，最能支持以下哪项结论？

A. 经济复苏不一定能迅速减少失业人数。

B. 萧条之后的复苏至少需要两三年。

C. 萧条期的失业大军主要由倒闭企业的职工组成。

D. 萧条通常是由企业主丧失经商自信引起的。

E. 在西方经济发展中出现萧条是解雇职工造成的。

例 10.96 先天的遗传因素和后天的环境影响对人的发展起的作用到底哪个重要？双胞胎的研究对于回答这一问题有重要的作用。唯环境影响决定论者预言，如果把一对双胞胎完全分开抚养，同时把一对不相关的婴儿放在一起抚养，那么，待他们长大成人后，在性格等内在特征上，前二者之间绝不会比后二者之间有更大的类似。实验的统计数据并不支持这种极端的观点，但也不支持另一种极端观点，即唯遗传因素决定论。

从以上论述最能推出以下哪个结论？

A. 为了确定上述两个极端观点哪一个正确，还需要进一步的研究工作。

B. 虽然不能说环境影响对于人的发展起唯一决定的作用，但实际上起最重要的作用。

C. 环境影响和遗传因素对人的发展都起着重要的作用。

D. 试图通过改变一个人的环境来改变一个人是徒劳无益的。

E. 双胞胎研究是不能令人满意的，因为它得出了自相矛盾的结论。

例 10.97 张珊有合法与非法的概念，但没有道德上对与错的概念。她由于自己的某个行为受到起诉。尽管她承认自己的行为是非法的，但却不知道这一行为事实上是不道德的。

上述断定能恰当地推出以下哪项结论？

A. 张珊做了某种违法的事。

B. 张珊做了某种不道德的事。

C. 张珊是法律专业的毕业生。

D. 非法的行为不可能合乎道德。

E. 对于法律来说，道德上的无知不能成为借口。

例 10.98 水泥的原料是很便宜的，像石灰石和随处可见的泥土都可以用作水泥的原料。但水泥的价格会受石油价格的影响，因为在高温炉窑中把原料变为水泥要耗费大量的能源。

基于上述断定，最可能得出以下哪项结论？

A. 石油是水泥所含的原料之一。

B. 石油是制水泥的一些高温炉窑的能源。

C. 水泥的价格随着油价的上升而下跌。

D. 水泥的价格越高，石灰石的价格也越高。

E. 石油价格是决定水泥产量的主要因素。

例 10.99 大多数抗忧郁药物都会引起体重增加，尽管在服用这些抗忧郁药物时，节食有助于减少体重的增加，但不可能完全避免这种现象。

以上信息最能支持以下哪项结论？

A. 医生不应当给体重超重的患者开抗忧郁药处方。

B. 至少有些服用抗忧郁药物的人的体重会超重。

C. 至少有些服用抗忧郁药物的人会体重增加。

D. 至少有些服用抗忧郁药物的患者应当通过节食来保持体重。

E. 服用抗忧郁药物的人体重超重，是由于没有坚持节食。

例 10.100 有一种识别个人签名的电脑软件，不但能准确辨别签名者的笔迹，而且能准确辨别其他一些特征，如下笔的力度、签名的速度等。一个最在行的伪造签名的人，即使能完全模仿签名者的笔迹，也不能同时完全模仿上述这些特征。

如果上述断定为真，则以下哪项最可能为真？

A. 一个伪造签名者，如果能完全模仿签名者下笔的力度，则一定不能完全模仿签名的速度。

B. 一个最在行的伪造签名者，如果不能完全模仿签名者下笔的力度，则一定能完全模仿签名的速度。

C. 对于配备上述软件的电脑来说，如果把使用者的个人签名作为密码，那么除使用者本人外，无人能进入。

D. 上述电脑软件将首先在银行系统得到应用。

E. 上述电脑软件不能辨别指纹。

例 10.101 一些重大工程的严重事故的最初起因，没有一次是设备故障，都是人为失误。这种失误，和小到导致交通堵塞、大到导致仓库失火的人为失误，没有实质性的区别。从长远的观点看，交通堵塞和仓库失火几乎是不可避免的。

上述断定最能支持以下哪项结论？

A. 重大工程不可能因设备故障而导致事故。

B. 重大工程的管理并不比指挥交通、管理仓库复杂。

C. 重大工程如果持续运作，那么发生严重事故几乎是不可避免的。

D. 人们试图通过严格的规章制度以杜绝安全事故的努力是没有意义的。

E. 为使人类免于严重事故引起的灾难，世界各地的重大工程应当立即停止运作。

例 10.102 最近的研究表明，和鹦鹉长期密切接触会增加患肺癌的危险。但是没人会因为存在这种危险性，而主张政府通过对鹦鹉的主人征收安全税来限制或减少人和鹦鹉的接触。因此，同样的道理，政府应该取消对滑雪、汽车、摩托车和竞技降落伞等带有危险性的比赛场所征收安全税。

以下哪项最不符合题干的意思？

A. 政府应该对一些豪华型的健身美容设施征收专门税以贴补教育。

B. 政府不应该提倡但也不应禁止新闻媒介对飞车越黄河这样的危险性活动的炒作。

C. 政府应运用高科技手段来提高竞技比赛的安全性。

D. 政府应拨专款来确保登山运动和探险活动参加者的安全。

E. 政府应设法通过增加成本的方式，来减少人们对带有危险性的竞技娱乐活动的参与。

例 10.103 让所有的实验鼠奔跑 1 小时。第一组实验鼠跑前 1 小时喝西红柿汁。第二组跑后喝西红柿汁。第三组奔跑到 30 分钟后喝西红柿汁，休息 1 小时后再跑 30 分钟。对照组实验鼠只饮水。运动过后 6 小时测量实验鼠血液中标志动物疲劳的物质"TGF-b"的浓度，结果是：与只饮水的实验鼠相比，第一组和第三组实验鼠的这一指标减少 50％～60％，而第二组实验鼠几乎没有差别。

以下哪一项最适合作为上述实验的结论？

A. 饮用西红柿汁可以消除运动引起的疲劳。

B. 动物的疲劳是由"TGF-b"这种物质所致。

C. 前 3 组实验鼠与只饮水的实验鼠是以同样的速度奔跑的。

D. 在运动强度和运动量相同的情况下，运动间隙中较长时间的休息可以减轻疲劳。

E. 运动前饮用西红柿汁可以减轻运动疲劳。

例 10.104 硕鼠通常不患血癌。在一项实验中发现，给 300 只硕鼠同等量的辐射后，将它们平均分为两组：第一组可以不受限制地吃食物；第二组限量吃食物。结果第一组有 75 只硕鼠患血癌，第二组有 5 只硕鼠患血癌。

上述实验最能支持以下哪项结论？

A. 硕鼠和其他动物一样，有时原因不明就患血癌。

B. 通过限制硕鼠的进食量，可以控制由实验辐射导致的硕鼠血癌的发生。

C. 是否暴露于辐射之中对于硕鼠是否患血癌没有任何影响。

D. 对于其他种类的动物，实验辐射很少导致患血癌。

E. 硕鼠是否患病，与个体的体质有关。

例 10.105 去年某旅游胜地游客人数与前年游客人数相比，减少约一半。当地旅游管理部门调查发现，去年与前年的最大不同是入场门票从 120 元升到 190 元。

以下哪项措施最可能有效地解决上述游客锐减问题？

A. 利用多种媒体加强广告宣传。

B. 旅游地增加更多的游玩项目。

C. 根据实际情况，入场门票实行季节浮动价。

D. 对游客提供更周到的服务。

E. 加强该旅游地与旅游公司的联系。

例 10.106 一项对西部山区小塘村的调查发现，小塘村约五分之三的儿童进入中学后出现中度以上的近视，而他们的父母及祖辈，没有机会到正规学校接受教育，很少出现近视。

以下哪项作为上述断定的结论最为恰当？

A. 接受文化教育是造成近视的原因。

B. 只有在儿童时期接受正式教育才易于成为近视。

C. 阅读和课堂作业带来的视觉压力必然造成儿童的近视。

D. 文化教育的发展和近视现象的出现有密切关系。

E. 小塘村约五分之二的儿童是文盲。

例 10.107 19 世纪前，技术、科学发展相对独立。而 19 世纪的电气革命，是建立在科学基础上的技术创新，它不可避免地导致了两者的结合与发展，而这又使人类不可避免地面对尖锐的伦理道德问题和资源环境问题。

以下哪项符合题干的断定？

Ⅰ. 产生当今尖锐的伦理道德问题和资源环境问题的一个重要根源是电气革命。

Ⅱ. 如果没有电气革命，则不会产生当今尖锐的伦理道德问题和资源环境问题。

Ⅲ. 如果没有科学与技术的结合，就不会有电气革命。

A. 仅Ⅰ。

B. 仅Ⅱ。

C. 仅Ⅲ。

D. 仅Ⅰ和Ⅲ。

E. Ⅰ、Ⅱ和Ⅲ。

扫码免费听
专题 6 讲解

专题 6 其他偶考题

评论题技巧总结

【第 1 步 识别论证类型】

题干的提问方式为：

"回答以下哪个问题对评价以上陈述最有帮助？"

"了解以下哪项，对评价上述论证最为重要？"

【第 2 步 套用母题方法】

此类题就是要求我们找到一个关键问题，这一关键问题的回答会直接影响到题干论证的成立性。即，对这个问题做正面回答，可以＿＿＿＿＿＿＿＿＿＿＿＿＿＿＿＿＿＿；对这个问题做反面回答，可以＿＿＿＿＿＿＿＿＿＿＿＿＿＿＿＿＿。

常用"设计对比实验"法。

典型例题

例 10.108 老林被誉为"股票神算家"。他曾经成功地预测了 1994 年 8 月"井喷式"上升行情和 1996 年下半年的股市暴跌，这仅是他准确预测股市行情的两个实例。

回答以下哪个问题对评价以上陈述最有帮助？

A. 老林准确预测股市行情的成功率是多少？

B. 老林是否准确地预言了 2002 年 6 月 13 日的股市大跌？

C. 老林准确预测股市行情的方法是什么？

D. 老林的最高学历和所学专业是什么？

E. 有多少人相信老林对股市行情的预测？

例 10.109 在过去的几十年，正在接受高等教育的学生中，女性比例正在逐渐升高。以下事实可以部分地说明这一点：在 1959 年，20～21 岁之间的女性只有 11％正在接受高等教育，而在 1991 年，这个年龄段中的女性有 30％在高校读书。

了解以下哪项，对评价上述论证最为重要？

A. 在该年龄段的女性中，没有接受高等教育的比例。

B. 在该年龄段的女性中，完成高等教育的比例。

C. 完成高等教育的女性中，毕业后进入高薪阶层的比例。

D. 在该年龄段的男性中，接受高等教育的比例。

E. 在该年龄段的男性中，完成高等教育的比例。

第7讲

结构相似题技巧总结

【第 1 步　识别论证类型】

题干的提问方式为：

"上述论证方式和以下哪项最为类似？"

"以下哪项论证中出现的逻辑错误与题干中出现的类似？"

【第 2 步　套用母题方法】

步骤 1：找到题干中的_____。

步骤 2：选出一个和题干中的论证方法或逻辑错误_____。

典型例题

例 10.110　一艘远洋帆船载着 5 位中国人和几位外国人由中国开往欧洲。途中，除 5 位中国人外，全患上了败血症。同乘一艘船，同样是风餐露宿，漂洋过海，为什么中国人和外国人如此不同呢？原来这 5 位中国人都有喝茶的习惯，而外国人没有。于是得出结论：喝茶是这 5 位中国人未得败血症的原因。

以下哪项和题干中得出结论的方法最为相似？

A. 警察锁定了犯罪嫌疑人，但是从目前掌握的事实来看，都不足以证明他犯罪。专案组由此得出结论：必有一种未知的因素潜藏在犯罪嫌疑人身后。

B. 在两块土壤情况基本相同的麦地上，对其中一块施氮肥和钾肥，另一块只施钾肥。结果施氮肥和钾肥的那块麦地的产量远高于另一块。可见，施氮肥是麦地产量较高的原因。

C. 孙悟空："如果打白骨精，师父会念紧箍咒；如果不打，师父就会被妖精吃掉。"孙悟空无奈得出结论："我还是回花果山算了。"

D. 天文学家观测到天王星的运行轨道有特征 A、B、C，已知特征 A、B 分别是由两颗行星甲、乙的吸引造成的，于是猜想还有一颗未知行星造成天王星的轨道特征 C。

E. 一定压力下的一定量气体，温度升高，体积增大；温度降低，体积缩小。气体体积与温度之间存在一定的相关性，说明气体温度的改变是其体积改变的原因。

例 10.111 一家化工厂，生产一种可以让诸如水獭这样小的哺乳动物不能生育的杀虫剂。工厂开始运作以后，一种在附近小河中生存的水獭不能生育的发病率迅速增加。因此，这家工厂在生产杀虫剂时一定污染了河水。

以下哪项陈述中所包含的推理错误与上文中的最为相似？

A. 低钙饮食可以导致家禽产蛋量下降。一个农场里的鸡在春天放出去觅食后，它们的产蛋量明显减少了。所以，它们找到和摄入的食物的含钙量一定很低。

B. 导致破伤风的细菌在马的消化道内生存，破伤风是一种传染性很强的疾病。所以，马一定比其他大多数动物更容易染上破伤风。

C. 营养不良的动物很容易感染疾病，在大城市动物园里的动物没有营养不良。所以，它们肯定不容易感染疾病。

D. 猿的特征是有反转的拇指并且没有尾巴。最近，一种未知动物的化石残余被发现，由于这种动物有可反转的拇指，所以，它一定是猿。

E. 有人说一般头顶双旋的孩子都比较聪明，因此，聪明的孩子的头顶都有两个旋。

例 10.112 有些人坚信飞碟是存在的。理由是，谁能证明飞碟不存在呢？

下列选项中，哪一项与上文的论证方式是相同的？

A. 中世纪欧洲神学家论证上帝存在的理由是：你能证明上帝不存在吗？

B. 神农架地区有野人，因为有人看见过野人的踪影。

C. 科学家不是天生聪明的。因为，爱因斯坦就不是天生聪明的。

D. 一个经院哲学家不相信人的神经在脑中汇合。理由是，亚里士多德著作中讲到，神经是从心脏里产生出来的。

E. 鬼是存在的。如果没有鬼，为什么古今中外有那么多人讲鬼故事？

答案速查

第1讲 推理基础

（形式逻辑及综合推理基础）

第1章 复言命题

第1节 假言命题

例 1.1 A 　　例 1.2 D 　　例 1.3 D 　　例 1.4 B 　　例 1.5 E

例 1.6 D 　　例 1.7 C 　　例 1.8 D 　　例 1.9 B 　　例 1.10 C

例 1.11 C

第2节 联言选言命题

例 1.12 E 　　例 1.13 E

例 1.14 (1)项为假；(2)项为真；(3)项为真；(4)项为假；(5)项为真

例 1.15 A 　　例 1.16 E 　　例 1.17 E 　　例 1.18 D 　　例 1.19 E

例 1.20 C 　　例 1.21 D 　　例 1.22 B 　　例 1.23 A 　　例 1.24 D

例 1.25 E 　　例 1.26 E

第2章 简单命题

第1节 性质命题与模态命题

例 2.1 (1)项为假；(2)项为真；(3)项为假；(4)项为假；(5)项为真

例 2.2 C

例 2.3 (1)项为假；(2)项为真；(3)项为假；(4)项为真；(5)项为假

例 2.4 (1)项为假；(2)项为真；(3)项为真；(4)项为假；(5)项为真

例 2.5 E 　　　例 2.6 A 　　　例 2.7 D

第2节 负命题

例2.8

(1) 并非 所有 地铁 在 地下开。

等价于： 有的 地铁 不在 地下开。

(2)并非 所有 地铁 不在 地下开。

等价于： 有的 地铁 在 地下开。

(3)并非 有的 地铁 在 地下开。

等价于： 所有 地铁 不在 地下开。

(4)并非 有的 地铁 不在 地下开。

等价于： 所有 地铁 在 地下开。

例2.9

(1)鸟不都会飞＝不是所有鸟都会飞＝有的鸟不会飞。

(2)并非鸟不都会飞＝所有鸟会飞。

(3)并非鸟都会飞＝不是所有鸟都会飞＝有的鸟不会飞。

(4)并非鸟都不会飞＝并非所有鸟不会飞＝有的鸟会飞。

例2.10 C 例2.11 B

例2.12

(1)不 可能 所有 运动员 有 洪荒之力。

＝ 必然 有的 运动员 没有 洪荒之力。

(2)运动员不可能都有洪荒之力。

＝不 可能 所有 运动员 有 洪荒之力("都"等于"所有")。

＝ 必然 有的 运动员 没有 洪荒之力。

(3)运动员可能不都有洪荒之力。

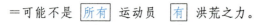

＝可能不是 所有 运动员 有 洪荒之力。

＝可能 有的 运动员 没有 洪荒之力。

注意："可能"前面没有否定词，不用变。

(4)运动员都不可能有洪荒之力。

＝所有运动员不 可能 有 洪荒之力（"都"等于"所有"）。

＝所有运动员 必然 没有 洪荒之力。

注意："所有"前面没有否定词，不用变。

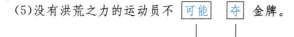

(5)没有洪荒之力的运动员不 可能 夺 金牌。

＝没有洪荒之力的运动员 必然 不夺 金牌。

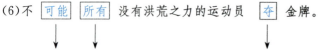

(6)不 可能 所有 没有洪荒之力的运动员 夺 金牌。

＝ 必然 有的 没有洪荒之力的运动员 不夺 金牌。

例 2.13 C	例 2.14 E	例 2.15 D	例 2.16 E	例 2.17 D
例 2.18 D	例 2.19 A	例 2.20 E	例 2.21 A	例 2.22 B
例 2.23 B	例 2.24 A	例 2.25 D	例 2.26 A	例 2.27 C

第 3 节 关系命题

例 2.28 E   例 2.29 A   例 2.30 E

第 3 章 概念

第 1 节 概念与定义

例 3.1 E   例 3.2 D   例 3.3 D   例 3.4 D

第 2 节 概念间的关系

例 3.5 C   例 3.6 A

第 3 节 概念的划分

例 3.7 A

第2讲　推理母题：5大条件类

（含形式逻辑及综合推理）

第4章　推理母题：5大条件类

第2节　5大条件类母题模型

例4.1　B	例4.2　D	例4.3　E	例4.4　E	例4.5　E
例4.6　E	例4.7　E	例4.8　A	例4.9　E	例4.10　B
例4.11　E	例4.12　A	例4.13　A	例4.14　A	例4.15　B
例4.16　D	例4.17　E	例4.18　D	例4.19　B	例4.20　D
例4.21　A	例4.22　D	例4.23　D	例4.24　B	例4.25　E
例4.26　D	例4.27　D	例4.28　C	例4.29　A	例4.30　C
例4.31　D	例4.32　B	例4.33　D	例4.34　(1)A；(2)A；(3)E	
例4.35　D	例4.36　B	例4.37　B	例4.38　(1)B；(2)C	
例4.39　B	例4.40　B	例4.41　E	例4.42　E	例4.43　C
例4.44　(1)E；(2)D；(3)A；(4)E			例4.45　E	

第3节　5大条件综合推理

例4.46　A	例4.47　D	例4.48　(1)C；(2)D；(3)A	
例4.49　(1)E；(2)B；(3)C；(4)A；(5)B		例4.50　(1)B；(2)D	
例4.51　(1)D；(2)D		例4.52　C	例4.53　A
例4.54　(1)C；(2)B	例4.55　D	例4.56　(1)A；(2)C	

第3讲　推理母题：非5大条件类

（含形式逻辑及综合推理）

第5章　推理母题：非5大条件类

第1节　性质命题串联的基础知识

例5.1　B	例5.2　B	例5.3　C

第2节　与性质命题相关的母题模型

例5.4　C	例5.5　B	例5.6　B	例5.7　D	例5.8　C
例5.9　A	例5.10　B	例5.11　A	例5.12　E	例5.13　D

例 5.14 E	例 5.15 E	例 5.16 E	例 5.17 D	例 5.18 E
例 5.19 B	例 5.20 A	例 5.21 C	例 5.22 A	例 5.23 D
例 5.24 C	例 5.25 A	例 5.26 D	例 5.27 A	例 5.28 A
例 5.29 D	例 5.30 C	例 5.31 (1)C；(2)D		

第3节 其他综合推理题

例 5.32 A	例 5.33 D	例 5.34 A	例 5.35 B	例 5.36 A
例 5.37 A	例 5.38 B	例 5.39 (1)A；(2)C		例 5.40 B
例 5.41 C				

第 4 讲 论证母题：一致性类

第6章 拆桥搭桥与类比、归纳、演绎

第1节 论证基础

例 6.1 D	例 6.2 B

第2节 一致性类论证母题的破解

例 6.3 C	例 6.4 E	例 6.5 C	例 6.6 E	例 6.7 C
例 6.8 E	例 6.9 C	例 6.10 E	例 6.11 E	例 6.12 B
例 6.13 B	例 6.14 A	例 6.15 A	例 6.16 B	例 6.17 D
例 6.18 A	例 6.19 D	例 6.20 E	例 6.21 D	例 6.22 C
例 6.23 C	例 6.24 D	例 6.25 A		

第 5 讲 论证母题：非一致性类

第7章 因果关系与措施目的

第1节 因果关系基础

例 7.1 B	例 7.2 D

第2节 因果关系类母题模型

例 7.3 C	例 7.4 C	例 7.5 D	例 7.6 A	例 7.7 D
例 7.8 C	例 7.9 B	例 7.10 D	例 7.11 C	例 7.12 B
例 7.13 E	例 7.14 C	例 7.15 D	例 7.16 D	例 7.17 B

例 7.18　B　　　例 7.19　E　　　例 7.20　E　　　例 7.21　E　　　例 7.22　D

例 7.23　B　　　例 7.24　B　　　例 7.25　C　　　例 7.26　C　　　例 7.27　D

例 7.28　C　　　例 7.29　(1)A；(2)B　　　　　　例 7.30　C　　　例 7.31　D

例 7.32　D　　　例 7.33　D　　　例 7.34　C　　　例 7.35　E　　　例 7.36　D

例 7.37　A　　　例 7.38　D　　　例 7.39　A

第 3 节　措施目的

例 7.40　A　　　例 7.41　B　　　例 7.42　E　　　例 7.43　E　　　例 7.44　B

例 7.45　E　　　例 7.46　D　　　例 7.47　A　　　例 7.48　A

第 8 章　其他论证模型

第 1 节　统计论证

例 8.1　B　　　例 8.2　E　　　例 8.3　A　　　例 8.4　B　　　例 8.5　D

例 8.6　C　　　例 8.7　A　　　例 8.8　E　　　例 8.9　E　　　例 8.10　E

例 8.11　D　　　例 8.12　C　　　例 8.13　D

第 2 节　其他论证模型

例 8.14　B　　　例 8.15　C　　　例 8.16　B　　　例 8.17　B　　　例 8.18　C

例 8.19　C　　　例 8.20　B　　　例 8.21　A　　　例 8.22　C　　　例 8.23　C

例 8.24　E　　　例 8.25　D　　　例 8.26　B

第 6 讲　逻辑谬误与论证逻辑干扰项

第 9 章　逻辑谬误与论证逻辑干扰项

第 1 节　常见逻辑谬误

例 9.1　E　　　例 9.2　B　　　例 9.3　D　　　例 9.4　A　　　例 9.5　E

例 9.6　D　　　例 9.7　D　　　例 9.8　E　　　例 9.9　A　　　例 9.10　E

例 9.11　A　　　例 9.12　D　　　例 9.13　D　　　例 9.14　D

第 2 节　论证逻辑干扰项破解

例 9.15　E　　　例 9.16　C　　　例 9.17　D　　　例 9.18　D　　　例 9.19　B

例 9.20　D　　　例 9.21　E　　　例 9.22　D　　　例 9.23　A　　　例 9.24　B

例 9.25　B　　　例 9.26　D　　　例 9.27　E　　　例 9.28　C　　　例 9.29　D

例 9.30　E

第7讲　论证逻辑必考专题突破

第10章　论证逻辑必考专题

专题1　削弱题

例10.1　A	例10.2　E	例10.3　C	例10.4　D	例10.5　A
例10.6　D	例10.7　A	例10.8　E	例10.9　B	例10.10　E
例10.11　E	例10.12　C	例10.13　D	例10.14　C	例10.15　E
例10.16　A	例10.17　D	例10.18　D	例10.19　D	例10.20　B
例10.21　B	例10.22　C	例10.23　E	例10.24　B	例10.25　C
例10.26　B	例10.27　D	例10.28　A	例10.29　B	例10.30　C

专题2　支持题

例10.31　D	例10.32　D	例10.33　D	例10.34　E	例10.35　E
例10.36　E	例10.37　D	例10.38　E	例10.39　B	例10.40　D
例10.41　D	例10.42　C	例10.43　C	例10.44　B	例10.45　A
例10.46　D	例10.47　D	例10.48　A	例10.49　A	例10.50　A
例10.51　A	例10.52　C	例10.53　A	例10.54　B	例10.55　A

专题3　假设题

例10.56　D	例10.57　E	例10.58　B	例10.59　E	例10.60　E
例10.61　E	例10.62　C	例10.63　E	例10.64　B	例10.65　D
例10.66　E	例10.67　B	例10.68　A	例10.69　D	例10.70　D
例10.71　E	例10.72　C	例10.73　C	例10.74　A	例10.75　C
例10.76　D	例10.77　E			

专题4　解释题

例10.78　E	例10.79　D	例10.80　A	例10.81　E	例10.82　D
例10.83　D	例10.84　B	例10.85　C	例10.86　A	例10.87　B
例10.88　C	例10.89　A	例10.90　A	例10.91　B	

专题5　推论题

例10.92　C	例10.93　B	例10.94　C	例10.95　A	例10.96　C
例10.97　B	例10.98　B	例10.99　C	例10.100　C	例10.101　C
例10.102　E	例10.103　E	例10.104　B	例10.105　C	例10.106　D
例10.107　D				

专题6　其他偶考题

例10.108　A	例10.109　D	例10.110　B	例10.111　A	例10.112　A

MBA MPA MPAcc MEM

管理类 经济类联考逻辑

书课包

主编 吕建刚

公式技巧

口诀、公式、技巧
随时翻阅，查漏补缺

中国政法大学出版社

2023 · 北京

目录

第 1 部分

33 个大纲考点

🔵 大纲考点 1-3 充分条件、必要条件、充要条件

条件关系	符号化	含义	典型关联词
充分条件	A→B	当事件 A 发生时，事件 B 一定发生	如果……就…… 只要……就…… 一旦……就…… ……就…… ……必须…… ……则…… ……一定……
必要条件	￢A→￢B	当事件 A 不发生时，事件 B 一定不会发生	只有……才…… 除非……才…… ……是……的前提 ……是……的基础 ……对于……不可或缺
充要条件	A↔B	事件 A 对于事件 B 来说既是充分的又是必要的	当且仅当 ……是……的唯一条件

🔵 大纲考点 4 "除非否则"的三种句式

句式	符号化
除非 A，否则 B	
A，否则 B	￢A→B
B，除非 A	

注意：若要人不知，除非己莫为。符号化为：人不知→己莫为。

大纲考点 5　串联推理

已知 A→B，B→C。	
可将已知条件串联	A→B→C。
逆否	﹁ C→﹁ B→﹁ A。
箭头指向原则	有箭头指向则为真，没有箭头指向则可真可假。

大纲考点 6-8　联言命题与选言命题

名称	符号化	含义	典型关联词
联言命题	A∧B	事件 A 和事件 B 都发生	既……又…… ……，但是…… 并列关系，省略了关联词 ……，却…… ……和……
相容选言命题	A∨B	事件 A 和事件 B 至少发生一个，也可能都发生	或者……，或者…… ……或者 至少 或者……，或者……，二者至少其一
不相容选言命题	A∀B	事件 A 和事件 B 发生且仅发生一个	要么……要么…… 或者……或者……，二者必居其一

大纲考点 9　箭头与或者的互换公式

名称	公式
或者变箭头	（A∨B）=（﹁ A→B）=（﹁ B→A）
箭头变或者	（A→B）=（﹁ A∨B）

大纲考点 10　不相容选言命题与排除法的使用

已知 A∀B 为真	如果A，则¬B。
	如果B，则¬A。
	如果¬A，则B。
	如果¬B，则A。

大纲考点 11　箭摩根公式

类型	等价于①	等价于②
A→B∧C	¬（B∧C）→¬A	¬B∨¬C→¬A
A→B∨C	¬（B∨C）→¬A	¬B∧¬C→¬A
A∧B→C	¬C→¬（A∧B）	¬C→¬A∨¬B
A∨B→C	¬C→¬（A∨B）	¬C→¬A∧¬B

大纲考点 12　多重假言命题

类型	符号化	等价于
如果A，那么B，除非C	¬C→（A→B）	¬C→（¬A∨B）
		C∨（¬A∨B）
		C∨¬A∨B
		¬（C∨¬A）→B
		¬C∧A→B
只有A，才B，否则C	¬（B→A）→C	¬（¬B∨A）→C
		B∧¬A→C

大纲考点 13　性质命题

"有的"含义	它是一个存在量词，数量是从"1"到"所有"都有可能。
量词的位置	修饰主语，而不是宾语。
"一个"的含义	①数量关系是"1"；②数量关系是"所有"。

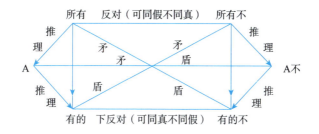

关系	判断	真假情况
矛盾关系	"所有"与"有的不" "所有不"与"有的" "某个"与"某个不"	矛盾关系，一真一假；一真另必假，一假另必真。
反对关系	"所有"与"所有不"	反对关系，至少一假；一真另必假，一假另不定。
下反对关系	"有的"与"有的不"	下反对关系，至少一真；一假另必真，一真另不定。
推理关系 （此处满足逆否原则）	所有→某个→有的 所有不→某个不→有的不	推理关系，上真下必真，下假上必假；反之则不定。

大纲考点 14 模态命题

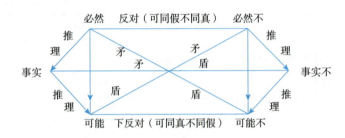

关系	判断	真假情况
矛盾关系	"必然"与"可能不" "必然不"与"可能" "事实"与"事实不"	矛盾关系，一真一假；一真另必假，一假另必真。
反对关系	"必然"与"必然不"	反对关系，至少一假；一真另必假，一假另不定。
下反对关系	"可能"与"可能不"	下反对关系，至少一真；一假另必真，一真另不定。
推理关系 （此处满足逆否原则）	必然→事实→可能 必然不→事实不→可能不	推理关系，上真下必真，下假上必假；反之则不定。

● 大纲考点 15-18　负命题

负命题	负命题的公式	负命题的口诀
性质命题 的负命题	"并非所有"等价于"有的不" "并非所有不"等价于"有的" "并非有的"等价于"所有不" "并非有的不"等价于"所有"	肯定变否定，否定变肯定； 所有变有的，有的变所有。
模态命题 的负命题	"不必然"等价于"可能不" "不必然不"等价于"可能" "不可能"等价于"必然不" "不可能不"等价于"必然"	肯定变否定，否定变肯定； 必然变可能，可能变必然。
联言选言 命题的 负命题	﹁（A∧B），等价于：﹁A∨﹁B ﹁（A∨B），等价于：﹁A∧﹁B ﹁（A∀B），等价于： （A∧B）∨（﹁A∧﹁B）， 又等价于：A↔B	肯定变否定，否定变肯定； 并且变或者，或者变并且； 要么变当且仅当，当且仅当 变要么。
假言命题 的负命题	①﹁（A→B）=A∧﹁B ②﹁（﹁A→﹁B）=﹁A∧B ③﹁（A↔B） 　=A∀B 　=（A∧﹁B）∀（﹁A∧B） 　=（A∧﹁B）∨（﹁A∧B）	①有它，但是也不行。 ②没它，但是也行。 ③一生一死。

注意：
(1)"都"的含义
①当"所有"和"都"连用时，"都"其实是个语气助词。
②当"都"独立使用时，"都"等价于"所有"。
(2)宾语中有量词
将此句子(或分句)变成被动句，这时宾语将变成主语，再使用替换法口诀。
(3)肯定和否定
上述口诀中的肯定和否定，指的是对谓语动词的肯定和否定。

大纲考点 19　关系命题

分类	含义
对称关系	如果 A 与 B 有着某种关系，那么 B 与 A 也<u>一定有</u>着同样的关系。
非对称关系	如果 A 与 B 有着某种关系，那么 B 与 A <u>可能有</u>这种关系，<u>也可能没有</u>这种关系。
反对称关系	如果 A 与 B 存在着某种关系，那么 B 与 A <u>肯定没有</u>这种关系。
传递关系	如果 A 对 B 有某种关系，B 对 C 也有某种关系，那么 A 对 C <u>也有</u>这种关系。
非传递关系	如果 A 对 B 有某种关系，B 对 C 也有某种关系，那么 A 对 C <u>可能有</u>这种关系，也<u>可能没有</u>这种关系。
反传递关系	如果 A 对 B 有某种关系，B 对 C 也有某种关系，那么 A 对 C <u>一定没有</u>这种关系。

大纲考点 20　概念与定义

　　概念有两层含义：内涵和外延。内涵是指概念所反映的事物的本质属性。外延是指具有概念的内涵所具有的那些属性的事物的范围。

编号	规则	违反规则的逻辑谬误	例句
①	定义项不得直接包含被定义项	同语反复	聪明人就是脑子很聪明的人
②	定义项不得间接包含被定义项	循环定义	奇数就是偶数加 1；而偶数就是奇数减 1

续表

编号	规则	违反规则的逻辑谬误	例句
③	定义项的外延和被定义项的外延必须完全相等	定义项 > 被定义项：定义过宽	人类是指用肺呼吸的哺乳动物
		定义项 < 被定义项：定义过窄	人类是指女人
④	定义不应包括含混的概念，不能用比喻句	定义含混	儿童就是指祖国的花朵
⑤	定义不应当是否定的	用否定句下定义	男人就是不是女人的人

◉大纲考点 21 集合概念与类概念

类型	定义
集合概念	集合体是指一定数量的个体所组成的全体。反映集合体的整体性质的概念，就是集合概念。
类概念	类概念，又称非集合概念，它表达的是这个概念中每个个体共同具有的性质。
集合概念与类概念区别	（1）集合概念具有的性质，组成集合的个体未必具有。 （2）类概念（非集合概念）具有的性质，这个类中的每个个体一定具有。 （3）利用"每个""之一"对二者进行区分，语义不发生变化的为类概念。

大纲考点 22 概念间的关系

类型	定义	图示
全同关系	两个概念的外延完全相同。	（图：大圆内 A B）
种属关系	一个概念 A（种）的外延包含于另外一个概念 B（属）的外延。	（图：大圆 B 内含小圆 A）
交叉关系	两个概念在外延上有并且只有一部分是重合的。	（图：两圆相交 A B）
全异关系 — 矛盾关系	两个概念的外延没有重合，并且两个概念的外延相加是全集。	（图：矩形被斜线分为 A B 两部分）
全异关系 — 反对关系	两个概念的外延没有重合，并且两个概念的外延相加不是全集，至少还有一个事物不属于这两个概念。反对关系可以同假，不能同真。	（图：矩形内两个不相交的椭圆 A B）

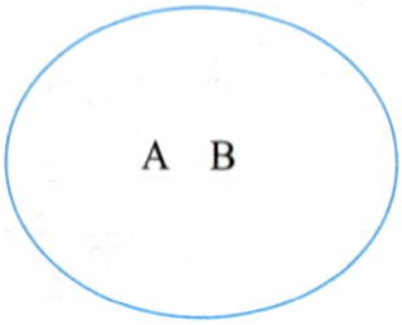

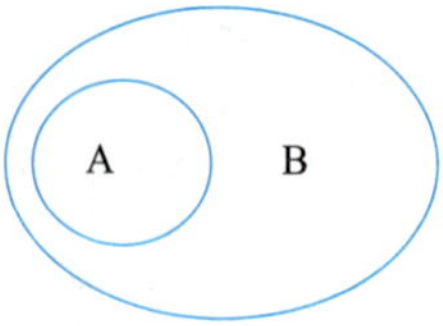

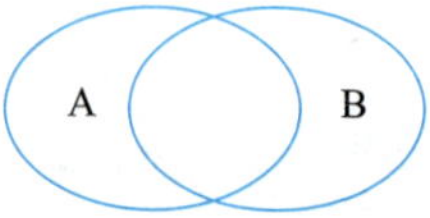

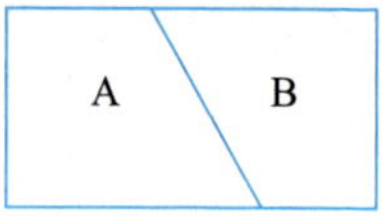

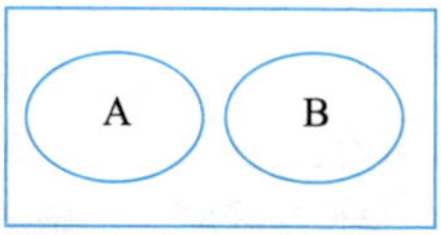

● 大纲考点 23 概念的划分

按照一个标准对概念进行细分，就是对概念的划分。

编号	规则	违反规则的逻辑谬误
①	标准要统一	划分标准不一致
②	层级要一致	不当并列
③	不重 各部分不能有交集	子项相容
④	不漏 各部分相加要等于原概念，不能比原概念外延小	划分不全
⑤	不多 各部分相加要等于原概念，不能比原概念外延大	多出子项

● 大纲考点 24 论证与论证结构

1. 一个论证逻辑题往往包括以下部分：

构成部分	具体内容	内容特点	常见标志词
背景介绍	是相关论证的一个引子。	①事实描述。 ②与观点不直接相关。 ③一般默认为真。	/

续表

构成部分	具体内容	内容特点	常见标志词
论据	用来证明论点的理由和证据。一般包括两大类：一是事实论据，二是理论论据。	①事实描述。②用于证明观点。③论据不一定为真。	（1）标志词后接论据：例如……，因为……，由于……，依据……，据统计……，等等。（2）标志词前接论据：……据此推断，……研究人员据此认为，……因此，……专家由此认为，等等。
论点	论证者所要证明的观点。	有所断定。	因此……，所以……，可见……，这表明……，实验表明……，据此推断……，由此认为……，我认为……，这样说来……，简而言之……，显然……，等等。
隐含假设	虽未言明，但是论证要想成立所必须具有的一个前提。	不在题干中直接出现。	/

2. 论证的分类

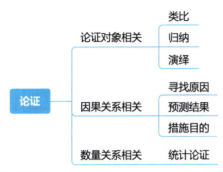

3. 论证逻辑考查题型

题型	提问方式
削弱题	"以下哪项如果为真，最能（或不能）削弱上述结论？" "以下哪项如果为真，最能（或不能）对上述结论提出质疑？" "以下哪项如果为真，最能反驳上述结论？" "以下哪项如果为真，最能说明上述结论不成立？" "以下各项都是对上述论点的质疑，除了哪项？"
支持题	"以下哪项如果为真，最能支持上述结论？" "以下哪项如果为真，最能加强上述结论？" "以下哪项如果为真，最不能支持上述结论？"
假设题	"上述结论如果要成立，必须基于以下哪项假设？" "上述论证假设了以下哪项？" "以下哪项最可能是上述论证所作的假设？"
解释题	"以下哪项如果为真，最有助于解释上述现象？" "以下哪项如果为真，最能解释上述差异？" "以下哪项如果为真，最有助于解释上述矛盾？"
推论题	"以下哪项最为恰当地概括了上述断定所要表达的结论？" "如果上述断定为真，则以下哪项断定必然为真？" "如果上述断定为真，最能推出以下哪项结论？"

续表

题型	提问方式
评论题	"以下哪项最为恰当地指出了上述论证中存在的漏洞？" "上述论证采用了以下哪种论证方法？" "以下哪项对上述论证基本结构的表示最为准确？" "回答以下哪个问题对评价以上陈述最有帮助？" "以下哪项最为恰当地概括了上述争论的问题？"

大纲考点 25　论证基本法（论证三性）

规则	规则的体现	违反规则的逻辑谬误
一致性	论证对象要一致	偷换论证对象
	论题要一致	转移论题
	概念的使用要一致	偷换概念
相关性	论据作为证明论点的依据，要与论点具备必然的相关性	诉诸无知、诉诸人身、诉诸权威、诉诸情感、诉诸众人、诉诸历史
真实性	论据既然是作为证据来证明一个论点的，它就必须是已知真实的	虚假论据

大纲考点 26　类比论证

定义	类比是根据两个或两类相关对象具有某些相似或相同的属性，从而推测他们在另外的属性上也相同或者相似。 类比论证的典型结构为： 　　　　对象 1：有性质 A，有性质 B； 　　　　对象 2：也有性质 A； 　　　　所以，对象 2 也有性质 B。

续表

类比的有效性	①两个类比对象是否相似； ②前提属性与结论属性是否本质上相关。 （真题主要考查第一点）

🔵大纲考点27　归纳论证

定义	归纳就是通过个别性、特殊性认识概括出一般性认识的过程。归纳可分为两种：一种叫完全归纳，另一种叫不完全归纳。 （1）完全归纳 完全归纳法是根据某类对象中每一个对象的性质，推出该类对象全部具有此性质。 （2）不完全归纳 不完全归纳法是根据一部分对象（样本）的性质，推出该类对象全部具有此性质。
样本的代表性	①样本的数量；②样本的广度；③样本的随机性。 逻辑谬误：不当归纳（以偏概全）。
中立性	无论是调查者还是被调查者，都应该保持中立性。

🔵大纲考点28　演绎论证

定义	演绎是由一般到个别的论证方法，它由一般原理出发，推导出关于个别情况的结论。演绎是必然性的论证，即：如果前提为真，则其结论一定为真。
推理与论证的区别	推理我们只考虑过程的正确性，而论证则既要求过程的正确性，也要求内容的正确性。

续表

常见的演绎论证	①假言论证	A→B，A，因此 B。 ¬A→¬B，¬A，因此¬B。
	②三段论论证	所有 A 都有性质 C， B 是 A， 所以 B 有性质 C。
	③选言论证	A∨B，¬A，所以 B。
反证法与归谬法	①反证法：证真设假；②归谬法：证假设真。	
	反证法与归谬法的区别：目的不同、过程不同。	

● 大纲考点 29 因果关系

考点	定义	常犯的逻辑谬误
因果关系	如果一种（或一些）现象的发生，导致了另外一种（或一些）现象的发生，那么这两种（或两类）现象之间存在因果关系，并将前面的现象称为因，后面的现象称为果。	强拉因果
前因后果	因果关系的两个现象，一定是原因先发生，结果后发生。	以先后为因果
复杂因果	因果关系未必是一对一的，有一些事件的发生，可能是多个原因共同作用的结果。	单因谬误
"因为"的含义	不能通过"因为"二字来断定原因，要通过"前因后果"来判断原因，即原因发生的时间在前，结果发生的时间在后，且二者存在引发关系。	

大纲考点 30　分析原因（溯因论证）

考点	定义	常犯的逻辑谬误
分析原因（溯因论证）	以现象（果）作为研究对象，寻找导致其产生的原因的过程，称为"溯因论证"或"执果索因"，简单地说，就是分析原因。	归因不当

大纲考点 31　求因果五法

名称	定义	基本结构	有效性
求同法	如果在某个现象出现的两个或两个以上的场合中，仅有一个因素是共同出现的，则这个共同因素可能与该现象存在因果关系。	第一组对象：有A，有B； 第二组对象：有A，有B； 故：A 可能是 B 的原因。	①求同法得到的是或然性的结论，结论不一定是正确的。 ②只能有一个共同因素。
求异法	如果在某个现象出现和不出现的两个场合中，只有一个因素不同，那么，这个不同的因素可能是此现象出现和不出现的原因。	①两组对象作横向对比： 第一组对象：有A，有B； 第二组对象：无A，无B； 故：A 可能是 B 的原因。 ②同一对象在某因素出现前和出现后的情况进行纵向对比： 同一对象有因素A前：没有B； 同一对象有因素A后：有B； 故：A 可能是 B 的原因。	①求异法得到的是或然性的结论，结论不一定是正确的。 ②只能有一个差异因素。

续表

名称	定义	基本结构	有效性
求同求异共用法	如果某现象出现的各个场合（正面场合）中只有一个共同的因素，而这个现象不出现的各个场合（反面场合）中都没有这个共同的因素，那么，这个共同的因素可能就是此现象发生的原因。		
共变法	在其他条件不变的情况下，如果一个现象发生变化，另一个现象就随之发生变化，那么，这两个现象之间可能存在因果关系。		①共变法的结论是或然性的，即共变法得到的结论未必准确。②因果倒置。③另有共因。
剩余法	如果某一复合现象已确定是由某种复合原因引起的，把其中已确认有因果关系的部分减去，那么，剩余部分也可能有因果关系。用通俗的话说，剩余法就是排除法。		

● 大纲考点 32-33　预测结果与措施目的

类型	题型特征	基本结构
预测结果	依据当前情况，对未来可能发生的情况进行预测，可以简称预测结果。	当前情况（原因）$\xrightarrow[\text{预测}]{}$结果
措施目的	措施目的模型题目的题干结构一般为：由于某个原因，因此计划采取某个措施（方法、建议），以达到某种目的（解决某个问题）。	原因$\xrightarrow[\text{导致}]{}$措施$\xrightarrow[\text{以求}]{}$目的

续表

类型	题型特征	基本结构
措施目的与预测结果的联系与区别	(1)联系 "目的"是结果预测的一种。因此,"措施目的模型"可以看作是"预测结果模型"的一个类别。 (2)区别 ①"目的"是我们想要的结果,故一般是好的结果;但"结果"则有可能是好的也有可能是坏的。 ②"目的"的发生需要我们采取措施或付出努力,但"结果"的发生可能无需我们做任何事情。	

第2部分

28 个母题模型

一、必备基础知识

编号	名称	具体内容	
1	二难推理	公式（1）： $A \lor \neg A$； $A \to B$； $\neg A \to C$； ———————— 所以，$B \lor C$。 公式（2）： $A \lor B$； $A \to C$； $B \to D$； ———————— 所以，$C \lor D$。 公式（3）： $A \lor \neg A$； $A \to B$； $\neg A \to B$； ———————— 所以，B。 公式（4）： $A \to B$； $A \to \neg B$； ———————— 所以，$\neg A$。 公式（5）： $A \land B$； $A \to C$； $B \to D$； ———————— 所以，$C \land D$。	
2	全称命题的串联推理	句式①：A 是 B。 句式②：所有的 A 是 B。	符号化：$A \to B$。
3	特称命题的串联推理	（1）"有的 A 是 B"的含义："有的"是一个存在量词，它等于"有"，等于"存在"，等于"至少一个"。因此，"有的 A 是 B"的含义是"存在 A 是 B 这种情况"。 （2）"有的"互换原则："有的 $A \to B$" = "有的 $B \to A$"。 （3）互换与逆否的辨别：①"有的"不能逆否；②"假言"不能互换。	

编号	名称	具体内容
4	双 A 串联公式	（1）"所有"推"有的"公式 所有 A 是 B，可推出：有的 A 是 B。从而得到：有的 B 是 A。 （2）双 A 串联公式 已知：①A 是 B（A→B）。②A 是 C（A→C）。 ①可推出：有的 A 是 B，互换可得：有的 B 是 A，与②串联可得：有的 B→A→C。 ②可推出：有的 A 是 C，互换可得：有的 C 是 A，与①串联可得：有的 C→A→B。
5	常用的 矛盾关系	（1）简单命题中的矛盾关系 ①"A"与"￢A" ②"所有"与"有的不" ③"所有不"与"有的" ④"必然"与"可能不" ⑤"必然不"与"可能" （2）复言命题中的矛盾关系 ①"A→B"与"A∧￢B" ②"A∧B"与"￢A∨￢B" ③"A∨B"与"￢A∧￢B" ④"A∀B"与"A↔B"
6	常用的 反对关系	（1）简单命题中的反对关系 ①"所有 A 是 B"与"所有 A 不是 B" ②"A 必然是 B"与"A 必然不是 B" （2）复言命题中的反对关系 ①"A"与"￢A∧B" ②"A∧B"与"￢A∧B"

续表

编号	名称	具体内容
7	常用的下反对关系	（1）简单命题中的下反对关系 ① "有的 A 是 B" 与 "有的 A 不是 B" ② "A 可能是 B" 与 "A 可能不是 B" （2）复言命题中的下反对关系 ① "A" 与 "¬A∨B" ② "A∨B" 与 "¬A∨B"
8	常用的推理关系	（1）简单命题中的推理关系 ① "所有→某个→有的" ② "所有不→某个不→有的不" ③ "必然→事实→可能" ④ "必然不→事实不→可能不" ⑤ "女教师" 与 "教师" ⑥ "$x>7$" 与 "$x>5$" （2）复言命题中的推理关系 ① "A" 与 "A∨B" ② "A∧B" 与 "A" ③ "A∀B" 与 "A∨B" ④ "A∧B" 与 "A∨B"

二、28 个母题模型

编号	母题模型	第1步　识别条件/论证类型	第2步　套用母题方法
1	事实假言模型	（1）题干特点：题干主要由 "事实" 和 "假言命题" 组成。 注意："事实" 可能出现在已知条件中，也可能补充在提问中。 若事实补充在提问中，则优先从提问中的事实出发来解题。 （2）选项特点：选项均为事实或多为事实。	方法一：串联法。 步骤1：画箭头，如有需要，可写出其逆否命题。 步骤2：串联。 步骤3：找答案。 方法二：事实出发法。

续表

编号	母题模型	第1步　识别条件/论证类型	第2步　套用母题方法
2	半事实假言模型	（1）题干特点：题干主要由"半事实"和"假言命题"组成。 （2）选项特点：选项均为事实或多为事实。	方法一：分类讨论法。 ①若情况1不成立，情况2成立，则情况2推出的结论是答案；若情况2不成立，情况1成立，则情况1推出的结论是答案。 ②情况1和情况2推出了相同的结论，则这一相同的结论是答案。 ③情况1推出结论A，情况2推出结论B，则答案为A∨B。 方法二：转化为假言。
3	假言推假言模型	（1）题干特点：题干主要由"假言命题"组成。 （2）选项特点：选项均为假言命题或多为假言命题。	情况1：题干中有重复元素。 方法一：四步解题法。 步骤1：画箭头。 步骤2：串联。 步骤3：逆否。 步骤4：找答案。 方法二：重复元素分析法（推荐）。 情况2：题干中没有重复元素。 方法一：三步解题法。 步骤1：画箭头。 步骤2：逆否。 步骤3：找答案。 方法二：选项排除法（推荐）。

续表

编号	母题模型	第1步　识别条件/论证类型	第2步　套用母题方法
4	假言推事实模型	（1）题干特点：题干主要由"假言命题"和"选言命题"组成。 （2）选项特点：选项均为事实或多为事实。	方法一：串联找矛盾法。 步骤1：画箭头。 步骤2：串联找矛盾。 步骤3：推出答案。 方法二：二难推理法。 步骤1：找重复元素。 步骤2：找二难推理。 步骤3：推出答案。
5	数量假言模型	（1）题干特点：题干主要由"数量关系"和"假言命题"组成。 （2）选项特点：选项均为事实或多为事实。	解题步骤： 步骤1：数量关系优先算。 步骤2：假言命题做串联。 步骤3：根据矛盾或者二难推理得出事实。
6	假言命题的矛盾命题模型	（1）题干特点：题干中出现假言命题。 （2）提问方式： "以下哪项最能削弱题干/反驳题干/说明题干不成立？" "若题干为真，则以下哪项必然为假？" "以下哪项最不符合题干？"	解题步骤： 步骤1：画箭头。 步骤2：如能串联，则进行串联。 步骤3：找矛盾。

编号	母题模型	第1步 识别条件/论证类型	第2步 套用母题方法
7	匹配模型	题干特点：题干主要由"匹配关系"组成。	方法一：选项排除法（秒杀方法）。 情况1：当题干中出现以下提问方式时，常用选项排除法。 "以下哪项 <u>可能</u> 为真？" "以下哪项<u>可能</u>符合题干？" "以下哪项<u>可以</u>符合题干？" "以下哪项 <u>不符合</u> 题干？" 情况2：当题干的选项看起来像排列组合时，常用选项排除法。 情况3：当题干的提问针对某一具体对象时，常用选项排除法。 方法二：排除法与表格法（常规方法）。 情况1：简单匹配。（排除法） 情况2：复杂匹配。（表格法） 情况3：多组元素的匹配。（连线法或填空法）
8	数量关系模型	（1）题干特点：题干主要由"数量关系"组成。 （2）选项特点：选项均为事实或多为事实。	（1）数量关系的计算。 （2）在数量关系处找矛盾法。 ①张三来了人太多。 ②李四不来人不够。

编号	母题模型	第1步 识别条件/论证类型	第2步 套用母题方法
9	5大条件综合应用模型	（1）识别已知条件的类型。 （2）根据已知条件的类型对命题模型进行命名。	（1）事实条件破解：从事实出发。 （2）假言条件破解：串联和二难。 （3）半事实条件破解：讨论与转化。 （4）数量条件破解：计算与矛盾。 （5）匹配条件破解：排除与表格。
10	性质串联模型	（1）题干特点：题干由性质命题组成，并且这些性质命题中存在重复元素，可以作为桥梁实现串联。 （2）选项特点：选项均为性质命题。	情况1：题干的已知条件均为全称命题。 通过重复元素直接串联即可解题。 情况2：题干的已知条件中有特称命题。 步骤1：画箭头。 步骤2：从"有的"开始做串联。 步骤3：逆否，注意带"有的"的项不逆否。 步骤4：根据"箭头指向原则"和"'有的'互换原则"找答案。 情况3：题干的已知条件符合双A串联公式。 当题干中出现以下两类条件时，可以使用双A串联公式。 类型（1）：A是B，A是C。 类型（2）：A是B且C。

续表

编号	母题模型	第1步　识别条件/论证类型	第2步　套用母题方法
11	隐含三段论模型	（1）题干特点：题干由一个或多个前提和一个结论组成，前提和结论一般为性质命题，个别题目为假言命题。 （2）提问方式： "补充以下哪项能使题干成立？" "以下哪项是题干推理的假设？" "以下哪项最能说明上述结论<u>不成立</u>？"（此时需要反驳题干中的三段论）	（1）通用方法：串联法。 步骤1：将题干中的前提符号化。 步骤2：如果有多个前提，将前提串联。 步骤3：将题干中的结论符号化。 步骤4：补充从前提到结论的箭头，从而得到结论。 （2）秒杀方法："开心消消乐"法。 利用"词项成对出现"的规律进行秒杀。
12	推理结构相似模型	（1）题干特点：题干中出现简单命题、假言命题等。 （2）提问方式： "以下哪项与题干的推理最为类似？" "以下哪项与题干所犯的逻辑错误最为相似？"	解题步骤： 步骤1：将题干的推理结构形式化。 步骤2：将选项的推理结构形式化，找和题干最为类似的。
		真假话问题	
13	经典真假话问题	题干特点：题干中出现几个断定，已知这些断定"N假1真""N真1假""N真2假"等。	情况1：有矛盾。 步骤1：找矛盾。 步骤2：推真假。 步骤3：推出结论。 情况2：一假无矛盾。 找题干中的"反对关系"。 情况3：一真无矛盾。 方法1：找下反对关系。 方法2：找推理关系。

续表

编号	母题模型	第1步 识别条件/论证类型	第2步 套用母题方法
13	一人多判断型的真假话问题	题干特点： （1）题干中有多个人，每个人都做了两个或两个以上的判断。 （2）已知每个人的判断有几真几假。	方法一：假设法。 方法二：选项排除法。 方法三：找对当关系法。
	真城假城型的真假话问题	题干特点：题干的已知条件中有两座城，分别是真城和假城，真城的人只说真话，假城的人只说假话。	一般使用假设法，假设某人来自真城或假城。
14	数独模型	题干特点：题目中会出现一个由小方格组成的 N×N 的矩阵，要求在矩阵的小方格里填入一些元素，并且要求行、列或某些特殊区域中不能有重复元素。	方法一：行列交点法。 方法二：次数最多法。 方法三：选项排除法。 方法四：等价位置法。
两次与三次分类模型			
15	两次分类模型	题干特点：题干将一个概念按照两个标准进行了两次分类。	方法一：九宫格法。 方法二：大交大＞小交小。
	三次分类模型	题干特点：题干将一个概念按照三个标准进行了三次分类。	方法一：双九宫格法。 方法二：剩余法。

续表

编号	母题模型	第1步 识别条件/论证类型	第2步 套用母题方法
		其他母题模型	
16	相邻与不相邻问题	题干特点：题干中出现相邻或不相邻问题。	（1）圆捆绑与方捆绑解相邻问题。 （2）做差法解不相邻问题。
	排序模型	题干特点：题干中出现大小、高低、多少、先后等关系。	方法一：不等式法。 步骤1：将题干信息转化为不等式。 步骤2：将能串联的不等式串联，不能串联的放一边。 步骤3：判断选项的正确性。 方法二：选项排除法。
17	拆桥搭桥模型	题干特点：题干中出现论证对象、核心概念或话题不一致，则为拆桥搭桥模型。	（1）削弱题：拆桥法。 （2）支持题、假设题：搭桥法。
18	类比论证模型	题干特点（1）：论据中的论证对象是A，论点中的论证对象是B。二者之间存在一定的相似性，但并不相同。如下图所示： 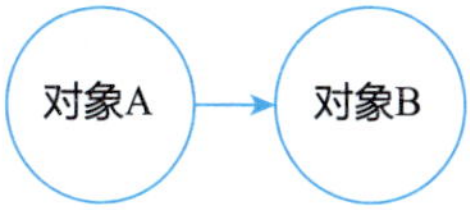 对象A → 对象B	（1）削弱题：类比对象有差异，这种差异影响了类比的成立性（可认为是拆桥法）。 （2）支持题、假设题：类比对象本质上相似或一致（可认为是搭桥法）。

续表

编号	母题模型	第1步　识别条件/论证类型	第2步　套用母题方法
18	类比论证模型	题干特点（2）：题干中常出现以下类比形式。 **类比** 不同对象的类比 如："动物"类比到"人"。 如："动物"类比到"组织"。 如：不同人之间的类比。 不同时间的类比 如："过去"类比到"现在"。 如："过去"类比到"未来"。 不同地域的类比 如："国外"类比到"国内"。 如："城市"类比到"农村"。	（1）削弱题：类比对象有差异，这种差异影响了类比的成立性（可认为是拆桥法）。 （2）支持题、假设题：类比对象本质上相似或一致（可认为是搭桥法）。
19	归纳论证模型	题干特点（1）：论据中的论证对象（a）是论点中的论证对象（A）的子集。　如下图所示： （对象a）　　对象A 题干特点（2）：论据中常出现问卷调查或者是某个人的见闻。	（1）削弱题 ①样本没有代表性（数量太少、广度不够、样本不是随机选取），即以偏概全。 ②调查机构不中立。 （2）支持题、假设题 ①样本有代表性（数量多、广度大、样本随机选取）。 ②调查机构中立（力度小，调查机构中立并不能保证一个调查的准确性）。

续表

编号	母题模型	第1步　识别条件/论证类型	第2步　套用母题方法
		演绎论证模型	
20	假言论证与三段论论证	题干特点：论据是一般性的（常见关联词：如果……那么……；只有……才……；所有……），即论证对象是某类对象的全体 A；论点是个别性的，即论证对象是此类对象中的个体 a；后者是前者的子集。如下图所示： 论据：大A　论点：小a	用箭头表示出题干的信息，一般可以直接看出答案。
	选言论证	题干特点：论据中出现选言命题。	利用公式 A∨B =￢A→B 解题，也可以理解为排除法。
		现象原因模型	
21	基本模型	题干特点：多数题目中，题干中的现象已经发生了（过去时）。 题干结构： （1）摆现象、析原因。 （2）前因后果。	（1）削弱题 ①因果拆桥（力度大）。 ②因果倒置（力度大）。 ③否因削弱（力度大）。 ④另有他因（排他性）。 ⑤有因无果（相似性）。 ⑥无因有果（相似性）。 （2）支持题 ①因果搭桥（因果相关，力度大）。

续表

编号	母题模型	第1步 识别条件/论证类型	第2步 套用母题方法
21	基本模型	题干特点：多数题目中，题干中的现象已经发生了（过去时）。 题干结构： （1）摆现象、析原因。 （2）前因后果。	②排除他因（力度大小取决于是否将所有其他可能的原因全部排除）。 ③排除因果倒置（力度其实不大，但真题中一般是支持题的正确选项）。 ④无因无果（相似性）。 （3）假设题 ①因果相关。 ②排除他因。 ③排除因果倒置。 ④无因无果。 A. 如果题干认为"原因A导致了结果B"，不必假设无因无果。 B. 如果题干认为"事件B的发生一定是因为原因A"，此时，无因无果需要假设。
	求异法型	题干特点：题干通过两组对比、前后对比，继而得出一个因果关系。	（1）削弱题 ①拆桥法。 ②样本没有代表性。 ③不中立。 ④另有差因。 ⑤同现象原因模型中因果关系的削弱方法。 （2）支持题、假设题 ①搭桥法。

编号	母题模型	第1步 识别条件/论证类型	第2步 套用母题方法
21	求异法型	题干特点：题干通过两组对比、前后对比，继而得出一个因果关系。	②样本有代表性。 ③中立。 ④排除他因。 ⑤同现象原因模型中因果关系的支持/假设方法。
	百分比对比型	（1）论据特点：论据中有百分比。 （2）论点特点：论点中直接给出明确的因果关系或者分析原因。 （3）选项特点：选项中也有百分比。	（1）削弱题：同比削弱、反向差比。 （2）支持题：差比支持。
	共变法型	题干结构（1）：共生现象找因果。 题干结构（2）：共变现象找因果。 题干结构（3）：三组现象找因果。	（1）削弱题 ①因果倒置。 ②存在共因。 ③另有他因。 ④同现象原因模型中因果关系的削弱方法。 （2）支持题、假设题 ①排除因果倒置的可能。 ②排除他因。 ③同现象原因模型中因果关系的支持/假设方法。
	剩余法型	题干结构（1）：某现象有两个可能的原因，排除了原因A，证明是原因B。 题干结构（2）：排除了某现象的已知原因，说明还存在其他原因。	排除法。

续表

编号	母题模型	第1步 识别条件/论证类型	第2步 套用母题方法
22	预测结果模型	题干特点：题干中出现"将会""会""未来会""会导致""一定能""要"等表示对未来结果断定的词汇。	（1）削弱题：给出理由，说明结果预测错误。 （2）支持题：给出理由，说明结果预测正确。
23	措施目的模型	题干特点（1）：题干中出现"为了""能""可以""以求"等表示目的的词汇。 题干特点（2）：题干中出现"计划""建议""方法"等表达措施的内容。	（1）削弱题 ①措施达不到目的（力度大）。 ②措施不可行（力度大）。 ③措施弊大于利（力度大）。 ④措施有副作用（力度小）。 ⑤削弱因果（同现象原因模型）。 （2）支持题 ①措施可以达到目的（力度大）。 ②措施可行（力度小）。 ③措施利大于弊（力度大）。 ④措施没有副作用（力度非常小）。 ⑤措施有必要（力度大）。 （3）假设题 ①措施可以达到目的。 ②措施可行。 ③措施利大于弊。 ④措施有必要。

续表

编号	母题模型	第1步　识别条件/论证类型	第2步　套用母题方法
		统计论证模型	
	收入利润型	题干特点：题干中出现收入、利润、成本等字样。	使用以下公式解题： 总收入＝单位收入×总数量。 利润＝收入－成本。 利润率＝$\dfrac{利润}{成本}×100\%＝$$\dfrac{收入－成本}{成本}×100\%$。
24	数量比率型	命题情况（1）：题干论据中出现数量，论点中直接做出断定。 命题情况（2）：题干论据中出现比率，论点中直接做出断定。 命题情况（3）：用数量推断比率。	列出比率的公式，看分子和分母分别是什么，根据公式解题。
	其他数量型	（1）平均值型：题干中出现平均值。 （2）增长率型：题干中出现增长率。 （3）其他数量关系型：题干中出现其他数量关系。	（1）平均值型 ①平均值不能代表每个个体的值。 ②个体值无法说明平均值。 （2）增长率型 现值＝原值×(1+增长率)^n。 （3）其他数量关系型 无论题干中出现什么数量关系，都要优先列出数量关系，再进行解题。

续表

编号	母题模型	第1步　识别条件/论证类型	第2步　套用母题方法
25	人丑模型	题干结构（1）：背景介绍+但是+论据论点。 题干结构（2）：他人的观点+对这一观点的否定+否定理由。	题干结构（1）：直接锁定"但是"后面的部分。 题干结构（2）：重点是对他人观点的否定。
26	双断定模型	题干特点：论点中出现两个断定，有些题甚至会出现多个断定。	秒杀方法（1）：对题干的断定进行全面支持，即同时支持题干中的两个断定。 秒杀方法（2）：分析题干中的论据在支持哪个断定，用正确的选项来支持题干中缺少论据的断定。
27	绝对化结论模型	题干特点：题干论点中出现绝对化的断定。例如："必须""只有……才……""如果……那么……"等。	此模型主要在削弱题中考查。这类模型本质上考查的是形式逻辑中的矛盾命题，用形式逻辑的思维解题即可。
28	争论焦点模型	题干特点：题干中出现两个人的争论。 提问方式： "以下哪项最为恰当地概括了上述争论的问题？" "以下哪项是上述争论的焦点？"	三大解题原则： （1）双方表态原则。 （2）双方差异原则。 （3）论点优先原则。

第3部分

8 类常见逻辑谬误

● 第 1 类　概念型谬误

谬误名称	含义	示例
偷换概念	偷换概念是将两个貌似一样的概念进行代换，实际上改变了概念的修饰语、适用范围、所指对象，等等。	象是动物，所以小象是小动物。 第一个"小"是指年龄小，第二个"小"是指体型小。
循环定义	下定义时，定义项中不得间接地包含被定义项，否则就会犯"循环定义"的逻辑谬误。	什么是男人？男人就是不是女人的人。 什么是女人？女人就是不是男人的人。

● 第 2 类　相关型谬误

谬误名称	含义	示例
诉诸无知	人们断定一件事物正确，只是因为它未被证明是错误的；或断定一件事物错误，只是因为它未被证明是正确的；即把没有证据当作论据进行论证。	这世界有外星人存在，因为没有证据证明外星人不存在。
诉诸人身	在论证过程中，将立论或反驳的重心指向提出论点的人，而不是论点本身，因人立言或因人废言。	这个人的人品有问题，所以他说的话一定是假话。
诉诸权威	在论证过程中，以本人或他人的权威为根据来论证某一论点。	物体下落速度和重量成比例，因为伟大的哲学家亚里士多德认为物体下落速度和重量成比例。

续表

谬误名称	含义	示例
诉诸情感	在论证过程中，借助于人们的同情心等感情，以诱使人们相信其论点。	我一把屎一把尿把你拉扯大，让你上学、让你读书，你居然连研究生都不考！
诉诸众人	在论证过程中，以众人的意见、见解来进行论证，大家都认为是对的，那一定就是对的。	三个人都说市上有虎，于是听者就信以为真。
诉诸历史	错误地将一个事物的历史的长短，作为评价这个事物的标准。	瑜伽有三千年的历史，因此，瑜伽一定是好的。

● 第 3 类 矛盾与反对型谬误

谬误名称	含义	示例
自相矛盾	同时肯定两个矛盾或反对的判断或概念。	张三既是个男人，也是个女人。
模棱两不可	同时否定两个矛盾或下反对的判断或概念。	张三既不是男人，也不是女人。
非黑即白（不当二分）	误把反对关系当作矛盾关系，误认为否定一方，就肯定了另外一方，也称为非此即彼。	这个杯子的颜色不是黑色，那它一定是白色的（理解1：不是黑色不一定是白色，也可能是红、黄等其他颜色。理解2：不恰当地把颜色分成了黑色和白色两种，其实还有其他颜色）。

第4类 论证型谬误

谬误名称	含义	示例
虚假论据	论据不真实。	康哥的头发特别浓密（实际情况是康哥头发很少），因此，康哥很帅。
形式谬误	违反了形式逻辑中所学的推理规则。	所有的聪明人都是近视眼，他近视得很厉害，所以，他一定很聪明。
论据和论点不相关	论据和论点在内容上毫无关系。	康哥头发很少，所以，他一定帅气多金。
论据不充分	论据虽然为真，但不足以推出结论。	张三和李四不和，张三一定是杀李四的凶手。
不当假设	如果论证中存在隐含假设，但隐含假设不成立，就称之为不当假设。	曹操文治武功卓越，因此，他是一代明君。 隐含假设：曹操是君主。但实际上曹操是丞相而不是君主。
循环论证	用A来证明A，就犯了"循环论证"的逻辑谬误。	因为爱，所以爱。
转移论题	①自己的论证中，没有保证论证话题的一致性。 ②反驳别人的论证时，没有保持与别人话题的一致性。	老吕：罗瑞，你的脸怎么这么大？ 罗瑞：但是我的数学课讲得很好呀。

● 第5类 归纳与类比型谬误

谬误名称	含义	示例
不当归纳（以偏概全）	指以一些样本去推测全体的情况时，由于样本不具备代表性而引起的逻辑谬误。	我宿舍有个山东人，酒量特别大。看来，山东人酒量都挺大。 分析：以一个山东人的情况，来代表所有山东人的情况，以偏概全。
不当类比	指在使用类比进行论证时，由于类比对象的差异导致类比不成立。	别人每晚都遛他们的宠物狗，因此，我决定今晚遛遛我养的鱼。 分析：将宠物狗需要遛，类比到鱼也需要遛，不当类比。

● 第6类 因果型谬误

谬误名称	含义	示例
因果倒置	误把原因当成了结果，而把结果当成了原因。	张珊：你是因为寂寞才想我。 实际情况是："你"是因为想张珊才寂寞。
强拉因果	把没有因果关系的两个事件，误认为有因果关系。	我刚打开电视机，巴西队就进球了，我真是巴西队的幸运之神。
单因谬误	如果一个结果是由多种原因造成的，但论证者误认为只有一种原因，这就犯了"单因谬误"或"忽略他因"的逻辑错误。	酱心考上了研究生，仅仅是因为她报了老吕的班（可能还有其他原因，如：酱心自己的努力）。

第7类 充分条件与必要条件混用或误用

谬误名称	含义	示例
强置充分条件	误把不充分的条件当作充分条件来使用。	如果刮风，一定会下雨。 实际情况是：刮风了也未必下雨。
强置必要条件	误把不必要的条件当作必要条件来使用。	只有考上会计硕士，才是研究生。 实际情况是：并非只有考上会计硕士才是研究生，考上其他专业的硕士同样是研究生。
混用充分必要条件	误把充分条件当成必要条件，或者误把必要条件当成充分条件。	如果下雨了，那么地上一定会湿。因此，如果地上湿了，那么肯定是下雨了。

第8类 集合体性质误用

谬误名称	含义	示例
合成谬误	误认为个体具有的性质，集体一定具有。	这支球队的每个球员都很优秀，因此，这支球队很优秀。 分析：每个球员都优秀，组成球队后也可能出现配合不好、球队反而不优秀的情况。
分解谬误	误认为集体具有的性质，个体也一定具有。	这家公司是家非常优秀的公司，所以，公司里的每个员工也是优秀的。 分析：优秀的公司里面可能也有不优秀的员工。

第4部分

3 类常见干扰项

第1类 一致性类

干扰项编号	名称	含义	示例
干扰项 1	对象不一致	选项中的论证对象与题干中的论证对象不一致。	题干：中学生加强锻炼有助身体健康。 选项：中老年人如果加强锻炼，能够全方位发展。
干扰项 2	概念不一致	选项讨论的概念与题干讨论的概念不一致。	题干：注射疫苗可以预防感冒。 选项：注射疫苗不能治疗感冒。
干扰项 3	话题不一致	选项讨论的话题与题干讨论的话题不一致。	题干：康哥的英语讲得不错。 选项：康哥没头发。
干扰项 4	比较不一致	情况 1：题干中无比较，选项中进行了比较。	题干：老吕很帅。 选项：老吕不如于宴帅。
		情况 2：题干中有比较，选项中进行了另外一个比较。	题干：老吕的头发比康哥多。 选项：老吕的英语不如康哥好。
干扰项 5	比例不一致	情况1：题干中不涉及比例，选项中出现了比例。 情况 2：题干中出现比例 A，选项中出现比例 B，但这两种比例没有关系。	题干：西京市的肺癌发病率为 5%。可见，西京市的肺癌防治工作做得不够好。 选项：西京市肺癌患者占全国总患者数的比例并不高。 分析：题干分析的是西京市的情况，与其肺癌患者占全国的比例没有关系。

续表

干扰项编号	名称	含义	示例
干扰项6	程度不一致	选项与题干在程度上不一致。	①题干说的是"可能",如果选项中出现"一定""必然""绝对"就是干扰项。 ②题干说的是"影响因素",选项若为"最重要的影响因素""主要影响因素""唯一影响因素"等就是干扰项。
干扰项7	范围不一致	选项与题干对象的范围不一致。	题干:<u>一部分</u>老吕的学员考上了研究生。 选项:<u>绝大部分</u>老吕的学员考上了研究生。
干扰项8	时间不一致	选项与题干对象的时间不一致。	题干:王良超是<u>2022年度</u>的全国最佳英语教师。 选项:王良超是<u>2023年度</u>的全国最佳英语教师。

"对象不一致"的选项在两种情况下有可能是正确答案:

情况1:选项与题干形成对照组。

情况2:选项与题干形成类比论证。

◐ 第2类　诉诸类

干扰项编号	名称	含义	示例
干扰项9	诉诸情感	试图用情感而不是逻辑来说服别人,这是不恰当的。	陪我去逛街吧!如果你宁愿去上自习也不陪我逛街,我会有多伤心你知道吗?

续表

干扰项编号	名称	含义	示例
干扰项 10	诉诸无知	把没有证据当作削弱或支持一个观点的理由，就犯了"诉诸无知"的逻辑谬误。	常见的句式有：尚不明确、有待研究、尚待确定、还需讨论等。 注意："心理学尚无法确定酱油为什么暗恋酱心"，在这句话中，"酱油暗恋酱心"是确定的，心理学不能确定的是"酱油暗恋酱心的原因"。
干扰项 11	诉诸人身	质疑对方的人格、处境、地位，而不是用逻辑来质疑对方，可以理解为我们日常生活中常说的"人身攻击"。	吕酱油肯定考不上研究生，因为他的名字太难听。 注意：指出"调查者不中立"并不是诉诸人身。比如老吕的爸爸说老吕的课讲得好，这并不可信。因为老吕的爸爸可能出于亲情而偏袒老吕。
干扰项 12	诉诸权威	试图用权威的观点或情况，而不是用逻辑来说服别人。	例①：康哥听某专家说生姜擦头皮能治疗脱发，因此康哥经常用生姜擦头皮。 例②：一位优秀学长认为老吕的书好，可见老吕的书一定好。
干扰项 13	诉诸众人	试图用众人的观点或情况，而不是用逻辑来说服别人。	既然有好多人不喜欢吕酱油，那么吕酱油一定有问题。

干扰项编号	名称	含义	示例
干扰项14	诉诸主观（主观观点）	用缺少论据的主观观点来削弱或支持客观事实是没有力度的。	题干：事实上，老吕长得丑。 选项：老吕认为自己长得帅。

● 第3类 其他类

干扰项编号	名称	含义	示例
干扰项15	无效他因	情况1：选项给出一个新的原因，但这个原因并不是题干中结果的原因。	题干：酱宝考上了研究生，这是因为，酱宝的学习方法很好。 选项：酱宝的学习方法很好，是因为听了老吕的课。 分析：题干分析的是"考上研究生"的原因，而选项分析的是"学习方法好的原因"，故这个选项是无关选项。
		情况2：题干中出现对比实验，选项中指出实验对象的差异，但这种差异并不影响实验结果。	我和康哥发量的差别，并不会引起我们教学质量的差别。因此，发量差别对于教学质量来说是一个无关的差异因素。

续表

干扰项编号	名称	含义	示例
干扰项16	不当反例	1. 反例可反驳一般性、绝对化结论。 2. 反例不能反驳多数人的情况、不能反驳平均值、不能反驳调查结论（除非这个调查结论是针对所有人的）。出现用反例来反驳这类情况时，就可称为不当反例。 3. 不当反例的常用句式："有的""有的不""并非所有""可能不"。	题干： ①该公司员工的平均月收入超过10 000元。 ②该公司大多数员工的月收入超过10 000元。 ③该公司所有员工的月收入都超过10 000元。 选项：该公司有的员工月收入为8 000元。 分析：选项作为反例可以反驳③，但不能反驳①和②。
干扰项17	否定最高级	选项中出现"否定词+绝对化词或最高级词"，如："不仅仅""不是唯一的""不是最重要的""不完全"。	题干： ①你喜欢我，我长得帅肯定是最重要的原因。 ②你喜欢我，我长得帅肯定是原因之一。 选项：帅不是我喜欢你的最重要的原因。 分析：此选项可以质疑①，但不能质疑②。

续表

干扰项编号	名称	含义	示例
干扰项18	明否暗肯	有一些选项，看起来是否定的语气，但实际上肯定了题干的论证，这种选项叫明否暗肯项。	张三喜欢老吕，是不是因为老吕帅？ ①张三喜欢老吕不仅仅是因为老吕帅。 ②帅仅仅是张三喜欢老吕的原因之一。 ③除了帅以外，张三还喜欢老吕开着玛莎拉蒂时专注的眼神。 ①、②、③其实都肯定了帅是张三喜欢老吕的原因，是支持项。
干扰项19	两可选项	如果出现一个选项既存在支持题干的可能性，又存在削弱题干的可能性，则称为两可选项。	题干：应当将摩托车车道扩宽为3米，让骑摩托车的人有较宽的车道，从而消除抢道的现象。 选项：该项目需要进行项目评估。 选项分析："需要进行项目评估"，那么就存在经过评估后证明可行的可能，也存在经过评估后证明不可行的可能；即该项可能削弱题干，也可能支持题干。

续表

干扰项编号	名称	含义	示例
干扰项 20	存在难度	只有题干讨论的话题是某件事的完成或某个目标达成的难易程度，"存在难度"才能削弱或支持。	看以下两个断定： ①吕酱心可以很容易地考上研究生。 ②吕酱心可以考上研究生。 "考上研究生存在难度"可以质疑①，但不能质疑②，因为有难度并不代表不可行。
干扰项 21	规范命题	规范命题亦称"道义命题""规范模态命题"，是指含有"必须（应该）""禁止""可以（允许）""可以不"这类规范词的命题。它是用来给人（规范的承受者）的行动提出某种命令或规定的命题。	行人必须遵守交通规则。 禁止随地吐痰。 大学生可以（允许）谈恋爱。 大学生可以（允许）不谈恋爱。 规范命题可以削弱规范命题，但不能削弱原因。 "大学生不应该结婚"可以削弱"大学生应该结婚"，但不能削弱"大学生张珊和李思结婚的原因是他们相爱"。

干扰项编号	名称	含义	示例
干扰项22	其他措施	结构（1）：措施A可以达到目的。这种结构的题干，"另有其他措施"的选项是干扰项，不能削弱题干。	例①：坐飞机可以到达北京。反驳：坐高铁可以到达北京。这一反驳是无效的，因为坐高铁能去北京，并不能反驳坐飞机也可以去北京。
		结构（2）：为了达到目的必须用措施A。这种结构的题干，"另有其他措施"可以削弱。即，有其他方式也可以达到目的，未必用措施A。	例②：去北京，必须（一定要）坐飞机。反驳：去北京可以坐高铁。这一反驳是有效的，既然坐高铁也可以去北京，那么就不必非得坐飞机。
干扰项23	因人而异	选项中出现因人而异、因物而异，这种选项一般是正确的废话，不能削弱或支持题干。	酱油问康哥："你觉得我和酱心在一起合适吗？"康哥回答说："找对象这个问题因人而异。"康哥说了一句正确的废话，他并没有支持或反对酱油和酱心在一起。

第 **5** 部分

29 个秒杀口诀

序号	口诀名称	口诀内容
1	逆否命题	逆否命题等价于原命题。
2	箭头指向原则	有箭头指向则为真，没有箭头指向则可真可假。
3	假言命题	充分条件 A 推 B。 必要条件 B 推 A。 充要条件两头推。
4	"除非否则"的三种句式	去"除"去"否"，箭头右划。 加"非"去"否"，箭头右划。 "除"字去掉，箭头反划。
5	推理基本法	肯前必肯后，否后必否前。
6	联言选言命题	全真且为真，有假且为假。 有真或为真，全假或为假。 一真一假要么为真，同真同假要么为假。
7	对当关系	矛盾关系，一真一假；一真另必假，一假另必真。 反对关系，至少一假；一真另必假，一假另不定。 下反对关系，至少一真；一假另必真，一真另不定。 推理关系，上真下必真，下假上必假；反之则不定。
8	负命题	肯定变否定，否定变肯定。 所有变有的，有的变所有。 必然变可能，可能变必然。 并且变或者，或者变并且。 要么变当且仅当，当且仅当变要么。

续表

序号	口诀名称	口诀内容
9	事实假言模型	题干事实加假言，事实出发做串联； 肯前必肯后，否后必否前。
10	选项事实 假言模型	选项事实和假言，假言选项优先选； 选项前件当已知，判断后件的真假。
11	假言推假言模型	题干假言推假言，重复元素做串联； 若是假言无重复，选项代入做排除。
12	假言推事实模型	假言推事实，办法有两种； 要么找矛盾，要么找二难。
13	如何找二难推理	前件一肯一否，容易出现二难。 前件后件一个样，后件逆否出二难。
14	数量假言模型	题干数量加假言，数量关系优先算； 假言命题做串联，要找矛盾和二难。
15	串联矛盾模型	题干假言有重复，哪项削弱不可能。 先把题干做串联，肯前否后找矛盾。
16	匹配模型	简单匹配做排除， 复杂匹配画表格， 三组匹配可连线。
17	数量关系模型	数量关系优先算，数量矛盾出答案。 张三来了人太多，李四不来人不够。
18	"有的" 互换原则	有的互换不逆否，假言逆否不互换。
19	"所有" 推"有的"	所有 A 是 B，互换变有的。
20	性质串联模型	题干有的加所有，有的一定串开头； 重复元素直接串，有的互换找答案。

序号	口诀名称	口诀内容
21	复杂对当关系的锁定	反对关系找并且。 下反对关系找或者。 推理关系干肢干。
22	拆桥搭桥模型	对象概念有变化，此题就考拆和搭。 支持假设就搭桥，削弱就要找差异。
23	类比论证模型	论据 A，论点 B，此题考点是类比。 支持假设就搭桥，质疑削弱找差异。
24	归纳论证模型	论据小，论点大，此题考点是归纳。 数量广度随机性，调查机构中立吗？
25	演绎论证模型	论据大，论点小，此题考点是演绎。 这种题目很简单，画画箭头出答案。
26	现象原因模型	摆现象、析原因，拆桥倒置和否因。 另有他因看排斥，有无因果看相似。
27	求异法模型	两组比、前后比，此题考点是求异。 先看对象和样本，再看差异和因果。
28	百分比对比模型	百分比，来对比，本质就是考求异。 支持一般找差比，削弱同比反差比。
29	共变法模型	三组对比越来越，此题考点是共变。 先看倒置和共因，再看他因和因果。

使用指南

书课包

如何 7讲"秒杀"联考逻辑?

快看 这份"高分"学习指南!

考试考什么?

如何快速学逻辑?

课程讲什么?

怎么与书搭配学习?

礼盒有什么?

如何使用?有啥效果?

7讲"秒杀"联考逻辑

联考逻辑 要点7讲

带你实现满分进阶

 中国政法大学出版社

书课包 里面有什么?

书课包是一套全新高效的"一站式"学习方案,不仅有"**书**"、有"**课**",更有"**纯干货实物**"、"**答疑伴学**",让大家摆脱枯燥低效的自我封闭式学习,"在听课中提高效率"、"在陪伴下直达上岸"!

2025《逻辑要点7讲》,是老吕15年教学经验的"**扛鼎之作**",不仅包括所有考生都听过的"1天学会形式逻辑"(最新升级),更有全新教研的"推理母题5大条件/非5大条件""论证母题一致性/非一致性"。**新内容、新方法、新体系**,简单易上手,更适合逻辑小白、做题效果不好的考生使用。

这套书课包,可以满足你的全部需求:

图书 从《逻辑要点7讲》图书开始,系统学习所有大纲考点、母题模型及变式、母题技巧、逻辑谬误、常见干扰项、秒杀口诀等。

课程 配套7讲图书,1800+min高清录播课程,一节一码,哪里不会听哪里。扎实掌握所有大纲考点、母题模型及技巧。

练习 配套7讲图书,定制《随堂笔记》,必背考点挖空填写,试题留白,方便二次练习。

总结 配套7讲图书,将其中所有干货以《思维导图》《公式技巧》单独印刷呈现,方便易带,随时查看、记录总结。

答疑 进入专属学习群,助教老师进群答疑带学,7讲学习过程中遇到的问题都能在这里得到解决。

伴学 定制专属"学习计划"、社群打卡服务,带你学完7讲,打牢基础,大幅提高解题能力。

快来一起开始"书课包"的学习吧!

助力包 精美印刷，7讲专享

为了帮助大家更好地理解掌握《逻辑7讲》，老吕特别对其中的重点核心内容进行提炼，以《随堂笔记》《思维导图》《公式技巧》的形式呈现出来，方便考生携带，利用碎片化时间翻阅查看，熟记考点技巧。并且定制专属《学习计划》，便于大家做好每日学习追踪与总结。

1 《随堂笔记》

完全配套《逻辑7讲》，设置"知识清单""重难点默写区""习题摘录区"三大板块。

- **知识清单**：提前告诉你本节知识脉络、需要掌握的内容，复习紧抓考试重点

- **重难点默写区**：提炼摘录大纲考点、母题模型及技巧等核心重点内容，挖空留白，便于你补充填写。如果掌握得不好，则返回《逻辑7讲》教材/听课进行系统学习，待掌握后再次默写巩固

- **习题摘录区**：所有试题均留出笔记区，便于书写解题过程、记录要点，通过二刷训练，检测自己的掌握程度，学透、做会每道题

2 《专属学习计划》

- 一边看《逻辑7讲》，一边听"配套课程"，要做到每日打卡、每日总结

- 对于当日的学习收获，也可以记录在《随堂笔记》上，方便日后查看

3 《全彩思维导图》

共13张

完全配套《逻辑7讲》，将所有干货内容以导图形式展现，系统化、直观性更强。

根据所学部分，携带相应导图，结合教材一起使用，查漏补缺，及时巩固，实用性更强!

- **全彩印刷，精美极致，干货满满**：极致提炼《逻辑7讲》大纲考点、母题模型、技巧口诀、逻辑谬误、干扰项等内容，通过全彩印刷、不同颜色区分各版块，层次更分明，使用更方便!

- **加厚纸张，直接批注，记录总结**：采用100g胶版纸印刷，既有质感，又方便书写、批注，实用性更强，也更好用。通过"学习–回顾–总结"，让导图成为"浓缩版"的7讲，随时随地满足你的学习需求!

4 《公式技巧》

- 完全配套《逻辑7讲》，精华总结"33个大纲考点"+"28个母题模型"+"8类常见逻辑谬误"+"23个论证逻辑干扰项"+"29个秒杀口诀"五大部分，**纯干货、超精炼、直接背!**

- 所有内容"**全表格**"呈现，"概念、公式、口诀、技巧、模型"一应俱全，清晰直观，可以随时查看，在做题时反复体会、多加运用，提高做题正确率和速度!

书课包 如何使用能 1+1+1>3?

逻辑 7 讲
教材学习

配套课程
听课吸收

随堂笔记
二刷训练

　　教材、课程、随堂笔记三者相辅相成，构成完整的学习体系。如何搭配使用才能保证最好的学习效果？

1 《逻辑7讲》完成自学

　　先自学"大纲考点""母题模型"等内容，看看自己的理解程度，一定要动手做相应的例题，形成自己的思考习惯。另外，要注意将不理解的内容、不会做的或做错的题目标注出来，听课时重点学习。

2 配套7讲课程完成精细学习

　　重点听自学时不懂的知识点以及做错的题目，加深理解和记忆。要确保无知识点遗漏，每个考点、每道题都听懂，并且将老吕重点强调的题目在书上做好标注。另外，课程要至少听 2 遍，以便自己充分理解和掌握。

3 《随堂笔记》完成回顾总结

　　对照"**知识清单**"，先做"**重难点默写区**"，检测自己对核心内容的掌握程度。然后再做"**习题摘录区**"，重新练习、分析题目，简要写明解题思路。对于不会写的知识点、做错的试题，要回归《逻辑7讲》教材/课程再次学习，并且要写明错误原因、正确思路，避免下次再错。【也可以结合《思维导图》《公式技巧》做反复学习，掌握所有考点技巧】

　　教材、课程、笔记的学习路径为：**教材→课程→随堂笔记**，对应学习环节为：**自学→听课→复习**。同学们请参照本使用指南进行复习，合理、高效地利用书课包。

听《逻辑7讲》配套课程

对照图书各章节，1800+min 高清录播

全书内容逐一讲解：大纲考点、母题技巧、例题真题，一个不落，全部讲给你。

一节一码，直达课程讲解：本书"每节"都配有当前内容的课程二维码，在学习时有任何不懂的地方，都可以直接扫码听课，充分利用碎片化时间，提高学习效率。

老吕团队授课，手把手教你：《逻辑7讲》是新书、新内容，由老吕主讲，内容质量、视频效果精益求精，带给大家"最优质"的课程内容！

反复学习，直到考试：本课程有效期到2024年12月30日，在此之前可以无限次免费听。建议大家配套图书至少听2遍，充分掌握所有内容。

配套讲评课，直播串讲，阶段检测学习效果

精编2套模考题：学完1–3讲，做推理题阶段测试，学完4–7讲，做论证题阶段测试；及时巩固，逐步提高。

直播讲解疑难点：测试过后，预约直播，跟着老师听逐题解析，消除疑难点，认清自己的薄弱知识点。

回归7讲，总结提高：根据薄弱版块，回归《7讲》重点学习，扫描对应章节"二维码"再次学习，作总结。

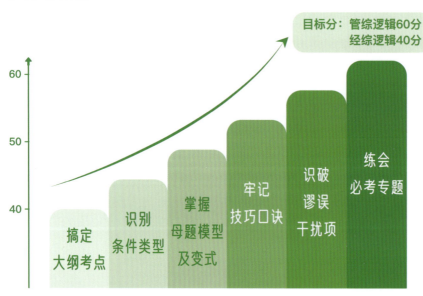

目标分：管综逻辑60分
经综逻辑40分

搞定大纲考点 · 识别条件类型 · 掌握母题模型及变式 · 牢记技巧口诀 · 识破谬误干扰项 · 练会必考专题

扫码免费听课

7 逻辑考试的命题规律 & 考查重点

1.推理基础（形式逻辑和综合推理基础）： 管理类、经济类联考中，**推理题（形式逻辑和综合推理）占比约60%**，即管理类联考会考18道左右，经济类联考会考12道左右。其中，推理基础即形式逻辑，既是学习逻辑的入门知识，更是解推理题的关键。很多同学认为现在形式逻辑的基础考得很少，这种观点非常错误。其实，绝大多数复杂的综合推理题都是以形式逻辑为基础的。因而，本书第1讲中的基础知识是大家学习的重中之重。

2.推理题（5大条件类&非5大条件类）： 在管理类、经济类联考占比60%的推理题中，根据题干已知条件的类型，均可分为5大条件类和非5大条件类，其中**5大条件类的推理题占比约80%**，推理题的命题基本离不开"事实、半事实、数量、假言、匹配"这5大条件，需要掌握好这些条件的识别方法及其对应解题技巧。而非5大条件类的推理题，比如性质串联、真假话问题、数独问题等，约占推理题的20%，考得较少但历年真题均有涉及。

3. 论证逻辑： 管理类、经济类联考中，论证逻辑题占比约为40%，即管理类联考会考12道左右，经济类联考会考8道左右。主要考四大题型：支持、削弱、假设、解释，偶尔会考推论、评论等其他题型。学习论证逻辑的关键是**分析题干的论证结构和命题模型，而不是分析选项**。如果考生总是纠结于选项，而忽略了分析题干，这部分就很难有效提分。

7 《逻辑7讲》内容特色 & 适合考生

- 根据最新考试规律及变化，老吕全新教研"综合推理母题模型""论证逻辑母题模型"，教你1分钟内精确"秒杀"多数题目！
- 适合考生：
  - ✔ 逻辑0基础，想"轻松入门、快速提高"
  - ✔ 有一定基础，但"综合推理"没思路、做题慢
  - ✔ 有一定基础，但"论证逻辑"错得多、总纠结

《逻辑7讲》详细内容			
	第1讲	推理基础	23个大纲考点，8个秒杀口诀
	第2讲	推理母题：5大条件类	9个母题模型，9个秒杀口诀
	第3讲	推理母题：非5大条件类	7个母题模型，4个秒杀口诀
	第4讲	论证母题：一致性类	5个大纲考点，4个母题模型 4个秒杀口诀
	第5讲	论证母题：非一致性类	5个人纲考点，8个母题模型 4个秒杀口诀
	第6讲	逻辑谬误与论证逻辑干扰项	8类常见逻辑谬误 23个常见干扰项
	第7讲	论证逻辑必考专题突破	6个必考专题，7个技巧总结

总计：**33**个大纲考点，**28**个母题模型，**8**类逻辑谬误，**23**个干扰项，**29**个口诀

 **老吕考研团**

1 **专职老师驻群答疑**

专职学科助教在线答疑：1–7月《逻辑要点7讲》上的任何问题，助教老师帮你解答。

2 **专属打卡带学活动**

（1）发布每日任务安排　　　（2）分享每周知识点总结

（3）发放阶段测试卷　　　　（4）讲评阶段测试卷

（5）免费送书活动提醒　　　（6）参与打卡解锁更多神秘福利

老吕考研团，一起考上研，手把手带你考上研究生！

3 **不定期公益模考**

（1）配套《逻辑要点7讲》，设置期末考试及奖励

（2）针对9–10月"择校季"，组织公益万人模考，助你科学估分、科学报考。

4 **干货资料一应俱全**

（1）管综+英语（二）近10年真题和答题卡（电子版）

（2）管综近10年真题命题统计（电子版）

（3）数学考前必背公式（电子版）

（4）逻辑必背口诀汇总（电子版）

（5）写作重点知识总结（电子版）

（6）全年备考规划表、考前划重点等重要考研学科资讯

5 **研友互动交流，经验分享**

（1）最新考研政策、资讯解析分享

（2）学霸笔记分享

（3）群内研友互助、教学相长

（4）群内组织节日活动、群专属福利等，学习之余拓展交流圈

购买"书课包"的同学，请务必进入"**7讲学习团**"，老吕等你哦！ ➡

扫码添加
助教微信
进群学习
＞＞＞＞＞